中国近代
思想家文库

◎

蒋百里 杨杰卷

皮明勇　侯昂妤　编

中国人民大学出版社

·北京·

总　序

　　对于近代的理解，虽不见得所有人都是一致的，但总的说来，对于近代这个词所涵的基本意义，人们还是有共识的。一个国家、一个民族走入近代，就意味着以工业化为主导的经济取代了以地主经济、领主经济或自然经济为主导的中世纪的经济形态，也还意味着，它不再是孤立的或是封闭与半封闭的，而是以某种形式加入到世界总的发展进程。尤其重要的是，它以某种形式的民主制度取代君主专制或其他不同形式的专制制度。中国是个幅员广大、人口众多、历史悠久的多民族国家，由于长期历史发展是自成一体的，与外界的交往比较有限，其生产方式的代谢迟缓了一些。如果说，世界的近代是从 17 世纪开始的，那么中国的近代则是从 19 世纪中期才开始的。现在国内学界比较一致的认识，是把 1840 年到 1949 年视为中国的近代。

　　中国的近代起始的标志是 1840 年的鸦片战争。原来相对封闭的国门被拥有近代种种优势的英帝国以军舰、大炮再加上种种卑鄙的欺诈打开了。从此，中国不情愿地加入到世界秩序中，沦为半殖民地。原来独立的大一统的中央集权的君主专制国家，如今独立已经极大地被限制，大一统也逐渐残缺不全，中央集权因列强的侵夺也不完全名实相符了。后来因太平天国运动，地方军政势力崛起，形成内轻外重的形势，也使中央集权被弱化。经历第二次鸦片战争、中法战争、甲午战争、八国联军入侵的战争以及辛亥革命后的多次内外战争，直至日本全面侵略中国的战争，致使中国的经济、政治、教育、文化，都无法顺利走上近代发展的轨道。古今之间，新旧之间，中外之间，混杂、矛盾、冲突。总之，鸦片战争后的中国，既未能成为近代国家，更不能维持原有的统治秩序。而外患内忧咄咄逼人，人们都有某种程度"国将不国"的忧虑。

　　"天下兴亡，匹夫有责"，读书明理的士大夫，或今所谓知识分子，尤为敏感，在空前的危机与挑战面前，皆思有所献替。于是发生种种救亡图存的思想与主张。有的从所能见及的西方国家发展的经验中借鉴某些东西，形成自己的改革方案；有的从历史回忆中拾取某些智慧，形成某种民族复兴的设想；有的则力图把西方的和中国所固有的一些东西加以调和或结合，形成某种救亡图强的主张。这些方案、设想、主张，从世界上"最先进的"，到"最落后的"，几乎样样都有。就提出这些方案、设想、主张者的初衷而言，绝大多数都含着几分救国的意愿。其先进与落后，是否可行，能否成功，尽可充分讨论，但可不必过为诛心之论。显而易见，既然救国的问题最为紧迫，人们所心营目注者自然是种种与救国的方案直接相关的思想学说，而作为产生这些学说的更基础性的理论，及其他各种知识、思想，则关注者少。

围绕着救国、强国的大议题，知识精英们参考世界上种种思想学说，加以研究、选择，认为其中比较适用的思想学说，拿来向国人宣传，并赢得一部分人的认可。于是互相推引，互相激励，更加发挥，演而成潮。在近代中国，曾经得到比较广泛的传播的思想学说，或者够得上思潮的，主要有以下几种：

（一）进化论。近代西方思想较早被引介到中国，而又发生绝大影响的，要属进化论。中国人逐渐相信，进化是宇宙之铁则，不进化就必遭淘汰。以此思想警醒国人，颇曾有助于振作民族精神。但随后不久，社会达尔文主义伴随而来，不免发生一些负面的影响。人们对进化的了解，也存在某些片面性，有时把进化理解为一条简单的直线。辩证法思想帮助人们形成内容更丰富和更加符合实际的发展观念，减少或避免片面性的进化观念的某些负面影响。

（二）民族主义。中国古代的民族主义思想，其核心是"非我族类，其心必异"，所以最重"华夷之辨"。鸦片战争前后一段时期，中国人的民族思想，大体仍是如此。后来渐渐认识到"今之夷狄，非古之夷狄"，"西人治国有法度，不得以古旧之夷狄视之"。但当时中国正遭受西方列强的侵略和掠夺，追求民族独立是民族主义之第一义。20世纪初，中国知识精英开始有了"中华民族"的概念。于是，渐渐形成以建立近代民族国家为核心的近代民族主义。结束清朝君主专制，创立中华民国，是这一思想的初步实现。第一次世界大战爆发，中国加入"协约国"，第一次以主动的姿态参与世界事务，接着俄国十月革命爆发，这两件事对近代中国的发展历程造成绝大影响。同时也将中国人的民族主义提升到一个新的层次，即与国际主义（或世界主义）发生紧密联系。也可以说，中国人更加自觉地用世界的眼光来观察中国的问题。新生的中国共产党和改组后的国民党都是如此。民族主义成为中国的知识精英用来应对近代中国所面临的种种危机和种种挑战的一个重要的思想武器。

（三）社会主义。社会主义作为一种模糊的理想是早在古代就有的，而且不论东方和西方都曾有过。但作为近代思潮，它是于19世纪在批判近代资本主义的基础上产生的。起初仍带有空想的性质，直到马克思和恩格斯才创立起科学社会主义。20世纪初期，社会主义开始传入中国。当时的传播者不太了解科学社会主义与以往的社会主义学说的本质区别。有一部分人，明显地受到无政府主义的强烈影响，更远离科学社会主义。直到五四新文化运动兴起之后，中国人始较严格地引介、宣传科学社会主义。但有一段时间，无政府主义仍是一股很大的思想潮流。中国共产党的成立，从思想上说，是战胜无政府主义的结果。中国共产党把在中国实现社会主义乃至共产主义作为自己的奋斗目标。此后，社会主义者，多次同各种非科学社会主义思想的信仰者进行论争并不断克服种种非科学社会主义思想的影响。

（四）自由主义。自由主义也是从清末就被介绍到中国来，只是信从者一直寥寥。直到五四新文化运动兴起，具有欧美教育背景的知识精英的数量渐渐多起来，自由主义始渐渐形成一股思想潮流。自由主义强调个性解放、意志自由和自己承担责任，在政治上反对一切专制主义。在中国的社会条件下，自由主义缺乏社会基础。在政治激烈动荡的时候，自由主义者很难凝聚成一股有组织的力量；在稍稍平和的时候，他们往往更多沉浸在自己的专业中。所以，在中国近代史上，自由主义不曾有，也不可能有大的作为。

（五）激进主义与保守主义。处于转型期的社会，旧的东西尚未完全退出舞台，新的东西也还未能巩固地树立起来，新旧冲突往往要持续很长的时间，有时甚至达到很激烈的程度。凡助推新东西成长的，人们便视为进步的；凡帮助旧东西排斥新东西的，人们便视为保守的。其实，与保守主义对应的，应是进步主义；与顽固主义相对的则应是激进主义。不过在通常话语环境中人们不太严格加以区分。中国历史悠久，特别是君主专制制度持续两千余年，旧东西积累异常丰富，社会转型极其不易。而世界的发展却进步甚速。中国的一部分精英分子往往特别急切地想改造中国社会，总想找出最厉害的手段，选一条最捷近的路，以最快的速度实现全盘改造。这类思想、主张及其采取的行动，皆属激进主义。在中共党史上，它表现为"左"倾或极左的机会主义。从极端的激进主义到极端的顽固主义，中间有着各种程度的进步与保守的流派。社会的稳定，或社会和平改革的成功，都依赖有一个实力雄厚的中间力量。但因种种原因，中国社会的中间力量一直未能成长到足够的程度。进步主义与保守主义，以及激进主义与顽固主义，不断进行斗争，而实际所获进步不大。

（六）革命与和平改革。中国近代史上，革命运动与和平改革运动交替进行，有时又是平行发展。两者的宗旨都是为改变原有的君主专制制度而代之以某种形式的近代民主制度。有很长一个时期，有两种错误的观念，一是把革命理解为仅仅是指以暴力取得政权的行动，二是与此相关联，把暴力革命与和平改革对立起来，认为革命是推动历史进步的，而改革是维护旧有统治秩序的。这两种论调既无理论根据，也不合历史实际。凡是有助于改变君主专制制度的探索，无论暴力的或和平的改革都是应予肯定的。

中国近代揭幕之时，西方列强正在疯狂地侵略与掠夺殖民地和半殖民地，中国是它们互相争夺的最后一块、也是最大的资源地。而这时的中国，沿袭了两千年的君主专制制度已到了奄奄一息的末日，统治当局腐朽无能，对外不足以御侮，对内不足以言治，其统治的合法性和统治的能力均招致怀疑。革命运动与改革的呼声，以及自发的民变接连不断。国家、民族的命运真的到了千钧一发之际，危机极端紧迫。先觉分子救国之心切，每遇稍具新意义的思想学说便急不可待地学习引介。于是西方思想学说纷纷涌进中国，各阶层、各领域，凡能读书读报者，受其影响，各依其家庭、职业、教育之不同背景而选择自以为不错的一种，接受之，信仰之，传播之。于是西方几百年里相继风行的思想学说，在短时期内纷纷涌进中国。在清末最后的十几年里是这样，五四时期在较高的水准上重复出现这种情况。

这种情况直接造成两个重要的历史现象：一个是中国社会的实际代谢过程（亦即社会转型过程）相对迟缓，而思想的代谢过程却来得格外神速。另一个是在西方原是差不多三百年的历史中渐次出现的各种思想学说，集中在几年或十几年的时间里狂泻而来，人们不及深入研究、审慎抉择，便匆忙引介、传播，引介者、传播者、听闻者，都难免有些消化不良。其实，这种情况在清末，在五四时期，都已有人觉察。我们现在指出这些问题并非苛求前人，而是要引为教训。

同时我们也看到，中国近代思想无比的多样性与复杂性呈现出绚丽多彩的姿态，各种思想持续不断地展开论争，这又构成中国近代思想史的一个突出特点。有些论争为我们留下了非常丰富的思想资料。如兴洋务与反洋务之争，变法与反变法之争，革命与改良之争，共和与立宪之争，东西文化之争，文言与白话之争，新旧伦理之争，科学与人生观之争，中国社会性质的论争，社会史的论争，人权与约法之争，全盘西化与本位文化之争，民主与独裁之争，等等。这些争论都不同程度地关联着一直影响甚至困扰着中国人的几个核心问题，即所谓中西问题、古今问题与心物关系问题。

中国近代思想的光谱虽比较齐全，但各种思想的存在状态及其影响力是很不平衡的。有些思想信从者多，言论著作亦多，且略成系统；有些可能只有很少的人做过介绍或略加研究；有的还可能因种种原因，只存在私人载记中，当时未及面世。然这些思想，其中有很多并不因时间久远而失去其价值。因为就总的情况说，我们还没有完成社会的近代转型，所以先贤们对某些问题的思考，在今天对我们仍有参考借鉴的价值。我们编辑这套《中国近代思想家文库》，希望尽可能全面地、系统地整理出近代中国思想家的思想成果，一则借以保存这份珍贵遗产，再则为研究思想史提供方便，三则为有心于中国思想文化建设者提供参考借鉴的便利。

考虑到中国近代思想的上述诸特点，我们编辑本《文库》时，对于思想家不取太严格的界定，凡在某一学科、某一领域，有其独立思考、提出特别见解和主张者，都尽量收入。虽然其中有些主张与表述有时代和个人的局限，但为反映近代思想发展的轨迹，以供今人参考，我们亦保留其原貌。所以本《文库》实为"中国近代思想集成"。

本《文库》入选的思想家，主要是活跃在 1840 年至 1949 年之间的思想人物。但中共领袖人物，因有较为丰富的研究著述，本《文库》则未收入。

编辑如此规模的《文库》，对象范围的确定，材料的搜集，版本的比勘，体例的斟酌，在在皆非易事。限于我们的水平，容有瑕隙，敬请方家指正。

《中国近代思想家文库》编纂委员会

目　录

导言 ……………………………………………………………………… 1

蒋百里卷

孙子浅说 ……………………………………………………………… 3

绪言 ……………………………………………………………………… 5

计篇第一　论军政与主德之关系 ……………………………………… 7

作战篇第二　论军政与财政之关系 …………………………………… 8

谋攻篇第三　论军政与外交之关系 …………………………………… 8

形篇第四　论军政与内政之关系 ……………………………………… 9

势篇第五　论奇正之妙用 ……………………………………………… 10

虚实篇第六　论虚实之至理 …………………………………………… 10

军争篇第七　论普通战争之方略 ……………………………………… 11

九变篇第八　论临机应变之方略 ……………………………………… 12

行军篇第九　论行军之计画 …………………………………………… 13

地形篇第十　论战斗开始之计画 ……………………………………… 13

九地篇第十一　论战斗得胜深入敌境之计画 ………………………… 14

火攻篇第十二　论火攻之计画 ………………………………………… 15

用间篇第十三　论妙算之作用 ………………………………………… 15

裁兵计画书 …………………………………………………………… 17

第一编 …………………………………………………………………… 19

第二编 …………………………………………………………………… 36

第三编　附录 ……………………………………………… 40

裁兵余意 ………………………………………………………… 62

国防论 ……………………………………………………… 65

第一篇　国防经济学 ……………………………………… 67

第二篇　最近世界之国防趋势 ………………………… 75

第三篇　从历史上解释国防经济学之基本原则 …… 94

第四篇　二十年前之国防论 …………………………… 102

第五篇　十五年前之国防论 …………………………… 118

第六篇　中国国防论之始祖 …………………………… 132

日本人——一个外国人的研究 ……………………… 143

绪言 …………………………………………………………… 145

一、几个自然条件 ………………………………………… 145

二、几段历史事迹 ………………………………………… 147

三、明治大帝 ……………………………………………… 148

四、欧战 ……………………………………………………… 150

五、固有的裂痕 …………………………………………… 151

六、军人思想之变迁 ……………………………………… 153

一〇、精神上的弱点 ……………………………………… 155

一一、黄金时代过去了 …………………………………… 156

一二、结论　物与人 ……………………………………… 158

这本书的故事 ……………………………………………… 159

文章 ………………………………………………………… 161

德国败战之诸因 …………………………………………… 163

中国之新生命 ……………………………………………… 167

如何是义务民兵制？ ……………………………………… 170

蔡松坡《军事计画》跋 …………………………………… 172

考察义国空军建设之顺序与意见 …………………… 175

速决与持久 ………………………………………………… 181

抗战的基本观念 …………………………………………… 184

抗战一年之前因与后果 ………………………………… 187

参谋官之品格问题 ·· 200

"知"与"能" ··· 204

半年计划与十年计划 ·· 208

蒋百里先生的最后意见 ··· 212

蒋百里年谱简编 ·· 214

杨杰卷

国防新论 ·· 223

第一篇　战争与国防 ·· 225

第二篇　近代国防的型式及其组织 ······································ 306

第三篇　如何建设中国国防 ·· 352

孙武子 ·· 377

第二章　孙子的战争思想 ··· 379

第三章　孙子的国防思想 ··· 387

第四章　孙子的政治思想 ··· 399

第五章　孙子的外交思想 ··· 403

第六章　孙子的经济思想 ··· 408

第九章　总结 ··· 412

军事与国防 ·· 415

第一章　总论 ··· 417

第二章　现代的国防 ·· 424

第三章　国防建设的方法 ··· 431

第四章　国防政策的决定 ··· 455

第八章　结论 ··· 465

文章 ·· 469

现代战争的特征 ·· 471

战争与文化 ·· 480

国防建设与建立现代化军备 ·· 485

人民的国防 …………………………………………………… 500

西北与国防 …………………………………………………… 507

重工业与国防 ………………………………………………… 510

日寇失败的规律 ……………………………………………… 515

怎样研究军事学 ……………………………………………… 518

杨杰年谱简编 ………………………………………………… 521

导　言

一

蒋百里（1882—1938），名方震，以字行，晚年号澹宁，浙江杭州府海宁州硖石镇人。中国近代军事理论家、军事教育家，国民党高级军事顾问。在近代有"天生兵学家"、"兵学泰斗"、"军事学之父"、"中国现代兵学开山祖"之称，又与杨杰合享"北蒋南杨"之美誉。1901年留学日本，4年后以全校之冠毕业于日本陆军士官学校步兵科。1906年赴德国研习军事。1912年任保定军官学校校长。1938年5月起代理陆军大学校长，11月，病逝于任上。追赠陆军上将军衔。

蒋百里博古通今，学贯中西，以其卓越的军事理论和军事教育成就闻名于世。他精通日、德、英、法四种外文，热切关注欧美和日本军事新技术、新理论、新制度，及时将相关书籍译出，在国内进行广泛传播和普及。他在中国传统兵学和西方军事理论之间进行沟通、融合，最终在古今中西之间构建起中国近代军事理论。他既注重对现实的应对，又致力于理论上的超越；既饱含民族热情，又富于科学理性。其主要著述有《孙子浅说》、《军事常识》、《裁兵计画书》、《国防论》、《新兵制与新兵法》、《蒋百里抗战论集》和《日本人——一个外国人的研究》等。代表作为《国防论》。其代表性学术观点是，在国防理论方面提出"总体战"，在战略思想方面提出对抗日"持久战"。

（一）融合与超越：构建中国近代军事学

蒋百里的突出贡献在于大量介绍近代西方军事理论，传播加强国防建设、抵御外来侵略的思想。20世纪前30年，中国军事学正处于新旧转轨之际，国人所了解的西方军事学还只限于军事技术的某些方面，对军事学术、军事理论、军事思想的研究还极薄弱。蒋百里致力于改变这种情况，在《孙子新释》、《孙子浅说》等著作中，开始以"六经注我"、"我注六经"的解读方式，沟通中国与西方的军事学。其所著《军事常识》、《国防论》等军事论著，则更加注重对西方军事科学与军事理论的翻译和介绍，推动了西方军事科学知识的传播普及，拓宽了中国近代军事学研究的新领域，推动它从融合、传播走向构建和超越。

蒋百里的《孙子新释》改变了宋元明清以来以校释为主的孙子学研究传统，不再过多地对原文进行校订和释义，转而注重对孙子思想原则的现代阐述。他大量引证战史和中西军事学理论，一方面印证孙子的思想，另一方面发挥孙子的兵学原理，开创了一种新的模式。在《孙子新释》中，他所引用的西方军事著作就有克劳塞维茨的《大战学理》（即《战争论》）、毛奇的《普法战史》和《普奥战史》，以及布鲁梅的《战略论》，并将这些军事论著的观点与《孙子》细加比较，致力于融会中西军事学说。

为了把握东西方军事理论的精髓，蒋百里在对《孙子》的解读中，常常以西方多种军事理论观点进行比较研究，体现出广阔的学术视野。比如，他在"兵者，国之大事"后，附注毛奇和克劳塞维茨对于战争的见解，然后评论道："兵之下即直接以'国'字，则为《孙子》全书精神之所在，而毛奇之力辟个人欲望之说（指毛奇认为现代战争已经超出个人欲望成为国家之事——编者注），伯卢麦之一则曰国民，再则曰国家之目的，皆若为其（指《孙子》的'兵者，国之大事'——编者注）批注矣，岂不异哉？"他还比较了多家关于战争的定义，择其精要而采之。毛奇的《普法战史》对战争的定义是："今日之战争，国家之事，国民全体皆从事之，无一人一族可以幸免者。"克劳塞维茨的《战争论》对战争的定义是："战争者，国家于政略上欲屈敌之志以从我，不得已而所用之威力手段也。"布鲁梅的《战略论》对战争的解释是："国民以欲遂行其国家之目的故，所用之威力行为，名曰战争。"他认为，三条注释中克劳塞维茨的解释最深刻明确，故采用这一条来注释战争。他说："战争为政略冲突之结果，是为近世战之特性。"并举例说明 1904 年的日俄战争、1914 年爆发的第一次世界大战，都是日俄和德英等国之间政略冲突的结果。①

---

① 参见蒋百里：《孙子新释》，第六篇，中国国防论之始祖。

　　从蒋百里的军事学术历程看，无论是清末倾慕鼓吹军国主义，还是北洋时期对国民自卫和义务兵役制度的提倡，以及 20 世纪 30 年代以后对国防理论的创建，都非常注重对西方战史战例、军事学说的引介和研究。这贯穿于他的整个军事学术活动，也成为他军事思想不断创新发展的重要动力。他对西方军事理论和军事科学的介绍，打破了自晚清以来中国军事学模仿日本和德国军事技术和军事体制的格局。自 18、19 世纪以来，法国、英国、美国、瑞士、意大利都形成了自己的军事理论和军事特色，世界军事科学开始了飞速发展。如果仅仅把眼光局限于日本与德国，难免狭隘，也不利于了解整个世界军事科学发展的趋势和其他国家先进的军事科学理论。蒋百里虽然在日本和德国学习军事，但他的关注范围并不囿于日、德，而是综合分析和研究世界上各种先进的军事理论与军事学说，博采所长，为我所用地介绍了法国军事家的理论与著述，介绍了瑞士和美国的义务兵役制，也介绍了意大利的空战理论。他根据普法战争的具体实际指出，普鲁士的佣兵制是最不经济的，而拿破仑的征兵制是最经济的，从而得出却隆霍斯脱确定的"义务兵役制"势在必行的结论。

　　蒋百里注重揭示中国传统兵学与西方近代军事理论能够相融相通的基本精神和根本原理。约米尼说："战争似乎与一千种因素有关。"军事学确实关系到大量复杂因素，但其中又蕴涵着最基本的可以把握住的因素。在蒋百里看来，《孙子》与西方近现代军事理论著作有最基本的相通之处，这就是它们都基于或符合科学精神。"即可见《孙子》之所谓天者，决非如寻常谈兵者之神秘说。"① "后人乃有以孤虚旺相等说解天字，而兵学遂入神秘一门。神秘之说兴，而兵学晦矣。"② 这就为中国传统兵学接受西方影响、实现自身近代化找到了内在的必然性。

　　这种"以《孙子》原著十三篇为经，以东西洋之现代军事学为纬，冶于一炉，但仍以关于《孙子》之原则为主"③ 的新模式，正是近代中国军事学创新发展的重要取向，使得中国传统兵学在"温故"中得到西方军事学之"新"。对此，民国时期兵学研究者陈启天曾给予中肯的评价。他说："民国初元，蒋方震首以现代兵学为《孙子》作新释，虽惜

①②　蒋百里：《孙子新释》，第六篇，中国国防论之始祖。
③　吴鹤云：《孙子兵法新检讨》，凡例，上饶，战地图书出版社，1940。

其书仅成第一篇，然从此为研究《孙子》者开一新途径，功殊不鲜。近年注释《孙子》之作，渐能温故知新者，殆多由蒋方震启之耳。"① 另一研究者陈华元也提到，蒋百里是"伪《司马法》著者、李靖、唐太宗后第四个真正明了《孙子》的人。……他的零散的偶然提到的说法均显露出真谛的所在，曾予本书以极大的暗示与助力。"②

特别值得强调的是，蒋百里在融合古今中西的基础上，着力构建中国的近代军事学。中国近代构建"独自兵学"的努力实际上自徐建寅在清末撰著《兵学新书》就已开始。但那时传入中国的西方军事学多限于军事技术和军事训练方面，因此《兵学新书》只吸收了西方军事学中偏重技术的内容，不能算是完整的近代兵学。到了民国时期，随着更多西方军事学理论的输入，经过与中国传统兵学的比较和融合之后，逐步具备了构建"独自兵学"的条件。蒋百里紧贴中国的国情，围绕中国国防的性质、目标、基础、道路等重大问题，把军事、政治、经济、人口、外交、历史、文化、哲学、道德、心理、教育等各种要素引入国防领域，初步构建起中国近代国防理论。③

他所撰写的《军事常识》体系较为完备，从形式到内容较为新颖，与此前众多的注释、汇辑、翻译类兵书相比，给人耳目一新之感。《军事常识》全书共八章，分别从政略与战略、国力与武力与兵力、义务兵役制、兵器、编制、教育和军政管理等方面，介绍西方各国、日本近代以来的军事理论和最近的军力情况，并结合当时中国的国情加以论述。该书以其对西方近代军事理论成果的全面介绍、对西方军事思想观念的甄别吸收和对中国军队与国防建设的基本原理以及相应的军事制度所作的大致符合实际国情的完整规划，改变了中国近代长期没有自己的军事理论著作的落后状况，成为中国近代军事理论的重要奠基著作。此后，他撰写出版《国防论》，进一步推动了中国近代军事学的构建，确立了自己"近代军事学的开山之祖"的学术地位。

（二）倡导以自卫为目的、积极防御的新国防观

蒋百里认为，国防因敌而设，练兵因敌而强，无论是国防还是军备都既要有强烈的忧患意识，又要有鲜明的针对性。他在《政略与战略》说："无兵而求战，是为至危；不求战而治兵，其祸尤为不可收拾也。

---

① 陈启天：《孙子兵法校释》，自序，上海，中华书局，1944。
② 陈华元：《孙子新诠》，序，上海，商务印书馆，1940。
③ 参见吴仰湘：《蒋百里思想研究》，北京，人民出版社，2012。

练兵将以求战也，故先求敌而后练兵者，其兵强；先练兵而后求敌者，其兵弱。征之中外古今之事，而可信者焉。"①

蒋百里所处在的 20 世纪初年的中国，正是强敌入侵、风雨飘摇的时代，20 世纪 30 年代日本全面侵华，军事和军事家站在了风口浪尖，承载着国家民族的命运。作为有强烈民族热情的军事理论家和战略家，蒋百里一方面从鸦片战争以来中国屡遭列强侵略的历史中深刻认识到国防的极端重要性，另一方面以十分敏锐的眼光审视中国国家安全环境，观察可能出现的威胁与挑战。根据当时中国的国际环境和周边军事形势，他判定中国的主要敌国是日本，明确指出："至于从中国现状言，吾侪所最感危险者，即邻近富于侵略性的国家。"② 他把日本作为中国的第一假想敌，表现出对日本侵略的高度警惕。早在 1922 年，他就预想敌从东北来，估计中国军队将与之"作战于直隶平原"③。次年，他进一步预想，"将来对日作战，津浦、平汉两线必然被敌军占领，现代国防应以三阳为根据地，即洛阳、襄阳、衡阳"，估计日本侵略军将蹂躏江淮平原乃至江南广大地区。这一预言被后来事实证明非常准确。

在应对外敌侵略方面，蒋百里在早年鼓吹过军国主义，但稍后即转而主张自卫国防。他认识到，战争是交战双方政略冲突的结果，政略是由国家根本利益、基本国策决定的，"故政略定而战略生焉，战略定而军队生焉"④。他提出，中国国防的基本方针，应当是实行"最适于自卫，最不适于侵略"的民兵制，"以自卫为根本原则，绝对排斥侵略主义"⑤，建设积极防御型的国防。他宣布，中国绝不奉行侵略扩张政策，但会誓死自卫，抵抗侵略。强调国民当以全体互助之精神，保卫祖宗遗传之疆土。"是土也，我衣于是，我食于是，我居于是，我祖宗之坟墓在焉，妻子之田园在焉。苟欲夺此土者，则是夺我生也，则牺牲其生命与之宣战。"⑥

(三) 以总体性战争为核心的全体国防论

在蒋百里看来，国防的手段和工具历来就多种多样，国防问题从来就不是一个单纯的军事问题，国家图存之道已经发展到了几乎无所不用

---

① 蒋百里：《国防论》，第四篇第一章，政略与战略（敌与兵）论战志之确定。
② 同上书，第五篇第二章，军国主义之衰亡与中国。
③ 蒋百里：《裁兵计画书》，第二编第七章。
④ 蒋百里：《军事常识》，第一章。
⑤ 蒋百里：《国防论》，第五篇第一章，裁兵与国防。
⑥ 同上书，第五篇第二章，军国主义之衰亡与中国。

的状况。战争的基本发展趋势是总体性特征不断强化，其作战领域远远超出武装斗争，经济、外交、文化、思想、心理等领域的作战，都成为其不可缺少的组成部分。"未来的战争不是'军队打仗'，而是'国民拼命'；不是一定短时间内的彼此冲突，而是长时间永久的彼此竞走。"① 准备和实施总体性战争（即全民族战争），是世界各国面临的基本任务和要求。一切现代国家的国防虽然都以军备为中心，但没有一个国家只重军事力量而不顾其他。因此，中国也必须建全体性国防，以全体性国防打赢总体性战争。

实行全民皆兵，进行全国动员。蒋百里认为，全体性国防首先就需要有强大的整体性国力。国力有三个元素，一为"人"，一为"物"，一为"组织"。他十分赞赏西方各国的全国皆战、全民皆兵。"有事之日，皆能倾其全国之力以从事于战争，可谓极人间之能事矣。"② 他大力倡导"军事生活与民事生活融成一片"的民兵制，要求在中国建立全民皆兵、寓兵于民的军队组织和国防制度，通过"即兵即民"制度实现军队与国民的密切结合，使护国之义务由全体国民共同承担，而不专责之于军人。他认为，要实行全民皆兵，就必须高度重视发挥国防组织的作用，形成强有力的国防动员体系。国防组织发达，无钱可以有钱，无人可以变为有人；相反，有钱可以变为无钱，有人可以变为无人。他把建立健全的国防组织视为中国国防的首要问题，通过组织建设提高国防管理能力和水平、实施国家总动员，借此把各种物质与精神的资源组织起来，充分发挥它们的作用。他还认为，政体和制度堪称国力综合体的"原动力"，应当大力改革政治，实行民主宪政和义务兵役制，使人民有参与政治之权利，也有保卫国家之义务，充分调动全体国民的国防积极性。

建立"既能吃饭，又能打仗"的国防制度。蒋百里主张，在国防建设中要贯彻"生活条件和战斗条件一致"的原则，使国防建设与国民经济配合一致，实现协调发展。具体说来，就是使国防经费的投入向有利于国民产业的方向发展，把军用和民用结合起来，使"一个钱要发生二个以上的作用"③，让国防开支发挥出最大效益。他认为，如果一块钱在四万万人中转一转，这一块钱就发生了四万万的作用，这样一方面可以带动国家经济发展，另一方面又可在一定程度上补救因国家贫穷无力

---

① 蒋百里：《国防论》，第二篇第四章，张译鲁屯道夫《全民族战争论》序。
② 同上书，第四篇第二章，国力与武力与兵力。
③ 同上书，导言 第一种。

从事大规模国防建设的问题。在具体的国防经济建设方面，他不反对举借外债以加快重工业建设，但强调要立足本国，主要依靠自己的人力、物力、财力。同时，要掌握先进的军事技术，重视新式武器的研制，争取站在世界的先进行列。从中国经济落后的状况出发，他还主张平时应把武器的研究与大量生产区别开来，研究唯恐落后，制造唯恐争先。粮食属于重要的战争潜力要素，战时的粮食充足供应对士气有着极大的关系，对于中国这样的人口稠密国家，农业务须求自足。国力之大小与国防交通发达程度关系至为密切，提高中国国防力，必须下大力改善国防交通布局。

加强国防教育，建立强大的"精神国防"。蒋百里认为，无形的精神因素在战争中远较有形的物质因素重要。"国力者，人力之集也。国力之要素，以国民之体力、智力、道德力为主，而道德力之左右于武力则尤大。"① "二十世纪之国防责任，乃不在精练之兵，而在健全之民。"② 他主张通过"文武合一"的办法提高国民与军队的素质，建议规定每个高中学生每年要接受两个月的军事训练，只有专门以上学校的毕业生才有担任军官的资格，从而达到兵民相通、寓兵于民的目的。对于军人，除进行军纪教育和军事知识教育外，还要特别提倡爱国主义教育，树立全军一贯的爱国心。

（四）以战略持久为核心的对日作战指导思想

蒋百里在判断日本是中国的主要敌对国家后，根据中日两国的实际情况，提出应当以战略持久战来指导对日战争。早在 20 世纪 20 年代初，他就明确提出，一旦中日双方爆发战争，"彼利急，我利缓；彼利合，我利分；彼以攻，我以守。此自然之形势而不可逆者也"③ "我侪对敌人制胜之唯一方法，即是事事与之相反。彼利速战，我恃之以久，使其疲弊。"④ 他反复强调，在这场持久战中，中国人民"不打则已，打起来就得用拖的哲学"，"把敌人拖垮而后已"⑤。蒋百里所谓的"拖"，就是对日采取持久消耗战略。

实行战略上的纵深防御，以空间换时间。蒋百里强调，对日作战

---

① 蒋百里：《国防论》，第四篇，国力与武力与兵力。
② 同上书，第五篇第二章，军国主义之衰亡与中国。
③ 同上书，第五篇第一章，裁兵与国防。
④ 同上书，第五篇第二章，军国主义之衰亡与中国。
⑤ 陶菊隐：《蒋百里先生传》，184 页，上海，中华书局，1948。

"应以整个全体的局势着眼",无须太关注一城一地之得失,在兵力部署上应坚持纵深防御,而不是采用一线制,使其不能集中兵力对我大举攻击。"彼之武力中心在第一线,我侪则置之第二线,使其一时有力无处用。"① 他在1923年提出的决战"三阳",就是典型的纵深防御。从地理上看,"三阳线"大致上是中国东部平原与西部山地的联结地带,按他的设想,只要固守此线,便能立足山川纵横、资源丰富的西部地区,与敌人展开持久消耗战。而敌人将在此线以东地区被迫分散,遭受损耗。蒋百里提出的持久战及"三阳线"决战的理论和构想,对蒋介石等产生了很大影响,并被采纳,成为中国对日作战的中心思想。1932年11月,蒋介石提出,强国之国防重边疆,取攻势;弱国之国防重核心,取守势。中国以弱对强,战时当努力经营长江流域,以掌握陇海铁路为第一要旨。1935年,蒋介石又决定未来的对日战略应将主要阵地放在长江以南与平汉铁路以西地区,以洛阳、襄阳、荆州、宜昌、常德作为抵抗日本侵略军的最后阵地。国民政府军事委员会制定的1936年《国防计划大纲草案》按照蒋介石的要求,以正式文件的形式将其确定下来,作为中国政府抗日战争的中心战略。

战略持久必须坚持坚韧,坚信能够取得最后胜利。蒋百里深入研究中华民族的历史和性格后指出:"我国家根本之组织,不根据于贵族帝王,而根据于人民;我国民军事之天才,不发展于侵略霸占,而发展于自卫。"在历史上"利用国民自卫之心以卫国,而无不有成"。"我华族的抵抗力有三千年的培养、五百年的锻炼,根基深厚,无论世界上哪一族也比不过。""这次抗战是三千年以前下的种子,经过了种种的培养,到现在才正当的发了芽,开了花,而将来还要结着世界上未曾有的美果。"② 他坚信,中华民族虽非以武力见长,民族历史不以武功著称,但却是世界上最富有抵抗力、自卫力的民族,绝不会亡在日本人的手里。所以,他公开宣称,对日作战"打不了,亦要打,打败了就退,退了还要打。五年、八年、十年总坚持打下去,不论打到什么天地,穷尽输光不要紧,千千万万就是不要同他妥协,最后胜利定是我们的"。他还在《国防论》扉页上郑重题词:"万语千言,只是告诉大家一句话:'中国是有办法的。'"他在《日本人——一个外国人的研究》一文中,

---

① 蒋百里:《国防论》,第五篇第二章,军国主义之衰亡与中国。
② 蒋百里:《抗战一年之前因与后果》,1938年8月至9月撰写。

揭露日本人性急、短视和悲观的性格，以寓言形式告诫中国军民"胜也罢，败也罢，就是不要同他讲和"。此文 1938 年 8 月在汉口《大公报》连载，顿时风靡全国，成为抗战的名言。

战略上的防御，必须坚持战术上的攻势作战、机动作战。1938 年，蒋百里写出了《速决与持久》这篇极富战略价值的论文。他说："全民战争的痛苦是太深了，负担是太重了，所以政治家对于民众的要求虽为持久，军事家对国家的义务则取速决。"强调中国的抗日战争，战略上要持久，实际作战则必须"讲究速决之道"。并且认为，要"以持久为目的，须以速决为手段"，"不速则不久"。为了战略上能够持久，也为了作战上能够速决，他又提出"应以增加运动性为唯一条件"，"想法使军队的运动性增加"，大量进行运动战。他还主张开展游击战，在北方敌占区进行大规模的游击战，在南部及沿江沿海地区开展新式游击战。蒋百里对抗日战争进攻与防御、速决与持久等关系的较为辩证的论述，使持久战战略更加系统化、理论化。

总之，文武兼备、独树一帜的蒋百里在史学、哲学、文学、艺术、外交等多领域视野下对军事学进行了聚焦和拓展，又紧贴中国实际对国防现实问题进行了深入探讨，形成了大致可以代表那个时代水平的国防理性认识。他被誉为"文艺复兴时代的典型人物"，像达·芬奇"那种根本意义上的才华横溢"。他清晰地向世界展示了战略素养的培养，更多地不在军事之内，而在军事之外。

此次本卷所收文稿，除特别注明外，均依《蒋百里先生全集》（台北，传记文学出版社，1971），间加以校注。

二

杨杰（1889—1949），字耿光，云南大理人，陆军中将，加上将军衔。著名军事理论家、军事指挥家和军事教育家，杰出的爱国民主人士。1907 年被清政府选送入日本陆军士官学校预备学校学习，1909 年在日本加入同盟会。1911 年回国参加辛亥革命。1912 年 5 月任沪军威武军第一团团长，授上校军衔。1913 年任黔军团长、旅长。1914 年任云南讲武堂骑兵科科长兼日语教官。其后投身护国战争，相继出任护国军支队长、纵队司令、军参谋长等职。1916 年 6 月授中将。1917 年任靖国联军第四军参谋长、靖国联军中央军总指挥兼泸州卫戍司令等职。

1921 年再次东渡日本，任云南留日陆军学生监督。旋自费考入日本陆军大学深造，学习中外战争史及有关历史、地理、战略、战术等方面知识，军事理论水平有很大提高，以全班第一名成绩毕业。1924 年回国后先任职国民军，后转任国民革命军第六军总参议、国民党军事委员会常务委员会办公厅主任等职，参加北伐战争。1930 年中原大战中，担任蒋介石的总参谋长。1932 年 1 月任军事委员会参谋次长兼中央陆军大学校长，后以蒋介石自任陆军大学校长而改任教育长。他目睹日军不断扩大对中国的侵略，加紧军事理论研究，力图变革军事现状，建设强大的国防以拯救民族危亡。1933 年兼任国民政府国防军备专门委员会委员。1933 年年底至 1934 年率团赴欧洲各国考察军事。1937 年晋升陆军上将。1938 年至 1940 年年初，任中华民国特命全权驻苏大使，积极争取苏联援助中国抗日军事物资。1940 年回国后专注于国防问题和军事理论研究。1948 年，与李济深等组织成立中国国民党革命委员会。因同情共产党，反对蒋介石发动内战，1949 年 9 月 19 日在香港被蒋介石亲自下令暗杀。

　　主要军事著述有：《欧洲各国军事考察报告》、《国防新论》、《孙武子》、《军事与国防》、《现代战争》、《大军统帅学》、《战争抉要》、《国民军事必读手册》、《军事防空指导要领》等。其中，《国防新论》为其代表作。①

　　(一) 宏大前瞻的战略视野

　　与较为纯粹的军事理论家蒋百里不同，杨杰既有深厚的军事理论素养，又有丰富的军事实践经验。早在辛亥革命期间，杨杰就展露出过人的军事指挥才华。因战功卓著，年仅 32 岁即晋升中将军衔。但他高度重视理论深造，宁愿自降军衔考入日本陆军大学学习军事理论。另一方面，他又不囿于军事一科，而是广泛涉猎政治、经济、文化、外交等各方面的知识，因而在分析问题时具有宏大的战略视野和通盘考察的全局眼光，屡次对战局和战势作出准确预测和前瞻。

　　1931 年九一八事变爆发，很多人都认为这只是一起偶然事件。当事人之一张学良在战后曾如此描述他当时的反应："当时我没想到日军会那么蛮干，我以为他们绝不会这样做。我觉得日本是要以这种军事行动来挑拨我们，因此我下令不要抵抗。我希望和平解决这个事件。"②

---

　　① 杨杰的军事著述汇编，见严则敬等主编：《杨杰将军文集》，全三册，昆明，云南民族出版社，2011。

　　② ［日］臼井胜美：《张学良与日本》，陈鹏仁译，117～119 页，台北，联经出版公司，1994。

杨杰则不仅敏锐地洞察到这并非"地方事件"，而且也不对"国联"抱有幻想，他坚决主张抵抗侵略。事后证明，九一八事变确实是日本对中国东北地区蓄谋已久的军事行动。

在抗日战略上，杨杰曾提出在中苏边境布置重兵，挑拨日本和苏联发生战争，以及在南线克复广州，引导日军向南发展和英、美对立的宏大战略构思。虽然这一天才性的战略设想未能实现，但足以显示杨杰恢宏的战略视野。

1933 年年底，蒋介石派杨杰前往欧洲 29 国考察。回国后，杨杰撰写了《欧洲各国军事考察报告》，强调中国要大力加强重工业建设，实施以国防工业为重心的计划，否则世界战端一开，各国自顾不暇，敌军封锁我海岸，届时虽以万金不能求御敌之武器。杨杰还详细阐释航空母舰在未来战争中的作用，以及中国需采取的应对措施，并提出中国应以空军配合海军进行近海防御的主张。需要注意的是，杨杰发表这一见解时，世界军事史上还没有任何有关航母的战例。直到第二次世界大战爆发，英国才开始首次使用航母作战。在 1941 年的珍珠港事件中，日本进一步展示了航空母舰的巨大威力。杨杰能够提前 8 年预测到日本对航空母舰的使用，并提出相应的应对措施，不能不说具有远见卓识。

1941 年 6 月，希特勒撕毁《苏德互不侵犯条约》，对苏联发动了突然袭击。考虑到之前德国在不到一年内就相继占领了波兰、丹麦、挪威、比利时、荷兰、卢森堡和法国，多数人对苏联不抱乐观态度。果然，开战不久，苏联即接连受挫，丧失大片领土。开战 3 周后，复旦大学文摘社组织了"苏德战争"座谈会，杨杰应邀发表讲话。他一反众人对苏联的悲观态度，对苏德战争及德国的未来走向作出了惊人的准确预测。他不仅指出了"德国要完全打败苏联，力量不足"[1]，而且预测战争结局是 1918 年战争结局的"重演"，"希特勒或至自杀"。另一方面，他又谨慎指出，"整个消灭德国要作两年的打算"，英、美需要和苏联合作作战，并认为欧洲的新战场一定要产生，"解决日本是较后的事情"。后来的战争进程可以说几乎完全吻合杨杰的预测。

1946 年，蒋介石撕毁《双十协定》，悍然发动了内战。蒋介石的总参谋长陈诚召集记者谈话，大放厥词："国民党有足够的力量，只要 3

---

[1]　杨杰：《苏德战争谈话》（1941），载《文摘战时旬刊》第 84、85 号合刊附册，转引自杨德慧：《论杨杰〈评苏德战争〉》，载《云南师范大学学报》（哲学社会科学版），1986（6）。

个月的时间就可以击溃共军主力，5 年完全肃清残余。"不久，《重庆日报》记者访问杨杰，要他对陈诚的讲话发表意见。杨杰说："我没有多大见解，但我的看法，共产党有广大的群众基础，要 3 个月打垮主力，5 年肃清是办不到的。我认为 10 年打不垮，百年肃不清。"日后的历史完全证明了杨杰的判断。

（二）辩证超越的军事思想

到 20 世纪 40 年代时，中国近代军事学人对西方各国重要的军事学理论都已有所掌握，如意大利杜黑的空军决战论，英国富勒的机械化战争论，美国马汉的海权论，德国希特勒的闪击战论，以及俄国基古勒的继续战略论等。唐子长的《抵抗的国防论》中提到的西方军事学论著就包括：拿破仑的《战争定理》（*Maxims of War*）、克劳塞维茨的《战争论》、若米尼的《战争艺术概论》、马汉的《海权对历史的影响》、Bern-hardi 的《今日之战争》（*War of Today*）、Hamley 的《作战学》（*Operation of War*）、Handerson 的《战争学》（*Science of War*）、恩格斯的《战争与军队》（*War and Army*）、福熙的《战争原则》、富勒的《战争科学的基础》（*Foundations of the Science of War*）、Maurice 的《大不列颠战略》（*British Strategy*）等。由此可见，此时的中国军事学人在学理上已经做好了充分的准备。

但是，为了解决当时中国的国防问题，必须将西方军事学理论的一般性与中国实际情势的特殊性相结合才行。杨杰在《国防新论》中深刻认识到了这一点："适合生存竞争的需要，是国防的一般性；适合自身的需要，是国防的特殊性。缺少一般性的国防，名之曰'落伍的国防'；缺少特殊性的国防，名之曰'盲目的国防'。"[1] 杨杰对于新兵学的时代性亦有清醒的认识："《国防新论》产生在资本主义社会发展到最高阶段社会主义国家业已抬头的今天，它所反映的是农业机械化和工业电气化的时代。因此，在观点上以及内容上，《国防新论》与孙子和克劳塞维兹的著作是不同的。它所以较《孙子兵法》和克氏《战争论》为进步，完全是社会进步所产生的结果。"[2]

在这种思想指导下，杨杰大胆对克劳塞维茨的"战争是政治的继续"这一著名论断进行了创新。杨杰的创新首先得力于鲁登道夫。鲁登

---

[1] 杨杰：《国防新论》，41 页，上海，中华书局，1946。以下未特别注明的，均为该版本。

[2] 同上书，3 页。

道夫第一个公开反对克劳塞维茨关于战争从属于政治的观点。他认为："战争的本质发生了变化，政治的本质也发生变化，政治与战争的关系也将随之发生变化。克劳塞维茨的全部理论应被推翻。战争和政治服务于民族的生存，但战争是民族生存意志的最高体现，因此，政治应为作战服务。"①

在克劳塞维茨和鲁登道夫两种对立观点的启发下，杨杰首先指出克劳塞维茨的观点不适应时代需要了："全国总动员的战争观念，把克劳茨维兹的原理颠倒过来了。'战争是用着政治手段以外的政治的继续'，已经是落伍的说法，政治不过是用另外一种方法来继续上次战争并准备新战争的手段罢了。政治应当配合战争。"② "'战争是政治的继续'这句话不能够解释现实，'政治本身就是战争的一种手段或战前的另一侧面'才是客观的真理。"③

然后，杨杰又指出鲁登道夫的观点也是片面之论，并给出了更加全面的论断："克劳茨维兹和鲁登道夫都没有把握住战争的全部真理，他们两个人的见解，在不同时间、不同空间的人看来，全是一偏之论。根本上，军事、政治、经济、文化都是国防组织的一种元素，都是民族生活的一种方式。它们互相隶属，互相渗透。……在战争爆发之前，政治组织决定军事组织，可以说军事附属于政治。等到战争爆发以后……政治组织必须适应军事的需要，把平时组织变为战时组织，可以说政治附属于军事。"④

在主权遭到敌国威胁，国内又并存多个政权的情况下，一致对外抗战是最高目的，这个目的即可以看做最高的政治日的，也可以认为是战争目的。国内政权各自的政治目的都应服务于这个最高目的，在这个意义上，政治应服从于战争。可见，杨杰的观点是符合当时中国结成最广泛的统一战线、积极抗战救亡图存的客观实际的，是应时代需要而作的重大理论创新。

另一方面，杨杰的战争—政治观也可以看做对孙子战争—政治观的继承和发展。在孙子那里，战争和政治是互为手段和目的的，没有谁决定谁的问题。孔子的"不战而屈人之兵"实际上是让政治服务于军事，

① ［德］鲁登道夫：《总体战》，戴耀先译，11 页，北京，解放军出版社，1988。
② 杨杰：《国防新论》，77 页。
③ 同上书，100 页。
④ 同上书，287～288 页。

其思想基础是泛战争观（政治也是一种战争手段）。尽管杨杰本人可能没有意识到这一点，但中国古代兵学思想中把政治、经济、军事等都看做相互关联（不是单向决定）的有机观点无疑潜在地影响了他。

考虑到杨杰曾出使苏联，其思想可能也受了苏联军事学的影响。苏联一些军事学家也公开挑战克劳塞维茨的观点。例如，苏军元帅图哈切夫斯基认为，在国内战争的过程中，政治不能干预战略，并断言政治只影响战争的准备阶段，而在战争过程中应从属于战略。另一位苏军将领彼德罗夫斯基则声称："接受克劳塞维茨战争是政治继续的公式是一个重大的错误。"①

（三）系统科学的国防理论

众所周知，蒋百里被誉为"中国近代军事学的开山之祖"，其《国防论》是中国近代军事学的经典之作，成为中国近代军事学的里程碑式的军事著作。然而，《国防论》并不是一本严格意义上的逻辑严密的系统专著，而更像是一本论文集，这从该书目录中不难看出。因此，此时的中国军事学尽管有独立的思想，却没有系统的理论。中国独自军事学的系统化是到杨杰的《国防新论》才初步形成的。

学术的系统化首先表现在对概念的界定上。蒋百里的《国防论》虽名为"国防论"，却并未对"国防"一词给出界定。杨杰的《国防新论》则自觉地完成了这个任务。作者特别强调："在研究一个问题的时候，首先应该对于自己所研究或阐明的主题，给它一个明确的界说或概念。"② 尽管作者认为下定义很难，但仍"感觉到有给'国防'下一个定义的必要"③。

蒋百里的《国防论》各章之间是松散的平行结构，相互之间没有明显的逻辑关联。杨杰的《国防新论》则按照"认识论"、"本体论"和"方法论"将其理论体系分为三个部分，分别论述了一般国防理论、现代国防的形式和组织以及建设中国国防的方略，体现了从一般到特殊、从理论到应用的逻辑顺序，因此杨杰说他的《国防新论》"是一本国防科学 ABC"④。

杨杰还明确区分了军事学与国防科学。他认为："国防已经成为一

---

① 夏征难：《"战争是政治的继续"论述的历史演进》（上），载《军事历史研究》，2003（2）。

②③ 杨杰：《国防新论》，9 页。

④ 杨杰：《国防新论》，三版自序。

种独立的科学，它脱胎于军事科学，却和军事科学两样。它是综合一切科学的科学，将一切科学组织起来，为达到国家生存发展的目的而协同动作。而军事科学的任务是在发展战争理论，研究战术战略。"① 这里，杨杰认识到了国防科学与军事科学在研究目的和研究对象上的不同。杨杰对国防科学的认识主要受德国军事学家班斯的影响。杨杰引用班斯的话写道："国防科学并不就是军事科学。它并不教导将领们如何打仗，也不教导军官如何训练新兵。它的课程，首先最要紧的是讲给全体人民听。它的目的在训练群众具有英雄和战斗的心理，使他们了解近代战争的性质和先决条件。"②

在系统科学的国防理论武装下，杨杰对《孙子兵法》的解读也比前人显得更加系统全面，也更具超越性。尽管蒋百里的《孙子新释》开创了以西方军事学理论诠释中国兵学经典的研究范式，但仍然是"我注六经"的传统模式，以《孙子》的原始文本为主，以"我"的现代解读为辅。杨杰的《孙武子》则跳出了"我注六经"的传统模式，在"我注六经"的同时也不忘"六经注我"。所谓"六经注我"，就是以"我"的思想脉络为主，《孙子》的原始文本反而成了"我"的思想和理论的注释。这从杨杰的《孙武子》的目录即可窥一斑：

第一章　孙子的一生
第二章　孙子的战争思想
第三章　孙子的国防思想
第四章　孙子的政治思想
第五章　孙子的外交思想
第六章　孙子的经济思想
第七章　孙子的战术思想
第八章　孙子的组织思想

同时期甚至稍后的民国《孙子》研究著作（例如李浴日的《孙子新研究》）多采用《孙子》原本的篇章结构，在此结构的基础上注释发挥。而杨杰的《孙武子》则完全采用了自己的国防理论框架，以自己建立的理论框架为依托，在阐释《孙子》的同时也阐发自己的军事思想和国防理论。尽管这种"六经注我"的模式现在看来已稀松平常，但在当时却是大大超越前人之举。

---

①② 杨杰：《国防新论》，三版自序。

也正是在系统科学的国防理论的指导下，杨杰主张设立国防大学以代替陆军大学。他认为："现在的战争，不是兵与兵的战争，而是国与国的战争，是交战国国力的总决赛。"① 由于现代战争是一体性的战争，各兵种要协同作战，因此陆军大学已担负不了这样复杂的任务，必须代之以国防大学。

（四）以持久战为核心的战略战术思想

杨杰认为，中国处于被日本侵略的地位，而且国力特别是军事技术水平不如日本，中国的国防属于战略防御性的守势国防，必须立足于持久战。他基于"现代的战争是全体性的国力战"的根本原理，坚持持久战的关键在于平时积蓄"战争潜力"，并把潜力解释为人力、物力、工业的生产力加入军事组织并在战争中发生效用的全部力量。他说，中国有丰富的资源，有庞大的人力后备，如能运用科学的力量把中国由农业国推上工业化的道路，中国的巨大战争潜力就能发掘出来。而拥有巨大潜力，一旦遭敌突然袭击，只要初期能支持得住，拖得时间久了，抓住有利时机转入反攻，就会由被动转为主动。他强调，要充分利用中国的战略空间，以空间换时间，实现力量对比的转换。认为只要这样，中国就一定会愈战愈强，而日本则愈战愈弱，最后胜利必属于中国。

为了有效支撑战略持久作战，他提出要建立稳固的后方战略基地（亦称"国防中心"）。认为在当时条件下，中国的国防建设中心地应当是四川。四川有"天府之国"之称，物产丰饶，东接湖北，西通康藏，北濒陕甘，南扼滇贵，四周高山环抱，江流湍急，这种天险的形势，极利于采取守势国防。提出要依托四川奠定国防基础，再来驱逐敌人收复失地。

杨杰强调，战略进（反）攻必须慎之于始，切不可打无准备之仗。而在行动上又必须迅速突然，快速集中，快速展开，从时间上不给敌以喘息之机。战略的运用，要"注重在机动性的发挥和适应"②，强调要"以动制动"。

在攻防作战基本战术上，杨杰强调进攻应用优势之兵力和优势之火力，选择敌之弱点而攻击，至少有正、侧两面攻击，兵力充足时应采用包围迂回战法。防御作战应利用时机，变更防御，而转为攻击。反对

① 杨杰：《国防新论》，61页。
② 杨杰：《国防新论》，见《杨杰将军文集》（一），245页。

"徒博战胜之名"的击溃战，主张举强敌而尽歼灭之的歼灭战。他具体论述了战术应用的三种情况：在优势兵力情况下，必须用全力压迫敌人，以求速战速决；在均势兵力情况下，必须争取决战地点和决战时间的优势，以博得胜利，可以速则速，可以久则久；在劣势兵力情况下，必须保全实力，逃避决战，用拖的办法，赢得一段时间，使劣势拖成均势，均势转为优势，再予敌人以致命的打击。就作战理论而言，杨杰明显超出了蒋百里的有关认识，体现了他更具军事实践家的特色。

杨杰既是一位高瞻远瞩的理论家，又是一位脚踏实地的实践家，其战略思想既具理论前瞻性，又有现实可行性，是民国时期当之无愧的"军学泰斗"。

全书需要说明的是：

本书所收文稿中凡属明显错字，以〔〕内之字改正之；明显脱字，以〈〉内之字补充之。

蒋百里卷

孙子浅说

1914 年，蒋百里始著《孙子新释》，在《庸言》杂志逐期发表。并与刘邦骥合著《孙子浅说》，1915 年由上海教育书店铅印出版，首为"大元帅批令"。此后，该书多次重印，如：1934 年上海大中书局重印本，1991 年 6 月江苏广陵古籍刻印社据以影印；1939 年中央陆军军官学校研究班铅印本。也有多个改印本，如：1927 年太原文尉阁印本，改题为《孙子新诠》；1940 年成都八一三印刷所铅印本，改题为《孙子兵法新注》；1943 年长春益智书店铅印本，题"编辑人朱焰"。本编收其绪言及十三篇概论，《孙子》原文及注释从略。

绪言

古之治孙子学者，盖亦众矣。《隋书·经籍志》所载，自曹公外有王凌、张子尚、贾诩、孟氏、沈友诸家。《唐志》益以李筌、杜牧、陈皞、贾林诸家。马端临《经籍考》又有纪燮、梅尧臣、王晳、何氏诸家。《宋·艺文志》，又益以朱服、萧吉、宋奇诸家。纪文达编《四库全书总目》，兵家类存目尚有《孙子参同》五卷，不箸撰人姓氏，杂采曹公、李筌、杜佑、陈皞、贾林、孟氏、梅圣俞、王晳、杜牧、何延锡、张预、解元、张鏊、李材、黄治徵十五家之说。又有郑端《孙子汇征》四卷。此二书，皆不传。惟宋吉天保所辑之《孙子十家会注》最为善本。十家者，魏武、李筌、杜牧、陈皞、贾林、孟氏、梅圣俞、王晳、何延锡、张预也。《十家注》内，又有杜佑之说。盖杜佑作《通典》引用《孙子》而参释之，非注也。又"道藏本"有郑友贤《孙子遗说》一卷，又明人茅元仪《武备志》中有《孙子兵诀评》一卷，明人赵虚舟有《孙子注》一卷，合而观之，则二十余家矣。故居今日而谈兵学，当以《孙子十家注》为善本，而参观诸家之说，庶乎近之。然初学苦其繁难，且各家亦互有异同，初学靡所适从。爰仿黄廉访（云鹄）《学易浅说》之例，作为《孙子浅说》。言取其近，旨取其约，使初学易于毕业而已。若欲深造自得，则《十家注》原本及诸家刻本具在，可取而研究之也。

十家之注，不可谓不详且尽矣。有精于义理者，有精于训诂者，有精于考据者，通训定声，引经据史，博赡鸿富，灿然杂陈。然学者恒苦其汗漫无涯，莫得其纲领，难寻其条目，几如一屋散钱，无从贯串，亦读《孙子》者之大憾事也。惟张预于每篇题目之下间亦记其编次之意，然不能曲尽其妙。兹编分门别类，提要钩玄，揭其纲领，列其条目，必使全书脉络贯通、气息条畅。庶几读《孙子》者，不苦其繁冗，不厌其重复。而孙子当日含毫吮墨、惨淡经营之奥旨，或可微窥其一二也。

十三篇结构缜密，次序井然，固有不能增减一字，不能颠倒一篇者。计篇第一，总论军政，平时当循正道，临阵当用诡道，而以妙算为主，实军政与主德之关系也。第二篇至第六篇，论百世不易之战略也。第七篇至第十三篇，论万变不穷之战术也。作战第二，论军政与财政之关系也。谋攻第三，论军政与外交之关系也。形篇第四，论军政与内政之关系也。势篇第五，论奇正之妙用也。虚实第六，论虚实之至理也。此二篇，皆发明第一篇之诡道也。军争第七者，妙算已定，财政已足，外交已穷，内政已饬，奇正变术已熟，虚实之情已审，即当授为将者以方略，而战斗开始矣。九变第八，论战斗既起，全在乎将之得人，乃能临机应变，故示后世以将将之种种方法。九者，极言其变化之多也。行军第九，论行军之计画也。地形第十，论战斗开始之计画也。九地第十一，论战斗得胜，深入敌境之计画，故以深知地形为主。地形之种类，不可枚举，故略举其数曰九也。火攻第十二者，以火力补人力之不足也。用间第十三者，以间为诡道之极，则而妙算之能事尽矣。非有道之主，则不能用间，而反为敌所间，可见用间为妙算之作用也。准此以读十三篇，若网在纲，有条不紊，不能增损一字，不能颠倒一篇矣。

十三篇各家注本，传写异辞。兹编以孙渊如先生校勘本为主。盖以孙氏尝用古本亦正其文，而当时又与吴念湖太守及毕恬溪孝廉互相商确〔榷〕。虽其间亦有明知其传写之误，不若明人茅元仪、赵虚舟刻本之善者。如"蒋潢井生"四字，茅本、赵本均作"潢井四五者"五字，茅本作"此三者"。而孙氏当日曾见明人刻本，亦未尝改正，则亦姑存疑而已。

谈兵之法，自以求之史例为主。是以十家中，如杜牧、何延锡、张预诸君，均详征史事，以为证此千古不易之法也。兹编以贯串为主义，务使学者知其类别，明其条理，故史证一概从略。因十家注中举隅已多，而赵虚舟注本亦复引类甚繁，学者触类而旁通之，则亦不可胜用也。

《中庸》三十三章，亦如一屋散钱，非得朱子析其类别，示以条理，则几乎不知其命意之所在。兹编窃取斯意，亦未知有当万一否也。

十三篇字字精审，读其书者，但当求其义理，通其训诂，参以考据，而不可有所攻击，此定理也。然用间篇末，以伊吕为汤武之间谍，似未雅驯。宜乎赵虚舟氏，谓其一言以为不知也。因详加辩论如下，亦正人心、厚风俗之意而已。

黄廉访《学易浅说》，历征前贤之说，合于孔子者，录而存之，否则不录，亦不置辨。兹编对于各家注解，亦本斯意，凡合于孙子之微言大义者，存之，或全录其文，或节取其义，或参合数家之说，联缀成文，以便诵习。不合者不录，亦不置辨。间亦窃附己意，有为前人所未发者。极知僭逾无所逃罪，然为羽翼《孙子》于新学说萌芽时代，亦使今之学者知新学之知识，皆不能出前贤范围也。

计篇第一　论军政与主德之关系

（管子曰：计先定于内，而后兵出于境。故用兵之道，以计为首也。）

此一篇，论治兵之道，在于妙算。而以"主孰有道"一句为全篇之要旨。盖主有道，则能用正道，亦能用诡道，无往而不胜矣。所以篇末，即专重于妙算也。宜分为四节读之。自首至"不可不察"为第一节，总论兵为国之大事，死生存亡所关，不可不察。自"故经之以五校之计"至"必败去之"为第二节，论治兵之正道。自"计利以听"至"不可先传也"为第三节，论用兵之诡道。自"夫未战"至末为第四节，总论胜负之故，仍以妙算为主，惟有道之主，而后妙算胜也。

作战篇第二　论军政与财政之关系

（王晳曰：计以知胜，然后与战，而具军费犹不可以久也。）

此一篇，论军政与财政之关系。凡作战之道，宜速不宜久。故以"久"字为全篇之眼目，治军者所当深戒也。宜分四节读之。自篇首至"其用战也胜"为第一节，论军之编制及饷需也。自"久则钝兵挫锐"至"十去其六"为第二节，论军久则财匮也。自"故智将"至"益强"为第三节，论军胜则可以得敌之财，而节省己之财也。末则大书特书曰：兵贵胜，不贵久，民命所关，国家安危之所系也。故曰：此一篇论军政与财政之密切关系，不可不慎也。

谋攻篇第三　论军政与外交之关系

（王晳曰：谋攻敌之利害，当全策以取之，不锐于伐兵攻城也。）

此一篇，论军政与外交之关系。军政者，外交之后盾；而外交者，军政之眼目也。以"知彼知己"四字为全篇之归宿。知己者，军政也；知彼者，外交也。无军政，不可以谈外交；无外交，亦不能定军政之标准也。全篇宜分为六节读之。第一节，自首至"善之善者也"，论谋攻之本源。军政修，自然无外患，此谋攻之根本问题也。第二节，自"上兵伐谋"至"攻之灾"，论谋攻之巧拙，均视乎外交，外交得则军政得，外交失则军政失也。第三节，自"善用兵者"至"大敌之擒也"，论谋攻之利害方法，悉以外交为眼目也。第四节，自"夫将者"至"乱军引胜"，论不知谋攻之要旨，则外交失败，而诸侯之师至矣。第五节，自"知胜有五"至"知胜之道"，实以外交之眼光心力定军政之因革损益也。第六节，大声疾呼曰，"知彼知己，百战不殆"，以见谋攻之要旨，其本源实系乎外交。此全篇之大旨也。

形篇第四 论军政与内政之关系

（杜牧曰：因形见情，无形者情密，有形者情疏；密则胜，疏则败也。）

此一篇论军政与内政之关系，以修道保法为一篇之主脑。其以形名篇者，有有形之军政，有无形之军政。有形之军政，即兵器、战备、营阵、要塞之类是也；无形之军政，即道与法是也。而道与法皆内政之主体，故曰此篇为军政与内政之关系也。宜分四节读之。第一节，自首至"不可为"，论军政当以修道保法为不可胜之形，此所谓无形之军政也。第二节，自"不可胜者守也"至"全胜也"，论有形之军政，无论攻守，苟能修道保法，均可以全胜也。第三节，自"见胜不过"至"而后求胜"，论无形之军政，在乎胜易胜之敌，在乎胜已败之敌也。所谓"先胜后求战"者，此也。第四节，自"善用兵者"至末，始将修道保法揭出，以见无形之军政，全系乎内政也。

势篇第五　论奇正之妙用

（曹公曰：用兵任势也。）

此一篇，发明第一篇因利制权及诡道之义也。财政、外交、内政均已修明，然后可言用兵，故首篇谓五校、七事均已详备，然后为之势以佐其外。势者，即诡道也。然诡道之界说有二：一曰奇正，一曰虚实。此篇专论奇正之诡道，以"兵事不过奇正"一句为一篇之纲领也。分四节读之。自首至"孰能穷之哉"为第一节，论势有奇正虚实，而以"战势不过奇正"一句为主脑。可见"奇正"二字，即势之确诂也；"虚实"二字，即于次篇发明之。自"激水之疾"至"如发机"为第二节，论势之形状，所谓能近取譬也。自"纷纷纭纭"至"以卒待之"为第三节，论用势之方法，仍第一篇诡道十二种之意也。自"战者求之于势"至末为第四节，论势为作战之本，特揭明"择人任势"四字以结束之，而复取木石以形容之也。

虚实篇第六　论虚实之至理

（杜牧曰：夫兵者，避实击虚，先须识彼我之虚实也。）

　　此一篇，承上篇而发明虚实之利，仍第一篇之诡道也。上篇以分数形名为奇正之本体，而以虚实为奇正之妙用。故上篇以"战势不过奇正"一句为主，极力发明奇正之利。此篇即以"避实击虚"一句为主，以"致人而不致于人"一句为全篇之枢纽，极力发明虚实之利，仍不外乎诡道而已。宜分四节读之。第一节，自首至"不致于人"，总论虚实之妙诀，在乎"致人而不致于人"，而以"先后劳佚"四字为虚实之作用。全篇大旨尽于此矣。第二节，自"能使敌人"至"可使无斗"，论虚虚实实之种种方法，其要诀仍在"致人而不致于人"也。第三节，自"故策之"至"应形于无穷"，论善战者能详审乎虚实之理，而以无形为制胜之形，则虚实之义蕴毕宣矣。第四节，自"兵形象水"至末，论虚实之用，神妙莫测，如水，如五行，如四时，如日月，千变万化，不可方物，盖极力形容之也。总之，不离乎诡道者近是。

军争篇第七　论普通战争之方略

　　（曹公曰：两军争胜。）
　　此一篇，论两军争胜之道也。庙算已定，财政已足，外交已穷，内政已饬，奇正之术已熟，虚实之情已审，即当授为将者以方略，而从事战争矣。宜分六节读之。第一节，自首至"军争为危"，言军争之总方略，在乎占先制之利也。第二节，自"举军"至"地利"，言军争虽以争先为第一要义，然而辎重、粮食、委积、敌谋、地形、乡导六者，亦不可不顾虑也。第三节，自"兵以诈立"至"此军争之法"，论军争之动作也。第四节，自"军政曰"至"变民耳目"，言治众之法也。第五节，自"三军可夺气"至"治力"，言治气、治心、治力之法也。第六节，自"无要正正之旗"至末，"皆言治变之法也"。

九变篇第八　论临机应变之方略

（王晳曰：九者，数之极，用兵之法，当极其变耳。）

此一篇，论为将者，当极其应变之能事，故亦以将受命于君发其端，言为将者既受君之种种方略，尤不可不极其变通，故略引古之战斗原则。关于地形者，曰圮地无舍，衢地交合，绝地无留，围地则谋，死地则战，此战斗原则之不可变者也。然而事变之来，有时途有所不由，军有所不击，城有所不攻，地有所不争。极而言之，虽君命亦有所不受。君命可变，则因时制宜，无所不可变也。所以古之知用兵者，必知九变之利、九变之术。全篇主旨，在于通九变之利，否则虽知地形，不能得地之利矣；在于知九变之术，否则虽知五利，不能得人之用矣。可见知地形而不知变，不可也；知五利而不知变，亦不可也；知变而不知所以必变之之术，亦不可也。总以知九变之利、知九变之术为要，此将将之要道也。宜分三节读之。第一节，自首至"得人之用"，言选将之法，在乎选知变之将也。第二节，自"智者"至"不可攻"，论任将之法，在乎用善变之将也。第三节，自"故将"至末，论杀将之法，将不知变，则有覆军杀将之灾。细读全文，知所引五种地形，乃藉此原则以发其端，此其不可变者也。而不由、不击、不攻、不争、不受，则示人以变化之方。末复以五危杀将，为不知变者启告之。孙子之用意深矣。解者多指九变为九地之变，与九地篇强相牵合，殊不可通也。

行军篇第九　论行军之计画

（曹公曰：择便利而行也。）

此一篇，论行军之计画，当注重地形，注重侦探，注重前卫，并注重于威信教育也。分四节读之。第一节，自首至"伏奸之所藏处"，论行军当相度山地、水地、泽地、陆地、胜地、险地之形势，而利用之，故曰注重地形也。第二节，自"敌近而静"至"必谨察之"，论行军者当以各种侦探为原则，故曰注重侦探也。第三节，自"兵非贵益多"至"擒于人"，论行军时前卫之兵力及任务也。第四节，总论行军者，临时当有威信，而平时当有教育也。

地形篇第十　论战斗开始之计画

（曹公曰：欲战，审地形，以立胜也。）

此一篇，论战斗开始时之计画，当注重地形。然能利用地形者，在乎将才，故次论将才。然将能利用地形，尤必深得军心，故次论军心。此三者，皆战斗开始时所极当注意之点也。宜分四节读之。第一节，自首至"地之道，不可不察"，论战斗开始时顾虑种种地形，以定开进、展开、攻击、防御之方法也。第二节，自"故兵"至"国之宝也"，论战斗时将才之关系也。第三节，自"视卒"至"不可用"，论战斗时军心之关系也。第四节，总论战斗时地形、将才、军心三者彼此之互相关系也，明乎此可以战矣。

九地篇第十一　论战斗得胜深入敌境之计画

（王晳曰：用兵之地，利害有九也。）

此一篇，论战斗胜利后深入敌境之计画。仍以利用地形为主要也，故以九地名篇。九变篇略举五种地形，与此篇互有详略，而此篇九地之外，复有绝地。盖九变篇，意在示为将者以应变之方，故略举五地以见例。此篇意在示为将者以乘胜深入之方，故列举九地。又申之以绝地，恐为将者因胜而不设备，则深入敌境，必有全军覆没之灾也。宜分八节读之。第一节，自首至"有死地"，论九地之总目也。第二节，自"诸侯自战"至"为死地"，论九地之性质也。第三节，自"是故散地"至"死地则战"，论九地之作用也。第四节，自"所谓古之善用兵者"至"攻其所不戒"，论战斗开始时，运筹决胜之经过也。第五节，自"凡为客之道"至"将军之事"，论决胜后深入决死之经过也。第六节，自"九地之变"至"过则从"，论深入决死之时，尤必设备也。第七节，自"是故不知"至"巧能成事"，论战斗终结，万全之总计画也。第八节，自"攻举之日"至末，总论战斗开始、战斗决死、战斗终结三时期之纲要也。而其重要关键，皆系乎地形，故以九地名篇。

火攻篇第十二　论火攻之计画

（王晳曰：助兵取胜，戒虚发也。）

此一篇，论以火力补助兵力之不及，而深戒后世之滥用火攻也。盖以兵凶战危，而火攻则尤为危险，故此篇三致意焉，仁将之用心也。宜分四节读之。第一节，自首至《火队》，言火攻之种类也。第二节，自"行火必有因"全"风起之日"，言火攻之预备也。第三节，自"凡火攻"至"不可以夺"，论火攻之原则，胜于水攻也。第四节，自"战胜攻取"至末，论火攻不可滥用，此即首篇五校之仁也，能如此，庶乎可以安国全军矣。

用间篇第十三　论妙算之作用

（曹公曰：战者必用间谍，以知敌之情实也。）

此一篇，发明计篇妙算之作用，为明君贤将之专责，非他人所能知也。盖《孙子》十三篇，纲举目张，首尾连贯，其总纲均揭于计篇，而以次各篇则依次而发明之。计篇以妙算终，故十三篇以用间终也。以"仁"字为一篇之主脑，而其所最注意之点，曰亲也、厚也、密也，皆为用间者之根本问题，可谓仁将之言也。宜分五节读之。第一节，自首至"知敌之情"，言用间之理由及其效果。言为将者，必先知敌情，非以仁道待人，则决不能得人而用间也。第二节，自"用间有五"至"反报也"，言间之种类及性质也。第三节，自"三军之事"至"皆死"，言间之精义也。第四节，自"凡军之所欲"至"不可不厚"，言用间之方法也。第五节，自"殷之兴也"至末，极言古之成大功者，无非得力于间。特引史事以证之，此其所以为神纪也。

裁兵计画书

《裁兵计画书》初印于1922年。全书共分三编。第一编包括四章，带有总论性质，其中"第三章　导言三　裁兵与国防"后收入《国防论》第五篇，内容略有修改。鉴于《国防论》系蒋百里最重要的军事理论著作，为保持其相对完整性，此处从略。第二编包括四章，分别从官兵、经费、装备和组织四个方面探讨裁兵的具体办法，本书选录其"总说明"和"第七章　本论三　关于器用者"，其他从略。第三编原稿收录袁华选撰写的《整理军政意见书》，前有蒋氏对此文的简介；次录蒋百里在1921年前后撰写发表的《军国主义之衰亡与中国》、《世界军事大事大势与中国国情》、《论军事与联省自治》、《新军法津草案释义》、《中国五十年来军事变迁史》等五文；末为蒋百里另撰之《裁兵余意》一文。其中，《军国主义之衰亡与中国》、《新军法津草案释义》二文后收入《国防论》一书，且《新军法津草案释义》改名为《义务征兵制说明》，此次选录《世界军事大事与中国国情》、《论军事与联省自治》、《中国五十年来军事变迁史》、《裁兵余意》（第三编所附"五十年来军事变迁大纲表"此次亦不录）。

第一编

第一章　导言一　裁兵与官长（兵祸之症结何在?）

呜呼！裁兵之说，高唱入云矣。虽然，吾犹记及二十年前之练兵论也。吾敢预言敢断言，今日者食练兵之赐，苦矣痛矣，含焉茹焉，而不能复忍矣。于是乎，昌言裁兵也。裁则诚当裁，然而十年、二十年之后，国人将拜裁兵之赐，而其苦其痛，必有什佰倍于今日者。

（距今十五年前，浙抚张曾敭曾以练兵事函招余。当时曾复之曰："夫以不教之民，授之以不祥之器，而教之以杀人之事，吾恐今日之惟恐其无者，他日将惟恐其有。"当时之浙，初未尝有一兵若今日之所谓陆军者，曾几何时而军饷年九百万，而犹为各省中最完善之地也。吾当时之言，听之者盖藐藐焉；吾亦知今日之言，听者将仍藐藐焉如故。虽然，则姑言之，姑言之者，一以告今日之汲汲皇皇谋利得于一隅，自以为无患而不与闻当世之事者；一以告今日之慷慨激昂，高谈军阀罪恶，自以为一去兵而天下即可太平者。虽一动一静性质迥殊，而其实在结果，终必同归于家破人亡而莫可救也。）

练兵有法，裁兵亦有法。练兵不得法，于以得今日之祸。裁兵而不得法，于以得将来之祸。练兵者招之使来，裁兵者挥之使去，来必有道焉，去必有道焉。练兵二十年而于来之之道，仍瞢乎其未有闻，安所从而得去之之道乎？不知练兵者而使之练兵，其祸迄于今日而至矣；不知裁兵者而使之裁兵，则其祸之发于将来者，仍未有暨及也。

甚矣！国人之好作笼统谈也。忽然而言练兵，纷纷然欣其来也，如何而能来不问也，来后如何又不问也；忽然而言裁兵，纷纷然求其去也，如何而能去不问焉，去后如何又不问也。间有择一二异闻以相告者，则指鹿为马，一哄以相趋见。外国兵之多识字也，则书生从军之习，一时大昌。闻外国有兵工会议之说也，而移兵作工之议，又极一时之盛。不谈内容，不谈原因，惟表面结果之是欣是崇。头脑之笼统如是，焉往而不失败。呜呼！练兵也，兴学也，立宪也，皆等是一邱之貉，惟兵祸独其较亟者耳。吾今姑举一事实以相告，可乎？吾有友于光绪之季年服役于保定，时当岁阑中夜，方饮酒，忽闻悲飒四起，惊起而视，则兵卒夜聚于操场，怀乡而相顾恸哭也。呜呼！兵之自厌也业已久矣，何欣何羡而拼此七尺之躯以易七元之饷。宣统之末，予尝躬与于军旅之事。其时各师方苦逃兵之多，乃设为令：凡逃兵至若干以上者罚其官，而责之以偿带去之军装。其弊也，乃至下级官不敢开罪于兵卒，畏其逃，则损失甚大也。然余所率者，以仅仅四月之间区区五百人之众，而逃去仍至十人以上，成绩犹为最佳。民国三四年间，北洋各师散驻于大江流域，时召各师之代表于京师，而稽所逃兵数，则最少者十之一.五，最多者十之三。民国十年，余旅于浙，渐军中有四千人，以纪律最善闻，而逃兵今年得六百余人。其长官太息，余则告慰之曰：由今之道，虽以日、德、法、美之民而处此，未有不逃者也，且恐犹有甚。是故自前清以迄今日十余年之间逃兵之数，每年平均大概为十之一.五乃至二.五，盖犹至减之数也。客曰：信如是也，则裁兵何为乎？让其逃斯已耳，三年而去其半，五年、七年而去其全部矣。虽然，前逃而后补，其可奈何？不仅补而已也，且从而增其额焉，则又奈何？曰：然子知操补之增之之权者为何如人？而其所以必增之补之者又何以故？

兵之不能裁，官为之也；官之不欲裁，生活为之也。

呜呼！吾今者乃掬其万斛之泪以告我国民矣，今天下之最可怜者最可同情者，未有如今日之军人者也。子毋视怒马高车之赫然者为也，彼其生活之苦痛，匪独公等所不能知，即彼自身亦不得而知之。惟东一鳞西一爪，千回万转以表显于外者，乃不为苦痛之呼号，而为罪恶之积聚。譬彼赤子，彼不自知其痛，而但以啼表之；譬彼疯颠，彼不自知其病，而但以狂表之。我国民今日，徒见军人之罪恶，而不见其罪恶之源之苦痛也。而彼军人则亦习于罪恶而自忘其苦痛。于以造成此兵不恤民、民不恤兵之两橛，相搏相荡而沦胥，同归于尽，耗矣哀哉！

是故今日而不言裁兵则已，既欲裁兵，而不思为拔本塞源之计，徒相与一哄，则不惟兵终不可裁，即令能裁，而其祸必将有甚于今日者。

此深识之士所当深念者也。

所谓军人生活之苦痛者何在乎？约而言之得二：

一为物质生活之动摇。当清末练兵之始，有聚六州之铁以铸成大错者，则任职授官之制未尝确立。是已及两度革命，而军人之人事系统益紊乱。人类之向上心，乃一律变而为侥幸。向上者，有阶可寻，譬之则贮蓄也。侥幸无象可迹，譬之则彩票也。此为动摇之第一步。于此而升官之法有二途焉：一曰钻，巧取之近于阴性者也。营长钻焉而团长，团长钻焉而旅长，不钻者败矣。群众人之心思耳目，一惟长官之喜怒颦笑之是瞻。此旧派也，而其流亦入于新派。一曰革，豪夺之近于阳性者也。旅长一革而师长矣，师长一革而督军矣，不革者败矣。群众人之心思耳目，一惟部下之勾结连络之是务。此新派也，而其流亦入于旧派。钻不一人，革不一次，于是全国之多数军人之地位，乃为此少数之革者钻者所动摇，而局面乃相演于无穷而不可一日定。此动摇之第二步也。于是天下军人，盖分为四大部：其第一部，则求生活而不得者也。东走胡焉南走越焉，且相与期于局势之朝夕或有一变，而从而得一位置焉。此一类者，虽今日不足以为裁兵之障害，而实为裁兵后祸害之媒。凡今日之顾问谘议差遣等类悉属之。其第二部，则目下有位置，而生活危险之风，袭于其心者甚深，彼见夫求生活而不得之人之众也，恐一旦失其位置将无以资其生也，于是日思所以自固其位置者。此一类者闻裁兵之说而中心最惊，反抗最烈，而实居军队之中坚，占大多数，凡今日之连排长官是也。其第三部，则位置较高，能力较大，思虑较深，彼亦知生活之危险，惟思得一机会席卷一大宗以去。而外之则生活程度之日增，内之则物质欲望之无止境也，则亦惟是穷奔极追，非至万不得已，必不肯洁身以退。此种人闻裁兵说，则阳赞之而阴且图其利也，若今日各地之所谓重要人物者是也。其第四部，则位置既高，希望既远，势若可以休矣，然其志意既为无穷之欲望所冲动，其地位又为第二、第三部人所包围，而外则又为第一部人所袭迫。于是傀儡登场，非走到最后之尽头路而不能自已。呜呼！彼其人生不如细草之能萌、能芽、能花、能实焉。彼其人生乃同落叶，时时为生活之狂风，或高入青云而堕焉，或下入泥污而滓焉。此其可惨，为何如乎？读者慎毋谓彼之势汹汹焉，彼其心中若上若下，皆有一种"不知命在何时"之直觉，彼其苦痛盖无路可以解决，乃一一现出而变为无量之罪恶。呜呼！天下之最可惨伤者，诚莫如拨开罪恶之黑幕而发现其人性之苦痛者矣。

（吾尝谓今日之中国，人才既日日毁其国家，国家亦日日毁其人才。彼等不幸不生于咸同时代，犹得博一提督、总兵安然以享其劳也；彼等不幸不生于英、日、德、法，犹得为国尽力，博勋章年金以耀其乡里也。）

一为精神生活之破灭。此其原因别为三种：其一曰外人之势力，如砧如锤击而碎之。其二曰生活之动摇，如风如浪鼓而散之。三曰社会之风尚，如锄如凿穴而通之。小站之兴，盖在国民战志摧残而后，此大不幸也，此一切祸根所从来也。吾尝谓："先求战而后练兵者其兵强，先练兵而后求战者其兵弱。"夫聚群众于一隅，而志无所向，盖未有不为乱者。伤哉！伤哉！三十年之军事教育也，派学生，请教习，求得种种知识，而其知识之结晶，则自杀是已，则于"我不如人"之观念，加一重保障是已，则取消其必战之志是已。吾盖深见夫一二十年内不论存不论亡，一战之终不可免也，而曾与二三道德之最纯洁、知识之最丰富者言之，而当其始，犹且以为雾中山也。盖庚子一役，自虚骄一变而为颓丧，精神上受至大之打击。而有志之士，方欲移植他人之制度典章于瓦砾场之上，万语千言，仅仅得一"人家好中国不好"之直觉。知识可以诱导，直觉不能转移（除非自己），而军人之精神生活益受此瘴气之破坏者深。大本不立，万事皆灰。此其一也。生活困难，其影响之及于精神者小，苦节之士当世犹得见之，生活动摇则影响之于精神者大。譬之，一则行荆棘中犹得得步进步，一则乘飞艇小舟颠倒于空气大浪中，非头晕不可也。"日暮途远，人间何世。"彼虽对此未尝有明瞭之意识，而魔鬼之潜伏于第二意识中者，时时足以扰其神明。于是弱者则玩岁以竭日，强者则倒行以逆施。吾尝谓小站练兵三十年，只有一时期有朝气，即北洋自二镇扩充成六镇之时期是也。此时之军心盖能定而向前，嗣后即动摇矣。此其二也。秀才十年不第，虽怨怒而犹不至尽数为乱者，盖果其才犹能得社会一部之同情，犹足其为情志慰安之一助。而今日之社会，则奖恶已耳。实利主义之兴，无论才识学问，即名誉位置亦无价值，惟多金斯为贵耳。彼军人固不能离社会而独自生活，而一般之颦笑态度在在足以移其心志，且彼亦自知社会之相对待者，亦惟是面从心违也，则隐然已有骑虎不能下之势，于是放弃一切而惟乘时自逞之一法。此其三也。呜呼！彼其精神乃真落魄，前无所向，后无所归，于是一部分则有入于梁漱溟先生所谓劣等宗教团体者，一部分则入于放纵生活者，其刺激较深者则变为自杀，此为精神生活破灭之象征也。

因其罪恶而逆以制之其势逆，发其苦痛而顺以导之其势顺。军官者，兵卒之制造所也。生活者，一切行为之所自生也。国民而真欲言裁兵乎，盍先求其症结之所在。盖今日问题，已不在"应裁不应裁"，而在"如何能裁"矣。

第二章 导言二 裁兵与兵卒（裁兵之要旨何在?）

一时之裁兵易，永久之裁兵难；表面之裁兵易，根本之裁兵难。易，所当利用也；难，所当注意也。

今先言其根本裁兵之难者：

以节财为唯一之目的而裁兵，则无怪纠纠者之掩耳而却走也，何也？彼当兵之目的，所谓名誉，所谓义务，皆其表面文章也，其实所为者，生活问题耳。裁兵可能也，裁生活则不可能也。

今日招兵于交通较便、经济较发达之地，则除乞丐流氓外，实无一二人可得者。即以乡村论，而年较丰者应募亦较少。故今日招兵方向愈进而愈入于乡僻。可知七元一月之招徕能力，已日见其缩小，而来者则为此生活而来者也。

今之谈裁兵者，其目光多注重于少数之野心家，而漠视夫多数之生活者，而不知彼野心者之所以能成为问题者，正以多数之生活问题为其后劲也。

去年湘鄂之役，其动机实发于武昌第二师之兵变，湘人以为王氏十年自率之军队且如此，则北军复何有抵抗之能力。及战于羊楼司而北军战斗力之韧强乃出于意外，既胜而得其故也，盖当时北军之下级军官曾发一种宣言："吾辈今日非为保王氏之位置，实为保吾人自己之生活。"而兵卒皆殊死战矣。

今当言其一时裁兵之易者：

呜呼！裁兵云云者，岂待至今日而为国民所诵者哉！民国十年来兵祸固日见其亟，然就兵言兵，固无地无时不在裁汰中也，而其总数或较倍于今日现有之兵额。癸丑之役，大江南北盖数十万；帝制之役，北方亦十余万；保定之役，沿京汉线者盖十余万；南方广东、西之役，盖亦二十余万；而平日自然之逃亡犹不计。此十年中，只闻有因变而裁，初未闻有因裁而变者。

夫兵则诚无所为也，彼其目的只在生活，苟有较善之生活可图，则何取乎此劳苦危险之职业而恋恋不去也。且今日之兵，有并此固有之生活而不能维持者矣。欠饷若干月姑勿论，今日发里衣分几月扣，明日发毛布分几月扣，食窝头以疗饥，衣重袷以御寒，此皆非身入其境者，不能喻其苦也！其极也，乃至军队于星期日不敢放假，放步哨以防兵之逃，而步哨乃先走。吾尝历游南北与兵语，则异口同声呼曰"不得已"。是故今日政府苟有一自由回籍之明令，则吾知至少当可去其三分之一。若能给旅费发欠饷，则三分之二亦属不难。盖一时的裁兵，其为易易也如是。虽然，此则虽裁而如未裁也，何也？生活问题终未能解决也。

多数之生活问题，只有"改善"之一法，决不能使之消灭。故吾之所谓裁兵者，决非打破兵之饭碗，乃在改善兵之生活，即将兵的消费生活改善，而为人的生产生活，而此改善则固于事为可能，而于势为极顺者也。从此"改善"二字，乃发见兵与匪之分界线，即兵对于改善为顺应的，匪对于改善为逆应的。自"兵"至"人"，为从苦到乐；自"匪"至"人"，为从乐到苦。故天下只有以兵剿匪之事，而决无以兵裁兵之理，而兵又适处于"人"与"匪"之中间而为其过渡者也。

稍有常识者皆知此后之国际竞争，将以经济问题为中心，而中国之最大危险与幸福亦即在此。夫经济之原素，则资本、劳力、土地也。欧战以前，彼军国者汲汲皇皇以求殖民地，是困于无土地者也。其极也，乃至于非洲一粒沙视为至宝以相争。欧战以后，尽全力以求生产，而最感苦痛者乃在劳力，是困于无人者也。其极也，乃至于国家特设法律以保护幼孩。此种缺地缺人之苦痛，固为中国所梦想不到。而中国今日之困于资也，至于借债以度日，则亦为世界古今所梦想不到者也。虽然，中国果无资乎？二万万一年之军事费，此而非资，更孰所从而得资乎？

今苟有实业家于此，吾将告之曰：吾有一年二万万之资本，吾有一百万之壮丁，吾又有无尽藏之土地，吾能从事于生产乎？则虽三尺童子皆知其曰能。然三尺童子之所谓可能者，而大人先生负国之重者，皆拱手谢曰：不可能！不可能！

夫言果不可以若是其易也。历史上当末运之朝，其政府必奇穷，然以较之开创之新朝，则其收入犹多数倍。彼亦未尝不思节省也，而周遭之景况，有若迫之似不能不然者。盖人类之因袭故常，尽有人人可能之事，而当其时则视为万万不可能者。此种不可能，盖原于一种心理状态，有若催眠，然除将此变状之心理一变而外，别无他法。而事实上困难则固可列举其故，而一一设法以求解决之者。

其一，则钱的问题。今之兵费号称二万万，其实皆死物也，其效率乃等诸零，何也？一钱顶一费，已拮据而有所不足，则所谓周转能力者，已丧失净尽也。今欲使此废物发生效率，则至少必有相当之准备金。而效率之大小，一视其准备之大小以为衡。虽然，此种母金不难于"得"，而难于"用"。所谓难于用者，败家之子，常以购米之钱供一博之用。在常识上可断为必无，而事实上乃实有。夫败家之子犹自业自得也。彼聪明之财政家，利用"借债由我，还债由他"之法以发自己之财而重他人之负者多矣。政府对于国民，且犯刑法上之诈欺取财之罪，而乃欲使其节目前之用，为日后天长地久之计，此种蠹人又焉能得此绝途也。所谓不难于得者：（一）则今日兵饷虽曰拮据，然日所恃以为生者，则大部分皆确有其来源，今日裁兵，而明日之余饷，固并不随兵而俱去也。夫有无数长期确实之抵偿品以求一时周转之资本而不可得，吾未之信也。且国家于此所负之直接损失，只此一时期内之利率耳。信如是也，则虽以理财之最下穷策如借债者，以之用于裁兵生产，而犹为最上上策也。（二）则即以不减一兵为前题而有总合名实之能者，则军费之减，亦当在四分之一以上。约而举之，厥有数端：一为全国每年之截旷，二为服被、材料、粮食、马匹之经理剩余，三为有名无实之设备费。（如长江一带各军之辎重营、炮营。）即以所减之费为裁兵之基本金，事虽困难，亦决非不可能者。是故苟能决心裁兵而苦于无款者，伪也。而借裁兵之名以图发财，则其事在所必有，不能不预为之所耳。至计划当详本文。

其二，则人的问题。今日士大夫之通达者，多有移兵作工之说，此则所谓解决多数生活问题也。其理则当，而其语则笼统之极。今试问所谓"工"者，广义工作之谓乎？抑狭义工业之谓乎？如曰工业，则须知机械本产生剩余劳力之物，今以节省人力之机械，而用以容纳过剩之人员，岂非荒谬？如曰广义的工作，则其中间尚有两层险阻，一堕深渊险乃无底：其一为无谋之企业，在经济上极为危险。裁兵之实行必在国民热度极高之后，当是时而欲求一种理性的企业，势在极难，而官办实业之成绩尤在所顾虑；其二则新技术有必需之经验，习于商者不能为工，习于工者不能为农，今以日日抢枪使炮之人，一旦使其即就于工作，此理想也。于此有主张用教育以图渐进者，渐进可也，顾其难乃在求此渐进者有继续不断之努力。而裁兵一事，形势上为今日所迫不及待者，安所得此从容之时日乎？是故移兵作工之说，譬如造一极精巧之机器，其预绘之图尺寸大小，须丝毫不爽，然后可以彼此合拍，万一各种机关有一项不接头，则全局为之动摇。吾非悲观，吾意中国今日社会上未必有此许多人才，政府未必有此许大能力也。吾欲于兵与工之间，求其沟通之一路而得一办法，名曰复归运动。复归云者，使兵复归于民也，复归其本业也，复归其故乡也。彼兵卒入营之前，则必有所以自谋其生者，则必有相当之家族者。复其故业，则为事不劳；安于其家，则生活固定。"故乡与生活"，土匪之大防也。是故就曰：化兵为工，则其工作亦当以农业为主体，则无宁曰化兵为农耳。北方农业，有开辟之余地，而今日兵籍以北方占多数，此农胜于工之原因一也。今日世界，方缺原料品，以幼稚之技术，较少之资本，必不能从工业中占确实经济之位置，此农胜于工之原因二也。人民对于土地有爱著心，对于其自己生产之物品有兴味，而尤得从容以成一家族，以较干燥无味为人作嫁之都会高度生活，相殊远矣，此农胜于工之原因三也。虽然吾姑言其大势方向则然耳，非谓工为绝对不可行，如原有之工兵使用之以筑路，此就军队之连系上言也；原系木工使用之以建筑，此就个人之连系上言之也。然要必以农为主。

是故用国家之财以移动兵卒之生活，使之自消费而至于生产，而不至流而为匪，则其在人的方面主要之条件有二：所谓"裁兵有其易者当利用之"，"有其难者当注意之"，是也。

（一）为他人谋，总不如自己谋之之为忠也。以一部分一方面为多数谋，总不如多数各自向其各方面谋之之为范围广，顾虑周，而成绩大也。故国家之于兵卒，万不能不为之谋生活，而又万不能直接为之谋生活。往者之裁兵，使之走而已耳，是固不可。然移兵作工者，若中间不经过"人民"之一阶段，欲以整个之军队变为整个之工厂，事实上万万无成功之理，而其隐患尤不可言。必也使此消费之组织一旦解散，而后再以适于生产之方法组织。此非迂途，实捷径也。兵卒既脱军营，其第一步必自觉曰"吾将靠自己吃饭"，有此自觉，而生产之基础立矣。此心理状态之一度转移，而效乃无垠。故今日兵卒自愿归家之志愿，万不能不利用之也。此所谓易者当利用也。

（二）生活不给则流而为匪。今之人徒注重于"生活"二字，而不注意一"流"字，是大误也。凡匪未有不先流者也，纵有生活，苟其不为安定的而流焉，则第一步成匪之因已成矣。今有人劫其本村之邻，而谓其邻能安之乎？东一谋生活者，西一谋生活者，流焉而相遇相合，则匪之势以成。是故不为之谋生活则已，既为之谋，则须为之谋安定之生活。不安定者，等于不谋耳。有物质上之安定，有精神上之安定。物质上之安定，家室与土地也；精神上之安定，希望与将来也。久驻一地之兵，其变也难；时常迁调之兵，其变也易；前进之兵，其骚扰之度较小；败退之兵，其劫掠之祸乃烈：皆此理也。是故谋生活于本籍本乡者，上也，不得已而谈移殖，则当为十年数十年大规模的计画，而以此地之兵，作他省之工，则其事尤当郑重，一不慎则二省交受其祸。故曰：其难者当注意也。

其在财的方面，则尤有一大难事，所谓生产的组织法，必如何而后可以成功是也。此则关系太复杂，当另论以专文。姑举要点则亦有二：

一曰集中。以有限之款而欲发生较大之效率，势不能取平均分配策。此义貌似与裁兵问题相冲突，其实不然。盖今日百万之兵卒，决非平均自各地来者，全国之内只限定数省，数省之内亦只限定数区。大约一县之内先有当兵者数人，而后拔茅连茹继续不断。且历年来招兵区域以交通经费上之关系，其在北省亦不过沿数条铁路以为中心。湘中退伍兵号称二十万，在营者三四万，然湘省真正兵卒之出产地，不过湘阴、宝庆二处。故即令从兵卒生活上着想，而集中之原则仍不可破。且事业上一处成功，则环邻之受其利益必多，在兵卒个人生活上多一钱不为益，而兵卒全体生活上少一钱则有损。故资金必集中而使用之，是为生产之第一要义。

一曰组织。一种事业，国家经营之乎？民间经营之乎？抑官民合办乎？此其义之复杂，与事之烦难不可以一言尽矣。顾吾以为无论为国家为民间，而簿记之确实，预决算之公开，滥费之严禁，一言以蔽之，则严密之会计法不成立，则本无一事可为。虽然，论者万不能以此事之难而诿焉不办也。盖（一）国民若对于金钱永久保守此种"混帐"态度，则终不免于沉沦，何必言裁兵乎！亡国以财，消财岂必惟兵？（二）事业失败，信非出于故意中饱，则积极之目的纵不能达，而消极之效固已昭然。真正凭良心以迈往，事未有不成者也。

吾姑举一例以示其生产法容纳退伍兵士之可能。江北盐垦，今多数且以私财经营之，而望其获厚利者矣。以吾所闻，某垦殖公司预定以二百万资本可得四十万亩之地。今以一兵而分配之，人得二十亩，则可容二万人，即两师之数矣。今姑再假定农具、种仔之用亦为二百万，则所费之总数为四百万。夫以四百万之款，而裁二师之人，闻者必且骇且走。此固非裁兵而移民屯垦也。然两师经费一年为三百万，二年为六百万，第三年国库已得二百万之剩余，而增六百万之收入，而此后升科之出产，犹所不计也。

呜呼国民乎！明明有活路可走而偏不走，而偏走死路，此果何为者也？

第四章　导言四　裁兵与国民（谁为裁兵者？）

裁兵云者，事实问题也。然事实上军人已为最高之主体，而兵事已为最后之解决法，则试问将何所从而得一最高之最高者以解决此最后之最后问题乎？距今十五年前，各省军事高级官，其值不过等诸一候补道；督抚之拥有兵权者，惴惴焉惟军机喜怒之是瞻。呜呼！何其怯也。曾几何时，而军人乃一变而为主权者矣，且为绝对的主权者，挟其至高之力，群天下之力而莫之能制矣。

革命之役，则譬若孤舟遇风，趋一群人于荒岛之上。当是之时，一切法律习惯名誉，凡人为之空拘束，脱然大空，一反乎原人之状态。惟其然也，则以天然之需要为需要，天然的手段为手段。需要维何？吃饭是也。手段维何？强力是也。于是"实力解决"四字，天下乃靡然从风，以迄于今日。

今更欲以实力解决实力也，于是谈裁兵之方法者，有数说焉。

第一说，以兵裁兵说。此说则历史上已绝对证明其为不可能。民国初元，南方之兵则袁氏既裁之矣，参战军则曹、张既裁之矣，桂军则粤军既裁之矣。冯国璋何尝不裁江苏之兵，王占元何尝不裁湖北之兵，而曾何当于事之毫末也。此种驱虎吞狼之策，狼去而虎势益张耳。此则仅就表面言之也，再深考之，犹有数说。其一，则欲以较良之兵裁较恶之兵也。其实此较良云云者，初无一定之标准，各人皆各以自己之兵为最良，而以他人之兵为不良，今则谁能执尺以量之断之乎？且于群不良之中而有较良者出，则此较良者，必先立于孤立之地位而为尘世之风涛所摧折，如其不摧折也，则必其较良者已渐变而为不良者也。此深知近世军事史者所能言者也。其二，则文治派欲执武力以为后劲，而实行其所谓文治主义是也。自军民分治说盛行以来，各省添置省长矣，且斤斤焉争警备队之权矣。其结果之最大限不过徒增一种兵以为保护省长地位之用，于人民何益焉？于裁兵何益焉？且力与力遇，则强者必占优势，此定理也。今欲以省长手中之小力裁督军手中之大力，其何能济？至其三，则近今新说亦有倡之者矣。如宪法上准人民有执武器以自卫之权，如商会可自练保卫团之议。此说以人民治安为基础近似矣，而事实上则苟无根本之规划，其事必不能成。而此种规划之实行，其难较裁兵为数倍。苟有此能，裁兵云云者一举手耳，今日方以裁兵为问题，而欲执此以为方策，是亦一饥而食肉糜之类也。是故以兵裁兵之说不可行也。

第二则有外力裁兵说。此说虽未能成为一般之舆论，然吾人于国民沉痛之哀呼中，则亦尝闻其崖略矣。诚哉！今日之局势，则外人势力乃独为最后之最后也。虽然，此事果将由何道以实现乎？则亦一因果倒置之说也。兵多而财竭，而债不能偿，债权者之督财，乃所以督兵也。信如是也，则今日之举债以奉军阀者，乃诚为裁兵之第一政策矣。有是理乎？吾今姑不为爱国论而就事论事，则试问今日中国之养兵，果与外人有何种直接利害关系，而彼外人乃不惮烦而为我裁兵也？远之征之盐务借款，观于稽核所之仅管收账，而不能为盐政立远大之改革案，可知将来彼亦只问债之偿不偿，而不问兵之裁不裁也。近之征之太平洋会议，以裁减军备相号召，而中国独不与于军备会议。彼盖明认中国之兵与彼无关也。夫至于中国之兵，与外国之债发生直接利害关系，则中间必经过破产之一关。而破产后之收拾，盖已不在裁兵而在治匪。且论者万不可以"国际联盟"、"军备缩小"等旗帜而认彼为平和之神也。纵彼外人果人人为慈悲之耶稣，而吾人叩首于其前，则耶稣亦必示我以裁兵之真诀曰："天助自助者！"

于是吾人更进一步而为具体之观察。

中央政府能裁兵乎？夫名义上则中央信为最高之主权者矣。然今之事业为何？如中央既以拥护而成，则最高权固已在彼不在此。盖自中央欲藉外省之力以平政争，而外省之兵增。既而又欲增中央之力以控制外省，而中央之兵又增，结果则外省又联而攻中央，而外省之兵增。今欲拥中央之空名以为裁兵之主体，空言既无补于事实，力又无自而成。此事实上之不能一也。不独此也，吾尝历游南北而知裁兵之事必不能诿之中央也。山东而欲裁兵，则独有其应用于山东之办法，必不能移之河南。他省之例均如之。盖各省本各自有其形势，而裁兵之切紧问题，实根据于民间生活，故欲长久治安而不本之天然之形势，则命令办法等诸具文。岂曰裁兵，实以造匪。此事实上之不可又一也。是故裁兵而专诿之中央，则除将来实行裁兵借款时中央多得一层回扣以外，无他事。

军阀自身能裁兵乎？此诚一简捷明瞭之办法，而惜乎今日无此野心家也。当清之末，天下皆不练兵，而袁氏独练兵，此其所以成也。今天下皆增兵矣，苟有人焉独能裁兵，则必为最后之成功者无疑，而惜乎军人无此能力也。嗟乎！读者慎勿谓中国之不能裁兵原于军人之强也，兵之不能裁，实原于军人之弱。读者又慎勿谓军人之争权夺利也，彼其所争者乃至暂之权，所夺者乃至微之利。盖十年来以生活之动摇与精神之颓丧，其神志已极其衰落，其貌似纠纠者，不过为生活本能所冲动，充类至义之尽，迄于无着落之虚荣心为止，而犹仅仅一二少数也。故望军人裁兵，貌似与虎谋皮，而其实则"望蚊负山"也。彼日本今日能应太平洋裁兵之计画者，正足以证明日本军阀统御力尚在至强之度，而非他国军人所能望其项背者矣。

国民全体如何乎？此其为义正大，当无可说。然其旋乾转坤之机栝，则殊未就。依旧式的历史眼光视之，则国家政治之紊乱，一旦由经济之道以侵入于社会，则必为一度之革命。以今日之时考之则可矣。然物质进步，已能使汉上亭长束手于二十世纪之中国舞台上，今津浦、京汉两线已如束巨绳于胸中。而长江一脉，事实上已为国际共有。此后黄巢、李闯必为一种离心运动，必不能为集中运动。故人民之力，除非再归于经济一道，再从此而转入于政治革命，此其为期当复辽远（至少十年以上）。以新式之政治眼光视之，则国民愿力之发展，必藉一种组织之机关（如代议政治之议会）而其力始宏。中国则依农业的自足经济之堕性，对于政治向取不管主义，而旧社会组织一切不完备，纵有切肤之痛感切于心，其呼号之声乃仍为冷涩之空气所沉滞，而况乎并此形式而无之也。

研究至此，则吾人殆几几入于绝路矣，何者？吾辈虽有十分之志愿，周密之计画，而无一物焉足以为裁兵之主体，一切皆空口说白话，复何当于事？虽然，吾人试反覆细思之。

为便于记忆计，吾先提一简捷之口语以为问题之钥。盖得此钥而锁自开，法自解矣，其钥维何，曰：

"兵"之本体为"人"，而"谁"之对待为"我"。

乡人之苦旱也，不知治沟洫、殖森林，而祷雨于龙王。稍有常识者，皆知其愚也而笑之。今之苦兵者，不思自动以求裁兵之方法与实行，而惟曰我主张是，我希望是。夫龙王之不能下雨，与上帝之不能裁兵，其例一也，何其愚之乃与乡人若也！且乡人智固不足而诚则有余，彼尚能于"主张下雨"、"希望下雨"之上，更进为"祷"的行动。今之苦兵者，并"祷"之不为，则其品格乃更下于乡人一等。夫自身之苦痛，自身不能了之，而希望他人代我效劳，而己乃安享其成。自有世界以来，未有若是之安乐事也。

呜呼！论者今日乃深恶痛绝于军阀乎？中国之军阀，未尝有历史之根据，若日、德然；未尝得国民之信仰，若英、法然。彼其唯一之根据，只在国民之弱而无能耳。军人虽盲目，而犹能"行动"；知识阶级虽不盲目，而不行不动。此武夫得最高权之所由也。军阀之骄横，非军阀之耻，而正知识阶级之耻也。

是故希望政府，政府不能；希望军人，军人不能；希望国民，国民不能。非国民、军人、政府之不能，希望则不能也。而政府，而军人，而国民，皆自有其裁兵之能力与天职，政府不能诿其责于军人、国民，国民尤不能诿其责于军人、政府。自己主张，自己希望，即当自己行动。是故人若问裁兵者谁，即当应之曰"我"。"我"者何？国民之自觉者也。（以上释"谁"与"我"之关系竟。）

兵之当裁与可裁，盖发生于兵之自身。今视兵为社会上一"特别物"，而欲于兵之外求一物以制之，宜其不可能也。善哉！分析之为义也。今姑就其大纲言之，则兵也者，其一半为"人"，而一半为"器"；裁兵云云者，使"人"放下"枪"耳。以"人"裁"人"，不可能也；以"人"裁"器"，则一举手之劳也。虽然，人之为义何如也？

其第一义曰，人是活动的（非固定的）。活动云者，谓其力之大小，依各种时代形势为变迁。同是兵也，有时可极强，有时亦可以极弱，而尤不能以物质上之多寡为衡。故以"兵"为"最高力"者伪也，此可证之以最近之史事。夫孙、黄之在香港、东京，则有何力者，而癸丑之后，拥南方数省之地而卒无以自全。袁氏之在河南，懔懔乎惟朝命之是畏，则有何力者，而帝制之役，长江二十万雄师，仍无奈何边徼之攘臂一呼。当段氏手无一兵，而北洋将帅拥以为魁，及其拥十万之众，不崇朝而为人所败。信曰：兵力为最后解决也，则革命不成，而帝制可行矣。然则兵力之不可恃，而兵力之后，尤更有其所谓最高力者，不大可解耶！人心之力，其所以能超绝于武力以上者，正以其武力之形质在器而其精神在人，盖兵即人也。

虽然，仅此第一义，犹未足以祛愚者之惑也。彼以为民党虽不行，使袁氏无此六师兵力，则南京之胜败不可知。袁氏纵失民意，使云南而无一旅之师出四川，则帝制终成耳。是故空谈终属无补，而可贵者仍在实力也。是说也，盖导天下武人以陆续入于陷阱而不自觉者也。此其故，殆了解第一义，而未了解第二义者也。

其第二义维何？曰：人是受制裁的（非独立的）。今试问刀与枪孰利，则必曰枪利；千人万人之力与一人之力孰大，则必曰一人之力小，众人之力大。然则藉曰惟力是视也。彼军官执其不开口之刀，何以能于十人百人千人万人，泰然自享其优厚之俸给？是故苟无制裁，则军队之本体且成立不了，而何待于裁。而此制裁力，则固非兵自造之，而自有其来源者也。

人类曷为而受制裁耶？其最初之出发点，则生活问题是也。今夫吾人遇童子执金于途，而不思夺之者，此因畏法律然耶？藉曰法律也，则试问谁实承认此法律之存在者？盖人人各欲于安宁秩序之下以自乐其生，此为不可抗之自然律。惟此种自然律，每依社会之特殊状态而成为形式之法律，则各有其杂驳之色彩。如西洋制度带有市民资本色彩，中国制度带有君主武力色彩。而社会之状态既有变更（即革命），则此种制度每因色彩之变换而本体亦一时受其影响。前文"荒岛"之喻，正指此也。然此荒岛的临时状态，固日日向"社会自然状态"以趋。譬若罗盘针，纵或有时偏东偏西，而既定之方向决不会失。故军人之力，既依荒岛状态而伸，则必因与之相反之社会状态而细察。乎此则知凡可以促进此状态之推移者，皆足利用以为裁兵之具，而裁兵之奇策，乃正在此人人日用寻常间也。（以上释"兵"与"人"之关系竟。）

由第一说，则人人当裁兵；由第二说，则人人能裁兵。而终未能裁者，人人皆备有其应走之道而未走故也。等是一衣食问题也，农有农之办法，工有工之办法，各失其道，各不能成，故政府有应走之路而不走，而责人民以走，此向来卸责之办法，犹可说也。乃人民有应走之路而不走，或馨香以祷焉，或指天而咀焉，此真自身之万劫不复而不可与言者矣。今姑举各方面应走之路，扼要言之：

人民方面应取之策略有二：

一、言论之注重。今人动以为裁兵需实力，空论则何济于事。夫以空论为无济于事，此军阀之所以跋扈，而兵之所以迄于今日而仍莫能裁也。夫政争各国之通例也，政争而至于用实力解决，则中国之所独也。何也？人人皆轻视空论，重视实力也。是故议院之辩论，空论也；总理之演说，空论也；新闻之文字，亦空论也。其在各国，凡政治之解决于辨论演说文字者，用之于中国，则必有藉夫军刀与枪剌。呜呼！吾国民乃腼颜以谈裁兵乎？军刀与枪剌，皆公等当日所三揖让以请其出来管政治者也，而今乃恍然悟其非乎？悟其非而犹不思将自己之态度根本为之一变乎？且经典空论也，宪法亦空论也。谁实挟武力以行之者？彼无知之枪与刀，果无目可以识字，无耳可以听讲，识之听之者，人也。今不从此之求，而欲藉一种他力以制此力，吾敢明告之曰：此路不通。大言各有当也，今政府下一裁兵之命令，总统下发裁兵之通电，吾果将以空言讥之，何者？彼负行政之责者，自贵乎有事实也。今人民则自立于主人翁之地位，但求其意志有正确明瞭之表示，而尽其各人之所能为者以为后劲，裁兵云云者，一举手一投足之劳耳。

一为知识之准备。溯军阀跋扈之源，则一般人每以军事为一种专门职业，即政治家亦谦让未遑曰：吾于军事为外行。此亦其一大因也。军事为一种专门职业，此十六世纪封建武士之习惯，以今日二十世纪之新军制，则其要点，乃专在"普通"二字。世人或谓今日器械愈精，尤非专门学术不办。而不知此所谓专门者，乃学术上之专门，即社会上之专门学也。盖器械愈简单，则使用之也愈难，故武士之刀法，非十年不能成家；器械愈复杂，则使用之也愈易，故美国以一年之久，赤手造二百万之大军。夫使人人皆兵，则试问军阀又何自而存在？今姑勿论，但能使社会上对于军事之根本有相当之常识，则其力已足去军阀而有余。欧战以还，一般人以反对军阀而尤厌谈军事。此其趋向，实为根本倒置。夫必深知兵之为何物，而后可曰吾欲云云。此就知识行事之原则上言也，至若责任上，则护国之义务惟使国民共负之，不以此专责之军人，而后军人偏僻之见可以消，专横之弊可以免。今之谈裁兵者，其言论既未深入腠理，其行事又未肯明负责任，乃若曰："吾姑希望人之裁之耳。"此种态度之将来，则微独人不能裁兵，兵且将裁人矣。而其原则实在于知识不备之故。是故国民而不欲裁兵则已，苟欲裁兵，则第一要义，当首先知兵之为何物为何事。故吾主张，凡高级中学以上必列一种军事功课，而后裁兵之基础始可确定。非然者，今日纵费大力以裁之，一旦社会状态又有变迁，则此纠纠者，必又将重登舞台以演活剧。吾观于德之革命及夫拿翁三世之兴，乃知裁兵而不植其础于国民，其事终属无济。而武人之专横与否，乃与国民之军事智识有消长盈虚之故也。

政府应尽之责任亦有二：吾不主张以政府办裁兵之事，然因此而遂谓政府无能力，故无一事之可办，则大谬不然。政府之责任，首在立一二根本基础，使裁兵之可能性日益加增，而不必冒裁兵之美名以欺众。是故文告命令，皆人人所能为，无待于政府，而政府亦自有其他人所不能为，而政府独能为之之事。

一、军事制度之确定。昔日本以增师问题而再易其总理，法国以三年兵役问题而重劳议会之争，以今日中国军人之眼光视之，诚为奇怪不可思议者矣。何也？以一国之大，而增加仅二师之数兵卒于军营中，多住一年，少住一年，此皆所谓不算一回事，而何劳乎总理之进退，议会之争辩。呜呼！国家于军事未尝定一种确实之制度，而集群众于一隅，国家自身实捣乱耳，而乃怪军人之捣乱乎？练兵三十年，而到底兵要多少，官要多少，始终未尝确定，此亘古未有之奇闻也。军队有秩序，故军阀强。（试问使兵卒皆各自自由行动，更有何军阀之可言？）国家无秩序，故军阀捣乱；国民政府视法令章制为具文，此军人野心之所由动也。是故裁兵之事业，无论为上动，为下动，欲从事于进行，则必自制度之整顿入手。何也？裁之云者，即秩序的减少军队之谓也。不然，放任之让其自"变"可耳，何必曰裁！

一、经济事实之发展。事有似于军事无关而实与军事根本上有莫大之影响者，经济事业是也。今日兵多之直接原因，首在政争之用武革命。欧战发生于粤汉铁路未成以前，此民国之大不幸也，南北纷争原实坐此。政争之不上轨道，固实力主义为之原，而环境实有助长此主义者。是故皖直之战，三日而决；南北之和，五年未就。且彼明知不能用武，而武力武力之声乃愈高，今国民方求其彼此决一真胜负而不可得矣，此一例也。今日中国较完善之区，首推江浙。江浙之兵，宁独少于他省，而兵祸独较少者，首府在事业势力之中心，地位处交通便利之末点也，此二例。夫谓不裁兵，则无论何事无从措手，此言当也。然社会事实，若环之无端，论者试一思裁兵后对内景况何如，则可知事业愈发达、交通愈便利之地，驻兵愈可以少，乃至于无。而今日若陕西、四川诸省之群盗如毛，恐虽欲不置兵而不可得也。则经济事业之发展与裁兵事业之消长盈虚，亦可以见矣。

兵之当裁与可裁，盖不在财政，不在政治，而在乎今日军队之自身。是故今日军人，无论他从何方面走，其最后之一步，必至于"裁"而后止。所谓上不裁，则下裁之；人不裁，则自裁之是也。故军人气力之大小，视其自身能裁之程度以为衡；军人自身之利害，视其自身可裁之态度以为准。天可变，道可变，此原则必不可变。

惟然，而全国上下皆有其可走之路矣，问题所在只在肯走不肯走耳。虽然，此非肯走不肯走之问题，而存在不存在之问题。不肯走则亡耳。中国人不能无生，中国人必有裁兵之一日。虽然，兵亦人也，以兵为"人"，则兵可裁；以兵为"物"，则兵不可裁；不惟不可裁兵，且将进而裁"人"也。是故人若问谁为裁兵者，则答之曰："我"也。

第二编

总说明

凡计画云者，譬之造船，譬之筑屋，用各种之素质而分配停匀之，使各得其用而适于一定之目的之谓也。其入手也，必先有一定之图案；其进行也，必经由一定之顺序。苟一线之差池，即可以致全局之破坏。故其事为完整的，非片断的。红砖之墙，不能置之砂砾之上；钢铁之板，不能附诸木质之舫。故吾之此论，国民而以为然也，则用其全体；以为否也，则无宁弃之。万不能采择一二条，试行若干时，所能得成效者也。

凡军队之素质不外三种：曰人，曰财，曰器。人，其主体也。欲言裁兵而不从人事入手，未有能济者也。今以关于人事者并为本论第一。财则今日所万目共视，为国民存亡之关键也。今之军人盖亦自感其苦痛而思所以救其穷者，故次之。而亦此计画之中心也。今以关于财务者并为本论第二。器则裁兵后之收拾办法，一方预防土匪之利用，一方又须应国防之需要，故并为本论第三。工欲善其事，必先利其器，裁兵矣，其工具又何在？故殿之以诸机关之组织，而为本论第四。

第七章　本论三　关于器用者

计画书庚：旧武器之整理

吾之所谓裁兵者，非裁兵也，收枪云耳。裁兵而不收枪，则其祸有更甚于裁兵者。盖今日中国之武器，用以捣乱则有余，用以战斗则不足；散之民间为祸根，藏之国家为废物者也。是故裁兵后兵器之处置，亦为困难问题之一。今当依左列顺序逐次进行：

（一）枪械之检查。此项事业应随裁兵之年度进行，期以五年终了。设兵器检查委员会，置本部于北京，而分设支部于汉阳、上海、广东制造局内。凡各地因裁兵而剩余之枪及各地原有收藏不用之新旧枪枝，俱陆续汇集于本支各部。经一度之检查，而别之为数等：其已成废物者，可颁之民间，或为各中学操练之用，或竟作废铁用；其确有使用价值者，则另按条例存储于指定之保管库内。然此二者事实上实居少数，其大多数则所谓于国家为废物，于人民为祸根者也，则当再别之为二等：其第一种留为军队、巡警及地方保卫团教练之用；第二种当决心毁弃之，使其绝对无杀伤能力，而尤以沉之江海中为至佳。凡有用之枪，应造履历册，有如兵卒之履历册然，贮存之于保管库内。

（二）子弹之保管。子弹亦须经一度之审查，其废弹当一律毁弃之。吾闻满洲之子弹，一颗值小洋二角，陕西、河南则一颗值大洋四角。此匪之对于子弹之普通值也，其尊贵可知。匪之视一排子弹，较之一卷现洋为尤重，此事实也。是故枪械之散入民间，其祸犹少，而土匪之子弹补充不绝，则兵进行中乃发生绝大困难。然分藏之各地，既以数多而容积小之故，易为奸宄所乘，集中于一处，则又易为野心家所利用。是故枪械及子弹保管库之位置及其出纳方法，当用左之原则。

甲　子弹保管取集中制。各地军队自身所保管者，除教育上必用外，不得越定额以上。

乙　子弹库之位置与枪械库之位置，不得在同一行政区域内。

（三）民间枪械之处置法。十年以还，枪械之流入于民间者，其数不下数十万。除至少数为民间保安之用，其大多数则皆土匪所恃以维持其生活者也。以今日国家及社会组织之松懈疲茶，实无法以处置之。虽然，有二纲焉。其第一为明知其不可搜，且搜之亦决不能净者，则不如竟将国有之剩余枪枝以一定之法令颁之民间，使民间足以自卫，如东三省、山东等处是也。彼以交通便利、外人日与接触之故，其密输入之来源，滔滔不绝，则所谓收枪云云者，只足以苦良善奉法之人民，而决不足以限制法外逍遥之土匪。故不如转利用之，民间一户准其自备一枪，立一定之法，使自为监督。此一法也。其第二为腹地诸省，如陕西、河南、四川等，则收枪之入手方法，乃在绝其子弹之来源。子弹之来源甚多，然偏僻之地，运输不便，其来源之最大根据地，即军队自身也。故军队自身苟能整顿，则目的之大部分可达。匪与兵果交相为用者也。要之枪械之在民间，在今日诚害多而利少。然苟自治制度能确立，则今日之害或且为他日之利。至其详细办法，各地皆各有其当地之特别情形，当各按其形势以定办法，不能以一定之规则强相则效。上述两端，不过为立法时两种标准耳。

（四）诸兵工厂之改置。以国家之眼光视之，旧有兵工厂，其位置上最无意味者，莫过于四川，上海、广东次之，德州以形势变迁，亦当在移置之列。西南七年纷乱，而川民之痛苦特甚，则兵工厂亦其祸根之一也。且就经济上言，武器之原料——仰诸外来，而转运数千里以变成精制品，而以此精制品再转运数千里以供给于各处，其劳费为何如矣！且今日之所谓国防上危险地带者，直隶平原也。故所谓后方补充安全者，必与此决战地有密切之连络，而后其安全乃始有价值。藏金于箧，今此箧之开，其费乃过于所藏之金。以川中天产之富，若以此动力而移用之于本地原料品之精制，则其发展何可限量。此应改置者一也。上海、广东在平时制械以供给各处，交通自较便利，然二处皆暴露于海疆，海权不振，一旦有事，即不能为用。故其补充能力只能限之平时，则亦等于外国输入耳。故其一部分当移置，其余部分当改用为普通工业。此应改造者二也。德州专供子弹，在昔日之形势极佳，然胶济之门户既开，津浦中段受胁，则资敌之险实甚。故济南若能形成一强固之要塞，若法人对德之浮尔登者，则德州之值当大增，否则亦等诸上海、广东耳。此应改造三也。要之，中国工业未发达，此数处者以其位置与形势，与其视之为国家自卫之基础，不如视之为工业发展之起点。一出一入，其于国力之增进，有不可以数计者焉。

计画书辛：新武器之设备

（一）原料厂之经始。军事技术之基础立于社会工业之上，譬之是犹血轮中之白血球也。血以营卫全身，而白血球乃有杀菌之用。有菌则杀之耳，无菌则血之营卫本能自在也。然在历史上，则进步之先后自有不同：如日、德诸国，则军事技术先社会而进步（如德之制铁业由克虏伯倡导而始盛）；英、美诸国，则社会先军事而进步。此皆由国家之发达之自然状况而成，彼此俱不能强为则效。今日中国果不能望军事技术为社会工业之提倡者，然又不能使军事设备束手以待社会工业之进步。道在注意其彼此关系求其相辅，而得其最后之要点是已。此则原料问题，所以重要也（如制造机器之母机之类亦包含在内）。上海药厂之强水，不能销行于一般工厂，而汉冶萍出产之铁砂，中国市场上乃无一定之价格。（以贱价售诸日本，虽曰借款条约之故，亦中国自身有以致之也。）此非小故也。据我所知，军用原料之制造，其基础已有可观，若加整顿扩充，十年间必大有成迹可观。夫所谓原料云云者，固无一不与普通工业有关系者也。呜呼！此则所谓兵器独立耳，而岂区区一造枪、造弹之工厂云乎哉？

（二）确定军实补充根据线。京汉与粤汉为中国物资流通之总动脉。豫想敌从东北米，故各种根据地当在沿京汉以西。今汉阳与巩县之兵工厂，实与此原则相合，惜其基础尚未稳固耳。故太原之为地，实有添设兵工厂之必要，形势安全、交通便利，一也；国军作战于直隶平原，得直接受其补充，二也；地方安宁，于军实之保管有便利，三也；西北边防较便于应付，四也。是故以太原、巩县、汉阳三处，藉京汉铁路之连络，以形成中原军实之总根据地，东向以制敌，此为国防之天然形势。以此线为基础，而上海、广州、四川等处，则当改制为社会工业之主体，以彼此相辅。此其大较也。

（三）社会工业动员之准备。工业动员非易言也。其在欧美，各事之组织□极精密，犹且事业上深感困难，况在中国欲以参差不齐之社会事业一一求与未来之军事行动相呼应，此不可得之数也。今日所能为者，不过一种准备，使此后新发展之工业有动员之可能已耳。欧战经验，惟此点为今日中国所急应效法者。盖工业经营之开始，有极微之注意，而可以得极大之效果者也。

（四）民间交通事业。今日中国于铁路沿线以外，欲运动万人以上之军队，几为不可能之事，此其影响于军事者，实与武器供给有同等以上之困难与重要。兵工厂犹可以独力经营，而交通事业，则其关系乃及社会全体。譬如近人盛倡国道，若同时不注意于车制之改良，则养路之费恐较修路之费为尤大；若车以旧制为宜，则修道又当以适于车用者为目的。尤所当注意者，则南船北马，后方输送法，各不相同。一旦集大军于一隅，则其后方组织之转变，尤当早为注意。吾尝谓今日军制中组织之最谬者莫如辎重队，平日则马干油价，徒为官长作恶之媒；一声行动，则国家（铁路）、社会（马夫车）之秩序，先为此而破坏。盖真所谓袭其貌而虚其中者也。历年内乱，扣车拉夫即为军事行动之第一步，此其征也。

（上各条不过举其应行着眼各事，至实在之计画，一则过于繁密，非此书宗旨所在，故不及。）

第三编　附录

（二）世界军事大势与中国国情
——在教育会同学诸人欢迎会演说辞

记得民国六年四月中，黄、蔡二公国葬时，余曾与诸君为一度之会谈。当时所预测的政局，现在几无一不实现，而于小站军队之必衰，土匪军队之必起，政治民生必一天扰乱一天之故，言之尤为沉痛者，不料都为湘人三年所一一感受。今诸君于千辛万苦之后，居然彼此壮健，重得聚首，仆之欢喜，为何如者！

余于民国六年一年中奔走大江上下。七年在北京读书。八年一年中游欧，自英而法而比而荷而伊大利而德，留欧者凡十一月，巡视战场者凡二次。去年春间始归，则从事于文字之鼓吹。从事于文字者何故？盖余于欧游中，乃发见二十世纪中一种中国军事上立国的大方针。此种方针，当现在旧污未去、新力未生以前，必先为思想上的改造，然后始能及于事实。余此次来湘之原因，实以自治一事，正暗合余所发见的方针，而欲将此方针，传布于吾同人者也。

所谓方针者何？吾今者当举《孙子》中最精之一言，以现在事实来解释。《孙子》有言曰："能为不可胜，不能使敌必可胜，不可胜在己，可胜在敌。"这就是说，军事力量所能做得到的最高点，只有自己保卫自己，那侵略他人的政策，不过一时侥幸罢了。所以世界上没有侵略政策的国家能永远存在的理由。诸君了解这句话，就可以得一种确信，就是假如我们同最危险的邻居打仗，一定是打胜仗的。

我先把此次大战的形势来说，以证明此后世界各国必成的新趋势。

再把中国的历史来说，以证明我中国的国民性同此种趋势相吻合。然后再说湘省军事的现状，使诸君明白自己最重要的义务。

此次大战，历史家多称之曰世界战，这"世界战"三字深可玩味。自哥伦布发见美洲以来，人类对于地球，虽则完全有一幅地球图来表现他，但他脑筋中看这地球，不过仍旧同从前一样，是几块土地凑成来一件东西。所以总想你抢一块我抢一块就算完事。但是抢完了又怎么样呢？那知道既然同在这一地球上，彼此就有一种相互的关系，这种关系一天密切一天。实在说来，因为天天密切起来，所以才有世界大战。又是因为大战，那地球就不像从前一块一块的零星散在，竟是打成了一个整块。

这个关系是什么？就是经济。经济就是国民生存的一个总原。为了这生存的总原，所以各国才肯拼命。所以诸君要是研究欧战，万不可用那零零碎碎的政治的、外交的事故来看作欧战的原因，要寻他一个总因出来。因为开战的原因是经济问题，所以收于战争的结果也是经济。俄罗斯、德国的革命，就是一种经济问题。今天目的不在谈经济，不过要谈军事，必须从这一点出发罢了。

为了占经济的优势，所以才打仗（经济的优势，第一要生产丰富，可是那军队是一个不生产的东西），打仗可是要那最不经济的军队。所以各国政治家为这一点，费了许多心血，就要使军费、政费得其平均。后来更进一层，竟是要那不经济的变为经济的。

这个主义做得到么？看来很难。其实有个方法，原来近代军事的进化，有一个大原则叫做社会化。十八世纪以前的军人，都是专门家，到十九世纪征兵制实行以来，就化成了国民性的军队，叫做全国皆兵。二十世纪的军事，可是还要进一步，叫做全兵皆国，全国皆工。极端说来，就是国民平时个个是一个生产者，战时个个是一个有力量防御国难的国民。这个制度，从全兵皆国的方面说来，就是义务民兵制。有人或许说，我们中国没有做到全国皆兵的程度，那里会全兵皆国呢？其实不然，此次欧战，美国就是先例。他平时就只有少数军队，因为他组织力大，一年之内，就输送一百七十万的军队到欧洲。还有瑞士，他一起首就行这个制度。

法国社会党首领卓莱曾经为法国著一书，名曰《新军论》。这部书，同学刘文岛正在翻译。他的主义，就是要使世界各国国民都有一种自卫的防御力，而使侵略政策不会发生。他的方法，可以使国民减少军事负担而又能够防御国难。办法细则，今天虽不能细说，其最紧要之点，就是把在营房里二年间的教育，分开来做十年教（从十岁到二十岁），而军营内之教育仅仅以六个月为限，专教以部队及各种兵联合运动。其他体操、射击、乘马等均在学校及游艺会等，由军官监督之下行之。此种教练法，只教军官良善，当然较两年间的教育更为利益，可不用说了。

此种制度所最不利者，就是军阀的侵略政策。因为侵略是要出其不意，愈速愈妙，所以必定要有常设的大部队，才能动员迅速。如今散在各处，一召集，敌人就容易知道。而且军阀的所谓（形式的）军纪，散处后又维持不起来。

所以我们现在要研究侵略主义同自卫主义，到底在现在的形势，是那一种相宜？此次德国战败的原因，兵略上看起来，就在马仑一役。这一役，我可以说完完全全是法国人打的胜仗。（那时英国的援兵，只有五万，而且战争也不得力。）法国兵略上，当初很犯了许多缺点，如兵力重心位置在南方，初战以一部分向敌人主力冲突，第一次会战不利，士气沮丧，牺牲一部主要的国土等。但是因为有一点长处，居然把各种缺点救转来，这就是人民自卫的决心坚固，目的明瞭。他们远远望见火光，知道自己的村落被人占了，自己的妻子在敌人蹂躏下了，你想他们还要怎么命？因为自卫是人民自己为自己，一种纯洁的观察；侵略就不免替人升官发财，而且掳掠他人的兽欲，良心对不住，终有一点气馁。我以为马仑战胜的大原因，就在此。

再进一步，就说马仑之役，德国犯了孤军深入的毛病，后路不继，兵卒疲倦。（这是从侵略主义物质上利害说，其实物质上的利害用物质可以补救，惟有精神上的利害除了变更主义以外，没有法子可以补救的。）那么，我还可以举一个例。此次大战终了之时，联军竟全占了胜利，为怎么忽然军队到了莱因河就会停止？现在法国对德，不是又在为外交问题费许多周折么？当时要爽爽快快占了柏林，同德人为城下之盟，也未始不是做不到的事。可是联军知道占柏林这件事，是所得不偿所失。而且当时德国军队解体的原因，就是因为联军宣布："只教德军放下了枪，联军立刻就停止战事。"因为联军自身自认为被侵略而取自卫主义的。

兵略上之利害，姑从其次。从国家的生存上说，那更觉得必要了。你想，德国现在为条约上的限制，常备兵不得过十万，它要取自卫的方法，除了从工业教育以外，另外还有怎么法子？至于战胜的法国，那五千万人民中，壮丁死伤几三四百万，此后再要同从前一样，把壮丁的两年重要光阴消磨在兵营以内，恐怕法国经济上就会站不住。所以现在新定的军事法令，已经有这义务民兵的趋势。原来法国人本有一句话："德国的武力重心在第一线，法国的武力重心在第二线。"所以主义上原来是一致，不过程度浅深罢了。至于英、美，原来就是常备军很少的国家，此次得了新经验，把工业动员的法令定妥，自然格外容易实行，不过他们年年把几千万的膏血望〔往〕海水里丢下去，实在看来不合算。恐怕二十世纪的下半期，连这件事也还要回个头罢！

我所最欢喜者，就是这个潮流恰恰合于中国历史上传下来的国民性同现在的环境地位。德国人此次所最感痛苦的，就是封锁政策。我们中国积弱的结果，外国人就主张开放门户。那封锁同开放，不是恰恰针锋相对么？因为我们民族得了一种绝大的天惠，国民的生活——进步的生活——件件皆足以自立，所以向来没有侵略他人的必要，所以于侵略民族性的长处极少。可是国民为自卫计，那防卫精神与方法就特别发展。你看那满中国多么多、多么大的城圈子，还有那历史上著名的万里长城，都是我们自卫能力极发展的证据。还有那坚壁清野、保甲团练等，都是一种自卫手段。至于精神上最没的决心，从华元守宋以还一直到最近代，"那城存俱存城亡俱亡"的英雄，历史上也是最多，所以我可以断定，中国民族是最富于自卫能力的。

至于从环境的现状看来，吾们所最感危险的，就是那近邻富于侵略性的国家。《三国志》里刘玄德有句话说得好：今与我争天下者，曹操也。彼以诈，我以仁，必事事与之相反乃始有成。我们对于敌人制胜的唯一方法，就是事事与之相反，就是他利于速战，我都用持久之方法来使他疲弊；他的武力中心放在第一线，我们都放在第二线，而且在腹地内深深的藏着，使他一时有力没用处。我断定这个办法，一定可以制敌人的死命。

有一件事要注意的，所谓"国民防御"，所谓"国民自卫"，乃是指着国家军事的大方针而言，同战略上战术上的攻势守势是不可混合的。上文所讲自卫主义、侵略主义的利害，不能拿来作战略战术上之攻击防御的利害讲。而且军事上的自卫主义同军事教育上的攻击精神，不仅绝对不相妨害，还有相得益彰的道理在内。

兵略上的攻击精神是战胜的唯一要件。但是要问攻击精神怎样才能发展？用兵是用众，凡群众运动的要诀，第一要目的明瞭，理由简单。

国民为着自己的生命财产，所以执戈而起。这是最简单的理由，最明瞭的目的。有了这个攻击精神的核心，只教培养得宜，就可以开花结果。德国此次战败的原因，从兵略上说，就是目的不明瞭，理由不简单。从宣战理由说起来，是打俄国；军事上动作说起来，是打法国；最后的目的说起来，可是在英国。这个失败的大原因，可是完全根据于侵略主义。抱了一个侵略主义，看见只块土也肥，那个岛也好，但是那可怜的人民只有一条命，所以结果至于自己革命。要说起那培养攻击精神的方法同材料来，德国人也可谓无微不至了，就是因为没有那个精神的核心，到用起来仍旧是失败。这是真正前车之鉴了。

主义既明了，还要研究那运用的方法。原来我们二十年来所听见看见的战略战术的方式，纯粹是从（军国性）侵略性的国家转来，而且无形上受了一种神经过敏，情感外张的恶习，动不动就是痛哭流涕的亡国灭种谈。这种议论本来是一种兴奋剂，多吃了还要害人。他不知道药性本来容易过去，回转头来又骂人五分钟的热心。须知中国人本来富于情感神经极敏，所以紧要的就是那情感的内敛。《大战学理》上说得好，情感的发动，须要像北冰洋流下来的冰山一般，远远望去好像是不会动，其实后面是有一种极大的力在那里永远不断的推进着。如今我们须把外张的劣货排去，要用那内敛的国货。古人说木鸡养到，这才内敛的一个好比例。从战略战术上说来，就是主力的运用要自由，要待机，要乘隙，就是要用纵队战术的长处，不要用那横队战术第一线决战的方式。中国拳术的极精者，决不肯先动手，一定要等人家先动，然后得隙而乘之，就是这个原则。关于此点，今天只能把要点说说，现今联军总令司〔司令〕福煦将军著得有两部书，研究得最好，将来能想法译出来，大可为我国内兵家的参考。

战争的原素就是力，所以军队内最重要的就是富于弹性。比方弯弓，一定要右手向后退，然后那箭才会望前去。就湘省军事状态说来，现在第一枝箭是已经到了的，所以现在是从扩充回到收束时代。湘省自卫能力，将来能彀发达到多少地步，就看现在收索〔束〕的力量到怎么地步，所以现在讲收束越紧越好，越小越好，所以我上文说全兵皆国时代，就是军事的色彩最淡薄的时代，同时就是自卫能力到最高潮的时代。这个理由，前天已经说过，不再说了。

二十年前我在东亚商业学校，有一天蔡公松坡对我说："有人说我们湖南要出三批人物，曾、左、彭、胡是第一批，谭、唐可称第二批了。"现在看来,黄、蔡二公确系完了谭、唐的事业,的确是第二批人物,还有第三批哩?诸君诸君!诸君!此次用那没有枪刺而冲锋的战术,没有子弹而求前方补充的战略,一顺水把张敬尧驱逐出去,这是天公给诸位的一个暗示,就是人民为保护自己生命财产而决战,没有参着别一种目的,就可以无坚不摧,无敌不破。那四年来水深火烈,正是为中国磨练这个主义出来,可以顺应那世界的潮流,可以发展我民族的特色。这就是第三批人物的责任,这就是诸君的事业。我还可以相信第三批人物,就在我们今天列座诸位之中哩。

(三)论军事与联省自治
——湖南自治根本法起草委员会开幕演说

鄙人学识浅陋,承湘中各界以起草根本法相委。本不敢谬然负此重任,但自欧游以还,深有感于中国民族历史上实含有一种绝大的能力,要是充实光辉的发展起来,实于全人类有极大的效用。这种能力,如同矿产一样,现在还是深深的藏在地下。不过这一次湘中自治,就算是矿苗发见的一种,所以兄弟此行,算是来探一种精神的矿苗。这是兄弟自忘其固陋、欣然而来的原因。

我们要知道"自治"二字,不是从外国硬输入来的"外国货",乃是我们自己祖宗藏在家里的一件宝贝,不过被灰土封住罢了,要是磨砻起来,还仍旧是光焰万丈。有人说中国向来是专制的国家,所以一切事都是官治。我的观察,可是大不然。试问从前的官到底做了些甚么事?知县的幕友,一个是刑名,一个是钱谷,除了要钱、杀人以外,还做了甚么事?这还是治民的官,要是那治官的官,更不用说了。原来中国成功的政治家,都是守着消极的不扰民政策,所以说"政简刑清"。古书中还有一句话说得好:"凿井而饮,耕田而食,帝力何有于我哉?"这就是说最良的政府,就是使人民能彀自治。政治的要义,也就是使人民能彀自治。你看中国那商家有商家的规约,工人有工人的行规,连那乞丐也是有一种组织,至于读书人更不用说,自己化钱,自己读书,自己请先生、办书院,乃至社会慈善事业,也是用的地方公款。这不是人民向来能够自治一个证据么?

但是现在世界进步了,仅仅用从前的方法来谋自己生活,可是不彀。(不过二三十年来,将各种事业,教育呵,实业呵,交通呵,种种新制度，叫那惯于消极的官僚性质、疲茶不堪的官僚系统来办，所以没有成功。）如今我们把那固有的事业扩充起来。这就是把士农工商各种事业纠合拢来成一个政治的自治，这就是现在的所谓自治。

照此看来，这"纠合拢来"四个字是自治真正的要义，因为现在各种事业进步中的最大特色，就是各事业一天比一天接近起来。比方说，从前长沙多出几个举人、秀才，同做生意的就没有甚么关系，现在有从美国留学回来几位学矿的先生，南门外就添上这么多的工厂烟突。现在大家不是都知道人民智识开了，实业就会发达；实业发达了，教育更觉容易扩充。不过有一件事要注意的，就是从前不接近，所以不纠合，还能相安于无事，现在一天接近一天，要是不能纠合，就会闹冲突。这一冲突可就糟了，比方就用军民分治这件事说。兄弟是主张军民分治的一个人，可是对于军民分治的意义，另有一个见解。因为军政、民政中间有密切不可离的关系，如其将这个关系弄明白，那么分治果然相安，合治也更觉圆满。诸君知道现在的日本，从前的德国，才真是军民分治。（就是军令属于军政范围以外，用参谋部来直接传达君主命令。）此外各国都还是合治制呢。美国的华盛顿，我们总认他是军人，他可会做总统，他就不会做袁世凯。法国的军团长，位置在县知事以下，他的军人现在还是赫赫的名誉。所以只要关系弄明白，军人做总统也好，议员管军人也好；要是弄不明白，乱子是终究不能免的。譬于一家兄弟两个，那财产没有分好，因为不睦就住开了，此后能保他不吵闹么？诸君知道，财产是可以对分的，可是"国家"、"政治"这一件事，是万万分不开的。所以军民分治这件事，就是看军民两者中间这一个结解得开解不开，形式上的分立还在其次呢。

究竟这个结是怎样解法？我如今先立在民治方面看军人。就普通说，军人不是天上吊下一个特别种族；就中国说，军人不是历史上传下来一种特别阶级；就湖南说，现在各位不是宗族亲戚，就是乡党朋友（这是说私交）。若说公事，我们对于张敬尧的兵，还可以说请你回去罢。对现在军人说，就不能说回去，回到那里不是仍旧在湖南。惟其湖南的兵，就是湖南的人民，所以这回才能打胜仗。换句话说，就是湖南人民为着保护自己的生命财产，所以才拿枪去当兵，不是另有一种别的目的。诸君回想三年来，在湖南困苦颠连的情状，一个兵一天连一升五合米也领不到的时代，那里还有升官发财的希望呢！所以兄弟今天就算是旁观者，也不忍心把今日湖南的兵同湖南的人民来绝然分成两橛。

但是我再问一问各位军人，诸位当初打张敬尧，到底是用甚么打的，是用枪炮子弹指挥刀？要是真正是用枪炮子弹打的胜仗，那么是张敬尧的枪多，还是诸位的枪多？张敬尧的人多，还是诸位的人多？张敬尧的钱多，还是诸位的钱多？怎么他拿来打你们的枪，竟会跑到你们手里来？钱多也不中用，人多也不中用，枪炮子弹多也不中用，那么诸位的胜仗，到底用的是甚么武器？我说的是诸位的这个心。这个心可不是赵总司令一个人的心，也不是两位师长的两个心，也不是诸位部下一万二万个兵的心，乃是湖南三千万中国四万万人民的一个公共心、公共的志愿，所以诸位是代表着三千万人民，是用那三千万人民的力量来打的仗，所以那张敬尧十万人就是寡不敌众。诸位今日的名誉地位，也是从三千万人民公共心里面得来的，所以是真正的名誉，不是靠着许多枪、许多子弹。这个心从团体说来，叫做公共心；从个人说来，就叫做良心。

那张敬尧就同小孩子一般，没有一点真正的力量，就拿起大刀来使。这把刀愈大愈不会使，结果弄到筋断骨折，自家受伤为止。唉！人心的力量，多可爱！多可怕！袁世凯多少军队，德国人多少的军队，就是因为缺了一点公共的力量，弄得身败名裂，为天下笑。诸位知道"放枪"这个口令下去，要是后面没有大多数人民的力量在那里逼住，那颗子弹是不会出去的。

上边所讲，还是从军民两方面说，如今再合起来讲。诸位不要看张敬尧已经回去，就算是大功告成，后面的事还多。世界上还有比那张敬尧利害十倍、凶恶百倍的人，眼巴巴地在那里看着我们哩！所以兄弟是主张裁兵而不主张消灭国民防御力的一个人，而且兄弟又认定裁兵为充实扩张国民防御力的唯一的手段。你看那欧洲大战场里一片的战场中间有一块小小的地方，四面八方都是打仗，可是谁也不敢侵犯他，这个地方就是瑞士。说来奇怪，在欧洲，平时瑞士的兵算是最少，在欧洲战时，那瑞士的兵可以说比较的最多。（就是因为平时少，所以那战时就会多。）因为他平时差不多个个都是人民，战时差不多个个都是兵。因为一万杆枪决不是一万个兵所能拿得动。你想一杆枪的子弹，诸君知道是不是倚靠拿枪这位兵自己来造？自己搬来？所以平时营房里少一个人，就是工厂里多一个人；工厂愈多，造枪造子弹愈容易。此次欧战结果，各国多定了一个工业动员的条例，就是平时的兵工厂，也做生产事业；战时普通工厂，也可以造子弹。现在试问湖南有几个工厂？没有工厂的原因，是不是因为没有资本？是不是因为军费过多，财政困难？所以我可以说，现在营房多一个人多一份饷，就可以使战场上少一个人少几颗子弹。就是现在少用一文母金，将来就可以多用十百千万的子金。有人说孔子降生时代，一文钱在银行里，那现在全世界的财产都是他的，就是这个道理。

湖南现在的实在情形，兄弟不十分明白，但是表面看来好像一条线。一头是军事，一头是财政，两边拉得紧紧的。但是湖南决不是赤贫的地方，天然的物产是没有限量的，现在因为几年的扰乱，一时一口气转不过来。诸位知道银行破产，决不是银行折本，银行的账簿上不会折本的，就是那一口气周转不过来，所以诸位现在要注意那一口气。须知道湖南财政可以增收的时代，就是那军费可以减少的时代，只教这一口气转了过来，甚么事都是成功。

究竟这口气怎样转过来呢？兄弟昨天过江，看见那公共渡船，心里就说不出那样欢喜来。你看那把舵的把舵，打桨的打桨，各尽其职，没有一人在舟中闲着。我如今做个比喻。此地（农山书院）就是现在湖南的长沙，就是将来光明灿烂的湖南，这条船就是现在的根本法。这个比喻有三层道理：第一，我们现在有了船，不过是可以到长沙罢了，不是有了船就是已经到了长沙，所以还要自己下去用力摇哩！要是我们说有了法立刻就好了，那就同立在牌头口拿了船缆，就说我们已经到了长沙一般。第二，摇船最紧要的就是把舵，要是方向不对，那就永远不会到，如今赵总司令真心实意励行自治，那舵就是已经把得稳稳的，而且方向也已经对了，所以现在只教考究摇的方法。第三，那船上前面这把桨就是军政，后面这把桨就是民政，你想要是一把向前一把向后，两船会动么？所以定要向一顺的方向摇去，这叫做同舟共济。我可以决定，那光明灿烂的湖南不日就可以到了。

（五）中国五十年来军事变迁史

（申报馆五十年纪念，以此题征文于余，乃掇拾旧著《军事常识》中之附表，为之增补修改而系以说明。欧游以还，乃于世界军事之趋势与中国立军之大本，粗有所见。此篇谈过去，所以明现在、策将来也。愿读者处处以"将来"二字存诸心目中以读此文也。）

蒋方震曰：湘军，历史上一奇迹也。以书生用民兵以立武勋，自古以来未尝有也。谚有之，"秀才造反，三年不成"，而秀才则既成矣。虽然书生之变相，则官僚也；民兵之变相，则土匪也。故湘军之末流，其上者变而为官僚，各督抚是也；其下者变而为土匪，哥老会是也。

官僚，则亦有其长者也，系统整齐而指挥便利，其弊也萎。土匪，则亦有其精者焉，利害一致而心志和同，其弊也乱。湘军之初兴，则崛起于二者之间，兼有其长而舍其短。然孔子梦周公而不梦文王，故二千年来书生之至高理想，至于做宰相而止，不敢为帝王，而让之草莽英雄，美其名曰"王者师"，其实不过辅助材料耳，不足以当主人翁。湘军末流之变为官僚也，此其内在之原因也。

中国国民性，适于消极的自卫而不适于积极之攻战。故坚壁清野效死勿去，历史每艳称之，而于冒万险以开辟疆土之英雄则漠然若忘焉。今试横览中原，全国数千万之城寨，非巍然尚存乎，此真我国民自卫性之象征也。外国之城寨，为贵族的，故容积小，武士所专有也；中国之城寨，为平民的，故容积大，人民所共有也。患难与共，而欢迎足以相死。民兵之所以可用，则以其适于国性也。

以民兵与土匪较，则民兵含有消极性，而土匪则含有积极性。湘军之所以成功，首在书生之远见。彼知夫不保赣鄂，必不足以保湘；而江权不在握，则武汉必不能守。惟此事先人一着，而全局基础于以大定。以适于消极抵抗之民兵，而以积极方法运用之，一破拘墟之习，此其所以伟也。然越境而战，当其地方权不我属，则终拮据莫能发展。故湘军之盛，不能不自混于官僚以用其权，此其外在原因也。

明乎书生、民兵、官僚、土匪之四种关系，而湘军之奇迹，叮以解矣。呜呼！前此五十年为同治十一年，是年曾国藩卒，湘军之首领逝矣。再前十年为同治元年，则湘军全盛时代也。惟时曾督两江，左浙而李苏，以为中心；而沈葆桢权江西，湖南毛鸿宾为曾旧交；湖北严树森，贵州韩超，皆胡林翼所荐；骆秉章督四川，刘蓉以诸生为布政使。于是西自川，东至于海，大江流域皆用湘军将帅，则皆倚国藩以为重。若以今日之政客眼光视之，则真所谓第三政府矣。再前十年为咸丰二年，则湘军萌芽时代也。是年十一月洪氏陷武昌，十二月而曾氏以在籍侍郎奉帮办团练之命，拮据草创，固不料十年后局面开展如是也。今姑划自同治十一年起，迄光绪七年为第一期，是时左宗棠手定西域，湘军犹唱其最后之好戏而从容入幕矣。而李鸿章于前年继曾督直隶，渐以淮军独负国防之大任。自光绪八年迄光绪十七年为第二期，则海军于此十年间逐渐成立，而淮军于此时则纯乎为一种蜕化运动。自光绪十八年迄光绪二十七年为第三期，则淮军失败，小站乃乘之以兴。自光绪二十八年迄宣统三年为第四期，则全国上下乃忽发一种新军热，此一镇，彼一协，纷纷然莫知其既，而小站乃乘其机以益大，以迄于革命。民国之十年，则姑谓为第五期，国民既稍稍厌弃军人矣，而军人一旦得志，则亦穷其力之所至以厚自封植，益悍然无所顾忌，且胶滞于系统之谬说，英雄之梦想。于是十年前击节以读"军国民"主义者，乃一变其论调而为裁兵废督。军人势力之于今日，已如修蛇赴壑、夕阳在山矣。然纠纠者，犹以为我有地盘，我有实力，无施而不可也，益复扩充其兵额不自已。

此五十年中纯粹之外患凡二：曰中法之役，为越南也；曰中日之役，为朝鲜也。虽非外患而等于外患者凡二：曰日俄之役，为满洲也；曰日德之役，为山东也。兼外患内乱一炉而治之者凡一：曰庚子之役。内乱则以等级数而进步焉，最初每三十年一次，自回乱迄庚子是也；其次则每十年一次，自庚子迄辛亥是也；其次则每三年一次，自辛亥迄癸丑、癸丑迄帝制是也，中间犹有一年之余暇也；再其次则一年一度，或两度矣，有若复辟之役，有若护法，有若川滇，有若闽粤，有若直皖，有若湘鄂。昔也有乱而后有兵，今也有兵而后有乱。

蒋方震曰：异哉！三十年为一世之说也。湘军自咸丰二年办团练始，迄光绪六年左宗棠大定回疆，为时盖三十年。自是以还，湘军之事业无闻焉。淮军自同治元年李鸿章至沪后，三年曾国藩陈湘军不可用，荐李自代，遂以李节制各军，迄于光绪二十年甲午之败，为期亦近三十年。自是以还，淮军之事业无闻焉。小站练兵，始于光绪二十一年，五年而小成，十年而大成，今功名之盛，较湘、淮有过之无不及也。明乎递嬗之迹，以其时考之，则可矣。而要皆以前十年为创始，中十年为全盛，后十年为渐衰落。今日之国，势不能无兵，今日之兵又焉足以卫国？兵乎兵乎，盍归来乎？其能一新面目而还真反璞以归诸民乎？夫自卫，则固天下之大义也。

今姑以十年为一期，而分记其递嬗之迹如左：

第一期，自同治十一年迄光绪七年。

是期得名之为湘、淮军交代时期。自曾氏荐李自代，至同治十一年曾氏卒，而中国军事之重任，乃专在李。其事业之最大者，一在改练淮军，一在创办海军。湘军之素质，别之为官僚、书生、民兵、土匪四原素；淮军则较单纯矣，倡始于沪，已在湘军变官僚而后，辗转多在异乡，已失其民兵性质，而加入一新原素，则新法是也。李之初起，本与戈登之常胜军同在沪上，则目睹其新法之美，早心折之。顾所谓新法者，实在则唯器械一门，彼其所亲见只此已也。平捻之役，即新法亦无所用之。捻事初定，而当时先乱而后有兵之原则，犹未破也。故李氏之在北洋，仍确守曾氏筹议直隶练兵之遗规，除于光绪二年以德人李励带兵官赴德国留学外，其于内部之改造，无大迹可纪。盖一则将帅皆百战之余，除旧布新，固非易易；二则当时除镇压内乱外，事实上陆军未负有特别重任也。

呜呼！自西力东渐，其祸则皆自海上来也，曾、李既克金陵，日与外人处，已慨然有百年隐忧之叹。于是同治五年，以沈葆桢总理福建船政，其明年于上海则设制造局、广方言馆，于北京则设同文馆。当时诸臣，位既高，得便宜行事惯例，故幸不为时论所扼，然亦仅矣。迨光绪元年，李氏督办北洋海防，乃以全力筹海军。盖圆明园烬余之纪念，犹历历在西后心目中，故其议亦得以行也。

李之练海军，实受曾氏长江水师之暗示。然长江水师之初起，大敌当前，而士卒有必战之志，战即教也，故彭、杨诸将虽未尝学战，而能以经验为学问。若海军则难言之矣，一舰之费，动辄数百万，积十年数十年之功，始可以言一战。是故先有学而后能战，先有兵而后求敌，自非大多数有先见之明，有必战之志，则憧憧者皆装饰品耳。呜呼！西后虽骄恣，诸臣虽昏聩，若明知一战而败，必至于割地赔款者，则海军之歼，或犹可免焉。甚矣！练兵于不战之时之难也。

然第一期中之海军事业，则仅得名之曰筹备时期。盖订造铁甲船，立北洋水师学堂，时在光绪六年，即是期之最后一二年也。

是期中军事动作，惟左宗棠平定西陲一事，而外交上则东、西有两大事件发生：一为日本出兵于台湾，一为与俄人议《伊犁条约》。先是同治七年，捻乱初定，而回事继之。是年七月左军进驻西安，以刘松山当北路，捣金积堡；以周开伦当南路，攻河狄；左自将中军，逼敌入甘肃。以"缓行急战"之方略，自陕入甘。十一年河州平，十二年陕甘平。光绪二年发兰州，西征伊犁。刘锦棠进夺古城，天山北路略定。乃与张曜自南路更西进，三年平喀什噶尔，而伊犁问题即于是时起。六年改新疆为行省，七年《伊犁条约》成，而西陲于是大定。蒋方震曰：国民趣味之不同，有不可以强者焉，即舆论亦足以见之，使西人历史家而记载湘军故事，则金陵之克，必将以之属诸市民战争 Civil War 数页了耳；而西陲之役，必将叙为有声有色而啧啧于人口。今在中国，有能谈西陲故事者乎？则掌故家矣。国民不富于侵略性，于此益可征焉。

今日万目所视、万手所指之东方大军国，其基础盖建于五十年前也。距今五十五年前，是为同治六年，幕府奉还大政。其明年，明治即位，而废藩置县，而使山县有朋考察陆军而定兵制，而请通商，而县琉球。距今五十年前是为明治五年，布征兵令，而征韩论起矣。同治十三年，乃以台湾土人杀海舶之被难者之故，竟出兵于台湾，十月柳原来华议条约，始撤兵焉。光绪二年，日置使馆于朝鲜。譬若一人，大祸将至，则征兆见焉。甲午一役之征兆，于斯见矣。

光绪三年，既平喀什噶尔。其明年，乃与俄人开始伊犁交涉。五年崇厚使俄，条约既布，全国大哗，乃召还而代之以曾纪泽。时左宗棠发甘肃，大阅兵于哈密，新疆行省之议既定，遂于七年结《伊犁条约》。中国之军事与外交，其人才其行动，能收互用之妙者，以此一役为最后矣。

第二期，自光绪八年至光绪十七年。

是期为海军成立、淮军蜕化时期。先是李鸿章与戈登善，光绪六年，戈登应聘来中国，及其将归，乃再三以陆军不整顿则水师无根据为言，乃有聘德国军官以练陆军之议。德员既至，而练兵之议为朝论阻。盖是时淮军将帅积资高，雅不欲进取，而新立一军，归外人统率，若常胜军者，承平时更足资曲学者所骇怪也，遂于天津设武备学堂，图渐进也。然学生毕业后，无指挥军队之权，仅仅当营中教习，赏罚不属，而日聒于其侧，遂大为军中所排斥。故甲午以前之学生，无能任用者。甚矣！蜕化之难也。盖官僚之末流，其弊必至于萎。既无敌人以警其前，积资负功者，坐食禄，无大过，终身不能易其位向也；以战为教，今不战，则无教耳。故新进之士，终不能为所容焉。

时海军则逐渐成雏形矣。福建船政既有成效，而法越战争起。光绪十年，法人攻台湾，烧福州船厂，军舰多有毁者，而渤海中则幸以宁静。于是政府乃加一层刺激，李鸿章得渐展布其计画。先说醇王而动之，乃设海军衙门，醇总之，李副焉，且以曾纪泽为提调（未几物故）。光绪十三年西后将归政，乃修颐和园而移用海军经费之一部分。园之将成，李氏乃为之购小火轮，装电灯，演轻气球，在李欲藉此以破宫廷之暗昧，而时论益哗。时镇远、定远来华。十四年旅顺、威海卫之船坞成，海军成军。是时黄海海权，纯属中国，日本不足较也。十五年停止购船，各省协助之海军经费，仅仅足为维持用。而日本于是时乃大扩充海军，时日本议会初成，皆欲与民休息，天皇乃至出内帑三十万，开跳舞会，募捐以充海军经费。光绪十七年海军大阅，提督丁汝昌率海军至长崎，日人视镇远、定远，全国为之震惊焉。

海军系创造而非因袭，故内部无新旧之争，其形式规模一一用新法。虽然，四十年来之所谓新法，皆于中国未尝有丝毫之根据，海军亦其一也。折他人之花以缚诸庭树，美也，一时耳，不崇朝而败矣。海军之败，论者多归诸物质之不备，此诿责之言也。海军需绝对的攻击性，而当时开口即曰海防。惜哉！惜哉！当时已无长江水师初倡之精神也。停止购船之议之能见诸事实也，防之一字亦其因也。而中国知识社会，向恃其官僚系统以维持其内部团体，凡此皆与新军制根本不相容者也。

呜呼！此期之外患，则稍稍亟矣，其最著为中法之役。光绪八年法越构兵。其明年，中法之役起。虽起湘、淮老将彭玉麟、刘铭传等，而卒无当于谅山之败。十年法人攻台湾，毁福州船厂，而似民兵似土匪之刘永福乃大著名于时。十一年与法媾和，而南服之藩篱尽撤。其次则朝鲜交涉依加速度而进行焉。光绪八年吴长庆率师至朝鲜，执大院君以归。而日人既与朝鲜立对等条约，则使开港驻公使，嗾其内乱。十年朝鲜王以日兵入卫，既而入中国军营。于是伊藤来天津，订互不驻兵之约，而甲午之祸根伏焉。又其次为缅甸及巨文岛之交涉。光绪十年，时为西历一八八四年，俄人经营中央亚细亚之事业日以进步。英自危，而英、俄间之冲突以起，于是占缅甸，盖感于法之于越南也；入西藏，防印度之被胁也；占巨文岛，恐俄之先发也。而远东问题，乃逐渐而成万目睽睽之势矣。

第三期，自光绪十八年迄二十七年。

此一期乃为五十年来局面变换之中心，抑岂惟五十年，实二千年来一种变局之枢纽也。其事迹起于甲午而迄于庚子。就军事言，则中日一战，所以了湘、淮军之局，而拳乱则小站功名之所由起也。

光绪二十年夏，朝鲜有东学党之乱，中日各派兵，日乃以共定内乱为言，我拒之，辗转而衅遂起。日海军先击我运送船，"高升"毁焉。既而战于平壤，日兵以四面包围，叶志超等逃归，第一线不能军。既而有大东沟之海战。日舰之精者，皆购在我海军成军之后，利用其速率快炮环攻焉。巡洋舰扬远等毁，镇远、定远孤立搏战，伤亦重，遂匿威海不敢出。日陆路乃分二军：其一军由朝鲜出满洲，一战于凤凰城，再战于盖平，且占金州以扼旅顺；一军由海道赴山东，袭威海。威海、旅顺既下，北洋之防尽撤，海军熸矣。于是割辽东、台湾以和。自有此战，而中国国防之假面剥夺净尽，世界各国无不涎垂三尺，想此一块肉，而东方乃无宁宇矣。

李鸿章于交涉之初起则主和，于战事之初起则主守，而盈廷则攘臂言战言攻。和当乎？战当乎？其实和战攻守，不可以强求者也。日本之处心积虑于一战也，非一日矣，李纵主和，其果能终于和乎？至于言战者，平日既不负当事之责，而临时好大言，以责人媚外怕死一词而足以掩天下之口。于是将兵者亦从而为不负责任之战与攻，是皆两无当于事实者也。惟此中有一段心理故辙，不可不为特别注意者。盖自湘军之兴，其成迹，时时足以引起书生之野心。昔光绪初元之名流（如马江丧师之张佩纶）及甲午之役之主战派（如出关自溃之吴大澄），皆为一流人物。自甲午之后，其流稍变，乃一转而为军国主义，再转而为裁兵废督，貌视之若各不相干，其实草蛇灰线，隐隐皆有脉络可寻。此种议论皆有一种特色，则在当时无不持之有故，言之成理，足以动天下之同情，而事后则无不受其祸是也。

甲午一役而中国之环境变，庚子一役而中国之内质亦变，其关键为戊戌政变。盖至是而新旧二系乃崭然旗帜鲜明，于以激成废后废帝之争。光绪二十五年冬，立嫡，中外哗焉。其明年，拳乱起，围使馆，戕教士，八月联军入京，后、帝出走西安。起李鸿章议和，其明年，李卒，荐袁世凯自代。

湘、淮军事业，告终于甲午一役，代之而兴者，则有袁世凯之新建军、张之洞之湖北军。方东事之亟也，胡燏棻会同德人汉纳根在天津谋练新军，未成而胡氏另练定武军十营。至光绪二十一年冬，乃以袁世凯统之，加募足七千人，驻于距津七十里之新丰镇，所谓小站者是也。其制度悉用德制。天津武备学堂学生，至是始得用为指挥官。而张之洞在南京练自强军，和议成，调任两湖，乃聘德人佛拉根海（此次欧战，为德军之陆军大臣、参谋总长）至湖北，设武备学堂，仿新法练兵，其初起盖三千人焉。

北洋军队之能用武备学生者，其一为聂士成，其一为袁世凯。光绪二十五年，荣禄练武卫军，以聂士成、马玉昆、董福祥、袁世凯为前后左右四军，荣禄自将中军。拳乱起，聂士成死于难（时有由聂军派至日本学陆军者一人，则冯国璋也，归后聂军已散，乃从袁），董福祥以附拳乱被黜，马犹保其地位，然无地盘，独袁世凯率其军以入山东，不维免于难，且因之成大功焉。

吾以为小站军人之有大功于国家者，独在其阻拳匪南下一事。直隶山左，地较瘠且交通不便，若拳匪之祸越山东以南而及于长江流域，则中国之损失，当有数倍于庚子赔款者。长江互保条约之能成，袁氏扼山东之故也。呜呼！若作乡农之果报谈，则今日小站军人，受长江流域之供奉，而安富尊荣不衰者，殆食此阴功之报也欤！当马关议和之时，主张联俄以制日者，盖不独李氏，张之洞亦其一人也。俄皇加冕，李往聘焉，于是有《中俄密约》。西伯利亚铁道横满洲，东行出海参崴，南出大连。中国于是有陆上西来之敌。日既含还辽之恨而感于孤立，乃设法以交欢于我。当是时，已隐然有南北新旧形成两大潮流之势。大约北则主联俄，而偏于旧；南则主联英、日，而偏于新。日人得是机，于是同文同种之说大昌于一般社会。光绪二十五年，日军官福岛来中国，说张之洞而动之，更及南北洋，而张氏乃派姚锡光往报之，乃始派留学生于日本。留学生之功罪，将来必有论定之者。要之，二十年来如火如荼之各种戏剧，则此一群人必从而加入一份焉，有目所共见也。

呜呼！此一期之外患，不堪言矣。《马关条约》既割辽东、台湾，而德、俄、法尼之，遂还我辽东。未几德市恩求报，遂占胶州。俄急起以占旅顺、大连，英继之以索威海、九龙，法又继之以占广州湾。而长江、福建、粤、桂等不割让条约，纷至沓来矣。势力范围之说，自此来也。相传伊大利索三门湾，政府严拒之，伊卒以内政故不坚持。于是朝中益轻夷，以为苟严拒，彼亦无可如何也，是为促拳乱之一因云。

俄人之东方铁路既成，乃利用拳乱，另以一军出满洲。光绪二十七年东清铁路成，于是辽东势力悉入俄手。拳匪之败，朝中旧势力顿失败，于是言变法，创新政。时日又胜俄，而明治维新乃大为朝野所艳美，兴学练兵之议若狂矣。当是之时，俄守旧而日新，俄专制而日立宪，俄侵略而日抱不平，恨俄亲日有由来也。

第四期，自光绪二十八年迄宣统三年。

是期盖可谓为练兵热狂时代。在朝则曰练兵，在野则曰尚武，官民并进，新旧杂糅，而从旁赞助之者，则有短小精悍之芳邻，更继之以趾高气扬之学生，天下纷纷多故矣。今欲略为系统之叙述，则姑分之为四纲：曰中央，曰北洋，曰湖北，曰自余各省。

中央。光绪二十九年京师设练兵处，奕劻总之，袁世凯与焉。定营制饷章，规模仿日本，悉其表也。是年秋，铁良南下，筹练兵经费。明年日俄开战，北方之防务益急，袁世凯以北洋大臣兼练兵大臣。练兵处筹画全国事宜，而实在兵力则归之北洋。三十一年秋操于河间，袁世凯、铁良总之。三十二年秋操于彰德府，则北洋与湖北对抗演习也。于是改官制，裁练兵处，以铁良为陆军部尚书。奏定全国设三十六镇，而北洋除第二、第四二镇归袁氏节制外，其一、三、五、六各镇直辖诸陆军部，名曰近畿各镇。中央政府与地方政府之各自有其军队，自此始也。以凤山为督练大臣，第一镇驻北苑，第三镇移驻长春，第五镇驻济南，第六镇驻保定。其官长，皆北洋旧部也。三十三年袁入军机，三十四年于太湖举行秋操。醇王以监国摄政，罢袁，命其弟载洵筹海军，弟载涛筹陆军，倡禁卫军，其部署一如近畿之督练处。载洵南下，大不理于众口。宣统二年，罢铁良陆军部尚书，代之以荫昌。立军谘府，载涛为其大臣。改各省督练公所章程，益欲收其权于中央。三年禁卫军成军，十月秋操于滦平，而武昌革命军起。

湘、淮军之兴也，各将皆自择其僚属，所谓包办主义也，卒以集大功，继而为疆吏，其风犹在，然得志者皆汉人。庚子以后，革命排满之说稍稍闻于朝，而东人又艳称其废藩置县之盛业，于是中央集权之说大盛。自练兵处创办以迄军谘府之成立，乃日日与地方争军权，名则挟国家军队四字为标帜，而隐则挟亲贵以遂其渊膝之私。各督抚益骄蹇不之从，故虽日日以中央集权相号召，实则系统已乱，除绝对私人军队而外，其余皆上不在天，下不在田也。故十年中中央之治兵之成迹，可一言以蔽之曰：豫备革命是已。呜呼！此果非当事所及料也。

北洋。自光绪二十七年袁世凯为北洋大臣，以军人而得兼民政之地盘，其力始充。二十八年奏定北洋营制饷章，先练常备军二镇；设军政司于省垣，并分兵备、参谋、教练三处。时日俄战事，政府亦感于练兵之必要。二十九年，二镇成立，共二十五营。三十年成三镇，三十一年成四镇，三十二年六镇完全成立。而若军医、军需、军官速成等学堂，亦先后成立。是时全国上下言练兵，开口即曰北洋，声名动天下焉。其内部亦勃勃有朝气。然四年之间，盖竭天下之财，以仅仅有此数也，而忌袁者益蜂起。三十四年移四镇归陆军部，北洋仅留二镇。三十三年袁世凯、张之洞入军机，北洋之势犹在袁握。及醇王监国而袁罢，北洋诸将帅益郁郁不得志。江北提督者，其体制有似于小督抚。将帅之健者，藉此以为唯一之升转地。及禁卫军成军，不二年，而全军官佐，悉补实官。北洋官长，益益作不平鸣，回首当年，怃然有间矣。迄于革命用兵，而其希望乃稍稍展焉。

湖北。张之洞之练自强军，盖与小站同时。其抚两湖也，垂三十年，其经营殆与李鸿章之在北洋等，然以局部之力而筹铁厂，筹兵工厂，所费益不赀，故练兵之最大额仅及一镇一协，视北洋竭天下财以成六镇者，其艰辛盖倍焉。今鄂军虽不可复见矣，而汉阳之丁丁者，犹足以动中外之视听焉。然当北洋声名鼎盛之时，张氏不免有憾焉。有进说于前者曰：袁氏练兵，公何独不可以练将？张氏喜。先是湖北本有武备学堂、将弁学堂（武备以德人为教习，从学者青年子弟较多；将弁则以日人为教习，犹今所谓讲武堂焉），于是复大规模；为造就下级官长计，设所谓陆军特别小学堂者（时陆军部限制各省设军事学校，故有此名），专挑选兵卒之粗通文理者千人，以原饷入焉。迨张氏入军机，此千人者逐次毕业，无所容，则加以少数津贴，使复归于军中。革命说之流行也，首受其影响者为学堂。军队中官长抱革命思想者，固亦未尝敢公然与兵卒直接谈话。自有特别小学堂，而此千人者，则皆营中旧友也，既自学堂归，出其所得，从容坐而讨论焉。故历次革命皆自外铄，其势不坚，而武昌革命则由内而外，由下而上，其成功也，非偶然也。

自余各省。朝旨既敦促练兵矣，陆军部又为之限定年限与其数目，各督抚虽心非之，或至抗疏而争者，然朝旨之面子，固不能不敷衍。于是江南则有第八镇首先成立，而浙、闽、粤、桂、湘、川、滇等，依次以成新军。办此事者有三种人物：一曰留学生。时自东归来者日益多，各省争致以练新军，盖彼辈固与京中及各地通声气，其应付较便利，而其名义亦足以动人。二曰北洋将领。时六镇既成，官长升迁，一时有停顿之势。袁益避嫌，郁郁不能展，则各随其私谊散而之四方。三为各省之候补道。为督抚所信任者，多总新军之成，盖犹有湘军之遗风焉。新督抚之就任也，恒调一二名流以自重，或且举及其素不相识者，新政或赖以举焉。陆军部虽有三十六镇之议，各督抚俱以财力勿及为辞。以较今日之高唱裁兵而主张以五十师为最大限者，其说益不侔矣。是时中央与地方，各以巧智相搏，中央不能自筹款，势必仰诸督抚，乃欲令督抚筹款练兵，然后以中央集权之名义一一收归自己支配。而督抚岂其愚也，故一面以筹款为言，故迟迟其进行；而一面则以维持地方治安为言，竭力保留巡防营。于是有所谓防营对内、新军对外之说，其实皆辞焉已也。

呜呼！祸患之来，非一朝一夕之故也。今天下纷然，咸疾首蹙额于兵之苦我民，其祸根则皆自此期种之也。新军之兴也，百事皆变，而独以军职为当差之习则不变。当差云者，来去自由。人事之乱，自着手已种其根矣。至于就国家之根本言，则日也、德也，彼其国家之环境、历史之遗传、社会之素质，有自然适合于侵略动作者，故大多数之常备军所以能成，所以能用也。中国以天惠之厚，国民但求自保，数战以还，其气益馁。而阶级制度，已销磨于二千年前，既无贵族阶级，又安有所谓（武士道）军人道德者。军队之核心不存在，则仅藉旧有之官僚系统以相维系。官僚系统者何？功名利禄以相指挥是也。社会无结构，而官长之党派乃日出而不穷，乃至同一军也而有地域之不同，同一地也而有学派之不同，同一学也而有先后之不同。以彼小强国所浸润而得之攻击精神，乃益益用之于小范围内之纵横捭阖，无暇及于外矣，此兵祸所以继续连年而不能自已也。

自庚子以后，外祸之来也，不以兵而以财。而东亚局面，则自日俄一役而大变。昔之仗义执言，以博得中国无数之同情者，今变其面目，夷朝鲜，占满洲，而日俄有协约，而日法有协约，几几有包围之势矣，中国人益不自安。俄衰而日兴，乃有继起以承当日对日之好感者，则有美国。自退还庚子赔款，舆论为之一变。光绪三十年唐绍仪以特使赴美，然不足以敌日人之机警，满洲铁路中立之议格不行，于是联美之说大昌。然国内不得要领之新政，日以繁兴，财政益竭蹶，于是有铁道大借款，有铁道国有令，四川大乱，而革命以起，清祚终焉。

第五期，自民国元年迄民国十年。

此期则名之曰扰乱时期也可矣。十年恶因之酒精中毒，至是乃一一收其果焉。革命党以运动军队为简捷唯一之方法，故军人独揽大权。即向无一兵者，亦为尝鼎焉。以为权者，力之所表现也。国民已稍稍厌弃军人矣，于是有裁兵之说，有军民分治说，而袁氏适利用之。裁也者，裁他人之兵；分也者，分他人之治。而革命元勋之趾益高。北洋六镇，则秩序整然，气益下焉。此民国元年事也。明年癸丑，则有南京河口之役，而六师乃沿津浦、京汉两铁路南下，扼武汉，占河口，破南京，而局势于以大定。其沿京汉南下者，南至于岳州。其沿津浦南下者，南迄于上海松江。小站兵力，既迄于长江流域。袁氏乃用张敬尧成第七师，用卢永祥成第十师，二部较精练，驻北京，俨然成总预备焉。三年秋，欧战起，日本攻青岛，于是京师倡立模范团，名则曰恐小站之暮气，其实备帝制也。四年帝制议兴，以第十师驻上海，扼长江之口。其冬蔡锷起兵于云南，乃以第七师入川，而继之以驻岳州之第三师，不克，而广东、广西、浙江、湖南、四川先后宣告独立。北洋将帅首领，若冯若段，多反对帝制，袁遂卒。黎氏继为总统，段琪〔祺〕瑞以北洋军界首领组织内阁。六年，美国劝告对德宣战，党论纷纭，院主战而府尼之，于是有督军会议，地方军人之参与中央大政自此始也。而小站之分裂，遂兆于是。时府院之争日益烈，段罢而有督军团，张勋乘之以复辟，段率第八师攻之，不复迎黎，而以冯继续代理总统。不复召集团会，而另组参议院，成新国会。陈光远者，袁氏用以练模范团，与段氏素不睦，冯以李纯督南京，而以陈继李督江西。段之左右，亦欲得两督军，会川乱，乃以吴光新入川，罢谭延闿代以傅良佐督湘。湘人联广西陆荣廷攻傅，傅逃。而粤中之桂人，欲逐朱庆澜，于是南方先后独立，标其帜曰"护法"。而徐树铮乃联奉制冯，段复执政，而直皖之隙成矣。第三师南下攻湘，而以张敬尧跻其后为湘督，于是粤中成军政府。七年冬，徐世昌为大总统，于是有沪上和会，讨论经年不成，于是南则有孙岑之争，北则有直皖之争。段氏乃借日款，练参战军三师。九年春，段欲以吴光新督河南，府尼之，而吴佩孚率第三师驻衡州，屡请撤防，至是遂许之北还。段以参战军攻之，奉助直以攻皖，皖败。于是段氏部下约二十万人悉散，而奉直成均势之局。孙中山不得志于广州，遂日与段氏接近。和议不成，军政府之声誉益堕。段氏败于北，而孙中山则得段氏部下之助，以攻桂军之在粤者，桂败。于是非常国会举孙中山为大总统，出师攻陆，粤军入广西。第三师之北归也，湘人以全力攻张敬尧，张出走，于是倡联省自治之说，定省宪谋自保也。然军队繁多矣。十年六月武昌兵变，湘人乘之，约四川攻鄂，王败而吴来，战于汀泗桥，湘军败小站军队，复至于岳州。川军后期至，复为吴氏所击，乃归。南北于此，扰扰经四年矣。

此期中之外患唯一，则所谓五月七日之《二十一条》是也，国民既没齿不能忘矣。顾于外人之力，则畏之恨之；于外人之钱，则欢迎之。故民国之外患，不在兵而在债。彼纷纷之内乱，无一不自外债成之也。癸丑之役，则善后大借款为之也。护法之役，直皖之战，则日本借款为

之也。练兵借债，用兵借债，至今日而吃饭亦借债矣。于是感于兵祸之
亟而倡裁兵者，则其方法亦曰借债。噫！今日殆非债不足以生存者矣。
自袁氏以小站练兵而成功，天下皆知兵之可贵矣，然须知甲午前后，天
下皆不练兵而袁氏独练，此其所以成也。迨天下皆有兵，则首出而练兵
者，必为众矢之的。禁卫军，满清之所以亡也；模范团，袁氏之所以亡
也。参战军之成也，余方有欧行，告送者曰：段氏之末日至矣。今果
然也。

蒋方震曰：异哉！十年来之裁兵论也。光绪三十二年，吾有友在
保定度岁，中夜闻悲声四起，惊而视之，则兵卒思乡，相聚于操场而
痛哭也。北洋之办逃兵者，以王英楷为最严，动辄杀之。兵畏而恨
之，王氏几不免焉。宣统之末年，乃至下级官不敢严束其部下，畏其
逃，而军官自身将受累无穷也，然每营月必三四名不等。民国四五年
间，北洋各师病逃总计多者十之三，少亦十之一。夫前则劳心焦思以
求其不去而不可得焉，而今则疾首蹙额以求其去而不可得，则何为
者也？

裁兵当乎？曰势有所必至，事有所必成。上不裁，则下裁之；己不
裁，则人裁之。下裁者，乱也；人裁者，亡也。今之所急，在裁兵之主
人翁何在耳？虽然，有先决问题四，苟犯其一，未有能成者也。一曰不
当以兵裁兵，同是一邱之貉也，伸甲而绌乙，不转瞬而甲即乙矣。一曰
不当以中央裁兵。中央早无兵矣，乃或者假其名以借款得回扣也，朋分
焉，抑或且以裁兵费补缺额。一曰不当以消极办法谈裁兵。若曰：子归
矣，吾无用子也。孰不欲生，而我靳之，听者掩耳矣！或者乃藉外患为
辞焉。一曰不当忘本逐末以谈裁兵。官也者，兵之制造局也，任官之制
不定，官无恒职，职无恒序，或持焉，或挽焉争焉，未有不用武者也。
近时又有倡化兵为工之说者，义近似矣，虽然有失之毫厘谬以千里者。
兵不先归诸民，未可以与言工。归诸民奈何？安其乡土，而乐其家室
之谓也。至若上半句为以兵作工，而下半句即有以工作党意，则工不成
而党先成矣。呜呼！今之知此义者寡也。

此期中之世界战争，则合全世界诸国于一炉而冶之，而更造之也，
莫或致之，若或使之。东方一块土，盖不能不与世界共休戚矣。方德之
兴，则世界重心趋于东半球之西，今则悉趋于东半球之东矣。山东问
题，其发端也，十年二十年以后，或更有发其慷慨爱国之声者乎？抑或
熙攘以乐此大同也？虽然，读者志之，吾欲云云者，天下原动力之所自

出者也。

综五十年之事迹而约言之：初以平内乱而练兵，继以不练兵而招外患，终以大练兵而外患内乱并致，今则裁兵之时至矣。虽然，裁兵之祸之伏于未来者，今之人未之见也。

裁兵余意

(一) 太平洋会议所得之裁兵教训

裁中国之兵与裁世界之兵，孰为难？孰为易？太平洋会议，所以裁世界之兵也，而居然得局部分之成功。此种新鲜活泼之教训，非国人所当引以自勉者乎？今分三方面言之。

其一，主动者之意志。弭兵非美人所独创也。昔俄皇尝首倡和平会议矣，世界何尝不翕然和之。然其结果，初未能节一兵，减一卒。而此后战役，若日俄，若巴尔干，若欧洲大战，俄人且几几蒙首难之恶名，则何也？夫欲竟天下之大业而不先尽其在己者，未有能济者也。吾辈今日不能剖尼古拉与哈定之心而比较之，以断其孰为诚孰为伪，吾辈惟视其行动而已。俄皇弭兵，而禁旅之威严自若；哈定裁兵，则美之军舰废者废，毁者毁，昭昭然与天下共见之也，则尽其在己者，而诚意之足以相孚也。

是故今昌欲言裁兵，则言者当先尽其在己者。军人而言裁兵也，则当先裁其自己之兵，裁他人之兵无用也。国民而欲裁兵也，则请先自任其护国卫乡之义务。赠刀与人，而责其勿杀，不能也。

其二，名实之关系。天下事有多少可以名劫者，然实不副，则名之能力限于名而止实者何？则环境之自然状况是也。弭兵，美名也。故俄倡之，各国不能不应之；美倡之；各国亦不能不应之；即贫弱之中国倡之，各国亦未有敢公然反对者也。此名之所以劫持天下也。虽然，俄与美当时之环境，有大不同者在也。方十九世纪之末，各国皆欲藉武力以维持或扩充其经费地位。迨二十世纪之初元，则内国经济反为武力所困，盖当英、德交欢、议停止造舰时，其机已见。大战后，益形见势绌。此所谓实际问题也，美之善用其名也，以事实有以济之也。

是故裁兵其名也，理财其实也。实之所在，虽有冒天下之恶名而不顾者，若中国之内乱是也。然借兵以发财，兵多而财益绌，事实已直逼处此，国民能起而监督财政乎？裁兵之根本立也矣。

其三，进行之方法。一曰智识之精密，二曰态度之公平。当美国务卿之宣布其计画也，旁听者莫不大惊。一则惊其对于自身牺牲之大，一则惊其对于各国武力调查之精密也。浅见者流，方以海牙和平会第二视之，至是乃知其不然。彼盖非侥幸应付于一时，而整备于平日者，其用力盖至勤也。限制法乃用比例，此则所谓公平也。必欲抑彼而伸此，则各国各自有其历史之地位，孰能听一国之处分者？今自命世界海王者仍不失其为王，而自命东亚霸权者亦不失其为霸，然而人类全体，则实受其福者已无量矣。

是故言裁兵者决不可生差别心，曰孰当裁，孰不当裁。法无偏枯，事无例外，此原则也。而关于现状，知识之精密，则尤为入手第一着。国民苟真能知中国之兵额为若干，兵费为若干者，则裁兵云云者，一举手之劳耳。

（二）裁兵与去军阀

裁兵为一事，去军阀又为一事。

法之兵至多也，而初不闻法国有军阀；日本之军阀至强也，然而裁海军，减陆军，其事业已着着进行。

裁兵之根本，在兵费对于国家财政之关系政策问题也。军阀之根本，在军人对于政治之关系、社会之组织问题也。

今日之军阀必倒而兵不能尽裁，则试问剩余之兵将谁属乎？抑如往者委其责于候补道乎？抑或夷军人于厮养之列，使伺候大政治家之左右乎？夫今日之兵祸，此真其远因也。今日苟有聪明之军阀，则必首先裁兵，兵裁而军阀之位置益固，国民抑将以其能裁兵而欢迎之乎？抑将以其为军阀而反对之也？

视军人为国家一种特别职业，则其说无往而不矛盾，此类是也。然则奈何？曰即兵即民。

（军阀之末路，亦有可以预言者焉：中央无钱，军队之不得地盘者，即不能存在，是为第一步，是曰掘根。得地盘矣，各有其利害，各不相谋，各尽力于自保，抑或因而相政焉，是为第二步，是曰分枝。根去而枝分，于是各地方人自为战，则其势乃如振落，是为第三步。

虽然，未有已也。大军阀去而小军阀生焉，若今之川、湘是也。川、湘则全国中之最进步者也，川、湘之扰，而欲得一种特别外力以镇定之，则复古之思想也。今其势已决不可行，则势力之重心逐渐必倾侧于人民，而大本立也矣。）

（三）说医病

医所以治病也，医者若曰：我治病而已矣，命我所勿问也。病去而人死，其为良医乎？抑伧也？

裁兵所以救亡也，今若曰：吾唯知裁兵而已，他勿问。焉是，真得为救国者乎？

十七年前，吾言练兵之宜慎也，然而卒无当于今日。今吾再言裁兵宜慎也，裁兵之祸将又有甚于练兵者，吾不知二十年后之读此书者，其感想为何如也！

国防论

《国防论》，原拟分上下两册，现在所见者为其上册，1937 年年初印于庐山军官训练团，另有 1937 年上海大公报社印行本、1939 年《蒋百里抗战论集》本（黄萍荪编），后收入 1974 年《蒋百里先生全集》第二辑。其下册当时已基本成稿，未付印，1938 年蒋百里在从湖南转赴广西途中病故，其随身所携带之书稿寄存处贵州图书馆遭日军轰炸，竟致亡佚。

　　该书扉页题词为："万语千言，只是告诉大家一句话：'中国是有办法的。'"

第一篇　国防经济学

导言　第一种

（与塞克脱将军、佛兰克教授谈话资料

　　同外国人谈天，要想得到一点益处，有两种办法：第一种，研究他的著作，发见了几个问题，做几句简单的问句，请他答覆。第二种，将我自己的意思并疑问，述成一个明瞭的系统，先期请他看了，然后再同他谈话，比较的议论上可有一个范围。塞将军的《一个军人的思想》等著作并佛教授的替秦始皇呼冤的王道（对霸道）主义，我是知道的。但是我这短短旅行，没有工夫研究理论，我所需要的是解决当前问题。所以我于约期会面之先，草此一文，送给他们两位。结果塞将军因病，又因为忙，仅仅得了五分钟的谈话，佛教授则畅谈两回。今先将此文录如左方。）

　　研究高深兵学的人，没有不感到历史研究的重要。近世德国首先创造了历史哲学，历史的研究蔚成了一种风气，足征德国军事天才的优越、国防事业的坚实，确有学术上的背景。就中国说来，孔子的最大努力就是编了一部有哲学性的历史——《春秋》。不管他的微言大义对不对，但他终是努力从客观的事实中寻出了一个主观的方向，所以《春秋》是中国历史著作一种划时代的创作。因为社会的过程是那样错综复杂，头绪纷纭，要从中寻出几个要点，成立一贯的系统，由此明瞭一个民族的传统精神，确是不容易的事。中国数十年来创造新式军队，事事只知道请教外人，结果只学得外人的皮毛（因为外人有外人的传统精神，不是中国人所能学的），不能深入国民的心性，适应民族的传统，以致节节失败，原因有一部分就在于历史没有研究好。

古时的中国民族，当他走入农业经济时代，就遇着游牧民族的压迫，可是他能应用治水术，编成方阵形的农田（即井田），以拒绝骑兵及战车之突击。这一个方阵，成为一个最小的抵抗单位，同时又成为共同劳作的经济团体，所以中国古代军制即包含于农制之中，所谓"寓兵于农"。春秋两季更有大规模的打猎——有收获的秋季演习——或运动会。这种寓兵于农的精神之发展，后来又造成了长城与运河，这长城与运河就是中华民族精神的象征。

利用农民的乡土观念做精神武力的基础，其结果有一缺点，就是战术上防守性强而攻击性弱，但是随着经济力的自然发展，他的攻击性是变成迟缓的自然膨胀，如汉、唐、元、清之于陆，唐、明之于海，所以中国国民的军事特色，就是生活条件与战斗条件的一致。我于世界民族兴衰，发见一条根本的原则，就是："生活条件与战斗条件一致者强，相离者弱，相反者亡。"生活上之和平与战斗，本是一件东西从两方面看，但是依人事的演进，常常有分离的趋势，不是原来要分离。因为愚蠢的人将他看做分离。财政部长见了军政部长的计划就要头痛，老粗又大骂财政部长不肯给钱。

近世史上曾国藩确是一个军事天才家，所以湘军虽是内战，但是就国民性看来是成功的。他知道乡土观念是富于防守性的，所以第一步要练成一种取攻势的军队。政府叫他办团，他却利用办团来练兵。他一面办团，利用防守性维持地方，保守他的经济来源；同时，又练一种能取攻势的兵。他能在和平的经济生活与战斗的军事生活分离状况之下双管齐下，使分离的变成一致。

但是他的天才所以能发展，却更有一个原因，这就是环境能给予他及他的左右一种事业的长期锻炼。因为同太平军天天打仗，不行的人事实上会自己倒，行的人自然的得到了权力。但是现在谈国防，谁能用国家的存亡来做人才的试验场呢？

所以我说中国近来衰弱的原因，在于知识与行为的分离。读书的人一味空谈，不适事实；做事的人一味盲动，毫无理想。因此将我们祖先的真实本领（即经济生活与战斗生活之一致）丧失了。

姑就军事来举一个简单的例，不到十年前，一字不识的人可以做大元帅，做督军，他们自然具有一种统御人的天才，但一点常识也没有，在现在怎样能担任国家的职务？反之，在今日南京各军事学校当教官的，十之七八还是终身当教官，没有直接办事的经验。

不仅军事，各社会事业都有此种倾向，这可说是现在的最大缺点，所以现在建设国防，有两个问题须提前解决：

（一）如何能使国防设备费有益于国民产业的发展？我们太穷了，应当一个钱要发生二个以上的作用。

（二）如何能使学理与事实成密切的沟通？现在不是空谈，就是盲动。盲与空有相互的关系，愈空愈盲，愈盲愈空。

导言　第二种

（塞克脱将军与佛兰克教授之回答

因为事前有相当准备，所以谈话时间虽少，却能集中于一个问题。居然得了许多我从前所不知道的材料和事实进行上的要点。如今为便于读者计，只能把他们的话综合起来，作为我个人的叙述。）

天才家能从现在的事实里找出一条理想的新路的，在中国有曾国藩的办团练兵，即军事、经济双管齐下的办法。在德国，亦可谓无独有偶的有一位菲列德大王，与曾氏的办法却不谋而合。他第一天即位，就开库济民。有人说他受了中国哲学的影响（其实这不是现在人所谓东方文化，这是一种农业文化。中欧当时完全是农业社会，所以对于中国哲学容易感受），在中欧诸邦君间，能懂得"百姓足，君孰与不足"的道理。他的军队以佣兵为基础，而且佣的是外邦兵。因为普鲁士人口当时不过二百五十万，而军队到有八万多。如果将邦内的壮丁当了长期的兵，就没人种田，结果会闹成军饷无着。

因为佣的是外邦人，所以他在军事教育上发明了"外打进"的教育法（孔子教颜渊以"非礼勿动"为求仁之目），就是从外表的整齐严肃以浸润之，至于心志和同。军事有了办法，他随时注意到国富之增加。传说他想种桑、种棉，以土性不宜未能成功。所以七年战争除得了英国若干补助外，对俄、法、奥四周包围形势下的苦战，而国民生活还能维持过去。佛克兰于此，特别注意说："你要知道，菲列德的军事、经济调和法，虽则现在全变了，但是他还留下一件真正法宝，为德国复兴的基础，这就是官吏奉公守法（精神与组织）的遗传。有了这个正直精神，所以今天敢谈统制经济。"当时君民较亲，官吏中饱之弊肃清较易。不过他能将此精神应用到法律的组织上，如制定退伍恩给之类，所以不至于人亡政息而能遗传下来。

英雄的遗产是不容易继承的。可是不能怨英雄，只能怨自己。习惯老是引头脑走旧路而忽略了当前事实的改变。法国革命了，拿破伦出来了，带了一群七长八短的多数民军到处打胜仗。在普国军官看了十分奇怪。因为拿破伦也得到别一种的军队教育法，叫做"内心发展。"只须有爱国心、有名誉自尊心的法国成年男子，个个是勇敢的兵卒，帽子不妨歪带，军礼不必整齐。他的精神，恰恰同普军相反，不是"外打进"，却是"里向外"。这个不整齐的法国民兵，数目上可比普鲁士大得多。

既然要多，那么佣兵是最不经济，而征兵是最经济的了，所以在也纳吃了大败仗以后，却隆霍斯脱遂确定了义务兵役制。

近世经济改革之原动起于轮船铁路。拿破伦看不起轮船，毛奇却深深地把握着铁路。他的分进合击的战略原理，有铁路做了工具，竟是如虎添翼。七礼拜解决了普奥问题，两个月到了巴黎，完成了德国战略的速决主义。谁知这个速决主义，又害死了人。

因为偏于速决主义，所以许多军事家想不到国民经济在战争上占的怎样位置。但是当时一般经济学家对于国民经济观念之不彻底，也是一个原因。

当千九百八十七年间摩洛哥发生问题的时候，德国态度很强硬。英法两国却暗中联合各国将商业现金存在德国银行的，尽量一提。这时德国中央银行没有预备，遂发生了恐慌。有人说德国态度因此软化。这可以说欧洲大战前，经济战争的预告。

在这时期中，德国参谋本部出版的《兵学季刊》中有一篇《战争与金钱》的研究。（此文我于民国五年为解说《孙子·作战篇》起见曾经译出，托《东方杂志》发表，不幸的遭了奉璧，所以始终没有与社会相见，亦可见当时的人们对此不很注意。）后来又有一篇《战争与民食》研究。偌大一个兵学研究机关，于范围最广阔、事件最深刻的经济问题，战前只有一篇论金钱、一篇论粮食的文章讨论。到战时经济，民间的经济家也只有一位雷那先生的《德国国防力的财政动员》。

到了八月一号宣战，八号赖脱脑就提出统制原料的建议于政府。在军政部内因此添设了一个资源局，但是内务部却拒绝了。理由是军事所需的原料，已由军部与商人订约承包，到期不交要受罚的（赔钱），现在统制原料反可使社会不安。那里知道封锁政策成功，有了现金，还是买不了东西。可见当时以世界经济市场为根据的头脑对于战争的新经济事实的观察是如何谬误。

慷慨就死易，从容赴义难。义务兵役制实行了百年，说国家可以要人民的命，人民是了解的；世界市场、商业经济之下，说国家可以要人民的钱，可是人民不容易了解。

军事范围扩充到民生问题，而内政上就发生了许多扞格。战事进行中防市侩之居奇，于国民生活必需品，政府加以一定的价格，不准涨价，这是正当的。但是军需工艺品是目前火急所需要，军部却不惜重价的购买。其结果，则工厂发财，农民倒运。多数的农民，投身到工厂去，轻轻地暗暗地把土地放弃了。经济生活根本的动摇了，社会的不平衡一天重似一天，而百战百胜的雄师遂至一败涂地。

事实转变太快了，人的脑筋跟不上，可是佛兰克教授还是拍膝嗟叹地说："咳！不患寡而患不均。"

经过了这场创巨痛深的经验，才渐渐的成立了国防经济的新思想。此种思想，如何而能按照实际发生有效的能率，是为国防经济学。第一篇所发的两个问题，即是国防经济学的成立之基础。

（一）生活条件与战斗条件之一致，即是国防经济学的本体。

（二）经济是一件流转能动的事实，所以从事实上求当前解决方法，是治国防经济学的方法。

不过这种学问，在德国来说，又另有一种意义。因为大战以后，德国国力整整损失了三分之一。这三分之一的力量，又一律加到了敌人方面去。德国民族要想自强，正要从不可能中求可能，人家说巧妇难为无米之炊，但在德国，"无米"已成了不动的前提而生存的火，如果不炊，就是灭亡。所以有米要炊，无米也要炊。说也奇怪，绝处自有生路。他们的方法大概可分为两种：第一，用人力来补充物力。没有地，用义务劳动来垦荒。没有油，用化学方法来烧煤。乃至橡皮肥料等种种。第二，用节俭来调剂企业。没有牛油，少吃半磅。没有鸡子，少吃一个。可是五千万造炼油厂，七万万造国道，却放胆的做去。照普通经济学说来，有些违背自然原理。但是比俄国没收农产物到外国来减价出售以换取现金购买五年计划的机器，还算和平得多啊！

导言　第三种

由导言一，可见国防经济学的原则是最旧的，而世界上最先发明这个原则的还是我们的祖宗。可是这个发明，也是经过了一场惨痛的经验，几度的呼天泣血，困心横虑，而后增益其所"不能"的。这就是孟子说的大王事獯鬻。讲尽了外交手段，竭尽所能的珠玉皮币，结果还是"不得免焉"。所谓"穷则通"，因此想出一个又能吃饭、又能打仗的两全其美的办法。到了后来，周公又把这方法扩大了，一组一组的派出去殖民（封建），建立华族统一中夏的基础。一线相传，经过管仲、商鞅、汉高、魏武，一直到曾国藩、胡林翼，还能懂到强兵必先理财的原则。（《读史兵略》第一卷卫文公章下胡林翼的唯一批语。）

从导言二，可见这个原则又是最新的。欧洲以前最肯研究兵事的德国也不知道，研究经济学的也不明白。到了战胜之后，凡尔赛会议的世界大政治家还是不知道，所以国联盟约里，要想用经济绝交的手腕来维持和平。乔治·克里孟梭在一九一九还要抄一八〇九年拿破仑失败的老文章，殊不知经济绝交，只能用之于战时，不能用之于平时。因为人们可以禁止他斗争，而不能禁止他生活。但是能毅生活，就能战斗。战斗与生活是一件东西。德国之复兴，意大利发展之可能性，都是根据这原理而同时却是受国联盟约刺激而来。

但是要想解决中国当前的国难问题，复古也不行，学新也不行，还是从新古两者中间再辟一条路。如今且从世界全体状况来说起，所谓国力的原素（战斗的与经济的是同样的）可以大别之为三种：一曰"人"，二曰"物"，三曰人与物的"组织"。现在世界上可以分为三组：

第一组三者俱备者，只有美国。实际上美国关于人及组织方面尚有缺点，所以美国参谋总长发过一句牢骚话说："如果开战，我们要把那些破烂铜铁（就指现在的军实）一起送到前线去，让他去毁坏，只教能毅对付三个月，我们就打胜仗了。"这句话的意思，是表示他国内物力（包含制造力与原料）的充足。而因为商人经济自由主义太发达，政府无法统制，不能照新发明改进，所以说人及组织上有些缺点。但是这个缺点有他的地势，并制造力之伟大，人民乐观自信心的浓厚，补救得过来。

第二组是有"人"有"组织"而"物"不充备的，为英，为法，为德，为意，为日，以及欧洲诸小邦。这里面又可分为二种：

第一种如英如法，本国原料不足而能求得之于海外者。物的组织长于人的组织。

第二种如德如意，原料根本不毅，专靠人与组织来救济。

第三组为有"人"有"物"而组织尚未健全者,为俄。

今日欧洲人所劳心焦思者,重点偏于物之补充。所谓基础武力 Force Potentielle 者,即是此义。至于人及组织之改善,要皆由于物之不足而来。故若将今日欧洲流行之办法强以行之中国,其事为不可能,抑且为不必要。

盖今日之中国亦处于有"人"有"物"而组织不健全之第三组,而中国之生死存亡之关键,完全在此"组织"一事。此在稍研究德、法两国历史者皆可知之。菲列德、拿破仑军事行动的天才,不过为今日战略者参考之具,而其行政系统之创造保持,则迄今百年而两国国民实受其赐。德国之外患经两度,法国之内乱经四度,皆几几可以亡国,而不到二十年即能复兴者,此行政系统之存在故也。故中国不患无新法,而患无用此新法之具,譬如有大力者于此,欲挑重而无担,欲挽物而无车,试问虽有负重之力,又何用之?

今日中国行政范围内未始无系统之可言,如海关,如邮政,确已成功一种制度。虽不敢谓其全善,但较之别种机关,已有脉络可寻。故今日欲谈新建设,则内而中央,外而地方,皆当使一切公务人员有一定不移之秩序与保障,此为入手第一义。

我说中国最没出息一句流行话是:"人亡政息。"(这一句话是战国时代以后造出来的,孔子不会说,孔子时代是政息而人不亡。)天天在那里饮食男女,何至于人亡?政治原是管人,人亡而政可息的政,决不是真正好政,像一大群有知识的人,内则啼饥号寒,外则钻营奔走,而负相当职务的,又时时不知命在何时,谁还有心思真正办事?

官吏有了组织,在国家说来,是政府保障了官吏。在个人说来,实在是官吏被质于政府,他的生命财产名誉一辈子离开不了他的职务,然后政府可以委任以相当责任。德人有一个专门名词,名曰"勤务乐",这个"勤务乐"是与责任连带而来。若如现在的一个衙门的公事只有部长一人画稿负责,这"勤务乐"就永久不会发生,而且一定弄到事务丛脞。拿了这样朽索来谈今日世界的物质建设,可以断定三百年不会成功。

官吏组织不过是最小条件,现在要谈全国的社会的组织问题,则范围更大而深刻了。原来中国现在还脱离不了农业生活,而农业生活单位组织的家庭制度,已经破坏无余。周代的宗法,财产传长子,是农业的标本精神。(日本现在民法还是如此,所以新兴的知识阶级都是次男。)

不知几时发生了平分财产的习惯，一个较好的中农阶级经不上二代，就把他的土地分得不成样的零碎。不仅如此，一个家如有两个兄弟，不是互相推诿，就是互相倾轧。（德国从前有限制分地法，因为德国民法也是平均分配于子女。所谓两马劳作单位，是农田以两个马一天所能劳作的范围为最小单位，此单位不准分割。）

（所以到今日，先生们有的还在那里攻击礼教，有的还在那里想维持礼教。其实一只死老虎，骨头已经烂了几百年，一个还要寻棒来打它，一个还要请医生来打针，岂非笑话？）

不过人类总是有群性的，而经济生活总是由彼此互助而发展，这里面本有天然的组织性。如果仔细考察，就可发见新组织的办法。这种办法不外乎两条路，而应当同时并举。一条是地域的组织，一条是职业的组织。

农民之爱土地，可说是爱国心的根苗。土地依天然之形势，自有其一定之区划，顺其自然之势，而国家所注重者，只在这许多个重要的神经结。这个神经结在军事上名之曰战略要点，然同时又必为经济中心。在中国幅员广阔的国家，这几个神经结，应该由中央直接管理，而其余的地方不妨委之于地方自治，而中央为之指导。自治之单位应从地方之最小单位起，而提倡每单位间之共同利益及单位与单位间之互助为政府指导之大方针。

职业的组织应以固有的同业公会为基础：（1）凡业必有加入公会的义务。（2）业必须由国家分类，其数不可过多。（3）公会办事员应由同业选举，而秘书长应由中央选任。（4）各地秘书长应隶属于国家最高经济会议。

"工欲善其事，必先利其器。"我们现在这个"器"还不曾完备，而即刻想直抄外国的蓝本，必至有其名无其实，而地方会发生种种危险。但是经济与国防两件事是天然含有世界性的，所以件件又必得照外国方法做。又要适于国情，又要适于应付世界，这中间有俟乎所谓"组织天才"。中国的管子、商鞅，外国的菲列德、拿破仑就是模范。

第二篇　最近世界之国防趋势

第一章　世界军事之新趋势

（叙言

龚孟希兄因为我刚从欧洲道由美洲归来，《军事杂志》又适以此题征文，乃转征及于我，起初很高兴，但执笔的时候，忽觉头痛，何以故？因为对着题目一想，就有两种深刻惨痛之思想隐现于脑际：（1）不错，我是刚从欧洲回来，可以晓得现在最近世界军事的形势，但是我所见的事，所读的书，是一九三六年的，却都是一九三五年活动的结果。譬如我目前所有最新的军事年报，题目是一九三五年的世界军备，而内容所说的，却是一九三四年的实迹。在我为新，在彼为旧，拾人唾余以自欺欺人，良心上有点过不去；（2）德国的游动要塞（就是国道），一动就是几万万马克；法国巴黎的工厂搬家费（为防空故），一动又是几万万佛郎；到最近的英国白皮书，那一五万万磅的，更可观了！军事之所谓新的就是建设。在今日中国，几乎没有一件是固有经济力所担任得起的。那么谈新趋势，岂不是等于"数他人财宝"，说得好听，做不成功。但是后来，这两种苦痛，到底用两句成语来解决了，第一句是："温故而知新。"第二句是："天下无难事，只怕有心人。"所以征文的题目，是"新"趋势，我却要谈几件"故"事；征文的题目，是"军事"之新趋势，我却要谈一点"经济"的新法则。如果责备我文不对题，我是甘受的。）

故事先从普法战争说起。第一件是师丹这一仗，拿破仑第三以皇帝名号，竟投降到威廉一世之下做俘虏。他投降的时候说一句话："我以为我的炮兵是最好的，那知道实在是远不及普鲁士。所以打败了。"拿破仑倒了，法国军人可是镂心刻骨记得这句话，于是竭忠尽智的十几年工夫，就发明了新的管退炮。这种快炮在十九世纪末，震动了欧洲的军事技术家，德国也自愧不如，所以改良了管退炮之外，还创造了野战重炮来压倒它。但是俗语说得好："皇天不负苦心人。"法国军人以眼泪和心血发明的东西，到底有一天扬眉吐气。时为马仑战役之前，德国第一军、第二军从北方向南，第三军从东北向西，用螃蟹阵的形式想把法国左翼的第五军夹住了，整个的解决它。法国左翼知道危险，向南退却，德国却拼命的追。在这个危期中，法国第五军右翼的后卫，有一旅炮兵乘德国野战重炮兵不能赶到之前，运用他的轻灵敏捷的真本领，将全旅炮火摧毁了德国一师之众，横绝的追击不成功，害得今天鲁屯道夫老将军，还在那里叹气说："谁知道法国拼命后退，包围政策不能成功。"（见《全体性战争》）而贝当将军，因此一役，却造成了他将来总司令之基础。我们要记得有人问日本甲午战胜的原因，日本人说："用日本全国来打李鸿章的北洋一隅，所以胜了！"

所以拿破仑败战的是"故"，管退炮的发明是"新"，由管退炮而发展到野战重炮，是由"新"而后"故"，而法人善于运用野炮，收意外的奇功，则又是"故"而翻"新"。

普法战争的时候，铁道在欧洲已经有三十几年的历史了！老毛奇领会了拿破仑一世之用兵原理，便十二分注意到铁路的应用，将动员与集中（战略展开）两件事划分得清清楚楚。于是大军集中，没有半点阻害。但法国当时也有铁路，也知道铁道运输迅速，却将他来做政治宣传材料（法国当时想从速进兵来因，使南德听他指挥），不曾把他组织的运用动员与集中混在一起。预备兵拿不到枪，就开到前线，拿了枪，又到后方来取军装，闹得一蹋糊涂，所以宣战在德国之先，而备战却在德国之后。法国的主力军，不到两个月就被德军解决，这是法国军人的奇耻大辱。所以战后就添设动员局，参谋部也拼命研究铁道运输法，结果不仅追上了德国，而且超过他，发明一件东西，名曰调节车站制。这调节车站的作用是怎样呢？譬如郑州是"陇海""京汉"铁路的交叉点，这郑州就是天然的调节车站。这个站上，有总司令派的一位将官，名曰调节站司令官，底下有许多部下，必要时还有军队（为保护用），部下幕僚多的时候，可以上千。他所管辖的路线有一定区域，在他桌上有一张图，凡区域内的车辆（此外军需品等不用说）时时刻刻的位置，一看就可明白。所以总司令部调动军队的命令，不直接给军长师长，而直接下于调节站司令官，站司令官接了总司令的命令，立刻就编成了军队输送计划。这张计划，只有站司令部知道，他一面告诉军长，第一师某团应于某日某时在某站集合，一面就命令车站编成了列车在站上等候军队。这种办法不仅是简捷便利，而且能保守秘密。这是欧洲大战前法国极秘密的一件鸿实（可是曾经被一位日本皇族硬要来看过）。果然到了马仑一役，发挥了大的作用。福煦将军之第九军，就是从南部战线上抽调回来而编成的。要是没有这调节站的组织，南部战线抽出来的军队赶不上救巴黎，战败之数就难说了。

所以铁路创造了三十年是"故"，毛奇却活用了，成了他的"新"战略。法国人又从毛奇运用法中，推陈出新的创造了调节站，把老师打倒，可见有志气的国民吃了亏，他肯反省，不仅肯虚心的模仿人家，而且从模仿里还要青出于蓝的求新路。

普法战争以后，法国人自己问，为怎么我们会失败？现在这个问题发生在德国了，为怎么大战失败？

最要紧的，要算是英国封锁政策的成功。原料、食粮一切不毅，经济危险，国家就根本动摇，国民革命、军队也维持不住。所以在战后，痛定思痛，深深了解了一条原理，是战斗力与经济力之不可分。这原理的实行，就是"自给自足"。不仅是买外国军火不可以同外国打仗，就是吃外国米也不配同人家打仗。

因为经济力即是战斗力，所以我们总名之曰国力。这国力有三个原素：一是"人"，二是"物"，三是"组织"。如今世界可以分做三大堆，三个原素全备的只有美国。有"人"有"组织"而缺少"物"的，是欧洲诸国。所以英、法拼命要把持殖民地，意、德拼命要抢殖民地。有"人"有"物"而缺少"组织"的，是战前的俄国，大革命后，正向组织方面走，这是世界军事的基本形势。

在这个形势下，最困难，同时又最努力的，当然要算德国。因为大战失败后，经济主要物的"钱"是等于零，"物"又整整减少全国三分之一，加到敌人方面去，现在只剩有"人"与"组织"。在这绝路中，巧妇居然发现了"无米之炊"的办法。所以我说："天下无难事，只怕有心人。"

这个办法，德国发明了，世界各国总跟着跑，这就是世界各国现在取消了财政总长，换了一位经济总长，而这位总长的全副精神，不注重平衡政府对于国内的岁出岁入，而注重在调节国家对外贸易的出超入超。海关的报告书。比国会的预算案增加了十倍的价值，原则是这样的，凡是要用现金买的外国货虽价值不过一毫一厘，都要郑重斟酌，能省则省；凡是一件事业，可以完全用国内的劳力及原料办的，虽几万万几十万万，尽量放胆做去。所以现在德国一会儿没有鸡蛋了，一会儿没有牛油了（因为农产不够，须从外国输入），穷荒闹得不成样子，可是一个工厂花上了几千万，一条国道花上几十万万，又像阔得异乎寻常。

国防的部署，是自给自足，是在乎持久，而作战的精神，却在乎速决，但是看似相反，实是相成。因为德国当年偏重于速决而不顾及于如何持久，所以失败，若今日一味靠持久而忘了速决，其过失正与当年相等。

有人说："大战时代的将军都是庸才，所以阵地战才会闹了四年，如果有天才家，那么阵地战决不会发生。"现在天空里没法造要塞，空军海军都是极端的有攻无守的武力，所以主帅底根本战略，还是向速决方面走。

新军事的主流，是所谓"全体性战争"，在后方非战斗员的劳力与生命，恐怕比前线的士兵有加重的责任与危险，而一切新设备之发源，在于国民新经济法的成立；"战争所需要，还是在三个'钱'字。"（意大利孟将军之言）

德国人第一步是经济战败，第二步却是思想战败。思想问题，可是范围太大了，姑从军事范围内来说明：却好有去年，国防总长勃兰堡元帅为兵学杂志做的一篇短短的宣言，不仅可以看见将来兵学思想的趋势，还可以作我们杂志的参考：

"德国国防的新建设及未来战争的新形式，给予我们军官的精神劳动以新的基础及大的任务，所以有这新成立的兵事杂志。

"他是严肃的，军人的，精神劳动之介绍者，如同从前的《兵事季报》在军官团统一教育上负有绝大的工作，今日这种新杂志，是真（学术的）和光（精神的）之新源泉，即是从'知'到'能'的一条坚固的桥梁。

（注：德军官有句成语：'不知者不能，从知到能又要一跃。'因为要一跃，所以他说一条桥。）

"有三个原则，可以为兵学杂志之指针：

（一）一切既往的研究，如果不切于现在及将来的事实，是没有用的。

（二）全体比局部重要。细目在大局里，得到他的位置。

（三）思想的纪律，包含于军纪之中，著者与读者须同样负责。"

（这三条指针须加以简单说明：

第一条解释　十九世纪的初元，德人好为玄想。（故有英制海、法制陆、德制空之讽词，此空非今航空之空，乃指康德之哲学。）矫其弊者，乃重经验重历史。其实加卜公爵（德国第一人，战胜拿破仑者）言"战史为兵学之源泉"的原则，仍是不变，而德人后来不免用过其度。最近意大利杜黑将军之《制空论》一书，刺激了许多青年军官的脑筋，望新方向走。杜将军反对经验论，以为经验是庸人之谈，以创成其空主陆（海）从之原则。他的立论，在当时虽专为空军，但是思想涉及战争与兵学之全体。他的运用思想方法也别开生面。杜黑可名为最近兵学界的彗星！能运用杜黑思想于陆军，恐怕是将来战场上的胜者！这是勃元帅新的急进派的理想，而可是用稳健的态度来表明。

第二条解释　十九世纪下半期，德国科学大为发达，而军官又以阶级教育之故，有专识而无常识，故世人讥之为显微镜的眼光，言其见局部甚周到，而忘其大体也。当年德国外交经济乃至作战失败原因，未始不由于专家太多，看见了局部，看不见全体之故。

第三条解释　"一国的兵制与兵法，须自有其固有的风格。"此是格尔紫将军之名论。现在兵法，仍分为德、法两大系。英接近于德，俄接近于法。德国自菲列德创横队战术，毛奇加以拿破仑之战争经验而活用之。普法战争前十七年工夫，其大半精力费于教育参谋官，使其部下能确切明瞭，而且信任主帅战法之可以必胜，在毛奇名之曰"思想的军纪"。故德之参谋官，随时可以互调，而不虞其不接头，此德国军官团之传统精神也。大战失败以后，理论不免动摇，近时著者对于许立芬、小毛奇、鲁登道夫，乃至塞克脱将军之议论，不免有攻击批评之态度（近日已禁止）。故勃将军郑重声明，欲恢复其固有之传统精神也。）

第二章　兵学革命与纪律进化

(四月一日在中央航空学校讲

奉委员长命令，并蒙蒋副校长之招待，兹将最近在欧洲视察所得，择其大要，与诸位一谈。)

在未讲本题以前，先要将我们的祖先，我们的民族英雄，他的尸骨现在还能照耀湖山而发生光彩的岳武穆所说"运用之妙，存乎一心"两句话来解释一番。这是岳武穆由于经验得来的一句兵学革命的名言，同时即是现代实战的方法。但是过去一般不懂军事的人却解释错了。他们断章取义，把"存乎一心"误解为存乎主帅一人的心，就是看重了一个"心"字，而把这个"一"字看轻了。原来这个"一"字，应当作为动词解，不应当作"心"字的形容词解。书上明明说着武穆好散战，宗泽戒之，武穆答曰："阵而后战，兵法之常。运用之妙，存乎一心。""阵"字用现代兵语讲，就是"队形"。队形的作用，就是使多数人能毂一致动作，譬如检查人数，要是一百个人东一堆西一堆，一时就数不清，如果排成两行，一看就明白。所以战斗要用横队，就是要使多数人能在同一时间使用武器。运动要用纵队，就是多数人能容易变换方向，适合于道路行进。所以用外国战术演进史来解释，阵而后战的"阵"，就是德国菲列德式的横队战术，"散战"即是"人自为战"，即是拿破仑的散兵战。岳武穆是发明中国散兵战的人。（不是因为当时的武器，是因为当时的军制。）

人自为战最要注意的问题，就是特别须要纪律，就是特别须要一致。诸位学过陆军的都知道，现代战争要把队伍疏开成散兵线才能作战。但队伍成了散兵线之后，须利用地形，故队伍不必求其整齐，放枪也不要求一起，各人各利用地形，各人各描准，这一种自由的纪律，比规定的死板的纪律要强得多。所以岳武穆说："运用之妙，存乎一心。"这就是说，有纪律的人自为战，在形式上差一点是无关紧要的，最要紧的是精神上的一致。倘精神纪律能够一致，一定可以打胜仗。这种理论，岳武穆与拿破仑所发明都是一样的。我们知道，当法国大革命时，拿破仑统率一群训练时间很短的民军，把欧洲许多国家已经训练了一二十年的老兵打个败仗，就是有纪律的人自为战的结果。

讲到军队纪律之进化，可分三大段：

第一阶段，纪律是靠法——也可以说是用刑——来维持的。在野蛮时代，练兵方法都是用刑法来督责士兵，不听话不服从，便打他，甚至于杀他。因为在野蛮时代，不用刑罚便无法统率士兵。德国在十八世纪也是佣兵制度，尤其是普鲁士都是佣外国人当兵，与外国人打仗，使自己的百姓能从事于耕种，以免军饷无着。普鲁士起初都是训练外国兵，士兵稍有不对，立即鞭挞。故普鲁士之练兵方法，以严格著称于世。这完全是以形式来树立军纪。

第二阶段，军纪是依情感来维系的。这比较用刑法来维持的算是进了一步。用情感来维系军纪，可以分为两方面来讲：一种是官长待士兵很好，上下惑〔感〕情融洽，士兵由于情的感动听受官长的指挥。另一种则因后来兵额扩充，兵与兵之间发生感情，或由于同乡同省的关系发生感情来维系军纪。（参观下文"军队教育"章。）

但是历来带兵的人，总是法与情两者并用的，这在中国就是所谓"恩威并济"的方法。

第三阶段，现代由于兵学革命，纪律也跟着进化，到了自由——也可以说是自动——的时代。军纪还可以自由吗？为什么现代军纪要进化到自由的地步呢？先要知道自由的意义。我说靠"法"或"情"来维持的军纪，都不是真的纪律。真正的纪律，绝不是国家的法律或官长的情感所能勉强养成功的。现代的纪律要由各人内心自发的，尤其是空军的纪律非走上自由—自动之路不可。就以最易统率的步兵来讲，在欧战初期，在阵地上连长还可以照顾全连的士兵，但是到了欧战末期，武器进步，不仅连长不能照顾全连一百多名士兵，就是一个排长，在战场上有时也照顾不了一排的士兵。你要照顾士兵，就先受到伤害。所以现在各国不仅要空军能各个独立作战，就是向来最易统率的步兵，也要养成各个均有单独作战的能力。要养成这种纪律，绝不是外力所能造成的，完全要由内心自发的。在军事教育上本来是有两种方法，一种叫做"外打进"，一种叫做"里向外"。"外打进"的方法，就是从外表仪态的整齐严肃、行动必须规规矩矩（孔子教颜渊"非礼勿动，非礼勿视，非礼勿听"，为求仁之目）以浸润之，使心志和同，养成纪律。至于"里向外"的方法，这是拿破仑所发明的。其教育方法，是启发其爱国心、自尊心，使人人乐于为国牺牲，但外表则不甚讲求，故帽子不妨歪戴，军礼不必整齐，然而实际作战，便能得到非常的成绩。当法国在大革命时，人民不管自己对于枪会不会开放，但是一听到"祖国危险了"的口号，成千成万的人便自动的拿起枪杆上前线与敌人作战。法国有一张图画，是纪念革命时代人民爱国的心理。其图为一家族，有绝美的太太，有极可爱的小孩，同男人正在一桌吃饭，忽然门口飞进一张纸条，纸上写了"祖国危险了"几个字，于是男人就放下饭碗夺门而出，踊跃赴战场应敌。那时法国四面都是敌人，而且敌人的军队都经过长期的训练，论武器亦较法国民军优良得多。但是法国民军作战的精神，个个都勇敢非凡，所以在拿破仑未出世之前，法国一个国家，已经可以抵抗全欧洲的敌人。故自法国革命以后，便可以证明人民为国牺牲是无可留恋的。军事教育虽然有分"外打进"、"里向外"两种，但是现在各国练兵方法，都不偏重于一种，而是两种并用的。他们军事家一致感觉，必需训练使他们的士兵没有长官而能打仗，这才是好军队。近代战争要人自为战，并且每个人都要由内心的自觉来遵守纪律，这才是近代最进步最高等的军纪。

说起自动的守纪律，我可以用写字来做比喻。比方我们写信给朋友，往往觉到字写得不好看，要重新写一遍，其实对方朋友并没要求我的字写得怎样好看，这就是由于自己的兴趣所发动的，非如此便感觉不痛快。又如做文章，往往改了又改，这都是自求满足的精神的表现。现在军事上由于兵学革命，纪律非出于自动不可。比方现代战争，一个连长在战场上无法可以照顾全连人，所以连长在平时要教导士兵，到了战时，在战场上能照他所讲的自动去做，这算是一个好连长。空军的纪律尤其要出于自动的，倘使飞行人员不能自动的守纪律。司令官要他去担任某种任务，他却驾了飞机在天空乱飞一阵回来，至于是否达到任务，司令官耳目不能看到，自然不得而知。所以我说空军的纪律，必要出于自动，才算是一个现代的空军战斗员。

现在再讲自动纪律的意义。先要明白个人与社会的关系，墨索里尼解释个人的说法，他说：个人是由于过去无数代的祖宗所递遗下来的，个人也可以遗传未来无数代的子孙，所以个人是社会造出来的，个人是属于国家的群众的，个人的发展也就是社会全体的发展，所以个人可以说不是自己的，是国家的。我们中国在"九一八"以前，国内党派很多，彼此意见不能一致，但自"九一八"以后一直到现在，全国民众对于中央政府及蒋委员长均一致竭诚拥戴爱护，这就是国民走上自动纪律道路上的证据。以前在军队里如果大家不能一致，长官就要用刑罚来督责你，现在我们整个国家不能统一，民族意志不能一致，上帝的刑罚就要加到我们头上来，而这种刑罚不比普通的刑罚，它可以使你亡国灭种，几代不得翻身。

再从纪律的进化讲到兵学革命。

最近我看航空杂志上有人为文介绍杜黑主义。杜黑这个人原来是学炮兵的，后来又学空军。欧战时候，因为大胆的说明义国队军的不行，曾经坐了一年牢，后来义军大败，研究原因，原来都是杜黑当年所报告指摘过的，所以战役将终，又恢复原官升为将官。他的理论在十年前，英、德、法各国军事家都当他是一个疯子或理想家。他的理论自成一派，可是在十年之后，现今世界各国军事学家都很注意研究他的主义，并且看到有一法国军官研究杜黑主义，著成一部专书，法国贝当大将并且做了一篇很长的序文，现在德国人又将它翻译。杜黑主义的立论虽系以空军为对象，现在海军是否已受其影响，我不是海军专家，不能肯定下断语，但是陆军现在已走上杜黑主义之路。所谓杜黑主义，盖即采取新攻击精神的战术是也。（杜黑主义后文另详。）

将来战争，要怎样才能致胜呢？我可以说，陆军强不中用，海军大不中用，空军勇也不中用。将来得胜的要诀，你要从陆海空中间去寻。这个方向是杜黑发明的，可是现在欧洲的战略家，还在东走走西走走，没有得到确定的路线。有几个人不自觉的走上这条路，居然成功。现在同诸位空军官长说，我先举一个例，你们知道义国巴而霸空军飞渡大西洋的成功罢。但是要知道，这不是专是空军做的事，他在二三年前飞机还在打图案时代，已经派了许多巡洋舰，在那里测量气候了。空军飞行的路线是海军定的，所以人家说林白的飞行成功是勇气，巴而霸的飞行成功是头脑。这件事是未来大战术的一点光，诸位须要切记的。

我如今再从战史上讲一件事，作为诸君内心的基础，我们现在这个"师"字，欧洲原文叫做 division，这个字的原义，是分的意思。在十八世纪时代，步兵骑兵炮兵大概各自集团使用，拿破仑就能将迟重的炮兵轻快的使用，所以能将步骑炮三兵种联合起来，组成一个能独立作战的师，而以师为作战的单位。这个单位的发明，是战术上的一大进步。现在各国陆军大学研究战术，都以此为基础。我的思想，将来的空军就是骑兵，海军就是炮兵，陆军就是步兵。但是现在各国还没有一最高大学来研究陆海空三兵种一致作战的办法。这是世界留给我们发展能力的余地，我们不可辜负了他的美意。

明明是步骑炮三兵种联合起来才成功一师，那么"师"字的意义，应当叫它"合"，何以又取"分"的意义？这里面含有很深的意思，因为样样都有（合）才能独立（分）作战，合与分有联带的条件。这不仅是战争的真理，也就是人生生活的原则。如果种田的人反对织布的人，那么他有饭吃他可没衣穿，推之百工的事都是一样。所以要"合"才能"分"，同时又可以说要"分"才能"合"。

如果从表面来说，从前各国空军有的是隶属于陆军的，有的是隶属于海军的，这不是空陆空海联络格外容易些么？那知道这却是走了合的反对方向，现在主张研究陆海空联合作战的人，没有一个不主张空军独立的，因为空军能独立，所以才"要"联合，才"能"联合。这与上文所谓"自由—自动的纪律"精神相一致，我们知道，下等动物其组织最为简单，饮食、消化、生殖都靠一种机关，生物愈进步，分功的机关愈多，而他的能力愈大，而统一的运动愈巧妙。譬如吃菜，要各味调和；譬如听乐，要各音合奏。这才是统一是联合，不然就是"孤立"、"杂凑"。孤立与统一，杂凑与联合，形似而精神不同，这是千万要注意的。

我们单就陆军方面看，回想三十年前的步骑炮兵，真是同"亚米巴"（生物之最初）一样。一团步兵，一律的各人一杆五响毛瑟，有到一尊机关枪，以为新奇。但是现在一连步兵里，就有轻机枪、步枪、掷弹枪、手榴弹等等四五种武器，一营一团更加复杂了。我们须要觉悟，器械如此的一天一天的复杂，就是一天一天的要求着我们的精神的统一。

各国的陆海空军，都是望着统一联合的路上走，但是有一种困难，就是找不到一个真正能彀统一指挥的人。如同日本，名义上当然是皇帝，但是实际办事，陆军参谋总长同海军军令部长，就立于对立的地位，彼此不相下。陆军捧了皇帝的叔叔出场，海军就推举了皇后的姑丈，因为寻出一个能彀统御全军的人物，不是一时所能做得到，而在历史上看来几百年不容易寻出一个来，现在英、美、法、德都感着十二分的困难。我们应当欢喜，我们应当小心，我们现在有了天然造成的陆海空唯一的领袖，譬如大金钢钻石，几百年才发见一个的，我们应当如何保重他！

新战法的方向是找到了，但是我们还要研究前进的方法。杜黑却发见了一句很重要的话，他说："未来之于现在较过去为近"。这句话很有极深的意味，我在视察欧洲战事回来，曾经说过，世界的物质总是向着新方向走，但人类的脑总是向过去回忆。所以思想的进步比物质的进步慢，我想这个意思，很可以解释上文杜黑这一句话。

德国人从前总是老气横秋的讲经验，讲战史，可是现在国防部长告戒部下，在兵学杂志第一期第一条就说："一切过去的研究，如不切于现在与未来的事实，是没有用的。"法国贝当将军批评杜黑说："他是一个革命党，他的理论虽有些邪气。但是他的方法，的的确确是正统派，是古典派。"

可见杜黑的新学说，已经动摇了德、法两大国军事首领的精神了。

人类的脑筋跟不上世界的进步，这是很奇怪的真理。欧洲大战后，各国的代表都是当时第一流人物，但是在凡尔赛签订和约的时候，这许多第一流人物的政治家，便想出种种方法来限制德国的军备，但是他们的根本思想，都是从过去着眼，所以他们的限制条件，却反转来做了德国军事复兴的基础。

比方限制德国军舰不得过一万吨，德国却因此发明袖珍军舰，其使用比三万五千吨的大军舰更加便利；限制陆军不得过十万人，德国把这十万人做下级干部用，造成了义务民兵制的基础；禁止设陆军大学，却使德人发明了参谋班的办法，其成绩比老在一个学堂里好；最后英国人还有一件法宝，就是经济绝交，当欧洲战争时候，这个方法的确有效，但是到了和平时代，德国却因此使工业化学得到长足的进步，没有汽油用煤来炼，没有橡皮用化学来制造，再进一步，就建设了国防经济学，使平战两时的国民经济发生了根本的联合，现在英、法、俄诸国倒反过来要去学他。

有一位老军官告诉我说："世界发明一种新兵器，在战时要二年的经验，在平时要二十年的经验，才能真正会使用会发挥它的长处，如同机关枪、战车都是这样。"我希望我们大家在陆海空三军统一作战的眼光下来发扬我们唯一领袖的威光，实行我们领袖呕心沥血而创造成新兵力的神圣职务。我们还须记得，上文所谈兵学革命，不过仅仅是一点曙光，一个种子，我们还要用一切的劳力来切实追求这一点光，还要用眼泪和鲜血来切实的培养这一颗种子。

第三章　介绍贝当元帅序杜黑《制空论》之战理

（我要郑重介绍这一篇文字。在欧洲就看见此文的德文稿，我不敢骤译，特请庄仲文兄求得其原本，先以法文原本翻译，再取德文以为参考。因为法文本来简洁，而欧洲名将作文，向有一字千钧之例，所以一字咬不明白，就会以误传误。此篇所译，虽字义或有未妥处，然其意总不至于不明白。

何以我对于此文译稿如此郑重，因为这是未来战理，即新战略之曙光。

欲明未来，先谈过去，我是先在日本军队中研究德国战术，他们根本是一条路线，老师教一句记一句，自己尚不会用思想。后来到德国读了德国战术著述家巴尔克的《德法两国战术之异同》，才发生对于法国战术的兴趣，才知道兵法（包括战术与战略）有种种的不同，才知道一国要有一国固有的兵法，不可盲从，不可硬造。德、法两国战术的不同，如今不能细说。举个比方，德国是外家拳，法国是内家拳，我后来读了曾国藩的《得胜歌》，深深地感觉到湘军的战术是有些法国风味。至于国民革命军战术的成功，令人完全回想到拿破仑的散兵纵队互用战术。

后来又详细研究《孙子》，又感到中国兵法实兼有德、法之长，颇发野心，欲会而通之，以建立我中国固有之兵法。但是两种风度还是绝然不同，如何能够会通还是困难。

最近到德国又看见德国的新战术，才觉得会通是可能。说也奇怪，如今德国人采用了法国战术，法国人却有些德国风味。

现在德国军人开口闭口总是说"重点"，一个连长的口头命令，也要指明白重点在那里；又有所谓步步为营法，不仅是前进攻击，而且背进退却也是一步一步。这多是从前没有的。而塞克脱将军所主张空军和地上部队（即陆海军）同时的攻击，实在是法国当年支队战术的变相。所谓支队战术者，是诸兵联合的一部队突进于主力之前，一方破坏敌人的交通及前进，一方是掩护自己主力的集中和运动之秘密。（这是弱国对强国唯一取胜条件。）而法国军事专家近来也承认包翼运动（以前是中央突破）之可以得最大效果(唯优势才能包翼)。

所以我现在得到了一个综合原则：

（1）兵法的确定是必要的（确定是预备将来）。

（2）兵法的固定是不可的（固定是固守旧习），而"不为"与"迟疑"是兵法之大戒。）

杜黑将军的著作，在十年中扰动了义大利军界，对于这个新战理的辩论，成了一个很可珍贵的教训。但他只有几个回声侵入法国，所以在法国对于此问题，不过有片段的研究，整个的原理尚没有认识。

原理的根本和论战的结果，由伏几安上校很明瞭地发表了，他将新的研究和反省的资料供给于拟问未来战争状态为如何的大众。

杜黑的推论，虽然采取革命态度——将已经公认之原则，加以重新估值，但他的理论根据，仍旧是很切合于传统的，结论或者歧异，他的出发点和方法是正确的。

他说"总是武器的威力决定了战争的方式",所以一种完全新式的武器——飞机——的出现,将几千年以来的战争概念推翻了。

他理论的根本动向是在寻找战争的最大效率,这个效率上向最高阶段上去寻,就是要向国家整个的武力上求得其效率之极限。

(注:所谓经济效率,如义国海不如英,陆不如法,国家财力,即求一种胜于人亦不可得,于是专力空军,而以陆海副之,卒收东非发展之效。)

关于陆海空军专门的特殊的情形,在理论中排除了,对于某种武力问题,一定要等整个问题解决了方才讨论。

整个原理在先将各种武力的任务规定,从这里再决定他们的组织。

空军可以使用于各种范围,即帮助各种战斗分子——陆海防空——以外,它又能在敌国领土上独立作战,发生直接的作战效果,所以空军应组成总预备队,使适合于各种活动。

战争的任务有二种:

(一)守御的任务,其目的在破坏敌人之胜利。

(注:读者千万注意这句话,在一条线上等敌人来攻击,这不是"守",这是等死。德国人从前专守一条线,是战术上的大过失,所以现在讲步步为营法。)

(二)攻击的任务,其目的在自己求得胜利。

守御有了充分的工具,则其余整个的武力可以运用于决胜的攻击,其原则在"集中全力于决胜点"。杜黑选择了空中攻击方法,因为飞机是绝对的攻击工具,无法用于防御的,在这基础上建设了他的理论,所以各种武力的价值不能不重新估定。

最高司令部要完全改组。国家武力分为四种:陆军、海军、空军、防空军,都应当放在一个司令之下,由他来负他们分配之责。

各方面军的指挥部,受命于最高总司令部,依它们的任务,适当的取得所要的工具。照这样才能使作战向唯一的目的上进行。各军的任务,何者应攻,何者应守,应以国家整个形势上着想,而统一于一个最后目的之下。

向来各自独立作战的陆海空军的联合行动是取消了,现在不是"联合",是"统"了。力量不分散,都指向同一目的,它们可以发挥最大效能。

杜黑所采配合方法,是将陆军和海军定为防御的,而以攻击任务专责之空军，这是所谓"武力的经济使用"原则之直接应用和扩大。空军攻击的目标至为远大，他致力于减弱敌人的战争潜能，不仅攻击武力本身，且攻击武力的根本，他的目标是在敌人的土地上。对于敌人的空军，空军远征队自己具备有组织的火力可以自卫。

全部组织的目的在使四种武力适宜于完成他们的使命。

这便是杜黑原理的结论，看起来是革命的，或至少有点邪气。

是否需要将一切先期决定？能否在需要之际再行决断？换一句话说，战争是否需要有原理？

拿破仑说："每一动作应该依据一个方式，侥幸是不能成功的。"等候，退到需要时再取决断，是永远跟着敌人跑，制于人而不能制人。况且对于武力组织的各种论断，（军制）当然须根据于各种武力使用的整个概念（作战）。所谓"维持现状"就是等于没有理论，等于军人所犯忌的"不为"与"迟疑"。

一个战争原理的成立有没有危险？战争同时是科学，也是艺术，他的性质是须经试验的，但是在和平时代，试验是不可能。我们会不会走到错路上去？因开战时几次接触而将原有理论推翻，是不是比较原来没有原理更危险？原始错误的危险是真实的，然而不该因怕走错路而引起反对原理的思想。我们应该审慎周详再定原理，以减少危险性。

一个战理的目的是在规定各种武力运用的通则，从此寻出最好的武力组织，使用和组织之原则是用最少限度的牺牲得到最大胜利。因为敌人也是在寻求有利于他的同样目的，所以应将追求的目的——胜利——分成二个目的。

（一）破坏敌人的胜利（先为不可胜）。

（二）自己得到胜利（以待敌之可胜）。

或者说，先抵抗，后克服。

第一目的是反抗敌人的企图而保障国土和战争潜能。有了上述保障时方才可以进行第二目的，倘使不顾保障即寻求胜利，这是孤注一掷。

在任何情形下先要有充分的保障（即先为不可胜），对于这个问题是毫无疑义的。保障在原理上决无错误，唯一的问题是不要对于保障的效能计算错误。（如筑一要塞，自以为可以支持半年，结果却被敌人一个月攻破了。）地上和海上的防御武器，在大战中已有改进，战后更加进步。

原理的错误或许在第二目的，即在对于攻击方法的选择。（注：杜黑主张攻击，专用空军，贝当有些怀疑。）但是这错误自有限度，即使错误，因为保障方面是充分的，将来也不发生妨害。

今日的战争不但将职业军队运用，并且需要有全部资力和有自信力的民族参加。这个能决胜的攻击，不但以破坏武力为目的，并要以破坏敌人后方民族中心为目的。要用地面的武力达到这个目的，一定先要击破敌人的抵抗武力。飞机则相反，可以超越一切障碍，任意攻击地面武力或对方空军，并且打击整个敌国，他的资源，他的自信力。所以空军是良好的攻击武力。他的优越的性质是由于本身和空间发生的。空间是苍茫，不易捉摸，他在地面海面之上，不能为地面海面所阻隔。

所以人们总是依据武器技术上的功能而决定战争的动作。

在别一方面须注意的，是可使用的武力总是有限的，所以战理上应当决定攻击动作的方式及其活动范围，因为到处取攻势是不可能的。

旧原则"以强攻弱"，仍是有价值的，他更是适合于空中战斗。旧原则"集主力于决胜点"的意义还要扩大，他推衍到将各种可用的武力来取攻势。尽防御任务的，只限于安全上必不可缺的一部。

若有一个合理的最高组织可以避免资源的耗费和能力的分散，使用和组织的效能应该在最高阶段觅取。正在这个阶段上需要军政和军令组织，所以应有统一的军政部和整个武力的总司令部。

杜黑曾经深刻地研究过这许多问题，他很正确地将这许多问题安排好。有几个问题，他尽了巨大的贡献。他确是第一个人能将许多军事问题清楚明白的在合理方式上成立了。

问题的答案未必有绝对普遍性，他是为义大利求答案的，所以不可将他们全部移用于别国。我们不应放弃对某一情况的研究。杜黑也说过："应该用自由的头脑来解决问题。"

但是原理的整个研究表示了他有许多普通的性质。不要在某一方面任性攻击，除非自己已有普遍的充分保障。先解决整个问题，再研究各种武力的特殊问题，在整个武力的最高阶段上组织统一的军政和军令部，这都是普遍的真理，此外尚有若干条。所以杜黑原理的研究，政治家和军人应该同样注意。军事智识之活动在大战后是很可观的。新的理论在各处发生。英国的富来鼓吹机械化，德国的塞克特成立新理论，使空中攻击和职业陆军的攻击同时施行。

杜黑预定地面防守以便空中攻击。在战后许多理论家中只有他成立一整个制度，在全局上有很坚固的组织，并且在局部方面有详细的研究，只有他成立一个精确的原则以决定各种武力之比例。

杜黑的研究是值得深思熟考的，他是新思想的无穷泉源，他所建的可惊的原理一定可以影响明日的局势。在出发点和方法上是完全正统的，在结论上则为反叛的。不要轻忽地将他看作乌托主义者或梦呓家，或许在将来将他看成为一个先知先觉者呢!

贝当上将序

第四章　张译鲁屯道夫《全民族战争论》序

著书难，译书难，可是读书也不易。序文的价值，就在使读书的人得到一种读的方法。因为凡著一本书，对于环境的情感和时代的趋势，不是著者自身所能说明，若果读者单看书里的理论和事实，是不容易了解，而且容易发生误会。

算来已经有二十八年了，我在德国军队中同伯卢麦将军（V. Blŭme）的侄子在一起。从演习地回家，两人骑在马上谈天说地，我忽然问他："你看我将来在军事上，可以做什么官?"他对我笑着说："我有一个位置给你，就是军事内阁长。"（即本书中所谓德皇旁之军事秘书长。）我说："我难道不配做参谋总长?"他说："不是这么说的，我们德国参谋部要选择一个有性癖的，或有点疯子气的人做参谋总长。"我说："那可怪了，不过陆军部长呢?"他说："参谋部长是公的，陆军部长是母的。我们青年军人不想当陆军部长，因为他是陆军的母亲，要有点女性的人才干得好，鞋子也要管，帽子也要管，吃的、穿的、住的，又要省钱，又要好看，又要实用。所以俄国用擅长军事行政的苦落伯脱金（Kuropotkin）去当总司令，牝鸡司晨，结果失败了。但是专制皇帝多喜欢用这种女性呵!（当时日俄战事，德国军人资为谈助，而对于德皇之用小毛奇有些不平。）参谋总长的性质同陆军部长不同，不要他注意周到，要他在作战上看出一个最大要点，而用强硬的性格，不顾一切的把住他。因为要不顾一切，所以一方面看来是英雄，一方面看来是疯子。军事内阁长是专管人事，要是有性癖的人去干，一定会结党会不公平，要是有女性的人去干，就只会看见人家的坏处，这样不好，那样不好，闹得大家不高兴。我是恭维你人格圆满，不是说你没有本领呵!"

"把住要点不顾一切"，可以解释大战时破坏比利时中立的作战计划。细针密缕，各方敷衍，可以解释自马纳河战役后至凡尔敦攻击为止之弗尔根海（他是由陆军部长转到参谋总长的）的一段不彻底作战经过。所以，我那位德国伙伴的话确实有他的真理。

鲁氏是参谋部出身的一个参谋总长材料，他是有性癖的，所以当时很受各派的攻击，后来在希忒拉政治活动中又失败了。他的"全体性战争"，就说一切都以战争为本，翻转来说，正是他"把住要点不顾一切"性格的反应。德国战争失败的原因，人家都说军人太偏了，在鲁氏说，正是因为偏的不彻底。如果偏得彻底，则不是偏而是正的了。所以我们读这本书，不可批评他偏，而要领取他偏得澈底的意义。

书中有几点是因为人家攻击他，他自己辩护，所以有些过火。如同克劳寿维兹氏下战争的定义，谓"战争是政略的延长"，政客们就用此语说军人应该听政治家的话，且举俾士麦以为政治家统御军人成功之证。鲁氏却说："政治应包含于军事之中。"其实政治与军事之不应分立，是千古不变的原理，而是否政治家应该指挥军人，抑或军人应该执掌政治，是要看当时政治家与军人本领如何而后定。战争是艺术，真正名将是一种艺术家，他的特性是"独到"，是"偏"，所以需要一种艺术家的保护者。如威廉之于毛奇，克雷孟梭之于福煦，是一种形式；菲列德之为传统皇帝，拿破仑之为革命首领，又是一种形式。鲁氏因他人借克氏之说以攻击他，他却说克氏的理论已成过去，这是矫枉过正，谁都知道克氏学说是百年以前的。他又批评史莱芬的计划不适用，也是犯这个毛病。

鲁氏又有说不出的苦衷，就是对于威廉二世，他不好意思批评皇帝。其实政治与军事之不调和，及平时扩军计划（鲁氏的）、战时作战计划（史莱芬的）所以不能实行之故，都是这位平时大言不惭、战时一筹莫展的皇帝的责任。不好意思说东家，所以把店伙一个一个的骂。读者应当观过知仁，不要责他蛮横，要原谅他的忠厚。

以上所谈不过书中末节，还不能说到本书根本精神。这本书的根本好处，在对于未来的战争性质，有明切的了解；对于已往的失败原因，有深刻的经验。他的好处，我可以综括的给他一句话，叫"民族的第二反省"。

当一个民族吃了大亏之后，天然的会发生一种重新估计运动。但是革新运动的人物，大都在当时失败过程中不曾负过相当责任。群众本来是情感的，所以这时候只知道清算过去，因为破坏一切的理论很容易成立，却不能指导未来。因为改造社会的实际不是靠理论，而是靠行动。民族第一次反省的过程，总是这样，所以真正的成功，必在第二反省时代。这个时期大约总在二十年左右，所以法国七十年大败之后，他的真正国防力是到八十八年才成立的。大战后的德国第一反省是社会民主党时代，所以到现在才有这第二反省的呼声。普鲁士军官从小锻炼身体，寿命很长，所以在第二反省时代，还能得到当年身负重责的老人本其实际经验，发为革新运动之指导。这在德国民族看来，真是鸿宝。

未来战争到底是怎样呢？如果我举德、俄、日、义等国的议论来证明，人家又要说"军人蛮横"，迷信独裁，再不然又做了人民战线的敌人，破坏和平，罪该万死。

我如今一字不易，将世界上号为第一等爱好和平的国家美国人说的话来证明一下，布罗肯比尔中校说，如果用毒气来杀人还不够刻毒，化学战不以杀人为目的，而以减少敌人抵抗力、增加敌人后方负担为最高原则。美国化学战部队所用的药剂虽有多种，主要者为糜烂毒液。该毒液有些茴香香味，色暗红，不易挥发，较气体易于保存，便于运输。地上动物着此液后，即能传染。中此毒者，若立刻进入病院，疗治得法，数月后可以痊愈。盖此毒液之效能，不在致敌人于立死，乃驱敌人入医院，既不能战斗以为吾害，又不能工作以助国家，反加重其后方负担。且此人若不急进医院，则其衣履身体所到之处，皆有散布此毒汁之可能，吾人飞机、炮弹所不到之处，敌人可代为散布毒液。据现在所知，欧洲各国所制的防毒面具，对此毒液毫无用处，因此毒非藉呼吸而发也。此种防御服装，美国业已制成，惟全身不通空气，故不能久用，且为价甚昂。且此毒液之野存性，在最干燥之天气中，尚可达六时以上，若天气潮湿，可达数日。其比重较水量为重，故可用飞机由空中洒射，决无因风向关系而害及使用者之危险性。且其挥发性极低，比重较大，化学成分极稳定，故用普通解毒法毫无效力云云。这是以威尔逊十四条和平主义国家的办法，不杀人比杀人还要凶些。所以未来的战争不是"军队打仗"，而是"国民拼命"；不是一定短时间内的彼此冲突，而是长时间永久的彼此竞走。

就既往的亲身经验而说，则此书第四章一字一珠最为精粹，这是化了无数的金钱与生命所换来的将来军事教育方针。如同世人谈到军纪，总以为就指兵卒能机械服从而言，其实德人军纪，立于（一）自发的精神力——信仰与觉悟；（二）自动的行为力——技术的习惯与体力之支持（注：技术的习惯就是中国所说的艺高则胆大之意），决不是区区集团教练所能养成，而有待乎最高深的精神指导。军纪所要求于兵卒者，在性格强硬，并不是柔软的服从。达尔文说得好：军纪者，在上下之信任，不是服从就算的。

我希望读这本书的朋友们，切实的一想，世界的火，已经烧起来了——逃是逃不了的了，不过三四年罢？

民国二十六年一月　蒋方震序

第三篇
从历史上解释国防经济学之基本原则

第一章　从中国历史上解释

（民国二十三年五月稿。）

国家士气销沉到如此地位，要不指出真正一条路线、一件法宝，谁还能取得一种自信力？唯心耶？东方文化耶？禅家的心性、宋儒的理气，移植于东邻，以养成所谓武士道，而出产地之中国则无役不失败。唯物耶？西方文化耶？瓦德之机器、爱迪生之电气，在他人以之殖国富、扬国威，以建设所谓资本主义。五十年前之日本亦一半殖民地耳，而较日本输入西洋文化更早之中国，则农村宣告破产，工厂要求救济。人之无良，百药罔效耶？果尔则华族一名词，早应消灭于数百年以前，而何以时至今日，犹有此一大群众生息于大陆？我们且检讨过去，找出华族的真实本领是什么？

我于民族之兴衰，自世界有史以来以迄今日，发现一根本原则，曰："生活条件与战斗条件一致则强，相离则弱，相反则亡。"生活与战斗本是一件东西从两方面看，但依经济及战斗的状态之演进，时时有分离之趋势。希腊罗马虽在欧洲取得文化先进美名，但今日继承希腊罗马文化的却并不是当年的希腊人罗马人，具有伟大的文化而卒至衰亡的总原因，就是生活工具与战斗工具的不一致。

生活条件与战斗条件之一致，有因天然的工具而不自觉的成功者，有史以来只有二种：一为蒙古人的马，一为欧洲人的船。因觅水草就利用马，因为营商业就运用船，马与船就是吃饭家伙，同时可就是打仗的家伙，因此就两度征服世界。有费尽心血用人为制度而成功者，也有两种：一为欧战时才发明，十年来才实行，西人的国家动员；一为中国三千年前已经实施的井田封建，他的真精神就是生活条件与战斗条件之一致。

封建不是部落割据（近人指割据部落思想为封建思想者，系用名词的误谬），是打破部落割据的一种工具。封就是殖民，建就是生活（经济）、战斗（国防）一致的建设。井田不是讲均产（在当时也不是 件奇事），是一种又可种田吃饭又可出兵打仗（在当时就是全国总动员）的国防制度。懂得这个道理的创制的是周公，继承的是管仲（《左传》"齐之境内尽东其亩"，就可证明田制与军制国防之关系），最后成功的是商鞅。井田制到商鞅已是八百多年，一定是同现在的鱼鳞册一样，所以开阡陌正是恢复井田。这是我发见出来的华族的真本领，诸公若能系统的叙述出来，使青年感觉到我华族固有的本领之伟大，从前可以统一亚洲大陆，将来何尝不可以统一世界，或许于现代销沉的士气有点补救。

但是要实行此种一出两便的制度，必须有一个先决条件，就是要实际与理论绝对的一致之人才，《左传》到现在还是世界上最好的一部模范战史，他叙述城濮之战时说："晋文公作三军，谋元帅，曰郤氏可，说礼乐而敦诗书。"像现在的想象，礼乐诗书，到底是不是做元帅的唯一条件？其实当时的一群贵族，没有一个没有部属的，也没有一个不会打仗的。从这许多武士中间寻出一位说礼乐敦诗书的人来当元帅，这自然是正当。因为那时贵族的教育，是礼、乐、射、御、书、数，件件都是人生实用的东西。

陶希圣先生在游侠研究里，指出了两种不同的团体，我见了欢喜的了不得，这是历史上的大发明。

而我以为，就是这一点是三千年来民族衰败的致命伤。项羽的士族团体既失败，而韩信死，张良逃，萧何辱，自此以后活动份子与智识分子不绝的暗斗（莽、操之篡与历代的文字狱），智识分子之内又每形成两派自相残杀（历代的党争）。一民族中的最重要的细胞，始终在暗斗的状态下，因此养成了智识阶级的两件不可救药的痼疾：一就是不负责任（读书人的最高理想是宰相不是皇帝）；二就是不切事实（自礼、乐、射、御、书、数的六艺而改为《诗》、《书》、《礼》、《乐》、《易象》、《春秋》的六本书，是一大关键）。譬如酿酒，酵素坏了；譬如爆药，电管湿了。举天下之良法美意无上妙品，一一须经过这一道腐败幽门而后能入于中国社会，百药罔效之总因，岂非在此？

历史上也曾发见几次沉痛的呼声。如清初顾亭林之提倡朴学，就是对于不切事实的反抗。但这种运动，因为活动分子与智识分子暗斗之结果，事实派的颜元、李刚主终归失败而一变成为考据。考据派的精神果然是科学的，但实际上还是几句死话。太平天国时代，胡文忠的"包揽把持"，曾文正的"《挺经》第一章"，就是对于不负责任的反抗，但仅仅能做到一部分的成功。而从暗斗出身之李鸿章，仍为这不负责任、不切事实的大潮流所打倒，以演成今日刻骨伤心的外交局面。

活动分子即主权阶级的性格，就是根本与智识分子相反，他的长处：（1）是肯负责任，但是容易流为武断；（2）能切事实，但是容易流为投机。武断则不能集众人之长，投机则不能定久长之计，这两件事于近代式国家发展是不相宜的。

智识份子道德上也有他的特长：（1）他能自持廉洁；（2）能爱护后进。惟其自持廉洁，对于物质的欲望较淡，精神上有自己娱乐之处，所以当君国危难的时候，牺牲区区生命不算一回事。历代殉国诸人的真精神，我以为根据于此而来的。唯其爱护后进，故传授学徒，著书立说，使几千年的历史有继续不断的成绩。王夫之、顾亭林于国亡家破之后，犹拼命著书，所谓"百世以俟圣人而不惑"，养成了华族悠长的气概。

汉高祖自己说，"我所以得天下之故，有三不如"，这是三千年历史上成败之标准。就是主权阶级（即活动份子）与智识分子合作，则其事业成，不合作则其事业败。所以中国治世时代，必以圣君贤相并称，乃至做坏事，也必须土豪劣绅互相勾结。这中间出身于智识阶级而肯负责任能切事实的人，只有诸葛亮、王安石、张江陵、曾国藩诸人，在三千年中占极少数。

秦汉以后，政权、武力、智识分裂了（从前集中于贵族阶级），所以政治上有不断的竞争，而华族就渐趋于衰弱。但是我华族在这种压迫之下（竭方奋斗继续了三千年），还做一件惊人的大事，就是对于物的工作。就其奋斗的精神言，似乎蒸气机关的发明，未必算这么一回大事。从造纸、印刷、陶磁、漆、建筑、雕刻，乃至水车、机织，件件有独到的发明。不过为智识阶级所瞧不起，故不能有文字的记载，而学术的积聚性不能发扬罢了。

近五十年来，社会受环境之影向，发生了大变化，但其政治的演进可以分作几步说：第一步，是智识与武力的合作（一、智识分子投身为军人，二、军人入学取得智识，三、社会中智识份子与活动份子的合作）。这中间的聚散成败，有事实的证明，不必详述。第二步，当然是政权、武力、智识的一致，但应当切实注意者，就是智识份子还是不能切实的统制物质，所以民族的生活上根本发生了问题。而其所以不能统制物质的原因，也仍是因不负责任、不切事实的两大弱点而来。

从顾、颜的朴学精神，曾、胡的负责态度，或许可以在酵素、电管中加入一点新生命罢。但是新式的社会，更有一样要素名曰"组织"的。这"组织"两字的意义，就是说一件事，不是一个人、一个机关负责任，而是各最小单位（个人）各负各的特别责任，而运用上得到一种互助的成功。这就是新经济的要点，也就是国防的元素。我们还有一句俗话——"行行生意出状元"，这是中产阶级的反抗呼声，也就是将来物质建设的基础。我们现在可以说有强兵而国不富者矣，未有富国而兵不强者也。

说一句牢骚的话，商店的学生，工匠的艺徒，要是夜间能读上一点钟的书（就是在实际的事物中过生活的人而能攫取知识），恐怕倒可以负起复兴民族的责任，而每天坐汽车、包车，在中大学上六时以上的功课的，恐怕将来只能做学理上的教授罢了。

第二章　从欧洲历史上解释

近时许多人喜用"东方文化"、"西方文化"等名词，我根本有些怀疑。"文化"二字上面，是不是应当加上一个笼统的方向形容词？印度文化在汉唐时代根本是西方的，现在用什么理由把他归入东方范围以内？而在欧洲看来，希腊的文化才是东方文化呢？新渡户博士说："土耳其强盛了，才把东西隔断，从前根本没有这一回事。"这话是对的。但是各时代各区域的生活基调有许多不同，却是事实。我说这个生活基调，才是文化的根本。

"有无相通，供求相应"，这是商业精神，即商业生活的一种基调；"自给自足，无求于人"，这是农业精神，即农业生活的一种基调。这两种生活基调根本不同，所以影响到思想、制度、习惯（总言之为文化），处处成一对立的状态。但是实际生活上农人免不了交易，商人也得注意原料，所以农商之间既有调和，又有冲突，结果更有演变。我用这一个基本观念来看欧洲的历史，自觉另有一种色彩；并且用此来解释现在所谓"全般欧化"、"中国本位"的论争也觉得比较妥当。如今且将农业、商业两种生活的不同方面来对照一下：

	商业文化之基调	农业文化之基调
地理	海……交通。	陆……区划。
道德	独立自由——个人主义。 日本福泽谕吉以独立自尊主义养成现代财阀，此义完全是从英、美来的。	忠孝（爱）——家族主义。 世界各国之武士贵族团体皆然。
国家	国家发源于市府。	国之本在家。
社会	契约。 所谓宪法民约，一切皆有契约性，视契约为神圣。	感情与信仰。 影响到商人熟识的就一言为定，不用文字契约，故欧洲人引以为奇。
经济	（一）观念。 重"余"，余即利，即商业存在的本体，故对数字养成一严肃习惯。 （二）运用。 以生命在交通，故重周转，确立信用制度，资本能集中。	（一）重在生产之本体，对剩余不甚注意，故养成笼统习惯，结账抹零； （二）生产易，运输难，故只能各个的贮蓄，不能流转，故不能集中，社仓成功，青苗失败之原因在此。
对于科学之利用	能利用前期科学，即蒸气机关之类，（物理的）轻工业属之。	能利用后期科学，即土地肥料之改良及煤制汽油之类，（化学的）重工业属之。
影响于军事及国防	取攻势以开辟世界，觅商场，求原料。	取守势而效死勿去，守坟墓，保家室。

大家都知道海岸线的绵长，是希腊文明一个决定的因素。海岸有何用处？又知道罗马是一个半岛，何以半岛能发展文明？这就是海，就是交通，就是便于运输货物的水的交通。所以希腊人当他进化到了农业生活，他的生产品立刻可以向外推销，而国外许多新鲜事物时时来刺激他的生活，伟大的希腊文明就从此产生了。可是即就希腊本身论，已有雅典、斯巴达的分，雅典重商重海，斯巴达重农重陆。罗马大帝国继承希腊文明，在农商的调和上比希腊进一步，他靠海的财源文化来发达陆上，所以船果然发达，车亦有进步。他的驰道从欧洲大陆筑起，一直通到君士坦丁，海岸形胜的地方。

如果说文明一定有征服野蛮的力量，那么希罗的文明就不应中断？如果有了文明还是要中断，那么要文明干么？咳！话不是这样说的，文明是好的，但是要顾虑文明本身自己出毛病！

商业文化靠的是交通工具，希腊时代的工具只有帆船，只有马车，他的能耐只限于地中海一带，他的市场有一定的限制，经不起几百年的有无相通，通到了没有再通的余地，他的文化自然的是停滞了，衰颓了。已经有钱的人安于逸乐，没有钱的人无法发展，日耳曼的蛮族起来了。

近代的人称中古时代为黑暗时代，这真是商人的瞎说。中古时代有很高尚的文化，不过是农业的罢了。德国人现在很了解此意，所以将拿能堡做了国社党集会的中心。这件事教授们切不可小看他，他得了现在新文明的曙光了。

农业文化讲区划，所以有封建制度，重家庭所以讲爱，靠天所以信宗教，讲气节所以有武士道（纯粹的商人只是要钱，所以犹太人为人排斥），讲公道所以有基尔特的组织。不过说他黑暗可也有一个理由，就是知（智识）与行（实行）分离了，智识给教士包办了，中古教会也用了不少的愚民政策。就实际生活言，在当时打仗同种田，实在不需要识字念书，自给自足，老死不相往来，不比商人，他需要交通，需要文字，时时看见新鲜东西要用脑筋。我敢断定中古时代的武士同农民根本不识字（拉丁文）。

封建时代，商业退化了，休养了几百年，重新再起，起因就在于宗教政治运动的十字军东征。十字军到处设兵站，要运转货物，商人抬头了，各地的所谓自由市出来了，东方希腊的东西又为人所注意，于是新文明又发动了，即所谓文艺复兴。从农业文化又 转到商业义化。

无巧不成话。这时候一个哥仑布发见了美洲，替商人找到一个新市场，替欧洲人找到了一个发洋财的机会。接二连三的，印度、亚洲等新市场陆续发现。而在航海术进展了三百年之后，才有一个瓦特发明了蒸气机关，欧洲人真是笨。

蒸气机关中古时代未必没有人想到，可是农业根本用不着，也没有能力集中资本来建设运用。天造地设的让商人来改革他的交通工具，现在算来，不到一百五十年就让欧洲商人把世界占尽了。

五百年来的商业，可以说发展得如火如荼，所以市府的势力一天一天的扩大了，渐渐成功了近代式的国家。契约性质的宪法，个人主义的自由，做了新国家的两条柱础，而科学发达，竟是如虎添翼的替商人确定了万世一系的主权。因为这种文化，时间太长久了，范围太扩大了，许多学者们多以他作为天经地义，而中古时代的老朽，当然给人家看不起。

不过仔细考察，这种商业文化的发达，还有许多仰仗中古时代的遗传，如同艳称英国政治的所谓绅士风，所谓运动精神（sportsmanship）。我此次到美国，在黄金锁子甲中还把着他一点清教徒的脉搏，大战时代，英国学生的勇敢，令人回想到当年的骑士的风度。日本也有所谓士魂商才。

海国文化的王冕，从希腊罗马经过荷兰、西班牙而传袭到英国，当然是自然趋势，但是到世界市场没有开辟余地的时候，这个王冕就发生问题了。

第一个发野心的就是以农业起家的日耳曼种的德国，他凭他四十年的努力，从一个农业国脱胎地变成工业国，以五千万人口而无限制的大量生产，除向外发展外，当然是别无办法，因此就发生了欧洲大战。上帝给他一个"忘本"的训戒，没得吃了，机器里造不出面包来，饿了！败了！可是商业文化到此就形成了一个划期的段落。

最早产生自由理论的英国，经过沃太华会议，把自由贸易取消了。世界这里一群那里一堆，形成了经济集团（从交通变而为区划了）。战时既然可以海上封锁，那平时就得自给自足，世界公认流通的金子一律装入仓库，代之以各国的信用券。最奇怪的，现代第一流摩登的国际贸易，倒车开到三千年前农业初成功时代的物物交换！

所以法西斯也罢，国社党也罢，苏维埃更逃不了，所谓五年计划，四年计划，都是一种农业文化的新表现，这不是一定说农业文化的优越，可是商业文化的破产是决定的了。英国人听见法西斯、国社党、苏维埃都有些头痛，其实许多事件，还是他自身先进国开辟出来的。消费合作社在英国最先创办，成绩也最好，这不是废商的先声？基尔特明明是中古时代手工组织的遗产，英国就首创所谓基尔特社会主义，这就可见我所谓"演变"。大陆的农业统制精神，乃孕育于商业自由的海国，这是因为商业顶发达的国家，感受痛苦亦最早，因为商业扩充同当年地中海文明一样，受了天然的限制！

这中间科学的进步也是一大原因，如果许多天惠不厚的国家，根本上不能自给自足，那么这国际贸易还可以相当维持，但是现在化学工业进步，汽油也会人造，橡皮也会人造，于是工业家就同农民合作，而商业走上了自杀的一途。

这种新农业文化的趋势，影响到制度上有两种需要：

（一）专制的政治。即首领制，如今日美国罗斯福，且权力加增。

（二）民主的经济。即协作制，以职业代表成协作会议。

今日世界都处于准战争状态之下，犹欲举大战前的民主政治议会制度以为鼓吹休明之具，真可为不知时务，所以政治上之必用首领制殆无疑义。但是统制经济名义虽则是国营，实际则是劳资合作。生产与分配均趋合理化，实含有至大之民主精神，故俄之合作社，义之"行业合作国民会议"，都建立在这个精神上。今日首领制之根本不同于古代帝皇专制者，其原因全在于此。这种经济的议会制度、政治的专制办法，实为国民总动员的根据，也就是国防经济学上基本原则之实现。

第四篇　二十年前之国防论[*]

第一章　政略与战略（敌与兵）论战志之确定

无兵而求战，是为至危；不求战而治兵，其祸尤为不可收拾也。练兵将以求战也，故先求敌而后练兵者，其兵强；先练兵而后求敌者，其兵弱。征之以中外古今之事，而可信者焉。

日本，今之所谓强国也。明治七八年，兵不满万，而处心积虑，以中国为敌，二十年而后济；甲午之后，兵不满十万，而卧薪尝胆，以俄罗斯为敌，十年而后济。以明治七八年之情况而言征韩，以二十七年之情况而言拒俄，不几其梦呓乎，而梦呓则居然成事实矣。

普鲁士，今之所谓强国也。千八百〇六年，全军瓦解，以养兵不许过四万二千之条件，屈伏于拿翁，仅延余喘。幸也定报法之志，六年而小成（滑铁卢之役），六十年而大成（普法之役）。

法，亦今之所谓强国也。革命之际，与全欧为敌，而拿翁于纷乱之余，乃以之摧奥残普。普法战争以后，赔款割地，而复仇二字，幸以维持其军队，至于今日，志虽未遂也，而成效则已昭著矣。

淮军之兴也，以三千人密闭于舟中，越千里而成军于沪上。当是时，上下游皆敌也，湘军之起亦有然。而洪杨之敌，乃不在百年来政府教养之制兵，而在二三读文章讲理学之书生也。

等而推之，迄于古昔，则凡治兵于四面楚歌之地，欲突起以成功

---

[*] 蒋百里在此篇收录其所著《军事常识》的部分内容，并将其分为四章。《军事常识》著于民国初年，1917年出版。

者，其事较难，而成功者独多；制兵于天下升平之日，欲维持于不敝者，其事较易，而成功者乃绝无也。盖惟忧勤惕励之诚积于中，斯蹈厉发扬之致极于外，故曰"无敌国外患者国恒亡"。呜呼！可以观矣。

然则敌犹是也，而兵不振者，则何以故？曰兵者，以战为本，战者以政为本，而志则又政之本也。

国于世界，必有所以自存之道，是曰国本。国本者，根诸民族历史地理之特性而成。本是国本，而应之于内外周围之形势，以策其自存者，是曰国是。国是者，政略之所从出也。战争者，政略冲突之结果也。军队者，战争之具，所用以实行其政略者也，所用以贯彻其国是者也，所用以维持其国之生存者也。故政略定而战略生焉，战略定而军队生焉。军者，国之华，而未有不培养其根本而能华能实者也。

战争为政略冲突之结果，是为近世战之特性。日俄之战，俄罗斯之远东政略与日本相冲突也；今日之欧战，德国之世界政略与英、俄相冲突也。庸讵不可以交让乎？藉曰政略可以交让也，国是而可以交让乎？国本而可以交让乎。不可以让，则彼此各以威力相迫，各欲屈其敌之志以从我。近世兵学家下战争之定义曰：战争者，政略之威力作用，欲屈敌之志以从我者也。夫曰屈其志，乃知古人攻心之说，真为不我欺也。

政略之相持，非一朝夕之故也。其端绪，可先时而预测，故其准备可先事而预筹，夫而后可以练兵焉。英之为国，环海而重商，制海权，其生存之源也，故其治海军也，以二国之海军力为标准；德之为国，当四战之地，左右邻皆强，无险可恃，则恃以人，故其治陆军也，以东西同时受敌为标准。政者，战之原；敌者，兵之母也。故治兵云者，以必战之志而策必胜之道者也。

所谓立必战之志者，道在不自馁。夫强弱无定衡，英、俄、德、法，今之所谓强国也，望尘而不可及者也，入其国，觇其言行，何其危亡警惕不自安之甚也！此见强者之未必终强也。五十年前之日本，百年前之德国，败战及革命后之法国，彼惟不以现状自堕其志气而至今日耳，此言弱者之未必终弱也。惟志不立，万事皆休。夫慑于外患者，退一步即为苟安，故古人必刺之以耻而觉醒之，故曰知耻近乎勇，又曰明耻教战。耻者，馁之针，志之砭也。

所谓策必胜之道者，道在不自满。昔普之覆于法，盖为墨守菲烈德之遗制；而拿翁三世之亡，则在轻视普人之军制。盖兵也者，与敌互为因缘者也，人得其一，我得其二，虽少亦强；人得其十，我得其五，虽多亦弱。故彼此之不耻相师者，正以其彼此互为最后之标准也。夫习于自满者，进一步即为虚骄，故必戒之以惧而收索之。故曰临事而惧，好谋而成，惧而谋，谋而成。所谓策必胜之道也，惧者满之药，而谋之基也。

必战者，至刚之志也；必胜者，至虚之心也。二者相反，而实相成。夫志卑者轻物，志之坚者，求之诚也；见之明者，行之决也。贤者负国之重，必以至刚之志，济之以至虚之心，而其入手治兵，首在择敌。

择敌奈何？有直接以至强为敌者，擒贼擒王之说是也。至强者，即对于吾国本，而为至危者也。有先择一易与者为敌，而间接以达其抗拒至强之目的者，偏败众携之说是也。政令修，财用足，民气强，则用前策，其径捷，其时促，若今之英、德、法是也。若夫国家当积弱之余，威信未立，则当用后策。昔普欲战法而先试之于奥，意欲战奥而先试之于俄。盖凡百困难，随一败以俱来，即随一胜以俱去。贤君而当弱国，则恒能于万难之中适用其偏败众携之略，以渐进而达其最终之目的，其取径迂回，其用心尤苦也，慎之至，明之至也。虽然，就军言军，是二策者皆可也，皆足为军事之根本也。惟有二途则大不可：一则甲可战，乙可战，乃既欲战甲，又欲战乙，是则大不可，备多者，力分也；一则甲可战，乙可战，乃今日欲战甲，明日复欲战乙，则大不可，心不专，力不举也。

故练兵二十年而适以自累者，本不正也，政不举也，志不立也。

第二章　国力与武力与兵力

武力者，国家所用以贯彻其国是之具也。就广义言，武力即国力也；就狭义言，则国力而加以军事的组织锻炼者，是曰武力。

溯国力之原而分之，人，一也；地，二也；物产之生殖力，三也；机械之运动力，四也；是四者，孰纲维是，孰主张是，则有至重至要之政治力（即国家主权的发动也），五也。

所贵乎武力者，谓其有军事的组织锻炼也。而此组织锻炼之原动，实即发生于第五项之政治力。是力者，至高无上，为国家存在之原，即为武力发生之本。

凡测力之大小，必自二方面：一则品质之精粗，一则数量之多寡也。"国力者，人力之集也。国力之要素，以国民之体力、智力、道德力为主，而道德力之左右于武力则尤大。即节俭而忍苦、果敢坚毅、富于爱国心而重义务之国民，较之流于安逸、习为骄奢、陷于怯懦者，其数虽有天渊之差，而武力则有过之，无不及者。故曰国民之价值，当战争之难，而上下悉显其真。在上者流于逸乐，则武力之节度缺；在下者习于固陋，则武力之锋铓钝。"（将官伯卢麦著《战略论》）

次人心而为武力之原质者，则材用是也。材用以求之本国为原则，农业其一也（粮秣），工业其二也（武器），矿业其三也（煤铁），牧畜其四也（马驴）。纲维是四者，而为之主者，则国民之经济、国家之财政是也。近世之战，其准备极于一针一线之微，其影响及于一草一木，故德国开战后令公园竹草改植蕃薯；其困苦，迄于一饮一食而有限制（英、德皆然）。其反动入于国民之生计者，至深且巨。故经济财政之整理法，亦为武力之最要原质。

此外则地势交通，亦与武力至有关系，区而别之，约有数端：（一）国土之广狭及人口之稀密，如地大而人疏者利于守，地小而人多者利于攻是也；（二）国境之形状及国内之地势，如英之海，俄之草原，瑞西之山，皆于战争时显其重要功能；（三）国内之交通线，由此交通而各种材用集合之迟速，军队运动之难易生焉，便者以一作二而有余，难者则以十当一而不足也。

要之，武力者，国力之用于战争者也，变国力为武力，则有视乎国家政治之机能。国家（非政府）者，有至高无上之权，得自由处分其人民之生命财产者也，而其能力之人小，则一视其组织何如以为定。政体也，制度也，行政也，皆所以为武力之原动者也。土地愈大，人口愈众，则其关系愈密切，欲竭全国之力以备战，则必其元首公明而有定力，其政府勇敢而极锐敏，其各机关又能各竭其能而互相为用。主宰无定力，则众说扰而能力塞滞；建制不完密，则机关不足而布置乖张。国愈大，事愈难，而武力转有因国力之大而益小者矣。（伯卢麦《战略论》之说）

欧洲诸国自宪制实行以来，国家之组织日备，政治之机能日强，而人民之担负亦日重。现役之兵数以人口百分之一为准，每年之军费以国费三分之一为准。准者，言其极度，不可再逾者也，由是范围而加以精密之编制法，运用而周转之，则有事之日，皆能倾其全国之力以从事于战争，可谓极人间之能事矣。然亦有以野心及恐怖心之故，养过大之兵力，而卒至财政穷乏，不能一战者，则又以兵力过大之故，而武力转因之而小者焉。

故武力与兵力不相同。兵力者，武力之主体，而兵力非即武力也。武力者，就其用而言也；兵力者，就其体而言也。欧洲之最强国，不必即为东亚之最强国也，今日军队纵曰因粮而敌，而必取其用于国，故力之大小，一视后方之交通关系为断，日本之所以胜兵力十倍之俄罗斯者，此义是也。

兵力与兵数，尤不可混。数也者，就人马材料之数量而言；力也者，则数量外，加算以人马教育之程度、材料品质之精粗者也。故必综合无形有形之两元质，而兵力之真义乃见，有形者易知，无形者难求。其在军费定额有一定之范围者，则数量之增，未必即兵力之大也。

凡兵力以其类别之为二：曰陆军，以陆地战争用之人马材料，而加以军事的组织锻炼者也。军队云者，所以自别于乌合之众，为陆军兵力之具体名称也。一曰海军，以海上战争之军舰、水雷艇、商船之武装者，而加之以军事的组织锻炼者也。舰队云者，海军兵力之具体名称也。陆军负陆战之责，有时补助海战者，如军港之陆上攻守是也；海军负海战之责，而有时补助陆战者，如陆上之准备及运输之护卫等是也。

近百年来，为一切政治之原动，而国制组织之根本者，则立宪制度是也，为一切军事之原动。而国军组织之根本者，则义务征兵制是也。新国家有是二者也，犹若车之有两轮，鸟之有两翼，而二者之间，尤有至深至密切之关系。自国家言，则立宪制度者，求其个性之发达，故自由者义取诸分，对内者也；义务兵役者，求其团体之坚固，故强制者，义取诸合，对外者也。自人民言，则既有与闻政治之权利，即当然有保卫国家之义务。是故宪法兄也，征兵令弟也，而双生焉。孕育于法国之革命，自由主义，其先声也；成长于普鲁士之行政改革，民族主义，其中坚也；结果于今日之战争，帝国主义，其尾声也。呜呼！吾人读普国名相斯得因之言而怦然心动也，斯氏之言曰："凡国家失其膨胀之势力于外者，则当蓄其强固之实力于内。是力也，不在其政府，不在其贵族，而在其全国之人民。欲国民之发达进步也，当予以自由，而使各阶级平等于法律之下。故第一农民，当解放也，惟自由之劳动始能保国于不敝也。当予以土地所有权，惟独立之地主乃勇于卫其家，即勇于卫其国也。第二市民，当予以自治权也，市政及市会之发达，德族之所以自豪于中古也，撼怀旧之蓄念。历史观念，爱国之源泉也，自治植其础，而官治乃增其力也。第三贵族，当教以惟国家存在而贵族乃始尊荣，亦惟贵族不自私而国乃始强盛，特典也，特权也，利之适以害之也。政府有司，不当求智识于簿书，劳精神于会计，首当与国民共生活，而研究其真正之情实，而施政方针，当力与当时之实情相应。"

故德国义务兵役之发源，表面由于条约之束缚（拿破仑限制养兵不得过四万二千人），而精神实由于行政之改革也。却降霍斯得者，征兵制之鼻祖也，当时为陆相，而斯得因则首相也。呜呼！伟人之心力与际会，其于国家也，至矣哉！至矣哉！

第三章　义务征兵制说明

（此次庐山训练，奉命说明义务征兵制，故重将此章加印，以备与下篇附录之"义务民兵制"相参考。）

兵在精，不在多，斯言至矣。盖谓兵力之大小，不在其数量，尤其在品质也。虽然使彼此之精度相等，则求胜之道，将何从？数等者求其质之精，质等者求其数之多，自然之势也。

既欲其精，又欲其多，而国家之军费则又有一定之范围，不可逾，于是义务兵役之制起。是故纯粹自军事上之目的言，则征兵制者，以少数之经费得多数之军队，而又能不失其精度是已。

所谓费少而兵多者，等是养一兵之费也，更番而训练之，能者归之野，更易时新，以二年为期，则四年而倍，十年而五倍之矣。所谓兵多而犹不失其精度者，自精神言，则用其自卫之心以卫国，其职务既极其崇高，其欢欣亦足以相死；自技术言，则服役时教之以道，归休时习之以时，自能于一定时限内不遗忘而足为战争之用。是故佣兵者，以十年练一人而不足；征兵者，以一费得数兵而有余也。虽然，不可以易言焉，武力之大小视乎国家之政治机能，盖征诸义务征兵制而益信。征兵法者，关于义务兵役之条例也，其条理之繁密，关系之复杂，事务之烦重，盖非有至勇决之方针不足以启其端，非有至完密之组织不足以竟其绪也。在昔德、法，在今英伦，皆当国难至深之时而勉焉而为此。人心之好惰也，民非强迫不肯服兵役，国亦非强迫不能行征兵也。昔法人首倡征兵，乃一变而为就地制，再变而为代人制，名虽存，实则亡矣，是倡之者固贵乎勇决，而行之者，尤贵有周密完全之计划也。（就地制者，一区内限定出若干人之谓。代人制者，以金钱雇人自代也。）

五十年来各国之敌忾心以互为因缘，日结而日深，而各国之征兵制亦互相则效，日趋而日近。今姑就其繁重复杂之制度条举其通则而列其纲，则有三：一曰法律上之规定，二曰行政上之组织，三曰实行上之事务是也。

征兵制之关于法律者，一为兵役之种类，一为服役之期限也，各国通则如左。

凡国之男子自十七岁迄四十七岁，皆有服兵役之义务（四十七岁至大限也）。

凡兵役分为常备兵役、后备兵役、补充兵役、国民军役。常备役七年，内以三年为现役，四年为豫备役。

现役者自满二十岁者服之，平时征集于军队中，使受正式之教育，其期以三年为准。近世欲军事教育之普及，则步兵有改为二年者。现役既毕，退归豫备役，返诸乡，使安其生业，每间一年，于农隙后征集之，使习焉以备战时之召集也。将军哥尔紫曰：组织一国之兵力，以青年男子为限，盖其气力能置生死于不顾，而好临大事，其体力能耐劳苦而服惨酷辛勤之职务。德国军制之常备军以三十岁为限，盖兵力之中坚而负战斗之主要任务者也。

后备役十年，以满豫备役者充之，战时多用之于后方。日俄之役，第一线之〈兵〉力二十五万，而战斗员之总计，乃及百万。将军哥尔紫复曰：老兵亦有老兵之用，盖铁路，占领地，兵站线之守护，粮秣兵器之护送，土匪之镇压，在在有需于兵力，其任务虽不若第一线之重要，而一战争之成功，亦必相需焉而始有济者也。

补充役十二年，国家不能举所有壮丁——使之服兵役也，则编其余者于补充役；于农隙则征集之，施以短期之教育，视其年龄之大小，战时或编入守备队，用之于后方，或编入补充队，以为第一线伤亡病失之豫备。

国民兵役，分为第一国民军、第二国民军。第一国民军，凡满后备役及补充役者充之，曾受军事教育者也；余者为第二国民军，未受军事教育者也。国家当危急存亡之际，兵力不敷，则召集之。

凡处重罪之刑者不得服兵役，是曰禁役；凡废疾不具者得不服役，是曰免役；体格未强壮或以疾病或以家事得请缓期以年为限者，是曰延期；在专门学校及外国者得缓期至二十八岁为止者，是曰犹豫。

准乎此，而品质数量之间，得以时间财政为其中间调济焉。欲其质之精也，则增其常备役之人数，而短其服役之时期；欲其数之多也，则长其豫备役之时期，而多其服役之人数；财少则求其周转于时，时急则量其消费之财。操纵伸缩，可以自如，而国家之武力乃得随时与政略为表里焉。

关于征兵上之行政组织，则区域之分配、官署之统系是也，各国通则如左。

分全国为若干区，是曰军区，凡一军之征兵事务属焉。每军又分为若干旅区，每旅之征兵事务属焉。每旅区又分为若干征募区，征募区之大者，再分为数检查区。是各种区域必与行政区域相一致，除占领地及异民族外，以本区之民为本军之兵为原则。军民之关系密切，一也；易于召集，二也；各兵之间，各有其邻里亲戚之关系，则团结力益固，三也。

中央之征兵官，以陆军及内务之行政长官兼任之；各军区之征兵官，以地方之司令长官（军长或师长）、行政长官（省长）任之；各旅区，旅长及该区之行政高级官任之；各征募区，以征募区司令官（专设）及该区之行政官任之。必军民长官合治一事者，盖微独事务上有俟于各机关之互相辅助也，其制度之原理，既发动于国民之爱国心，而事务之基础亦导源于国民之自治团体，势有所在，不得不然也。

关于征兵实行上之事务，复须别为三：一曰征集事务，平时征集之使入营受教育也；二曰召集事务，当战时召集之使出征也；三曰监视事务，监督有兵役义务之人民，使确实履行其义务也。

征集事务，大别为四：曰准备，曰分配，曰检查，曰征集。

准备云者，征集事务之准备也。其道自下以及上，每年凡村长，集其在村内之壮丁人数，籍其名以报诸县，县以报诸道，道以报诸省，省以报诸中央，而每年各区可征之数，政府得以详稽焉。

分配云者，分其应征之数于各区也。其道由上以及下，每年凡元首定其全国应征之数以分诸军，军以分诸旅，旅以分诸团及征募区司令部，而每年各区应征之人，地方得其标准焉。

检查云者，检查其壮丁之体格及家属上之关系，定其适于兵役否也。征募区司令官，实负其责，附以军医及地方官吏，及期巡行各区而检查之，予以判决。判决既终，则以抽签法定其入营之人，编为名册以报诸军，作为布告以示其民。

征集云者，使抽签既定之人入营服役也。旅长实负其责，及期，巡行各处，一以确定壮丁之可以服役与否，二以分别各人编入步骑炮工各种兵，三以规定补充役中之可以征集受教育者，各编册籍，以报诸军。每年十一月一日，各民按照布告之所定，自投到于征募区司令部，各队派员迎率之以归。

是四者，年一为之，周而复始。其册籍有一定之方式，其事务有一定之期限，其权限有一定之范围，丝毫不容其稍紊，而征集事务乃告终结也。

召集事务，大致别为二：曰平时之准备，曰战时之实施。平时准备，则政府示其召集之要纲以颁诸军；军长准之，定其召集之人员，以颁诸征募区司令官；区司令官乃订成各县之召集名簿，及召集令，以送之县；县别存之，召集令者，一人一纸，记其姓名、住址、召集之地点，惟时日则空之以待填也。而凡交通之关系、旅行之时日、集合之地点、监督指挥之人员，无一不豫为计划，以免临时之仓卒也。实施事务，则元首以动员令行之。政府以颁诸军，军以颁诸（1）地方长官，（2）各宪兵警察队长，（3）各部队长，（4）征募区司令官。司令官以达诸县，县记载其时日以颁诸村，村以达诸各人。各人之受令也，乃按照令内所规定之时日、地点、道路以至于召集事务所，各部队先期派员迎之，率以归于队。而地方官吏及警察宪兵同时布监视网以监督之，防逃役也。

监视事务，亦大别为二种：一为入伍前之监视，一为退伍后之监视。入伍前之监视，则人民自十七岁起，即有受监视之义务，若迁移之必须报告本区也，若旅行之必得许可也，皆是也。退伍后之监视，一为复习，复习者，退伍后复召之入伍，使习之期不忘也。在豫备役中至少二次，后备役中至少三次，每次必于农隙，期自三周至六周不等；一为点名，就本地征集之，检查其体格及职业，以验其适于军事之程度也。凡此者，皆所以为战时召集之准备也。

是故征兵之要件有五，五者不备，不足以言征兵也。一曰征之能来；二曰来之能教；三曰教之能归；四曰归之能安；五曰临战焉，一令之下，应声而即至。五者若贯珠然，一不备，不足以成今日之征兵制也，图示之如左方。

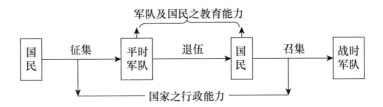

征之而来，则行政能力于是征焉。是故谓民智未开不可以言征兵者，非也。其在德、法诸国，习之百年，而厌忌兵役者，代有所闻，小民难与图始，当然者也。谓户口未清，不可以言征兵者，亦非也。征兵之倡始，皆在国难张皇之际，日、德诸国，当其始，行政机关，犹在草创，遑论户口？是故征兵之难，不难在民间之忌避，而在政府之决心；不难于条例之公布，而难于律令之彻底力。故欲行征兵者，必以整理地方之行政机关为第一步。

征之来矣，尤贵乎教，则军队之责任焉。（教育一项待后专章。）就征兵之范围言，有二要件：无熟练之弁目者，则教不足以入其微；无强固之将校团，则力不足以举其重，是也。弁目，所谓亲兵之官也，与兵卒共起居。教育之期，长不过三年，短者二年耳。是二年中，使其习之于手，记之于心，盖有视乎随时随地之指点，是非将校之力所能及也，而弁目之效著矣。兵卒同出于一区，其乡土之观念强，故团结力大，固也。顾用之得其道，则可为精神固结之基；用之不得其道，则即为指挥困难之础。义务兵役者，聚国民而为一大团体也，其量大，其质重，非有全国统一之将校团，则离心力大，不足以举之矣。法国共和政府之初元，乃至有以此区之民充彼处之兵者，其苦心益可见也。（注：怕造反。）是故征兵制也，弁目久役制也，将校团制也，三者皆若连鸡之势，不能舍其二而独行其一也。故欲言征兵者，必以改良军队教育为第二步。

教而能归，归而能安，则有涉于国民生计之大本，不可以习焉而轻视也。盖军队以国防之故，驻扎地常在通都，而都野间之生活程度则相差至大。兵卒于一二年间，习为华美，即有厌薄固陋之意。法国近有倡言军队食料太美者，德国则每周授兵以农事知识，盖咸以兵不归农为大戚，而思力有以矫之也。且田园有荒废之虞，工商业有中绝之患。故征兵者，始焉既强之使来，继焉又必强之使去，不愿来犹易处，而不愿去则难处也。勉强行之，则相率而流亡，匪独不能临难时招之即来也，其祸更有不可言者。故欲言征兵，必以注意国民之生计为第三步。

若夫一令之下应声而集，是则征兵之最后目的，管子所谓"内教既成，不令迁徙"者也。盖必平时之监视严密，计划周到，而临事之征调始能有秩序而迅速也。各国今日，则自命令下付之方、旅费取予之法、应到之地、应往之路、应用之车船，无不一一豫为规定。而警吏宪兵，则各设其网以周流巡视乎其间。各机关各人，各有一定之每日行事表。夫而后当开战之日，全国国民不震不惊，寂焉各行其所是，不相扰而益相成。呜呼！极人间之能事矣。故言征兵者，必以战时能圆满召集编入军队为最后之目的。

第四章　军事教育之要旨

人也，器也，军也，国也，各有其个体，其形式上之一致，则编制之责也；其精神上之一致，则教育之责也。

言军事教育，则有开宗第一义，曰：军事教育之主体，在军队，不在学校，是也。平时之军队，以教育为其唯一事业；战争之教育，以军队为其唯一机关。学校者，不过军队中一部分人员之补习机关而已。以教育与学校相联想，则军队教育无进步，而一部分之事业必将为主体所排斥而后已。

试举各国军事学校与普通学校之系统比较之，则尤显。普通学校之为制也，自小学、中学、高等、专门、大学，自成为系统而相联络。军事则不然，毕业于中学，不能径入士官学校也，必自军队派遣也；专门学校，非士官学校升入也，必自军队派遣也；大学校，亦非自专门学校送入也，必自军队派遣也。盖将校之真实本领在统御，其根本事业在军队。惟知识上一部分教育，在军队分别授之，则事较不便，则聚之一堂，为共同之研究，是则学校教育之目的耳。

苟明乎征兵之原理，则知平时之军队，即国民之军事学校也。"军人者，国民之精华也，故教育之适否，即足以左右乡党里间之风尚，与国民精神上以伟大之影响。盖在军队所修得之无形上资质，足以改进社会之风潮而为国民之仪表。挚实刚健之风盛，则国家即由之而兴。故负军队教育之任者，当知造良兵即所以造良民，军队之教育，即所以陶冶国民之模范典型也。"（日本军队教育令）故曰：平时军队之唯一事业，教育是也。

学战于战，此原则也，顾不能临战而后学，则学之道，将何从？

曰：根于往昔之经验。经验之可以言传者，笔之书；其不可以言传者，则为历史的传统精神。故曰："团也者，依其历史，及将校团之团结，最便于从事统一之战争者也。""严正之军纪及真正之军人精神为军队成功之元素，欲使其活动发达，则必有俟乎强大之干队（即平时之军队），各兵既受熏陶而归家，一旦复入，则即能恢复其昔时之习惯，即新编之军，而求其内部坚实亦甚易，故军人精神，恃多员之干队而始成立者也。"（伯卢麦《战略论》）故曰：教育以军队为唯一之主体也。

有一言而可以蔽教育之纲领者，则致一之说是也。故第一求人与器之一致，第二求兵与兵之一致，第三求军与军之一致，第四求军与国之一致。

（一）人与器之一致。不观夫射乎，心之所志，目之所视者，的也；手之所挽者，弓也。而矢则有中有不中也，其不中者，必其心与目之不一致也，必其目与手之不一致也，必其手与弓之不一致也，必其弓与矢之不一致也。语曰：读书有三到，心到，眼到，口到。到者，致一之说也。宁独射焉读焉而已？一艺之微，其能成功而名世者，必有藉乎精神、身体、器用，三者之一致。书家之至者，能用其全身之力于毫端，而力透纸背。军人之执器以御敌，无以异于文人执笔而作书也，方法虽不同，其所求至乎一致者一也。兵卒之来自民间也，其体格之发达，各随其艺以为偏，身与心尤未易习为一致，故必先授以徒手教练及体操以发达之，体与神交养焉，然后授以器，使朝夕相习焉，以至简之方法为至多之练习，久久而心、身、器三者之一致乃可言也。故夫步兵之于枪也，则曰托之稳，执之坚，发之由自然；骑兵之于马也，则曰鞍上无人，鞍下无马。皆言其身与器之一致也，此单人教练之主旨也。

（二）兵与兵之一致。人心至不齐也，将欲一之，其道何从？曰：有术焉，则逆流而入是也。逆流云者，自外而及内，自形式而及于精神是也。以颜子之圣，询孔子以仁，而其入手，则在视听言动。军队教育之道，亦若是已，是故步伐之有规定也，服装之必整齐也，号令之必严明也，整饬其教练于外，所以一其心于内也。器具之有一定位置也，起居之有一定时刻也，严肃其内务于外，所以一其心于内也。虽然亦更有其精神者存焉，则人格之影响，情分之交感是也。惟人格有影响，而上下间之关系以深；惟情分有交感，而彼此间之协同以著。此种一致之基础，成于战术单位之连。连者，军队之家庭也，其长则父也；连之官长，则成年之弟兄也；弁目之长，曰司务长者，则其母也。是数人者，于兵卒一身之起居饮食寒暑疾病，无时不息息焉管理之监视之。苦乐与共而其情足以相死，夫而后一致之精神立焉，此一连教育之主旨也。

（三）军与军之一致。自征兵制行而兵之数量日以增，技术发达而兵之种类日以繁，文明进步而将校之知识日以高，于是军与军之一致，其事愈难，而其要益甚。自其纵者言之，则将将之道，有视乎天才；自其横者言之，则和衷共济，有视乎各人之修养。此种一致，盖与国家存在之源同其根据。历史之传统，一也；伟人之人格势力，二也；知识锻炼之一致，三也；人事系统（详见下文）之整齐，四也。而每年秋操，图各兵种使用上之一致，使各知其联合之要领，则犹其浅焉者耳。

（上文（二）、（三）两义，则各国今日通称之"军纪"二字之意义是也。"军纪者，军队之命脉也，战线亘数十里，地形既殊，境遇亦异，而使有各种任务几百万之军队，依一定之方针，为一致之行动，所谓合万人之心如一心者，则军纪也。"（日本《步兵操典》）

兹言也，仅就其效用言之，于其意义，犹未若哥尔紫将军所论之深切著明也。哥将军曰：苟一想像今日国军之大，不能无疑问，即如此大众，究竟用何法以指挥之是也？答之者则有词矣，曰：军纪者，所以使大兵能自由运用者也。斯言是也，顾所谓军纪者，又何物欤？

普通人解之曰：军纪者，以严正之法律维持其秩序而严肃其态度之谓。斯言不可驳，而非其至也。德国之秩序态度至严肃矣，而法律之宽，他国无比。历史上有法律愈严而军纪愈弊者，法国共和政府之成也，背戾者悉处以死刑，而军纪之弛如故也。盖法律之效果，发生于事后，故谓军纪发生于法律者非也。或为之说曰：军纪者，发生于国民之道德心而由于自然者也。兹言亦非也。军纪者，不仅使人不为恶而已，兵卒为克敌之故，必致其死。军纪者，要求此非常之事于兵卒，而使习为自然者也。"法人每谓热诚之爱国心可以补教练之不足，其实依共和政府之经验，则热诚之爱国者，行军一日而冷其半矣，疲劳之极，则肉体之要求，即越精神而上之，一鼓作气，不可恃也。"（伯卢麦之说与此相发明，故引用之。）故谓军纪之源在道德者亦非也。

达尔文著《物种论》，于"军纪"二字，独得至当之解释曰："有军纪之军队，其较优于野蛮之兵卒者，在各兵对于其战友之信任。"此坚确之信任，实为真正军纪之根源也。凡兵卒之有经验者，皆知其将校无论当何种时节，必不离其军队以去。一队犹若一家然，除共同之利益外，他无所思，虽危险之际，亦不为之稍动，此则达氏之所谓信任之原也。有此信任，故兵卒虽当敌弹如雨，犹泰然有所恃而无恐。

法者，一种军纪之补助品也，人欲之炽，则藉法以抑制之，而用法尤贵严贵速，然不过一方法，非其根本也。躬行率先之效力，则有大于法者。故兵卒见官长之服从官长，如彼其恭顺也，则从而效之，且不仅服从已也，尤贵对于职分而起其嗜好心。德之士官，皆使习为兵卒之勤务，即于简易之事而发动其职分之观念，且兵卒亦知上官之出身，初亦与己无异也。

德国凡勤务之细件，极其精密，非墨守成法也，非夸其知识也，所以发起其勤务之嗜好心，即尽职之观念是也。学术教练之外，尤贵乎志意之锻炼，而清洁也，秩序也，精密而周到也，不谎言也，皆为整肃军纪之一法也。

委任被服粮食诸事于将校，其主旨非出于节俭，盖所以图上下间之亲密也。仓库也，厨房也，寝室也，将校日日服其勤务，而为军纪柱础之连长，自然成为一连之父，而军队中于是有"长老"之称，是名也，则含有至深之意在也。

忠实于职务之外，尤当有共同一致之志操。德军之成立，此志操实为其根本，大战中法律之所不能禁，监视之所不能及，而此共同一致之志操，则犹发生其秘密效力，名誉与职分交为激奖，而发挥其最后之武勇焉。

昔年之战，凡关于共同之利害，或敌有可乘之机，则我军虽弱，亦必取攻势者，职是故也。闻最近军团之炮声则驰援，陷必死之境，犹能确信其同志者必且继续我志而收其功。而上自司令，卜迄少尉，无不为同一之思量，为同一之行动，此则德国所谓军纪之效力也。

军纪者，无形者也，保全之则有待于有形之要件。第一则平时编制之单位，不可于战时破坏之也。由各师选拔最精之三营而组织一团，其能力决不能如平时固定一团之大也。其在德，地域人情之不同，而操纵之法亦互异，故临战以不变单位为原则。

第二则退役之预备兵，必召集于原受教育之队也。预备兵之于本队也，有旧识之僚友，有旧属之官长，常以在其队为自己之光荣，而一队之名誉心生焉，故动员计划虽极困难，尤必原兵归原伍为原则。

此外则有一无形之军纪，则将校智识作用之一致是也。一军之智识不一致，则行动即不一律。法之共和军队皆志士仁人，感国难而集合者，然平时于智识，未尝经一致之训练，而军纪即因之以弛。然此种训练，决非强以规则，要在识其大纲而得一定之方向，有此智识之军纪，然后主将能信任其部下，部下独断专行之能力发达，而战胜之主因得焉。故将校之出身，首贵一致，将校一部分自队中升入，一部分自学校毕业，而杂糅焉，决不能望其行动之一致。）

（四）军与国之一致。则全军一贯之爱国心是也。夫爱也者，情之根于心而丽于物始显者也。无我而有物，则爱之源不生；无物而有我，则爱之义不著。物我有对待之缘，而爱之义始著。国也者，名词之综合而兼抽象者也，说其义既更仆不能尽，而民之于国也，则犹鱼之于水，人之于气，视之而弗见，听之而不闻，日用而不知者也，虽欲爱之，孰从而爱之。圣人有忧之，则有术焉，使国家有一种美术的人格之表现，而国民乃能以其好好色之诚而爱其国。是故爱国之心不发达，非民心之无爱根也，表现之术有周不周也。人格之表现最显者为声音，为笑貌，视之而不见，于是有国旗焉；听之而不闻，于是有国歌焉。闻国歌而起立，岂为其音？见国旗而致敬，岂为其色？夫亦曰，是国之声，是国之色也，有国旗，有国歌，而国之声音笑貌见矣。此为第一步之爱国教育最普及者也。人格表现之较深者为体段，为行动，于是有地图焉，则国家之体段见矣；于是有历史焉，则国家之行动现矣。是故读五千年历史而横揽昆仑、大江之美者，未有不油然而兴起者也。有历史，有地理，而国家之影乃益状诸思想而不能忘矣。是为爱国教育之第二步。虽然，犹其浅也，犹其形也，而未及乎人格精神也。呜呼！自共和以还，盖尝手法国之操典而三复之矣，求其精神教育之根本，而得一"自我"即国家人格之精神代表说也。（注：近读塞克脱将军之《毛奇论》，有"朕即国家"即普鲁士精神说，则与此说一致矣。）人未有不自爱者，国也者，"我"之国也，而爱之义以著。故法国以名誉与爱国并提，名誉者，自尊之精神也。德国以忠君与爱国并提，忠君者，克己之精神也。是故君主国以元首为国家人格之精神代表，而要求其民也，以服从，以自牧，若曰服从其元首即爱国之最捷手段也，客观之教育也。共和国以自我为国家人格之精神代表，而要求其民也，以名誉，以自尊，若曰发达其自觉心，为爱国之根本也，主观之教育也。故国家于声音笑貌体段行动之外，尤贵有一种民族的传统精神以为其代表，而爱国教育乃可得而言焉。然德国虽以服从为主体，亦决不蔑视其个性。德之操典曰：战事所要求者，在有思虑能独立之兵卒，能于指挥官既毙以后，依其忠君爱国之心及必胜之志意，为自动的行动者也。法国虽以个性为主体，亦决不疏忽服从，故法之操典曰：名誉与爱国心，所以鼓舞其崇高之企业心；牺牲与必胜之希望，所以为成功之基础；而军纪与军人精神，则保障命令之势力而事业之一致也。

明乎是四者，而军事教育之要纲得矣。犹有数事所当知者：一为战争之特性，一为时间之效力，一为习惯之势力。

战争之特性有四：曰危险，曰劳苦，曰情状之不明，曰意外之事变（格洛维止之说）。危险，故有待于精神之勇；劳苦，故有待于体格之健与忍耐力之强；情状之不明，故有待于判决之了澈；意外之事变，则有待于临机之处置与积气之雄。凡此四者，上自将帅，下迄兵卒，皆同受之，而位置愈高者，则要求入于精神领域者愈深，而困难亦愈甚，此平时所贵乎修养磨练也。

凡人习一业，久之久之，忽得一自然之要领，有可以自领略而不可以教人，可以意会而不可以言传者。艺至是，乃始及纯粹之境，乃始可用，是名曰时间之效力。其在军事，其功尤显。盖兵之临战，其危险足以震撼其神明，失其常度，此时所恃者，惟平常习熟最简单之行动，以运用之于不自觉而已。故兵卒教育之最短时期为四个月，而兵役则无有短于二年者。盖教育虽精密，亦必有待于时间之久而始发生效果也。

凡人与人交，则习惯生焉。习惯有传染性，虽未尝直接，而闻风可以兴起；有遗传性，虽十年递嬗，人悉更易，而其传统的惯性仍在。习而善焉，不能以少数人破坏之；种而恶焉，尤不能以一时而改善之。故君子慎始而敬终，将军弗来答叙普法之战史（千八百零六年）曰："发也纳之役，其有名之将校，将来立新军之基础者，何尝不在军队之中，然不经拿翁之蹂躏，则往昔之习不去，而此有力之将校无以显其能。故曰不良之军队，不经最大之痛苦不能治。"

曾文正所谓"孔子复生，三年不能革其习"者，其斯之谓欤？

第五篇　十五年前之国防论[*]

（当时国人高唱裁兵之说，余恶其头脑笼统而作此文。嗟夫，孰知其不幸而言中也。书中所论虽已失时效，然为国防大要所在，故重叙之。）

第一章　裁兵与国防

十年以还，国民外交之声渐闻于朝野，而国民对外观念之不确实，其程度亦殊可惊。姑举一例，则吾有友于民国八年夏为教育部外国留学生之试验委员，受试者皆学界之精秀也。时正山东问题热度至高时，乃试问以"高徐顺济铁路条约之由来与影响"，则结果乃出意外，盖并高、徐、顺、济之为何地而犹未明者也。读者须知一种论断（如曰山东当收归），若不根据于确实之常识，则其基不固，易为诡辩所摇也。

对外观念不正确而为祸于国家，其类可别为二：一曰怯懦，一曰虚矫。怯懦云者，视外人之势力为绝对不可抗，中国人除永久沉沦之外，别无他法——至少一时的。虚矫云者，昏不知外事，而耳食其二三以为谈助，以悦人而欺己。怯懦之结果为怠，虚矫之结果为骄。怠与骄，练兵之大敌，而同时即为裁兵之根本障害。何也？无勇决之志者，不能开裁兵之先；无精密之智者，不能善裁兵之后也。以吾所闻今之裁兵论如"只教裁兵，中国即有办法"，如"中国裁兵只能靠外人势力"之类，试为详细分晰，中间即发见有非怠即骄之分子。此种议论纵曰一时矫激之

* 原书此篇收录《军国主义之衰亡与中国》一文，系 1922 年新作。其余各章，出自蒋百里所著《裁兵计画书》，该书于 1922 年出版。

谈，然精神腐败，其为害于国家者，正复不少也。

不怠不骄，夫而后可以入我本文之题曰，兵裁矣，吾侪将何所恃以自卫？

自卫云者，对于"他"而言也。一国家之四围，皆他也。然而一国家，决不能使四面皆敌。是故谈自卫之第一步，首当将此"他"认识清楚。

呜呼！当《二十一条》之哀的美敦书到北京时，我国民曾有一人焉测量其能力之所极至而一为较量者乎？当山东问题热度至高时，我国民曾有一人焉调查其武力之现状而一为登记者乎？谓吾国民其甘心于沉沦耶？则何以断指沥血之书乃时触于我眼。谓吾国民其决心于自拔耶？则何以沉沉中原初不闻有人焉为一种确实的自卫运动？

今我以民国八年为准，而先为一种兵力上数的测量，据此较可信之材料而得"他"的兵力大要如左：

平时人员	数目
将官同相当官	约一八〇人
校官以下将校	约一五〇〇〇人
准尉迄下士	约二八六〇〇〇人
兵卒	二二八〇〇〇人
总计兵员总数为	二十七万余人
马匹总数为	四万四千余匹

平时兵种	数目
步兵	二百六十四大队（即营）
骑兵	一百十中队（即队）
野炮兵	一百六十中队
山炮兵	十一队
重炮兵	五十八队
工兵	六十队

此外铁道队十二，电信队九，航空队五，辎重队四十，汽车队二

依兵役法之通例而征其战时扩张能力，则第一线（即最精练）之战斗员，当为六十万，而其极度可至百二十万，连非战斗员其给养总额当为二百万，此其大较也。至于数字以外若教育之精粗，装备之整否，动员之迟速，海陆两方运输之时日，技属专门，事关机密，今姑从略。

要之，照此计算，则于某时期以内，于某战地以内，"他"得集中多少兵力当可概计。总之，对于他之概计愈精密，则关于我的准备愈周到。其在欧洲，此种议论，常为一般新闻纸之材料，而中国今日微独国民于此无相当之了解，即专门军人亦未闻有谈论及此者，至多不过曰国际联盟耳。夫一国之地位而至于藉他人之同情以自保，此其可耻殆有甚于为奴。甚矣！志气摧残一至于此极也。

读者须知国民自卫，若不一一从此种精神、此种方法计算以出。则匪独所有之兵皆属浪费，而其结果必酿成一种内乱，何也？所谓聚群众于一处而志无所向，未有不为乱者也。

今若以上表而以当年之预算与中国一一对照，则吾人当得一有趣味而又极痛心之事实。此无他，即：

"他"以全国预算额四分之一平时养二十七万人，而战时第一次会战兵力得约六十万人。

我以全国预算额三分之二平时养百万人，而战时第一次会战兵力，得或此者？虽举全国之人而询之，不能得其数。以吾计之，二十万人犹幸事也。是故"他"以一人之费而得三人之用，而我则以四人之费而犹不得一人之用。故由今之道而欲望国防充实，则平时养兵至少当三百万。其军费预算额当较今日更扩充至三倍以上。此固无人敢作此梦想者也，于是国民发其绝望之声，而军人乃纵其无厌之欲。呜呼！耗矣。

虽然人则同也，钱则同也，徒以组织法之不同，而数字上能率之相差乃至于如是。故谓吾国绝对无自卫之能力，其谬乃更甚也。就人口素质言，则除神经较敏是其缺点外，而信德之坚、体魄之强、知识之活泼，虽较之以世界最良之国民，吾可以生命保其无愧色也。就资材之素质言，机械之动力固远不如人，而天然来源之丰厚则固国人所同认，而此物质之运用，则其道固可以按日以得其进步者也。无论如何，以中国今日之地位，较之千八百七十年败战后之法及明治初元改革时之日本以及今日之德，其为形便势利，盖无可疑者也。

惟然而吾人乃得一结论曰：现状非绝对的改造不可，而自卫之道，其事为至易而可能。

自卫之策当奈何？以今日国家形势言，则是策也当具备左之三条件：

一、使国内永久不复发生或真或伪之军阀。

二、军费依现在财政状态，至大限不能过预算三分之一。

三、于一定时期中得于一定作战区域内集合曾受教育而较优势之军队。

惟然义务民兵制尚矣。盖欲适合上文之三条件，舍此之外别无他法也。民兵制之要旨，首在教育与军事之调和一致。其在兵卒之教育，则以向来在营中两年间之教育分配于平常十岁迄二十岁之间，与学校教育夹辅而并进。教育科目中如体操、如行军、如射击、如乘马，悉在军人及教育家监督之下任人民自为之。惟必不能在营外教育之群众运动（包含军纪及部队连合战斗教练），则以六个月之新兵学校教授之。盖表面上军队之色彩愈薄，而实际上教育之程度愈深，而于国民经济上之负担乃大可减少，此其一也。其在将校教育主旨，则在使军官富于人生之常识，有独断能力，而不成为一偏狭机械之才。盖今日物质进步而人民知识益日开，不治文科者不足以使人，不治理科者不足以使物，民事如是，军事亦如是也，此其二也。

此种制度最适于自卫，最不适于侵略。

其在中国，则民兵制之善也，更不在其法之新，不在其兵之多，不在其费之少，而尤在适于中国之历史与环境。今试横览中原，则凡人迹所到之地方，二百里以内必有一城塞以居以安。此正我先民当时殖民之惟一武器，而民族自卫之一种象征也。历史上开疆辟土之豪杰，我国民未尝加以特别的赏赞，而独于效死勿去之英雄，则啧啧焉诵之而犹有余欣。降及近世湘军之札死寨，平捻之筑长壕，盖犹是国民性之一种遗传而未替者也。故民兵制者，最适于国民性之军事制度也。

呜呼！我国今日乃日日在威胁中者，非彼侵略性之国家为之厉哉？然则彼利急，我利缓；彼利合，我利分；彼以攻，我以守。此自然之形势而不可逆者也。三十年来袭军国之貌专以集人，悉索天下之财以供其食。其自兵言也，则以养十兵之费而不得一兵之用；其自民言也，则以五人之所出不足以供一人之食。物极必反，此其时盖已亟矣。夫不于国民自卫上立一根本政策，微独裁兵为不可行，即裁矣，其为祸于将来，殆亦与当年之军国论相同，抑且或过之也！

民兵制之善美洵有然矣，虽然，将何法以实行？二十年来军国民教育之声盛倡于朝野，夫固曰救中国之积弱，而自强之结果乃适以养成今日之伪军阀。今我侪乃趾高气扬以谈民兵制，若仍是一循旧法，则诚不过一种名词之改革耳。伪民兵之结果或者更甚于伪军阀，吾侪殊不敢断言。吾侪既具有往昔失败之经验，则于此种新名词、新方法更当加一度之思考。

且义务民兵制者，实一种最进步的军事组织，其为事业之久远与规模之扩大，虽以今日之英、法，尚且有志而未逮。卓莱氏曾有言曰：

"各国现行军制中，其性质为国民的，其精神为民主政治的，则莫瑞士若也。

"所以然者，曰瑞士之军事生活与民事生活溶成一片。其所以能溶成一片，则以其在营时间至少也，则以其征募非仅为地方的而为地段的也，则以其举无量数健全之市民而为'地段部队'之组织也。虽然，吾不欲举瑞制而直移植于法也。盖瑞制之于瑞士，诚哉其为尽善尽美，若移植于法，则尚须若干之重要的修正，其修正之标准以适于法国国情为度。

"即以常备军教育论，瑞士之所谓幼年青年军事预备教育的习惯，法国则全然无之。此种习惯必也于不恃军队为侵掠之国家始能养成之，必也于不视军人为特别阶级之国家始能养成之，必也于仅以军队保护国民之独立及人类之正义之国家始能养成之。法国国民若了解此义，则此习惯之于法国油然生矣。顾频年以来，法国之民主政治，法国之军事教育，皆不足以使法国国民了解此义，皆不足以使法国油然生此习惯。是故必假严重法律之规定以代习惯之缺点而后可也。其在瑞士固已有此习惯也，固有之而且坚者也。有之且坚，其法律尚规定之而不一任其习惯，而不一任其人民之自动。然则无之之法国，其可不亟设严重法律以策行之哉！一八七四年以来瑞士法律规定之曰：

'凡少年自十岁至初等小学毕业之年龄，无论其在小学与否，皆须以乡村政府之注意而从事体育操练，以为服兵役之准备。'

"瑞士之义务教育，至十四岁而止。故凡自十岁至十四岁者，皆当从事体育操练，以为服兵役之准备也。自初等小学校毕业至入新兵学校之年，即自十五岁至二十岁时，少年皆当继续此种体育操练，且自十八岁至二十岁尤当加入射击演习。据烈马翁（Lemant）之说，自十五至二十岁之体育操练，法律虽已规定其原则，而施行细则，至今尚未规定。是故军事预备教育之在瑞士，自十岁至十四岁为强制的，自十五岁至二十岁为习惯的，即弱半在夫政府之监督，强半在夫国民之热心也。

"其在法国，若一任国民之热心，则有两重之危险。第一，国民既无此种习惯，则对于军事预备教育之意义，自不十分了然。不了然则无兴味，无兴味则行之不力，而其事难于收效。第二，行之即力矣，而以习惯不深，辨别不明，政治家往往藉办此种体育团体而牢笼煽惑其所属之少年。于是少年比及成年，或对内各依所亲而入主出奴以分党派，或对外而为好战复仇的行动。欲免去此两重危险，则一面须教育以新其内，一面须法律以齐其外。新其内者，王道无近功；齐其外者，治标之急务。故吾谓实行军事预备教育于法国，急宜严定法律以策其实行，并宜严定制裁以罚其行之不力。"

夫以中国好浅尝、重形式之习惯既如彼，而新制之久远扩大而难行又如此。卓莱氏欲移植于法，且不能不郑重再三，吾侪欲以之移植于中国，而不于中间得一过渡之要点，则亦唯是名词之变易，而于事实无当。吾思之，吾重思之，而得一着眼点之所在也。其点维何？曰：执简御繁是已。

自近世盛谈法治，而欧洲诸国之繁密典章日日输入于中国，强以负于窳陋腐败之行政系统上。是故动则烦民，而事仍不举。而作伪之风，乃相加迄以无已。若户口调查，若义务教育，若清理田赋等，皆是也。中国素以冗员闻，其实真正欲举一事，则行政官吏之数，当较现在加数倍。此又与上文养兵三百万之说相类矣。盖中国社会中最大缺乏者，实为组织能力。故无论何种新制度，必先得一种执简御繁法，而后新制度乃可望其有成也。

（按：吾之所谓组织云云者，盖兼时间空间而言。国家之事业以百年计，而人类之事业至多不过二十年三十年。前人之事业，非有后人继之，则必不能成。况军事以财政关系，其所以能以较少之费得较大之力者，全视乎时间上之腾挪。而中国行政之于此，则缺乏之甚者，此言时也。至于幅员之广大，风气之不同，交通之不便，则空间之阻塞为力亦复不少。而所最感困难者，则尤在国家之无组织能力。）

所谓简者何物乎？盖即制度中最后之一点精神是也。譬之种植也，择其一粒种而置之风日适宜之地，而勤其朝夕灌溉之功，则不劳而其根自植。不此之务，或截其一枝而移接焉，或竟欲为整个之移植，其劳无艺，而枯萎乃日相续。中国之新法皆截枝之类也。

义务民兵制之种何在乎？曰：即所谓军事生活与民事生活溶成一片是也。而其机栝乃在教育。平时之军队，一教育机关也。平时之学校，亦一教育机关也。然则何以不在学校而在军队？军事上研究有若干点，非在军队教育不可？军队中之体育与学校中之体育，其不同之点何在？军队之射击与猎人之射击其不同之点何在？军队中之精神讲话，而移之于学校讲堂中，其不可能之要旨何在？如是种种分析之结果，而得最后之解决曰：各种教育，件件可于学校行之，惟大规模之群众运动与生活，非在军队编制之下不能植其础。然学校固不能用军队之编制，而军队则固可以仿学校之办法。不惟办法，且并名义而可易也。故瑞士之常备军，不曰军队，而曰新兵学校。

是故欲立义务民兵之基础，其在中国只须简单明瞭之两律：

其第一律曰：自今以往，凡师范中学校之学生，非受过三年间共六个月（每年二个月）之军事教练者，不得毕业。

其第二律曰：自今以往，无专门学校以上毕业之文凭（已受过六个月军事教练者），不得为常备役之官。

无论今日学校若何之不完备，今日军队若何之不整顿，苟能将军队与学校之界限中沟通一条道路，则民兵制之于将来自能逐步发达。此二基础不立，则虽有繁密之法律，恐亦无所用之也。

虽然上述之义，不过为国家将来之一种方针，以示（1）护国义务非一部分专门人所能独占，尚当公之国民全体；（2）军事教育之精神，实能依健全之常识而益增其度云耳。至于目下事实上之国军建制法，则断不能以此自足，而其事之有待于吾人劳力者，正复绝大也。

此种事业，实有赖于军事上一种组织天才。在欧战之初年，将军伯鲁麦曾论英国之运命，当视其陆军卿吉青纳之组织天才以为定。彼以为英国拥广博之资源，其缺点乃在平时无适当之组织。以予观于中国，其事乃正复相类。而今后之有赖于此种天才者，其激切乃更无等。此种天才必具有左之三条件：

其一曰，大胆的创造力。凡制度之为事，最易蹈陈袭故。人民一旦习惯而骤欲易之，则每觉其扦格难通，务必恢复其原状以为快。即貌曰改革，其实所谓改革者，仍是一种因袭。而不知真正制度之原始，无一不自创造来也。

其二曰，致密的观察力。今日军队必合社会上各种力量而后成，决不能如古武士之独居孤堡以自张其军。极端言之，彼对于社会上无论何事皆当用一番观察工夫，盖国家为一整个，军事组织又为一整个，牵一发则全身动也。

其三曰，彻底的行政能力。纵有方法而使弱者当其任，则效不见而信不能立。此在中国群众政治之下而行政系统又极窳陋者，其为用尤属紧要也。

天才的立法家可遇不可求。而吾人以其诚之力与智之光，则根据于国民全体的组织能力，而于将来民军组织之大纲，得其要领如左：

一、建制之主义——以自卫为根本原则，绝对排斥侵略主义。

二、编制之原则——军事区域之单位宜多，而各单位内之兵力（平时）宜少。

二、建设之顺序——以京汉铁道以西为总根据，逐渐东进以求设备完全。

今试依上文原则而立具体之方案如下：

凡军队别为三种。

一曰干队，以十八万乃至二十万人为最大限。

其任务：（一）为战时军队编成之骨干。（二）为平时国民军事教育之机关。

编制：全国设百二十个军事区为国防之据点。每区以步兵千二百人为干，而斟酌地势附以特种兵。其在黄河流域以内，至少须设置七十个以上。（其余之特种兵役，得另集为集团教育，如骑兵炮兵及其他技术诸部队之类。）此军事区之司令，以将官为之，为地方军事之最高长官，其幕僚之组织应较大分为二部。

第一部，即师团司令部之诸官。

第二部，即联队区司令部（管理征兵事宜者）兵器支厂及战时留守司令部之诸官。

补充：仍用召募法。现役以八年为期，退为预备役四年。凡曾受义务教育年在十九以上二十四岁以上者始得应募。

给养：除公给衣食住外，其饷项第一年月约三元，第二年月四元，此后按年以月增一元之率递增。

教育：除第一年专教军事动作外，嗣后除一定之训练及教育新兵外，逐年递增普通学功课，其程度以中学毕业为基准。

升级：第七年、第八年兵，均为下士。第八年退伍后，得依相当之顺序升为预备或现职官长。

退伍：退伍后四年中动员时，仍负应募之义务，炮工兵对于交通、内务诸行政部及各种官营事业之相当官吏有尽先任用之权，步骑兵对于教育部及地方诸行政衙门之相当官吏有尽先任用之权。

二曰正规军，或曰国民军，以战时得员百五十万人为度。用义务制，其原则如左：

凡军事区之大小范围，以周围四日行程为原则，不必区区相连，其人口过密过疏之地点另定之。凡在军事区范围以内之人民，负有兵役义务。

兵役义务为十二年，自二十岁起至三十二岁止。

服役义务为二个年，每年三个月，共六个月，以阳历十一、十二、正三个月为准。应召义务，十年间共四回，一回约一个月。

此项正规兵以十年间完成。每年应征集十六万人。第二年终之在营最大给养额为三十二万人。

服役时期中，仍给月饷，月约三元，被服粮食由公给。

三曰义勇兵，人数不定，即凡中学校毕业曾受军事教育者，战时得自以志愿呈请本区司令部服特种勤务。

此外尚有数事应注意如下：

（一）物质上之准备。一为兵器。上海、广州之兵工厂应改为民间工业之用，而于太原设兵工厂，俾与巩县、汉阳成三方面兵器补充之根据地。二为装备。武胜关、兖州附近应特别设辎重材料厂等，俾南方兵力移动至北方时，得相当之准备品。三为交通。沿津浦、京汉间之东西行国道及河流，应先着手整理。四为要塞。东部各据点，视形势之必要，得为要塞之设计，其要点另详。

（二）内部治安之责任。此事若以径付诸民事长官，则势有所不能。若以付诸军事区之司令官，微独区域范围有过大之害，且将此基干队绝对变为驻防性质，有事时，将无一兵之可动。以吾计，则内部治安当分任其责，即镇压防守之责任，应绝对责诸民事长官，惟有大部匪徒非剿不可者，则始用干队，限期以集事，此为现在过渡时代之办法。其实此百二十个区域既定，则匪之区域，天然自会缩小，盖彼只能活动于网眼以内，而不能活动于网眼以外也。

此种制度，实一种军事的教育化。与其谓为军事的变态组织，无宁名之曰"学校的变态组织"。其优点在以少数之费用，得确实之自卫方法。所谓国防上之经济效率，全世界均同此趋向者也。此稿初成，乃得最近之日、法、美各国之军制改革计画大要，则其大致乃相差不远，而尤以美国目下之制度为相近，乃知此后世界之军事趋势殆将殊途而同归。而中国除甘心沉沦、不欲自列于世界中之一国外，则舍此之外，别无他途可走也。

第二章　军国主义之衰亡与中国

一二年来"军国主义"四字，已成为社会上之共同攻击目标，此其原因有二：

（　）十年来武人政治之结果，社会纷扰，民生困穷，而武人自身之贪暴，尤为国民指摘之媒。

（二）欧战之兴，西方则感于德军之横暴，东方则感于外交之失败，而军阀派侵略主义之罪恶，遂为一种鼓吹敌忾之用。

此二种立脚点，盖绝对不能相混同。然言论既处于不自由之地位，谈外交，则须避德探之嫌疑；谈内政，则须避过激之徽号。不得已，借德国之失败，乃为之大张旗鼓曰："军阀灭亡！"曰："军国主义失败！"盖一种象征文字也。故终始不见有一种斩绝明瞭之议论。

吾今试发一问曰："公等竞言废军阀矣，今若有人焉，一战而侵地复，再战而藩服兴，公等将欢迎之乎？抑反对之乎？"反对之，则是承认侵地藩服之当然割于人也。欢迎之，则是固军阀之开山祖也。

是故攻击外国之军阀为一事，责备国内之武人又为一事。虽然，吾文宗旨，乃不在攻击军阀，亦不在责备武人。

何以故？著之空言，不如见之行事之深切著明也。彼军阀与武人，方且日日以事实宣布其罪状于国民及世界之前。其倾全力以自杀也，惟恐其不速，惟恐其不极。吾人于此，而乃以空言责之，于势为不必，于情为不忍。即哀矜焉，为之垂涕而道，而于事亦无补者也。

吾之宗旨，乃在表明此后世界之军事潮流，乃与我中国民族之特性及历史在在相吻合，而国家之未来乃日日在光荣之进步中，使吾国民于此可以得无量之欢喜与慰安者也。

自世界交通以来，人类对于国家之观念，大别为三种：

一、以国家存在谓不必要者。以为人类之幸福，发生于互助。互助者，人与人之关系，而家，而市，而邦，而国，皆不过一种历史上之过渡，然以经济制度之关系，而国家一物，乃为人类互相残杀之根本。是谓极端之"大同主义"。

二、承认自己国家之存在，而同时以同等之理由，承认他人国家之存在而尊重之者。法国卓莱氏所谓"大国家主义"者也。

三、承认自己国家之存在，而同时否认他人国家之存在，以为他人国家之存在，根本上与自己国家存在不相容。此则近世所谓德国学派之"国家至高主义"者也。（国家至高云者，寻常对国内之个人言，其实为否认他人之国家也。）

原欧美国家成立之方式，则亦有三种：

一、君主统率其民众而使之团结者，如拿破仑及其以前之法国是也。

二、由人民个性之向上而自行团结者，如今日之法、美是也。

三、有贵族上挟君主、下率平民而团结成为国家者。如战前之英、德是也。

军国主义者，以第三种贵族国家之形式而实行第三种国家最高主义者也。故其成立之要素，有绝对之条件二，相对之条件一。

绝对条件：

一、贵族政治。国内有多数之贵族，其组织之坚强，道德之高尚，足以统率全国国民。而其时人民，适当旧历史之信仰未去，而新世界之智识初开。

二、侵略主义。国外有明瞭之目标，以为侵略主义之根本，而国民对此目标有历史上之遗恨。故能于时间空间上为统一之行动而能成功。

（注：所谓"世界政策"、"大陆政策"者，皆侵略主义之进一步而失其目标者也。其结果，对内则目标消灭，而国民之统一力不坚；对外则遭群强之忌刻，而协以谋之。故其失败可操券而待也。）

相对条件：一曰地狭，二曰人稠，三曰国贫。狭则便于组织，稠则富于供给，贫则国民自身感于侵略之必要。在历史上求此种条件理想的适合者，则为十九世纪上半期之普鲁士，二十世纪初元之日本。而其军事制度，则有特点二：

一、励行阶级的强迫的军事教育。盖贵族制度，以阶级为团结之唯一要义也。

二、维持极大之常备兵。盖侵略主义以攻击速战为成功之条件也。

是故军国主义者，姑无论其于理为不正当，于事为不成功，即正当矣，亦决非吾中国之所得而追步者也。今日则事实既以相诏矣。三十年来，弃其固有之至宝，费高价，购鱼目，而且自比于他人之珠！呜呼！此亦拜邻之赐多多也。

我国家根本之组织，不根据于贵族帝王，而根据于人民；我国民军事之天才，不发展于侵略霸占，而发展于自卫。故吾今者为不得已，乃创左之宣言。

我国民当以全体互助之精神保卫我祖宗遗传之疆土。是土也，我衣于是，我食于是，我居于是，我祖宗之坟墓在焉，妻子之田园在焉。苟欲夺此土者，则是夺我生也，则牺牲其生命与之宣战。

是义也，根据历史，根诸世界潮流。

虽以孔子之学理定君权于一尊，而终不能改尧舜禅让、汤武革命之事实，使后世之二十五朝变而为万世一系。君主之相续权，不操诸君主，而操诸人民，此真吾国体尊严之大义也。而秦汉以还，阶级制度消灭殆尽，布衣卿相，草莽英雄，而农民自由，尤为吾中国国家社会之根本。以视彼欧人侈言自由，而农奴制消灭仅仅在六十年前者，何可同日语？故一部二十四史入于帝国主义时代之眼中，为一片失败羞辱史，入于民主社会主义时代之眼中，则真一片光荣发达史也。

若夫军事天才，则孙子实首发明"能为不可胜，不能使敌必可胜"之原则。（欧人兵略之精者，孙子多言之，而孙子此义，则吾遍读各大兵学家之书未之见。）而自华元守宋，乃若赤壁之战，睢阳之守，而坚壁清野，而保甲团练，乃至近世湘军之兴，盖皆寓积极于消极之中，利用国民自卫之心以卫国，而无不有成。盖历史之遗传与环境之影响，使我国民视侵略为不必要，自卫为当然权利，其至高之道德，乃适为今日与世界相见之用也。呜呼！岂不伟哉？

（注：虽以侵略主义之国家，亦必借"国防"二字以自掩饰。虽然，充其国防之意义，则虽全太阳系为其军略上所占领而未有已也。甲与乙邻也。乙不得，则甲危，固也；乃得乙，乙又与丙，丙又与丁，其邻也，乃相续于无穷，则虽占领太阳系，而此外之恒星犹无穷也。此种国防政策，他人不之信，即自身之国民亦不之信，自欺欺人，以盗灿烂之勋章而已。）

是故吾中国之不得志于十九、二十世纪之交，则事理之当然者也。何也？性不适于军国主义也。虽然，侵略政策，国家主义，终有一旦之自毙。故欧战一起，而世界之新局面开！今姑就军事范围言：

欧洲百年来军事组织，以德、法为两大宗。今试问德国，此后之军事将何适之从？将惑于外患而仍奉其权于贵族乎？事固有所不可。将以除贵族之压制，乃欢欣鼓舞，悉悉唯他人之命是听乎？心固有所不甘。然则必出于一途也可知已曰：发达其国民之个性，利用其乡土观念以自卫是已。军事进化之潮流，必由专门性而递入于普通性。十八世纪之募兵，专门职业家也。十九世纪之征兵，则渐进为普遍性，唯组织根据，仍在贵族与阶级耳。而二十世纪之国防责任，乃不在精练之兵，而在健全之民，其一切制度，亦将变为社会之普通物。此则欧战时，美国已为之开先例，而德人受条约之束缚，将舍此莫由者也。

然则法国，战胜国也，可以维持其军队矣！信如是也，则吾敢决二十年后，法必为经济之亡国。呜呼！吾读卓莱氏之《新军论》（原名为《国民之防御与世界和平》）而怦然心动也！卓莱为社会党首领，以极端反对战争之人而生于不能不战之国。彼乃于两极之间，为法国，为世界战后之军制，立一大原则。其大意以瑞士之国民兵制度为基础，以少数之干队为全国军事之教育机关。废二年兵役，而以其一年半之教育分十年，注入于国民教育之内。今战后布置，虽未获其详，而复员后半减其现役额，奖励青年团，移军事教育之重心于小学校，则其政策端绪之可见者也。

是故新军国主义者，根诸历史，根诸世界潮流，而其办法，则别大纲为二：

一、撤销常备军，以少数之干队立国民军之基础。

二、实行平等教育以互助代阶级，不求得精练之兵，而求得健全之人民。

至于从中国现状言，吾侪所最感危险者，即邻近富于侵略性的国家。《三国志》刘玄德有言："今与我争天下者，曹操也，彼以诈，我以仁，必事事与之相反，乃始有成。"我侪对敌人制胜之唯一方法，即是事事与之相反。彼利速战，我恃之以久，使其疲弊；彼之武力中心在第一线，我侪则置之第二线，使其一时有力无用处。

惟所谓"国民防御"，所谓"国民自卫"，乃指国家军事之大方针而言，与战略上战术上的攻势守势不可相混。上文所谓自卫主义、侵略主义之利害，不能以之作战略战术上之攻击防御利害解，而军事上之自卫主义与军事教育上的攻击精神，不仅不相妨害且有相得益彰之理。兵略上攻击精神是战胜唯一要件。但攻击精神如何才能发展，用兵是用众。凡群众运动之要诀，第一在目的明瞭理由简单。国民为自己生命财产执戈而起。此是最简单之理由，最明瞭之目的，是为攻击精神之核心。苟培养得宜，即开花结果。德国此次战败之原因。自兵略言，即是目的不明瞭，理由不简单。自宣战理由言之是攻俄，自军事动作言之则攻法，自最后之目的言则在英。失败之大原因，即完全因侵略主义。野心者视此土既肥，彼岛更美，南进北进名曰双管齐下，实是宗旨游移，而其可怜之人民只有一命，则结果必至于自己革命而后已。

第三章 《义务民兵制草案》释义

《义务民兵制草案》者，法国前社会党一首领卓莱氏采瑞士之义务民兵制度，案诸法国国情而改良之，欲以提出于议院者也。为鼓吹此种制度，乃著一书曰《新军论》，一名《国民防御与国际和平》。其大要，以为吾人确信战争为一种罪恶，吾人确信侵略主义必终失败，虽然，吾人乃日日在被战争侵略威胁之中，呜呼！此法国战前之形势，抑何与中国相类也？又以为国民为军事上负至大之牺牲，而究其实质之所得，乃适相反，是自杀也。此则中国今日形势，虽较法犹为过之，而不知其几倍者矣！

卓莱氏以反对战争之人而生于不能不战之国，方欧战之初起，拟往比利时开万国社会党同盟大会，用全欧罢工政策以阻止战事之发生。而法人乃激于敌忾者，以其主张和平反对之，卒为狂汉刺死，时千九百十四年九月一日也。志士多苦心，此之谓矣。然其《新军论》，于法国之自卫主战及方法，深切著明，欧战后不胫而走全欧，今英、德二国，尤乐诵其书焉。

世界各强国之军队事业，姑无论其为侵略为自卫，其朝夕之所岌岌遑遑者，盖实为教育一事，平时之法令章制，小大多数根据于是，此草案则亦一种教育方案也。彼其责任，即实行此方案责任者，义属诸民治方面者盖较军人方面为尤重，谓之为武人之文化可，谓之为文人之武化亦可也。

抑愚尤有感焉。卓莱氏以政党之魁，而对于兵事上知识之完备，眼光之正确，专门家且惭焉。则信乎法国议员之可以任陆军总长，而赳赳者乃悉降心焉。盖惟政治家教育家等能共负此自卫国难之责，不以此至难之业、至高之名誉专付之军人，而后武人偏僻之见可以消，专横之弊可以免。呜呼！此亦一治本之策也，世之君子，盍其念诸。

第六篇　中国国防论之始祖 *

（缘起

往者在东，得读《大战学理》及《战略论》诸书之重译本，尝掇拾其意义附注于《孙子》之后，少不好学，未能识字之古义，疑义滋多焉。庚戌之秋，余将从柏林归，欲遍谒当世之兵学家，最后乃得见将官伯卢麦，普法战时之普军大本营作战课长也。其著书《战略论》，日本重译者二次，在东时已熟闻之矣。及余之在德，与其侄相友善，因得备闻其历史。年七十余矣，犹好学不倦，每岁必出其所得以饷国人。余因其侄之绍介，得见之于柏林南方森林中之别墅。入其室，绿荫满窗，群书纵横案壁间，时时露其璀璨之金光，而此皤皤老翁，据案作书，墨迹犹未干也。余乃述其愿见之诚与求见之旨。将军曰："余老矣，尚不能不为后进者有所尽力，行将萃其力于《战略论》一书，今年秋当能改正出版也。"乃以各种材料见示，并述五十年战略战术变迁之大纲，许余以照片一，《战略论》新版者一，及其翻译权。方余之辞而出也，将军以手抚余肩曰："好为之矣！愿子之诚有所贯彻也，抑吾闻之，拿破仑有言，百年后，东方将有兵略家出，以继承其古昔教训之原则，为欧人之大敌也。子好为之矣！"所谓古昔之教训云者，则《孙子》是也。（是书现有德文译本，余所见也。）顷者重读《战略论》，欲举而译之，顾念我祖若宗，以武德著于东西，犹复留其伟迹教我后人，以余所见菲烈德、拿破仑、毛奇之遗著，殆未有过于此者也。子孙不肖，勿克继承其业，以有今日，而求诸外。吾欲取他国之学说输之中国，吾盍若举我先民固有之说而光大之，使知彼之所谓精义原则者，亦即吾之所固有，无

---

* 蒋百里在本篇收录其所著《孙子新释·计篇》内容。《孙子新释》，1913 年著。

所用其疑骇，更无所用其赧愧。所谓日月经天，江河行地，放诸四海而准，百世以俟圣人而不惑者也。嗟夫！数战以还，军人之自馁极矣，尚念我先民，其自觉也。）

计篇

总说。此篇总分五段，第一段述战争之定义，第二段述建军之原则，第三段述开战前之准备，第四段述战略战术之要纲，第五段结论胜负之故。全篇主意在"未战"二字，言战争者，危险之事，必于未战以前，审慎用详，不可徒恃一二术策，好言兵事也。摩耳根曰：事之成败，在未着手以前，实此义也。

兵者，国之大事。

毛奇将军自著《普法战史》开章曰："往古之时，君主则有依其个人之欲望，出少数军队，侵一城，略一地，而遂结和平之局者，此非足与论今日之战争也。今日之战争，国家之事，国民全体皆从事之，无一人一族可以幸免者。"

格鲁塞维止著《大战学理》第一章，战争之定义曰："战争者，国家于政略上欲屈敌之志以从我，不得已而所用之威力手段也。"

伯卢麦《战略论》第一章曰："国民以欲遂行其国家之目的故，所用之威力行为，名曰战争。"

案：既曰"事"，则此句之兵，即可作战争解。顾不曰"战"而曰"兵"者，盖兼用兵（即战时运用军队）制兵（即平时建置军队）二事而言之也。兵之下即直接以"国"字，则为《孙子》全书精神之所在。而毛奇之力辟个人欲望之说，伯卢麦之一则曰国民，再则曰国家之目的，皆若为其批注矣，岂不异哉？

死生之地，存亡之道，不可不察也。

案：死生者个人之事，存亡者国家之事，所以表明个人与国家之关系，而即以解释上文之"大"字。察者，审慎之谓，所以呼起下文种种条件。

第二段

故经之以五事，校之以计，而索其情。一曰道，二曰天，三曰地，四曰将，五曰法。

此段专言内治，即平时建军之原则也。道者，国家之政治；法者，国军之制度；天、地、人三者，其材料也。中国古义以天为极尊，而冠以道者，重人治也。（即可见《孙子》之所谓天者，决非如寻常谈兵者之神秘说。）法者，军制之根本，后于将者，有治人无治法也。五者为国家（未战之前）平时之事业，经者，本也，以此为本，故必探索其情状。

道者，令民与上同意也，故可与之死，可与之生，而民不畏危。

毛奇将军《普法战史》第一节论普法战争之原因，曰："今日之战争非一君主欲望之所能为也，国民之志意实左右之，顾内治之不修，党争之剧烈，实足以启破坏之端而陷国家于危亡之域。大凡君主之位置虽高，然欲决心宣战，则其难甚于国民会议。盖一人则独居深念，心气常平，其决断未敢轻率。而群众会议，则不负责任，易于慷慨激昂。所贵乎政府者，非以其能战也，尤贵有至强之力，抑国民之虚矫心而使之不战。故普法之役，普之军队仅以维持大陆之和平为目的，而懦弱之政府（指法）适足以卷邻国（自指普）于危亡旋涡之内。"

此节毛奇所言，盖指法国内状而言也。拿破仑第三于俄、土、奥义之役虽得胜利，仅足以维持其一时之信用，而美洲外交之失败，国内政治之不修，法国帝政日趋于危险。拿破仑第三欲自固其位，不得不借攻普之说以博国民之欢心，遂至开战。故毛奇曰"懦弱之政府"云云。

《普奥战史》第一章摘要，自拿破仑之亡，普人日以统一德国为事，所持以号召者则民族主义也。顾奥亦日耳曼族也，故普奥之役，时人谓为兄弟战争，大不理于众口，而议会中方且与俾士麦变为政敌，举前年度之陆军预算而否决之。千八百六十六年春夏之交，普人于战略政略之间乃生大困难。盖以军事之布置言，则普国着手愈早则利愈大；而以政治之关系言，则普若先奥而动员，微特为全欧所攻击，且将为内部国民所不欲。（西部动员时有以威力强迫始成行者。）普王于是迁延迟疑，而毛奇、俾士麦用种种方法仅告成功，苦心极矣。数其成功之原因，则一为政府之坚忍有力，二为平时军事整顿之完备，三为军事行动之敏捷，卒能举不欲战之国民而使之能战。

案：本节文义甚明，所当注意者为一"民"字及一"令"字。民者，根上文国家而言，乃全体之国民，非一部之兵卒也。令者有强制之意，政府之本领价值，全在乎此。案正式之文义，例亦不胜枚举，兹特举普法战役之例以见国民虽有欲战之志，而政府懦弱不足以用之，卒至太阿倒持，以成覆败之役。特举普奥战役之例，以见民虽不欲战，而政府有道，犹足以令之，以挽危局为安全。可见"可与之死，可与之生"两句，决非寻常之叠句文字。与民死，固难（普奥之役之普国）。与民生，亦不易也（普法时之法国）。

天者，阴阳寒暑时制也；地者，远近广狭死生也。

案：观下文"天地孰得"之语意，则知此所指，乃天时地利之关于国防事业者，曰阴阳，曰寒暑，曰远近，曰广狭，皆确实之事实，后人乃有以孤虚旺相等说解天字，而兵学遂入于神秘一门。神秘之说兴，而兵学晦矣。（另有说。）而不知孙子当时固未尝有此说也。

时制云者，时，谓可以用兵之时制，限也，谓用兵有所限制也。如古之冬夏不兴师之谓。日俄之役必择正二月中开战，预期冬季以前可以求决战等类是。

将者，智信仁勇严也。

格鲁塞维止《大战学理》论军事上之天才文，摘译如左：（下略）

案：格氏此说，其论果断为智勇交互之结果及名誉为坚忍之原动等，精矣详矣，顾仅足以解原文之半，何者？盖格氏之说专为临战而言，而《孙子》之五字，合平战两时而兼言之也。曰信，曰仁，曰严，盖实为平时所以得军心之原则。在近日之军制度修明，教育精密，则有赖于主将之德者较少，三者之用不同，而其极则为众人用命而已，此则军纪之本也。

法者，曲制，官道，主用也。

案：曲制者，部曲之制；官道者，任官之道；主用者，主将之作用也。以今日之新名词解之，则军制之大纲也。主用者，最高军事机关之设备，若参谋部之独立，君主之为大元帅，皆直接关于主将能力，威严信任之作用者也。官道者，所谓官长之人事也，凡进级补官等事属焉。道之字义形容尤极其妙，道者狭而且修，今观各国军人之分位令何其似也！曲制者，则军队之编制也，观下文法令执行之意，则知法者含有军纪之意。国军之强弱以军纪为本，而人事整顿、部队之制度、主将之权威实为军纪之基础，而建军之原则尽于此矣。

参照后文"凡用众如用寡者分数是也"义。分数云者即编制之义，所谓曲制者是也。

此节杜氏注谓："主者，管库厮养职守，主张其事也；用者，车马器械，三军须用之物也。"则似举编制经理兼言。就本节论，文义较完。惟就上下语气考之，则此节似专指编制言，故以主用为主将之作用。

凡此五者，将莫不闻知之者胜，不知者不胜。

此为第二段之终。所述者，仅建军之原则，而即断之曰胜，曰不胜，可见胜不胜之根本问题，在此不在彼也。

第三段

故校之以计而索其情，曰：主孰有道？将孰有能？天地孰得？法令孰行？兵众孰强？士卒孰练？赏罚孰明？吾以此知胜负。

案：此则言未战以前，人主所当熟思而审处者也，死者不可以复生，亡者不可以复存。故孔子曰"临事而惧"（临者，将战未战之际之谓），此节连用七孰字，正以形容此惧也。

强弱无定衡，故首重在比较，然有形之比较易，无形之比较难。此节所言，则属于无形者居多。今各强国之参谋部，集全国之俊材，所以劳心焦思，不皇宁处者，则亦惟此数问题之比较而已。此种盖有两难：

第一为知之难。吾人于普通之行事有误会者矣，于极亲之友朋有隔阂者矣，况乎国家之事，况乎外国之事，而又涉于无形之精神者乎？必于其政教风俗，人情历史，一一融会贯通之，而又能平其心气，锐其眼光，仅仅能得之，而未必其果然也。当俾士麦为议院攻击之时，孰敢谓普之民能与上同意也？当苦落伯脱金于俄土战役之后（苦于俄土之役为参谋长，著有声誉），孰敢以今日之批评语讥之？普法战役之初期，毛奇乃与第一军长相冲突，日俄战役之终期，而儿玉（参谋长）乃与各军长生意见，幸而战胜，故说之者寡耳，非然者则岂不亦为胜败原因之一，啧啧于人口哉？况"军纪之张弛，教育之精粗，非躬与士卒同起居，则不能识其真价"（毛奇之言）。而精神诸力又容为物质所误，读日俄战争前欧洲各报之评论，盖可见也。故此节曰索其情。索者，探索之意，言必用力探索，始能得其情也。

第二为较之难。较之云者，言得其彼此之差也。无论何国，有其长，必有其短，其间程度之差，有甚微而其效甚大者。今以最浅显者譬之，例如调查两军队射击之成绩而比较之，甲平均得百分之零三（即千发中中三的），乙得百分之零三五（即千发中中三的半），此固有种种关系不能定为孰优孰劣。然一战役间，假定每兵彼此人数相等，则乙已可灭甲之半矣。气弱者见敌之长，见己之短，（二者常相因）则邻于怯；气强者见敌之短，见己之长，则邻于骄。故同一时，同一国，而各人之眼光不同，所说亦互异。为主将者，据种种不同之报告，而以一人之神明判定之，且将综合其全体（譬若主有道而将未必能），截长补短，铢两悉称，于以定和战之局，立外交之方针，其非易易，盖可见矣！昔普法未战以前，法国驻普使馆武官，尝列陈普军之强矣，拿破仑不之省，盖数战而骄，亦以法之地位自有史以来较普为强也。顾与其骄也，毋宁稍怯，盖怯不过失其进取之机会而已，骄则必至于败亡之祸也。

伯卢麦著《战略论》第三章，论国家之武力曰："当战争时，国家欲屈敌之志以从我则用武力。武力云者，全国内可以使用于战争之各种力之总称也。"

武力中之最贵重者曰民力，即国民之体魄、道德智识之力也。征之于史，固有用外国兵以战者，然背于近今战争之原则，盖国民有防卫国利之荣誉义务者也。民力之大小，以其多寡及性质而定。民力者，各人之力之总积也，故随数以俱增，为当然原则。然各人之力之差则甚大，故有其数大而其积小者。勇敢质朴之人民，比之懦弱萎靡者，其数虽小，而军事上之能力转大也。

然道德、智识之力，实较体力为尤重。义务心、果断克己、爱国精神等诸德性，其增加国民之武力者盖伟，智识之程度亦然。故战争者，国民价值之秤也，上流者安于逸乐而失德，则其军之指挥不灵；普通人民之文化不开，则其锋铓钝。

其次为物质之资料、土地之富力、农业之情状、商工业之发达程度及养马牧畜，皆为其重要之分子。其能确实心算者，唯蓄藏于自国，或自国之出产而已。故金钱亦重要之资料也，然近世军队虽比于昔为著大，而金钱问题则转在其次，何者？盖国家使用国民材料之权利较昔为大也，近今别国民之材料愈发达，故国家间接以受其利。

雇兵之费较征兵为大，夫人而知之矣，至有事之日，马匹及材料等非由外国购入不可者，则其国之金钱问题愈占重要位置。更进论之，则财政之整理与否，亦为国家武力之重要原则。盖财政苟整理，则能以国债集一时之现金而取偿于将来也。

此外则国土之位置及形势及其交通线，亦为武力之一种，顾此种有对待之利害：

（甲）领域之广袤及人口之多寡。地广人稀者利于防，地密人稠者便于迅速及猛烈之动作。

（乙）国境之形状及地势。由此则国土之防御或为难，或为易。

（丙）国内之交通线。交通便利，不仅能流通各种之材料及使用各种武力，迅速萃于一处，且可保持其武力而不疲。

以上地理及统计之关系于一国之武力上，在一定范围内可以呈其各种功用，如英之海、俄之大漠，瑞西之山，或为援助，或为防御，皆有功用可言也。

国家之原质有三：曰土地，曰人民，曰主权。凡武力之关于土地人民者，述之如上，今且论国家之主权如何。

主权者，所以萃民力、地力以供战用之主体也。其力之大小强弱，则视政体制度及施政之性质以异。而资材愈广大，则其关系愈著，欲举土地人民之全力以从事于战争，则须明察勇决，举国一致。然惟元首则明良坚确，政府则和衷共济，庶几有成，若众说纷扰，而元首无定见，则其力即弱。要之，建制适当之国家，则各机关于平时即能自奋其力以赴元首确定之意志，一旦临战，必能发挥其力，无遗憾也。

主权虚无者也，其表现者为赋兵法，即政府依何种条件，何种范围，得以使用其国民之身体及财产以为国务用之规定者也。详言之，则兵役之年限，现役之人数，及久暂人民备战之程度，召集之先后，征发之范围等皆是也。

凡独立国皆独立制定其赋兵法，而以国民禀性、文化程度、国家存立条件及政事方针之种种不同，故遂至千差万别。或则以其财产生命一一供诸国家，以图进取；或则图目前之娱乐而不肯以保障此娱乐，故耗其财力；或以国无外患，解武装以从事于经济事业，此则由人而异者也。其国境线甚长、外兵易侵入之国，欲保其安全，则又不可与岛国山国同日语；或界邻强敌，或界邻弱国，则其情又异。最后则战争技术上之要求及经济与财政上之利害，皆一国制定赋兵法时所当熟思而审处者也。

然彼此依义务兵役之制，驱百万之军而求胜，则有俟乎卓绝之编制法及国民坚实之性质，就中最重者尤在上中两阶级人民之卓见及勇气，以瓦砾之材泥涂黏附，墙壁虽高，不可以经风雨也。

赋兵法则陆军编制之基础也。编制之本旨，即在合民力与物产以造成适于战争之具也。民力，物产原料也，依赋兵法而精制之则成物。剑之锐也，一由于钢质之良，一由于人工之巧。依赋兵法则编良材而锻练之者，厥有赖于名工。故国家之武力依赋兵法而出其材，依编制法而成为用。

又第四章言国家当将战未战之际，应行列为问题者五，其立说之精神，则颇足为参考。

至两国之利益相反，而不能以和平解决，则两政府之脑力，务明辨左记之五问以为决心之基础：

第一问：敌能举若干之武力乎？

欲答此问，当先测定临战时敌国全体之武力，即我军侵入敌境时敌之内部抵抗力之大小及敌军侵入我境之难易是也。敌之武力或有不能用于他处者，则去除之，反之，无论出于故意，出于推测，其能受他国之援助者，则亦须加算入之。

第二问：敌将以如何气力决心战争乎？

敌人志意之强弱刚柔，视争点利益之重轻及气概之大小为衡。

各国之气概，则由人民之性质及政治之情形而大差。同一事也，于甲国不过为皮相之激昂，于乙国则或触动其极度之决心。人民而敢为坚忍，富于爱国心，能信赖其有力之政府，则其气概，又决不可与萎靡之政府、柔弱之国民同日语。

决战意志之强弱，大都视其动因之大小，即利益之重轻以为准。国家若以存亡之故而动战争，则其刚强不屈之态，决不能与贪小利而动兵者相等。盖前者必奋战至于竭国之力而后止者，后者不过举一部之力以从事，适有不幸，即能屈从敌志以图免后患。

案：日俄之役，正其适例。日失朝鲜，三岛为之振动；俄得满洲，不过扩充一部分之边界，与欧俄之存亡关系无与也。故战役之后半期，俄人以内部扰攘之故，虽欧洲之援兵续至，宁弃南满以和。

第三问：敌人于我之武力及气力下何种观察？

敌人于临战时亦必起前之二问，故此第三问之解答甚为紧要。政略机敏之国，则战争将起时，即于国际间监察其举动，敌若下算我的武力及气力，则其最初所举之力必不大。顾敌若一觉其误，则或即屈从我志，或即倍张其力，二者何择，亦宜预算及之。

第四问：敌当交战时果用几许之材料？

此问之义甚广，即敌人武力气力之性质大小，其锐气，其忍耐力，军事上之目的，及最初所举兵力之外，将来更能举若干之武力种种等皆在焉。

第五问：我若欲屈敌之志以从我，或竟使敌断绝其希望，果须若干之军资乎？我果具有此数乎？具有此数而我目的之价值果与此应行消耗之军资相称乎？

此五问皆相连络，故总括揭之于此。惟讨论第一问时，则我军军事之目的首当注此目的，则由于政略上之关系及敌之处置以生。

依此理论，则外交之方针，战略之布置，皆当由此五问题而生。顾事实上则和战之局，未必悉决于正当之研究，而两国当未战之先，未必能举上文五问，一一为数学的解决也。盖彼此苟皆出于深思熟虑，则中间必有一身知奋励之无功，战争之不可以意气为，甘心其少少损失，而不敢赌存亡于一旦。此则近五十年之诸强国之所以未见战事也。

测算敌之军资而求其正确，其为事已不易易；至欲公平秤量彼我之力，则尤属困难。盖元质之编入军资者其数极大，其类又杂，而战时不意之事变亦影响于军资者至伟，测算者主观之谬误，犹在所勿论也。

洞见敌人政略之企图，而测定其外交上强硬之程度，亦不易易。两国宣战之言，一具文耳。世固有利用仅小之原因而启存亡之大决战者，又或一战之后胜者乘其余威，扩张其本来之目的者。

要之，以上五问，无论如何明察，决不能得数学之确解。其至善者，亦不过近似已耳。故贤明之政府，则于此五问之外更生一问，曰：万一敌之力较预测为大，我之力较预测为小时，其危险之程度当在何等？故对于彼此同等抑或较强之国，尤不可不审慎出之。文明国之战争，其起也甚难，而其动也甚猛，不动则已，动则必须全国之力，而财力国力不许其持久，故动作尤必速而且烈。

案：伯卢麦之所谓主权云云者，即主将法令赏罚之谓；所谓民力云云者，即兵众士卒之谓；所谓有形诸物质云云者，即天地之谓。

总括智信仁勇严五项而断之，曰能。其说亦见之近今学说。能者，了事之谓也，德国武人之习谚曰"不知者不能"，又曰"由知而能，尚须一级"。

天地者，彼此共有之物，而利害有相反者，故曰得。（参观上文）

兵众者，指全体国民而言；士卒者，指官长及下级干部言。兵众之良否，属天然者居多，故曰强；官长之教育，属人为者居多，故曰练。练者含有用力之意，法令指军事上之政令言，赏罚指全体之政令言。

将听吾计，用之必胜，留之；将不听我计，用之必败，去之。

案：此所谓计，即上文七种之计算也，古注陈、张之说为是，以将为裨将者，非也。

第四段

此节说交战之方法，其主旨在"出其不意，攻其无备"一句，然于本末重轻先后之故，言之甚明，读者所当注意也。

计利以听，乃为之势，以佐其外。势者，因利而制权也。

上文之计，乃国防战略之大纲。此所谓纲，乃下文交战之方法，即战术之总诀也。此节所当注意者，在数虚字：一曰乃，再曰佐。乃者，然后之意；佐者，辅佐云耳，非主体也。拿破仑所谓苟战略不善，虽得胜利，不足以达目的也。计者，由我而定，百世不变之原则也。势者，视敌而动，随时随地至变而不定者也。故下文曰诡道，曰不可先传，其于本末重轻之际，揆之至深。未战时之计，本也；交战时之方法，末也。本重而末轻，本先而末后，故曰乃曰佐。

兵者，诡道也。故能而示之不能，用而示之不用，近而示之远，远而示之近。利而诱之，乱而取之，实而备之，强而避之，怒而挠之，卑而骄之，佚而劳之，亲而离之。出其不意，攻其无备。此兵家之胜，不可先传也。

出其不意，攻其无备，为交战方法之主旨。"能而示之不能"以下十二句，专指方法言。盖欲实行"出其不意，攻其无备"之原则，必应用以上十二种方法始有济也。"兵家之胜"云者，犹言此寻常用兵家之所谓胜云耳，非吾之所谓胜也，故曰不可先传。先者，对于计字言，承上文乃字、佐字之意，所以呼起下文（夫未战）之未字，言真正胜负之故在未战之先之计算，不可以交战之方法为胜败之原，而又转以计算置于后也。此篇定名曰"计"，若将全篇一气通读，则自"计利以听"以下，迄"不可先传也"一段为本篇之旁文。更将第二段、第三段之断语（"知之者胜，不知者不胜"）又（"吾以此见胜负矣"）与此段断语一比较，其义更显。

篇中开宗明义，即曰："兵者，国之大事。"而此则曰："兵者诡道也。"然则国之大事，而可以诡道行之乎？盖此节入他人口气（大约竟系引用古说），即转述兵家者言，而断之曰"不可先传也"。不可先传，犹言不可以此为当务之急也，以不可先传作秘密解，遂视诡道为兵法取胜之要诀，而后世又以阴谋诡诈之故为兵事，非儒者所应道。不知《孙子》开宗明义即以道为言，而天地将法等皆庸言庸行，深合圣人治兵之旨，曷尝有阴谋权变之说哉？

第五段

夫未战而庙算胜者，得算多也；未战而庙算不胜者，得算少也。多算胜，少算不胜，而况于无算乎？吾以此观之，胜负见矣。

此段总结全篇。计字之义，以一"未"字点睛之笔。计者，计算于庙堂之上，而必在未战之先。所谓事之成败，在未着手以先，质言之，则平时之准备有素者也。

得算多少之"多少"两字系形容词，言上文七项比较之中，有几项能占优胜也。多算少算之"多少"两字系助动词，言计算精密者胜，计算不精密者不胜也。

"而况于无算乎"句，与开篇"死生存亡"之句相呼应，一以戒妄，一以戒愚，正如暮鼓晨钟令人猛醒也。

日本人——一个外国人的研究

原书前有蒋复璁序，记称：抗战军兴，蒋百里奉命赴德国、意大利访问，宣扬国策。于柏林与西门子电机公司经理爱斯德先生相识，其于第一次世界大战时在青岛为日人所俘，故恨日人甚切。蒋百里常与接谈，颇为相得。《日本人》一书即写于柏林寓中。所谓外国人者，隐指爱斯德君，实则蒋百里自况。虽一小书，实乃蒋百里积数十年研究日本之结晶。原书于1938年8月修改定稿，连载于当月《大公报》21日至26日，后收入《蒋百里先生全集》第三辑。此次选录七、八、九以外的部分。

绪言

世界上没有像我那样同情于日本人的！

一群伟大的戏角，正在那里表演一场比 *Hamlet* 更悲的悲剧。在旁观者那得不替这悲剧的主人翁，下一点同情之泪呢？

古代的悲剧，是不可知的命运所注定的；现代的悲剧，是主人公性格的反映，是自造的。而目前这个大悲剧，却是两者兼而有之。

日本陆军的强，是世界少有的；海军的强，也是世界少有的。但是两个强加在一起，却等于弱。这可以说是不可知的公式，也可以说是性格的反映。

孔子作《易》终于"未济"，孟子说："生于忧患，死于安乐。"这种中国文化，日本人根本不懂，他却要自称东方主人翁？

如今我像哥德批评 *Hamlet* 一般来考察目前这个悲剧的来原。

一、几个自然条件

1. 情热的人种。从日本人的习惯，诸如洗澡、衣服、饮食、居住来看，日本人种无疑地是从南方移去的。其间当然也有一部份是从北方——中国山东与高丽的移民，但这并不是主流。所以北方的风俗，在日本是看不见的。事实上，北方苦寒的生活，非日本人所能接受。北海道为日本国土，经过五十年的开拓。中国的东三省——满洲——二十年前，日本就想移民，五年来他可以自由移民。但统计数字的雄辩，确实告诉我们，日本这种移民企图已经怎样的失败。日本人怎样的不愿到北方去！

2. 地理上的影响。这种南方情热的人种，又受了地理上的影响。日本的气候风景，真可以自豪为世界乐土，但他缺少了国民教育上的两种材料。日本自以为是东方的英国，但他缺少了伦敦的雾。（注一）日本人要实行他的大陆政策，但他缺少了中国的黄河、长江。（注二）明媚的风景——外界环境轮廓的明净美丽，刺激了这个情热人种的眼光，时时向外界注意。缺少了内省的能力，同时因为时时要注意，却从繁杂的环境中找不到一个重点。短急清浅的水流，又诱导他成了性急的、矫激的、容易入于悲观的性格。地震、火山喷火，这些不可知的自然变动，也给予日本人一种阴影。

3. 鱼。许多日本宣传家的统计，常常侈言他人口如何激增，国土如何渺小。据说近卫见了霍斯上校后，霍斯就做了重行分配殖民地的文章。但他们的说明书上，却隐藏了一件本国唯一的宝贝，即无限止的海上生活资源——鱼。（他们因为国民生存上必要而发展出来的无限制的渔艇制海权，真可以代表现代的侵略政策，我们倒可以承认他正当的权利。）但是这个鱼，又给日本民族性格上一种影响。日本古代拿鲤鱼来比武士，因为只有鲤鱼受了刀伤乃至临死也不会动。恐怕切腹这个风俗，与吃鱼有关系吧！因为鱼非新鲜不可口，日本人吃鱼便要把鱼活活的宰死了吃，才有风味。日本人不懂中国孟子所说"闻其声不忍食其肉"与"君子远庖厨"的意义，所以他们的残忍性，还保有岛人吃人肉的遗传。

4. 世界各国的酒都是越陈越好。白兰地一百年，绍兴酒五十年，但日本的酒却是要新鲜，越新越好。而大量饮酒在日本人却认为豪杰的象征，尤其陆海军将领，对于酒，都是经过长期奋斗而升级的，所谓"死且不惧，卮酒奚足辞"。

5. 音乐。假如你在月明之夜听日本人的笛——尺八，假如你在黄昏时分听日本农夫的民谣，假如你在灯红酒绿中听他们的三味线，你总能得到高亢激烈与长声哀怨的音色。外国人要学他，一定呼吸会转不过来。在中国，琴弦因为过高而断，是个不祥之兆。假如拿中国的琴来和日本的三味线，琴弦一定会断。

6. 花。"花是樱花，人是武士！"多么美呀！但它的意义却是印度悲观主义的"无常"。因为樱花当它最美的时候，正是立刻要凋谢的象征。好像武士当他最荣誉的时候，就是他效命疆场的一刹那间。（勇敢是可赞美的，但太悲观了啊！）所以日本人在制造文字时代，节取中国文字来做他的字母，就有了一首诗。开首是"色香俱散"，结束是"人事无常"。直译的意义是："色与香都是要散的呀！……我们的人生谁能维持永久呢？"

　　　　注一：雾锻炼了英人体格之强健与眼光之正确。
　　　　注二：黄河、长江养成中国人特有的气度。

二、几段历史事迹

1. 文字的创造。当中国固有文化正发达的时候——像秦汉时代，就有许多传说，可征为与日本有交通。但当时日本尚不能接受文化，直到孔子降生一千年以后，隋唐时代，即印度文化东输，佛教在中国正是极盛的时代，才有大多数的日本人留学中国，所以印度文化与中国哲学混合输入日本。创造日本文字的，是一个有名的和尚，在中国受了精深的佛典教育。那时候如同水入空谷一般。几个佛教大师，把他们的理论，风靡了全国，上逮皇室，下迄国民。

2. 武士道与大和魂。中国哲学到德川统一之后才被提倡而盛行。那时日本人所自豪的武士阶级，已入于停顿时期。所以要知道武士道的起源，不能不对于佛教思想的输入加以特别注意。假如从表面上看，武士道与欧洲中古时代的骑士无大区别。他的美德是忠实、勇敢、同情、俭朴、守礼节，只有一件即对于女性观念与骑士不同，不是尊重，而是蹂躏。但是日本人以为除此以外，他另有欧洲人所没有的"内在精神"，所谓"大和魂"这个东西。这个"大和魂",不仅外国人不能捉摸,就是日本人也不能说明。据我看来,Litz论美学曾说到忘我的境界,这种容易导入于忘我境界的性格,恐怕就是"大和魂"的真谛。而这一刹那间的异常境遇,是从佛教禅宗所谓"悟"、所谓"空"而来的,但其中有厌世悲观的色彩。

3. 武士的不道。武士的长处,就是所谓"道",但他的背面有一个阴影。按日本面积很小,在武士时代又分做几百个小国,彼此毗连邻接。他的首领随时有被袭击的可能。他对四面八方不能不十二分警戒,所以侦探术就特别的巧妙。几百年来养成了一个间谍的天才。日本的高级社会,常常不自觉的喜用诈术,就是那时候养成的。其中两个最有名的英雄,一是丰臣秀吉,一是德川家康,日本国民给他们的绰号,前者叫做"沐猴而冠",后者叫做"老狐狸"。日本最喜欢读这个时代的演义。在我看来,那些正是别有风味的侦探小说。

4. 西乡隆盛。真正够得上做日本精神美德的代表者有一个人,就是西乡隆盛。但他模范地做了悲剧主角,因为他不失败于他所反对的敌人,却失败于他所爱护的学生。日本有许多爱国者,究竟是否国家的幸福,不能不请命运之神来判断了。

5. 两个真正的日本指导者。真正从日本民族的发展看来,有两个指导者是值得尊敬的。一是从前的圣德太子,他奠定了日本的第一期文化,接受了佛教与中国哲学。一是现代的明治大帝,他创造了日本的第二期文化,接受了欧洲的科学文明。

三、明治大帝

1. 本章的意义。明治大帝是值得另立一章的,因为这个巨大的强国,乃是他一个人苦心的成就。我特别要提出"苦心"两个字,因为一只船航行海上，最重要的是把舵者。有时要向左，有时要向右，一不小心，就会出乱子。未来等于一层浓雾，国家所走的路，又没有详细的海图可循。其间既要天才，又要经验，最重要的更是强固的意志力和谦抑的考虑。当明治大帝逝世的第一日，伦敦《泰晤士报》（世界民族中懂得日本的首推英国）有一篇哀悼的文章，说日本国运自从这位大帝的经营以后，恐怕已经到了富士山顶。我们以后希望不向下坡走！

2．初期的苦痛——不对外即起内乱。性急的日本人，当他取消封建，统一行政，不到五年的光阴，就要向外发展，所谓征韩。主张这个政策的人，是唯一的军人领袖，唯一的勤王元勋——西乡隆盛。政府议决了征韩，但是中途变卦。结果发生内乱，这在日本人或许认为很不幸的，但大帝决心，宁忍内乱的痛苦，不愿早开边衅。

3．民权与宪法。明治初年的政权为南方长、萨、土、肥所独占。长州、萨摩为主，土佐、肥前副之。西南革命——西乡隆盛所领导——失败以后，所谓民间志士，以土、肥为中心，集中于提倡民权。政府虽一时下令压迫，然而大帝决心实行立宪，藉议会使国民与闻国政，排斥当时绝对的天皇神权论。

4．对俄与对英。明治最信任的政治家伊藤，他是创造政友会的政党首领，他不主张与俄国开衅，所以一八〔九〕〇二年他旅行俄国时想与俄国得一妥协。伊藤的反对派——山县军人派——则主张对俄作战，两派争持剧烈，经明治最后的决定，订了英日同盟，伊藤的亲信亦所不顾。

5．忍辱讲和。中日战争后的三国干涉，日俄战争后的无赔偿讲和，都是大多数爱国者所激烈反对的。然而大帝两次战胜，却取谦抑态度，很镇定的给予肯深思熟虑的负责政治家一个最大支持，并由英日同盟而进展到日法协商、日俄协议。

总之，事后看来好像日本的进展发达是很容易的，其实当时不断的内争——内政整理与对外发展，民权与王权，南进与北进，文治派与武力派，国粹派与洋化派——如同一条大路一时向左，一时向右。而明治大帝却能用他坚定的意志、聪明的先见将方向把定。在历史的事实上，日本人所谓皇室中心，只有这个时期是正确的。

四、欧战

1. 绪言。美国军舰的炮，惊醒了东方一个新兴国家。欧洲人的钱，又把这个新兴国家引入了内在多烦闷、外界多诱惑的新悲观世界。

2. 明治大帝的余泽。大帝的意志虽然坚强，但喜欢采取臣下的意见。每逢国家大事，他总要召集所有亲信的人商量一番。这个商量，成了惯例。一般人就称之为元老会议。但法律上并无明文规定，完全是出于大帝的自动意志。大帝逝世后，元老会议做了政治领导的中心。但是第一次就遇见了一个不幸。当时在伊藤指导下的文治派，因为伊藤被刺而西园寺实为领袖，在山县指导下的军人派则以桂太郎为领袖。桂太郎因为要联俄之故到了圣彼得堡，又因天皇病重匆匆返国，半途就遇见山县的特使，报告要请他做新天皇的辅弼大臣，专管天皇的起居教育等等，不入政治。但入宫不到二月，西园寺内阁就因为不能扩充陆军而失败，又出来组阁。于是文治派政党领袖就举行护宪大运动，而日俄战争时代负重望大告成功的桂太郎公爵，从此失败而死。军人与政党就结了一种仇恨。最大多数的政友会，近十年不得政权。从此以后直到现在，近卫组阁还是要经元老的推荐，但是二十年间元老一个个凋谢，只剩现已九十余岁的西园寺。

3. 欧战给予日本的第一影响就是烦闷。这是欧洲人自己也不能体会的。近世工业资本主义的发达，最快需时五十年。但日本却像暴风一般，五年以内突然的生长。无数的黄金从欧洲输入进来，烟囱急速度的增加到五倍十倍。假如我们要形容他的情状，至少可以做十几本书，现在只举一个例吧。西京有一位很穷苦的博士名叫河上（注意日本法律规定长子有承袭财产权，次子多尝独立生活，所以博士多是次子，或是穷苦出身的，富家长子都要管理家务，无暇求学），他著了一本书，名叫

《贫乏物语》，说明无产阶级的由来与痛苦。三年以来，这本书销行了几百万。以他著述的收入，竟变成一个财产家。他的书受民众如此的欢迎，他个人却常遭警察的注意。后来效法他的人很多，就有所谓社会主义的发财者出现。而这位可怜的天良未泯的老教授，结果因为用他卖书的钱来接济了共产党，被判为有罪，入了牢狱。至于许多社会主义的发财者，却利用了打倒政党——财阀的名义，做了军阀的走狗。这种矛盾，欧洲社会看不见。

4. 欧战给予日本的第二影响就是诱惑。一九一五年派了亲王到俄国，用百五十万枝步枪及许多作战资源才得到内外蒙互相承认的协议。后来俄国革命了，德国屈服了，英国疲蔽〔敝〕了，日本可以自由进展到西伯利亚。英国的印度洋要仗日本海军保守。日本又攫取了青岛，可向中国北方南方自由活动。整个的亚细亚是他的了。所以怕的只是美国，不过太平洋太大了，美国要到东方非经过四千哩的行程，且非经过日本群岛的关门不可。欧美有钱，日本人也有钱；欧美人有机器，日本人也有机器。所以称雄世界的诱惑，就日见其不可抵御了。

5. 整个的民族动摇了。在历史上看来，无论那一个民族那一个时代，从没有像日本在欧战时代的激急变迁。一个原来缺少内省能力缺少临时应用能力的急性的民族，一方遭遇了社会的莫大矛盾（不安与烦闷），一方当着千载难逢的机会（诱惑与希望）。这一只渔船，遇到了飓风，一高高到天上，可以征服亚洲，即可以征服世界——西方自杀的文明殁落了；一低又低到了地狱；贫富不均，生活困难，革命共产，虚无主义，暗杀手段。不仅把舵的失却了罗盘针，全民族也就导入了一种疯狂状态。战争！革命！

五、固有的裂痕

1. 叙言。在烦闷与诱惑的大浪中，我们要研究他政治的固有形态。

假如自己组织坚实，指导者自能渡过难关，渐渐得到风平浪静，但日本原来的政治组织已有两个裂痕。

2. 第一是政治家与军事家在政治上的对立。日本自组织责任内阁以来，陆海军人出而组织内阁者有十人。而政治家也只有十人。且其中政治家有标记的两人，还是代理。试将这二十人的系统开列如下：

政治家	政友会组阁者：伊藤—西园寺—原（高桥）—田中（军人与政党合流）—犬养
	民党组阁者：大隈—加藤—若槻—滨口—宇垣（军人与政党合流）未成
	超然派组阁者：广田—近卫
军人	陆军组阁者：山县—桂—寺内—田中—林
	海军组阁者：山本—加藤友三郎—斋藤—冈田

在内阁组织法制定的时候，确定了陆海军大臣必须从现役将官中任命的原则。在这时原是消极的防止民权论自由主义侵入军队中间，以致军人的思想不健全。但是这个条例，后来竟使军人得以操纵内阁。因为陆军大臣倘因意见辞职，内阁总理就没法找第二个军人代理他。军人操纵政治，成了日本政治的传统习惯。欧战以前只是几个最高级的军人留心政治，欧战以后就影响到了下级军官。

3. 第二是海军与陆军在财政上的对立。各部争取预算，本是普通习惯，但世界上无论何国，无论何时代，国防上或海陆终有些偏重。但试查日本五十年来的预算，假如陆军预算一万万，海军预算决不会在九千万以下。当华盛顿海军会议时代，俄国革命，中国内乱，就日本国防上说陆军预算大可缩减。但因为海军要造补助舰队，陆军也须同一比例增进。民政党财阀内阁时代的陆军大臣宇垣，曾经一度缩减陆军人数的定额，而将剩余款项添补新兵器（预算不因而减少），结果招了陆军切齿的怨恨。所以海军既想学英、美，从第三位要到第一位，不仅封锁亚洲海岸，还要超过太平洋。陆军又要做德、法，保持他世界唯一的荣誉，实行他的大陆政策，滨海省、中国、印度、菲律宾都是他的目标。假如两者有一些偏袒，就被对方指为卖国贼！

六、军人思想之变迁

1. 生活经验。当一九一八年左右，一个电车司机每月可得五十元薪水，每年有三次赏金，每次大约五十乃至百元。一位少尉的俸给，不过四十余元，还要扣除种种衣服交际费用。而许多暴发户一席小小宴会，可以化〔化〕到千元以上。旅馆酒资，可以随便五百元一给。军官学校招考学生，从前应试者每超过定额一倍有余，至此乃不足额数。有一位军官学校的教育长真崎，他先前抱着旧式的忠君爱国思想来教导学生，却感觉得学生的风气信仰与昔日完全不同。他们对于社会财富的不平，已起一种激烈的反抗，使真崎不禁想到当年未开国时代朴质的黄金世界。同时田中陆军大臣时因为大战后官长须与社会多方面接近，所以陆军大学添了社会学的功课。马克思《资本论》也做了日本青年官长的参考。

2. 新兵器。日俄战争时代的青年官长，除了五响毛瑟、七五轻炮以外，没有用过别种武器。每分钟六百发的机关枪，战时只有骑兵才有。这一群青年官长，现在多到了中上级将官职位。欧战以后，新兵器逐渐发展，但种类既繁，除了专门研究者以外，高级官长不能一一的研究。所以新式有效的武器使用法，下级官明白，上级官倒糊涂。所以石原在大佐时代说道：现在将官没有人懂得战术。这在精神军纪上就发生了不良影响。

3. 传统的习惯与教育。陆军创造者山县既是元老，又是军人，又是政治家，他时时汲引军人的后进来做他的继承者，于是有桂—寺内—田中—宇垣这辈军人政治家，而陆军大臣可以不经总理直接上奏天皇，又在政治里立了一个军阀不败的基础。青年军人以先辈为模范者，当然喜谈政治。但他们的根本教育却是德国式的严格的阶级教育，对于社会少所接触，有一群野心家企图利用三百万在乡军人做政治活动的基础，结果失败。可是从田中当陆军大臣时，主张开放教育以还，譬如一个年轻的乡下人猝然到了都市一般，件件都是新奇，种种可以诱惑，自己也弄得莫名其妙。

4. 爆发的原动。陆军在征兵制之下所征集的大多数国民为农民，而近代日本农民的困苦，不是熟读《资本论》者所能想像。在都市生活中看见十几个钟点的劳动者，就对他同情，但这个被同情者，还是日本农民认为可羡慕的。这种农民的痛苦，也非政党中人所能了解。（民政党的选举基础在都市，政友会的选举基础在地方，但他的目的在将地方事业化。）倒是由新兵而转入于青年官长的意识中。以一九三一年间的中级官长而言，正是直接从大战后思想动摇的过程中过来的。当时军官靴上带着马刺去坐电车，有人就讥笑他"坐电车何必带马刺"。诸如此类的事情，使日本军人深深受了社会的侮辱。所以对于财阀，对于政党，就发生了一种不可解的仇恨。就动机来说，指日本军人是侵略主义者有一半是冤枉的。他们希望的是内政改革，并不一定是对外侵略。不过财阀外交家所主张的和平通商，他们却是反对罢了。凡知道日本内情的事，就知道满洲事变前日本就有两度的武力改革运动，名为十月事件与三月事件。一九三一年九月二十六日（满洲事变后七日）所发的关东军，军官秘密通告中间有"以决死态度辅佐长官"之语（即要挟与威胁之意），用的却是支部名义。无疑的这个秘密结社的本部，是在东京。二十八日参谋总长退职（这尚有许多传说现不录），用真崎为参谋次长，而戴皇族为总长。所以日本军人先是烦闷，后乃诱惑，但几度烦闷的解决法多是失败了。

5. 许多煽动家。欧战以后，军事上的专门学问已经足够年青官长一生研究。陆军大学的社会学、经济学，当然不过一个大概。而天生性急的日本青年官长，正当烦闷时候，当然只求转变，少所判断。这时候，就出了无数的煽动家。按日本政治史上遗传下来的一种产物，即所谓浪人——没有一定职业，而有时可与政治要人发生直接关系。最不可解的，是有一位浪人，名叫北，主张天皇下戒严令，同时停止宪法三年，却又要召集五十位辅弼大臣；没收一切财阀财产，而私有财产又可以百万元为度；并以在乡军人三百万名组织政党。这种儿戏的革命办法，竟为日本青年军官奉为神圣教典。可是这位假英雄，住了人家巨大华奢的住宅，而当五月五日东京暴动时，青年军人在偕行社——即官长俱乐部——召集会议，他避开不敢出面。到二月十六日事件发生后，他还打电话鼓励暴动的军人，叫他们不服从劝告。这人现在处刑了。这类煽动家各走各路，正式团结不起来。军人受煽动而表现出来的事实，第一次想在议会中投炸弹，藉此实行戒严，解散议会。这是一个高级军官所计划的，结果被警察发觉。第二次是假造高贵人的命令，令近卫第一帅团出动。这是下级军官计划的，结果被长官所发觉。第三次是青年候补生刺杀总理犬养，袭击警察局。第四次是近卫师团并第一团的第三联队暴动，占领了东京中心的一区，刺杀斋藤、高桥，即所谓二月二十六日的暴动。所以日本军官的思想远不是日俄战争时代那样单纯了。

一○、精神上的弱点

1. 空虚与矛盾。日本国民原是崇拜外国人的，这种几千年的遗传，一时不易改革过来。本来假如从日本文明中除去了欧美输入的机器与科学，中国、印度输入的文字与思想以外，还剩着些什么？现在他却妄自尊大夸示他独有的能力。他的宣传愈是扩大，他的内容愈是空虚。他如今将崇拜的心理，转移到了嫉妒上去。一方面对中国用兵，一方面却主张人种战争。而畏惧外人的心理，仍像伏流一样，弥漫于一般社会。许多急进份子提倡的国难，所谓非常时期，在提倡者自己知道，也不过一种煽动，但无形中更加重了国民的悲观色彩。

更进一步说，他在良心上已经发生一种矛盾，他天天以东方文化自豪，实则无一不是模仿西方：学了拿破仑创造莱茵同盟的故智来制造"满洲国"；学了英国的故智，企图中国分成几个小国，互相对立。本来一个很可乐观的国际环境，偏要模仿历史上已成失败的不幸例子。环境诱惑他得了朝鲜不够还想南满，得了南满不够更想满蒙全部，更想中国北部，如今又扩大到全中国，要以有限的能力来满足无限欲望。

日本疆土拓展表

	总面积（平方英哩）	占领年份	
日本本部	一四七三二七.二		
台湾、琉球	一三八八九.八	一八九五	（中日《马关条约》）
库页岛南半部	一三九三四.二	一九〇五	（日俄《朴资茅斯条约》）
辽东半岛	一四三五.六	同上	
朝鲜	八五二二八.一	一九一〇	（正式并吞）
东三省	三六三七〇〇.〇〇	一九三一	（强占后制造伪满）
热河	七四〇〇〇.〇〇	一九三三	（强占后并入伪满）

日本人很能研究外国情形，有许多秘密的知识，比外国人自己还丰富。但正因为很于细密之故，倒把大的、普通的忘记了。譬如日本研究印度，比任何国人都详细，他很羡慕英国的获得印度。但他忘记了英国人对印度，是大家没有注意时代，用三百年的工夫才能完成。而日本人却想在列强环视之下三十年内要成功。日本人又研究中国个人人物，他们的传记与行动，他很有兴会的记得。但他忘记了中国地理的统一性与文字的普遍性，而想用武力来改变五千年历史的力量，将中国分裂。他又羡慕新兴的意大利与德国，开口统制，闭口法西斯，但他忘记了他无从产生一个首领。

一一、黄金时代过去了

1. 从内政上说。明治末年确是日本内政的黄金时代。但欧战一起，军人、政治家就将国军无目的的滥用。最初就是获取青岛，继之对西比利亚出兵，后来又是两度的山东出兵，这都不是国家的运命关头，而军人随便运用他的武力以求获得一部分利益。这种举动给予日本军官以破坏纪律自由行动的先例，所以日本军纪是从上级毁起。几年前日本中央军事当局对于关东军有一个特别名称，叫做 Desa Ki，即派出者之意，因为他的行动常与中央不一致。关东军的任务，本在维持沿铁路附近的地方治安，而军官们却在那里创造他政治外交行动。两个师团每两年调换一次，于是满洲这个区域，就变了军人自由活动的养成所。关东军之外，又加了天津驻屯军，更予军人以一个自由活动的机会。所以每次事变起来，政府总是声明事变不扩大，军人总是调兵。这种不一致现象，给予国民与国际间一种不安与不信。现在日本想向举国一致的方向走，但缺少了一个先决条件，就是国民不能瞭解敌人到底是谁。这可分三种说：（一）陆军对俄，海军对英，现在为什么对中国。（二）日本军人向来夸称中国不够做他目标，只须一出兵就可以占领中国的，但现在的事实却正相反。（三）对中国尚且如此困难，将来如何对俄对英、美？

2. 从国际上说。华盛顿会议实为日本独步东亚的时代，因为这时世界公认日本为一等强国，而且是东亚的重心，所以《九国公约》对于中国有保全领土主权与机会均等的种种条款。在中国人民看来，这是精神上一种耻辱，而在日本却是一种荣誉的义务。但日本看这种荣誉的义务，反以为是耻辱的压迫。譬如吃饭，人家请他坐首席，他不愿，偏要一人独占一张桌子，定要叫人家走开。因为日本有这种无限制的野心，引动了世界的疑惧。俄国在远东本无兵力，但在满洲事变后已经增加了几十万的常备军。美国得了五：五：三比率后，本未建造足额，现在却三度的扩充海军。英国新加坡军港，本只是纸上计划，现在却正式完成。日本在极小一块空地中常能布置出十全的庭园山石，这个想像力很大的日本民族，悲剧性的自造了一个国难，以为悲壮的享乐本是一个理想的阴影，现在竟变成了事实的魔鬼。日本的恶运，实在是爱国志士造成的啊！

一二、结论 物与人

许多大政治家、大军人，脑筋里装着无数物质的数字，油多少，煤多少，铁多少，乃至船多少吨，炮多少门，而却忘记了一件根本大事！

纵使文明病为现在一般国家所共有，但是日本没有经过像德国那样的饥饿，法国那样的女人避孕，而日本"人"的健在状态，却如左表：

年度	壮丁役不及格的百分比
一九二五	百分之二十五
一九三二	百分之三十五
一九三五	百分之四十
一九三八	百分之四十八

注：一九三六年已将兵役之身长限制减低。

夸称日本文明者当然说他教育制度如何完备，国民学校如何发达，可是这教育势力下所养成的学生其兵役不及格的程度，占各职业中之最高度。一九三五年全国受验壮丁六三二八八六人中，不合格的百分率占百分之五十以上。而且不论乡村都会工业区与农业区，一律的不行，列表如下：

东京	五七.四	北陆	五二.一
大阪	五九.六	四国	五二.五
北海道	五六.〇	九州	四九.七
东北	五三.〇		

更显著者，学生体格之不良，随着教育程度而递增。不及格者大学生最多，其次为高等学校、专门学校毕业者，再次则中小学，但国民小学毕业者比高等小学者其不及格之比率更大。一九二五年来此种现象更为显著。

缺乏内省能力的日本国民呵！身长是加增了，体重是仍旧，这是一件怎样严重的象征！向外发展超越了自然的限度，必定要栽一大筋斗！

白种人中一两个穷小子受了银行老班的气，不得已跟着这位挥霍无度、内在空虚的大阔少想出风头，一定会上当会倒霉！

这本书的故事

在去年十一月十一日那天下午，我在柏林近郊"绿林"中散步，心里胡思乱想，又是旧习惯不适于新环境，看手表不过五点，但忘记了柏林冬天的早黑，结果迷失了道路，走了两点多钟，找不到回家的路，不免有点心慌。但是远远地望见了一个灯，好好向着那灯光走，找人家问路。那知道灯光却在一小湖对面，又沿湖绕了一大圈，才到目的地。黑夜敲门（实在不过八点半），居然出来了一位老者，他的头发如银之白，他的两颊如婴之红，简直像仙人一般。他告诉我怎样走，那样转弯，我那时仍旧弄不清楚，忽然心机一转，问他有电话没有，他说有，我说那费心打电话叫一部车子来罢，他说那么请客厅坐一坐等车。一进客厅，就看见他许多中国和日本的陈设，我同他就谈起东方事情来。那知这位红颜白发的仙人，他的东方知识比我更来得高明，凡我所知道的，他没有不知道；他所知道的，我却不能像他那样深刻。比方说"日本人不知道中国文化"等类，他还有《日本古事记研究》一稿，我看了竟是茫无头绪。我十二分佩服他，从此就订了极深切的交情。这本书是我从他笔记中间片段片段地摘出来而稍加以整理的，现在不敢自私，把他公表，不久德文原本也快将出来。我临走的时候，他送我行，而且郑重的告诉我：胜也罢，败也罢，就是不要同他讲和！

民国二十七年八月谷旦　蒋方震于汉口

文

章

德国败战之诸因 *

一、总说

可胜则战，不可胜则不战，三尺童子识其义而实行也，则虽大智有未能焉。战与不战，政略之事也；胜与不胜，兵略之事也。有可胜而不可战者（如日本对中国山东问题下哀的美敦之时），有可战而不可胜者（如开战时之比利时），故政略与兵略之间有微妙之联络，此之所谓可战可胜者即彼之所谓不可胜不可战者也，而彼之可胜可战即此之不可胜不可战。故敌与我之间，有对抗之作用，胜败不可以预测，和战不可以强求，是故有以不能不战之国家，而处于万不可战之地位，乃不得已徼幸于一战以求成功者，则一九一四年秋德国之形势是也。

所谓不能不战者何也？兵之为物也，有极端性，未有不求战而其兵可强者，亦未有兵既强而不求战者。且以军事之优势而立国，一旦迄于彼我之间，强弱之势得其均衡，则后此之危益可知。自兵略言，千九百十四年时，为德计亦一机也，为奥战则同盟国，一也。英疲于内政，而俄、法之军政改革未竣，二也。自此以后，将或并此徼幸之一胜而不可得矣。虽然，此可胜之机，而非可战之机，此不能不胜之消极原因，而非可战之积极原因也。而不能不战之根本，则实由于其国家之状态不

---

* 1918 年，欧战结束，蒋百里随梁启超所组织之欧洲考察团赴欧。回国后，梁启超曾撰长文报道其欧游心得（见《梁任公近著》第一辑，上海，商务印书馆，1923），在其"西欧战场形势及战局概观"一段内论及"德国失败之原因"，即全文引录先生这篇《德国败战之诸因》。梁氏对该文推崇备至，其在文前之按语云："自德国败役，各国人著书论他致败原因的很多。我觉得我们老朋友蒋百里所著的一篇，最为精到。我就把他录出来，做这一篇的结论。"

自然。

所谓万不可战之地位者何也？则政略上包围之形势已成也。包围之形势孰致之？德人实自致之。而德人自言曰：是原于德之存在与发展也。存在故见忌于法，发展故见忌于英。今有病食伤者，执不食则死之例以自解，而归咎于食物之消化不良，岂通论乎？存在与发展，自然之势也。所贵乎政略者，则人为调剂也，故自致于万不可战之地位，其原因当归于政略之失败。

不能不战而万不可战，此两极端之间，必有一进路，而德人则过信其度，求解决于徼幸之一胜。以兵略上一胜之效，而转移政略之形势者，史庸有之，虽然，可幸得不可强求也。所谓不能使敌必可胜也，过信其可胜之度，欲以一时优势之兵略，转移数十年来失败之政略，此不可得之数也。姑勿论马仑之战败焉，纵得巴黎，苟法军之主力得退以自保者，则最后之形势终不可易；而此退以自保之权，则操诸法不操诸德，此则战略之失败也。要之，以政略之失败，而致自陷于进退两难之地位，不思变其政而思以兵济政略之穷，则败战之主因在焉。今得取上之说而推论之。

二、国家之状态不自然（时时在不能不战之地位）

扩充战备，即所以维持平和，此片面之真理，凡以证一国之状态日处于不安之地位是已。十九世纪日耳曼民族之统一运动，本有二派：其一派欲依国民之发动而成，其一派欲藉普国之武力而成。自"弗兰格福村"国民大会之失败，而俾斯麦相普，遂战奥败法，而德帝国以成。成则成矣，而内外形势，皆处于不自然之趋势。法人建国根本，不利东邻之有强国，而亚、洛二州之割，几等于文身之耻，每饭不忘，而欧洲战云，时隐时现，一也。个人自由之伏流，其来源极远，以军事建国，势必趋于武断，不发于此，则伸于彼，而社会党承产业之结果，其勃兴较他国为尤甚，二也。逆其势而镇之，厥维军备，然国民皆兵之秘钥，已公开于世界，子能之，人亦能之，互竞极其度，必有一日能发不能收者。故毛奇有和平无永久之言，而俾斯麦有二重保险之策，凡自知其国步之艰难，不能不苦心以求自济也。

此种不自然之形势，乃随国家强盛之状而益增其度。其在外，则德、法之世仇，而重以德、英之冲突，而三国协商日进于成。其在内，则政治之自由，加以贫富之阶级，而社会主义日趋于盛，扩充军备，一之不已，至于再，至于三，凡以求平和及以求战也。夫一国而至于求战以自保，此可暂不可久之势，必有一日至于败者也。威廉二世之失败，特速其时耳，以包围启败战之端，以革命结败战之局，莫或致之，若或使之。呜呼！谓威廉一世即位之日，即伏五十年后败战之基，固属过言。而原始要终，于政略之由来，固不能不就其建国之本源，一下深沉之观察也。质而言之，不能不战者，德国国家之历史性使然也。

三、政略之失败（自陷于不可战）

凡俾斯麦之所谓同盟条约者，中间无不有战之一义，盖以求于国际间自立于可战之地位也。惟我可战，则人不可战，和战之主动在我而和平可得，此则政略兵略间之微妙作用也。自威廉二世，而此间之作用失，当普之初盛，奥忌之，法诅欲之，同一不欲也，而使之发不同时，此外交之成功也。自威廉二世，而是中之要领亦失，于是法之复仇，俄之南下，英之海外政策，三者汇于一流，包围之势成，而和战根本之主动，不复在德手矣。请言英，德军阀视英、德之冲突，一若既定之运命不可逃者然，以为纵无南阿之电，纵无摩洛哥之干涉，海军即不扩张，比之中立即不侵犯。苟德之商工业一日存在，则英必有一日参战，果也必有一日也。拿破仑之世，必有一日与普战也，而究何当于奥之败普之兴也。请言俄，俄、德之交破于奥，然战事之证明，则知联奥之得，不足以补拒俄之失。夫奥之为国，不适于民族国家之大势，援奥则逆势而从井救人也，俄之南下，非英之利，拒俄则何为者也。是则三十年来左周右旋，以自陷于万不可战之地位者，德人自取之也。

四、兵略上之失败

兵略上失败之原因，则过信其度之失，到处发见。马仑役之前，法军之退也，其目的在自全而待机，自由退，非败退也，而贸然减西力以东援，且大胆绕巴黎要塞之前，遂遭败战，其过信一也。凡尔登之役，竭其所有人员材料以攻坚，自以为可胜，则狃于盎威斯要塞之易下也，牺牲数十万，而卒为法人所龁，于兵略上且无丝毫影响，遑论政略，其过信二也。最后之攻击，及五次之多，倾其东力以西，亦自以为必胜，胜诚胜矣，略地多而卒无补于大势，又粘守其线，不肯速退，遂为人所攻，至一退而不可复支，其过信三也。且惟其过信也，故动作反变为不彻底。开战之初，壮丁之未受教育者百万之多，国民皆兵之义云何，一也。东普要塞之不坚，急则救之，而忘菲烈德牺牲柏林之坚忍，以致西方之失败，二也。瓦萨之役，俄军几不能退，而苟安于正面攻击，三也。罗马尼亚既亡，不乘时以定希腊，逗留国境，以致布加利亚之脱盟，四也。乃至过信飞船、长炮可以胁巴黎、伦敦，过信潜艇作战而引入美人之参战，则尤众目所共见者矣。

五、结论（军阀之祸）

吾今综其败战之诸因而为抽象之结论，则有一义焉，曰：军阀之为政，以刚强自喜，而结果也必陷于优柔而自亡。外强而中干，上刚而下柔，是其征也。"将来之在海上也"，"力即真理也"，德帝所以惊世之言也。夫其声洪者，其中空也，世界之日醒，而自己被动之运命定。故凡今日军阀所自辩其不得已者，皆足以自证其强之失也。俾斯麦，性格刚毅之人也，不能容而去之太早；兴登堡，亦性格刚毅之人也，不能容而用之太迟。奉令承教之人多，所谓才者则局部之人物，能见其小不能见其大，能见其一部不能见其全体。夫英之初战，八万人耳，自德军人视之，诚不足道，而不知卒以自疲也。故军阀派以军事上种种不彻底之处置为败战之源，而不知此不彻底之根本，实原于自身之阙点。夫必众皆强而己始能强，然众之强有时适足为己之弱者，此古之英雄所以终于失败者多也。

中国之新生命[*]
——军国主义与立宪政治之衰亡

自甲午、庚子以还，国人感于内治之不修而外祸之日亟也，思有以药之，于是有军国主义，对外者也，其结果为北洋练兵；于是有立宪运动，对内者也，其结果为预备立宪。

练兵矣！自六镇而三十六镇，而四十师，而五十师；自禁卫军而模范团，而边防军。尽天下之财以供其用，而其结果则何如？

立宪矣！自十年预备而元年国会，而旧国会，而新国会；自谘政院而南北两京之参议院。群天下之才以期其成，而其结果则又何如？

呜呼！我国民经此沉痛之经验，亦尝研究其所以然之故欤？夫知其所失者在彼，乃知其所得者在此，此"经验"二字之所以可贵也。

练兵也，立宪也，此非中国所独创，彼世界之人，行之而大强其国者也！以蕞尔三岛之英，而国旗辉乎大地，问其政体，则曰立宪！以地瘠民贫之日耳曼，而一跃称霸于欧洲，问其内容，则曰军国主义！然犹可曰彼自有其历史环境之原因，非他人所得而强学者。乃若区区东邻，亦仅以三十年之功，露头角于东亚。地相邻也，种相类也，乃一服此速效之兴奋剂，而其势骤张，若是乎，则内忧外患之对症药，舍是曾莫与易也。一服不洽，至于再至于三。夫世界为之而日兴，而吾人为之而日败者，则何以故？何以故？

则有为之进一解者，曰：苟人之不臧，虽有良法美意，适以咨其扰乱之媒耳。是说也，则犹之医者以人之必死为先提而自矜夸其药之功效良也。其然乎？其不然乎？夫制度无绝对之善恶，所贵者适而已。军

---

* 原载《改造》杂志第三卷第二号，收入《蒋百里先生全集》第一辑。

国，立宪，果必效之良剂，可以治百病者乎？

方欧战之未起，则固未有敢对此二巨灵而加以讥评者。幸也，自种其因，自收其果。而欧洲之大战起，自是战结局，而欧洲之新局面开，而中国之新生命起。

自个性之自由发其源，其流入于阶级制度之民族，于是对内而有立宪政治，对外而有军国主义，而其间承上起下之机关，全在一种特别阶级之贵族。其自身既有坚固之组织，而在政治上又立于垄断之地位。于是利用国民势力，对于君主而确定其条件，则谓之曰宪法，英是也。奉承君主之威灵，对于国民而扩充其教育，则谓之曰征兵令，德是也。俄则贵族之势强于平民，故为片断的军国主义。法则平民之势强于贵族，故成綦端之共和政治。

日本之变也，适当其封建之初衰。其士族制度之组织地位尚在，故长萨用之于军国主义而成功，而立宪运动则让诸自余诸藩士。

附注：日本今日攻军阀者，政党也。然军阀若亡，则今日之政党亦必随之而倒。

我中国非阶级制度之国家，故立宪政治、军国主义，于历史上不能得其据，于事实上无以立基础。盖承上起下之机关不备，虽有良法，无术以运用之。此三十年扰扰纷纷，所以徒为东施之效颦，而一无实效也。

反之，国家元首，无一定同姓相续之必要，则无论为尧舜之禅让，无论为汤武之革命，历史上之事实，入于国民之思想者，至深且厚。此各种革新运动，所以惟共和一事独告成功也。

是故中国失败于十九世纪之原因，盖同时即为成功于二十世纪之证据，贵族消灭，农民自由，盖三千年之历史性，乃适然吻合于今日大战以后之新潮流。大战者，军国主义之尾声，而立宪政治动摇之初步也。

中国无贵族，故国民团结之方式，只有二种：曰专制，曰共和。虽然专制之条件，在特出之英雄，而英雄者，可希望不可以强求者也。反之共和之条件，在各人之个性，而此区区之"我"盖无论何时何地，不敢违背我之命令而最靠得住者也，此则共和国家之根本特长也。

是故共和之国家，人人可以出力，时时可以用功，处处可以着力，此中国之新生命所以强固不拔，而非彼借厌世之名以自诿自欺者，所可得而亡之者也。

满清之立宪，袁氏之帝制，张勋之复辟，表面上皆有可能性，而卒不成者，固新潮之影响，抑亦历史性之成功也。呜呼！三者皆歧路之可导入于绝地者，而卒藉我民族全体之直觉灵光以免，故民国前途，正是堂堂一条大道，有永久之未来，而彼利用军国主义、立宪政治以暴发一时者，则如墨之幽灵方日日踞其灵魂之上以笑。呜呼！我国民何为而自馁也哉。

如何是义务民兵制？*

（余既论瑞士军制可为今日世界法，而于湘、浙宪法有义务民兵制之规定，乃颇欲掇拾其办法大纲以为当世谈义务民兵者之参考。会刘生文岛译寄其《卓莱氏新军论》第七以下诸章，则于章制活用之法尤加详焉，乃先为之发表，而系以说明。）

民兵制之善也，不在其法之新，不在其费之少，不在其兵之多，而在其适于中国之历史性与环境也。今试横览中原，则凡人迹所到方二百里以内，则必有城寨以居以安，此正我先民当时殖民之唯一武器，而民族自卫之一种象征也。欧人之富于侵略性也，其侵略之武器乃在交通，故交通网之所至，即其势力之所至。而我先民之势力，则随城寨之所至以定，此正遥遥相对之好例也。故古之言武事必曰防，必曰备，而攻城则下政也。降及近世，湘军之札死寨，平捻之筑长濠，盖犹是遗传之绪而未堕也。

侵略之祸，迄于欧战而极矣，于是欧人形见势绌，而其趋乃易侵略而为自卫，且微独今时为然也。昔普法一役之后，法人尝狂热以作国境要塞，德人讥之，法人亦疑焉。然此次欧战，其所以能旋乾而转坤者，则凡尔登之要塞为之也。避之，故侵比而怒英；攻之，故杀生数十万，而全军精华信用以竭。以侵略势力极盛时代，而守之为效也且如是也。

呜呼！我国今日日日乃威胁中者，非彼侵略性之国家为之厉哉。然则彼利急，我利缓；彼利合，我利分；彼以攻，我以守。此自然形势之不可逆者也。三十年来貌袭常备军之名，悉索天下之财以供其食。其自

---

* 本文系蒋百里为刘文岛翻译《卓莱氏新军论》部分章节的说明，原载 1923 年《改造》杂志第四卷第三号。此处仅录其说明。

兵言也，则以养十兵之费而不得一兵之用。其自民言也，则以十民之所得而不足供一人之食。物极必反，此其时机盖已亟矣。夫不于国家自卫上立一根本政策而侈言裁兵，则裁兵论之有害于将来，殆亦将与当年军国论同一祸也已。

　　此篇最精要之处，首在其军官任用与教育之规定。今之言联省自治者，每对于军事一门不无怀疑，以为真正之军事在对外，若无一种统一方法，各自为政，安知其不有先内哄而后外侮者。其实内哄之原因，决不在军事制度。而中央欲统一军事，只须将任官、教育二要点扼住，则已如探骊得珠，万变不足以离宗者也。

蔡松坡《军事计画》跋*

  盖自明清之际，而华胄之精神系别而为二焉：其一则伏流于民间，其二则潜入于宫庭。民族精神郁屈于隋唐之间，而反动乃起于有宋。鼎革以还，怵于种族之痛，奔走于海外，窜伏于深山穷谷，而精金宝玉之所在，其光仍可以烛天，有虽欲匿之而不可得者，则梨洲、夏峰、亭林、船山诸先儒之传统精神是也，皆伏流于民间者也。然梨洲、亭林声闻早达，其时适康熙在位，精神系之一部分有引入于朝者，惟船山犹潦倒于青林穷壤之际，其名百年而始显。积之深者发之大，此所谓伏流于民间者也。湘军之萌芽，于是而始殖矣。有清之有天下，其不为金元之续，而能维持至二百六十年之长祚者，康熙一人为之也。当时之精神系确有一部入于宫庭，姑无论宏博之征、史馆之召焉。曾文正之序《先正事略》曰：雍乾以后，英贤辈出，皆若沐圣祖之教。此在愚氓亦似知之，其所以然者，虽大智莫能名也。又曰：今去康熙时益远矣，而将帅之乘运会立勋名者，多出一时章句之儒，则亦未始非圣祖余泽陶冶于无穷也。夫颂祷亦多术矣，而此则非颂祷之词，湘乡为传统之一人，其知之也真，故言之独亲切而有味。所谓有一部分潜入于宫庭者也，而湘军发达之萌芽，于是而再殖焉。湘军者，起于野，成于朝，而成功于地方者也。夫以二三讲学之士，率其乡农，保其闾里，而卒以此削平大难，此其故盖非皮相之士所能言之。然其越境而战，即有恃乎公家，藉非庙堂之上有保用者，则终败焉耳。是故曾湘乡者，合华胄精神，系之朝野二种伏流，以成湘军之伟业者也。原湘军倡立之始，由二三儒生，被服论道，以忠诚为天下倡，生徒子弟，平日观摩，渐而化之，于是耕氓市

---

  * 原载刘达武编《蔡松坡先生遗集》之三。

井皆知重廉耻，急王事，以畏难苟活为羞，克敌致死为荣，是岂有所劫而为之耶？风气之所趋，不责而自赴也。此所谓起于野也。人谓塔齐布谮事曾国藩，其所部与永顺兵斗，兵哗，既日夜游聚城中，文武官闭门不肯谁何，乃昌狂公然围国藩公馆，公馆者，巡抚射圃也，巡抚以为不与己公事，国藩度不敢决，入方治事，刀矛竞入，刺随丁，几伤司道以下，公言国藩过操切，以有此变，客皆愤怒，以为当上闻，国藩叹曰：吾宁避之耳。布政使徐有壬绕室达旦，明日与按察使详罢遣曾军。及克湘潭，国藩犹待罪，俄而得温诏，且起用塔齐布，文武官大惭沮。塔齐布受提督印，则遍赏标兵，使知无修怨意，则大欢。此所谓成于朝也。曾氏为湘军留不尽之余波，而精神之伏流，于湖湘间仍在，其形式之系统则传诸淮军。传诸淮军何也？曰新法之关系是也。昭忠祠文有曰：用兵之道，随地形贼势而变焉者也，岂有可泥之法、不敝之制？今之水师，盖因粤贼之势，立一时之法，幸底于成耳，异日时易势殊，寇乱或兴，若必狃于前事，谓可以平粤贼者，即可概天下无穷之变，此非智者所敢任也。是曾氏明知旧法之不可墨守矣。湘军固未尝无可用之人，然环顾当时，欲图国家之长治久安，比较的能用新法者，舍李鸿章外，无他人也。盖淮军与新法有特别关系者也。呜呼！伟人之远见与其公忠，岂规规于私利者所能见哉。语有之：取法乎上，仅得乎中。若湘军者，始乎道德，而终乎功名者也，可谓善自保矣。

代湘军而兴者，淮军是也，突起于沪上，实为旧法与新法相交之始，读鸿章之二书可以见也。"鸿章到沪，修营浚濠，兵勇无吃烟扰掠。拟翻刻营规，遍给沪军；翻刻劝戒浅语给属吏，翻刻爱民歌、解散歌，遍贴各城。此即是不才新政。能为佛门传徒习教之人，附骥尾以成名，则幸甚矣。"此则淮军与湘军之关系也。"洋兵数千，枪炮并发，所当辄靡。其落地开花炸弹，真神技也。鸿章遵师训忠信笃敬四字与之交往，密令我营将弁随队学其临敌之整齐、静肃、枪炮之施放准则，则亦得切磋观感之益，洋人因其忠信，日与缠扰，时来亲切，非鸿章肯先之也。"此则淮军与西军之关系也。湘、淮军势力遍天下，而成功仅限于地方，中央无与焉，政府无与焉，此李合肥受曾氏之传统，竭蹶于北洋者三十年，卒以致败之原因也。在直隶垂三十年，欲以西国新法导中国利用之，以求自强，一兴亚洲权力，既有不及，属国势积弱，人才稀少，拘学恣意妒毁，必坏其成，公忍垢负重，不激不挠，诽誉顺逆，荣辱一不顾问，甲午朝鲜乞师，方议谋解纷难，议者攘臂言战，主议者信之，师燨焉。夫合肥非不能知彼知己也，平日以练兵练器相号召，临难而绝对不敢言战，其谓之何？呜呼！合肥之苦心，诚可谅也。虽然，则亦有不能为合肥讳者。"其将帅昔愚而今骄，昔惧而今侈，昔戆拙而今偏柔，虽复用儒生将农人，则所谓儒者不儒，而农者不农，曾国藩之所谓咨嗟于暮气者耶！""统万人岁入六万金，犹廉将也。"湘军且然矣，淮军又何责焉？岂独不能择人以自继乎？甚矣！成功之难恃也。其本不植，而规规于枪炮之利钝，所谓食而不化者也，复何取乎？此甲午之役所以一败而堕地也。惜哉！惜哉！淮军之不能以功名终也。庚子以还，中国无外患，而代淮军以兴者，则小站是也。经庚子之役而始大，日俄之役倍之，营制饷章，浸浸乎有外风矣。辛亥、癸丑之役，再倍之，内而元首以迄将相，外而疆寄以迄兵官，功名之盛，较湘、淮军时，过之无不及也。则合肥之所经营、提携，而项城之所成就者也。甲午之后，其疆臣之自奋而练兵者，张南皮之于湖北也，以一省之财力，拮据经营，其用心尤甘苦，兵工厂亦于此成立，而卒为辛亥革命之起点。日俄战役以后，中央于是有练兵处，上以练兵求，下以练兵应，分年筹备也，三十六镇也，各省竞言新军矣。六年以还，大江流域之军队，若所谓第九镇也，第八镇也，乃至某镇也，某协也，当日者如锦如荼，而至今则昙花欤，落叶欤，杳不知其何往矣，殆所谓无本之木必摧，无源之水必涸者耶？呜呼！此非愚所知也，而精神之伏流则仍在焉。意者湘乡固有所留欤，抑三湘之地气独厚也？其第一次受东西文明之激刺而兴起者，则戊戌、庚子谭、唐之经营是也。其第二次经东西文明之激刺而兴起者，则辛亥、乙卯黄、蔡之事业是也。有其魂，无其魄，其成也，亦仅而已，然其以天下为己任，冒死犯难，而功名利禄固有不足以萦其心者。

蒋方震曰：曾湘乡治兵于金陵，而刻《船山遗书》；蔡邵阳治兵于滇南，而有此大计画及《曾胡治兵语录》，君子于是识华胄精神系之所在焉。夫湘乡能用淮军于湘军极盛之时。而合肥不能成小站于甲午之前，转使成功于庚子之后，项城不能用邵阳于癸丑以后，转使革命于云南，天乎？人乎？虽然，华胄精神者之不发于朝，则殖于野！不发于现在，则发现于将来。孰能亡之？孰能亡之？

考察义国空军建设之顺序与意见 *

空军创造之基点，在墨氏之善用杜黑与波尔巴，已具前报。今试观波尔巴之行政能力：

方震在义请航部各司长讲演，事不一端，人不一事，而讲者开宗明义，则异口同音必曰，总参谋长（陆海空兼），依国际情势战略上之目标而定建设方针如左如何如何，以要求于航部，部长以商之于技术委员会，如何如何以定预算，以……军队无论矣。一（空）军港，一学校之课程表，乃至于一罐机油，一种镙丝，必循例曰总参谋长……如何如何，战略之目标如何如何，此皆军政机关之人而开口必曰战略。较之日本陆部人员事事以法律经费为前提者，感想大不相同。此可见杜黑精神之能贯彻到底，而墨氏之能以作战目标之确定取信于部下也。

凡各国之军事技术设备，有一原则焉。曰：研究惟恐其落后，制造惟恐其争先。后起者秀，于空军为尤甚。一种新飞机之成立，自发意（即参长要求）、设计、造模、试验、制造、试飞、定式，至少须三年半，法国乃至五年，而其机既入勤务，则寿命曾不过三年。操演消耗之，保管又消耗之，敌人优秀机一成立，乃根本取消之。故今日各国空军建设计划，大概以三年为度，至多五年。盖竭国之财以治空军，而三年后即为废物，此真不可为继者矣。故制造之，惟恐其争先也，为国家经济力故也。财力不能争先，而所可争者，则恃乎人之智慧。敌机一人现役，即不能保持其能力上之秘密，而技术上用心之方向，经参长之指

---

* 本报告系蒋百里 1936 年 8 月 8 日自欧洲上陈蒋介石之书，文中详论意大利空军的"杜黑主义"。

导而定。如义国对俄作战，则轰机必须有持久力。对英作战，必须加增防御力。速度、高度、载重机形，必如何而后能较优于敌之种种方案出焉。此方案又经种种之赏验成矣，而后核之以经费，征之以国情，而定暂时应用之数，而犹不欲尽其财力与脑力之量，以备敌之改良蓄其力，以备真正实战时之大举也。空军之建设原则既如此，而波尔巴非空军出身也，义之空军人岂无有行政手腕之人，而墨氏之用之也，何也？曰经济的关系也。波氏为罗马进军四大首领之一，其平时于劳资调和之事积有经验，彼能得资本家信仰，此空军军官之所弗能及也，而空军建设之有赖于资本家，盖无疑义焉。波氏于是在杜黑精神指导之下，对于空军建设定着手之顺序如左：

一、集中技术人才。集中非聚餐之谓也，凡学有专门成绩者，其成见必深，其脾气必大。聚餐于一室，各举其独到之见解而口论不已。波氏外行，何所适从乎？幸也彼以杜黑主义为中心，腐心于空军之独立（即轰炸机载重之后，犹能得最高速度与驱逐机相等），而以飞渡大西洋计划，掩护其攻击野心也。此目标定，而人才真能集中也，卒得一人以发明之，此人本卖其发动机图案于法国（事在墨氏执政前）。波氏执政后，聘之以重金，尊之以殊礼，责之以爱国义务，乃归义而贡献其新发明于国家。谨按：中国人富创造性，少持久性，故物质上设备完全，而能持之以恒，少则三五年内必有精到之发明，可操券以待。惟必须继续研究，不能以一得自满，此则在乎教授与学生间有精神上父子传统之关系矣。

二、连络资本家。义之飞机制造厂大多数均属私人资本，尤以制造汽车公司为最便利。国家派员监督，使其平时对国内外有生意可做，有利可图，而国家定制之件，乃得以实费购取，酌予利息，则藉以培养其战时加速制造力。

三、确定教育计划。飞航将校求其少而精，为适于实用之故，取按级受教制，非独节财，抑且节脑，而以其余力从事于技术专门官长，豫备飞行官长及勤务机械下士官之养成。此下士官之养成，在空军较陆军更为重要。

因其从事于根本也，故空军建设之初，三年间仅以四十二中队自足。九机一队，仅三百余架耳。然经费第一年（一九二五）五万万五千万里耳，第二年（一九二六）七万万七，第三年六万万五，似乎费钱多而得机少矣，而不知正其节省之至也。此后预算常在六七万万之间，而今则有轰炸机七百架，战斗机五百架，侦察机三百架，训练机三百架。据德人所测，则二千百余架，而战时后方制造之能力不计也（估计至少能力可维持此战斗力或竞能加大未可知），则可见其最初飞机之少，正如猛狮搏兽，欲前故退，蓄力以俟也。果也，英国海王乃为之震动，而今年春间发表其五年间之空军庞大预算，波尔巴之飞渡大西洋与林白不同。林白勇气也，尝试的也；波尔巴谨慎也，实验的也。彼其计划盖着手于任空军部长之时三年而后敢行焉。技术之整理、人员之练选、气候之测量、交通之布置，在在与海军取密切之联络。以精密之计算，实地之练习，而犹不敢自信，先试飞南美而后乃敢大举。故义国空军官长已成一种自信，曰勇者得勋，能者得位（此见于教官令）。名誉所以赏有功，事业所以待能者，此墨氏用人成功之铁则，而不容有情实介乎其间也。

自一九二九空军逐渐扩充，而根据地之设备乃日益精密。盖空军战略上之优点，在兵力之能迅速转用（即由东战场移至西战场），顾此新式少年之明星，招待实大非容易。一物不备，全力受其阻碍。于是乃划分军区，而空军港之设备起，在义名之曰：地上组织，为空军部事务上一最重要工作。（此空军港名词，取自德人以军港函义较副名实也。中国或曰飞机场，曰航空站，曰飞机根据地，三名词似皆未妥。）此空军港组织原则如下：每区至少有两个，一为平时用，一为战时用。平时用为集中的，战时为分散的；平时多地面，战时多地下。空军港之一般组织如左（见下页——编者注）：

军港司令官为上尉，由飞航现役退为勤务役者任之，受该处空军司令官之指挥。

勤务组为一中尉所辖。其下各股，系由下士官主持。此下士官等于德之军队之军曹长，几乎终身役，无大故缺不调换。逐年加薪，家族亦住营内。飞航军官关于技术及作战上费精力颇大，万无余暇兼顾地上管理。（各国步兵连长兼管一连庶务者，盖为战术上比较简单，教育上欲一连之兵如家人父子然。然尚且有常役之军曹长，德人名之连母。）故譬如一家然，空军如男子出外谋生，则必有一内助者，以尽其家庭内卫生饮食起居之天职。故此点空军与陆军不同，而与海军相似。海军之港必任以现役最高级之司令长官，而决不令舰队司令官兼。此海军根据地重要甚于军舰，军舰可随时添造，根据地一失，海军即无法成立也。

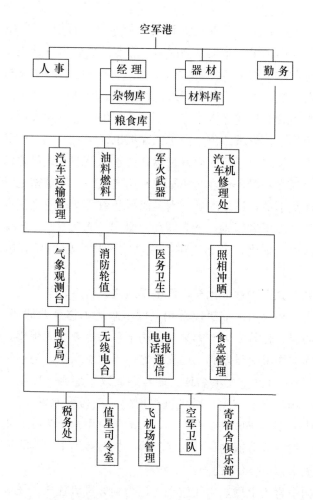

　　而此空军港应在何处、如何设立、应具何种条件，则又必循例曰：
总参谋长依国际情势，定战略上之目标，而决定计划如何如何，以要求
于空军部。空军部依义国战略形势，分空军区为四：东北为一区，所以
强制德奥者也，与陆军联络最密。侦察机之主力，陆上轻轰炸及攻击机
之大部分在焉，盖此方向问题较多也。西北为一区，所以对法预备万一
者也。此区内空军港设备多在地下山背，以法军空军强也。中央（罗马
以北）为一区，重轰炸及驱逐机（除国境监视者外）集中于此，所以防
空袭，而为各地之总预备焉。南方半岛为一区，所以制地中海，对英
也，水机轰炸，即飞渡大西洋制式，鱼雷机、轻爆击机（新式专对军
舰）集中于此。此四大区各有其战略任务，然有一原则，每区内必各有
两港，可以容全国空军之集中，而无俟乎临时周章者也。

　　而此空军港应在何处、如何设立、应具何种条件，则又必循例曰：总参谋长依国际情势，定战略上之目标，而决定计画如何如何，以要求于空军部。空军部依义国战略形势，分空军区为四部：东北为一区，所以疆制德、奥者也，与陆军部联络最密。侦察机之主力、陆上轻轰炸及攻击机之大部分在焉，盖此方向问题较多也。西北为一区，所以对法预备万一也。此区内空军港设备多在地下山脊，以法军空军强也。中央（罗马以北）为一区，重轰炸及驱逐机（除国境监视者外）集中于此，所以防空袭，而为各地总预备焉。南方半岛为一区，所以制地中海，对英也，水机轰炸即飞渡大西洋制式、鱼雷机、轻爆击机（新式专对军舰）集中于此。此四大区各有其战略任务，然有一原则，每区内必各有两港，可以容全国空军之集中，而无俟乎临时周章者也。

　　各国最近趋势，腹部之根据地大概均已完成，故有同一倾向，将国境之地下空军港，逐次完成空军之行军能力与步兵等，而其优秀性乃纯在乎攻击。杜黑最要之言："惟轰炸机飞入敌境，破坏其抵抗力，是为防空的唯一办法。"此所谓杜黑主义，各国兵学家已一致同意。最大修正者，不过法之德培纳将军，谓"陆军苟不能占领其领土，则抵抗力有恢复之可能"耳。

　　空军军队既成，军港之根据既备，最后最后，乃立中央统帅部，则今日罗马之航空部之建筑是也。他人视之，或惊为雄伟，或羡其壮丽，或赞其便利。嗟乎！建筑经费六千万里耳，皆国民之膏血也，岂所以作宣传壮观瞻图办事人之舒适而便利者耶？试问一食堂也，而容四千人，其必要何在耶？各司公事来往俱用气压机递送，其必要又何在耶？以震观之，则可云节省之至矣。盖无一文钱浪费（于表面观瞻），而丝丝皆为实际作战用也。以义之全国比一战舰，则此空部实一司令塔也。以义之全民比一人，则此空部实一脑壳也。墨氏一入此中，全国之陆海空军无论矣，若党、若民、若财，乃悉悉入其掌握。凭其各种特别设备，则各种神经系统散布于全国者，乃一一汇集于有（八百磅炸弹）抵抗力之脑壳中。一动而全身灵活，此全国总动员之结晶处也。

　　盖经战略战术家及技术家之结果，空防完成之必不可能也。故一声宣战，罗马政治中心即有受轰炸之必然性，方此其时，全国空军正向敌境深入，陆军正在动员输送开进，海军正在以全速力索敌前进，数千年历史数千万生命，争存亡生死于俄顷之间，墨氏以及各干部能分心于罗马市民之安全否耶？（研究无线电室中特造一室，使无外界杂声一入其中，即令人爽然神清。）则一入此空城，百念俱寂，而神志清明。夫而后从容以指挥全局焉，既密既速既备，凡百设施皆根据此作战要点而来，此千珍万宝之时间与脑力，而以六千万里耳组织完成之，甚矣其经济也。

以上述义国空军建设之顺序竟。

谨按：空军建设人才教育之法，不妨取材于美；物质研究之法，不妨取材于德；惟建设之顺序及一切组织法，万万不能不学义大利。墨氏与我之亲交与否，义机之适用与否，在所不论也。盖第一财政之拮据相似，第二战略上对敌之需要相似，第三国民精神上之原质相似，有古文明，有创造力，无纪律，无持久力。尤有进者，治空军而不守杜黑主义，不如不治，即"深入敌境破坏其抵抗力，为防空之唯一办法"。故以为节省各种财力而集中于重轻轰炸一门，为今日唯一法门。盖绝对防空之必不可能也，敌与我共，而敌之工业发达，经济悉集中都市，正其大弱点也。

速决与持久 *

法国战术家认攻击有两个基础条件：一为运动，一为射击（火力）。

飞机出现以还，技术上的进步一日千里，如今空军已单独成为一个作战单位，同时向来最缺乏运动性的迟缓的炮兵，经过摩托化并有坦克战车的发明以后，它的速度也超过了从前几十倍，空军中的重轰炸机，将来速度可与驱逐机相等，而驱逐机的速度则因人身生理的限制，不能更有多大的进步，所以欧战后的军事发展，专在运动性方面，而火力又是跟运动性的增加而增加。

单从战斗的工具来说，各国都是向着"速"字上用工夫，因此现代战术战略的趋势，也自然向速决方面走去。但从整个国家的立场说来，即从所谓"全民战争"的范围说来，到各国，尤其是持久战失败的德国，就注重在"持久"两字，风行一世的自给主义便是持久战的根本政策。不过，文章是要从反面看的。我们不能据此认为各国如今以守势国策，须知他们一方面高谈持久，然而各种战斗方式，莫不趋向速决的方面，而持久却是达到速决的一个门径。

全民战争的痛苦是太深了，负担是太重了，所以政治家对于民众的要求虽为持久，军事家对国家的义务则取速决。不用说空军战斗是速决，海军战争亦然如此，一番会战每可决定全局的胜败，战斗中最有韧强性的就只有陆战。然现在陆战的工具一天快速一天，陆战装备的重心，完全集中在所谓快速师团。它的战术，亦即它的特性，就在出奇制胜。再看现在各国的动员律也是朝着速决的方向走。德、法两国国境建筑的要塞，目的在掩护动员，决不想在那里死守。当年凡尔敦要塞的北

---

* 此文于 1938 年 1 月 26 日在柏林写成，刊载于《大公报》。

方区，正留有一个攻击地带。如今德国积极修筑高速度行车的国道，也正在守势中间寄托着一种攻势。

我们可以说速决主义乃现在实际军人所追求的目标，这是从这种战略上的速决中间，发现了军制亦即国力上的持久问题。须知空海两军都是以技术的优越而决定战斗的胜利。一国的经济力量，能否与技术上的发明亦步亦趋，乃军备上一个根本问题。譬如阿比西尼亚战争时期的义大利飞机，现在已成为明日黄花，不能与英国竞争，若将这些飞机一律取消，换上一种现在最理想的构造，经济上不胜负担；若用局部改良的轮替法，又怕敌方改良得快，将一辈子赶不上人家。所以现在军备改良有一个主义，名为"发明惟恐落后，制造惟恐争先"。就因国力跟不上技术，换一种炮，动辄几千门，换一种飞机，动辄几百架，真所谓掷黄金于虚牝，谁都受不了。

掌理国政的人假如轻轻失去了军事优势的时机，再要重新恢复优势，至少要待五年或十年以上。照我个人研究，历史上陆军的强大，不能保持二十年；空军强大，不能保持五年；比较上优势最易持久的还是海军。这因为主力舰的建造最费时间，而且海上武力又最反映着一国的经济力量与民族传统，并非五年十年的近功。

总之，现在欧洲军事的方向固然趋于速决，而政治的痛苦与经济的困难则在于不能持久。他们苦心孤诣的经营，便在寻求速决与持久的平衡，要从此中发现一条新路。

他们要求速决，所以不能讲持久；速决是目的，持久是手段。

现在拿欧洲这一种实况来研究中国应循的途径，我们知道欧洲人从速决主义下发现持久的困难与必要性，至于我们中国目前既须作持久战，我们就应该在持久这个决心下来研究速决的"速"之条件。欧洲法国凡尔敦所以能长久固守的原因，并非由于死守，而在于法国人能利用运动战的原则，将守线随时移动。死守一个阵线，无论设备如何坚固，在今日火力下仍可将整个战线顷刻毁灭。去年比尔波铁环的防御，建筑的时间费去九十小时，而摧毁的时间，只经九小时。

当年法、德火力同等，而法国守势战尚非扼据一线的死守，何况火力平常不占优势的我国。所以在一个持久战区之内，反是用了运动战可以达到持久的目的。简言之，这便是所谓"以攻为守"。假如拘之于形式上持久的一线死守，是必然不能达到持久之目的。现在德国有步步为营的退却法，就是寓死守于运动之中。

一个部队的火力要与运动力同等，没有运动力的火力，可名为"死火力"。所以要达到持久固守之目的，应以增加运动性为唯一条件。前方作战的部队至少要能够自己指挥后方的给养。我们装备完全的步兵团差不多与德国步兵团相像，但德国步兵团后方直属的车辆就有一百三十辆之多，假如每团加上防御战车，更须增加七十余辆汽车，才可使一团的火力得到适当的发展与运用。至于一师作战单位的大辎重与炮兵辎重都没有算在其中。

远适异国不知战斗的实际情形，所以一切不敢妄揣，不过我以为我们固然要求持久战，但其先决条件，便是要使军备增加运动性，因为我们要以持久为目的，须以速决为手段。

欧洲的问题是不久则不速，我们的问题是不速则不久。

抗战的基本观念*

　　欧洲人以商业起家，他们的心理上有两个基本点：一是现钱主义，一是计算主义。因为现钱主义，所以将来如何危险，他总是说："到那时候再说。"这决不是苟安心理，但今日今时如何最为有利，却是他全副精神之所在。因为计算习惯，所以两种数字的比较，可作一切计划的根本。他们偏重物质元素，至于不可以数字计算的精神元素总退居于背景里。

　　我们来到欧洲，随时给欧洲人说明我们抗战到底的决心。他们表面上虽然承认，心理上总带着怀疑。因此我就以中国人并军事学问上的立场，在德、法两国军事杂志上发表了一点学问方面的见解，想把他们的根本观念廓清一下，现在把这篇汉文稿子寄到国内藉供国人的参考。

　　我们中国人的思想有两个基本点为西洋人所不易了解。

　　第一点，是我们的乐观态度。这乐观并非眼前的一时的享乐，而是悠长的永久的希望。我们对于历史，终于五千年一回溯，三千年一综括。在欧洲人看来，三五千年的老古董，学问上研究固属有益，与实际的人生则不相干。在新教育家看来，这徒然造成了时代的落伍。但中国人却从这种历史教育中间养成了一种特性，在今日就发生了影响。中国人是：因为时代经过既久，社会变迁自多，所以他的历史观念是强者未必永久强，弱者未必永久弱。汉、唐、宋、明，曾经几度的败亡，但未来复兴的一个模糊的希望始终涌现于国民潜意识里。王夫之、顾亭林在宗族失败以后，仍是拼命著书。这种例子只有最近一位德国海塞尔博士，在德国战败后从新把本国历史叙述一遍，提倡一种乐观精神。我觉

---

　　* 此文撰写于 1938 年年初在欧洲考察期间。

得他的功效，比了费希特的讲演还重要些，但较之顾、王，犹不能望其项背。

这种悠久的乐观态度，非今日物质文明眼前享乐的人们所明白。也许有人说现代的文化与从前不同，然而真正拿历史的眼光来看，文化之所以为文化，就在其传染性、发酵性。假如不"化"，就不得谓之文，所以文化这回事第一是敌我同化。蒙古人、满洲人会骑马，西洋人、日本人会用机器，但他骑马我也能骑，他用机器我也可以用。假如说，我们机器武力不如人，所以决不能取胜，那么历史上复国英雄与革命志士起事的时候，弱国于抗强权的时候，武力与机器总是不如人，但终究获得最后胜利，这是什么原因？福煦将军指挥了一千万人以上的武力，握有全世界的补充，他却说一句话："只有自认打败仗的人，才是真正打了败仗。"我们知道福煦将军先有了这个根本信仰，然后英、法、美的武力才交给他。换句话说，因为法国人精神的坚决，所以物质能从贫乏里一天天充沛起来，武力能从弱小里一天天强大起来。

我们今天退出上海，但我们自信是胜利的；我们今天退出南京，我们也自认是胜利的。这种说法并不抽象，也不空洞，我有正式的科学根据。须知我们是农业国家，并非工业国家。后者全部国力集中几点，一个纽约可抵半个美国，一个大阪可抵半个日本。中国因为是农业国家，国力中心不在都会。敌人封锁了内地隔绝的上海，只是一个死港；点缀着几所新式房子的南京，只是几所房子而已。它们与中国的抵抗力量，完全没有影响。你们把南京比纽约、伦敦、巴黎、柏林，这就错了。史丹法尼他倒懂此心理，他说现在中国人人心头有一个南京，日本空军炸毁了几所新式建筑，并不算一会事。

第二点，便是我们的决心，是直觉的，不是计算的。毛奇将军一句名言："先要算，后要断。现在的欧洲军官一天到晚只是算，平生难逢一次断。但历史的经验告诉我们，平时的计算无论如何精密，到了战时仍不可靠。"毛奇将军这句话的价值，就是把"算"和"断"分为两件事。断的时候，就不能算。假如算定稳打胜仗，然后打仗，这种军官就不成其为军官。

从世界的眼光看来，敌人的飞机有多少，武器有多少，我们只有多少，我们当然不能和日本打仗。但我们的国民、我们的领袖已经在计算中经过了六年。现在不能计算，只能断。我们现在的抗战，便是我们的直觉，但这直觉已经过了一番计算的洗炼。你们现在再用纯粹计算的眼光来看我们这次抗战，就是轻视我们断然决然的意志。战略家异口同声说，战争目的在于屈服敌人的意志。屈服一个将军的意志，使他放弃抵抗，这是可能的。屈服一个政府的意志，使他改变政策，这是可能的。但要屈服一个民族求生存求自由的意志，这在古今中外都是不可能的。就中日战争来说，抗战乃我们民族决心的表现。蒋介石将军的意志，便是我们民族意志的象征。若论日本能屈服中国民族的意志，这是没有历史的常识；若谓日本能屈服蒋介石将军的意志，这是没有人格的认识。

日本的愚蠢可笑，可见于防止赤化的这种宣传上面。大家知道共产是一个思想问题，不是威力问题。盖谓威力可以压制思想，世界上就绝对不会有革命问题发生，也无从有新兴的国家了。假如欧洲人害怕中国会变共产党，不客气地说，凭着日本二百万军队来防止中国赤化，等于尼古拉二世用禁卫军压迫革命党一样。而且，谁能够保证日本这二百万军队中没有很多的反战派和共产党？

中国人决心不走共产的路，不是任何威力防止的缘故，而是由于中国人自己的观念、自己的家庭组织与爱国精神。假如抹杀了中国的爱国精神，破坏了中国的家庭组织，这时欲防止赤化，就是十百倍日本现在的兵力也是不够的。日本现在这样蹂躏中国，目的处心积虑要把中国分裂破坏，要把中国赶上共产的路，但实际上反而刺激了中国的爱国精神，反而促成了中国的全民团结，加速了中国一切组织的改进。中国民族存在一天，这种精神、组织也存在一天。所以日本欲屈服中国和把中国赶上赤化的路，二者是同样的绝不可能。中国人既不会屈服，也不会赤化。我不敢自夸，我举外国人一句话，英国《泰晤士报》说："中国民族主义终必胜利。"

抗战一年之前因与后果[*]

一、前因

一个民族遭了打击，能反躬自省，举出自己的弱点，本是极好的事，但二三十年来士大夫阶级的种种悲观论调却另有两种卑劣的心理：一是自己抬轿——把人家骂得一钱不值，以表示他自己的了不得；一是自己透过——什么事作不动都是人家不好，从骂老百姓起，一直骂到他自己的祖宗。如果将这一种悲观论集合起来，那是华族早就十足的具备了亡国资格，而现在铁的事实现在眼前，这"抗战一年"，竟可说是历史上的奇迹与突变。

反之，乐观论者也不可以将这抗战一年的事实看得太轻松。前方的血，后方的汗，一点一滴的流出来，这不是单靠着几场演说、几本小册子、几张图画所能做得到的。他必定更有一个更大的原动，有了这个原动，才能前仆后继地死而无悔，早作夜思地劳而不怨。

我如今想把这奇迹的原动举出来，以增强我国民的自信力，而且至少使现在的教育家与教授们对于中国历史有一个研究的指南针，使国民对于自己个个有一个自信。

这次抗战是三千年以前下的种子，经过了种种的培养，到现在才正当的发了芽，开了花，而将来还要结着世界上未曾有的美果。

我要把中国历史分成三个大时期，每一个时期有一个特别的注意

---

* 此文于 1938 年 8 月至 9 月在汉口撰写，连载于 8 月 28 日、9 月 4 日、9 月 25 日《大公报》。

点，就是文化发达的特别主流，此后历史教材应当向这主流方向研究出来才有用。照这个主流来看，这三大时期有继续不断的灿烂的光荣，而且这个光荣以前并未毁灭，将来更会发展，决不像悲观论者那样"腐败化"、"老衰化"。如今且说个大概。

第一期从周族开辟中原到秦汉的统一中国。这时代是华族完成自己文化时期。这个时期已经下了两颗种子：一是同化力，一是抵抗力。他的工具是当时发明的井田封建。封建就是殖民，荜路蓝缕，以启山林，是取攻势的；井田就是垦荒，九家相保，出入扶持，是取守势的。这两个力——同化与抵抗，攻势与守势——如同车之两轮，鸟之两翼，互相的补助着他的自身的发展。演绎出来，长城是象征着守势，象征着抵抗；运河是象征着攻势（交通为攻势要具），象征着同化。

这个大文化完成中间，还有一件世界没有发现的妙处，就是同化的攻势（就是同化），武力的守势（就是抵抗）。我们取攻势，用不着杀人；我们取守势，却能拼命。因为我们是大平原的文化，当地广人稀，我们尽有让他种人发达的雅量，不像欧洲希腊那样的一块小土地，非你死我活拼命不可。文化攻势的意义并他发展的形容词，古书里还可以寻出几句来，如同"舞于戚而有苗末格"、"用夏变夷"等等，至于《尚书》里"黎明于变时雍"、"礼失而求诸野"，《中庸》里"舟车所至，人力所通，日月所照，霜露所坠，凡有血气……"等，形容得那么伟大。于武力的守势，都老实不客气的拼命。孔子说的"自古皆有死，民无信不立"；孟子说的"凿斯池焉，筑斯城焉，效死而民不去是则可为也"（效死而民不去是做得到的）。

一个文化完成之后，如其不加锻炼，还是要沉沦，要衰老，要灭亡。天幸的锻炼的机会来了，于是转入历史的第二期。

第二期从汉初张骞开西域起到宋末文信国成仁为止。这是养成我们同化力的时机。

许多历史家把五胡乱华纯粹看作华族被异种人压伏之始，这是大错特错的。我要问：为什么五胡捣乱开始第一个人物他偏要姓刘？人家自发的正正堂堂入了我们的国籍，我们为什么要认他是外国人？老实说罢，我们早就胡化了，拉的是胡琴，坐的是胡床，吃的是胡桃西瓜。岂只胡化，还是印度化哩！头上飞机在那里转，不识字的农村老太太还念一句"阿弥陀佛"！

这个时期，又表明了一件世界没有而华族特有的妙处，就是我们自己有文化，而同时能诚意的接受外来文化。现代的欧洲人本来自己没有文化，所以第一期的希伯来化、第二期的希腊化能顺利的进行，如今两希还闹不清楚。中国不然，所以到唐代形成了一个无比的伟大国家，无上的进步文化，如今还遗留下有唐律与唐诗。

因为同化力的意义，一方在发展自己的固有，一方又要能接受外来的新事物。我们看六朝到唐的中叶，一群发疯似的留学生，冒着性命的危险，向印度出发，表现着不入虎穴焉得虎子的攻击精神。他们只希求内心之满足，并无丝毫升官发财的念头，而社会上也被这勇敢高洁的人格所感动，作我们邻居的理论整个的在中国植下根基，到今天我们西边的老亲戚（蒙藏）还可以有一脉相连的关系，不至于反目！

在这个同化力养成的时候，抵抗力并不因此而丧失。这就是民族南迁逐步的开发了长江南部，渐渐的遇见了世界交通的海。如今广东、福建的语言还保存着古代的音节，这就是证据。不过在这一段锻炼中间发现了一个原则，抵抗力不可误用。就是说抵抗力用在文化方面是无用的，韩、欧的文章，尽管可以为古文的模范；但是《原道》也罢，《本论》也罢，打消不了民间的一句"佛"。而这时代不像欧洲人那样没出息，闹成三十年的宗教战争。这就是华族特有的长点。

同化力养成了，不过抵抗力没有锻炼，这也还不够成为大器。上帝嘉惠我们，来几个硬钉子碰碰，这就是：

历史的第三期。从文信国成仁到中山先生在南京就任大总统为止，就是说从蒙古侵略中原到革命成功为止。是为锻炼我们抵抗力的时期。

蒙古人征服了北半球的大陆，第一个把他赶走的还是我们华族。满洲是东胡族，具有相当的同化力，同时华族本来容易接近，所以勉强能维持二百多年，并且随嫁时带来了一笔很大的财产。但是华族的抵抗力始终潜在的滋长着，所以一致革命声入心通的全中国呼应了。如今五十岁以上的老党员，可以自省一下，当初"革命"二字，怎样的从耳朵里听进去，怎样的转到心窝里，怎样的发动了行为。文章本天成，妙手偶得之，大英雄的本领就在得到群众心之所同然。

两次赶走异种人的历史，说来未免太长，不是本文所能及。但我要举两个人的两段精警的话来惊醒大家。

第一是明太祖的遗诏。他用武力来赶走蒙古人，当时的士气，必定极旺盛，看不起外国人。但是这位英雄从种种的经验上寻着了我们民族发展的要点，所以遗诏上说："非夷狄来侵，不得用兵。"这就是说，不要看我们赶走蒙古人太容易，就发生了侵略的野心，武力是应当取守势的。现在喜欢看远势的英国人，对我们群众抗战有成绩，就不免有点担心。国联席上敌人怎样借着排贷的理由，煽动英、美人对于中国之忌刻，以表示他上海出兵的正当。这是我们应当特别注意的。

第二是顾亭林所说："有亡国，有亡天下。国家之事，肉食者谋之，天下兴亡，匹夫之贱，与有责也耳。"这句话照现代解释，他之所谓天下，即是民族的国家；他之所谓国，即是朝代或政府。所以说，皇帝不好换朝代，官吏不好换政府，这不算一回事。至于国家的兴亡，这个责任是在匹夫，是在一个一个的老百姓，是在整个的民族。我们试想想，前方流血后方流汗的是谁？……当年革命本来是匹夫之责，后来却混进了许多吃肉的，所以革命成功后，还要吃十几年的苦。

两个要点说明后，我还要把主文"锻炼"两字来说明一下：

上文说过，同化力与抵抗力有互相辅助之能，如其单是运用，不是归化，便是入山。天幸我们有地理上的优越性，历史上压迫我们的异族都是从北方来，而怀抱强烈抵抗心的民族英雄一步一步地南移，至于大海。如今新文明都是从海上倒贯进来，自然的使我们活用了同化力，以助长我们的抵抗力。所以革命事业，单单起于广东，这是地理历史上的大因缘，不是一件偶然的事。而这一次后方流汗的工作效率，算来却推侨胞为第一。一个苦力，一个车夫，个个能将他们每天所得的工资，提出百分之几来，积成一个按月常捐，寄回祖国，一年来没有间断。这真是长期抗战的好模范。

反之，近百年来，在北方的政府方面却把抵抗力误用了。不用说拒绝通商，反对传教，到后来竟演成庚子排外的失败，使后来的小部军人根本丧失了战志，所以到民国成立了十几年，不仅军事的制度没有确立，而且使国民对外观念常在动摇不确实状态之下，一会儿看得敌人一钱不值，一会儿看得敌人如天神一般。而过渡时代竟有以国家性命关头之外交国防的大政策作政争之工具者，则两都沦陷，东南涂炭，正可谓自种其因，自食其果，要不是顾亭林先生三百年前指明了"肉食者"与"匹夫"的分别，连我个人也几乎要丧失了自信心。天幸的在这整个民族震撼动摇之间出了一位领袖，他能握着华族文化的中心，就是同化力与抵抗力的相互作用。

德国顾问走了，有的着急着问我军事上会不会发生影响，有的轻松的说顾问本来没有大用处，走了也罢。我对此事发生无限的感慨。

原来聘德国顾问的一件事，是十三年前蒋先生初到南京的时候，就打定了主意的。他不以革命军成功自满，更要为中国在国际地位中立一真正的现代的军事基础。我当时就感觉着这种精神的伟大，而可惜还有人不能体会。我说第一不用着急，军事家不会单是德国专有，英、美、俄、法俯拾即是。倒是领袖的这个虚心，是千载难求。我们应当体会着，宝贵着。第二，更不可看得轻松。本来顾问是外国人，有没有用处看我们自己的能耐如何。自己有能耐，顾问就有用处；没有能耐，就没有用。我们要用固有的同化力取攻势的迎头赶上，万不可自作聪明装老腔，说什么中外形势不同，而将军事制度上的根本建设停滞下去。举顾问这个例不过表示领袖虚心的一端，这已经把握着华族发展真本领的一面，从这个"虚怀若谷"里，将来还要开出一种世界未有的奇花！

至于另方面的抵抗力，则领袖战志之坚决，一年来群众应当明白。不过可怜呵！人家倒明白确信，我们自己倒还有怀疑的糊涂蛋。今年春天，东京的杂志里已经将五年前庐山的秘密讲演公开的译着，登着，证明了蒋先生决不会同日本人妥协。而反倒中国方面，今天意大利作调人，明天德国人提条件，没头脑地替敌人做广播。幸亏战斗的事实摆在眼前，而日本人的外交方式倒替我们领袖的战志做了保证人。（我可以同摩西一样的向着忠君爱国的日本人预言着，蒋是不会倒的！倒是今天防共明天排英的更且同华族结下了民族的深仇的军人，却把百姓昭明协和万邦的意义，至少去了半截。）

世界上够得上当领袖的没有一个不是意志坚强，革命正统下锻炼出来的。蒋先生，直接继承着三千年来祖宗遗传下的抵抗力，紧握着四万万的声入心通不同言筌的群众意识，本是无可疑义的。不过五六年来还有一种沉痛的回忆，使我们对于领袖战志之坚决更加一层尊敬。试想自九一八以来迄于七七，中间政府受过多少攻击，闹过多少乱子。所以战志虽定而贻误了不少的战备，不过从决心上看来，现在的成绩还是当年一百个"忍"字来的。一种人，他自己的意志不坚定，而以己之心度人之心的来揣摩风气；一种人，他自己虽坚定，而主观太深，不能设身处地考察实际的方法与时机。这两种人都是君子之过，倒还可恕，而在这中间，竟有趁火打劫的政客也在那里高谈和战。所以我当时说，主帅应有决心之自由，和战非我辈所当讨论，我们的任务，只有预备着工具而已。

蒋先生在四年前说："我有最后的决心。"三年前的冬天就有人问到底几时是最后，彷佛在催促着似的。去年七七以后，蒋先生又说，我们会得到最后的胜利。近来，我彷佛听见又有人要问到底几时是最后，我老实说，最后就是明天，不过你这短命鬼今天要死，我可没有办法。

如上说来，我们可以得到几个训条、几个确信：

一、我们应当欢喜，（不前不后）生在这个空前伟大的时代下做中华民国的国民。

二、我们应当自觉，我华族的抵抗力有三千年的培养、五百年的锻炼，根基深厚，无论世界上那一族也比不过。

三、我们应当确信，我们领袖有坚决的战志，有不自满的虚心，继承着华族正统的两种力——攻击的同化力，守势的抵抗力。

四、我们上有领袖下有群众，用不着我们谈主张，我们应当尽全力去觅得工具。

二、后果

真命天子出现了！这不是深山大泽中的篝火狐鸣，这不是豆棚瓜架下的蛇神牛鬼，这是社会演进的必然性，这是生存竞争的铁则。究竟这个真命天子是谁呢？我说就是顾亭林之所谓"匹夫"。分言之，即一个一个的老百姓；合言之，即整个的民族，夫是之谓民，夫是之谓主。

悲观论者的心理中，侵略家的妄想中，往往有两种阴影扰乱着：一是蒙古南下，二是满清入关。姑不用说敌人的能力、国际的环境怎样那样，单就主观方面看来，他们忘记了一件大事，就是最近的两度革命——宋末革了命吗？明末革了命吗？

有一句唐诗大家可以咀嚼一下："草色遥看近却无。"你们如果到乡间只看见农民的愚蠢与破产的悲惨，你们如果到工厂里或立在码头上只看见劳力者的不秩序与不净洁，这所谓"近却无"；但是你如果飞在五千尺的高空鸟瞰，你如果立在昆仑山顶东望，包你有一幅锦绣山河活活的现在面前。观察一个多数的大集团的发展，最紧要的就是要把近视眼镜除下。老实说罢，大群演变的趋势，没有先见的慧眼是看不出来的。

再打个比方：辛亥年就是除夕，民国元年就是元旦。这年头，天气坏，一场一场的冰雹雨雪打下来。现在到了正月二十七了（民国二十七年），老头子闷得慌，偶然的策杖郊外，在残雪的中间看见一片似黄非黄似青非青的草色，就不免春意盎然解散了前几天的忧郁，但是这个嫩芽将来究竟怎样呢？

诸葛亮《出师表》"亲贤臣，远小人，此先汉之所以兴隆也；亲小人，远贤臣，此后汉之所以倾颓也。"这句话谁不会说？但是他的文章却好，实实在在的指出谁是小人，谁是贤人。小人太多了，只好笼统的指个大概，拿桓、灵做代表。贤人，他却要一个一个的保荐，而且要求着"事无大小，悉以咨之"。这不是空论，而是实际。不过将亲贤远佞的一件兴亡大事，就是靠着皇帝个人来判别，是极危险的。诸葛亮死了，谁能把贤人小人一个一个的指出来？吃过痛苦的欧阳公在《朋党论》里，也只能举几个原则，不能应用。历代的治少乱多，就是因为这个原因。宋明末代总是国家的外环境要求着优胜劣败，而国家内环境却是劣胜优败，所以应付不上，至于败亡。

现在可以明白了，抗战一年的第一效果，就是替我们造成了一个有目共赏、公平无私的分别贤奸的天平架。

诸位前敌将军听着！敌人是最公平不过的，在那里考试我们；我们有办法，肯拼命，能够意志坚强，心气和平，敌人就会用他们自己的血把我们做的文章红圈子密密的圈起来；同时还有外国新闻记者一字一句的不惜电报高价向世界报告着；同时还有本国的老百姓手舞足蹈的向他儿孙演讲者〔着〕。谁还敢忌刻你们，造你们的谣言？所以平时或许有出力不讨好的事，战时却都出力必讨好，不出力必不讨好。一个歪曲的社会，到了抗战时代，天然的会正直起来。

从前许多清客们骂老粗升官的方法，一曰吹，二曰拍。其实这两种还含有积极性的；如果方向好，吹向敌人去，拍向民间去，倒不失古代武士的特色。顶不好的——而且是大多数的——借着服从命令的招牌而不负责任的消极的"等"。"等"就是平时大多数升官的秘诀，就是战时打败仗唯一的祸根。这不但是中国，外国军队也是这样，霞飞将军在开战时一个月内，将高级军官换了三分之一以上，现在公认这是他的最大成绩，马仑大战的致胜总原因。由这个"等"字演绎成功，所谓"保守实力派"，这是社会停滞的必有的败象。可是在抗战时代，最倒霉的，就是这一群"等"客。你想"等"字底下除"死"以外还有别的字吗？同时肯牺牲的倒大多数保全，想保全的结果必至全部牺牲。因为平战两时社会性，有一部份是完全相反的；平时最便宜的办法，就是战时顶吃亏的办法。时势造了英雄，环境等着豪杰。毛奇将军叙述战争之有益于国民道德，而和平可以使国民堕落，是根据这事实来的。

可是这次抗战中间，除了考试作用以外，还有一种特别的排泄的妙用。

大家知道人类有一种病，名曰"癌"。这不是外来的一种微菌，而是自己变坏的细胞。这种细胞如果停顿在身体里面，必定成一种不治之症。一个民族同一个人一样，有了坏细胞没法排泄，是最危险不过的。如今天幸的敌人却送我们一种妙药，替我们分别贤奸，将那种毒细胞尽量吸收去，使我们民族的血液加一层的干净康健。这个妙药，就是南京、北平的汉奸团体。我们试一回想，如果没有这抗战，那多么危险？有的曾经受过社会欢迎，是"好人政府"的要角。有的竟做到现代政府的高级官吏。就是诸葛公在今日，也未必能事前指出，如果王荆公或竟将倚以了事。如今清浊分明，再不容鬼混了。这种现状，一方面可以使中国社会从此可以明白，怎样是汉奸型的人才？应当如何加以卫生的警戒？一方敌人却将那种坏种子吸收进去，自己破坏，自己传染，以为自身将来破坏之准备。（如今咬杨枝〔牙签〕的穷武士，袋里也有了花旗银行的存款折子。）

但是，这一种勇怯的考试制度，贤奸的分析作用，不过是现代的小果。事更有大于此者。

我先要提一个问题，为什么汉朝要艳称文景？为什么唐朝要艳称贞观？不仅汉唐，易姓革命后的第三代，总是比任何时代好些。

欲解此问题，则仍当归之于理想家（知识阶级）与实际家（主权阶级）之调和。圣君，实际家也；贤相，知识阶级也。土豪，实际家也；劣绅知识阶级也。两者合作则事成，两者分离则事败。大乱之后，则两者合作机会甚多，并且更进一步相互的融化。知识阶级肯负责任，如曾文正之《挺经》第一章，胡文忠之包揽把持，此理想家之能趋于实际者也。汉文帝能与贾生作长谈，唐太宗能临摹王右军的书法，此实际家之能趋于理想者也。反之，崇祯问臣下以剿匪之法，则叩首："愿陛下先正其心，先诚其意。"三问，三叩首。逼得这皇帝没法，信用周延儒这一种小丑。不仅是政治方面，就是学术方面，顾、王的考据朴学，颜、李的实际哲学，都是在这时代养成的。

其实，执此以例近代兴亡，百不爽一。

这一次抗战的最大结果：为社会，是替理想与实际造了一条沟渠；为个人，是在纯朴的心灵与敏活的官能间造了一条桥梁。（前者见之于"东"、"北"学生之西南移，后者之于"西"、"南"民众之接受新事物。

轰雷掣电的给予了将来负大任的人们一个动心忍性的大锻炼。）

五十年前骂八股先生的无用，就是因为他的线装书里虽满装者〔着〕"修齐治平"，但是他只须经过书房—考棚—衙门这三关门，就可以负责担任国家的事。三十年来线装书换了蝴蝶装（里面也有主义，也有公式），但也只要经过寄宿舍、轮船、火车、宫殿式的洋房这三个关门。他们没有吃过杂粮，没有住过猪圈，总之，他们没有与民众共同生活过。这种缺点，一百回的讲演是改不过来的。因为讲演也不过靠着书本做宣传。五四运动以后已经有"到民间去"的一个口号，但是实际上能有几个？这不是说青年没志气，事实上环境不许可。我认识的明友中有几位多是靠了一种特别机缘，才到民间，而这种机缘万万不能普遍。

可是抗战以来，沿海各学堂的教授学生，事实上不能不向内地走。（我有一位世妹，今年二十一岁，也能背上五十斤背包，一天走上八十里从江西逃出来的路。）战地紧张的地方更不能不逃难，更不能不求工作；靠家庭读书不可能了，于是给青年的知识阶级一种实际经验，而这种经验又是在一种悲愤兴奋状态之下体验着，不是春季的游山旅行学生，是客观的社会测验，这正是孟子所谓"动心忍性"，"增益其所不能"了。不仅是教授不行，就是难民难童离了他故乡去接受着新事物，把家庭乡土的观念逐步的扩充着。这一种生理上的自然锻炼，正是真命天子的唯一造就法。

青年！你们多么幸运！所以我个人决心把我的大女孩好好的住在香港念书的，特别叫她丢了书本到内地来过些逃难的生活。我觉得这个无上大学的讲习班，比香港的皇后大学高上几百倍。

与此相平行的，就是腹地大民众，可以说，世界上最落后的民众，如今都受了最新式文明的洗礼。我们到外国考察，费了很多的金钱，讨了很大的情面，才看得到一回飞机操练同防空演习。如今几千万民众，都自身冒了生命的危险，经验着，学习着。单就这一点看，如今"土货"就比"洋货"价格高些。因为"洋货"无论怎样的用功，都是拟想的；而"土货"却是实实在在的经验。我想此后的国民市民不能随便让人家造琉璃瓦的洋房做目标罢！重工业的老板们，再不敢贪小便宜，将他的工厂竞争得拥在一起罢！我敢断定，我要要求，我要明定法律，我们的非战斗员平民老幼，血肉淋漓，肢残骨散的惨痛，决不是白白葬送就算完了。我们要每一个受过空袭的都市造一个纪念坟，以代替当年"航空救国"的广告。那么不是吹牛，十年二十年后，英、美的都市建设家，航空专门家，必定要到中国来留学，来就教。这不过就空袭一端而言，其实这几千年在朴素的生活下留存的元气，率然的受了最新文明的刺激，心灵与官能间必有一种大变化。而这种变化的将来发达到如何地位，凭我现在的智识还不能判断。不过，照已往的历史来看，总是急激的向着光明方面走，是无可疑的。

诸葛亮已经用不着苦心孤诣，阿斗也不是二十年前的阿斗了，所以我们要确信：

（一）社会上已经有了公平的判断，只叫我们自己努力，没有不成功的。"忠而见疑，信而被谤"的冤枉事，将来会一件一件减少，以至于无。就是汉奸的儿孙，也要向成仁诸公的忠魂碑叩头。

（二）我们民族主人翁的资格，条件已经具备好了。现在正在筹备大典，不久就可以正式即位，大赦天下。

中华民国万岁！

三、余意

谈过去，可以证诸事实。事实为人人所共见，故使人了解易；谈将来，只能求诸想像力，想像力为一人所独创，故与人共证难。况且能了解过去，不过是一种说明，一种学问，不能激动成为行为，而有裨于实际者少；所谓"历史之所教训于人者，即人类不受历史之教训"是也。

能印证未来，则可以使现在的行为得一种标准，而为将来之成功更得一层保障。故实际上印证未来之要，甚于过去，但是"曲突徙薪无恩泽，焦头烂额为上客"，又是社会最容易犯的错误。

我于民国十一年就下一敌情总判断（见《裁兵计画书》），"德国此次战败之原因，自兵略言，即是目的不明瞭，理由不简单。自宣战的理由言之，是攻俄；自军事之动作言，则攻法；自最后之目的言，则对英。失败之大原因即完全因为侵略主战。野心家视此土既肥，彼岛更美，南进北进，名曰双管齐下，实是宗旨游移，而其可怜之人民只有一命，则结果必至于革命而后已。"

日本的军事后辈们！你们一辈子研究军事学问，锻炼军事精神，连"宗旨游移"四个字的大毛病还不能了解，靠一点不完全的从欧洲偷来的小技术混充东方主人翁？回回头罢！我是千万分的好意呵！

至于述中国国防线之方针：

我国家根本之组织，不根据于贵族帝王，而根据于人民；我国民军事之天才，不发展于侵略霸占，而发展于自卫。故吾今者为不得已乃创左之宣言。

我国民当以全体互助之精神，保卫我祖宗遗传下之疆土！是土也，我衣于是，我食于是，我居于是，我祖宗之坟墓在焉，妻子之田园在焉。苟欲夺此土者，则是夺我生也，则牺牲其生命与之宣战。

"是义也，根据历史，根据世界潮流。"

国民听之！呜呼！互助！互助！莫或改之，若或改之，所当惩前，所当毖后。

但是我不是仙人，破课未必课课皆灵。用十几年前的老话来证明我现在悬测之不谬，恐怕尚不足以起大家之信心。我只好用现实，再用一年来亲身所经之事实证明之。就是说，许多人带了近视眼镜，我不能把他眼镜去掉；带他到野外，他还是看不见草色，只好拉几根黄芽送到他面前去。

自我去国中间才一年，而青年进步之可惊，乃出意外，约而言之，乃有三点：

第一，观察深刻了。西安事变前十日我才从欧洲回来，到香港到上海就有许多记者来，问长问短。我是好说话的，但是他们笔记下来的东西，我明天报上看见，总觉有许多不透澈。可是今年，不然了。他们听我的话，同时又注意我的态度，摇蒲扇立起来讲演，也记载下了，说话停顿一下，眼光注视一下，他们是注意到了。最奇怪我在南洋，遇见一位武汉大学住过一年的学生，他的笔记上说："遇见这个青年的老头子，陪他游公园，同他谈话结果，总觉得'中国是有办法的'。"我问他看见《国防论》没有？他说没有，我更觉惊奇。总之这一种由局部而注意到全体，由表面而感觉到内心，照平常，总不能那么自然。

第二，是感情深厚了。这于最近文学作品中到处可以看见，如《战地与秋收》里向着稻田说："……快快成熟起来吧！让一粒一粒谷子填实我们前方战士的肚皮，增强他们杀敌的精力！……禁不住幻想把两臂张成天罗地网一样，护卫起今年这些绿油油的新稻，不再叫那野兽掠劫去！……"要不是真正有深厚的情绪，决写不出那种文字来。而最近有人从上海来，谈及敌人南京兽行，多数人闻之发指。我独说："敌人军纪如此腐败，吾辈当自信战胜之确实有把握。"而述者太息之："此厌战思想之反映也。"

　　呜呼！怒者勇也，喜者知也，哀者仁也。彼"上失其道，民散久矣"，"我""如得其情，则哀矜勿喜"！你看一件事，可以由怒而喜，由喜而哀。这一场谈话中，感情之从浅而深、从薄到厚的程度如何？

　　第三，态度严肃了。我在三民主义青年团中央团部座谈席上，最先是一位青年女同志她直接痛快的问："武汉保得住么？万一武汉失了又怎么样？"最后又有一位青年女同志问："中国经济力到底如何支持？前方发给士兵的五元一元的法币，兵士们没法兑零，乡下人一担东西决不能值一张法币，所以没法找，因此军民生出大大的磨擦。"他们这种率直的态度，都确是令人感动，因为他们现在是实际生活，不是旁观的批评家了。

　　综上三点，可见理想与实际一步接触，就能发生异彩。不过我还有两点要求着将来的中国主人翁：

　　第一是应当向伟大的方向走去。我觉得在一年来的新文学中，最出色的是空军文学。当然从前在亭子间里，现在在天空中，居移气养移体，吐属自是不同。而空军的环境，可以说事事都是新奇，都是可以惊异的，所以激荡出来的字比人家不一样。不过在我的直觉上似乎灵敏方面多，空阔的方面少，我还希望将八千尺高空上的灵性再用加速度的发展。韦尔斯的"世界国"是发生在天空里的。法国一位空军将官告诉我："空军官长的胸襟是阔大的，不是偏狭的，所以最适于国际用。"我希望空军的勇士们，多给予我们国民以伟大包容的气象，把我们固有的界限、磨擦等习气扫除了。林白先生到了欧洲，就哈哈大笑的说："你们欧洲人那里配打仗？不是三分钟就完了么？"你看他多么气概！上帝安排得顶巧妙，越是偏狭的国家主战派，即法西斯纳粹们，他的武力却是立足在富有世界性的空军上！这个安排将来又会开一朵奇花，我们应当注意。

　　第二是应当向实际方面再进一步。眼光精密是接近实际的第一步，就是观察到了。感情深厚，态度严肃，是接近实际的第二步，就是体验着了。

　　青年们，譬如讲恋爱罢，先是一瞥欣赏她的美，再是交际着理解她的性情；现在必定要到第三步才能圆满，就是改变两人现在的环境，改变两人独居的环境，而结婚，而同居。现在理想与事实已经接近到第二步骤。现在是理想与事实，商正式的结婚了。就是由观察体验而至于改造环境，才称大功告成。再譬如，说了半年的动员民众，到底这一大群民众如何将他动起来？靠文字、靠说话是不行的。如今简捷明瞭的来一个户口检查，壮丁多少，老幼多少，妇孺多少，有一个决定的数目了。那么，多少人做甲事，多少人做乙事，谁该来做事，谁该上前线，谁该后退，至少可以有个估计，才可以说得上一点动员计划。

特别的，武汉的青年们！我同诸位暂时告别。我可从远处望你们发芽！你们现在站在中国的中心，受着最紧要最严格最公平的试验，考题是"保卫大武汉"。我祝你们成功，做中国全部的模范！

参谋官之品格问题[*]

在国难最严重的今日，奉到委员长最郑重的付托来代理本校校长职务，深感责任的重大。今天是第一天，首先把基本事件和诸君一谈，即是品格问题："品"是品性之"品"，"格"是人格之"格"。

我在汉口临行请示时，委员长告诉我："用不着高深的学理，我需要一种态度严肃、精神饱满的军人。"刚才奉读手谕，中间特别注重"精神之修养"与"武德之锻炼"，想诸君当已明白，所谓品格问题，就是这两句话的注解。

我到××后，与教育长及校本部诸教官接谈，知道诸君的求知欲很高，颇为心慰。谈实际，诸君已有十年以上的经验；谈知识，则诸君在此也有两年的研究。可是学问和经验，是养成人才的肥料，不是种子，也不是根本；我现在所要说的基本问题，就是种子与根本。

我先讲一件民间流传的故事给诸君听，点石成金的吕洞宾，想找一个得意徒弟渡之成仙，常常出来物色试验，都不中意。有一天遇见一个人，便把一块石头点成金送给他，他不要。吕洞宾以为他是不爱钱的，就很高兴地问他："你爱什么？"他却回答说："我不要金子，我要你的指头，随时随地就取之不竭，用之不穷了。"

我到此来，不想给你们金子，想给你们这个指头。有了这个指头，你们就自己可以制造学问，创造知识了。不过我这个指头，不是随便给人的！英国有一本小说，述说有一人能制造金子，想用钱来救济一村子的人，但后来把一村子的人都变坏了。所以我要郑重声明"不随便给"。如何才能给？就是要注意到品格问题。

本校目的是养成参谋人才，进而化为高级指挥官。"参谋"两字是从日本译来的，我们中国原来就有两个这样职位的名称，你们知道么？

（学生答"军师"。还有呢？学生答"幕宾"。）

不错，不错，是军师，是幕宾。

你们要研究日俄战史、普法战史、欧洲战史等，我想你们现在研究战史，就等于看小说，但如其看外国小说，还不如看中国小说，问题在你们会看不会看。《封神榜》、《楚汉春秋》、《三国演义》诸书，你们想都看过，"军师"两个字，就出在这三部小说的里面。

中国最古的参谋总长要算姜太公，所谓"师尚父"，《封神榜》里面写得何等有声有色！其后就是黄石公给张良三卷《太公兵法》，并且对他说："读此可为王者师"。这是"军师"二字的来源。这样一看，参谋长便是司令官的先生。但怎样才能做先生呢？你看，姜太公穷到那个地步，还在那里安心钓鱼，宁可钓鱼，不愿自己跑出来找人谋差事，一定要等到文王找他，才肯出来。他不想升官发财，不肯到处钻门子，这就是所谓"品"，姜太公的历史太古旧了。考据不甚明白，最可做模范的还是张良。

把参谋职务刻画得最真切的汉高祖，他说："运筹帷幄之中，决胜千里之外，吾不如子房。"我们且看这位模范参谋长的培养法：第一，他家世相韩，韩亡后，散尽家财，誓为韩国复仇，他不逃到香港去，却摇身一变，把一个文弱书生变成雄赳赳的暗杀党首领（博浪椎）。他最初就肯"牺牲自己，以为他人"，这就是委员长所训示的"武德之锻炼"，这就是军人，这就是参谋官司的"格"，这是最重要的基础，这就是"意志坚定"，这就是陆军大学初审试验及"格"的格字，及了格，所以黄石公才肯教训他，要他穿鞋，骂他是教他能忍耐，有勇气的人能忍耐了才算真是可教，这是陆军大学校的第一课。诸君想读了三本书，就可以做皇帝的老师，天下那有那样容易的事？难的就在检定试验的及格和第一课的入门！如今或许可以了解我不肯将指头乱给人们的道理了罢！

"牺牲自己以为他人"是张良的一贯精神，他的目的始终在"为韩报仇"，不仅一句话，比封他一个官还要快活些，等到天下大事大定之后，他便摆脱一切，从赤松子游，这是他没有功名心的一种表现。我还引用一段外国故事，就是德国毛奇，他也是没有利害心和功名心的。现在大家都在歌颂他，但他前半辈子的过程是苦痛得很的。因为他不是普鲁士人，而是丹麦人，暗中颇受普鲁士军人的排挤，所恃惟威廉一世的信任，他总是埋头苦干，绝对不出风头。现在历史上记载着，当一八六六年刚民格拉只会战的那一天下午二点钟之前，人家还没有知道毛奇是谁，但到晚上七点钟，"毛奇"两个字，全国小学生都哄动耳鼓了。这个同黄石公磨炼张良一样，这才是参谋的根本教育，这才是品格，这才够得上做军师。反之，鲁登道夫天天替自己吹牛，说胜仗都是他打的，事实确是如此。但是愈吹牛人家愈讨厌他，后来他在政治上不能成功，就是这个道理。

张良的无我精神，直接传授到诸葛亮，诸葛亮说："臣本布衣，躬耕南阳。"这等于太公钓鱼，就是说"不必找事，我有饭吃"。他抱定主意"苟全性命于乱世，不求闻达于诸侯"。一定要先主三顾茅庐，然后才感激，才驰驱。但他不出茅庐则已，既出茅庐，于感激驰驱之后，人家把皇帝送给他做，先主托孤时说："孩子可抚则抚之，不可抚君自取之。"他却报之以"鞠躬尽瘁，死而后已"。他临死的时候，还给后人以极大的教训，就是"臣家有桑八百株，不使内有余帛，外有余财，以报陛下"。这是何等的伟大！何等的道德！

参谋官的位置，由"军师"渐渐降低，变为"幕宾"，这不是"老师"而是"客"了，可是人家对他的称呼还叫"师爷"。虽然不在司令官之上，仍然是对等地位。幕宾的故事很多，我今天只举一件——曾国藩同李鸿章的关系。李在点翰林之先，就请曾看过文章，他的父亲与曾又系同年，当然是曾的后辈，曾对李最初就用黄石公对张良的办法，他说"此间局面窄狭恐不能容"。但李一定要在他那里。曾公幕里是有风纪的，早饭必召幕僚会食，李起身较晚以头痛辞，但是大家一定要等他来了才吃饭。食毕曾正色对他讲："此处所尚惟一诚字而已（不说谎）。"李为之悚然，敬谨听命。到后来，曾要参劾李次青，李不同意，就很坦率地说"门生不敢拟稿"。曾说"我自属笔"，李说："若此则门生亦将告辞。"我们看，在平常时候，他对老师是怎样服从，但遇紧要关头，他又是如何的有主张，有骨气，后来李走了，一直不得志，迨曾攻占安庆之后，李写信道贺。曾就回信请他来，这次可就不是以学生看待了，完全以宾礼相待。李来了不到多时，曾就保荐他做江苏巡抚。我们看，老师之待学生，学生之待老师，又是怎样的风度！这是说参谋在宾位的情形。

参谋官的位置，始而由"师"降为"宾"，自新军成立后，又再降而为"军属"了。在民国初年的时候，参谋官简直是高等的当差。这个地位，今后要一步一步的提高起来，纵然不能提高到"师"，至少也要有"宾"的地位，这一点全靠高尚的人格去争取，如果只是去找人，以弄钱混饭吃为目的，人们怎样能够重你！我们莫怪人家不尊敬我们，首先要自己尊敬自己。假如你们当司令，看见一个人既有才干，对你又有"鞠躬尽瘁，死而后已"的精神，你们怎能不"三顾茅庐"去请他？请他出来之后，又怎能不信任他尊敬他？所以委员长手谕中所说"精神的修养"，就是提高品性之"品"；所说"武德之锻炼"，就是牺牲自己以为他人的"格"。我要你们把《封神榜》、《楚汉春秋》和《三国演义》好好再看一下，如果以国货中能取出宝贵的教训，以为自己修养的资料，那么我们再来谈谈外国故事，藉资观摩。今天讲品格问题，只是一个序幕，下次还有很多问题，容陆续再讲。

"知" 与 "能"*

上次讲品格问题，品格，就是气骨，气要高，骨要硬。姜太公钓鱼，他尽管穷得那种境地，还是安心钓鱼，不乱去找人，这就是气节之高。李鸿章对曾国藩平日是绝对服从的，但遇紧要关头，宁愿自己走开，却一定要把主张拿稳，这就是表示骨格之硬。气高骨硬，虽是做人的先决问题，可见现在讲学问的时候，却有两种相反的原理，那就是：心要虚，要平，要低下；脑要柔，要软。

学问是随地都要去求的，"求"就是所谓仰面求人，不一定教授可以教你们，就是一个兵卒，你们也可以向他获得宝贵的教训，从前顾亭林就是这样，如果心一高，脑一硬，则学问永远得不到了。日前我听见湖南教育厅长向军校讲话，说日本空军从张鼓峰事件中得到了一个很大的教训，这话很有意义。人家一看见好处，马上虚心改进。可见学问是无穷尽的，就是要虚心，要平心，要低心去体验才能获得。孔子说："仁者乐山，智者乐水。""乐山"是要有山一般品格。"乐水"是要有水一般虚心，所以讲学问第一要有大海般的心——"度量"，才能尽量吸收世界上各种细流，这是求学问的第一个条件。

第二个条件是：骨虽然要硬，脑却要柔软，法国字（SONPLE）照字典上解释，是柔软的意思，在军事上用，就是说这个人能够适应环境。世界上最柔软的是水，盛到方的里面就变方，盛到圆的里面就变圆。水在大路流不通，可以走小路；小路走不通，可以走地下的路。这便是能改变自己去适应环境。倘若一个人脑筋硬化，墨守陈法，对于新的不能接受，这就没有求学的资格。

---

* 为蒋百里 1938 年 9 月在陆军大学第二次训话。

现在再讲陆军大学制度的历史。中国的大学是学日本，日本是学德国，但现在所用的还是大战前德国的制度。因为德国的军官，中尉要当二十年，如果在这二十年之内，天天教练新兵，这个人岂不完了？所以就在陆大研究三年，使他不至于离开军队生活太远。学校受课以后，还准他到外国学些别的东西。但在这三年中，每年又至少有半年在军队中，所以始终是理论和实际没有离开的。他们二十年只有三年在校，而这三年中每年又有一半以上的时间与军队保持接触，他们现在还要加以改变，我们却是整整的三年全在学校里，等你们三年从学校里出来，外边的局面完全改变了，这岂不会变成一个落伍预备所吗？所以你们要时时刻刻虚心去体验实际，这才是真正的学问。

现值抗战期内，只能把几种重要的功课尽先讲一讲。我记得日俄战争时，我在日本留学，那时他们就改订一个新的教育计划，把讲堂里的课程减少三分之一，改作野营演习。在毕业的时候，教育总监对改订这个计划的人还极力奖励（本来各国陆军大学到战时就解散）。现在我们的抗战，是决心抗战到底，所以还需要你们陆续研究下去，这是一个特殊状况。在这特殊状况之下，你们更要知道时间的宝贵和实践的重要。现在你们中有人说："照学校预定表，还有多少钟头不够，要补足。"我说："照这样说，不要说一千个钟头不够，就是一万，十万，也不中用，我希望你们原有脑筋里的要丢开，要虚心体验，如能认识这一点，则可以明白真正的学问并不在于讲堂课程是否加足了多少钟头。"

现在进一步讲参谋教育的方向。关于这一点，须明白陆军大学的创始。我现在先说一个名辞，中文可译为"慧眼"，法国字叫"COVPD-OFVL"，意思就是"一瞬"。陆军大学的教育，是德国菲烈德大帝创始的。在他不久以前，是骑兵战争为主的战术。骑兵运动性很大，前面发见有敌人，立时就要决定，所以总司令带了骑兵到前线，全靠一刹那间的判断和决定，这就是"慧眼"。菲烈德那时的兵队渐渐增加，他到了一地之后，当面的情形虽然知道，左右两翼还不明瞭，所以他要派人到两翼去侦察，这个人就要以指挥官之心为心，要有"慧眼"，他的报告才能适合要求，这就是最初陆军大学的起源。陆军大学开始是绘画略图及地形判断，渐渐变为测量学，所以测量和参谋是分离不开的。中国把测量局附设在参谋本部，也就是沿此习惯而来。毛奇将军最初在测量班，俄国的尼古拉斯大学也是注重测量。当年菲烈德大帝因为军官都是些老粗，所以选出一批贵族子弟，给以陆军大学的教育，教以地理和数学，地理就是测量地形的基础，数学是以已知求知，养成推理能力和判断力，所以陆大的开始是地理和数理，目的是养成"慧眼"。你们想必听过传说像兴登堡在坦能堡一役建立不世的伟迹，他在第一团的时候把德国东部地形探测得很熟，实在是一个极大的原因。

各种地形不同，各种敌人的情况也各不相同，自有历史以来，没有一件事是像演戏一般完全一样的，每次各有新的状况。这全靠我们能虚心、能体验、能适应才行，所以能变才能打胜仗，不能变就不能打胜仗。这是讲学问的基础。

我希望你们把过去的东西暂时忘记一下，然后再把实际情形来引证来体会。我举毛奇将军的两句话："不知者不能"，"从知到能尚须一跃"。

大学教育是练习你们的"能"，你要练习"能"，就有一个基本条件不能不"知"。"知"是应分三层讲法，比如说我们晓得地是圆的，动的，但这不是"知"，只是"闻"，是"知"的第一层。第二层还须进一步变为了解，要能证明"地是圆的"，"地是绕太阳而动的"，这便非天文学的专门知识可比。"知"的第三个阶段是发明，由"天圆地方"变到"地是圆的"，由"天动地静"变到地球自动，这是发明，这是"知"的最高阶段。如果大家说"地是方的"，我也说"地是方的"，那么脑筋硬化了，深映着旁的观念，怎样能有进步？所以脑筋必须要柔软必须要打除自己的"格"才行！

现在世界上的一切纠纷，可说完全由《凡尔赛和约》而来，《凡尔赛和约》就是表示着订约者脑筋之硬化，后来惹起无穷纠纷，使人有"早知今日，何必当初"之感。就是因为福煦、克来孟梭、路易·乔治，只有战时的眼光，没有适应和平时代的脑筋，只守着旧的，不能预料新的。威尔逊虽有一点适应新的脑筋，但被大家包围着，也不能发挥。我们要能适应新的脑筋里的格，才可以谈学问。科学就是一个捣乱鬼，人家说"地方"，他却偏说"地圆"，这就是所谓"怀疑学派"的开始。有了怀疑学派，才有"新"的东西，这便是历史上所谓"文艺复兴"。如果没有这个"怀疑"、"求新"的精神，就是脑筋"硬化"、"墨守成法"，就是时代之落伍者。如同在沙上建房子，房子建筑得越高，危险性越大。

再讲到"从知到能"，"尚须一跃"，这要有自动精神。凡事不动则已，一动之后，必遇到抵抗，要打破这个抵抗，就须要有"能"。拿破仑说"字典中无难字",这句话是相对的,我现在拿起这支粉笔,觉得很容易,但是如果患了风瘫,手不能举起来,拿起粉笔便是一件极难的事。所以世界上没有难,也没有易,要看抵抗力大不大,自己的"能"够不够。我日前听见湖南教育厅长在演讲里说"现在一般弊病是把事情看得太易",这话很有意思,打仗本是难事,在拿破仑看起来却很容易。我们把手动一动,在空气里是很容易的,到水里就比较困难,如果放在泥土里想动一动,就是一件极不易的事,非有大力不可。所以第一先不要把事情看得太易,一遇抵抗力就意志颓丧,应当看得难,应当练习打破难关的"能"。练习和打拳一样的,从小到大,从易到难,最要的是继续不断。所以孔夫子自道:"其为人也,发奋忘食,乐以忘忧,不知老之将至。"俗语说的"做到老学不了"。

今天所讲的"知"和"能"的问题,这是研究学问的基础,知道了这个,你们就可以到处自己研究下去了。

现在我有四个题目,你们可以分班研究,每班研究一个题目。如果志愿在校当研究员,每人至少要担任一个题目。四个目是:

一、拟对普通大学生为一小时之战术讲演。

二、城濮战前晋国之内政与外交(附说明《左传》对战事记载之原则)。

三、两师平头作战时彼此通信联络法。

四、各员不日上前线,将应带各物件并如何带法开一细账。(每人准带从人一名。)

现在我再做一个试验,你们各人把所带的表缴上来!(各学员缴表。)

你们看,各种表时间不同,这十个中已经有三十分钟的差异了,你们要认识时间的重要,要知道在这三十分钟里如果德国和捷克作战,他们的空军已经可以毁灭对方了。

半年计划与十年计划 *

十年以来，我不敢上条陈，尤不爱演讲。上条陈的目的，是希望当局能够采纳，若条陈不合当时要求，或采纳后竟不依照条陈内容去实施，这种条陈是无价值的。谈到演讲，我也缺乏兴趣，民族到了生死存亡的关头，本不该还高谈什么主义、理论和党派。我此次因公过桂，承黄主席招待，有机会与各位见面，深觉欣幸。广西有一种精神为他省所不及者，即是"行政能力"，我虽不敢说总部或省府的命令可传到最低层，但至少可以使大家明瞭那命令的意义。有了这种自上达下的行政能力，然后可以上条陈，可以演讲。譬如打电报上意见书，因种种障碍而不能按时送到，以致所有意见都无价值，都失时效，甚至相反地你说的是天，他反说是地，这种情形，如何行得通条陈。除非有了行政能力的地方，然后才可谈方法和理论。当然各地的行政有最高领袖负其总责，不过有两大前提我们可以决定：第一，应该针对时间的需要，不必高谈理论。第二，应该切合本省的环境，不可盲目仿效。我们旧有的习惯，就在人云亦云。俄国有了十年计划，我们也想十年计划，德国有了五年计划，我们也想五年计划，议论纷纭，举棋莫定。我们不知人家有了深刻国际认识，所以定出五年或十年的期间，而我们只晓得盲目模仿。譬如定下五年计划，而做到一年半功夫，敌人一来，完全被其利用，言之痛心。好了！以往不说，我们抓住现实来说，再切切实实地检讨一番。敌人这次侵犯华南，实是于不得已之中冒国际大险的尝试，依我看来，不出六月，必致崩溃。这种推测，不仅是从经济上、军事上得来的论据，从历史方面更可充分证明。以前中日之战为时八月，日俄之战为时

* 本文系蒋百里 1938 年 10 月 27 日在广西省政府的演讲文。

一年二月，当日俄战争时，我正在日本，我看见一般日本人民很统一地来对付俄国，但是日本当局用尽十年功夫养成的蓬勃民气，经过一年零二月的战争，便倏然消失和衰落了。以古例今，看看敌人现在的消耗，现在的处境，并且敌人在对外政策上打俄打英，打中国，仍无确定主张。此次战事，早超过以前中日、日俄两战役的时期，它的溃灭，是可断言的。

我冒昧地向各位献出第一个条陈，就是"半年计划"。这其中最重要的，乃是应该拿出原有原料来应用。"买六千架飞机"这句说，若为本省财力所不许，顶好不说，因为这句话说出来，绝对不能实行，实是废话。欧战时，德军迫近比利时都城时，比国国民把平日积蓄的酒瓶堆得极高，故其结果，有阻挡敌人前进之功，争取了不少的时间。这个意义，请军界同志注意，尤须相机运用，我并不是说酒瓶一物真可战胜敌人，而是说一种工具，还须使用者运动得宜，才能发挥其效能。我们不要悔恨武器不及人家，不能打胜仗，我们从抗战资料中，从敌兵笔记上，均可证明我们炮程远且极准确，除了数量不如人家以外，武器方面并不见得比敌人差，所以我觉得还是看运用工具的能力如何，否则仍无办法。

我们对于兵器没有应用的能力，这自不必讳言，这不是耻辱。这种现象，欧洲各国极其普遍。运用新兵器的成功，在战时需要二年，在平时需要十年。今举英、法运用坦克车一例，可为诸位解说之。坦克车之为物，原类似美国农家耕具，欧战时大家鉴于炮兵步兵总不易联络，不能充分发挥火力，故由一种农业耕具之模型研究出坦克车来。在一九一六年秋，英、法用以攻德，结果初次尝试失败。英、法并不灰心，继续研究，继续设法改良，而当时德国兵骄将悍，气焰极高，此实为胜负之分际。故鲁登道夫在其笔记上说，当一九一八年英、法再用坦克车攻击德国时，德已无法抵御。从此一例，可见应用工具之重要。我们知道发明家决不能随时随处告诉大家应用工具的方法，而全恃使用者有使用的能力。善自运用，随时设法，以谦抑态度对待之，以进取精神处置之，自无不胜之道。各位今日在广西，千万不要骛远，不要高调，假若对现有的机关枪、迫击炮、坦克车等物能够充分利用，对任何原有事物，只要想得出于抗战前途有关，都尽量研究，这与民族复兴的神圣任务上，必有大裨益。我们向为农业经济的社会，其最大积弊，就在不大爱惜物力，一斗米的收获与二斗米的收获，农家对比，并未锱铢较量。其实粒粒的收获，都可发挥极大的效能。此种恶习一时不洗除，根本谈不到什么资本主义的工业化或社会主义的工业化。我们应用新工具，享受新文明，一切都应合理化才能物尽其用。我在赴桂途中，曾见一汽车满载沙发及床铺等货物，综其价额，不过数百元，而汽油消耗，有时过之，这真没有享受新文明的资格。在西洋家庭中，每见一种工具，白天可作沙发，晚间又可作床铺，列强应用物力之能"合理化"真令人钦佩！返观我国，某人任新职，则贺电如雪片飞来，在今日抗战紧急、交通工具极感缺乏的时候，此种情形仍然不变，其妨害抗战前途莫此为甚。所以我希望各位，不要高调，不要空谈，脚踏实地定下半年计划，将本省原有的物力，一切运用到抗战的前途上，我认为这虽是"无甚高论"，却是各位应该即时奋起力行的。

我冒昧地再向各位献出第二个条陈，就是"十年计划"或"廿年计划"。我们由于数千年种种的恶因，才有今日这个恶果，我们不要气馁，不要畏惧。在前面说过，由日本政治上、经济上及历史上看来，他的失败是必然的，不过我们眼光要放大看，广州、汉口相继陷落，这不是我们真正的失败，而日本短期内或政潮，或革命，或崩溃，也不是我们的真正成功。世界上只有利害的往还，很少道义的朋友，我们应该成就一种科学的发明，做自己立国的基础，才可独立生存。科学研究重在专门，不宜同时并举。最近德国的行动，究竟为什么英、法都畏惧？德国提议，为什么英、法迁就无异议？大家知道德国扩大军备仅数年，在欧战签约时，土地损失，人口减少，为世界从来未有之耻辱。在损失时期，并且政治混乱，经济不振，但是现在英、法都敢怒而不敢言，或敢言而决不敢冲突。这当中一个大道理，就是德国过去有了科学的基础，不怕没有复兴的机会。我从前在山西，看见他们有"因陋就简，无所不备"的标识，那实是失败的最大原因。因陋就简，只能养成怠惰，何能与工业化社会竞争？假若我们研究一种科学，却有独到处，只要那一种科学比各国好，比世界都好，就可以复兴民族。欧洲各有长处，故都能强大。处今日世界，样样都能竞争，谈何容易。我们有了一种科学的专长，就可运用这种专长和其他各国的专长对调，这是科学进步之根本。我希望广西应目前之社会需要，成立科学研究院。当研究工作进行时，应不惜财力，拿出最大的决心，不拘于目前困难。因为科学上的一点成就，就可获大利，世界上最经济的莫过于此。我国的物力不愁、人力也不愁，最需要的就是要有能力来联系，来推动。世界上没有事物的难易，只有能力的大小。我们当前的责任，是研究科学的研究科学，从事抗战工作的从事抗战，我们不要仿效农业经济时代那种小规模自足自给，而要更进一步拿别人的研究而自己加以利用。我们不怕失败，不怕条约，有了专长的科学基础就可以复兴民族了。

今天谨向各位献出两个条陈，谨祝中华民族胜利！

二十七年十月廿七日

蒋百里先生的最后意见 *

蒋百里先生为中国一代军事名家，不幸于十一月四日在由桂林乘汽车赴贵州北部遵义途中，在广西北部之宜山县以心脏病逝世，闻者哀之。蒋氏离桂林时，曾对桂林市政筹备处长庄仲文发表其对于当前国事之意见，共计十点，旋即离桂，殁于途中。变出仓卒，未留遗言，故此文当属蒋氏最后之意见，兹由庄先生追记其要点如次：

（一）兵力当求集合使用，而训练新兵，可仍袭曾文正公办法，以营为单位为较当。军政部只物色适当之师长人才，由师长认识其师属九营长，每营营长物色其排长九人，班长二十七人，如此则每人所需明瞭能力与个性者，只数人至三十余人。每营必集中训练，单位不大，隐蔽亦易。有三个月之训练，自能成立强固之个体，易于进退自如。各营训练成功后，集合成师，则全师亦能有坚强之战斗力。《孙子》所谓治众如治寡也。

（二）目前各省公路，因车辆经过太多，大都崎岖颠簸，致车辆之汽油消耗加增，机件损坏较剧，而汽油机件均为舶来品，应竭力求其经济使用，故各省因增强修路队，即雇用民工，亦属值得，以民工所费，仍在国内流通也。

（三）军事期中，通信频繁，故电报积压，不易疏通，往往数日方能到达。然某人新任或调任，各方仍例致贺电，不但虚靡物力，亦复阻害正当通信，应予以切实取缔。

（四）一般人因习惯于乘坐汽车，遂视汽车为惟一之公路运输工具，然现在车辆不敷，往往有等候数日或一二月而未能成行者，殊失其求迅

---

* 本文系蒋百里于 1938 年 11 月 4 日在由桂林乘汽车赴贵州北部遵义前，对桂林市政筹备处长庄仲文所述，由庄仲文追记，原发表于当年 12 月 10 日《大公报》。

速之作用。故各地应尽量利用公路，留以其他交通工具如马车、骡车、人力车等分站任运输之责。即组织挑夫队，每五十里为一站，以搬运行李疏散人口亦可。

（五）有各种新工具、新武器，然发明者不能随时随处指示其使用者，而全恃使用者虚心研求以得之。现在我国部队，对新式武器尚未能使用尽善，而并非武器完全不如敌之锐利，故使用武器之重要，尤甚于有好武器，新工具亦然，此点必要国人澈底明瞭。

（六）抗战中不必好高骛远，要若干飞机，若干大炮，若干坦克车，方能致胜云云，是则以不能办到之事为言，其言亦为废言。亟应脚踏实地，将现有物力运用到抗战途上。譬如欧战时，比军曾利用酒瓶以阻碍德骑兵之迅速前进，即是一例。

（七）有一种科学之发明或特殊成就，较之各门同时并举，而因陋就简者为佳。故建国而提倡科学，应集中人力、物力于一门，虽十年二十年而成，仍是经济而合算，将来可以吾之特长以交换他人之特长，譬如英国玛丽皇后号大轮船之钢，系捷克之司高达厂所供给，即是很好例子。至于现在英、法等国之畏惧义、德，亦因义、德近年集中精力于空军，故能出奇制胜也。

（八）湘军每营有夫百六十名，故部队行止自如而迅速，不必扰民。其后承平，而有营官吃夫额之弊，王士珍见其弊而取消夫额。然北方徭役并重，各县有办徭之机构，尚无问题，南方则向来"一条鞭"，有赋无徭，故北洋军队到南方必拉夫，致为民诉，而军无辎重，即使攻地而能克，则士兵们之弹药已尽，必不能再事追击而收战果。

（九）我国近年建设，因无统盘计划顾全各方面，故往往因局部之利而成全局之害。譬如石家庄之滹沱河，蜿蜒曲折，本为形势要地，足资防守，然以土豪争水坝阻上游，而形势遂坏。故各项建设之始，必先研究历史与地理，方免恶果。

（十）抗战以来，名都大邑如北平、南京、广州等处，以为必可坚守者，往往不崇朝而失，而台儿庄、广济、德安等不甚著名之地反获胜仗，故将来之最大胜利，或将于无意中得之。惟所要有"战志"，"战志"既立，再想"办法"。袁世凯练兵，未尝使兵有战志（对外作战），造成二十余年之内战。国民革命军有战志，而时代潮流与环境未能尽适其意，致有今日之吃亏。今后抗战中，固甚求战志之坚定，而异日议和之后，更当确定军队战志，以备未来之国患。

蒋百里年谱简编

清光绪八年（1882 年）　　出生

10 月 13 日（农历九月初二日）寅时，生于浙江杭州府海宁州硖石镇。

清光绪十二年（1886 年）　　五岁

随父居海盐城。读唐诗及四子书，琅琅成诵，越宿不忘，颖悟异常儿。

清光绪十八年（1892 年）　　十一岁

随父回海宁，就读于同族家塾。

清光绪二十年（1894 年）　　十三岁

受中日甲午战争刺激，萌生其国防思想及弃文就武之志向。

清光绪二十四年（1898 年）　　十七岁

应童子试，历州府院八考，均名列前茅，补郡学生员。阅康梁变法自强之说。秋赴沪，入新创立之经济学堂肄业，以北京政变学堂停办，萌生其民族主义意识。

清光绪二十七年（1901 年）　　二十岁

4 月，东渡日本，先入清华学校学习日文及一般课程。

清华毕业后，入成城学校（初级武校）。

7 月，毕业后入伍，编入近卫步兵第一联队，名为士官候补生。

结识同学蔡锷（松坡），成生死之交。

清光绪二十八年（1902 年）　　二十一岁

协助梁启超办《新民丛报》，发表译作《军国民之教育》，鼓吹发扬斯巴达精神，全体国民接受军事教育、训练，增强体魄，崇尚武力，准备战争。

清光绪二十九年（1903 年） 二十二岁

筹办《浙江潮》杂志，发表《国魂篇》、《民族主义论》、《俄罗斯之东亚新政策》、《俄人之性质》、《近时二大学说之评论》、《真军人》等文章和译作。

清光绪三十年（1904 年） 二十三岁

入日本陆军士官学校第三期步兵科，与同期蔡锷、张孝准并称，是日本军人眼里的"中国三杰"。

清光绪三十一年（1905 年） 二十四岁

在校潜心钻研军事，以步兵科第一名毕业，以少尉资格回近卫步兵第一联队，任见习排长。后又入经理（后勤）学校实习。

为入日本陆军士官学校第四期中国学生开办星期讲座，讲解日本军事概况，包括编制法、动员法、军人教育、排、连、营、团长职守等。

清光绪三十二年（1906 年） 二十五岁

夏，回国到东北，任东北新军督练公所总参议。

9 月 20 日，再度出国，赴德国，入德军第七军当实习连长。受到兴登堡元帅赏识，亲自召见谈话。

清宣统二年（1910 年） 二十九岁

秋，回国，任禁卫军管带。

清宣统三年（1911 年） 三十岁

回任东三省督练公所总参议。

10 月，以武昌起义胜利，在奉天与新军蓝天蔚及谘议局议长吴景濂等策动东三省独立，响应革命。

1912 年 三十一岁

撰写《参谋勤务书》。

冬，任保定陆军军官学校校长。

1913 年 三十二岁

在保定军校锐意改革，整顿人事，严申军纪，加强管理，改进教学，讲述古今中外军事家的言论事迹进行精神教育。

6 月 18 日，以改革计划受陆军部掣肘，自杀未遂，后辞去保定陆军军官学校校长职务，改任总统府军事处一等参议。

1914 年 三十三岁

潜心学问，研究《孙子》，撰成《孙子新释》，发表于《庸言》杂志，后收入其所著《国防论》中。《孙子新释》大量运用西方近代兵学家克劳塞维次、毛奇、伯卢麦等的言论，与《孙子》相互参证，加以阐发。

与蔡锷发起组织"军事研究会"。向袁世凯建言成立模范团，拟制教育计划，提出以德国模式组建新的国防军。

1915 年　三十四岁

出版与刘邦骥合著的《孙子浅说》。以《孙子》十家注本为依据，对十三篇详加释说，引申论述军政与主德、财政、外交、内政之关系，论述奇正运用、虚实原理，论述战争基本方略、应变方略等。

与蔡锷密商讨袁计划。

1916 年　三十五岁

参与讨袁战争，南下任两广护国军都司令部出师计划股主任。

1917 年　三十六岁

以参加护国战争有功，晋升陆军中将。任黎元洪总统府顾问。

所著《军事常识》由商务印书馆出版，包括《政略与战略（敌与兵）——论战志之确定》、《国力与武力与兵力》等篇章，《五十年来军事大纲表》，逐年记述中国、日本及世界其他国家军情发展变化情况。

1918 年　三十七岁

参加梁启超的欧洲考察团，负责军事问题。

1919 年　三十八岁

在欧洲各国考察，作《德国战败之诸因》，从历史、政略、战略上详加分析。开始研究瑞士的民兵制，关注寓兵于农问题，强调国防与经济一致、战斗条件与生活条件一致。

1920 年　三十九岁

协助梁启超推行新文化运动，主持"共学社"丛书编译工作。主编《改造》杂志，在该刊发表《军国主义之衰亡与中国》、《中国之新生命——军阀主义与立宪政治之衰亡》、《代军阀而兴者谁》、《新军法律草案释义》、《世界军事大势与中国国情》、《如何是义务民兵制》和《我的社会主义讨论》等文，批判军国主义，呼吁裁军，主张全国皆兵、全兵皆国、全国皆工，以反对侵略。

1921 年　四十岁

参与湖南、浙江两省制宪。成立"湖南自治根本法起草委员会"，发表《论军事与联省自治》演说（后收入其《裁兵计画书》）。

受邀调停湘直战争，与吴佩孚建立联系。

1922 年　四十一岁

发表《裁兵计画书》，呼吁废督裁军，加强国民自卫力量，使国内永久不复出现或真或伪之军阀。推行义务民兵制，使教育与军事调和一致，使军事生活与民事生活融成一片。

在《申报》上发表《中国五十年来军事变迁史》，远溯到曾国藩之办团练，概述五十年中各个时期建军之特点，及外交、政治之联系与变化。

1923 年　四十二岁

提出将来对日作战，津浦、平汉两线必然被敌军占领，现代国防应以"三阳"为根据地，即洛阳、襄阳和衡阳。

1924 年　四十三岁

在《武铎》杂志发表《国民军事学》（又名《共武论》）、《欧战之大要及德国失败之原因》。

1925 年　四十四岁

任十四省讨贼联军总司令吴佩孚的顾问，试图团结直系军阀各派势力，并联合冯玉祥及广东革命军，共同反对奉系军阀。

1926 年　四十五岁

南下上海，任五省联军总司令孙传芳的高等军事顾问。

1927 年　四十六岁

建议蒋介石对日本采缓兵之计，不使其支持奉系军阀破坏中国统一。受命以私人身份赴日，向日本首相田中义一等进行解释。

1929 年　四十八岁

重印《裁兵计画书》。

1930 年　四十九岁

受唐生智反蒋介石牵连，被软禁，后入狱。在狱中潜心研究西方哲学、佛学、历史及文学。

1932 年　五十一岁

受中日签订《淞沪停战协定》的刺激，潜心研究国防理论与现实问题，写成《以政治控制军事》等论文及《国防论》部分篇章。

1933 年　五十二岁

以私人身份赴日本考察，深感中日战争已日益迫切。回国后，着手草拟有关国防经济的种种计划，以湖南为中心规划抗日大计，包括炼油计划、炼钢计划、煤铁计划、战时交通计划、制造汽车及飞机工厂之联系计划等。

1934 年　五十三岁

5 月，写成《从历史上解释国防经济学之基本原则》，创建国防经济学，明确提出生活条件与战斗条件一致则强，相离则弱，相反则亡。高度评价中国的井田制度，认为其真精神就是生活条件与战斗条件之一致。

1936 年　五十五岁

以军事委员会高等顾问身份出访意大利、奥地利、南斯拉夫、捷克、匈牙利、德国、英国、美国，考察各国军事与国防。在意停留数月，仔细考察正在迅速发展的意国空军，撰写《考察意国空军建设之顺序与意见》长篇报告，提出尽快以杜黑主义为指导发展空军，以备对日作战。12 月，归国后应召赴西安向蒋介石汇报出国考察情况，适逢西安事变，力促和平解决。

1937 年　五十六岁

奉命秘密视察南北防务，先后到青岛、济南、北平、太原、石家庄、郑州、汉口、长沙、衡阳、广州，并取道香港到福州。

7 月，应聘为庐山军官训练团暑期班讲课。将讲稿及近期著作，以及历年军事著述精选整理修订，编成选集《国防论》，由庐山军官训练团出版，作为辅导教材。该书汇集其一生军事著作精华，中心思想是国防与经济不可分。

8 月，应聘担任国防参议会参议员。

9 月，以蒋介石特使身份，赴德、意开展分化轴心国的外交工作，宣传中国抗日作战的正义与决心。途中翻译日本人室伏高信的《南进论》，揭露日本的侵略野心。

为张君劢所译鲁屯道夫《全民族战争论》作序，强调"未来的战争不是'军队打仗'，而是'国民拼命'；不是一定短时间内的彼此冲突，而是长时间永久的彼此竞走"，提出持久战和游击战的抗日主张。

在《军事杂志》发表《世界军事之新趋势》，指出战斗力与经济力不可分，经济力即是战斗力，认为新军事的主流是"全本性"战争。

翻译《国民皆兵新论》、《现代空军力之基础》、《最近法国之战见》等，并将赴欧考察时的总动员纲要（报告第一、二号）、庐山讲稿中有关总动员部分、机动兵团之组织、某外国轻快师之组织大纲等收入作为附录，编辑成《新兵制与新兵法》一书，由商务印书馆出版。

1938 年　五十七岁

1 月，在欧洲撰写《速决与持久》一文，寄回国内《大公报》发表，从军事上阐述了抗日持久战的作战原则，提出以持久为目的，以速决为手段。

5 月，从欧洲返回国内，赴汉口，为最高当局提供决策咨询。

8 月，在《大公报》连载《日本人——一个外国人的研究》，从历史、地理、政治、经济、外交、文化、风俗习惯各方面剖析日本内情，强调"樱花当它最美的时候，正是立刻要凋谢的象征"，"胜也罢，败也罢，就是不要同他讲和！"后该文被印成单行本，行销达十余万册。

9 月初，受任为陆军大学代理校长，先后在该校四次讲演，其题目分别为《参谋官之品格问题》、《知与能》、《陆军大学之意义》和《国庆纪念报告》。

9 月 1 日，发表《抗战一年之前因与后果》，充分肯定中国在抗战中的进步，以增强国民的自信力；作《欧局与英国外交》，抨击英、德勾结出卖捷克。

10 月初，作《欧洲大陆英雄之覆辙》及《新式游击战术纲要》。

11 月 4 日，病逝于广西宜山。

杨杰卷

国防新论

《国防新论》是杨杰在抗日战争期间撰写的军事理论著作，全书共分三篇：第一篇泛论古今中外的国防，侧重于一般理论的介绍；第二篇说明现代国防的型式和组织；第三篇阐述有关国防建设的实际问题。对于这三篇，杨杰分别称之为国防的"认识论"、"本体论"和"方法论"。该书于1942年5月脱稿由军方印行，次年由中华书局公开发行，后多次再版。今以"国防部新闻局"1958年4月印行本为底本，参校《杨杰将军文集》本。此次选编，"第七章　国家总动员组织"之"（三）交通动员"所举例、"第四章　国防军的养成"第四小节以前内容及第五、六小节、"第五章　国防经济建设"从略。

第一篇　战争与国防

第一章　中国国防建设的回顾

一、中国害的是什么病

一提起中国，我们就会联想到：一个国家有四万万五千万的人口，有一千二百万平方公里的土地，有将近五千年悠久而光荣的历史，实在是足以自豪了。然而近百年来，强大的国家侵略我们，弱小的国家轻视我们，先上来还恭维我们，说中国是"睡狮"，随后眼看这只大虫用洋枪、大炮都打不醒，列强才开始怀疑自己对中国的认识完全错误，判定中国不是在打瞌睡而是害着十分沉重的病。于是乎改变浑〔诨〕号，称我们为"东亚病夫"。

再穷的人，再蠢的人，如果觉察出来自己有病，没有不请医生、找郎中诊脉命方对症下药的，为什么？因为他不愿意死，他要求生。难道说一个国家害了大病，就可以听其自然置之不问吗？

现在试问，东亚病夫害的究竟是什么病呢？

民国四年，我无意中在旧报纸上看到一件故事，大意说，海关人员和总税务司赫德闲谈，说起中国对外作战老是打败仗的缘故。赫氏说中国害的是"时代病"。后来这话被两江总督刘某听到了，问他，他总不肯解答。直到民国二年，袁世凯请赫德代草清丈田赋方案的时候，还有人问赫氏，赫氏总是微笑一下罢了。

"时代"是看不见的东西，要想认识时代，只好去考察反映某一个时代的社会生活，把握住代表这一时代的特殊条件。拿我们这一时代的国民生活和列强比一比，就可以发现，哪些地方是相同的，哪些地方是不同的，我们本身上多余一些什么，缺少一些什么，同是一样的事情，为什么人家那样办，我们又这样办，如此寻根究底地问来问去，就不难发现我们的病根，就可以把握住时代，不会认错时代了。

现在是"科学"的时代，而我们事事都不合乎科学；现在是"机器工业"的时代，而我们还靠着农业和手工业来生产；现在是"战斗"的时代，而我们还在赤手空拳地，想用和平的手段打倒强权，取得胜利，岂不是做梦吗？就是一般觉悟的优秀分子，也只会打笔墨官司或在口头上发挥理论，不能够在物质上表现理论，以致不知不觉地把时代丢掉，积成百年不治的"时代病"。这种病从满清末叶到现在，不但没有减轻，反而一天一天地加重，当初是苦于抓不住病根，后来是讳疾忌医因循自误，到今天我们如果再不咬紧牙关，下大决心彻底根治，"东亚病夫"不久就要寿终正寝，万劫不复。四万万五千万的人民，沦为奴隶；一千二百万方公里的土地，拱手让人；五千年悠久光荣的历史，从此断送。中华民族的兴亡绝续，就全看我们这一代的黄帝子孙努不努力，争不争气了。

要想根治中国的"时代病"，我以为两件法宝决不可少：一件是天文台上的望远镜，一件是试验室里的显微镜。制定国家建设的大计，一定要高瞻远瞩，迎合时代潮流，再不容许我们急功近利，得过且过；实行建国大计的时候，一定要一点血一滴汗地切切实实地做去，再不容许我们鲁莽灭裂，敷衍了事。"大处着眼，小处着手"，就是科学方法，就是时代精神。

从鸦片战争到抗战进入第五年代的现在，我们中华民族所以倒这样大的霉，受尽列强的侵凌欺侮，弄得气息奄奄朝不保夕，可以说完全坏在"急功近利，因循苟且"八个字上。晚清李鸿章、张之洞那一批人负责办洋务练海军，锐意革新，仿效西洋，不但资本技术是借用外国的，就是各种事业的经营管理，甚至军舰的驾驶指挥也都操诸外人之手。甲午一仗，北洋舰队打得全军覆没，挖空国库、费尽心血买来的坚船利炮，自己不会使用，有什么好处呢？海关、邮政和各种矿产的经营开发权也都拱手送给外人，以为自己管理得不好，就不再去研究管理的方法。弄得太阿倒持，俯仰由人，吃了不少的苦头，虽千方百计地企图恢复自由，收回自办，外人始终不肯一一放手。中国产业落后到这步田地，这是上了"急功近利"的当。想讨便宜，结果却吃了大亏。

讲到学术，那就更加可笑。五六十年以前的日本，也是一个被侵凌的弱小民族，她吃了西洋物质文明的苦头以后，就派伊藤博文到欧洲留学，学到了西洋人的本领，回国以后，政府重用他造成明治维新的大业，把日本推上现代化国家的道路。中国政府和伊藤博文同时派到欧洲留学的严复，也学到了西洋人的本领，回国以后，政府却不睬他，他只好闷坐书馆翻译赫胥黎的《天演论》和亚丹·斯密的《原富》等书以消磨岁月。严译名著丛刊对于中国学术界的贡献，固然不能算小，但和伊藤所成就的事业比较起来，还能够相提并论吗？直到现在，中国的科学还不能离开教科书，学习科学的专家不能够走进工厂去担任技师，而仍旧呆〔待〕在学校里做教书匠。比较有希望、有办法的科学专家和技术人才，大部分都混到政治舞台上做了大小官员，产业界找不到内行的人去规划经营，只好听那些笨手笨脚的老粗鲁莽从事，暗中摸索。能够敷衍门面，不出大错，就会是侥天之幸了，哪里还谈得上生产效率。这种"用非所学，学非所用"的风气，就是中国现代化的最大障碍，不除掉它，中国产业永远没有发达的希望。

假使我们把视线掉转一个角度，注意到中国国民的社会生活，那就更令人觉得可怕了。

资本主义国家的商船随着军舰一批一批地开进我们的海口，打破了我们的"闭关政策"。物美价廉的洋货充斥市场，引诱着一般国民去享受，去消耗。洋货既然有许多优越的条件，土货哪里是它的敌手，不怕那些爱国志士们怎样叫喊"提倡国货，挽回利权"一类的口号，都是无济于事。眼看着洋货的势力由都市扩展到农村，由上流社会普及到一般国民。同是一样物品，只要市面上有洋货可买，土货就无法推销。人家生产用机器，我们生产用手工，拿手工业和机器工业斗争，要想得到胜利，简直比步行赶火车、帆船追汽船都难。眼看着我们的产业落后了，我们的经济破产了。从前经营小工厂的人赔了本钱，只好改行开洋货铺子或是贩运原料，和外国人做生意。比较进步的国民，吃的是西餐，穿的是西装，住的是洋房，坐的是洋车，走的是柏油马路，抽的是洋烟，花的是洋钱，读的是洋文，说的是洋话，打仗用的是洋枪洋炮，平常的事物到"水火"，细小的东西如"针线"，都统统洋化了。机器的力量支配着我们的国家，控制着我们的生活，离开了机器，我们不但不能够舒舒服服的生活，而且根本就无法继续生存。我们千万不要忘记：

制造我们生活必需品的机器，操到外国人的手里；推动我们社会前进的动力，操在外国人的手里；甚至连进行民族自卫战争的武器，也都操在外国人的手里。我们这个国家民族，到今天十足地变成了物质文明的消费者，资本主义的寄生虫。世界上还有比这个还要危险，还要可怕的事吗？

要想完成国民革命，复兴中华民族，第一个条件就是要"彻底铲除依赖外人的劣根性"，使全体国民能够过独立自主的经济生活，中国社会能够获得独立自主的进步，中华民族能够进行独立自主的战斗。换句话说，我们需要自发的生产力、生活力、生命力、战斗力、机械动力。

现在的时代，是力的时代。人类历史的一切活动，都是力的支配，力的比较，力的竞争。有了伟大的力，就能参加现代的战斗，能战斗才能胜利，能胜利才能生存发展。但人类自然的体力，已被机械的动力所屈服，不算是产生力量的主要因素了。一个国家的强弱，是根据全国人力、物力、文化力的总和来决定的。人口多、土地大、物产丰富、历史悠久的国家不一定就是强大的国家；必须众多的人口、广大的土地、丰富的物产都能够发出高度的力量的国家，才能算是强国。人家瞧我们中国不起，就是因为我们的人民、土地和物产都不能发生强大的力量，只会消耗，不会生产。我们吸收外货以粉饰国家门面的办法，无异乎痨病鬼靠着抽鸦片、打吗啡来增长体力，振奋精神，当时虽然见效，实际上体力只有日渐衰弱，元气只有日渐亏损，如此继续下去，遇到敌人唯有引颈就戮，没有敌人也只好坐以待毙。爱国家、爱民族的读者，赶快跑到天文台上拿起望远镜看一下世界大势和时代潮流，替国家民族作一个"长久之计"罢！再不要饮鸩止渴，且顾眼前了。

我们需要恢复国家民族的健康，我们需要坚强的国防。同时，我们更需要刻骨铭心地念念不忘"产业！产业！！产业！！！动力！动力！！动力！！"去根治"东亚病夫"的"时代病"。

二、国防是什么

在研究一个问题的时候，首先应该对于自己所研究或阐明的主题，给它一个明确的界说或概念。因此，我感觉到有给"国防"下一个定义的必要。不过给一件事物下定义是相当困难的，照我个人的看法，权且把"国防"这样概括地加以说明：

"国防，是人类所同具的安全感觉的产物，也可以说是竞争生存的经验集结而成的武库。在并世共存的各民族的国家界线尚未捐除，侵略武器未能毁灭以前，它总是跟着科学的进步和人类的欲望继续演进而无有底止。"

依照欧洲政治哲学家柏拉图和边沁等对于人性的见解说："人的本性，原是'多欲'的。约言之，不外欲得、欲能、欲安。"我以为"得"是一个总目标，"能"是一切手段，"安"就是保障一种手段达到一种目标的基本力量。换句话说，就是"国防"。

孙总理说："人类要能够生存，就须有两件最大的事：第一件是保，第二件是养。保和养两件大事，是人类天天要做的。保就是自卫，无论是个人或团体或国家，要有自卫的能力，才能够生存。养就是觅食。这自卫和觅食，便是维持人类生活的两件大事。"保的意义可以分作消极和积极两方面来解释：消极方面的作用，是在求安，维持现状，对内要维护社会的安宁秩序，对外要防止外力的侵袭。积极方面的作用，是在求全，因为感觉到目前的生活上有了缺陷，对现状表示不满，想求取自己所需要的目的的物来满足它，满足以后才能得到安宁的生活。所以求全也可以说是人类生活的向外发展。如此说来，保的意思，也就是"国防"。

生活就是战斗，人类生活的历史，就是一部战争的历史。要生活，就要战斗；生活一天，就要战斗一天。已经成为颠扑不破的真理。达尔文说："生存竞争，优胜劣败，适者生存，不适者灭亡。"德国塞克特将军说："世界历史的外表现象为战争，就是新式的史学方法，也不能在民族发展的过程当中，把战争的事实除去，或否认战争及议和为世界演变的中心。"战争虽然是一件残酷的事，可是不论是哲学家也好，文学家也好，生物学家也好，社会学家也好，军事学家也好，都一致认为战争是推转人类历史巨轮前进的基本动力，每经过一次战争，人类文化就有一度的变革和进展。虽然有许多人讴歌战争，又有许多人诅咒战争，它总是不理不睬地过去，又不理不睬地降临，像天上的太阳一样。

人类为什么一面拼命地反对战争，同时又拼命地准备战争、制造战争呢？一句话说完，因为人类具有安全的欲望，具有安全的感觉。

生命力要人类生存，又要人类发展；要人类保持现状，又要人类打破现状。人类越生越多，地球却不会由一个变为两个。于是乎聪明的人类就发生一种痴想，心里头引起一种恐怖。世界只有这么大，领土早已分割完了，生存空间是这样的狭小，生活资源是这样的可贵，生生不已，我们的儿孙总有一天要被挤出地球以外，总有一天要冻饿而死吧，于是乎此群和彼群就发生了冲突。得天独厚的人群恐怕不能够安居乐业，富贵长保，接着就引起了安全的感觉，需要划分出一部分生命力去从事现有生存空间和生活资源的保卫。先天不足或神经过敏在主观的认识上觉得贫乏的人群，由羡慕而嫉妒、而垂涎、而触动了安全的欲望，引起了掠夺的想头。为了要达到掠夺的目的，满足求安全的欲望，需要划出一部分生命力来负担掠夺的任务。这种掠夺的企图被对方发觉或对方自己认为有被掠夺的可能时，他本身的安全无形中便受了威胁，不得不思患预防，准备抵抗。两种或几个利害矛盾的集团在这种条件之下渐渐地形成敌对的行为，由暗斗变为明争。克劳茨维兹（Clausweitz）说："人类角逐相斗，有两个要素：一是敌对的感情，一是敌对的意图。"这种敌对的感情和意图，便是建立国防的基本动力，也可以说是无形的精神国防。

历史一刻不停地在演进着，各个民族或国家中间，因天然资源蕴藏的厚薄和生产技术发达的先后，使国防的形式和内容起了变化，国与国间的国防力量也无法保持长期的均衡，使人类共同要求的安全，反而不断地感受威胁。例如陆海空军不完备的国家民族，就要受陆海空军完备的国家民族威胁；陆海空军力量薄弱的国家民族，就要受陆海空军力量雄厚的国家民族的威胁；技术落伍的国家民族，就受技术先进的国家民族的威胁。那么，只有陆军，压根儿没有海军、空军设备的国家民族，国防上所感受的威胁，更是不消说了。我仿佛记得德皇威廉第二在他锐意整顿国防的时候曾经说过："国防，是永远做不完善的一种怪物。因为人类征服自然的方法没有止境，促使国防的设置、改善和增进也同样的没有止境。"那时候，法国的军事家也说："国防建设是永远不生产的投资，但若吝惜这种投资，则国家社会以至个人的生产活动，立刻就要停止，以至断绝。"比利时前王亚尔丕在第一次欧战前某年度的预算会议席上说："我们虽然是一个永久中立国，假若缺少相当有力的国防，仅凭条约的维持，一旦遭遇到不幸事件，则全国的生命财产，便要遭受严重的损害。"等到一九一四年大战爆发，德军以排山倒海的力量，攻打她的列日和那米尔两要塞，力量单薄的比利时军还能够支持四十多天，不能不归功对于国防建设具有远大见识的亚尔丕了。

总之，国防的意义是极其广泛，极其深奥的。它所负的责任，不仅是保障人民的生命财产，国家的领土主权，社会的安宁秩序，并且是推进国策、发挥国家机能的有力杠杆。

三、中国国防废坠的原因

我们的国防，不是破碎再整理的，也不是有了根底徐图改进的。简直可以说，我们的国防，已经若干年未曾做。因为若干年的外患和内战，没有工夫做。直到现在，刚要开头去做，敌人又不许我们做了。说到此处，我就想起捷克第一任总统马砂力博士说的"有国，就应有国防；有国防，才能有国"这句话。又眼看见以制造军火驰名于世界的捷克在两年以前不战而降，真是不寒而栗。过细想一想，我们这个有四千多年历史的老大国，岂不是向来就没有国防吗？没有国防，为什么能够存在、能够发展呢？这真是一种咄咄怪事，我们必须寻根究底，找出它的原因。

（一）国防废坠的远因

前面已经说过，"国防是人类所同具的安全感觉的产物"，而这种安全感觉也不是凭空产生的。第一，必须有两个以上的国家同时存在；第二，必须是两个或两个以上同时存在的国家中间发生了利害的冲突，而这种相互冲突的程度又可以威胁到国家的安全。中国这一片广袤无垠的领土，东面和南面有大海包围着，北面和西南有沙漠高山阻隔着，在生存空间上，具有天然的优越条件：土地肥沃，物质丰富，容易生活繁殖；地面广大，人口稀少，可以无限制地自由发展。中华民族从黄河上游一代一代地滋长繁荣，顺流而下，东南西北四处扩展，并没有遇到强大的阻力。我们的祖先人口既多，又老早地创造了统一的语言来沟通感情，发明了简便的文字来传播文化，智识既高，力量又强。虽然也曾和异民族发生过冲突，但他们的人少，文化低，冲突的结果，总是被我们同化，跟着我们共同生活，时间长了，血统上、语言上、风俗习惯上的种种界线，渐渐消灭，合而为一。不仅没有敌对的意图，而且根本没有敌对的感情。所以三苗、匈奴、夷狄、蛮貊，不过是历史上的名词。就是顶强大的苻坚，绵延最久的元魏，当初的时候，固然是声势赫赫，如疾风暴雨，不可抵御，等到在生活上和我们发生密切关系以后，就好像朝露秋霜遇到温暖的阳光，无形中潜移默化，连他们自己也不晓得是异民族了。可以说，在元朝、明朝之前，我们根本就没有真正的敌国，既无敌国，何来外患？没有外患的威胁，自然无感觉建设国防的需要。

在政治上，中国皇帝有一种传统的观念，就是"天下一家，中国一人"。他觉得"普天之下，莫非王土；率土之滨，莫非王臣"。人民无异乎是帝王的私有财产，在"天无二日，民无二王"的教条之下，怯懦的人只好伏伏〔服服〕帖帖地作顺民，纵使偶然有少数的野心家想起来革命，朝廷会指斥他们为乱臣贼子，名正言顺地随便派几个兵就很快地把他们削平了。同时，中国又有世界上最独特、最高贵的政治道德，尊崇王道，主张以德服人，标榜以大事小，像"文王事昆夷"、"太平事獯鬻"就是最好的例子。中华民族不但不凭借自己强大的力量去侵略别的国家民族，反而本着"己立立人"的精神去扶助弱小，使他们也能够和我们一样地生存发展。孔子所说的"继绝世，举废国，治乱持危"成了中华民族一贯的国策。孔子的思想深入人心，他的主义支配着中国的政治，违反了他的尊君思想和王道精神，是会被一般国民认为大逆不道的。因此，政府的统治力量，主要的是镇压反侧，保持统一；对于异民族，只有在怀柔政策失了效用的时候，才使用武力，给他们一点教训。等到他们怀德畏威、矢诚悔祸，表示拥护统一，每年派代表到中央走一趟，朝廷还是待以上宾慰勉有加；临去的时候，还要赐几仗〔丈〕锦帛，送车马旅费呢。从政治上来看，我国过去整军经武的目的，实在是为的对内，不是为的对外。过去的战争史，十之八九是中华民族闹家务的纪录，不能算作和敌国斗争的历史。所有的军事设备，在维持国内的治安，不能算作国防。

国防是国民社会生活、社会文化的反映。我们研究国防问题，万不能离开国民的社会生活。中国自三代以后，人民渐渐地从游牧社会走向农业社会，生活的基础也跟着由山林转移到田园。在狩猎的时代，战斗的对象是飞禽走兽，不战斗就不能生活，战斗用的武器也就是生产工具。所以生活是最缺乏安定性的，一直到游牧时代，都是如此。井田制度确立，农业在生活上的重要性日渐增加，情形就大不相同了。那时候的皇帝就是大地主，用计口授田的方法交给民众去耕种，皇帝管理他们，并告诉他种植的方法。生产的粮食交纳给皇帝一部分，叫作租税。开垦成功的土地是消耗了无数的心血劳力才得到的，顶怕那些不安分的懒人来强占，需要加以防卫，皇帝就研究出来一种集体防卫的制度，令他的佃户共同负担保卫井田的责任，由皇帝组织，担任统帅。这种看守井田的义务就叫做赋役，税以足食，赋以足兵。孔子说："足食足兵。"就是说，只要你的土地肥沃，产量丰富，而且防卫得法，没有危险，老百姓就相信你、拥护你了。那时候，民众对于纳税当兵是绝不反对的，因为他们需要一个有聪明才智的人做领袖、做师傅、做卫队长，改进他们的生活，保卫他们的土地。

土地是最富于安定性的，农民的生活完全寄托在土地上，所以他们最理想的生活就是安定的生活。不管你"中春教振旅"、"遂以蒐田"也好、"中夏教茇舍,遂以苗田"也好、"中秋教治兵,遂以狝田"也好、"中冬教大阅,遂以狩田"也好,只要不使他们离开自己的田地,一切行动不违反他们切身的利益,农民都是乐意去干的。老子说"邻国相望,鸡犬之声相闻,人民老死不相往来",就是原始农业社会的写照。

到后来,有些大地主起了野心,想利用他们的佃农去从事侵略以扩张领土,扩充势力。可是那时的土地因为耕作技术的幼稚,粮食的产量是很有限的。地主们为了准备战争,不得不预先加重租税,积储军粮。税率由十分之一变为十之二三,已使农民无力负担。等粮食积储得相当的多了,接着就把强壮的地丁征调入伍,"以夫田而任军旅之征",去进行掠夺性质的战争。战争旷日持久,便破坏了社会的安宁秩序,造成严重的饥荒,使老弱转入沟壑,壮者散之四方。所谓"大兵之后,必有凶年",从事生产的农民死的死了,逃的逃了,田园荒废,没有人去耕种,凶年是无法避免的。

古圣先贤们处在战乱的时代,目睹心伤,触动了他们的恻隐之心,到处去散播"厌战思想",鼓动人民反对战争。老子说"夫唯兵者,不祥之器",孟子说"善战者,服上刑",墨子则摩顶放踵到处去宣传"兼爱非攻"。兵凶战危的思想,深入一般国民的心坎,造成一种爱好和平的德性,历数千年而不变。

当时反对战争的学者,有的是站在民众的立场去反对战争的,有的是站在皇帝的立场为反对破坏国家的统一而诅咒战争的。因为国家的组织日渐复杂,战争的目的也不像以前那样单纯了,民众的利害和皇帝的利害往往不能一致。好大喜功、穷兵黩武的君主固不消说,就是圣君贤相到了万不得已而去从事战争的时候,也不容易得到全体国民的拥护。为什么呢?因为政府所代表的是整个国家民族的利益,而农民所代表的是一家一人的利益。就农民的观点看起来,只要不侵犯他的土地,劫夺他的田园,是根本用不着打仗的。原始农业社会的时代,农民认为赋税是为保护自己的生命财产而出,到了国家形成以后,农民认为赋税不过是一种法定的负担而已。抽丁纳税对于国民是一种直接的损失,而赋税给予国民的利益,却是间接的、无形的。大多数的民众,除了赋税,就不知有国家。人民与政府的关系,也不过是一方面出赋出税,一方面抽丁要钱罢了。作皇帝的妄自尊大,说"朕即国家",老百姓也误认为国家就是朝廷,亡国就是改朝换帝,张三来做皇帝,给张三完粮纳税;李四来做皇帝,作李四的顺民。国家兴亡和老百姓是没有关系的。民众既然没有国家观念，对于整军经武充实国防当然不感兴趣。一听说打仗就觉得头痛，一听说抽丁就想法逃走。在这种国民心理没有根本改造以前，要想从事国防建设，是比在沙漠上面造高楼大厦还要困难的。

地大、物博、人众，是中国"了不得"的长处，也是中国"不得了"的病根。因为领土太大了，有山谿之险，无舟车之利，使国家的神经麻木，大家不关痛痒，政治效率无法提高；因为物产太丰富了，生活资源容易获得，不必竞争，就可以马马虎虎混日子。国民养成一种与世无争的态度，得过且过，不求进步，不知道努力创造发明，国民生活始终停滞在农业经济的阶段，无法向前推进。因为人口太多了，分布的区域既广，生活习惯、语言、风俗、宗教在同一民族中间不能够完全相同，心理上无形中发生许多隔阂，在统治上是十分困难的。可是历来的统治阶级都做着"大一统"的迷梦，抱着"民无二王"的痴想，不肯放松循环起伏的内战。皇帝要求统一，诸侯偏要造成割据，在这种基本的矛盾条件之下，中华民族没有一天不在自相残杀，为了改朝换帝，不知道牺牲了多少国民的生命财产。一个草莽英雄做了皇帝以后，就要作威作福，骄奢淫逸，在野的草莽英雄看见了，便触动了"彼可取而代也"的念头。在朝的拼命要保持现状，在野的拼命想打破现状，影响所及，弄得士气浮沉，人心涣散。利己思想，个人主张，牢不可破。以自私自利为唯一目的，置国家民族兴亡于度外。我们用不着引经据典地去追寻国防废坠的原因，只要把握住这几个要点，也就"思过半矣"了。

（二）国防废坠的近因

鸦片战争以前，是中华民族的黄金时代，虽说唐朝和明朝两次东征日本都失败了，但我们是吃了大海的亏，并不是打不过我们的敌人。关起门来，我们仍然是"上邦天朝"，威风不减当年。再想不到我们正在做着"唯我独尊"的美梦的时候，英国的兵船已经破关而入了。我们抵挡了一阵，吃了败仗。虽说忍痛签订了可耻的和平条约，心里头实在是不服气，还倚老卖老地说他们是物质文明，我们是精神文明，总不愿意取人之长补己之短，整理一下国防。接着中法之役、中日之役、八国联军，打一仗败一仗，割地啦，赔款啦，门户开放啦，最惠国条款啦，统统都接受了。满清政府受了这几次血的教训，如果能够彻底觉悟，大刀阔斧地干一下，一面刷新政治，一面提倡科学，振兴工业，充实国力，未尝不可以因福得福，走上复兴的正路。想不到在朝诸公，仍然朦朦懂懂〔懵懵懂懂〕，不知振拔，虽然经过二十余年的战争把太平天国的革命势力压倒了，却已经闹得民穷财尽，元气大伤。辛亥革命一起，腐朽的满清政府，也就不打自倒了。

由于满清政府的懦弱无能，军事外交着着失败，使一向自命为"上邦天朝"的老大帝国沦为列强的次殖民地。我们应该知道，帝国主义者是不希望弱小民族的政治清明，不愿意弱小民族的经济自由，不允许弱小民族的国防巩固的。在中国这个纸老虎未被列强戳破之前，总是目空一切，以为随便吼一声就可以吓倒群羊的。那时候我们自己有钱有权，满可以在最短期间建设起近代的国防来，坏在自己没有魄力，没有决心，没有远见，人家愿意帮我们的忙，我们反而婉言谢绝，苟且偷安。等到瓜分之局已成，势力范围划定之后，我们想做国防，而列强反而不准我们来做了。不仅不准我们重新建设，就是沿海沿江原有的几座旧炮台，也要逼着我们一一拆掉。可以说中国的国防在满清末叶是"可能而不想做"的时代，在民国成立以后是"想做而不可能"的时代。

共和政府成立了，中国政治走向民主的道路。每一个国民心里都抱着一个热烈的希望，希望政治清明，创造出新的局面，以挽回国家民族的颓势。帝国主义者看见我们有了一线生机，就觉得威胁到他们在华的利益。尤其是日本军阀，怀着"要想征服中国，必先征服满蒙；要想征服世界，必先征服中国"的鬼胎，一看见中国统一就要生气，一听说中国建设就要伤心的，哪里会让中国人过自由日子！哪里会让中华民族从此抬头呢！

请看看他们对付中国的手段吧！

袁世凯做了第一任大总统，一手在收拾破烂的旧家当，一手在布置应时的新摆设，原打算大有作为的。日本政府早把他看作眼中钉、肉中刺，必欲除之以绝后患。趁他根基还没有扎稳，突然提出有名的"二十一条"逼着他签字画押，弄得全国鼎沸，威信扫地。等全国人民要反对袁世凯的时候，他又怂恿袁世凯做大皇帝，用高压手段去肃清革命势力，酿成自相水火的流血惨局。斗争的结果，袁世凯虽然失败，带着满腔悲愤进了坟墓，但从此中国的政局也就混乱不堪了。日本政府代表着列强资本帝国主义者，做了中国政治背后的导演人。

日本政府操纵中国的最终目的是灭亡中国，他的一贯方针是"破坏统一"，造成一个分崩离析的局面。当中央政府的统治力量强大的时候，他就利用拥兵自卫的军阀以反抗中央。他要利用谁，就在新闻纸上捧他，或派遣代表去拍他的马屁，演一出"煮酒论英雄"的把戏，以刺激他武力统一中国的雄心。然后借给他款子，卖给他军火，令他和另一派的中国人自相残杀。假如你羽毛丰满了，要想脱离他的掌握，他就拿同样的手段嗾使另一个军阀来把你消灭。日本政府对于中国军人的性格了解得十分深刻，他知道中国军人的脑子里面多半是装着一部分"英雄思想"和一部分"个人主义"的，他们玩弄中国的军阀，真像小孩子玩弄蟋蟀一样。

中国内战，不但日本觉得开心，就是其他各国也都得到一些好处。资本主义的目的是赚钱，中国军阀们打起仗来，他们正好做做投机生意，帮中国的军阀们制造军火。国际军火商人非但是从中国内战中获得利润，他们甚至为了销售军火而制造中国的内战。一九二四年的直奉战争，就是外国的军火商人造成的。

一家意大利的军火公司运到许多军火，储藏在山海关与天津两处。张作霖愿出四百二十万金元购买，买卖已经成交了，货款也缴了；直军听了，大起恐慌，马上和意国军火公司交涉，出了五百五十万元的高价把那批军火买去。张作霖生了气，便扩充沈阳兵工厂，并向德国买了数量更多的军火。吴佩孚也不得不再向外国购买军火和他竞争。直奉战争，于是爆发。

帝国主义者不但供给中国军阀们作战的武器，同时也把军火供给中国的土匪。举世闻名的一九二三年的临城劫车案，孙美瑶所以能够抢劫"蓝色快车"，据说就是因为他们刚从外国买到一批来复枪和手枪。

好了，好了，不用多说了。军阀们把枪械子弹一批一批地收下，拿什么东西来消账呢？苛捐啦，杂税啦，强迫农民栽种鸦片啦，拿祖国的领土主权作抵押的秘密借款啦，统统都来了。民不聊生，百业凋敝，哪里还谈得到国防建设呢！

（三）最近的状态

一九二八年国民革命军以破竹之势打到济南，日本军阀认为扰攘十多年的中国若被革命军统一了，"大陆政策"就不能实现，于是大起恐慌，立刻出兵直接干涉，造成五卅惨案。接着又炸死张作霖，反对东北易帜，用尽阴谋诡计来阻止中国的统一。然而统一局面，终于在四万万五千万同胞一致热望中造成了。

日本军阀图穷匕见，于一九三一年以迅雷不及掩耳的手段进兵沈阳，占领东三省，造成九一八事变。我们不要忘记，他对付国民政府的手法和对付袁世凯是一样的，目的在给中央政府一个致命的打击，粉碎他的统治力量。

这种策略是屡试屡验，不爽毫厘的。中央政府正打算整编国防军，着手生产建设，遇到这样一个困难的大问题，战不能战，和不能和，忍辱负重徐图恢复的办法，在一般浅见的国民看来，适足以表现政府的懦弱无能。那些别有用心和不了解当时情势的人，正好利用"抗战"这块漂亮的金字招牌迎合国民的心理，以号召群众反对中央。日本军阀眼看机会业已成熟，便又散布流言，挑拨离间，使中央和地方的误解加深，矛盾加强，全国真正的统一无法实现。把蕴蓄了几年的革命力量，差不多消耗得干干净净。

西安事变，使全国国民充分认识了领袖的重要，充分表现了拥戴领袖的热忱。这次事变的和平解决，结束了国内的战争，促成了全国上下的大团结，这种因祸得福的结局是幸灾乐祸的日本军阀所料想不到的。他们见到，蒋委员长脱险回京时全国民众欢欣鼓舞的热情，他们见到各党各派无条件地团结在全国领袖的周围，服从中央的领导，愿为复兴中华民族而奋斗到底的诚意，吓得手忙脚乱，恍若大祸临头。虽然挖空脑子制造出"华北"、"华中"、"华南"的名词，用威胁利诱的手段使"华北特殊化"，结果都失败了。"中国是不可分的"、"政府"、"统一"、"领袖"、"抗战"是四万万五千万同胞一致的要求。"甲午"、"五九"的奇耻大辱，"九一八"、"一·二八"的血海深仇，经过几十年的磨折激荡，发生了热和力，在麻木不仁的国民心中燃烧着"爱国家，爱民族，爱领袖"的火焰。

我们应该感谢日本军阀，我们更应该熟读《田中奏章》，他们唤醒了中华民国的国魂，促成了空前未有的大团结，替我们筑起了比钢骨水泥还要强固的"精神国防"。

七七事变发生，我们靠着幼稚的空军和装备不全的陆军，和强大的现代化的敌军进行激烈的战斗，居然能够愈战愈强，造成辉煌的战绩，博得全世界的钦敬和赞誉，是什么道理呢？第一，是我们最高统帅卓越的战略指导；第二，是全国军民同心协力、愈挫愈奋的"国防精神"；第三，是友邦可感的精神鼓励和大量的物质援助。

一九四〇年十二月二十四日，日本现任内阁东条英机以陆军大臣的资格在议会席上报告，他说："中国的弱点很多，但最大的一个就是根深蒂固的依赖性，没有国际上的接济和支援，便不能够继续作战。"东条是中国的敌人，也可以说是中国的知己，他的话虽然刻毒，却还是值得我们警惕的。就看他刚刚就任首相，就于一九四一年十二月八日发动太平洋上的闪电战，把他今日的行动和从前的说话对照一下，他的目的何在，不是明白如画吗？

事实摆在我们前面，今后战争的形势，必定是更险恶、更困苦的。问题的关键，是我们如何去应付、去利用这种险恶困苦的形势。敌人要切断我们的国际路线，封锁我们，解除我们的武装，断绝我们的接济，同时也就是要根治我们的依赖病，要逼着我们独立作战，自力更生。

命运已经注定了，我们的军需工业必须在苦痛的民族自卫战争过程中打下基础，中国的军队必须用中国制造的武器才能把敌人驱逐出境，获得真正的胜利。

第二章　现代的国防思想

一、战争与和平

莫索里尼需要战争，他说："法西斯主义不相信永久和平的可能性与实用性，故法西斯主义反对和平主义，和平主义在牺牲的烟幕之下，实隐藏着否认努力而倾向怯懦的素质。唯有战争能使人类的精力远于最高度的紧张，能在不畏惧战争者的身上给以高贵的确证。"

希特拉也需要战争，他把尼采的教条挂在嘴巴上："爱和平吧，因为和平是下一次战争的准备。短时期的和平是比长期的和平更可爱的。我劝告你们，不要工作，而要战争。""男人的教育是为了战争，女人的教育是为了给战士安慰。"

英、美是不需要战争的，所以他们一天到晚呼吁和平，忙着开会。今天召集伦敦会议，明天召集华府会议，后天又召集海牙会议。九国公约啦，非战公约啦，海军协定啦，国际联盟啦，反侵略大同盟啦，翻了许多花样，弄得有声有色。罗斯福相信，世界上的人民，只有百分之八需要战争，人类的幸福，只有在永久的安定与和平之中才能得到。然而英、美终于被这百分之八需要战争的家伙拖到战争的漩涡里面了。他们是代表着百分之九十二爱好和平的人类，为保卫"世界的和平"而战的。

苏联的态度是无可无不可的，和平也好，战争也好，史太〔大〕林曾经说过："如果有人让他的猪嘴哽〔拱〕进我们的菜园，我们就要给他以无情的打击。"

战争是顶残酷的东西，繁华的都市，美丽的建筑，转瞬之间化为焦土了；青年的男女，新婚的夫妇，转瞬之间变成炮灰了。它破坏了世界的秩序，破坏了社会的组织，破坏了人类的生活。飞机、大炮、毒瓦斯、烧夷弹……血肉横飞，鬼哭神嚎，哀鸿遍野，尸骨如山，天日无光，流离失所……想起来这种景象，就令人胆颤心惊。可是，另一方面却有许多人在讴歌它。看吧，看吧，意大利诗人玛丽奈蒂（Mairinetti）的名句：

"战争是美丽的，因为它建立了力与平静的谐和；

战争是美丽的，因为它使枪声、大炮声、休止时的沉默，以及腐烂时的芬芳的气味，都谐和起来了；

战争是美丽的，因为它创造了新的建筑术，例如巨大的军用车辆，飞机飞行时的几何学，以及焚烧着的村庄中的螺旋形的黑烟；

战争是美丽的，因为它使男人的身体更加年轻，女人的身体更加可爱。"

我们生在二十世纪的人，简直把脑子都闹昏了。你放烟幕，我也放烟幕，烟幕迷了敌人的眼睛，也迷了自己的眼睛。拥护战争的人准备战争，反对战争的人同样准备战争；讴歌战争的，被战争这丑恶的魔鬼逗得害了相思病，头脑冷静的批评家讥笑他们，说是"情人眼里出西施"。然而，痛恨战争深入骨髓的人们，为什么也抱着她跳舞呢？

在人类历史的现阶段，赤手空拳抱着"人类之幸福，发生于互助"的痴念，主张打破国家界限，解除人类武装的世界主义者，销声匿迹了。认为"我存在，你们也存在，大家共存共荣，互不侵犯"的国家主义者，也不多见了，有的十九都是冒牌货，挂羊头卖狗肉的骗子。活跃在世界大舞台上面的，只剩下两种角色：侵略者和反侵略者，帝国主义和弱小民族。

侵略者的愿望是要"征服世界"，要全世界的人类都做他的奴隶，都服从他的命令，到那时候就可以"放下屠刀，立地成佛"，实行世界主义。弱小民族的愿望，是自由独立，大家相安无事地过日子，只要不受任何国家民族的欺侮和压迫，他们也衷心地期望着世界主义的实现。

现代的战争，就是这两种思想造成的。

侵略者的笔天天在改变地图上的颜色，兴奋起来，便仰天长啸，画一个圆圈，向世界宣布："这就是我们的生存空间，它是神圣不可侵犯的。"圆圈里面的人，如果反对他，他就不留情面地举起铁拳来一下把他们打碎。圈外面的人，如果干涉他，他就慷慨激昂地说："你来威胁我的生命线吗？请问你有多大的力量哟，我们较量较量吧！"或者是，当一个反侵略者的力量超过另一个侵略者的时候，强者就会向弱者提议，你的领土太多了，为了维护世界的和平，我们重新作一次"合理的"分配吧！弱者如果反对，强者就会鼓起眼睛说："你想保护旧的吗？你有资格吗？请你想一想你的力量哪一点比我强哟，我们来比一比吧！"

遇到两种力量发生冲突的场合，除非一方面甘愿退让、甘愿牺牲，使对方如愿以偿贯彻了他的意志，战争是无可避免的。以战争消灭战争，或以战争保卫和平的方法，只有使战争提前爆发罢了。《司马法》云"以战止战，虽战可也"，可以做今日现实的写照。

"准备战争，避免战争"的真理，被当前的现实否定了。只有不准备战争，才能避免战争。但是单方面不准备战争的结果，战争是避免了，奴隶的枷锁是不能避免的，灭亡的命运是不能避免的。

两条路，走哪一条呢？

二、列强对立关系下的国防观

假如一个国家要走准备战争那条路，下决心要建设国防，问题就来了：战争如何备法？国防又如何设法呢？

我们走到动物园，对于各种动物的身体构造略加注意，就可以发现许多有趣的事。老虎的力量是那样大，爪牙那样利，好像是上帝特地派它主宰山林、奴隶百兽似地。兔子既没有锐利的爪牙，又没有凶猛的身体，却有四条轻快无比的飞毛腿可以逃命。牛羊进攻的本领不及老虎，逃命的本领不及兔子，但头上生着两只坚强有力的角，可战可守，就是吃一顿饱三天的胃口，也是一种减少危害的特殊装备。刺猬是弱者，一身尖利的硬毛，使敌人无法下口。乌龟是弱者，背上却装了甲，往往不战而胜。黄鼠狼也是弱者，它偏偏会放毒瓦斯。乌贼也是弱者，它惯于施放烟幕，掩护退却。这许多活跃于山林江海的芸芸众生，为什么能够一代一代地传下去永不绝种呢？无他，因为它们都有所以自存之道。

一国的国防，就是那一个国家的自存之道。这个自存之道，是有目的的，有计划的，有作用的。唯一的条件，就是适合自身生存竞争的需要。适合生存竞争的需要，是国防的一般性；适合自身的需要，是国防的特殊性。缺少一般性的国防，名之曰"落伍的国防"；缺少特殊性的国防，名之曰"盲目的国防"。因此，在建设国防之初，第一，须把握时代；第二，须确立国家的永久国策；第三，须针对敌国，更须针对永久的敌人。

德意志在第一次欧战打了败仗，《凡尔塞和约》苛刻的程度，几乎要致这一条欧陆大虫的死命。在领土方面，除了割让亚尔萨斯、劳兰二州，欧本和马而美地波兰走廊，上西利亚及什烈斯威的一部分之外，海外的一些殖民地也统统送掉了。经济方面，国外的财产和投资，一古脑儿被没收了，肩膀上还负担着三百万万美金的巨额赔款。军事方面，规定他陆军不得超过十万，海军战斗舰最大不得超过一万吨级，轻巡洋舰不得超过六千吨级，驱逐舰不得超过八百吨级，鱼雷舰不得超过六百吨级，潜水艇使协约国吃了大亏，连坦克军、重炮、飞机一律禁止设备，莱茵河左岸和五十公里以内的右岸，不许有军事设备。法国的目的，打算把这只老虎用这一纸条约束缚住，永不许他翻身。一边用绝对优势的军事力量压制他，一边运用外交手腕操纵国际联盟，使他不敢破坏和约，这样子才好保持法国欧洲盟主的地位。谁知天无绝人之路，英国在一旁看见法国这种盛气凌人的态度，觉得不大顺眼，等到普恩克莱借口德国赖债不还，于一九二三年派兵占领鲁尔的时候，就和美、意两国站在一起讲公道话了。德国天才外交家史特莱斯曼费了六年的苦心，竟至靠三寸不烂之舌撤退了莱因驻军，拆散了协商〔约〕国的联合阵线，加入国际联盟，使赔款的数目减轻，经济的自主恢复，德意志才舒舒服服地出了一口气。一九三五年一月十三日萨尔煤矿区的工人们用投票的方式归并德国，三月十五日希特拉自动扯毁《凡尔塞条约》，重整军备，把法国人的脸气得发青，要求伦敦动手干涉，英国却不肯动。英国为什么不动呢？他要德国牵住法国的后腿，才能够巩固他第一把交椅的地位。可以说德国的枷锁是英国一手解除的。

德国人有不屈不挠的民族精神，有优越的科学技术，有灵活的外交手腕，因此，他很快地复兴了。法国仅仅用一纸条约便想永远制服德国，高枕无忧，思想未免简单。德国的军备在形式上好像是受了限制，而德国的国防建设却早已秘密开始而逐渐完成了。你不许他造大战斗舰，他会改造小巧玲珑的袖珍舰；你不许他建设空军，他会大规模地发展民用航空；你不许他有十万以上的正规陆军，他会无限制地扩充党军，训练警察。国防不是边防，国防的含义，已经由国境内延到每一个国民的神经细胞，已由单纯的军备扩展到经济、政治、教育、文化和整个的社会生活。如果说，战争的目的是根本屈服敌国的战斗意志，那么建设国防必须先从砥砺国民的战斗意志开始。

法国人没有坚强的战斗意志，怕打仗，只是赶紧完成他们的马奇诺防线来避免战争。当第一次欧战的时候，德军纠集了四十多万精锐的军队攻不下一个凡尔登要塞，法国人讨了一次便宜，燃烧起了修筑要塞的热情，以每公里四百万到八百万法郎的高价，沿德法边境筑成一道最新式的要塞国防线，法国的钱差不多全部送到四十公尺深的地眼里面了。他们认为有了这一道西方万里长城做护身符，就可以放心大胆去过安闲快愉的日子了。然而他们却忽略了一件大事：希特拉并没有碰硬钉子，却集中兵力突破了比利时的列日防线，以迅雷不及掩耳的手段去闪击巴黎，使坚固的马奇诺防线根本失掉了效用。我不知道法国人为什么不多花几个钱，把这道护身符顺着法比边境一直筑到海边。比利时不是德国的对手，已经在一九一四年证明了，法国政府当不会如此健忘吧！

教我看，希特拉并没有征服法国的野心，只要法国肯把亚、劳二州早日奉还，也许可以和平解决的。希特拉不敢把法国的战斗力作过低的估计，从他构筑西格弗利防线一事就足以证明他还没有突破法国国防线的把握，同时还认为法国有进攻德国的可能。根据过去的历史来判断，这次法国人被希特拉打了一个耳光，只有使两个国家的仇恨加深，贝当元帅的头脑不会像一般人所说的那样简单，西格弗利防线也许还有大出风头的时候，我们等着看好了。

要是从积极的观点上看，德国的死对头与其说是法国，倒不如说是苏联。德法的冲突，还有一点感情的成分混在里面，因为两个国家打了几次仗，打出火来了，积成了民族的仇恨；德国和苏联的冲突，却完全是利害关系。

说也奇怪，一九一九年欧战结束以后，德国被协约国打入囚笼，苏俄因为要宣传共产主义实行世界革命，触怒了英、美、日、法、意、捷等一群资本主义国家，闯〔闹〕出一场"武力干涉"的大祸，弄得气息奄奄，岌岌可危。采用新经济政策以后，想从事生产建设，感觉到本领不够，正好英、法、美、德等国有一大批能工巧匠赋闲，苏联就趁机利用了德、美等国的技术家来解救苏联的技术缺乏。等到一九二八—三三的五年计划完成后，苏联变成一个大工业国，引起了英、法的嫉妒，便从囚笼里把德国放出来，让她去做他们的前哨抵制苏联。一九三三年希特拉走上了德国政治舞台，打算把所有的日耳曼民族统统联合起来，建立一个第三帝国。于是便高揭反共之旗，大投英、法之机，并驱逐国内共产党，痛骂共产主义，造成德国国民仇恨苏联的心理。史大林眼看日耳曼的猪嘴要喷〔拱〕进他的菜园来了，也就大加防范。

共产主义和国社主义并没有不共戴天之仇，只要希特拉不让他的猪嘴去喷〔拱〕史大林的白菜萝卜。

果然，希特拉吞并了捷克，准备进兵波兰，英国和法国忍耐不住了，赶快派代表到莫斯科去拉拢苏俄。希特拉为了避免两面同时作战，便趁英、法代表举棋不定之际，同苏联签订了《德苏互不侵犯条约》。希特拉安定了东面，遂对英、法开始作战了。远东的强盗虽也在伪满边境磨刀霍霍，可是张高峰、诺蒙坎两次钉子碰过，也就甘拜下风。松冈洋右跑到欧洲观了风色，在莫斯科和史大林在短时间内完成了外交上的杰作——《日苏中立条约》，得意洋洋地回到东京。

英国穷处区区三岛，靠手艺吃饭，做买卖起家，八字上带来奔波劳碌的命运，使她永远渡着流浪生活。亏得她精明强干，在世界上布满了落脚之所，居然造成了一个"日头不落"的大帝国，称霸海上，雄视欧洲。为着要保护她星罗棋布的殖民地，不能不倾注全力于海军，巩固她"海上王"的宝座。因此，海军建设确定了一个"二强主义"。谁要想在海上施展抱负，谁就是她的对头冤家。德皇威廉第二打算在海外抢几块殖民地，拟了一个大海军政策，扫了英国的兴，便联络法国在一九一四年到一九一八年的欧洲大战中，把德国的海军全部消灭。意大利想称霸地中海，积极扩充海军，英国说，你这样办，不是有意握〔扼〕住我们的脖颈，要致大英帝国的死命吗？我们到远东去，地中海是必经之路，地中海的主人应该是英国，不是意大利。

莫索里尼也不是好惹的，他知道英、意在地中海的矛盾无法消灭，只好去拉拢抑郁不得志的希特拉以助长自己的威风。希特拉一拳把法国打在地下，莫索里尼起了分一杯羹的妄念，他说，你打得好，法国真真该死，我帮你的忙打倒英国罢！意大利在地中海动起手来，英国着了慌，大兰多一役，把莫索里尼的海军打得落花流水，使危在旦夕的白喉症轻松了许多。

美国和英国的海军平等，是颇使这位"海上王"伤脑筋的，但一方面又要美国撑腰以解决欧洲问题，一方面又要利用美国的威力以制伏日本，安定太平洋，也只好忍气吞声，强笑为欢了。

在欧洲，英国不愿意有第二个国家抬头，谁要硬露头角，谁就是她的敌人。她靠着两件法宝以维护她主宰欧洲的地位。那法宝，第一个叫做"均势主义"，凡是欧洲的国家，除了英国以外，力量最好经常保持一种均衡状态。第二个叫做"绥靖政策"，绥靖就是剿匪，英国以剿匪司令自任，哪个国家要不安分守己，来做偷鸡摸狗的勾当，他就要出来干涉。战后的德国在法国压制之下，连气都喘不过，她就来解放德国以绥靖法国；意大利征服了阿比西尼亚，她就实行经济封锁以绥靖意大利；苏联与波罗的海三小国协定，英国又负责保证波兰的独立以绥靖苏联；希特拉重整军备吞并了奥国，英国又拉拢法国保障捷克，巴结苏联以绥靖德意志。张伯伦提着那把象征和平的雨伞，仆仆风尘，到处乱跑，无奈前门拒虎，后门进狼，不仅徒劳无功，反而弄得天怒人怨，四面楚歌。慕尼黑会议，把捷克送进虎口，换到五个月的和平。果然，一九三八年八月二十九日德国下决心要收回但泽市和波兰走廊，九月一日大战就爆发了。张伯伦气愤地宣布要消灭希特拉主义，和纳粹德国作战到底。一九四一年六月二十二日苏德战争一起，从前被英国绥靖的苏联马上变成了患难朋友。

有人说"英国只有永久的利益，没有永久的敌人"，实在是耐人寻味啊！

三、建设现代国防应有的几点认识

前面所说的，是一种形而上的国防观念，也可以说是军事国防的出发点。如果事先不加以深刻的理解，很轻率地忽略过去，则军事国防的建设，极容易走上无的放矢的歧路。

战争是人类社会生活的一种现象，国防是战争的武器，也是人类社会生活的产物。国防好比是电影片子，战争好比是演电影，国防跳动起来就变成战争。

社会生活是复杂得往往教人不懂的，我们要把握国防的本质，最经济的办法有两个：一种是到自然现象里去找相似的类型；另一种是向后转，回到原始社会里去看国防的前身。我们知道，一头小牛犊生下来，头上是没有角的。假定说，小牛犊是一个国家，这个国家就是"有国无防"。它的存在和发展，全靠老牛的保护。随着身体的发育和力量的增加，自然地生出两只角来，渐渐坚固强大，小牛有了自卫的本领，就自然而然地脱离母牛，宣布独立。同样地，一个被保护的弱小国家，有了相当强大的国防之后，就变成了独立自主的国家。

随着交通的进步，人类相互间的关系密切起来，国家的组织日渐庞大，内容日渐复杂。国家一变，国防和军备也跟着变；国防和军备一变，战争的性质和作战的方式也不能不变了。人类原始的战争全靠体力的搏斗，和禽兽的战斗一样，后来才晓得利用工具，投石挥棒。小孩子、野人都还运用着这种古老的作战方式。就是我们走到乡下，遇见恶狗扑来，也会拾起土块石头，或抓到棍棒树枝准备应敌。此后，生产工具一有变化，战斗武器也就跟着变化。弓矢刀矛的出现，使战斗武器和工作器具分了家；国家的形成，常备军的编练，士兵成了专门职业，战术战略也成了专门学问。战争由个体的变成集团的，由片刻的变为长期的，你发明了弓箭，我制造一套盔甲；你来筑城，我就来造云梯。火器的出世，弓矢刀矛成了废物；爆炸弹的出世，实心弹也就不值一顾了。

战争用流血来鞭策人类，它不许人类休息，不许人类停留在一个固定的阶段。你刚刚把这一种武器弄得尽善尽美了，它就另外弄出一件更善更美的，逼着你把旧的东西作废。

蒸汽机发明了，产业界发生一大革命。冶金术的进步，炼出了质地优越的钢铁。制造机械的技术提高，工厂的规模扩大，生产量加速的增高，整个改变了一个国家的组织和人民的生活方式。堆积如山的商品逼着老板向海外找寻市场，机器饿着肚子也要求老板向外掠夺原料，于是乎帆船装上摩托，商人带着大炮，向文化落后的区域进发。战争的性质一变，国防立刻向国民提出新的要求。

轮船火车的速率缩短空间的距离，金城汤池也抵挡不住侵略者的舰坚炮利。任何国家都不许置身世外，再做老死不相往来的桃源梦了。交通引进了意想不到的敌人，也引进了意想不到的朋友。外交关系在现代的国防建设上有着奥妙的主导作用，外交家应该用望远镜照一照敌人的来路，并负担着化敌为友的积极任务。

立国精神决定着全部军事国防的性质。一个不满现状需要向外膨胀的国家，她的国防建设的目的在求敌，求敌的国防是一种攻势国防，只有在攻击敌国时才能发挥效用。弱小的或以保持现状为目的的国家，她的国防建设自然要侧重在固守，守势国防的目的是在待敌，你来进攻，我就抵抗。还有一种攻守二重性质的国防，那些既需要防卫国土又准备向外发展的国家，是非如此不可的。国防性质不仅影响到国民的教育和军队的训练，就是战略战术的采用、武器弹药的性能、交通兵站的配置，也都要服从国防性质，由国防性质来决定。德国一方面要进攻法国，报仇雪恨，一方面又要向外发展，并吞弱小。因此，对国民就要宣传大日耳曼主义，对军队就要实行积极的攻势教育。在兵器上，也以攻击破坏为标准。就拿炮弹来说，德国根本不用榴霰弹，专用榴弹。就是因为德国要进攻法国，破坏法国的坚固阵地，非用富于侵彻性的榴弹不可。法国要想大量杀伤敌人的野战军，偏偏采用德国弃如敝屣的榴霰弹。你能说德国人聪明，法国人不聪明吗？法国的守军都躲藏在铁筋比顿筑成的要塞里，用榴霰弹攻击，等于撒土扬烟，毫无作用；德国的野战军密集在要塞的周围，豆子般大一粒弹片就可以杀伤人马，榴霰弹的效力却比榴弹大得多了。法国人如果不懂得这个诀窍，一味跟着德国人学，也盲目地说，"榴霰弹破裂高不准确，破坏威力不大"，岂不冤哉枉也？

合乎理想的标准军事国防，在世界上将永远成为一个理想，它好像是一位美丽的女神，可望而不可即。一种新兵器的出现，会使整个战争的局势全部改观。昨天的军备，到了今天就变成了玩具；今天的军备，明天也许就不值一顾了。拿第一次欧战时代的军备和现在的军备比一比，有许多地方是不成比例的。现代化的陆军，装备上有比一九一四年多二十倍的机关枪，三倍多的大炮，还有当时做梦都想不到的重轰炸机、百吨的大坦克车、磁性水雷、火焰发射机、啸声炸弹、自动大炮、高温炮弹和种种化学兵器。一九一八年坦克车的速度每小时不过十公里左右，现在的坦克车每小时的速率是三十五公里。一九一八年飞机的速率每小时七十五公里到一百公里，活动半径是一百五十公里到一百八十公里；现在的飞机速率每小时三百公里到六百公里，活动半径为七百至三千公里。（美国道格拉斯 B19 式"飞行堡垒"续航力为七千五百哩，波音 B17 式轰炸机续航力为四千哩。）飞机的大量使用，大炮的射程虽然较第一次欧战时增加了两倍，可是它已降级为保守性的武器，没有当年的威风了。

空军的发达，取消了前方和后方的界限，海军、陆军和老百姓都发了慌。从前的人讲国防建设所念念不忘的"国防线"行将变为历史上的名词。今天的国防，线的配备，面的配备都不够了，应该随着战争的立体化从事立体化的国防建设。线形国防好比一个鸡蛋，打破以后便无法收拾；立体国防使整个国家变成一个坚强有力的战斗体，打不烂，敲不破。不过，今天的战争证明绝对制空权的保持，事实上已不可能。英国人在伦敦上空摆上阻塞汽〔气〕球防空网，可算是无微不至了，但德国的飞机依旧可以逍遥自在地飞去轰炸，高射炮火的威力，仅仅限于妨碍敌机的低飞投弹，最有效的防空手段，只有以飞机对抗飞机，以轰炸答复轰炸。

空中的威胁，使人类走进了十八层地狱，十九层之下也许就是天堂。比较进步的国家，不仅要塞、军需工业、兵工厂、钢铁厂等都建设在地面三四十公尺以下，教育机关、行政机关和人民的住宅也逐渐迁移到地下。当年读《封神传》到张奎和土行孙在地下打仗一段，不禁拍案惊奇，现在想一想，真是"何足道哉"！

杜黑主义笼罩着全世界，它支配着现代的国防理论。各国的军事学家都跟着他叫喊"无空防即无国防"，都相信在现代战争的情形之下，只有空军能够攻击，只有攻击才能取胜。由于列强的积极扩充空军，几千架铁鸟同时在天空作战，已经不是理想，空中炮兵和跳伞部队的出现，空中堡垒、空中坦克的制造成功，以及德国在地中海以空中步兵袭击克里特岛的奇迹，更足以说明空军在战争中的重要性。英国海军主力舰"威尔斯亲王号"、"利巴尔斯号"同时遭了飞来横祸，含冤海底，使英国太平洋的作战力量损失大半。空军是不是万能，我们且不要管，然而海军之笨重脆弱，却是铁一般的事实。

空军的价值低廉，运动迅速，投弹准确，攻击力强，造成今天的优越地位。它不仅可以单独作战，并且是陆军和海军的保姆，陆军和海军要是没有相当的空军掩护，在敌机侵袭之下，要想取得胜利达到作战的目的，是很困难的。

摩托的进步，改变了陆军的组织。摩托化和机械化产生了最新式军队。机械化是用摩托作为兵器的一部，如坦克车、摩托化大炮等。摩托化是利用机械输送军队。还有摩托机械化部队，就是机械化兵器的混合，再加以摩托化军队的辅助。因此，现在有不骑马的摩托化骑兵，有不走路的摩托化步兵，还有坐着飞机的整师空中步兵。老早，大炮是顶有名的笨货，摩托化了以后，却可以跟着步兵一同前进。德国军事周刊说："大炮的火力日益步兵化，步兵的火力日益大炮化。"步兵人员眼看就成为小型流动大炮的炮手了。

现在的战争，一面是机械的战争，一面是千百万大兵的战争。不单是一个利用巨大的物质资源的战争，同时也将是动员几百万战斗员，动员交战国全国国民半数以上的战争。海军、陆军和空军，机器和人，武装战斗员和广大的人民，密切地互相隶属着。列强"马拉松"式的军备赛跑，使那些畸形的、穷苦的、瘦小的、先天不足的国家民族望尘莫及，汗流浃背。因为现在的军备：

1. 单是有了还不算，还要问你"它的质"精不精。

2. 精了还不算，还要问你"它的量"多不多。

3. 多了还不算，还要问你能不能自造。

4. 能自造还不算，还要问你是不是自己的原料。

上面这些条件都具备了，另外还有一个大问题，就是自己会不会用。把戏都是一样，巧妙各自不同，最后取胜之道，是军事的技术。

军备强大并不是一国之福，强大的军备必须和国家的人力、财力、物力成比例，换句话说，就是"适度"。关云长的青龙偃月刀，必须关云长才能要得好，如果交给诸葛亮，一定会要他的命。弱小的国家而有强大的军备，等于梅花鹿头上长了美丽的长角，不但没有好处，反而会惹出杀身之祸。至于军备是不是恰到好处，连自己都闹不清楚，必须要经过战争的试验。拿破仑第三色当一仗，竟投到威廉一世的脚下做了俘虏。他投降的时候说："我以为我的炮兵是呱呱叫的，哪晓得还比不上普鲁士，所以打败了。"我们看，奥国、捷克都是有军备的国家，居然一枪不发就被希特拉并吞了。荷兰、比利时、波兰也都是有军备的国家，这一次世界大战，荷兰打了四天，比利时打了八天，波兰打了两星期，也都戴上了亡国奴的帽子。法兰西号称五大强国之一，而且还做过欧洲盟主，还没有打够一个月，贝当元帅就提出停战的请求了。

从此可知，一国的国防，不但是应该和本国的人力、财力、物力成比例，更应该和敌国的人力、财力、物力成比例。

四、全体性战争对于近代国防的影响

有人问日本人，甲午战争是怎样打胜的？日本人说："我们用全国的力量来和李鸿章的北洋一隅打仗，所以打胜了。"从此可以证明，甲午战争，不是中国的军队战败，而是思想战败。人家动员全部的兵力来侵犯，我们却不知道动员全部的兵力去抵抗。甚至北洋舰队已经打得一团糟糕，还有许多统兵的大将按兵不发，说要保守中立。真正是岂有此理！

古代的战争，是军队的事情。打起仗来，以兵对兵，以将对将，也就够了，和民众毫不相干。现在的战争，不是兵与兵的战争，而是国与国的战争，是交战国国力的总决赛。战争在三度空间里进行着，飞机可以飞到老远的大后方投弹。地无分南北东西，从陆到海，从天空到地面，统统都是战场；人无分男女老幼，疾病残废，都要受战争的影响，统统都是战斗员。

这样的战争，叫做全体战争。

现代的战争，其目的不是"击破敌国的军队"，而是"消灭敌国人民的战斗意志"。它所要打击的，不是全副武装的战斗员，而是武装战斗员的来源。它不但是要"斩草"，而且还要"除根"。曾经当过两次英国航空部大臣的汤姆生爵士（Lord Thomson）说："战争取胜的方法，将为无情地轰炸人烟稠密的地方。"德国的阿屈罗克将军说："和平民众聚居的广大区域，将不断地受着被消灭的威胁。未来的战争，将有消灭全体平民的趋势。"

杜黑曾经对于"全体性战争"发表过这样的意见："我们要做真正的文明人吗？若然，就得废除战争。如果我们不能合力做到这事，那就决谈不到限用若干优雅的杀人放火和破坏的方法以保全人道文明等美好的理想。"他曾质问过批评杜黑主义的人："为了打胜仗，你是不是将使用最不侠义、最恶毒的武器去杀害非战斗员、老年人、妇女和小孩子呢？"接着他就自己回答："当然，胜利第一。国家取得了胜利，然后才想到人道。"

还有一位名字叫做奈埃（Nye）的英国人，在大战爆发之前预言道："敌国空军进攻伦敦的方法，显然是先用猛烈的炸弹狂炸，把老百姓赶进地下室，然后将大量的液体毒瓦斯倒下来——用不着瞄准，只要从飞机两侧倒下来就得了。毒气比空气重，自然会钻到地下室去。"

不幸得很，这般人许许多多骇人听闻的话，在二次世界大战中，差不多完全成为事实了。现代的战争既为全体性战争，要应付全体性战争，就不能不实行国家总动员。把全国的人力、财力、物力全部集中起来，准备作战。

科学越进步，新奇的武器愈多。人类战争老是跟着科学跑。由人力战变为器械战，由器械战变为机械战，最近又由机械战变为摩托战。武器越新，破坏力越强，消耗越大。从前是将军挂刀佩剑，打仗的家伙跟着人跑；现在则士兵坐着摩托车、飞机、坦克，摩托走到哪里人走到哪里，人跟着打仗的家伙跑。这些打仗的家伙都要吃东西，枪炮要吃子弹，摩托要喝汽油，而且他们的饭量又大得惊人。一挺机关枪，每分钟要消耗数百发的子弹；重轰炸机，每架要装七八吨的炸弹；一架空中堡垒，甚至一次就可以装炸弹十余吨。一个要想进行大规模战争的国家，如果没有几万门大炮，几百万步枪，几十万机关枪炮，几万架飞机、战车、牵引车，以及几十万部汽车，几千万万发子弹，几百万万炮弹，几十万吨化学药品，根本就莫要开火。士兵本身的消耗还不在内，这样多的东西，最多只能支持一年，因为摩托的寿命是很短的，一架飞机的寿命不过几百小时，一部汽车的寿命不过几万公里。自己坏了，或是被敌人破坏了，都要马上补充新的，补充不上来，就不能继续作战。要生产这许多机械，没有大规模的工厂、大批的工人、大量的原料，是不行的。平时有了丰富的储备，战时还需继续生产，更大量的生产。就是原料被敌机焚烧，工厂被敌机炸坏，也要想法子不使物质的供给断绝。物质就是战神的粮食，工厂就是战神的厨房，工匠就是战神的厨子，没有饭吃，战神就会饿死的。

因此，要准备战争，就必须实行产业总动员。

第一次世界大战，同盟国的军队，死伤了一千二百万；协约国方面，也死伤了一千万。现在杀人的武器更凶，杀人的方法更毒，打起仗来，死伤的人数一定会更多。机械在战争中的重要性虽然增加了，但操纵机械的依旧是人。正因为战争机械化了，必须要提高人民的生活水准，使全国民众"生活机械化"；战争摩托化了，必须使全民众"生活摩托化"。按道理说，战争的方式是应该跟着人类的社会生活方式来的。有了摩托化的生活，才能产生摩托化的战争。生活方式和战争的方式一致，兵员的补充才不会发生困难。如果驾驶战争摩托的士兵，在一般国民的眼里都变成了了不起的专家，后备兵必须经过长期的训练才能成为战斗员，要想在战争中取胜是不可能的。打胜仗的国家，一定是国民生活战争化、战斗技术常识化和军事教育社会化的国家。例如，苏联在公园里摆着许多枪炮、飞机、坦克的模型，各种摩托的机件，并派专家向逛公园的人民解释各种陈列品的构造，指导他们如何装置，如何使用。小孩子如果能够把汽车的模型零件装成一部小汽车，那位管理员就很高兴地抚摸着他柔软的头发说："你真聪明啊！好！送给你！拿回家去告诉你的爸爸妈妈、兄弟姐妹，他们会赏你糖果吃。"小孩子笑嘻嘻地跑回家去，立刻成了一位修理汽车、驾驶汽车的小技师。跳伞运动的狂热，民用航空的发达，使苏联的空军可以无限制的扩充。德国的军事教育也是建筑在普通教育上。他们到处设立着搜罗宏富的博物馆，经常地举行国民打靶、航空、骑马、汽车驾驶等各种竞赛。关于民众爬山运动、滑雪运动，也都由政府积极提倡，并由军队中考选出军官来负责指导。欧战以后，德国是不许有空军的，陆军的人数也不能超过十万，可是一旦宣布重整军备，马上就编成一支强大无比的空军，马上就可以动员数百万军队，不是很奇怪的事吗？曰：一点儿都不奇怪。因为德国人懂得国家总动员，他们的生活已经军事化了。

国家总动员的结果，把平时和战时的界线、前方和后方的界线、民众和士兵的界线整个消灭了。平时和战时有生产工具在维系着，前方和后方有交通工具在维系着，民众和士兵有教育工具在维系着。正因为一般国民在平时过的是战时的紧张生活，到了战时才能不慌不忙像平时一样的从容不迫。如果平时根本没有准备，或准备得不充分，等到动员的命令下来了，应召入伍的士兵领到军装的，领不到帽子；领到袜子的，领不到鞋子；领到枪械的，又摸不着子弹；前线的队伍已经支持不住了，后方的援军因为车辆太少了不能够开上火线。这样的国家，不用打就已经失败了，何必把军队送到前线去送死呢？平时多流一滴汗，战时少流一滴血，就是这个道理。拿破仑进攻莫斯科失败了，不是他的兵打了败仗，而是因为他的交通工具准备得不够，粮草子弹接济不上。希特拉进攻莫斯科，又失败了，也不是他的兵打了败仗，而是因为他没有把冬天的军服老早准备好。战场是过失的集合所，过失少者得胜。一根绳子的力量，是根据最细那一小段计算的。打仗的时候，只许将军流血，不许将军后悔。

虽说战争的许多条件互相密切地关联着，但战场上的主角始终是"人"，因为现代的战争是人的战争。一个健全的人，有好的身体，好的精神。打起仗来，精神力实在是最重要的一个因素。克劳茨维兹说："战争全部因素无不受精神所贯注而为其操纵，其效力往往不可思议，凡是深通历史的人，就会认识精神力的价值。"当法国大革命的时候，人民情绪燃烧着，一听到"祖国危险了"的口号，成千成万的人便自动地拿起枪杆，上前线与敌人作战。敌人的军队虽然厉害，但法国民军的精神是了不起的，它可以抵抗全欧洲的敌人。一九一六年，德军进攻凡尔登，两军相距不过四五十公尺，为了尺地寸土作殊死战。都门炮台，夺来夺去，炮火弥漫，血肉横飞，依然拼死力争，不肯罢休。德军虽集合了四十多万，仍然不能越雷池一步。读欧战历史的人，没有不佩服法国军队的战斗精神的。一九三三年，我在法国问法国兵："德国要来进攻，你们怎么办呢？"他们却回答道："我们有马奇诺战线，德军要来攻击，必须要用二百万人做代价，我们可以悠悠度日啊！"真是语妙天下。国民精神颓唐到这步田地，和德国人"我们需要领袖，我们需要战争，我们自己什么都不要，一切都归德国"的战争狂比较起来，相差何止十万八千里。马奇诺防线虽好，有什么用，大战一起，魏刚元帅手里还有一百九十万大军，虽〔竟〕然不战而降。为什么呢？因为法国国民的精神动员动不起来啊！

机械和摩托是一种冥顽不灵的东西，没有精神力支持它，它就会叛变的。

记得三国时候，许褚火战马超，两个人愈战愈勇，打了几百个回合，依然面不改色，气不发喘。国家总动员，就是要使国家练成和马超、许褚一样有力的战斗体，让他和敌人长期作战能够面不改色，气不发喘。但真的打起仗来，却反而希望演一出关云长杯〔温〕酒斩华雄，速战速决。

五、近代国防新思想——联合国防

一九一四——一八年的欧洲大战，英国发明了一种杀人不见血的新武器，叫做经济封锁。他想用强大的海军把德国包围起来，强迫德国和外部世界隔离，断绝德国经济与世界经济的关系。这样一来德国的粮食发生恐慌了，各种军需工业的原料来路没有了，人民饿着肚子，工厂停止活动。德国马上以"潜艇政策"来应战，实行对英经济的反封锁。可是"潜艇政策"扫了美国的兴，不仅对英的封锁没有成功，反而替协约国拉来一个力量雄厚的美国入伙。德国战线的供给和后方的生产脱了节，经济宣告破产，马克变为废纸，革命的浪潮一起，德皇也只好脱下王冠逃之夭夭了。所以一般人都认为上次的大战，德国是经济战败。

协约国的经济封锁成了功，为了防治〔止〕德国的复兴，便从经济方面着眼，把他的海外殖民地全部没收。

列强受了这次德国失败的教训，把经济资源看得比生命还重，已有殖民地的国家则加强统治，积极开发，殖民地较少或根本没有殖民地的国家则东张西罗，拼命夺取。一九三一年，日本强占东四省；一九三五年，意大利进兵阿比西尼亚；一九三八年，德国并吞奥大利，灭亡捷克斯拉夫。目的都是为抢夺资源，充实作战力量。

跟着经济资源的夺取，世界上又产生了一种进行经济战的组织，名为"经济集团"（Bloc）。英国在她的政治领域、经济领域、自治领域、殖民地等，建立了一个英镑集团；美国亦仿着英在自己所有领域及在南美诸小国，建立了一个美金集团；法国亦如此办理，建立了一个法郎集团。经济集团结合成一个坚固的堡垒，对敌人发动经济进攻，实行资源封锁。它可以随时宣布拒绝敌国或假想敌国的流通券，实行经济绝交。你要卖的货物，我偏不买；你要买的东西，我偏不卖。或者说，某一部分东西，可以卖给你，请拿现钱来。或者说，某几种东西，可以出口，但必须拿你们某几种货物交换。假如它要想和你捣蛋，你向第三国购买那些东西，它可以出高价或几倍以上的高价和你抢着购买；或者更进一步和那个国家订约，取得某几种货的特许购买权，不准她卖给第二国。经济集团在最近的资源战和军备竞争上，发挥了很大的威力。意大利也想组织一个里拉集团，德国也想组织一个马克集团，日本也想组织一个老头票集团，都因为缺乏现金，力量薄弱，不能独立建立，乃相将入伙成一轴心，于是与英、美等国的布洛克对立了。这样一来，对立的关系，日形尖锐，除掉用打仗方法可以解决以外，简直无它办法了。

欧战结束以后，协约国打了胜仗，英、法的收获更是可观，自然是心满意足，希望享几年太平清福，因此就组织一个政治集团（国际联盟）来保障世界和平，拉着人类的历史，说："你不觉得累吗？休息一刻儿罢！"谁知道和平条约的笔迹还没有干，莫索里尼便在罗马说闲话了："别的国家人口少，却占领着那么大的地方；我们的人口这样多，反而不允许有合理的领土要求，这不是世界上的大不平吗？"日本也是个失意分子，自然要和莫索里尼一鼻孔出气。不满现状的主张修改和约，保守分子偏偏要维持和约的尊严。彼此勾心斗角，遂使军缩会议变成了扩军会议。日本占领了东四省，意大利灭亡了阿比西尼亚，国际联盟空喊了一阵"干涉"、"制裁"，结果弄得威信扫地。这边来一个德意同盟，那边来一个法苏协定，什么法西斯阵线啦、人民阵线啦、防共协定啦、英法同盟啦，统统都出现了。直到世界大战爆发，德、意、日串通一气，成立一个"侵略集团"；中、英、美、苏联合抵抗，成立一个"反侵略集团"。综合"经济"、"政治"、"军事"三种性质，形成两个对立作战的协同体。

从今以后，国与国间的单独战斗，变为集团与集团间的联合战斗。战争好像一条绳子，把许许多多的国家串在一起，没有哪一个国家能够隔岸观火、置身世〔事〕外了。

本来，张三和李四打架，打不赢，找帮手，是司空见惯的事。现代战争的规模，也不过是张三李四打架的扩大罢了。就是联合战线的思想，也不是新近才有的。在五霸七雄战国的时代，秦王想并吞六国，那时候的大外交家苏秦游说六国，使他们成立了一个联合阵线，"合纵以拒秦"。秦王无计可施，便派遣"第五纵队"张仪到六国去，鼓吹"连横政策"，拆散六国的反侵略阵线，使他们"连横以事秦"。后来秦王又采用了参谋范雎的策略——远交近攻，把六国各个击破，实现了大一统的美梦。这就是集团战争最古的一个例证，可以说"古已有之，于今为烈"罢啦！

第三章　现代战争的特质

我们要想把握现代战争，必须用"科学的"手；我们要想透视现代战争，必须用"科学的"眼；我们要想理解现代战争，必须用"科学的"脑。现代的战争是科学的战争，离开科学便不会有现代式的战争。科学是现代战争的骨骼，科学以外的东西，是战争的血和肉。

科学好比是一个马力最大、速度最高的火车头，它拖着战争的列车在人类历史的轨道上以惊人的姿态向前迈进。

科学前进一步，社会生产工具和生产技术便跟着前进一步，新的生产技术产生了新的兵器。

新兵器出现以后，新的军事技术，也就是使用新兵器的方法跟着出现了，新的军事技术产生了新的军队、新的士兵和新的将帅。

指挥使用新兵器的新军，用落伍的战术战略是不能够打仗的，于是乎又发明了新的战法。

战争的基础建立在科学上，战争从科学的手里开始，仍由科学负责结束。工人不懂科学，不能制造科学化的武器；士兵不懂科学，不能使用科学化的武器；将帅不懂科学，不能指挥科学化的军队，从事科学化的战争。

战争是民族生活的最高形式。人类的民族生活是一座建筑在科学上面的金字塔，战争便是金字塔的塔尖。不论从人类的生产方式上、生活方式上、文化水准上，处处都可以测量科学化的程度。因为人类的生产方式、生活方式和文化水准，统统是由科学来决定的。战争是人类生命的巨流里两种相反的力量激荡而成的浪花，战斗的力量推动着科学的进步，同时它也为进步的科学所推动。

科学离不开人生，也离不开战争。现代的国家，没有科学、没有进步的科学是不能存在的。食、衣、住、行，都受了科学的洗礼，农业、工业、建筑、交通，无一不受科学原理的支配；甚至连精神、思想、意识形态，都不能离开科学而独立存在。一颗米，是用科学方法种田的产物；一根线，是用科学方法纺织的产物。我们还能不能生存于科学万能的二十世纪呢？假如生命的巨流撞破了我们底船，而手中抓不到"科学的"救生圈。

战争的性质、范围、经过和结果，都是由科学来决定的，战争随科学之进步而进步。我们有了这一点基本认识，然后才可以研讨现代战争的特质。

一、时效战

全国总动员的战争观念，把克劳茨维兹的原理颠倒过来了。"战争是用着政治手段以外的政治的继续"，已经是落伍的说法，政治不过是用另外一种方法来继续上次战争并且准备新战争的手段罢了。政治应当配合战争，经济应当配合战争，一切都应当配合战争，战争是全国一切力量的总汇。

战争需要充分的准备，需要蓄积大量的飞机、大炮、机关枪、坦克车、兵舰等待着未来战争的爆发。然而，问题又来了，"战争哪一天爆发呢？"军火堆积得越多，制造这许多军火所需要的时间越长，如果再把它们送到仓库里关上几十年，炮弹发了霉，射出去不爆炸，飞机、大炮和坦克、兵舰的样子和效力也都过了时，变成了无用的废铜烂铁，怎么办呢？许多军事家都为着这个质与量的矛盾大伤脑筋。有名的塞克特将军说过：

"巨量军用品的堆积，是再浪费也没有的事。同时，由于废弃的危险，其军事上的价值，是很可疑的。大量配备的方式只有一个，就是看所需要的武器的类型下个决定，然后用全力来准备临到需要时候大量的生产。"

这种把货样子摆在保险柜里，到用的时候再大批制造的办法，事实上是做不通的。战争一开始，敌人就派大批的空军到后方轰炸，交通阻塞了，材料库兵工厂焚烧的焚烧，破坏的破坏，工人们一边要跑警报，一边要修理损坏了的机器，一边又要扶伤救死，在这种条件之下，生产力只有减低，怎么能够制造出足够消费的军用品呢？在一九一四——八的大战中，所有的交战国都吃了平时工业没有动员以及军需品堆积得太少的亏。就拿参战较迟，已有英、法、德、意前车之鉴的美国来说，在最初的六个月里所编成的师团，完全没有机关枪，步枪缺乏必需量的百分之四十一，野炮缺少百分之十二，炮弹缺少百分之十。没有特种的钢，再加上工人们对于军事生产技术不大熟练，第一期造出来的东西非常糟糕。特别是炮兵方面，常常闹出炮弹爆裂过早的祸事，不但物质上受了很大的损失，当兵的连打仗都提不起精神了。

还有一个笑话。在美国制造法国式的七五米厘大炮用的压缩器，经过半年的时间，许多工厂都造不成，后来委托给一家大规模的汽车公司，这个公司费了两个月建筑了面积达四千平方公尺的房子，装置了二个巨型的制作台，可是等到万事俱备之后，才知道弄不到适当品质的钢。结果，又耽搁了三个月。这一次以全世界反侵略国家兵工厂自豪的美国，和日本宣战以后，眼看着敌人把关岛、吕宋岛一一占领，才感觉到自己的海军不够强，飞机不够多，非等到扩充军备计划完成以后，就没有力量向敌人反攻。从这些事实，更足以证明平时军需品大量的堆积，实在是军事上颠扑不破的真理。

为了解除大量积贮的军火武器变成废物的危险，逼出了一种最新的战法——时效战（Time table war）。

时效战是预定了日期来发动的战争。侵略国决定了进攻的对象和进攻的日期以后，就开始用一切可能的力量动员全部的经济体系、政治体系，蓄积作战资源，增加兵工生产，动员大批的陆海空军，鼓舞士气民气。一切准备完成之后，预定的时间一到，所有可以作战的人，可以供应作战的物质，就遵照着总帅的命令，以全力向敌人猛扑了。这种战争就是突击性的闪电战。

德国装甲师总司令古德林将军在一个刊物上描写这种时效战发动时的情形：“一个晚上，凡是飞机库和军车库的门都要打开，飞机和汽车都要整备妥当，各种部队都要出动。第一次的突袭纵不能把敌国重要的工业区和原料区占领，也可以用空袭手段破坏了那些区域，使其不能参加战时生产。敌国的政治中心及军事中心，可以使其残废；敌国的运输体制，可以使其凌乱。”

战争是打时间的，先下手为强，后下手遭殃。被侵略国家，如果事先没有准备，或是准备得不够充分，一开始遭受敌人致命的打击，招架不住的，往往很短期间就土崩瓦解，向敌人屈降。就是力量相当雄厚的国家，也要受很大的损失。一步落后，步步落后，开头就占上风的国家，很可能使对方不能翻身，因而取得最后的胜利。这次世界大战的序幕（德波战争），就是希特拉预定在一九三九年九月一日开始向波兰进军的“时效攻击”。

一个亲眼看见德波两军作战情形的新闻记者希莱说：“十四天以内，德国的机械化部队把波兰军队赶过了两百多英里。德军使用了一切武器——大炮、小炮、坦克、飞机。波军除了机关枪、来复枪和两架用作攻击德国机关枪阵地和坦克的平射炮以外，什么也没有。他们没有办法对抗德国轰炸机和坦克车蹂躏的攻击。他们只有适合第一次世界大战的军队来对抗一九三九年的机械化和摩托化的武力，这种武器在他们中间简直是如入无人之境地闯来闯去。同时，德国空军又破坏了他们的交通。老实说，波军总司令部简直茫然不知所措。从前在坦能堡，俄军被俘九万二千人，死亡二千八百人。昨天，单在克特奴，德国就俘了十一万五千波军，前天是五万人。"

从这一段话里，就可知作战准备不够的波兰所遭遇的是什么了。

一个国家，假若觉察到有被她的假想敌进攻的可能，也必须运用她整个经济制度的全部力量去充实国防，训练军队，针对着敌人的"时效进攻"，准备着作时效的防御（Time table defensive），乘战争的开始，给侵略者一个迎头痛击。曾任法国参谋总长的德本尼（Debeney）将军在一九三三年德国重整军备之前就说过"现代战争产生了时效战"的话，他们和英国很早就着手作时效的防御，可是准备得太松懈，所以战争爆发之后，法国还是抵挡不住，英国军队也只有招架之工，并无还击之力。法比屈降之后，同盟军百万大军被围困在佛兰德斯，造成了历史上有名的敦刻尔克大退却。

对德国作时效防御战最成功的要算苏联。苏联采用新经济政策解救了国内的经济恐慌，一九二八年就开始实行第一次五年计划，从事国防建设。一九三三年希特拉走上德国的政治舞台，苏联的第一个五年计划已经很满意地完成，一九三五年已经建设成世界最强大的空军，一九三八年苏联的工业生产量占了欧洲的第一位和世界的第二位，特别有利于战争的重工业和引擎工业异常发达，效率极高。对德国进攻的防御战，苏联在准备工夫上占着时效上的优势，苏德战争开始以后，史大林防线使希特拉遭遇到空前未有的困难。莫斯科攻打三月，冬天到了，冻得德军抱着冰冷的机关枪发抖，希特拉时效的进攻失败了，只好来一个"时效退却"以减少士兵的伤亡，准备下一次更大规模的时效进攻。

可是史大林并不是专门等着挨打的傻瓜，他当且战且退的时候，就在后方蓄精养锐准备着"时效的反攻"，当德军作有计划的撤退的时候，他就指挥着大军跟踪追击作有计划的反攻了。

二、流动性战术

有了摩托化的交通工具，摩托化的战斗武器，便组织成机械化和摩托化的军队。机械化和摩托化的军队又产生了适应机械和摩托的优良性能的战术，就是流动性战术。

历史上许多将军都由"用兵神速"而驰名，但以前的神速，全靠着人力马力的兼程并进。火车发明以后，军队的运输和军需品的接济便不再依赖人力和牲畜力了，除非是交战国的产业特别落后。普法战争的时候，老毛奇领会了拿破仑一世"兵贵神速"的战理，便特别注意铁路的使用，将动员与集中两件事划分得清清楚楚，所以大军集中得异常迅速。法国虽然也有铁道，却没有老毛奇运用得妙，军队的动员落在德国之后，于是法国的军队不到两个月就被德军解决了。法国吃了一次败仗，就拼命研究用兵神速的办法，发明了调节车站制，在一九一四——一八的欧战中济了大用。德军由比利时攻入法国北部之后，真是势如破竹，法国百万之众一气退了四百华里，到马鲁乃河畔才站得住脚，与乘胜而来的德军对抗。两方面集中了三百万兵作大规模的会战，打了一个星期，巴黎岌岌可危。这时霞飞将军就靠调节车站这件法宝，将东南的军队很迅速地移转到维尔登巴黎之线，并编制了一支生力军，由巴黎西北方包围德军右翼，出敌不意，进出到德军右侧背，德军支持不住，全线败退，使巴黎转危为安。

时间过了二十年，军队的流动性已非往日可比。在陆地上，铁路已经不是唯一的运输工具了。在德国，她的铁路网是世界上顶密集的，却用广大的陆军摩托化辅助着。强大的陆军靠着几十万部汽车，可以很快地开上前线。铁路车辆没有火车头和铁轨放在"克尔美业"（Cuimoyer）台架上，一样可以往前开。坦克车放在特制的台架上就可以靠自身的摩托力在铁道上飞跑，用不着火车头来拖。大炮的摩托化，步兵的摩托化，减少了不少运输上的困难，只用加上汽油，他们就可以自动地跑上战场上了。因为陆军的高度摩托化，使平常的行车速度由每日三十公里增加到一百公里以上。还有特种编制的快速部队，更可以用惊人的速度出敌不意、攻敌不备，在战场或敌后神出鬼没。

流动性战术最得力的武器是空军。它有着二百到六百公里的速率，它有着二千到三千公里以外的活动半径，它可以上升到一万二千到二万公尺的高空。它可以携带一吨到二十吨的大量炸弹飞到敌国：（一）摧毁敌人的工业中心和交通线；（二）破坏他的经济生活和运输组织，使他无法动员；（三）截断敌人前线和后方的联络；（四）它还可以到敌人的大都市去放火，使它在几小时以内化为一片焦土。

空军的投弹使长射程的大炮变成了落伍的笨货，大炮的射程和飞机的飞行半径比较起来，简直是小巫见大巫，它已经变成"空中大炮"，领导并掩护着陆上的摩托化部队向敌人猛攻。大队的飞机并可以运送成师的空中步兵到敌人的大后方降陆，占据军事重地，开辟新战场，破坏各种建筑物，它还能够给空中步兵搬运坦克车、机关枪和大炮，运送弹药给养去接济被敌人围困的陆军。

由于空中摩托和陆上摩托的极度流动性，交战国不论何时何地都有遭受敌人袭击的可能，战斗员和人民的安全完全失却了保障。在从前可以根据步兵和骑兵前进的速度去推断和敌军遭遇的时间和地点，可以事先构筑工事作防御或攻击的准备，现在因为摩托机械化部队的行踪飘忽，来去无常，简直无法预料。敌军的突袭，再配合着坦克、大炮高度的破坏力和炽盛的火力，不但构筑新阵地困难，就是原有的防御阵地，要不是像马奇诺防线那样的坚固，也会在一转瞬间就被摧毁的。

除非交战国双方是势均力敌，在流动性战术普遍应用的现阶段，战争是不会持久的。一个装备稍差或兵力稍弱的国家，很容易被一个拥有强大而又高度摩托化军队的国家击溃。德国军队在欧洲横冲直闯，居然在短短两年中间征服了十四个独立国，使希特拉为所欲为，毫无遗憾地发挥空中摩托与陆上摩托的威力，也就是流动性战术不朽的杰作。

流动性战术是怎样运用的呢？请看古德林将军下面这一段描写：

"接着第一次天空的及机械化部队的攻势，摩托化步兵师出动了。他们将调到占领区域的边端，防守在那里，以便流动部队作又一次进击。同时进攻者将集合巨量的军队。他选定了下次大举进袭的地区和时间，立刻调集各种兵器，用以摧毁敌人的抵抗力，突破敌人的阵线。于是他迅速地集中了他的流动部队，出动了他的空军，用最妥善的方法，趁敌人不备，突然来一下猛攻。等到最初的种种目的达到了，装甲师不再停留在那里，他们倒要充分利用了他们的速度以及他们的活动范围来完成突破敌人交通线的工作。为了要席卷敌人的阵线，再尽量深入地进攻敌人的领土，势必一次又一次不断地发动攻击。空军即将攻击敌人的后备兵，阻止他们参战。"

希特拉的闪电战略，就是这样子一幕一幕表演的。

三、时间与空间

占领空间也许不是战争的最终目的，但是要达到战争的最终目的，就非夺取空间、占领空间不可。时间与战争的目的无关，它是争取胜利的一种手段，好像买东西一样，时间就是改头换面的金钱。

凡是打仗的人，没有不希望得胜的，更没有不希望"旗开得胜，马到成功"的。最巧妙的最新奇的战术，就是一拳打倒敌人的战术。它的作用，在使从事战争的国家付最低的贱价得最大的胜利。美国《陆军训练规程》里面说："若要以最小限度的损失求得最大限度的效果，就必须作某种方式的出奇行动。无论时间上、地点上、方向上、兵力上、战术上或武器上，都可作出奇的行动。其主要因素为秘密、迅速与准备周到。"

军事思想家、军事科学家、战术家和战略家、士兵和民众，都做着同样的梦，就是"速战速决"。大家都朝着"快"的方面共同努力。在打仗的时候，谁的动作快，谁能够在同样的时间之内多走一段路程，多占领一寸土地，谁就多一分胜利的把握。摩托化、机械化的武器，极度流动性的战术，都是为了满足人类"快"的要求而产生的。德国的闪电战术，就是这种思想的代表。他们的战争原则就是：拿高速度摩托化的军队，像闪电一样地向敌人突然进攻，深入到敌人后方，在敌人全国造成战争的恐怖。然后继之以迅速无比的准备、无比的攻击，使敌人手忙脚乱，一击获胜。

最进步的军事技术，运用着高速度的摩托，的确是把空间缩小了，如果要说是单单靠着摩托就能够把空间根本消灭，说空间已不足畏，或者说空间已不存在，未免有点儿过火。空间永远是空间，它永远和时间作对，也可以说它在战争上和时间相生相克。有人恨它，就有人爱它。

在时间上占优势的军队，可以闪击在空间上处于劣势的国家，但是遇到在空间上占优势的敌人，闪击的效力就得打一个相当的折扣。德国的军队可以闪击荷兰、比利时，如果要用闪击荷兰、比利时的方法来闪击地跨欧亚两洲的苏联，就不像那样的轻而易举了。因为苏联的皮比象皮还厚，德国的军队没有法子一枪戳穿她的心脏。飞机的速度再大，飞行半径再长，但飞机永远是飞机，飞行二千里的时间以及所消耗的汽油所损坏的械器，永远是飞行一千里的二倍。你要集中力量，空间偏要把你的兵力分散；你要争取时间，空间偏要把你的时间拖长。一百万的军队在五百里的活动范围以内假定说发挥百分之百的力量，如果将活动范围扩大为一千里，它的力量只能发挥到百分之五十。闪击的效果和时间成正比，和空间成反比。

摩托化部队是挥霍无度的败家子，它是纯理智的，铁面无私。摩托化的程度愈高，理智的成分愈多。它毫不怜悯当前的敌人，也毫不怜悯背后的主人。它极度的流动性和猛烈的火力使敌人战栗，也使主人焦虑。为什么呢？因为它太快了，太强了，敌人怕的是闪电式的攻击，主人怕的是"闪电式的消耗"。士兵可以靠着士气的鼓舞使他们饿着肚子打仗，马匹可以靠着鞭打使它们饿着肚子跑路，摩托是没有良心的家伙，它更不懂得"军纪"为何物，没有东西吃，它是不干的。连最高统帅的坚强意志，都比不上一架摩托。最高统帅很可以在无可奈何的时候，命令前方的军队抢夺战地民众的粮食，解救目前一时的粮食恐慌。然而摩托却真正能够做到"秋毫无犯"。枪炮要吃子弹，摩托要吃汽油，绝对没有通融的余地。统帅要支配它，必须先服从它。统帅怕的是无法战胜敌人，更怕无法战胜自己的机械和摩托。这种硬性的军队，与其说能够立刻"利国福民"，倒不如说能够立刻"祸国殃民"来得妥当。

德国因为科学发达、技术优越，打起仗来，总是喜欢攻击，希望速决。第一次的欧洲大战，拖了四年半之久，把德国拖败了。这一次的世界大战，德国靠着摩托化的大空军和陆军，靠着狂风暴雨式的闪电战术，这里闪击一下，那里闪击一下，还是希望速决。可惜空间太大了，无敌于天下的希特拉，反而弄得到处都是敌人，他的摩托可以闪击英伦，可以闪击莫斯科，却没有力量去闪击华盛顿，这就足以证明今天的摩托，还很幼稚，无论在速度上，活动半径上，以及炮火的威力上都还差得很远。可是"飘风不崇朝，暴雨不终日"，德国军队闪来闪去，已经闪了三年了，还没打出一点眉目，竟又把希特拉拖上持久战的歧路。希特拉究竟能够支持多久呢？这是一个谜。这个谜只有德国的粮食仓库、弹药库、汽油库和军需工业的生产力能够给我们一个正确的解答。

日本海军在太平洋上和英、美的联合舰队作战，居然还能够先发制人，使英、美受了很大的损失。这并不是海上摩托的速度问题。英、美的兵力并不比日本弱，运动的速度也并不比日本慢，而是英、美吃了空间的亏，日本相反地占了空间上的便宜。一个是近水楼台，一个是鞭长莫及。假定英、美与太平洋战场的距离是日本的三倍，也必须有相当于日本海军三倍的兵力才能和日本作战，有超过日本海军三倍以上的兵力才能取胜，战术和战略以及各种军事技术的运用，自然又当别论，以寡胜众在战史上是数见不鲜的事，但它始终是一个未知数。只有伟大的战争艺术家，才有取得荣誉的权利。

闪电战只有在"防御力量不能对抗攻击力量"的场合才能够速战速

决。它最怕敌人不慌不忙，早有准备。交战国是一群"同床异梦"的恶汉，你要快，他就要慢；你要决，他就要拖。战斗空间的扩大，自然会把战争的时间拉长。虽说百年战争和三十年战争的范围并不像这次世界大战这样广大，然而今日的战争绝不会像预言家的推断一样，在几天之内就可以结束。

有人说，第一次欧洲"大战时代的将军都是庸才，所以阵地战才会闹了四年多，如果有天才家，那么阵地战决不会发生"，哪里晓得二十年以后的今天，庸才将军反比上次大战时代更多，日本的"速战速决"主义，和中国打了五年还是战而不决；德国的"闪电战略"，也不能够使战争的时间缩短。世界上不知哪一天才会有征服"时间空间"的"天才将军"出现呢！

四、并用战

楚霸王项羽以拔山之力、盖世之雄和汉王刘邦逐鹿中原，打了很久，还是不分胜负。项羽着了急，便向刘邦说道："楚汉兴兵以来，闹得四海鼎沸，生灵涂炭，神鬼不安，全是因为我们两个，何苦要拖下去呢？我们两个来决一决雌雄罢！"汉王笑曰："咱家斗智不斗力。"项羽虽然百战百胜，垓下一役，忽听四面楚歌，军心涣散，大家都想回家不愿意再打仗了，霸王见大势已去，骑马挥戈，冲杀一阵，仰天叹曰："此天亡我，非战之罪也。"于是拔剑自刎。可见战争单靠武力，是不能够必胜的。"天"是什么？就是武力以外的力量。

近代全体性战争的思想流行，把战争弄得越发复杂了。战争好比一个股份公司，武力不过是一位股东而已。除了武力以外，还有经济、政治、外交、思想等许多股份。要想公司发财，必全体股东分工合作，单靠一个股东是不行的，所以现在的战争，不是单纯的武力战，而是同时采用经济、政治、外交、思想等种种斗争方式的并用战。

（一）经济战

腓得烈二世老早就懂得"军队的基础在于给养"这种道理，他曾经说过："荷枪仗剑，固可以取胜，但决定战争的成果者，仍为经济。"欧战以前，一般军事家一致公认战争的要素是：人、物质和金钱。欧战的结果，协约国的经济封锁成了功，德国军队吃不上"牛油"，失败了，于是经济便成为决定战争的一要素了。奥将蒙脱库库利"战争的要素，第一是金钱，第二是金钱，第三还是金钱"的名言，刺激了许多贫穷的国家，拼命地想法赚钱，以为只要有钱，便可以取胜。可是战后苏、德两国的经济政策都成了功，又把军事家的思想从"金钱"转移到"物资"上。没有金钱还是可以打仗，没有物资才无法从事战争。所以，一提到"经济"，我们所想到的便不再是狭义的"金钱"，而是广泛的"物资"了。恩格斯说过，"世界上再没有像海陆军这样密切地依存于经济条件的东西了"，"兵力是由武器之获得与补充上所有的资力，即由国民经济的状况来决定的"。严格地说起来，今天的战争，谁有着最后一块面包，最后一粒子弹，最后一滴汽油，谁就能够得到最后的胜利。

因此，一个国家，要想准备应付未来的战争，就不能不蓄积够用的大量作战资源。在军事行动之先，世界所有互相敌对的国家，就展开了激烈的经济战。

经济战的目的，在使打仗所不可少的以及国民生活所不可少的东西应有尽有，而且取之不尽，用之不竭，用经济的力量压制敌人。例如：增加生产，提倡节约，实行贸易管理，凡是自己所没有的或是自己出产量不足的军用必需品、民用必需品，尽量向国外吸收，并严禁此种物品出口，或输入敌国。奢侈品，或不关紧的物品，则禁止入口，或限制入口的数量，以免资金外流。不但敌国出产的商品要严加抵制，就是中立国家用敌国原料制成的商品，也不许它进口。这是经济战的消极手段。

积极的手段，例如：假想敌国出产的军用品或必需的原料品，要在双方保持友谊的时候，用直接间接的方法大量收买；敌人需要、我们也需要的东西，就和他抢着买，使她买不到，或买不到那样多。如果能够联络许多国家，实行对敌经济封锁，经济绝交，不买敌国的货物，也不把敌国所需要的货物卖给敌国或与敌人勾通的敌国，那就更好。这种破坏敌人经济、扰乱敌人经济的办法，效力非常之大。要是更进一步去扩充领土，或夺取资源丰富的殖民地，与利害一致的国家组织经济集团，操纵国家贸易和国际金融市场，以打击敌人，包围敌人，封锁敌人，就可致敌人的死命，不战而屈敌之兵了。

（二）政治战

照克劳茨维兹的说法，"战争是政治的继续"，他是以和平为常态、战争为变态的观点出发的。事实上，人类无时无刻不在战斗，政治也是充满着战斗性的东西，政治的本身也佩戴着战斗的武装。到近代才有"政治战"这个名词产生，证明"战争是政治的继续"这句话不能够解释现实，"政治本身就是战争的一种手段或战争的另一侧面"才是客观的真理。政治和战争是分不开的。如果勉强加以区别，可以说，战争有两种，一种是流血的战争，一种是不流血的战争，政治就是不流血的战争的一种。

一个强大的国家，她的政治都是适合战争要求的政治。战争是力量的对比。战争需要有力，强有力的政治一定可以战胜；战争需要统一，能够统一全国的政府一定可以战胜；战争需要争取时间，动作迅速的政府一定可以战胜；战争需要贯彻，基础巩固的政府一定可以战胜。政治战的作用，偏重国民意志力和精神力的熔铸锻炼，也就是整个国家体力的充实。假如一个一国三公的国家和一个有一个伟大的政治的领袖国家作战，一个人民要打倒政府的国家和一个人民热烈拥护政府的国家作战，一个贪污成风、贿赂公行的国家和一个政治修明、令出必行的国家作战，一个乱七八糟的国家和一个井井有条的国家作战，一个土匪如毛、一夕数惊的国家和一个道不拾遗、夜不闭户的国家作战，谁胜谁败，不是很明显的事情吗？政治战的先决条件就是要刷新政治造成一个廉洁的政府，注重行政效率的提高，办事迅速确实，使政令能够贯彻。要想政令贯彻，必须使政府的利害和官吏的利害、官吏的利害和民众的利害一致，使政府获得全国民众至少是最大多数民众的拥护。能够做到这一点，国民的生活才能增进，社会的秩序才能安定，文化水准才能提高，政治训练才能实施，国民的战意才能提高，一旦对外作战，才能发挥国家的战斗力量。德国的军队像怒潮奔马一般冲过来，法国的人民在忙着倒阁，政府还没有选好统帅，内部如此紊乱，怎能不失败呢？日本的空军已经把马尼拉、关岛、珍珠港轰炸得一塌糊涂了，美国政府还在忙着讨论修改中立法，疏通孤立派，动作这样慢，怎能不吃亏呢？

政治战是建设性的，武力战是破坏性的。政治战的目的是充实国力，锻炼国力；武力战的目的是打击敌人，征服敌人。国力蕴蓄在政治上，表现在军事上，正如一个人的战斗力潜藏在身体上，表现在拳头上一样。要是一条大汉打不过一个矮子，一个胖子打不过一个瘦子，只有怪自己的"政治战"根本失败罢了。

（三）外交战

外交是政治的外延，外交战也可以说政治战的一环。不过政治战重在国力的蕴蓄，外交战重在国力的发扬。一个国家的国策，靠武力可以贯彻，用外交也可以实现。强大的国家，利用纵横捭〔捭〕阖的手段，以满足兼弱攻昧的野心；弱小的国家，也可以利用灵活机动的外交手腕，避免亡国灭种的惨祸。《孙子·谋攻篇》说"上兵伐谋，其次伐交，其次伐兵，其下攻城"，可见古代兵学家还是注重"攻心伐谋"的外交战的。一个天才外交家，往往靠着三寸不烂之舌，不战而屈人之兵，化干戈为玉帛，使国家转弱为强，大局转危为安。成功的外交家，全靠三个"识"字，就是认识自己、认识对象、认识国际形势。这三个"识"字，等于画家的三元色，变化无穷。在中国历史上，像毛遂的自荐，晏子之使楚，一则无中生有，一则点铁成金，都是不朽的杰作；至于苏秦之"合纵"，张仪之"连横"，居然使战国七雄的刀尖跟着他们的嘴巴转，更是千古奇观。

军事技术、政治技术、外交技术一日千里地进步，使精通军事、政治和外交的人都成了专家。可是，要想把事情做得近乎理想，军事家不能不精通政治、外交，外交家也不能不懂得战略战术。克劳茨维兹就说过这样的话："一个统帅，须是兼为大政治家之人物，然而在根底上，又不可忘却自己是将帅。"现代赫赫有名的政治领袖，像史大林、希特拉、莫索里尼、邱吉尔以及我们的蒋委员长，都是兼通政治、经济、军事、外交各种学问的人物。只有这样，才能彻头彻脑地做到战略和政略的一致。

上次大战时，军人和政治家的关系是不很妙的。粗泛地说来，政治家多指责军人没有眼光，而军人也常将他的许多困难推到"政治的干涉"身上。这种现象，在民主政治的国家，最为显著。独裁制的国度里，是很少见的。

德皇威廉很了解军政外交必须协调的道理，一八六六——一八七○的两次战争里，他和铁血宰相俾斯麦（Bismarck）同赴战场的总司令部，好使军事与外交间的问题直接解决。在喀尼格列兹决战的时候，普鲁士军大胜，很可以乘战胜之余威，直捣奥都维也纳，迫订城下之盟。俾斯麦因为想化敌为友，和奥国缔结同盟，所以主张适可而止。普法战争的时候，俾斯麦站在政略的观点上，不愿意加深普法两国的仇恨，所以色当一役，拿破仑第三投降之后，他就主张结束战争。毛奇将军偏不同意他的主张，硬要实行追击，攻下巴黎。这宗公案，公说公有理，婆说婆有理，直到现在，还没有定评。

一八七○年以后，普、法又由武力战转入外交战，俾斯麦一面与奥、意结为同盟，一面联俄联英。实行包围政策。谁知威廉第二做了皇帝不久，就和俄国翻了脸，接着又和英国发生摩擦，和意大利的感情也渐渐冷淡，逼出一个三国协商来，可说是外交上的大失败。欧洲大战双方正在火拼，意大利又倒戈相向；无限制的潜艇政策，逼得美国也加入了战团。外交失策直接破坏了军事上的胜利，这就是一个最明显的例子。

再看一看战后的土耳其，领土几乎被战胜国分割光了，"近东病夫"的小命，真是奄奄一息。旁边的希腊，又靠着英国的支持乘人之危，派兵占领士麦拉。基玛尔忍无可忍，乘势而起，把握住列强相互间的矛盾，先展开外交战。一方面拉拢法国，以灭英、希势力；一方面交欢苏联，以长自己威风。大战三年，遂胜希腊，洛桑会议，列强才允许土耳其独立，并把已失的重要领土还她，"近东病夫"于是一步登天，成为世界上二等强国。

从此可知，不善于运用外交战的国家，虽强亦弱；善于运用外交战的国家，虽弱亦强。所以，不论是强国也好，弱国也好，要想谋生存，求发展，必须认清敌人，利用国际间的种种矛盾，先用外交手腕去分化敌人，孤立敌人，再进一步争取与国，化敌友为我友，把敌人包围起来，封锁起来。然后，不战也可以取胜，战则必可以取胜。

外交是战争的一环，也可说外交是战争的前哨，它的重要性并不亚于军事。愈是弱小的国家，越应该巧妙地运用外交，再不要相信"弱国无外交"的鬼话了，那是猪猡的哲学，抹杀了外交本身的战斗性。

（四）思想战

有人问德皇威廉第二，欧洲大战为什么打了败仗，他说："因为我缺少一个《太晤士报》。"德国战败的原因虽然很多，宣传技术落后也是一个重要的因素，所以世界各国特别注重这件事，唱出一个新的口号，说是"宣传重于作战"。

思想是人类所特有的东西，它领导战争，左右着战局，在战争中发生不可思议的微妙作用。法国大革命，靠着一群无组织、无训练、无纪律而又没有优良武器的暴徒，居然推翻了国王与地主，把路易送上断头台，居然打退了欧洲各专制国的干涉军，组织了一个共和政府。在一九一四年开始的欧战过程中，俄国军队打一仗败一仗，梵萨陷落以后，军心涣散，一蹶不振，激起了一九一七年的大革命。苏维埃政府成立以后，资本主义的国家把共产主义的思想当作洪水猛兽，大家联合起来实行武力干涉，想把苏俄的革命势力一举扑灭，谁知和法国大革命时代的暴民差不多的苏联红军，靠着拙劣的技术和装备，居然解除了成千成万白军的武装，并把英、美、法、日、意、捷等国的联军驱逐出境。中国国民党所领导的国民革命，在推翻满清打倒军阀的许多次战争中，也是靠有革命思想的宣传，造成反革命军队战争机构之叛乱。这都是思想战在人类历史上遗留下来的永不磨灭的奇迹。

富于煽动力的思想战，比任何一种战争手段的效力都大。德国的麦舍将军说："五十万小册子，比一百吨的炸弹更有效力。"所以现在有许多交战国的空军飞到敌国或敌人的阵地往往不投炸弹而投下大批的"纸弹"。希特拉说："我决不允许残忍不义的国际共产主义的独裁临到德意志人民身上！"因此，他要向共产主义的大本营——苏联进攻。邱吉尔、罗斯福与德国打仗的目的，也说是要彻底消灭希特拉主义。

现在世界各国的新闻纸，都变成宣传的工具了。我们在报纸上，可真不容易看到确实的消息。宣传机关会无中生有，也会颠倒黑白，他们编出许多种的书籍，印刷无数万的标语图画，无代价地散发到国内和国外、敌邦和友邦。

但是，单靠报章杂志印刷品和特许的宣传机关的直接宣传，在今天还是不够的，电影戏剧和一切的科学艺术都担负宣传的义务。此外，最好的方法，莫过于无线电。

世界都设立了强大的广播无线电台，或是用放送新闻的方式，或是用娱乐的方式宣传，和他们的敌人对骂，或是在听众的脑子上渲染各种主义的色彩。二次世界战争爆发之后，在戈培尔指挥之下的德国无线电台，天天把同盟军惨败的消息用各种不同的语言播送到全世界，使英、法的民众灰心丧气，法国人的战意完全消失，虽然手里还有一百多万大军，也只好投降了。英国政府也用同样的宣传手段答复德国的宣传，希特拉则制定了最厉害的法令，凡是收听敌国无线电播音的，处死刑。

间谍也是思想战的一支生力军。无论哪一国都布满了间谍，他们的任务不仅是搜集军事情报，并且还要捏造谣言，歪曲舆论，散布失败主义的思想，以蛊惑敌国人民的听闻，动摇敌国人民的信念，或竟制造出惊人的恐怖和颠覆政府的叛乱。

一谈到"第五纵队"，大家就要谈虎色变，因为他闹的乱子太大了。奥国、捷克、挪威和法国的悲剧，都是德国第五纵队在暗中导演的。他是德国思想战战场上最勇敢的哨兵，像霍乱细菌一样潜伏在敌国的心脏里。

随着思想战的激化，列强对于战斗员或非战斗员的政治安定性十分注意。塞克特说："军队是国民意志的镜子，这种意志若使走到错误的方向，就有战败使国家破灭的危险。"国民的思想和意志一动摇，飞机、大炮立刻就变成无用的废物了。

以上所说的四种战争方式，并没有一定的用法。对象、环境、敌我之力量一变，运用的程序也就变了。举例来说：

（一）先实行经济战的。意阿战争爆发，自英、法领导的国际联盟为了援助阿比西尼亚，就在一九三五年十一月十八日议决对意大利实行经济制裁，禁止军火及战争资材的原料输入意国。意大利等到德国一九三六年三月进兵莱茵以后，感觉到双方志同道合，转而与德交欢，暗中促成德奥协定，并于这一年十月派外相齐亚诺访问柏林，进行德、意合作。英、法方面又领导着参加制裁的国家，自一九三六年十一月以后实行对意金融绝交。法国并与苏联缔结互相公约，以牵制德国，德国则缔结日德同盟以打击苏联，意大利则于一九三七年一月和英国订立地中海协定，以离间英、法之团结，并在维也纳订立意、奥、匈三国协定，以巩固三国在中欧之阵线。德国并奥吞捷以后，又由外交战转入政治战；德波战争爆发，又由政治战进入武力战，与武力战同时展开思想战、宣传战。

（二）先实行外交战的。日本侵占我东三省后，英、美在华利益大受威胁。美政府首先向日本提出抗议，英国则领导国际联盟，派遣调查团，对日本实行道义制裁。美国国务卿史汀生并根据《九国公约》及《非战公约》，大唱不承认主义。日本马上宣布承认伪满洲国，造成既成事实，故意和国际联盟为难。十九国委员会谴责日本的报告书在国际联盟通过以后，日本则进占热河，退出国联。英国乃与中国实行技术财政合作，援助中国改革币制，同时表示与苏联要好，谈判商业贷款及英、苏海军协定种种问题以威胁日本。美国也于一九三三年十一月宣布承认苏联，使日本外交陷于孤立。一九三四年英、美、日海军会议，日本又要求与英、美军备平等，使会议不欢而散。大家遂开始扩军竞争，准备打仗。日本无路可走，只好加入德意轴心，和德国缔结同盟。七七事变以后，英、美在经济上援助中国，大伤日本之脑筋，于是进攻广州，切断香港和中国内地的交通线；占领海南岛，威胁英、美在南洋之殖民地。新加坡军港于一九三八年二月二十四日落成，美国的关岛也决定设防。世界大战开始，英、美、日在太平洋上的冲突越发厉害了，法国屈降，日本就进占越南。一九四一年七月十六日美国为答复日越联防，宣布封存日本在美资金，并禁止运油赴日，才实行经济制裁。英国、荷、印亦与美国一致行动，并废弃英日、印日、缅日商约及荷日汽油协定，限制军用品输日，展开了经济战。等到日军侵入泰国，英、美舰队也开往远东，剑拔弩张，经济战告一段落，双方遂于一九四一年十二月八日正式开战。

（三）先实行武力战的。德国突然进攻荷兰、比利时，破坏丹麦、挪威两国的中立，可以说是先由武力战开始，逐渐展开政治战、经济战、思想战的例子。

（四）德国和苏联的战争，可以说是经济、政治、思想、外交、军事并行的"并用战"。一八七〇年的普法战争和一九〇四—五年的日俄战争，普、日两国所以能够在短期间大获全胜，完全由于明治君臣和威廉第一领导下之将相善于运用"并用战"的关系。

上面这几个例子，我也觉得有几分勉强，为了便于说明，只好权这样办。事实上不论哪一次的战争，它的因素和进行的方式都是错综复杂的，因为程度有浅深，真象〔相〕有显隐，本质往往被现象所蒙蔽。我们既然懂得这许多种战争的样式，不应该以懂得为满足，应该进一步促进民族的反省。

最近一种新战法，叫做"神经战"的，那是打算用一种示威的方式去使敌人慑服的。猫捉老鼠、鹰扑麻雀，都是用的这种战法。究竟老鼠能不能抵抗狸猫，麻雀能不能抵抗老鹰，到现在还是一个谜。因为它们是"不抵抗主义"的信徒，从没有作过抵抗的打算，更没有研究过抵抗的方法。

五、悲惨的结局

战争是残酷的，战争的结果更加残酷。

人类不眠不休地在研究科学，奴役科学；科学也拿出它的真本领来改造世界，毁灭人类。武器决定了战争的方法，战争的方法决定了人类的命运。我们只消把今天战场上所使用的武器和过去比较一下，就不难知道今天的战争会得到一个什么样的结局。

一个爆炸弹可以粉碎一排整齐壮观的西式建筑，一个鱼雷可以击沉一艘三万五千吨的战斗舰，一枚烧夷弹可以使繁华的都市化为一片焦土，一枚毒气弹可以毒死成千成万的战斗员或非战斗员，一架放散细菌的飞机可以使无数的人民害着急性的传染病，这种传染病像狂风暴雨一般地在人间散布着死亡的恐怖。事实上这种破坏的手段还不算到家，这种杀人的方式还不够残酷。许多的科学家，仍旧在实验室里埋头工作着，预料在最近就会有更可怕的新兵器出现。它们会把最新奇、最动人的悲剧搬到世界的舞台上面公演。你可以见到一个浩浩荡荡的大舰队，一忽儿会融化为一滩金属浮渣；你可以见到一支摩托化的军队，开进了新武器的势力范围，他的子弹怎样自动爆炸，使士兵和摩托同归于尽；你还可以看到"死光"如何把它周围几百里以内的一切生命整个消灭。

科学把人类当作蚂蚁和蚊虫一般地处理着。一穴蚂蚁的数目何止几千几万，它们作起战来，也是前仆后继，英勇无比，但它们很容易被一股洪水无声无息地歼灭。在战争的烽火中，人类的命运和蚂蚁根本没有什么区别。我们所能够看见的残缺不全的肢体，血肉模糊的死尸，弥漫天空的炮烟，玉石俱焚的烈火；我们所能够听见的高楼大厦的倒塌声，孤独寡妇的呼号声，震天动地的厮杀声，伤病残废的呻吟声，饥饿寒冷的叫喊声，都不算是最残酷的。凡是我们所能够见到的惨象，已经是十分平常的事，不足为奇了。武器根本就是杀人的东西，它杀得越多、越彻底，使用它的人就越觉得轻快、惬意。有人说，毒气战和细菌战并不违反人道，反而是最人道的战法。就是因为它杀人杀得快，又杀得多。

邱吉尔先生在一九二四年就预测过："或许会有橘子般大小的一个炸弹，或竟含着一千吨无烟火药的威力，能够一下子毁灭一个城市。"拿今天的眼光来看，他的话并不见得惊人。假使他要作个第二次预测的话，那也许是"哼哈二将"的子孙们势均力敌，有一天这边实行"时效攻击"，那边实行"时效防御"，一哼一哈，双方同归于尽吧！

战争的目的，是歼灭敌人，使敌人消失反抗的意旨。但今天的战争，是全体性战争，它不是国王与元首的敌对，不是总司令和大元帅的敌对，也不是军队和军队的敌对；它是这一个民族和另一个民族，这一个国家的全体国民和另一个国家的全体国民的敌对行为。所谓敌人，指的是敌国的全体国民，并不是指的少数人或某一部分。如果非达到目的就不能结束战争，那只有彻头彻脑地把敌国的国民整个歼灭。敌国的国民还有一个存在，他的战意是不会消灭的。因为战斗的意旨，就是生存的意旨；他要生，他就要战；他要继续生存，他必须继续战斗。《凡尔塞和约》不过使德、法的战争暂时停止，使德法战争变换了另外一个方式，德、法两民族的战争并没有结束，而且也不是一纸条约就可以结束的。克劳茨维兹说："所谓停战，是利用时间以缓战，借以恢复其已经破坏的均势。"拿军事家的眼光来看，德、法两民族的再战斗，继续战斗，是无法避免的。法国人只知道解除德军的武装，限制德国的军备，压榨德国的经济，在当时却忽略了政治战和思想战的重要性，不知道进一步去消灭敌人的战斗意志。所以德国这边签订了和平条约，那边就把新的战争原则宣布着："军事战是不会有最后的决定的，于是战争的两种新形式，即经济战和士气战发展了。"他们开始鼓动："新的个人是完全充满了战争思想的。"他们开始宣传："士气战的目的在于摧毁敌人的士气，消灭敌人的抵抗意志。"

德国虽然讨了一次便宜，可是她决不会再把同样的便宜送给敌人。她暗暗地拿定主意，准备报《凡尔塞和约》之仇。认定今后的战争，是以破灭敌国为政治目标的全体性战争。有一个军事刊物老早地就告诉我们，全体性战争必然要落到全体性胜利的结局："全体性战争的意义，就是战败国彻底地破灭了，并且从政治舞台全然地、最后地消隐了。战胜者不会跟战败者谈什么和平条件，因为对方是不够谈判资格的。他要把自身认为合适的任何条件强定下来。"

果然，一九四〇年六月二十一日，贝当元帅提出停战请求以后的第三天，希特拉就在第一次世界大战各交战国签订停战协定的康边森林的小空地上，把他的停战条件交给法国的代表们了。他把停战条件宣读完毕，连一句话都没有讲就带着他的随从很轻快地走了。法国的代表们站在覆着青布桌子的旁边恭听，脸色跟大理石一样。

贝当元帅也许想使法国学一学一九一八年以后的德国，不过希特拉允不允许法国人做他的学生，是颇成问题的。他在康边停战条件的绪言上，特别提出一个原则，就是"防止战争行动的再现"。希特拉今年（一九四二）一月二十九日发表演说，"此次之战争，唯有待日耳曼亚利安或犹太人两者中之一死一生，始能结束"。可见他所要灭亡的不是和他打仗的国家，而是民族。

在进行民族大歼灭的战斗过程中，不仅敌国的人民统统都要灭绝，在战争未结束前，就是敌国人民所豢养的家畜、种植的谷类和其他的植物也都在灭绝之列。毁灭农作物的病菌，杀害牲畜的痛疽菌，是和毒害军队以及全体平民的瘟疫细菌看得同样重要的。假使侵略者们读张巡死守睢阳"罗雀掘鼠"的故事，他们也许要令科学家发明一种特效的毒药去扑灭敌国的麻雀和老鼠哩，因为它们能够延长敌人的抗战时间。

我们不要忘记："一·二八"上海之战，敌人曾经把商务印书馆当作轰炸的目标；最近太平洋战争爆发，日本军队占领上海以后，又把商务印书馆彻底破坏，并且把印书的机器都搬走了。中国各地的图书馆和文化机关，照例是空军投掷炸弹的目标。他们晓得中国人一次是斩不尽杀不绝的，要想彻底亡中国，必须消灭中国固有的文化。在沦陷区，他逼着中国的学生学日本文，说日本话，读日本人编的教科书。

我们不要忘记：日本军队到处抢夺我们的儿童，他们把中国的儿童当作战利品，成千成万地运送回国。这些儿童要不了二十年，男的都训练成精锐的日本兵，可以派到中国来残害他们的父母兄弟，毁坏他们的故乡庭园。妇女的都变成了身体强健的母亲，供征服者淫乐，并给他们生产下一代的侵略者。这就是日本军阀"以华亡华"的艺术。

我们不要忘记：日本在占领区里面，提倡烟赌，奖励栽种鸦片，经营大规模的妓院，传播烟毒、吗啡毒和花柳病，使中国人民腐化堕落，变成懒惰、愚蠢、衰弱多病、不知廉耻的劣等民族，使中华民族死亡增加，生育减少，自趋灭绝，这就是用"天演淘汰"法慢性亡华灭种的毒计。

今天的战争，不是为的争胜负，不是为的争霸权，而是为的抢夺经济资源，争取生存空间。侵略者深知道被征服者的民族意识是不能消灭的，为了"防止战争行动的再现"，只有一次或化整为零分作许多次将被征服者"彻底歼灭"，使他们永远退出世界舞台。

不要把签订屈辱的投降条件当作战争的结束，那不过是被征服者的大悲剧的头一幕。今后的世界上不会再有奴隶的生存空间，生存是勇于战斗者的特殊权利。

第四章　国防建设的要素

战争的范围，随着人类生产的进步一天一天扩大，国防的范围也随着战争范围的扩大而扩大；战争的要素，随着人类生活的进步一天一天复杂，国防的内容也随着战争要素的复杂而越加复杂。我们既然不能否认"生活即是战争"，就应该承认：人类社会生活的要素，也就是国防建设的要素。概括地说起来，一个国家，从天上到地下，从大陆到海洋，从有生命的动物、有生机的植物到无生机的矿物，从有形有体的物质到无声无臭〔息〕的精神，没有一样不在现代战争上发生作用，因此也没有一样不是国防建设的要素。战争是全体性的，国防也必然是全体性的；没有全体性的国防，就不能应付全体性的战争。

然而，在无数的要素里面，哪几种是比较上更加重要的要素呢？为了研究方便起见，我认为无论是哪一个国家，哪一个时代的国防，都具备几种共同的要素：第一是人的要素，第二是物的要素，第三是混合要素。现在就将这三种基本要素分别加以说明。

一、人的要素

人在国防建设上，自古就占着唯一的重要地位。孔子说"有人此有土，有土此有财"，简直把人当作使国家富强的基本动力。孟子见梁惠王，梁惠王问曰："寡人之于国也，尽心焉耳矣。河内凶则移其民于河东，移其粟于河内，河东凶亦然。察邻国之政，无如寡人之用心者，邻国之民不加少，寡人之民不加多，何也？"可见梁惠王也懂得"民为邦本，本固邦宁"的道理，用移民移粟的办法去救济灾荒，结果仍然不见人口增加，自己非常难过。最近的过去，美国还利用"移民政策"来增加国内的人口，以致富强，都是国家以人为主的证据。孟子说："不孝有三，无后为大。"越王勾践从吴国脱险回国，卧薪尝胆，立志复仇，便从增加生育入手，规定男子二十不娶、女子十五不嫁者，罪其父兄，寡妇鳏夫也可以自由结合。十年生聚，十年教育。皇天不负苦心人，结果一举灭吴，达到了雪耻的目的。欧战以后，列强各国，无不千方百计以谋人口之增加。德国兴登堡总统，为了奖励生育，认了几十万干儿子，这些干儿子都是多产的父母生下来的。二次世界大战爆发以后，德国未婚的壮丁在应征入伍之前可以免费在报纸上登征婚启事，他说："我不久就要上前线了，在出发之前，征求一位健壮的日耳曼少女和我生育一个第三帝国的继承者。"据说，凡是和出征军人临时结合的，政府对于她们的生活特别优待，德国的少女，应征的很多。

这些动人的故事，很可以说明人民在国防建设上的重要性了。老实说，国家本来是为了保障人类的生存、促成民族的发展而组织的。人是国家的主人翁，没有人，就没有国，更没有国防。建设国家与建设国防，同样需要很多的人，不过国家以内之人与国防所需之人，虽然同样是人，性质上却有分别。

凡是一国的国民，不论年龄，不分性别，只是一个单纯的"自然人"而已，不见得一定有用。英国的领土布满全球，人口有五万〈万〉五千万，几占全世界人口三分之一。法国的人口也有四千一百多万。为什么仅有六千七百万人的德国竟敢和英、法两国同时作战而又把英法联军打得落花流水呢？因为英国五万〈万〉五千万人口里面，印度人就占三万〈万〉八千万，还有许多缅甸人、马来人、非洲土人、南美洲人，在德国人眼里简直和蚂蚁一样，没有一点儿用处。真正的英国人，不过四千六百万。英、法两国的人口合起来虽然比德国人多，但是打起仗来英国只能动员五百万人，法国只能动员六百万人，德国却能够动员一千二百万人，比英、法两国的总数还多。英、法两国又各打各的算盘，不能够一心一德作战到底，作战的力量当然没有德国强。又如侵略我们的日本。通常说日本人口七千万，实际上除了一千八百万朝鲜人，七百万台湾人，还有二百万琉球人、虾夷人，真正的日本人仅有四千五百万，不过中国人口的十分之一，为什么还敢来侵略我们堂堂中华呢？因为日本强，中国弱。日本人口虽少，大多数都能够发生力量，而且力量又能够集中，所以成为世界上一等强国；中国人口虽多，大多数不能够发生力量，少数人的力量又四分五裂，不能集中，所以被人家轻视，称我们为"东亚病夫"。我们知道，人口是国家的细胞，国家病了，打不起精神，细胞虽然多，也没有什么用处。一个国家的人口，不论是男的、女的、老的、幼的、聪明的、愚笨的、健康的、衰弱的、害病的、残废的、犯罪的囚徒、偷东西的扒手和杀人放火的土匪，统统都算是国民，可是能不能够在国防建设上发生力量呢？很显然地，不能！国防上所需要的，不是普普通通的"人"，而是能够发生国防力量的"国防人"。

能够发生国防力的人，有三个条件：第一，身体健全；第二，有生产技能；第三，思想正确，遵守国家法令。三个条件完全具备，才能称之为国防人。因为必须身体健全，才能劳动；必须有技能，才能替国家生产；必须思想正确，遵守国家法令，才能为国家服务。三个条件缺少一个，就只能算是"人"，不能算是"国防人"。譬如：身体不健的人，就是病夫；身体不全的人，就是残废。虽然遵守国家的法令，过去也有技能，因为不能劳动，当然不会发生力量。又如：有一些人，没有生产技能，虽然身体很健全，又不作奸犯法，可是游手好闲，饱食终日，无所用心，不能替国家生产，对国家也不会有什么好处。再如：有些人思想不正确，不知道遵守国家法令，虽然身体强健，又有生产技术，可是一天到晚，为非作歹，丧尽天良，害国害民。像汪精卫这般人，身体和本领都不差，却做了卖国贼，不但自己不能够发生国防力量，反而率领着一大群小卖国贼来危害自己的祖国，就是因为他们的思想错误，不知道遵守国家的法令。

有钱的老爷、少爷、太太、小姐，自己本来聪明伶俐，很可以学习一点生产技术，从事生产，结果却学会了许多消耗技术，过着骄奢淫逸的生活，专门从事消耗。单单他们自己消耗还不算，还要拿钱去雇用许多能够生产的老妈子、听差、伙夫、卫兵，让这些人跟着他们消耗。因为他们不愿意走路，国家里就有一部分能够生产的国民去当汽车夫、洋车夫；因为他们要消愁解闷，国家里就有一部分能够生产的国民去学唱戏，当舞女，开茶馆酒店，开秦楼楚馆。这种人在近视眼看来，好像也是在生产，实际上他们的生产并不能增加国防力量，而是为了满足那一批"消耗专家"的需要。这一种人越多，国家就越倒霉，因为他们是人，而〈不〉是国防人。

抽鸦片烟的烟鬼，叫"幺二三、四五六"的赌鬼，唱"今朝有酒今朝醉，哪怕明天割掉头"的酒鬼，哼"牡丹花下死，做鬼也风流"的色鬼，他们自己不生产，反而连累了许多种鸦片的人，造烟枪烟斗的人，贩运烟土的人，造赌具的人，开赌场的人，烧甘酒的人，卖酒的人，开酒店的人，服侍醉汉的人，开妓院的人，当妓女的人，伺候姑娘的人，医治花柳病的人。这许多人不是为了消耗而生，就是为了供人家消耗而生，绝对不会发生国防的力量。这种人越多，国家就越倒霉，因为他们是人，而不是国防人。

遁迹空门的法师长老，六根清净的妙真妙禅，吃斋念佛的善男信女，治病不治命的巫婆，以及信不信随便你的命相，他们自己不生产，同时还诱惑着成千成万的人，使他们不能够一心一意地去从事生产。这种人越多，国家就越倒霉，因为他们是人，而不是国防人。

偷鸡摸狗的小人，打家劫舍的强盗，招摇撞骗的流氓，指官诈财的地痞，武断乡曲的土豪，播弄是非的讼棍，杀人放火的土匪，把持地方的劣绅，重利盘剥的奸商，贪污渎职的官吏，制造变乱的政客，拥兵自卫的军阀，破坏统一的奸党，他们自己不事生产，反而闹出许多大大小小、长长短短的乱子，扰乱社会秩序，反抗国家政令，弄得民不聊生，国将不国。这种人越多，国家就越倒霉，因为他们是人，而不是国防人。

说到这里，我们自己反省一下。中国四万万五千万人里面，有多少人是专门消耗，有多少人是好像生产而实际仍是消耗，有多少人是生产少而消耗多，有多少人是生产的东西恰够自己消耗，又有多少人是生产得多而自己消耗得少呢？一个国家的力量，就是全体国民生活力量的总和。民力不足，国力绝对不会有余，人民的生活还维持不住，哪里还有力量去建设国防呢？民力之所以不足，一方面是由于老弱残病的人太多，不能出力；一方面是由于不劳而获的寄生虫太多，不愿出力。然而最厉害的，莫过于人力、物力之相互抵销的力量。土匪的力量，把剿匪的力量抵销了；贪官污吏的力量，把民众的力量抵销了；割据的力量，把统一的力量抵销了；军阀混战的力量，把捍卫国家的力量抵销了；自私自利的力量，把精诚团结的力量抵销了……人民所有的力量，统统都自销了，国家怎能会不弱呢？我们不谈国防建设则已，要谈国防建设，必须充实国力。国力有余，才能建设国防。要使国力有余，必须提供国民体育，防止疾病，以减少消耗；必须厉行节约，强迫劳动，以增加生产；必须纠正分歧错误的思想，使全体国民在国家至上、民族至上的共同目标之下，统一意志，集中力量，以彻底清除内在的矛盾。假使全国人民的力量由相消而相长，由分散而合一，能够做到"生之者众，食之者寡；为之者急，用之者舒"的地步，则小国可以致富，大国可以图强。复兴中华民族，简直易如反掌。

一个国家，人多不见得就强；"国防人"多，才能臻于强大。德国之所以强，就是因为德国的国民都受过铁血宰相俾士麦和希特拉的训练，他们的体格特别健全，技能异常优越，奉公守法、服从命令的精神，更为他民族所不及。他们只知道有国家民族，不知道自私自利，他们认为"德意志高于一切"、"元首的命令就是生命"，所以战败以后，不到二十年，便能够恢复固有的地位，成为世界上第一等强国。革命以后的苏联，无废人，无废物，无废事，人人有工做，人人有饭吃，国民的健康水准、生活水准、知识水准、技术水准都提高了。他们的思想是一致的，信仰是一致的，行动是一致的，目标也是一致的。他们蓄积着无穷的人力、无限的财力、无比的物力，建设了极坚固的国防，训练成极强大的红军，打起仗来，可以动员一千五百万武装战斗兵。希特拉虽然战无不胜，攻无不克，进攻莫斯科的计划，却被苏联军队粉碎。这些事实都是告诉我们，要复兴中华民族，必须先将自己造成一个"国防人"，然后再造就培养大量的"国防人"。教育与训练，只有一个目的，就是要使"国人"变成"国防人"。

国家的强弱，是由国民和国防人的比率决定的。例如甲国和乙国的人口都是六千万，甲国的国防人占全人口的百分之五十，乙国的国防人占全人口的百分之九十。那么，甲国的国防人只有三千万，和乙国的五千四百万比较起来，谁强谁弱，不是很明白的事吗？

有了国防人，还须有国防技术；有了国防技术，还须有国防组织；

有了国防组织，还须有国防计划；有了国防计划，还须有国防重心；有了国防重心，还须有国防精神。法国有国防人，有国防技术，有国防组织，有国防计划，为什么打败仗呢？因为法国没有希特拉那样的国防重心，没有日耳曼民族那样的国防精神。

二、物的要素

以前打仗，讲起来就说是雄兵百万，战将千员；现在打仗，论兵力则说是飞机几万架，大炮几万门，坦克几万辆，兵舰几千艘。以前的武器，目的在杀人；现在的兵器，高射炮的用处是打飞机，鱼雷的用处是打军舰，反坦克炮的用处是打战车，目的是在"杀物"。战争的新闻上，也往往只说击沉敌舰几艘，击落敌机几架，就算完事，杀了多少人，则一字不提。列强建设国防，则大炮、巨舰、飞机、坦克；准备战争，则大炮、巨舰、飞机、坦克；决定胜负，还是大炮、巨舰、飞机、坦克。有血有肉的人，反而变成次要的东西了。如果无线电操纵飞机、大炮的技术能够再进一步普遍应用，人与人的战争，真的要演进为物与物的战争了。

人与人战，人与物战，物与物战，战争顺着这样的程序变化着。在历史的现阶段，我们可以同时看到这三种战争形式。非洲的野蛮人和野蛮人打，是纯粹的人与人战；野蛮人抵抗文明人的侵略，是人与物战；列强的互争雄长，是物与物战。一个自命为现代化的国家，无论如何，没有物是不能打仗的。所以，物便成为国防建设的要素。

"物"是土地的儿子，要想有丰富的物资，必须有广大的土地。国家需要有土地，没有土地就不能成为国家；大国需要更大的土地，否则便不能为大国。一国的领土，要有山豀之险，最好是"一夫当关，万夫莫入"；又要地面上有丰富的产物，如果不能生产，就失掉了土地的价值。以前意阿战争的时候，阿国愿意割地求和，但意国非要一块肥沃的领土不可，像中国的大戈壁一样的不毛之地，意国不愿意要。"楚人无罪，怀璧其罪"，阿国拒绝了意国的要求，莫索里尼为了要抢夺那一块肥沃的土地，只好把阿国消灭。

地面上所产的大都是植物，植物是人和畜类的主要食粮。但是在战争上发生特殊作用的却是机械和摩托，制造机械和摩托所用的原料如铁、铜、锡、铅、锌、锑、钨、铝等，以及锻炼钢铁的煤炭，摩托、机器所需要的煤油、汽油，统统都产生在地下；最贵重的黄金、白银，也是地下的产物。因此，良好的领土，更须有地下的蕴藏——矿产。

美国和苏联是军需工业原料最富的国家，但美国根本没有树胶，没有镍、镱、锡、锑、硝酸、铝、毛、水银和钨都不够用；苏联完全没有树胶、镍、钨、锡、锑，重要的铜、铅、铝、锌也差得很多。至于三个"无"的国家德、日、意，穷得更是可怜。德国所没有的东西如棉花、树胶、铜、镍、镱、钨、锑、锡、水银、云母等在十种以上，铁、油、铜、铝、毛、磷，百分之七十以上都靠国外输入；日本没有树胶，没有镍，没有羊毛，没有水银和锑，铁、锰、硝酸都不够用，石油、棉花、铝、锌、淀粉、锡、锰则差得更多；意大利所用的煤、油、铜、棉花、树胶、镍、镱、钨、磷、锡、云母，完全要向国外购买，铅、锑、锰、淀粉和羊毛，也不能自给自足。由此说来，世界上可以说没有一块土地是合乎理想的，不论哪一个国家关起门来，都无法应付现代的战争。为了要补救本国的缺陷，只好拼命抢夺资源，抢夺殖民地了。求粮食与原料的自给自足，是列强准备战争的重要因素。愈准备战争，愈感觉物资的缺乏；物资愈缺乏，愈要准备战争。穷困制造战争，战争又制造穷困。人类跳到这个迷魂阵里，用鲜血来续写自己悲惨的历史。

地面上的物产，地面下的蕴藏，是人类生活和战争的原料，必须大量采取加工制造，才能适用。采取和制造，第一少不了动力，第二少不了机械。以前的农业、工业，都利用很简单的器械，所需要的动力的也是微乎其微。现在要大量生产，大量制造，各种原动力之产生，无一不需要机器，如水力、汽力、油力、电力、煤气力等，没有机器，根本不能发生大的力量。农业织造、采矿冶金、机械工程、电机工程、化学工程、土木工程、造船工程，完全摩托化、电气化了，制造机器和各种必需品，需用大批的原料；采掘各种植物质和矿物质的大批原料，又需要巨大的机械动力。机械动力增加了原料的生产，原料增加了各种物资的生产和机械的再生产；机械的扩大再生产，又加强了机械的动力。土地蕴藏和机械动力互为子母，互相滋生，好像"火助风势，风助火威"，造成了今天的科学世界、机械世界。

欧洲各国，十九世纪发生产业革命，由利用人力之小工业一变而成为利用机械动力的机器工业，组织日渐复杂，规模日渐扩大。国防也追踪着工业的进步，由完全以人力为主的简单国防，变为以物力为主的复杂国防。简单的国防，只要做到"足食足兵"，就算完事；复杂的国防，则永远不能建设到尽善尽美的地步。它的基础，是建筑在各种工业上。俾士麦曾经说过，"国防的基干是深植于工业繁荣的沃土中"，实在是鞭辟入里之谈。没有工业基础的国防，是空中楼阁，一阵微风就会把它吹散的。所以，不仅平时建设国防，应该从建设工业着手；就是在战争中间，要想建设国防，也非从发展工业入手不可。

中国地大物博，蕴藏之富，并不亚于美、苏。据一九三二年北平地质调查所的估计，中国煤的储藏量有二四八二八七兆吨，铁的储藏量据一九三三年的调查有三万六千八百万吨，石油的含量也很丰富，可惜大都没有开采，埋在地下，没有一点儿用处。我们的工厂，说来实在可怜，不但机器要买外国的，原料也要买外国的。自己有铁矿，炼不好，只好把矿石运出去，把钢铁运进来。出口的是皮毛、生丝、鸡子、鸭蛋，进口的是呢绒、哔机〔叽〕、皮鞋、皮箱、罐头。外国的工业一日千里，我们的工业受资本帝国主义的压迫，反而日就衰落。领土沦为列强的殖民地，商店变成洋货陈列所，连吃饭穿衣都靠外国，打仗更不用说。如果我们从外国买不到飞机、大炮和一切的军用品，就不能作战；一个不能独立作战的国家，就要被敌人消灭。国防工业是国家民族的命脉，要想御侮图存，必先建立工业。苏联的复兴，在我国辛亥革命之后，可是苏联人民能够刻苦自励，布衣粗食，自给自足；中国人民则竞尚豪华，争买外货，越弄越穷。苏联老早就把国防工业建立起来，变成足以左右世界大局的强国了；我们是在风雨飘摇之中，处处需要友邦的扶持。我们要是再不觉悟，下最大决心，用自己的力量、自己的技术，把自己地下的无尽宝藏发掘出来，发展各种工业以加强机械动力，再以机械动力推动国防工业之发展，在经济上、生活上、战争上做到独立自主，中华民族便永无复兴之日。

一九一七年大河内正敏在日本工业俱乐部里讲演，他说："依赖工业的战争，结果这是受工业力量的支配。"英国第一次欧战时代的军需大臣劳特·乔治有一次在曼彻斯特演说："最近德意志军队占领布罗米支线要塞，俄联合军大受挫折，失败的原因，完全由于敌军的火炮及弹药的优越与武装的优越。德意志将战争的胜利依赖德国工场的组织，我们也应该在我国的工场中去求战争的胜利。"德柯斯先生说："纵然有最沉着的步兵队，纵然有最确实的炮兵队，仍然不能保证战争的胜利。最后一粒的小麦，甚至一格兰姆的铜，甚至和战争没有直接关系的某种消费物，也同样可以决定战争的胜利。"

中国有的是物资，缺少的是机械动力。我们应该赶快促成机械动力和这块处女地的结合，使它们孕育出强大的国防工业。当中国的铁矿变成摩托，中国的石油在天空中、地面上、海洋里发出怒吼的时候，就是中国开始胜利的时候；当中国人日用必需品商标上和中国海陆空军一切武器上的"拉丁字母"完全变成中国字的时候，就是中华民族开始抬头的时候。

三、混合要素

（一）经济

人类把自己的劳动力用在天然生成的东西上，或是变更它的位置，或是变更它的形式，或是变更它的本质，或是保存一些时间，这种天然物就发生了变化，它本身就代表着一种力量。人类在变更天然物时所用的力量越多，这种被变化以后的天然物力量也就越大。例如，把甲地的东西运到乙地，便是位置的变更；把树枝破成柴，就是变它的形式；把凉水烧成开水，就是变更他的性质；把夏季的果实保存到冬季，今年的东西保存到明年，就是把劳力加在时间上。这许多被保存或是被变更的东西，都是生活上的必需品，人类因为要互通有无便发生以物易物的交易，物的本身为了交换便利就产生了交换价值。物的价值是以加在它身上的劳动力为标准的，但因为物的本质和供给量与需要品的差异，交换时间、价格往往和劳动力的多寡不能一致。后来大家感觉到以物易物很不方便，便约定用几种东西做交换的媒介，就是货币。货币是物价，也就是劳动力的代表，这种东西演变到现在，就成了支配一切的金钱。

金钱所代表的力量，通常叫做"经济力量"。经济力量是人力、物力的结晶。金钱可以用人力直接换来，可以用物力间接换来，也可以用人、物二力混合的东西换来。在没有混合的时候，人是人力，物是物力，不能发生经济作用。譬如，地面下有许多金银，没有人去开发；地面上许多有用的东西，而不能利用，或无人利用。均等于零。可是，有了人而没有物，纵有天大的本事，赤手空拳，也无法施展。可见人不能离物而生活，物亦不能离人而自用。帝国主义者所以要向外侵略，便是因为物力缺乏。

金钱既然是人力、物力的代表，自然可以利用它来购买所需要的人力与物力。拿坐人力车一事来说，坐车的人是把金钱变为人力，车夫是把人力变成金钱。又如购物，所用的金钱虽是一种，却能买到许多不同种类的东西，反过来说，许多不同的货物，也能够变成同样的金钱，所以经济市场，就是人力、物力兑换的交易所，而金钱不过是交易所中的经纪（捐客）而已。

过去许多研究军事学的人，时常提到三"M"政策，就是 Man（人）、Money（钱）、Munition（兵器）。甚至有人说，所谓三"M"，不过是三个"钱"字。金钱为什么有这样大的威力呢？因为它可以换到你所需要的东西。

战争的意义就是"消耗"。它像是一只老公鸡，只会呐喊，不会下蛋。现代的战争，要想战胜，必须消耗，大量的消耗，无限制的消耗。上次世界大战，参战国所消耗的战费，据《战争之代价》一书的作者波格特（Borguert）的统计，共有二千零八十三万万美金。协约国方面消耗了一千四百五十三万万，同盟国方面消耗了六百三十万万。我们把世界著名的各次大战争所消耗的战费比较一下，就可以知道战神的肚皮一天比一天大了：

战役	时间	消耗战费（单位：百万美金）
拿破仑战役	一七九〇——一八一五	三〇七〇
克里米战争	一八五四——一八五五	一七〇〇
美国南北战争	一八六一——一八六五	七〇〇〇
普法战争	一八七〇——一八七一	三二〇一
南非战争	一八九九——一九〇二	一二五〇
日俄战争	一九〇四——一九〇五	二一〇〇
世界大战	一九一四——一九一八	二〇八三〇八

这里告诉我们，第一次世界大战的战费抵日俄战争的一百倍，抵南非战争的二百倍。南北美战争，每天不过消耗战费五百余万元；普法战争，每天不过消耗一千五百余万元；日俄战争，每天不过消耗三百八十余万元；第一次世界大战的战费，每天是一万三千万元。第二次世界大战的规模更大了，战舰、战车、飞机、大炮也更大、更新、更多了，消耗量的多寡，目前虽不得而知，然较之上次大战，是只会增加不会减少的。

金钱当真是万能的吗？不见得。战争所消耗的是物资，不是金钱。金钱能够换到物资，任何物品都可以用钱买到，所以说它万能；等到金钱不能代表实在的人力、物力的时候，金钱便成为不值一顾的废物。其地洪水横流，淹没了许多村落，有一个穷人无处可逃，带了一个南瓜爬到一棵大树上。后来一个富人，也爬到这棵树上，他腰包里带了二百两银子。过了一天，洪水越发越大，穷人肚子饿了就拿生南瓜充饥。富人没有东西食，便向穷人提出请求，愿意把腰包里的银子分给他一半去换半个南瓜。穷人眼看一片汪洋，不知道何日才能脱险，便婉辞谢绝。在这种场合，白银虽好，不能当饥，白银便成废物。

前方的将士在流血抗战，备尝辛劳，如果后方民众捐了许多钱，派代表到前方去慰劳他们，不能够满足前线的需要，他们是不会表示欢迎的。因为前方有钱买不到东西，金钱对于他们并没有什么好处，既不能当子弹打，又不能当衣服穿，装在兜里还嫌累赘。他们最迫切需要的，是枪械子弹、罐头食品、衣服鞋袜和大批的生力军来增援作战。在这种情形之下，金钱也就失掉效用了。

由此可见，国家当充实国防从事战争的时候，并不注重普通的金钱，而重视能够代表人力、物力的通货或直接的人力、物力。

苏联革命以后，列强最初实行武力干涉，后来又用经济封锁政策使她发生经济恐慌，卢布价格一落千丈，和欧战结束以后的德国马克一样。但是苏联政府当局对于货币价格的涨跌并不在意，一面宣布新经济政策以增加农业生产，同时对外表示暂时放弃世界革命政策以争取国际方面的同情与援助。列宁说："苏联为要建设一个社会主义的社会，不管什么东西，我们统统需要。"史大林于一九二七年第十五次共产党大会席上报告："我们今天要采用的政策，必须以发展国际贸易、增加苏联的经济力量为目标。我们应时时设法不依赖资本主义国家而生存，应设法将苏联建筑在高度发达的工业基础上。"苏联本着增加生产、建设工业的目标，埋头苦干，完成了一个五年计划，再来一个五年计划。等到物质生产增加以后，货币的价格自然提高。现在卢布的价格，已经很高了。一元美金只能兑换六个卢布。外国人带了美金到苏联去，不论坐一次汽车也好，吃几块牛肉面包也好，住一晚旅馆也好，都要花费好几元美金。一天的生活费，就要消耗几十个美金，所以住在苏联的外国人，都感觉到头痛。经济力量的代表，在平时是金钱；在战时是人力、物力。我们要建设国防，当然要充实经济力量，不过我们所要充实的是人力和物力的经济，并不需要汲汲于金钱货币的经济政策。因为金钱货币只是通货，不是实货。实货增加，通货的价格自然提高；实货消耗完了，通货再膨胀也无济于事。通货的价值与物资的关系，如影随形，物资的形既不存在，通货的价值（物资的影）自然就跟着消灭了。战争时代的国民，有囤集〔积〕实物的现象，交战国的国际贸易，由现金购买一变而为"以物易物"。前者是防制通货膨胀，货币的价格下跌；后者是恐怕物资过度贫乏，巧妇难作无米之炊。战争是一位哲学大师，披着神秘的外衣的许多真理，都在战争面前现出了原形。假如没有战争，人类一定会沉陷在钱魔的迷魂阵里永远不得出头呢！

说到这里，有一个现实的问题，不妨提出来研究一下。大家都知道，现代的战争不仅是武力战，而是使用整个国家人力、物力的国力战。这些人力、物力，没有一样不需要花钱。中国抵抗日寇的侵略，依照国家的财政预算，每年要支出一大笔军费；日本侵略中国，当然也要花钱。可以说中日战争就是一种财政战，谁的财力雄厚，谁就取得胜利。

不过我们的财政战，是政治性质的财政战。军费的来源，全靠国外借款、发行公债、增加捐税和通货膨胀，好像没有源泉的水，容易枯竭。日本的财政战，是经济性质的财政战，他们的工业发达，可以在军事占领区掠夺大批原料运回国内造成货物，直接供应军事上的需要或运输出口换外汇，或换一部分军需品以及各种军需原料。这样做法，可以减轻国民的负担，补偿国家的一部分损失。除此以外，他们也会发行公债，实行通货膨胀，并在占领区滥发没有准备金的军用券，榨取被占领区中国人民的血液，所以他们一次筹款就是几万万元，用钱和流水一样。如此说来，我们的经济在数量上不及敌国，难道就不能同敌国作战吗？

我们应该知道，我们是农业国家，经济性质是农业经济，日本的经济是工业经济。工业国最怕的是经济封锁，国外的原料来源断绝了，国内的商品又找不到市场，工厂一倒闭，马上就发生大恐慌。我们农业国的经济却比工业国稳固持久。在平时，我们的产业落后，受国际资本主义的压迫，土货被洋货打倒了，手工业和小规模的机器工业也被外国的大托拉斯吞并了，自己的工业经济始终打不下稳固的基础。现在敌人把我们的国际路线切断了，想用经济封锁政策来困死我们，我们正可以利用这个机会起死回生。洋货来不到，土货就大走红运；外国的托拉斯被关在门外，我们的手工业和机器工业也可以呼吸一口自由的好空气了。中国好像一个骨瘦如柴的鸦片烟鬼，敌人的封锁政策，是比神仙一把抓还好的戒烟药。我们再不能放过这个千载一时的机会，一方面要在大后方建设各种各样的工厂，越多越好，把工业的基础树立起来；一方面要改良农村经济，增加原料的产量，并且对敌人来个经济反封锁，使他抢不到原料，买不到货物，制他工业经济的死命。我记得德国在要求协约国撤退驻兵，兴登堡总统劝告国人努力工业、筹还赔款的时候，很沉痛地说："希望全国工业一致努力，一致忍耐，把这最后一滴的苦药喝下去！"我们要想使"东亚病夫"变成膀大腰圆的生龙活虎，也请全国同胞把这"最后的一滴苦药"忍痛咽下罢！

（二）技术

俗话说："把戏都是一样，巧妙各自不同。"把戏是物，玩把戏的是人，巧妙不巧妙就是"人"玩"把戏"的"技术"。

技术是人力和物力结合所不可少的一种媒介剂。譬如吃饭，要是不会端碗拿筷子，虽有山珍海味，也吃不到嘴里，碗筷的使用，便是吃饭的技术。由此类推，凡人欲利用物，莫不以技术为媒介。中国人比西洋人善用碗筷，便是中国人吃饭的技术比西洋人高；反之，西洋人善用飞机、大炮打仗，便是西洋人作战的技术比中国人高。使用碗筷的技术很简单，使用枪炮的技术很麻烦，所以中国人吃饭的本领虽高，终比不上西洋人作战的本领大，中国人就敌不过西洋人。

人类变化物质、使用物质的过程，就是技术表演的过程。严格地说，连讲话走路、举手投足，都是技术。鸟飞鱼游、兽奔虫爬，也是技术。技术是求生善生的唯一手段。消极地适应环境，离不开技术；积极地改造环境，更离不开技术。有了技术，才能制造一切的物品，运用一切的物品；没有技术，不仅不能制造一切的物品，就是有现现成成的物品，自己也不能利用。能利用的"能"，就是技术。"本能"就是与生俱来的技术，学而后能就是后天习得的技术。

技术是社会进化的动力。社会愈进化，技术越复杂。制造一种工具和使用一种工具，都需要技术。工具愈精，技术愈高；技术愈高，工具所发生的作用越大。人类社会生活的水准，是由人类社会技术的水准来决定的。人类有了制造机器、使用机器的技术，才把历史推进机器的时代。一个现代的国家，必须有现代的技术，技术落后，一切都要落后。没有物资的国家，物资决定一切；有了物资而没有生产技术、使用技术的国家，技术决定一切。古人云："家有财产千万，不如薄技在身。"可见古人重视技术甚于物资。就是因为技术可以无中生有，没有技术，则物资虽有也等于无。

国防是国民技术的结晶，也就是一国工业的结晶。国民技术的表现，虽说不完全在工业方面，而工业实在是一切技术的根源。没有现代的技术，便无法建立现代的工业；没有现代的工业，便制造不出现代的军用品；没有现代的军用品，便不能建设现代的国防。简单说来，现代的技术，加上现代的工业，等于现代的国防。

我常听到有人说："我们中国人到底不行，不论办什么事，还是要请外国人。单看留学外国毕业回来的学生，尤其是关于工业方面的学生，多半学不到什么。回国以后，没有用处，有许多闲着或转到教育界、行政界，做些'用非所长'的事情。自己的本领没有表现，反而把国家大事弄得一团糟糕。有的仍然溜到外国去，自谋生活。"照这样仅从表面上责备学生的批评，岂不是说国防技术这个先决条件根本办不到吗？我认为，这与学生学不学无关，与民族性同不同无关，全是我们国家向来只讲理论、不顾实际、不重视工业、不奖励工业之过，是举国上下忽略工业，根本缺少机械工业的工厂，不能使回国的学生得到一个用其所学的机会实地训练之过。一般学工的留学生回到本国，找不到工厂，找不到适当的工作，只好削足适履，随便到机关、学校里鬼混，根本不能就他们才学得的很薄弱的基础上继续培养磨练，养成适合国家需要的技术人才。这能够单怪在人的一方面吗？我们试把中国的"臧"或"谷"安置在支持美国重工业的"北志廉黑"钢铁厂，安置在直接支配美国陆海空军的"北志廉黑"钢铁厂，相信不到数年，一定也能补助"秀华布"的一小部分工作，不愿再去演他放猪牧羊的话剧了，何况是顶优秀的青年学生呢？

物质文明固然依赖人类的技能，同时人类的技能，也要凭藉已成功了的若干物质才能继续不断地增进。若不相信这个原则，请看欧洲各国在划时代的工业革命以前，何以老是停滞在那很陈腐、很混乱的中古时代，与中国同样地互相砍杀至几千年之久；到了螺丝钉、蒸汽机……次第出现以后，一百年的进步，胜过以前的几千万年呢？这能说某时代的人行，某时代的人不行吗？根据这种世界公认的史实，不唯不能怪罪那批学习各种技术的留学生，就是一般的中国人，也不能一笔抹煞说是不行。孙总理说过："中国，不是人不如人，是机器不如人。"技术一学就会，越练越巧；机器一造就成，越造越精。并不是西洋人得天独厚，有超过中国人的禀赋。我这样的说法，并不是为举世所轻视的中国人张目，更不是不欢迎外国的技术人才，怕的是我们没有自信力，不知道训练技术人才，老是聘请外国的技术人员，中国人的技术一辈子都不会进步。开矿请外国人，开工厂请外国人，造机器请外国人，甚至驾飞机、打高射炮都要靠外国人，要想建设现代国防，不是等于做梦吗？

有独立的技术，才有独立的工业；有独立的工业，才有独立的国防。国防独立自立，国家才能战，能战才能胜，能胜才能独立生存。一事不能独立，事事都要赖人。所以要谈国防建设，必先从培养技术人才入手。

"国防的基干，是深植于工业繁荣的沃土中。工业的基础，又放置在科学家近于神秘的头脑上。"这是德国铁血宰相俾斯麦的名言。列宁对于苏联教育会曾经下过一件手令："科学的用途，大而且广，但我们在帝国主义环视中谋建设，只能选择适宜于民众生活与比较安全的部门加紧研究，使它在物质建设方面表现出来。至于不适实用的各部门，尽可从缓。"这便是造就技术人才的一个捷径。

我初到莫斯科，给我印象最深的，就是他们的工厂与学校尤其是工科专门学校的距离很近。其用意是要他们的学生与工人，随时可以沟通。换句话说，就是要使"理解与实验，相互交流"，实践所谓"工厂即是学校，学校亦如工厂"的办法。姜绍鹤君译的《苏联文化革命》一书，叙述极详。这又是技术人才"速成"的一个实例。

一九〇四—五年的日俄战争，日本用了很大的气力才把旅顺要塞攻下。日本领了要塞的教，便动员所有的兵工技术专家机密地制造了四门二十二生的和两门二十八生的攻城炮。头一次试放，炮弹膛内爆炸，参观的文武官员死伤了七八十名；第二次把新炮拖到坑道里，炮手用长绳在老远的地方拉机柄，虽说没有伤人，炮弹还是射不出去，把大炮炸得粉碎。军部非常扫兴，只好将剩下这四门大炮关到仓库里。欧战期间，俄国人到日本购买军火，把这四门大炮以最低的贱价（据说四十万日元）买了回去，却不要日本造的炮弹。日本政府便派了一批技术专家到俄国去，要求参观他们的制弹厂，俄国不答应。这一批技术专家便征得俄国军事当局的同意，到西线参观作战，不料那四门在日本一放就膛炸的巨炮到了俄国人手里便大出风头，非常得劲。日本代表百思不得其解，带着一肚皮烦闷回国。等到俄国那一位军火采买又到了日本，日本政府便派遣一位极美丽的女间谍去迷惑他，用尽千方百计把他灌醉，才把日本炮弹在膛内爆炸的道理学到。当那位军火采买向日本订购第二批攻城炮的时候，日本政府马上把每门炮的价格提高到十倍以上，并不愿意接受订货单。

在第一次世界大战，日本对德宣战，攻取青岛战役的时候，派神尾大将统率海陆军浩浩荡荡地把三千名德军把守的青岛围得水泄不通，打了好久打不下来，攻城炮也不发生预期的效用。日本参谋官正在研究如何攻取青岛的时候，突然有一位卖狗的日本商人进来献策，说是："我看夺取青岛要塞不下，军部非常焦灼，我献一计一定可以成功。"问他是用什么方法？他说用狗。参谋官们气得跳将起来："难道说我们大日本皇军还不如狗吗？……"把他臭骂了一顿，赶出门去。

战争在继续着，参谋官们把"三十六计"都试验过了，日本皇军前仆后继，武士道精神变成了炮灰，始终不能越雷池一步。神尾大将非常烦闷，私行到大街去游览，活泼活泼脑筋，在一家酒店里碰着那位狗商。狗商将献计经过大谈特谈，神尾倾听之后，非常赞美，就请狗商如法泡〔炮〕制，全部付诸实施。这位狗商便将他经过训练的二百多条洋狗武装起来，每天夜里派几小队四面八方地向德军的防御阵地进攻，德军发觉敌人夜袭，便拼命发射，把狗兵消灭在铁丝网以外。一直扰乱了十七个通夜，最后一次夜袭，大批日军悄悄地把铁丝网剪断攻入要塞，德国守军一个个如醉如痴地疲倦得不省人事，在睡梦中全部做了俘虏。日本人在战史上把皇军这一段光辉的战绩大书特书，哪晓得全都是"狗商与狗"之功呢！呜呼！呜呼！技术决定一切。

日本人笨则笨矣，还知道接受教训，跟着外国人学乖。我们中国人聪明绝顶，却专门悟道参禅，高谈阔论。不要说国防技术落后，甚至住在穷乡僻壤的乡民，就是最普通的常识也差得很远。譬如，山西某地有敌机一架，因为机件出了毛病，被迫降落，当地民众不敢捕捉，眼看着敌人将飞机修好，扬长而去。有一次，敌人在某地施放烟雾，有些刚上前线的新兵便认为是毒瓦斯而自相惊扰。还有一次，我们打了胜仗，敌人退却时遗弃了几十辆装甲车，担任追击的某军，因为没有额外的驾驶兵，未能即刻开到阵地后方。不久，敌人反攻，又把全部车辆夺回。我相信看到这些琐事的读者，都禁不住要为国家民族担忧。如果我们不知道拼命学会各种技术，提高国民的技术水准，这些奇耻大辱固然永远不可磨灭，就是能够侥幸战胜，国家民族的前途还是十分黯淡的。

（三）组织

有一位研究苏联国防建设的军事专家说，史大林之所以成功，是因为他有"铁的意志"和"组织天才"。

其实，古今中外的大军事家、大政治家，没有哪一个是懦弱无能、优柔寡断的，也没有哪一个不善于运用组织的力量、单靠匹马单枪的战斗而能够成大功立大业的。楚霸王项羽以拔山盖世之雄，战无不胜，攻无不克，可算得是"铁的意志"了，最后仍然被自称"三不如"的刘邦打败。刘邦凭着什么本领打胜仗呢？就是凭着他的"组织天才"。他把"运筹帷幄"的责任交给张良，把"战胜攻取"的责任交给韩信，把"运粮转饷"的责任交给萧何，而自己只须〔需〕加以指导、考核、监督、调度，不使他们三个人发生隔阂摩擦，就可以坐收最后胜利。拿现在的眼光来看，张良所领导的就是参谋组织，他就是参谋总长；韩信所领导的就是指挥组织，他就是大元帅；萧何所领导的就是军需组织，他就是后方勤务部长。刘邦能够搜罗人才，运用组织，所以能够发生伟大的力量，实行持久战。项羽暴厉恣睢，大权独揽，有一范增做参谋而又不采纳他的意见，作战计划也要自己来拟，冲锋陷阵也要自己来干，军粮军装也要自己来管。不是这边出了毛病，就是那边发生漏洞，弄得焦头烂额，要求速战速决而不可得。汉兵越打越多，楚兵越打越少，眼看大势已去，结果只好自杀。从这里我们得到一个原则：拿一个人的力量去同一个组织斗争，结果是前者失败，组织胜利；拿一个小而松懈的组织和一个大而坚强的组织斗争，结果是前者失败，后者组织胜利。

　　三国时候，诸葛亮以寡胜众，以弱敌强，不仅造成蜀、魏、吴鼎足三分的局面，并且还使曹操、孙权寝不安席，畏蜀如虎。魏国的大军略家司马懿虽然兵多将广，却打一仗败一仗，不敢应战。有一次蜀兵撤退之后，司马懿亲自到敌人的宿营地考察了一番，看见炉灶、毛〔茅〕坑、帐篷、马厩的遗迹，严严整整，一丝不乱，叹服不已，告诉他的部属说道："诸葛亮真乃天下奇才！"诸葛亮的才干奇在哪里？曰：组织。有了组织，才能一以当十，十以当百，神妙莫测的八阵图，也就是诸葛亮运用组织的一种形式。

　　我们的民族英雄岳武穆有句名言："运用之妙，存乎一心。"蒋百里先生对于这两句话解释得很透彻，他说：

　　"这是岳武穆由于经验得来的一句兵学革命的名言，同时即是现代实战的方法。但是过去一般不懂军事的人却解释错了。他们断章取义把存乎一心误解为存乎主帅一人的心——就是看重了一个'心'字，而把这个'一'字看轻了。原来这个'一'字，应当作动词解，不应当作'心'字的形容词解。书上明明说着武穆好散战，宗泽戒之，武穆答曰：'阵而后战，兵法之常，运用之妙，存乎一心。'阵'字用现代兵语讲，就是'队形'，队形的作用，就是使多数人能够一致动作。譬如检查人数，要是东一堆，西一堆，一时就数不清，如果排成两行，一看就明白。所以战斗要用横队，就是要使多数人能在同一时间使用武器。运动要用纵队，就是多数人能容易变换方向，适合于道路行进。所以用外国战术的演进史来解释，阵而后战的'阵'就是德国菲列德式的横队战术。'散战'即是'人自为战'，即是拿破仑的散兵战。岳武穆是发明中国散兵战的人。"

这段话表面上好像与组织无关，实际上没有一字一句不是在说明组织的作用，强调组织的重要。我们试想，没有组织，士兵的"心"如何能"一"得起来呢？"动作"如何能"一"得起来呢？拿布匹来说，组织松懈的窗纱，每一条线的位置都可以移动，所以一提就乱，一戳就破，各个分子的行动既不易一致，又不能发生强大的力量；组织严密的哔叽，每一条线、每一段线的位置都是固定的，不论你怎样揉搓运动，每一个纤维素的运动都是一致的，因此能够发生伟大的力量，耐穿耐用，经久不坏。有组织的军队，散开得快，集合得快，不论行军打仗，都来得快。就是他们的一举一动都归纳到组织当中，只要组织上不出毛病，大将点兵的时候，只消数一数组织单位就够了。指挥几十万、几百万的大兵团作战的元帅，目之所视，耳之所闻，心之所思，手之所指，无一不是组织。拿破仑和菲特烈都是富有"组织天才"的军事家，所以不论用横队战术或是散兵战，都能够战胜攻取。岳武穆的军队练得最精，组织最密，纵然人自为战，而士兵的"心"却始终没有脱离组织。有组织的散兵战，虽战至一兵一卒，还能够继续奋斗，没有组织的散兵战是乌合之众，一部分打了败仗，全体就溃不成军，各自逃生。所以岳武穆之好散战，不是不要组织，而是他的组织已经到家，他运用组织已经到了"妙"的阶段。

许多人都说曾国藩是一个很平凡的人物，并没有什么了不起的天才。殊不知他狠就狠在懂得"效率"。他选拔人才的条件是："有操守而无官气，多条理而少大言。"他办事的原则是："大条理，小条理，始条理，终条理。"条理者，组织也。没有组织，哪里会有条理。他所以能够以一介书生成就消灭太平天国的伟业，全仗他自己懂得组织的效用，又识拔了一批能够运用组织的干部，如左宗棠、李鸿章、彭玉麟、曾国荃等人，用"大组织，小组织，始组织，终组织"的打仗方法、办事方法干出来的。因此我说，自己有本领并不算狠，能够把有本领的人组织起来而自己去运用组织的人才是真狠。我在苏联看见史大林一天到晚道遥自在，并不像我们想象那样忙碌，而苏联的各种事业却如同一部机车的轮子一样飞速地向前发展。希特拉的大军已经进攻到相距不过二十五公里的莫斯科外围，而史大林还在克里姆林宫嘴里衔着烟斗，不慌不忙地研究统帅部的作战计划。他为什么这样沉着呢？也许因为他相信德国的飞机、大炮和百吨重坦克车粉碎不了苏联人民的政治的、军事的、国防的各种组织吧！

平常的事情，还离不开组织，打仗更不能不讲组织。现在的战争是全体性的，国防也是全体性的，必须把全国的人力、物力组织成一个有机的战斗体，才能作战。法国的人力不弱于德国，物力不弱于德国，技术的优越也不弱于德国，为什么还有一百多万大军就不能继续作战呢？贝当元帅屈降的原因虽多，但法国组织上的缺陷却是顶重要的一个。

国防组织高于一切，国内其他的组织都应该服从国防组织，更不能脱离国防组织。例如情报组织、宣传组织、参谋组织之类，都是国防组织的一部，因为情报是国防的耳目，宣传是国防的心口，参谋组织是国防的脑神经啊！

中国以"无组织"驰名世界。孙总理说中国人是一盘散沙，要我们团结，也就是要我们在组织方面去努力。可是大家学到了组织这件法宝，你组织你的，我组织我的，甲来一个组织，乙来一个组织，闹得组织遍全国，而对于国防的大组织却有许多人不感兴趣，这实在不是好现象。要知道甲乙丙丁的鸡蛋，都装在一个破篮子里，要想保全鸡蛋，还是修补篮子要紧。救国的路只有一条，就是：全体国民一齐放弃自私自利的小组织，共同完成现代国防的大组织，在大组织里发生作用。

第五章　国防力量的表现和运用

一、国防力量的结晶

各种国防要素一应俱全的国家，不一定就是最强大的国家；最强的国家，不一定是必能战胜的国家。这话怎么说呢？因为国防要素有没有是一回事；有了，能不能表现出强大的力量另是一回事；力量发生了，如何运用它，又是一回事。

我们知道，筋、骨、血、肉、神经各种要素构成一个人，人的力量就是各种要素的结晶。这些要素，绝不能单独发生力量；就是任何一种根本没有或质地不好，分量不够，也不能发生力量，更不能发生强大的力量。人活动的时候，筋、骨、血、肉、神经都能够生出力量；等到人睡了、死了，他的筋、骨、血、肉、神经等统统都在，一样也不少，然而力量却不能发生。可见力是各种要素以外的东西，要各种要素适当地配合起来，运动起来，它才能够表现。力量是各种要素的化合物，是各种要素的结晶品，并不是随便把筋、骨、血、肉、神经等拼凑起来就能发生的。

一把刀，力量蕴藏在刀的全身，但力量的表现却不在刀柄，不在刀背，而在刀刃；一支枪，力量蕴藏在枪的全身，但力量的表现却不在枪机，不在枪柄，而在枪弹；一个人的力量也是蕴藏在全身，而他的力量却有时表现在怒发冲冠上，有时表现在"柳眉倒竖，杏眼圆睁"上，有时表现在"喝断桥梁，河水倒流"上，有时表现在"咬牙切齿，握拳透爪"上。同理，国防的要素虽多，国防力量的表现，也往往因国家的情况不同、政策不同而互有差异。经过一番研究之后，我认为国防力量的表现，归纳起来，不外乎（一）经济、（二）技术、（三）军事、（四）外交等四种法式。

这四个名词，都是概括的，为了便于了解，特约略加以范围。

（一）经济。包括财政、资源、金融、机械等。

（二）技术。包括创造、模仿、生产、使用、教育、宣传、训练、组织、交通等。

（三）军事。包括陆、海、空军，防空军及国防工事等。

（四）外交。是国家政治力的扩充。

这四种东西，就是国防力量的结晶，也就是表现国防力量的四种手段。一个国家之离不开经济、技术、军事、外交，正如车之离不开四轮，人之离不开四肢。如果能够把它们适当地配合，机动地运用，就是安内攘外的法宝。国家强的可以更强，富的可以更富，贫弱的也有富强的可能，危殆的也有平安的希望。

二、各种国防力量的相互关系

国防力量是整个的，不可分，也不能分，我们为了要理解它，不妨把它分开，但用的时候，却必须联合。经济、技术、军事、外交，单独地说，也可以把它们当做四个结晶，综合起来，每一个结晶只能说它是国防力量的一面。它们中间的关系，极为错综复杂。一柄横磨剑，使挥拳的时节，可以左劈，可以右斫，也可以向前戳，真是得心应手，无往不利。但横磨剑的力量不过三面，国防的力量却有四面。

这个四面结晶体，若要研究它，非先明了它们的关系位置不可，它们都有各自的单独位置，又有相互的联带关系。一看下面的图，就可一目了然。

这种表示方法，有若干便利，何以说呢？从图上可以看出，不论哪一项和其他三项都有直接连锁线的关系，它们互相依赖，互相支持。例如，以军事为起点，军事与经济的关系，用 AD 线表明；军事与经济、技术的关系，用 ABD 平面表明；军事与经济、技术、外交三种东西的关系，则用 ABCD 四面体表明。这样，由点到线，由线到面，由面到体，完全合乎几何学上点、线、面、体的定义。

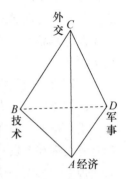

我们举几个例来证明，譬如机械化的兵或是化学战的兵，与军事有关，可是这种兵与普通兵不同，士兵须受过特殊的训练，学会了使用机械、放毒防毒、施放烟幕等种种特别技术以后，才能到前线去打仗；当军官的没有特殊的技术，便没有法子指挥这种军队。别种队伍虽然也需要技术，而机械化部队或化学战部队则需要更高的技术水准。这就是军事必须与技术相沟通的例子，在图上用 BD 线表明它。

又如，兵工业的本质是军事性的，同时它又是生产机构，造飞机、大炮，造各种机器，造其他各种现代化的军用品，没有优越的技术就办不到。如果要大量的制造，材料从哪里来呢？这便牵涉到经济问题。所以说，兵工业和军事、技术、经济三者都有关系，把它们的关系线连起来，就成功一个平面，在图上是 ABD。

现在的国家，可不像从前可以闭关自守，可以和邻国老死不相往来，现在因为交通的发达，电线、航路、铁路、公路密如蛛网，一向麻木不仁的国家，也都有了"灵威"。万里若比邻，样样事都带着国际性。不论军事、经济、技术，都要和外国沟通，都要用外交的手腕去满足自己的要求，达到预定的目的。凡是国家范围以内的事，不论大事小事，与整个的四面体都有密切的关系。四面体的四个顶点、六个边、四个面真是息息相关，相互为用，谁也离不了谁。

如果拿外交 C 做顶点，军事、技术、经济便构成一个 ABD 平面去支撑它；必须是这样的外交，才有力量。

如果拿军事 D 做顶点，经济、技术、外交便构成一个 ABC 平面去支撑它；必须是这样的军事，才能得到胜利。

如果拿经济 A 做顶点，军事、技术、外交便构成一个 BCD 平面去支撑它；必须是这样的经济，才能繁荣，才能巩固。

如果拿技术 B 做顶点，经济、军事、外交便构成一个 ADC 平面去支撑它；必须是这样的技术，才不落空，才能发生作用。

总括一句话，国防力量结晶而成的四面体，点与点、线与线、面与面都是具有连环性的。

三、国防结晶体的运用

国防力量结晶体的相互关系研究清楚之后，则其运用的方法也就可想而知。

假使我们发生一项问题，是纯粹外交问题，那么，我们本来可以想用纯粹外交手腕去解决它，就是以外交为顶点和对方交涉，但是要军事、技术和经济作底面去支持它，才能发生效果。所以强国的外交，因为底面宽，后盾大，有所恃而无恐，一遇国际纠纷发生，他们的态度硬，手段辣，不占便宜便不肯干休。他们的外交力量既为其余三种力量的结晶，因而随便一纸抗议书，就可以抵得上十万雄兵。弱小国家的外交，抗议书虽然义正词严，可是因为底面小，后劲差，往往不生效力，就是这个缘故。

再假定一个问题的发生，外交、军事都有关系，那么，我们就应该用外交和军事两种方法去解决他，而以技术和经济作后盾。如果只用纯粹的外交方法对付他，而对方的军事行动毫不停止，交涉的结果，我们只有吃眼前亏。同时，若没有技术和经济的准备，不特要吃亏，还要吃大亏。九一八事变，本是军事问题，敌人出兵占领了东三省的上地，我们的军队却竭力避免冲突，希望用外交方法解决，向国际联盟告状。敌人则双管齐下，一边派外交官在国际联盟和我们周旋，一面增兵东三省继续西进，占领热河，侵入关内。等到我们采取"一面抵抗，一面交涉"的对策时，形势已非往日可比，抵抗也抵抗不住，交涉更交涉不好了。

现在世界上的强国，对于这四种国防力量运用最巧、收效最大的，没有哪一个能够比得上德意志。

德国的代表们签订了《凡尔塞和平条约》以后，协约国在军事上严格地限制德国，不许她有超过十万以上的陆军，不许她有造一万吨级以上的战舰，不许她有潜水舰，不许她建设空军；在外交上，英、法领导着国际联盟包围她，要她遵照和约，安分守己；经济上，则弄得民不聊生，马克等于废纸，还要担负巨额的赔款，可说是已经陷于破产。一个野心勃勃的一等强国，这时候，军事、经济、外交的地位完全落在国际水平面以下，剩下的法宝，只有一个脑、两只手的优越技术了。《凡尔塞条约》虽苛，却没有禁止德国科学家创造发明的条款，也并未限制德国人的生产劳动。

战败后之德国

德国人就凭着优越的技术做本钱，咬紧牙关，饿着肚皮，拼命地做工，增加生产。制造出来的机器和商品，自己不用，运到外国去换钱。把目标集中在经济上，马克价格低，便将国际市场和国内市场隔离开，国内贸易用马克，国外贸易用商品，把赚到的英镑、法郎、美金存到国家银行里做准备金。在外交方面则低首下心，到处诉穷，以博得国际上之同情，达到缓付赔款之目的。并利用机会，得寸进尺，把握住国际间的矛盾，离间英、法，分化协约国的阵线，撤退了莱茵的驻兵。又加入了国际联盟，减轻赔款，经济上慢慢地恢复了独立自主，露出了国际水平面。再加上意国声援，英国暗助，一九三二年的《洛桑条约》把德国赔款，又减为十三万

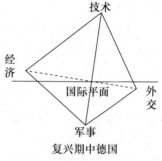

复兴期中德国

国际平面
退出国联之德国

万马克，军缩会议便要求军备平等。经济力量一充实，外交态度就强硬了。她知道国际联盟是不会答应她重整军备的请求的，其实德国军事上的潜在力量，已经达到国际水平面了。军舰虽不超过一万吨，然而袖珍军舰反比三万五千吨的军舰更加便利。陆军表面上虽不过十万人，实际上却是全国皆兵。飞机、大炮、坦克都在暗中制造。希特拉是迎合德国民众心理，以摧毁《凡尔塞和约》为口号，才被民众拥上政治舞台的。他为了要痛痛快快地干，索性以力争军备平等做口实，毅然决然地于一九三三年宣告退出国际联盟。在外交上勾结意大利、拉拢日本，以崭新的姿态，活跃于世界政治舞台。外交家的视线，密切地注视着柏林局势

的发展。

一九三四年七月二十五日奥国发生政变，陶尔菲斯被奥国的纳粹党人谋害了，这是德国政治技术人员的得意之作，给德、奥合并种下一颗种子。

希特拉继兴登堡总统做了德国元首之后，在一个晚上用播音机对着二十万国社党各级职员大喊："我们已强盛了，以后还要强！"党卫队和褐衫队在加紧训练，警察和正规军队在昼夜演习。一九三五年一月萨尔区的工人们用投票的方式归并德国，三月十五日希特拉便自动废止了《凡尔塞条约》限制军备的条款，宣布施行征兵制，重整军备了。戈林的四年经济计划，要动员全国的人

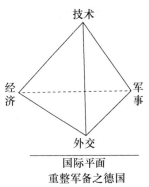

技术

经济　　　军事

外交

国际平面
重整军备之德国

力、技术、资源，在最短期间建设成世界最强大的陆空军。英国也乘机和德国订了一个海军条约，允许德国建造英国海军吨位百分之三十五的军舰，潜水艇则英、德相等，更是为虎添翼。到了一九三六年三月，希特拉并没有通知任何国家，便把《洛加诺条约》撕破，下令国防军开入莱茵，将非武装区域武装起来。很显然地，这时候的德国是军事在先，外交在后。她的国防力量，业已充实，可以肆无忌惮为所欲为了。

奥国的并吞，是用军事、外交、技术、经济的几重力量成功的。慕尼黑会议中，又用巧妙的外交手腕，先取得苏台区，接着又并吞捷克，进攻波兰，引起世界大战。

大战中的德国，各种力量都超出国际平面以上。先以军事做顶点，击破英法同盟军，占领丹、挪、荷、比、希，并运用外交手腕，抓紧意大利和日本，用威吓利诱的方法，将巴尔干半岛上的几个小国拖进轴心集团做配角。德国既有雄厚无比的军力，又有机动的外交、优越的技术和广大占领区经济力量的支持，忽而政治攻势，忽而和平攻势，忽而外交攻势，首

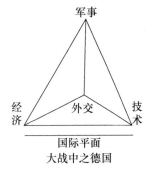

军事

经济　外交　技术

国际平面
大战中之德国

次进攻莫斯科，虽说没有成功，可是不论军事、外交，始终争取主动，而今大战方酣，同盟各国若不能进一步合作，对于军事、外交、技术、

经济各种作战力量巧为运用，则鹿死谁手，殊不敢必。等待着未来的事实来解答罢。

四、国防外交的各种形态

（一）普通之合作

两个国家或两个以上的国家，遇到国际上某种问题发生或是预防某种问题发生，彼此利害相同的时候，自然而然地会在外交上采取一致行动，通常称之为合作。这种合作有临时的，有永久的。当中日战争（一八九五）的时候，中国战败求和，日本强迫我们割让辽东半岛，俄国因为不愿意让日本的势力膨胀到亚洲大陆上来，在外交上便和中国合作，自动地借款给中国满清政府，并联合法国和德国出来干涉，强迫日本归还辽东。这种合作是暂时的，等到中国同日本签订《马关条约》之后，俄国便扳〔板〕起面孔，来向中国政府要报酬了。

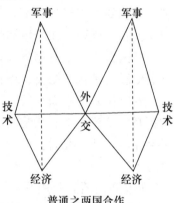

普通之两国合作

外交上的合作，也有长期的。例如法国和比利时因为怕德国向她们进攻，两个国家便相依为命，在外交上始终站在一条线上亲密合作，共同防德。《法比协定》、《法波协定》、《法苏互助公约》，都是为了共同防范德国的侵略而订立的。英国的外交以保持列强的均势为原则，德国要称雄欧洲，她就同法国合作，压迫德国；法国要称雄欧洲，她就帮德国的忙，牵制法国。这种外交上的合作，又是以问题的性质为转移，跟着对方的情势随时转变的。

日本发动九一八事变，占领东四省，世界上反侵略的国家在外交上便无形中同中国合作，一致谴责日本。意大利进攻阿比西尼亚，反侵略的国家在外交上又合作起来一致制裁意大利。然而日本和意大利却又合作，成立协定。日本承认意国并吞阿比西尼亚，意大利承认日本造成的"满洲国"。从这里又可以看出，外交的合作，有个时候是无形的，有个时候是有形的；有个时候是单方面的援助，又有个时候是权利义务互相对等的。

国与国间的合作，除了外交上的一致之外，还有经济合作、技术合作各种方式。前者多半是关于贸易方面的，如日苏的渔业协定、日荷的石油协定等，就是最好的例子。后者的范围很广，或用在生产建设上，或用在经济财政上。中国币制的改革，就是中英技术合作的结果。话虽如此说，可是不论哪一种合作，必须通过外交的合作才能实现。

（二）军事同盟

外交上的合作，是口头上的、文字上的，仅限于在解决某种问题的时候，彼此意见一致，要赞成就一同赞成，要反对就一同反对，做到所谓"一个鼻孔出气"而已。这种合作，可以名之曰"文人合作"，虽然舌剑唇枪也可以解决许多问题，然而力量到底有限得很，等到口头的争辩失掉了效用，要想贯彻国家的意志，便非磨〔摩〕拳擦掌，准备动武不可了。利害一致的国家，这时候便由相骂的合作进步到相打的合作，变成攻

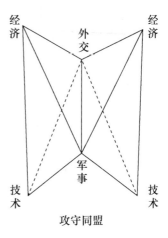

攻守同盟

守同盟。攻守同盟是"文武合一"，也就是外交与军事的双重合作。在图上便军事和外交两点之间的边与边相连。法俄同盟、英日同盟，就是这一类的结合。

（三）"国防面"的合作方式

外交合作到了穷的时候，继之以军事；军事到了穷的时候，怎么办呢？因为现代的战争并不是简单的事情，没有新的兵器，不懂新的战法，便不能打仗。因此一个技术落伍的国家和一个技术优越的国家结成军事同盟以后，为了保证未来并肩作战的胜利，为了要加强同盟的作战力量，技术优越的国家往往派遣技术人员到同盟国去充当政治顾问、军事顾问、工程师，帮助同盟国改革政治机构、提高行政效率、帮助

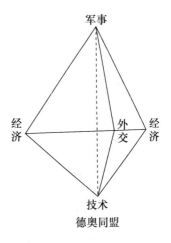

德奥同盟

同盟国改良军制、编练新军，或指导同盟国从事生产建设，充实国防。因此，两个国家，由线的合作变为面的合作。第一次世界大战以前的德奥同盟，就是这种典型。奥国军队的素质、装备、思想，都带着极浓厚的德国色彩，就是国民军事教育，也是亦步亦趋地跟着德国走的。

战争就是消耗，大规模的战争和长期的战争，消耗量自然更大。经济力量薄弱的国家，没有同盟国的接济，就没有法子长期作战。举例来说，两次世界大战，英、美都是站在一条战线上干的，两国的外交行动一致，军事行动一致。可是英国的生产力和经济力都接济不上，需要向美国要钱，要飞机、大炮，甚至连破旧的军舰也都成了宝贝，所以英、美的同盟是外交的、军事的、经济的同盟，也是一种面的合作。

七七事变以后，英、美、苏三国在外交上、经济上、技术上，直接间接地给了中国不少的援助。等到太平洋战争爆发，英、美对日、德、意三国宣战，中国也跟着同日、德、意三国宣战，但是中国并没有同英、美正式缔结军事同盟，中、英、美三国的关系，充其量只能算是经济、技术、外交三者面的合作，军事行动是不受任何限制的。

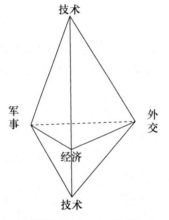
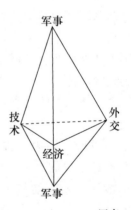

（四）过度的合作——吞并

两个国家的合作，由点到线，由线到面，三点相交，已达最大限度，万不可四点相合。假如四项统统合在一起，两个四面体变成一个四面体，大的将小的包容，小的被大的合并，世界第一次大战前的奥匈合并，一九三八年四月十日投票决定的德奥合并，是奥国先把匈国吃掉，德国又把奥国吃掉，奥地利进了德意志的肚皮。

（五）保护国、殖民地

强大的国家把弱小的国家并吞之后，就要想方法把她消化。初吞下的时候，在形式上看，大多是完整的，实际上无论内政、外交，都不能自己做主，一举一动，都要听命太上政府。中日战争的结果，朝鲜受日本的强迫，脱离中国而独立，做了日本的保护国。保护国的小四面体，渐渐被大四面体消化，消化的次序，是先从外交开始，所以保护国是没有外交权的，纵然在政治机构上还有外交的组织存在，那不过是瞎子的

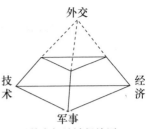

无外交权的被保护国

眼睛，聋子的耳朵，摆摆好看而已。俄国政府不懂得这种道理，还想和聋子耳朵般的朝鲜政府打交涉，结果酿成一九〇四—五年的日俄大战。经过十五年时间，日本居然把朝鲜的外交力量消化完了。一九一〇年便将朝鲜政府取消，朝鲜遂成为日本的殖民地。四面体被消化了三面，变成了一面体。

殖民地的政府，有经济力量，有技术力量，有时节也有军队，但殖民地的人民只能当兵，没有资格当指挥官，绝对服从宗主国的命令。

殖民地的军事权被消灭了以后，再进一步便实行愚民政策，不许殖民地的人民设立大学，受高等教育，不许殖民地的人民充当技师，消灭他们的技术。

技术消灭了，创造发明的本领也没有了，殖民地的人民只能做粗笨的苦工，赚极少的钱，原有的财富被掠夺了，没收了，经济基础根本丧失。他们的力量，由线到点，由点到零。一个独立的国家，于是完了。接着还要消灭些什么呢？曰：人种。

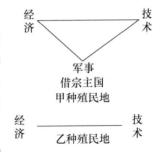

借宗主国甲种殖民地

乙种殖民地

这便是日本消灭朝鲜的过程，朝鲜消化完了，消化伪满洲国，伪满消化完了，就要起来消化整个的中国。大陆政策，就是消化中国的政策。

犹太人亡国并未灭种的原因，是被人消化了军事和外交，而没有把他们的技术和经济消灭。犹太人在这种环境里，对于军事、外交既无希望，只好向技术和经济两条路上谋发展，所以犹太人里头出了不少的科学家和大富翁。希特拉知道有技术力和经济力的犹太人的脑子里还有民族意识存在，他们是不会为日耳曼人效忠的，于是便把犹太人驱逐出境，财产没收，以绝后患。这可以叫做"清种运动"。

一个国家的存在与否，是看他有无军权和外交权。一个民族的兴亡与否，是在他有没有经济能力和技术能力。

五、列强对于国防力量的运用

（一）美国

美国号称"金圆帝国"，有的是钱。她的国防力量，以经济做顶点，拿经济力量去提高技术，扩充军备。外交也跟着经济走。美国经济利益的重心，也就是外交的交点。她心满意足何必去做流血的勾当，于是定下了一种孤立主义叫做门罗主义，拒绝列强过问美洲的事。等到世界打起仗来，她就来担任军火的供应，一则可以发财，一则可以免祸，

美

在外交上则标榜孤立，避免战争。如罗斯福总统"炉边闲话"也不过给被侵略者捧捧场，若要他仗义滚入战涡，和敌人拼命，是很不容易的。就是到了非打仗不可的时候，比如说日美太平洋战争，他已经失去了关岛以东的重地，未见他以大量军队开到太平洋和敌人一决雌雄。罗斯福总统说："美国是全世界反侵略国家的兵工厂。"就是明明白白告诉我们，美国作战的主力是经济，军事不过是战斗的前哨，非等到有胜利把握的时候，不会作拼命的厮杀。

（二）英国

英国的生命线在海上，她的敌人最多，虽不愿意打仗，但是却没有方法能够避免战争。两次世界大战，英国都是要角。她也知道自己的命运，所以建设强大无比的海军，博得了"海上王"的称号。英国的国防、军事、外交互为顶点，而以技术和经济作后盾。在平时，运用外交手

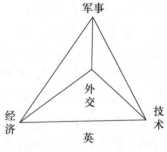

英

腕（所谓居间外交是也）左右世界大局，因为她的外交有大海军做后盾，所以说话非常有力，人每称之曰"巨舰外交"。打起仗来，虽以军事做顶点，外交战却也十分活跃，第一次拖美国参加世界大战的是她，第二次拖美国参加世界大战的还是她。

她有时也拿经济和技术力量做四面体的顶点。在苏芬战争时她助芬制苏，在中日战争中她援华抗日，都是这两种力量的表现。

（三）德国

德国好像一个不倒翁，因为经济基础比较薄弱，容易倒，但有优越的技术做重心，倒了之后，马上就爬起来。军事是不倒翁的头，经常摆在四面体的尖端。她的陆军最强，空军也占世界第一位。在建军的标准上，英国是"海军二强"主义，德国是"空军二强"主义。

有了强大的陆空军，外交跟着大出风头。如果说美国是金圆外交，德国便是军事外交。再加上技术和工业，配合着日耳曼民族的战争狂做后盾，动不动就轰动世界。

（四）意大利

意大利面海背陆，地小民贫，争霸海上吧，被"海上工"英国压倒了；称雄欧陆吧，陆军又敌不过德、法。莫索里尼执政后，野心勃勃遂采用杜黑主义，拿全副力量建设空军，向天空找出路。因为她得风气之先，居然挣得一个"一等强国"的头衔，拿军事做国防的顶点。只是土地硗薄，蕴藏不富，物资的贫乏限制了她的发展。技术能力和外交手腕，虽然都不算坏，也无能为力。随后，希特拉在德国拼

命扩充空军，列强亦急起直追，意国竟瞠乎其后，加入轴心集团走上了侵略战争之路，反而欢迎德军入境，处处仰人鼻息。雄才大略的黑衣宰相，有什么办法呢？

（五）日本

明治维新种下了日本向外侵略的因子。不论是长藩军人的大陆政策，不论是萨藩军人的海洋政策，不打仗是不能实现的，所以日本一向是把军事放在前面，外交跟着军事走，经济和技术作后盾。九一八后，野心毕露，引起全世界的嫉恨，在国际上变成了孤家寡人。由"一土外交"而"军服外交"，而"水鸟外交"，而"啄木鸟外交"，而"国民外交"，而"经济

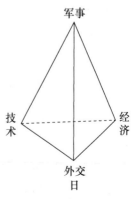

外交"，变了许多花样，除了志同道合的德、意两国和她略表好感而外，仍然打不开孤立的僵局。

日本外交既到处碰钉子，沾不到半点便宜，只好将错就错，集中经济、技术的力量支持军事，准备硬干了。

（六）苏联

苏联

第一五年计划完成组

苏联革命以后，因为政治制度特殊，列强莫不另眼相待，没有哪一个放她的心，肯同她接近。后来虽然继续恢复邦交，那多半是为了互通有无，政治的意味很少。在第一次五年计划时期，苏联埋头苦干，以恢复经济、提高技术为前提，从事最基本的军事建设，不谈外交。

五年计划成功使苏联在经济上和技术上得到惊人的进展，世界各国遂刮目相看。日本和德国先后退出国际联盟，苏联东西两面同时感受威胁，她不能够再置身世外。一九三四年九月十八日苏联被三十国家邀请，正式加入国际联盟。这时候她的第三个五年计划早已开始，经济力量、技术水准都赶上了列强，军事力量也不弱于任何国家，但还没有达到理想的标准。遂以外交做顶点，在国际上大肆活动，主张集体安全掩护着突飞猛进的国防建设，李维诺夫成了外交家，成了世界外交家的天才，和许多国家都签订了互不侵犯条约。

张高峰和诺蒙堪的两次苏日冲突，证明苏联已经不怕战争。苏芬战争，德国进攻波兰，慢慢地把苏联的军事力量移到四面体的顶端。苏德战争爆发，这个顶点便在经济、技术、外交的支持下，迎击希特拉的大军。

六、从四面体来看中国的国防

中国是一个注重精神文明的古国，历来的达官贵人名流学者都崇尚清谈，以讲道德说仁义为急务，以"闻君一席话，胜读十年书"相标榜。物质文明一向被目为"奇伎淫巧"，乃小人之事，非君子之所当为。军事技术，和产业革命以后的工业国相比，当然是相形见绌。鸦片战争、英法联军、中日战争，虽然都打了败仗，割地赔款，弄得窘相毕露，但中国到底是洋洋大国，地大物博，外国人还以为是侥幸成功，不敢自满。所以当时外交家虽然处处吃亏，还不曾被人轻视。经济虽然困难，因为根基稳固，还能够兴办工厂，建设铁路，修筑要塞，如果能够利用列强"均势主义"作掩护，修明政治，发奋图强，未尝不可以挽回颓势。可惜满清颟顸糊涂，愈闹愈糟，辛亥革命一起，专制政府也就寿终正寝了。

革命革得既不彻底，去了一个大皇帝，添了许多小皇帝，袁世凯倒了以后，各省都督都想拥兵自卫，大扯滥污。技术既没有进步，国民经济反而为了内战外债、列强的榨取更加困难，除外交外均落到国际平面以下。

凑巧欧战结果，中国是参战而并且列入战胜国之林，巴黎和会没有解决中国问题，激起了划时代的五四运动。华盛顿会议的结果，间接从日本手里收回青岛，并宣布了二十一条件第五号各条的放弃，又使列强口头许可了增加关税和收回法权，又取消了客邮，并且签订了"尊重中国之主权与独立暨领土与行政之完整"的《九国公约》，加入了保障世界和平的国际联盟，可算是中国外交的空前胜利。

十年的军阀混战，弄得民穷财尽，革命军完成北伐，南北统一，军事力量稍为提高，外交也保持着国际平面，英国且首先表示愿意修改对华政策。我们那时候所标榜的是革命外交，曾以强硬的手腕，收回汉口、九江的英租界。虽然遭遇到"南京事件"、"日本出兵山东"和"扎兰诺尔的中苏冲突"等几次磨难，倒还可以勉强

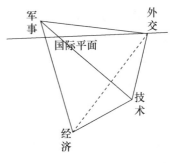

撑持。只是统一南北的战争中花钱太多了，满想建设国防，因为经济力量薄弱，没有法子大刀阔斧的办。

九一八事变发生，中国正忙着"剿匪"，地方当局又不能与中央竭

诚合作，一致行动。东北军稍稍抵抗了一下就撤到关内，中央也拿不出大兵作战，只好根据着《九国公约》、《国联盟约》向国际联盟控诉。谁知国联不灵，公约无效，失土日多，耻辱愈深，外交一落千丈，整个的四面体竟完全沉沦于国际平面之下。

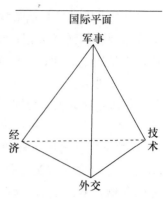

说空话的国际联盟本来无用，日本退出国联，准备硬干，国联更无用了。求人不如求己，一般有见识的中国人都主张自力更生。中国政府也放弃软弱的"呼吁主义"，把国策修正为"一面抵抗，一面交涉"。上海的"一·二八"战争，给日本一个当头棒喝，我国军作战之英勇，全国国民爱国情绪之高涨，增加了中国国民政府的自信力。日本军阀从这次战争中认识了中国军队的战斗力，十分着急，他们认为要不下毒手，中国就会强大起来的。广田对华外交"三原则"（一、中国放弃与他国联合；二、须承认"满洲国"；三、共同防共）被中国政府拒绝后，日本军阀便在华北闹了许多乱子：丰台暴动、香河事件、滦东自治、冀东的进兵、张北六县的占领、冀东伪组织的出现，统统都来了。冀察政务委员会成立，日本又向华北增兵，策动绥东战争，叫出"华北特殊化"、"满蒙一元化"的口号。的确，日本军阀的胃口，把中国军民的抗战热情燃烧起来了，西安事变的和平解决促成真正的统一，给日本"以华制华"的阴谋一个致命的打击。

卢沟桥的炮火，揭开了中华民族自卫战争的序幕。虽说在战争初期中国失掉了广大的领土，放弃了许多重要的都市，可是素质装备低劣的中国军队却处处打击敌人，阻止敌人的前进，在淞沪，在忻口，在台儿庄，在武汉外围，在鄂北豫南，在昆仑关，造成了光辉灿烂的战绩。日本人见中国愈挫愈奋而头痛，外国人闻"草鞋打皮鞋"而惊叹，坚强不屈的战斗精神使中国军事力量突出了国际平面。

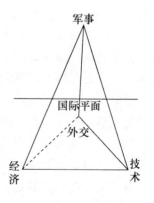

战争打出了正义人道，战争打出了真正朋友，战争提高了中国的国际地位。由于军事力量的强固，中国的外交官又开始活跃于国际政治舞

台。从前对中国恶感甚深的国家，慢慢地转好了；从前漫不关心的，也关心起来了；本来就对中国要好的国家，则变得更好了。英、美、法、苏等国在经济上、军事上、技术上直接间接给中国不少的援助和便利。在军火方面，苏联对于中国的接济更多。太平洋战争爆发，英、美在军事上吃了不少的亏。香港、马来、新加坡、菲律宾等地，都被日本轻轻地拿去了，而中国却在同时造成了湘北三次大捷。事实上，中国已成为同盟军远东作战的根据地，击败日本要靠中国，收复同盟国已丧失的领土也必须靠中国。

在第二次世界大战的过程中，中国的军事和外交，都取得主动的地位。从战局的发展上来看，不论军事、外交，中国的重要性与日俱增，她已成为远东军事外交的核心，她将主宰大亚细亚的政局。蒋委员长的访问印度，引起了全世界政治家的注意。

从图上看，中国国防力量结晶的四面体，还有两只脚——经济、技术沉没在国际水平以下，中国能不能从世界战争的漩涡中一跃而成为一等强国，完全由这只脚决定。

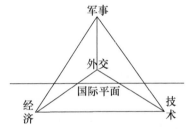

如果中国在经济上和技术上不能独立，继续依赖友邦的支援，纵使能够在战争中获得胜利，战后能不能富强，还是一个非常严重的问题。在目前，中国所迫切需要的，不是战争的胜利，而是经济、技术的独立自主。

第二篇　近代国防的型式及其组织

第一章　导言

"海里面要是没有波澜，海水就会腐臭。"这句话是很平常的事实，也是千古不易的真理。

我常常这样想：战争这东西，就是茫茫人海中的风波。它在人类社会生活中，发生激烈的代谢作用，把旧的变成新的，新的变得更新。没有战争，人类的社会生活就要发酵，霉烂，永远停滞在一个阶段，不能前进。就是说，没有战争，世界还是要进化的，那么进化的速度，一定很慢。这话很不容易令人相信，因为它还有几分近于空论。人类是理智的动物，同时人类却最不喜欢空洞的理论。一切事物，都要等到有铁一般的事实摆在当前，才能够取信于人。

当第一次欧战的时候，协约国方面发明了一种秘密武器——坦克车，想仗着这种武器把德军击破。可是关于坦克车的秘密，德国的女间谍博士姑娘老早就得到详细的报告，她把图样交给一位跟随她的技术顾问去研究，技术顾问告诉她：这种车辆像铁甲车一样，供后方运输是可以的，在前线重炮和炸弹轰击之下并没有什么用处。他的结论是："就军事观点而论，坦克车是毫无价值的。"

等到坦克车第一次出现于坎勃莱（Cambrai）战场，德军望风披靡，吃了一次败仗。坦克车威力之大，连试用的技术家自己都不相信。假使那位德国的技术专家聪明一点，看见图样就大吃一惊，送请军事当局思患预防，或者令兵工厂赶快仿造，拿上前线去，岂不更好？然而不能。人类的思想总是落在事实后面的。坦克车的样式已经改变过许多次了，世界上才有爱曼斯贝格（Eimannsberger）一流的坦克战争理论家出现。

每一次战争，都告诉我们许多新鲜的东西，战争在另一方面又证明人类在有些地方是愚妄得可笑的。第一次世界大战，德国失败的原因很多，但一般批评家总说是协约国方面的经济封锁成了功，德国因为弄不到东西吃而战败了。因此，大家便把视线集中到经济上。资源缺乏的国家为了准备战争，便拼命地蓄积物资，抢夺资源，把战争的性质变成了资源争夺战。军事预言家推断战争，千篇一律地把经济力量作为决胜负的唯一因素，以为战争是打经济，谁的经济力量大，谁就一定得胜。经济力量雄厚的国家，也就因为根子硬后劲足而骄傲起来，以为最后胜利必属于我。那晓得天道无私，战争之神也是最公道不过的，协约国方面占了一次经济力量的便宜，第二次世界大战还想用经济力量决胜。德国吃了一次经济力量的亏，她便戒慎恐惧，竭力避免再上经济力量的当。打起仗来，她又懂得"兼弱攻昧"的战理，绝对不同敌人硬碰硬的。英、法方面依仗着经济力量的优越，想同德国进行持久战，所以在一九三九年九月三日对德宣战之后，有些人说德国兵在法国边境用法国话向法军广播说："人不犯我，我不犯人。"法国军队在一个气球上挂着一面旗子，上面也写着这样的话。双方严阵以待。直等到德国军队把波兰消灭了，还没有认真地战斗过。可是当希特拉转兵西向，拿出全副力量向法国猛扑的时候，英、法两国的同盟军连招架都招架不住，不到五个星期，法国就要求停战了。以经济力量作基础的法国持久战的战略，竟成了阿奇里斯（Achilles）之踵。

人的眼睛是顶势利不过的。看见世界上一等强国的法兰西屈降了，便说法国不行；看见建筑了十四年才完成的新加坡军港打了七天就陷落了，便说要塞无用。在战争之前，却听不到法国不强或新加坡不固的话。德国军队以破竹之势进迫莫斯科，许多人都替苏联捏一把冷汗；刚刚听到德国百万大军向西撤退的消息，立刻便说："希特拉这回怕要完了。"太平洋战争还没有爆发的时节，这个说"日本是轴心集团中最弱的一环"，那个说"日本海军不堪英、美联合舰队的一击"，以至香港、马尼拉、马来、星洲相继失陷，南洋震动，印、缅告急，日军处处得势，英、美着着失败，观察家的眼睛都昏花了，嘴巴自然会歪在强者的一边。我们的视线要是老跟着交战国的刀尖走，我们将永远被目前细微末节的事实所迷惑，永远把捉不住躲藏在当面的事实背后的基本原理。好比唱戏一样，前台虽然热闹，门道则尽在后台，与其肤肤浅浅地谈论某一战役的利害得失，倒不如更进一步去研究现代国家的国防组织和国防型式。

列强只知道在扩充军备，制造飞机、坦克、大炮、巨舰上努力，在蓄积军火、开发资源上做功夫，注意到国防组织之重要性的国家委实不多。可以说先知先觉者是苏联，迎头赶上的是德国，急起直追的是日本，有资格做配角的是意大利。这几个国家的国防组织有两大特点：第一，是全体性的。就范围来说，包括着国民生活，生产的各个部门，可以名之曰"全体总动员的国防型"。第二，是注重平时的。就时间来说，平时即是战时，战时可以动员，随时可以应战，可以名之曰"战时体制的国防型"。

苏联是世界上唯一的社会主义的国家，资本主义是她的敌人，法西斯主义也是她的敌人。她的敌人既多，又随时有发生冲突的可能，要防范资本主义及法西斯主义国家的进攻，以求生存独立，不能不有强大的军备；要积极的去推翻资本主义制度，实行世界革命政策，更不能不有强大的军备。所以苏联的三次五年计划，都是国防建设计划；苏联的国家组织，也是国防组织。国家的生产计划是一个，国民的生活目的也是一个。因为她对于国防组织着手得早，占着时效上的优势，所以基础稳固，纳粹德国虽以雷霆万钧之力向她冲击，并不能把她击破。她不但抵抗得住纳粹德国的进攻，而且还准备实行大规模的反攻，就是由于她的国防组织严密，富于弹性和韧性。

日耳曼民族本来有好战的天性，第一次世界大战吃了一次败仗，引为奇耻大辱，一心一意只想复仇。再加上希特拉的煽动和领导，把国民的战斗情绪燃烧起来，一听说战争，就像是发了疯。一声"重整军备"，不到五年便造成了拥有万余架飞机的大空军，拥有二万余辆坦克的装甲兵团，编练成技术优越装备优越的几百万现代化陆军。在平时已经把战时的工作准备得妥妥当当，动员令一下，立刻就能够出动大兵向敌人进攻。她的动作最整齐，又最迅速，又最严密，所以战无不胜、攻无不克，两年之间便席卷欧洲，消灭了十四个独立国。她为什么这样厉害呢？因为她所发动的战争是闪电式的全体性战争，她所建设的国防是全体性国防。

日本因为军阀专横，发动九一八事变闹出一场大祸，惹起国际的指责与攻击，把中国东北四省的领土占领了，造成一个伪满洲国，既得不到国际上的承认，外交上又陷于孤立，弄得骑虎难下，只好一不做二不休地蛮干到底。七七以后，中国奋起抵抗，本来打算三个月就要结束的中国事件，打了三四年还没有打出一个结果。议会反对战争，人民厌恶战争，因为受着国家观念的支配，不能不迁就军阀所造成的事实，明知道是火坑，也没有法子不跳。近卫三次组阁，都说是要结束中日战争，中间平沼、阿部、米内等人也抱着结束中日战争的决心出来组团，都因为结束不了战争而倒台。眼看祸事越闹越大，泥脚越陷越深，军阀们明知道战争不是短期间可以结束的，又何必拿结束战争做幌子呢？大政翼赞同盟把大多数反对战争的议员变成了支持战争的工具，军部还以为政府的组织不适合战争的要求，仍需使它调整，使它强化。东条上了台，把日本政府彻头彻脑地法西斯化，实现了所谓"战时体制"，一切都要服从战争，现状维持派再想维持现状也不可能了。东条的意志就是国民的意志，他要南进就南进，要北进就北进，政治、军事、经济、外交打成一片，政党政治仅仅剩了一块招牌。因此东条毅然决然发动太平洋战争，杀出一条血路，打开了七七事变以来的僵局。日本在太平洋战争中所得到的初步胜利，就是国防组织型式的胜利。

意大利是法西斯主义国家的老大哥，莫索里尼上台之后，就按照他的政治理想把整个的国家逐步武装起来，造成一种战时体制。可惜她的资源缺乏，战争的潜在力量太薄弱了，兵工业的生产力不能适合黑衣宰相整军经武的要求，不能够和列强竞争。有广大的后备军，因为没有武器，无法编制为现代化的军队。虽然意大利在第二次世界大战中比较潦倒一点，没有她的伙伴的风头健，若论起国防的组织上，也并不算落后。要不是意大利的政治机构健全，莫索里尼在希腊、北非的失败以及大兰多之役的海军几乎全部覆灭，他也许老早就塌台了。

和第一次世界大战向我们提出的经济问题同样，第二次世界大战告诉我们的是：任凭你万事俱备了，如果根本忽略了国防组织问题，或虽然注意了，但是注意的程度不够，也是无法应付现代的战争的。

民主国家在战时最显著的缺点，第一个就是组织松，动作慢。法国和德国打了半年，还没有觉察到自己组织上的毛病，直到战争失败到无法救药的地步，才去倒阁换将，达拉第换成雷诺，甘茂林换成魏刚。人是变了，组织则"仍旧贯"，于是法国完了。

英国打了败仗，张伯伦跟着倒台。邱吉尔出来组阁，力持危局，仗着他的老谋深算，毕竟把希特拉袭击英伦的难关渡过了。太平洋战争之幕一开，又接二连三地吃了日本的亏，国民忍不住要质问政府："战争为什么打得这样糟?"邱吉尔于申辩之余,只好要求议院投信任票。过了几天,新加坡又完了,躲藏在布勒斯特(Brest)的德国舰队也突破英国海军的封锁线逃跑了,国民莫名其妙,只好再问政府:"战争为什么打得这样糟?"舆论也攻击政府,认为有调整机构的必要,邱吉尔只好尊重民意,改组内阁。如果再打败仗的话,邱吉尔就要穷于应付了。

反转来看一看,苏联、德国、意大利在第二次世界大战中也都打过败仗,为什么史大林、希特拉、莫索里尼这些政治领袖不请求人民投信任票,而人民也不要求改组政府呢?

我们对于这个问题可以分作两方面来看:第一,苏、德等国的政治体制在平常时期已经战争化了,战争的失败与政治体制无关,自然用不着改组政府。英、法等国的政治体制本身不适合战争的要求,一打仗就发生了毛病,当然非改组不可,这种改组是进步的,越改越好,直到变成战时体制而后已。第二,苏、德等国的政府统制力强,人民信赖政府的程度深;统制力强,人民纵想改组政府也不可能;人民深切信赖政府,政府对于战争的措置偶或失当,人民也能够体谅政府当局,不愿意攻击政府,增加作战的困难。英、法等国的政府统制力量薄弱,人民拥护政府的情绪不高,战争打得好,就让它继续打下去;战争打不好,足见政府无能,就请政治领袖下台,另外请一位高明的来干。如果不分皂白地换下去,结果就会弄得一团糟糕。

胜败乃兵家之常,一个政府要是只能打胜仗,不能打败仗,打败仗被人民推翻或者改组,那么这个政府本身之不健全可想而知。政府既不健全,战争的能力是小而又小的。

因此,我们要估计一个国家的强弱,专门根据人口、物资的多寡以及生产力的大小来判断,已经是落伍的不适用的方法了。人口、物资、生产能力的质量是一回事,加入到国防组织能够在战争上发生作用的人口、物资、生产能力的质量又是一回事。人口多、物资富、生产力强,要统统加入国防组织,国才能强,战才能胜,否则人虽多,物虽富,生产力虽强,适足以资敌耳,不足为贵。法国、比利时、波兰等国的人力、物力、生产力不是在替德国军队制造军火吗?日本轰炸美国太平洋舰队和海军根据地不是还使用着美国制造的飞机炸弹吗?

老实说,爱自由的法国人已经完了,且不必说,就连英国人的绅士派头,美国人的发财主义也都不合时宜,需要改变作风了。苏联的兵工厂为苏联制造军火是无条件的；德国的兵工厂也是在政府强力统治之下从事生产的；日本天天苦穷，打起仗来反而陆军、海军、空军一样也不弱；英、美军需工业生产力之强甲于世界，打起仗来却捉襟见肘，飞机不够，坦克不够，军舰不够，一切都感觉到不够，以堂堂皇皇的两大海军国，不得不望洋兴叹，把太平洋的制海权拱手让人，这不是很奇怪的事吗？其实，原因却非常简单，日本的加紧生产，目的在备战；英、美的加紧生产，目的则在赚钱。前者是有计划的，有组织的，为的是遂行国策；后者是无计划的，自由经营的，为的是扩张营业。所以日本的人力、物力、生产力虽小，而国防型则很大；英、美的人力、物力、生产力虽大，而国防型却很小。国防型大，则国强；国防型小，则国弱。这是一定不易的道理。

事实告诉我们，一个国家民族，不管是爱好战争、企图打破现状，不管是爱好和平、企图保持现状，都应该集中一切力量，加强国防组织，把军事、政治、生产、参谋、交通、文化都归纳到国防组织里面，完成国家总动员的战时体制。侵略者不这样干，便没有力量打破现状，扩张领土；被侵略者不这样干，便没有力量抵抗侵略，维护国家民族的生存独立。

例外的事情也有，除非是战争的思想消灭，侵略者"放下屠刀立地成佛"的时候。假使你以为望梅难以止渴，那么我们还是来研究现现实实的国防组织问题罢！

第二章　军事组织

地球上的土地，没有一尺一寸没有主人。全世界的领土已经分割完了，现代以及今后的战争，是领土掠夺和领土再分割的战争。法国人说，法国的领土，要法国人的血来保护，仅仅说明了战争的一半。其实，已有领土的"有"的国家，固然需要用血来保护它；没有领土或领土不够的"无"的国家，要想满足掠夺领土、扩展领土的企图，也是非采取"流血"手段不可的。

在全体性战争思想笼罩全世界的今天，每一个国民都有为战争而流血的机会。不过，流血机会最多的，仍然是直接参加战争的武装战斗员。国防组织虽然随着战争的要求而复杂化、全体化了，军事组织仍旧是国防组织的中心。

军事组织是国家民族生存独立和发展不可缺少的条件。它的性质被国家的环境和国策决定着。一个不满现状的国家如德国、日本，她们为了要向外发展，必须经常地准备着强大的军队，一有适当的机会，便向邻国实行突袭，这种军事组织的性质，是"攻击"性质。相反的，有吃有喝的国家，为了保障国家的安全，防范敌性国家的侵袭，也必须经常地准备着相当强大的军队，这种军事组织的性质，是"防御"性的。像苏联那样的国家，既要防范敌国的进攻，又要准备随时援助被帝国主义者侵略压迫的弱小民族，逐步完成她的世界革命政策，她虽然也经常保持着非常强大的军队，在组织上却是与众不同，它带着攻击、防御的二重性。

军事组织的内容，决定于一国的科学程度和生产技术。一种新兵器的出现，必然地影响到军事组织。飞机、坦克发明，引起了军事组织的大变革。从这一点，我们不难认识军事组织和兵器的关系是怎样的密切。科学进步的国家和科学落后的国家，在军事组织上有着天渊之别。就是一九一四——一八年的第一次世界大战时期的列强军事组织和第二次世界大战各交战国的军事组织，也悬殊得不能相提并论。意阿战争中，阿比西尼亚的军事组织是使用步枪和少数机关枪的步兵，意大利则是摩托化的空军、坦克车队和流动炮兵。我们中国的军队在抗战初期，还有一些应征入伍的新兵没有看见过坦克车，把烟幕当作毒气，可是坦克和化学部队在现代的军事组织中，已经是非常重要的元素了。

由于空军的重要性一天一天地增加，世界各国都在积极地扩大空军的组织。同时，为了防御敌国空军的袭击，除了以空军对付空军、以轰炸答复轰炸的方法外，在军事组织上又增加了一种陆上防空军。由于化学战的流行和细菌战的无法避免，在军事上便有了化学部队的组织，前线和后方都增加了防毒的设备。为了要打击敌人的精神，动摇敌人的意志，无线电台也加入了军事机构。为了要鼓舞士气，振作人心，慰劳团和政治部也担负着重要的任务。它们都是军事组织中的一部。从前所没有的东西，现在都有了；从前认为不重要的，现在变得十分重要了。后之视今，亦犹今之视昔，军事组织伴着科学的进步在日新月异地变化着，发展着，使它越发复杂。

军事技术，也可以决定军事组织的形式。德国的军事技术和作战方法不同于英、法，英、法的军事技术和作战方法又不同于苏、日，因而各国的军事组织也不一样，同样是海、陆、空军，但德国有德国的组织，法国有法国的组织，英、美有英、美的组织，苏联和日本也都有各自的组织方法。飞机、大炮、机枪、坦克，在组织的形式上，配备的数量上，使用的方法上，在世界上，没有两个完全相同的国家。

本来陆军是陆军，海军是海军，空军是空军，各有各的任务，在组织上并没有密切的联系。现在却和以前大不相同了。有独立作战的空军，又有直属海军的海军航空队和直属于陆军的陆军航空队；有独立的陆军，又有海军陆战队和空军陆战队——伞兵。这不是配合或协调的问题，而是组织方法上的问题。不论海军和陆军，如果没有飞机的掩护协助，简直无法作战，就是勉强应付一下，也一定要遭遇到不堪设想的困难，除非是侥天之幸，否则战胜的希望是很少的。假使对方有大量的飞机而自己没有的话，可以说根本没有胜利的可能。空军一方面独立作战，一方面还要和步、骑、炮、工、辎重、交通各兵种一致行动。这许多兵种必须在空军的掩护和帮助之下，才能够安全地、顺利地达成自己的任务。德国的炮兵、工兵、坦克兵团和摩托化步兵的巧妙配合，机动作战，在欧洲大陆横冲直撞，所向无敌。各国的军事学家于惊奇之余，多退而研求改良军事组织之道。各兵种漠不相关的时代过去了，以一种兵为主体而配合其他兵种作战的核心组织，也并不怎样的时髦。最新的军事组织，将是各兵种互相配合的混合组织。在这种组织方法通行的时候，不仅陆军不知其为陆军，海军不知其为海军，空军不知其为空军，就是步兵、骑兵、炮兵、工兵、交通兵、辎重兵的界限，也因为联系的加强而渐渐消失。德国人办的《军事周刊》（*Militaro Wochenblatt*）上老早就说"大炮的火力日益步兵化，步兵的火力日益大炮化"了，各种兵的有机的混合，已成为军事组织的最高法则。

我们试想一想，在伞兵大量使用的现代战争，后方随时成为战场，辎重兵如果不预先配备上相当的战斗兵，不是很危险的事吗？这似乎是近于矛盾的，军事技术上要求专精，军事组织上反而要求全能。德国参谋总长海尔特的建军计划，从训练三十名陆海空军全能的"立体战术家"开始，许多高级的陆海空军军官都反对他，他也不管，等到二次大战开始，德军在波兰、挪威、法国各兵种协同作战，大显神通，方才证明海尔特的办法是进步的。然而英军的统帅却认为全军的活动由一人指挥，在事实上是不可能呢！

这就是各兵种混合组织统一指挥的嚆矢，今后必然还要顺着这条路向更高的阶段发展。

安全的感觉，敌性国家的威胁，战争的教训，激起了世界各国扩充军备的浪潮。每一个国家都秘密地拟定了扩充军备的计划，期望着有一个庞大的陆军、海军和空军出现。可是人口限制着它，资源限制着它，生产能力也限制着它，使弱小的国家没有力量建设现代化的军备，强大的国家也不能任意扩充陆海空军、防空军、要塞军的组织。就人口来说，德国到战时可以召集一千一二百万，法国可以召集五六百万，英国可以召集四五百万，意大利可以召集五六百万（莫索里尼还说要把自己的军队扩充到九百万到一千万人），日本可以召集八百万人，美国可以召集一千三百五十万人，苏联可以召集一千五百万人。可是奥地利的全国人口不过六百七十万人，捷克的全国人口不过一千三百万，荷兰、比利时的全国人口也只有七八百万，还不得列强可能召集的人数多，怎么能够组织起强大的军队呢？而且现代的强国，大多有两三万架的飞机，三四万辆坦克，五六万门大炮，几十万挺机关枪，几百万支步枪，卡车、装甲汽车、摩托脚踏车的数目少则几万，多则几十万，随着军事组织的进步陆续在增加着，一艘主力舰从三万吨到五万吨，用钱几千万几万万，需时两三年才能造成，新加坡军港的建筑，经过十四年，马奇诺防线（Ligne do Magiont）的工程，蜿蜒千余里，里面有无数的大小炮台和机关枪巢，足以掩护三百五十万大军作战。像这样的军备，没有丰富的资源、优越的技术、巨大的生产力是办不到的。在今天，列强之中，只有苏联和德国的军事组织是顶强大的。英、美也有人力、财力和进步的技术，可是爱自由的资本主义经济制度阻碍着它，不能够尽量地发展。日本和意大利的资本贫乏，生产力也并不高，自然不能和苏、德相提并论。其余的国家，更不必说了。

军备组织的扩充虽然有这许多困难，为了生存和发展，不论哪一个国家，都在竭智尽力地在建设自己的军事组织，并注意质与量的提高加大。根据二次大战爆发以前的调查，德国的常备军是一百一十五万，法国的常备军是八十五万，英国的常备军是四十七万五千，意国的常备军是五十二万七千，苏联的常备军是二百零五万，美国的常备军是三十一万四千，日本的常备军是四十四万四千。海军和空军尚不在内。自然，这些数字只能代表当时的事实，在现在看来，是不正确的。

战争的规模，一天比一天大，武器杀伤的效率一天比一天高，时间又是无限制的延长。军队是不事生产的消费者，因为限于财力，养兵太多，并非国家之福，一旦打起仗来，又感觉到兵力不敷分配，希望他前仆后继，越打越多。就是说，平时的军队要尽量求其少，战时的军队，要尽量求其多。养兵少，军费就省；生之者众而食之者寡，则国富。用兵时，多多益善，素质如果相同，兵多的一定强过少的，多者必战胜，战胜则国强。

为了解决这个矛盾的问题，征兵制度便应运而生。法、苏、日、德、意等国，都是举国皆兵制的实行者。英、美在第一次欧战中，曾一度实行征兵制度，战争一结束，又恢复了过去的募兵制度。实行征兵制的国家，每一个健全的国民都有当兵的义务，都应该受军事训练。比方说，一个实行募兵制的国家，有常备军一百万，到打仗的时候可以立刻应战的还是一百万；在征兵制的国家，常备军若为一百万，国民服兵役的时间为二年，期满以后让他们回老家去从事原来的职业，再征一批新的适龄壮丁入营继续训练，这样一来，十年以后，受过组织训练的就有五百万人，钱花的是一样多，打起仗来，兵力可以增加五倍。因为国家的法律上有"全体国民，皆有服兵役的义务"的条文，行之既久，兵源自然不会枯竭。至于国民应服兵役的年限，各国大同小异，苏联是十九岁到四十岁；日本是十七岁到四十岁；法国是二十一岁到四十九岁；意大利是二十一岁到五十五岁；土耳其是二十一岁到四十六岁；美国在上次欧战中也曾一度实行征兵制，服役年龄是十八岁到四十八岁。有些国家，为了要增加兵员的数量，便把国民在伍的时间缩短，服役期限延长；有些国家，为了提高兵员的素质，便把国民在伍的时间延长，服役期限缩短。例如意大利，在第一次世界大战前是二年在伍制；一九一九年改为一年在伍制；一九二〇年蒲鲁米当了陆军部长，想用最小的经费训练最多的战时兵员，改为八月在伍制；随后感觉到这种粗制滥造的兵战斗力太差，又改为十四个月在伍制；莫索里尼在一九二二年上了台，颁布新征兵令，把在伍年限延长为一年半。

不过，随着科学的进步，兵器和战术天天在变。军事技术的水准提高了，它已经脱离了常识而成为一种专门技能，各国为了提高军队的素质，加强战斗力量，有将某一特定部分的士兵改为职业军人的趋势。在苏联，除了民兵制，又有义勇兵制度，使志愿当兵的国民服现役勤务，又规定女子也可以当兵。从左面这个表上，可以看出苏联兵役年限的区分。

兵役区分＼勤务区分	召集前之准备教育	现役（五年）		第一预备役	第二预备役
		在伍	除队		
正规军	在二年中实施二个月的教育	一般二年。海军及国家保安部军队、国境海岸警备队勤务为三—四年	一般三年，其余一—二年。召集二个月以内	九年	六年
民兵军交代部		在现役五年中，步、炮兵实行八个月，骑兵实行十一个月的教育		(召集时间总算三个月以内、一年一个月以内)	
队外现役勤务（不入正规军及民军）		在现役五年中实行六个月以内的召集教育			
年龄	19—20	21—25		26—34	35—40

日本的征兵制度，分为常备兵役和国民兵役。常备兵役中又分为现役、预备役和后备役。现役兵的在伍期间普通为二年，辎重兵和特务兵约两个月，看护兵和工兵是一年半，辅助看护兵是两个月。预备役的在伍期间是五年四月，后备役则为十年。后备兵役期满后，就归入国民军，服役期间为二年零八个月。

征兵制度把常备军的组织机构变成制造战斗兵的工厂，不懂得军事学术的国民就是原料。已经训练完毕的士兵分散到社会各阶层，便成为战斗的潜力。一旦集结于军师管区，全国的领土范围以内，有人烟的地方，就有防御的堡垒，随时可以抵抗来袭的敌人。采用强迫征兵制的国家，大多以地域为标准，把全国划分成若干军管区，军管区之下分为若干师管区，师管区之下又分为若干团管区，和军队的组织方法一样。例如意大利的陆军，分十三个军管区，三十个师管区；德国的陆军，在战前分作七个军管区；法国的陆军，平时分为二十个师管区，海军分为四个军管区，外加四个舰队，空军也分为四个管区；苏联的陆军，有十一个军管区。

继征兵而起的，便是国民军事训练的组织。

立体化战争和全体性战争的炮火，改变了现代的国防观念，"全国皆兵"已经成为陈腐的滥调，应运而生的是"全民参战"。征兵制度的目的是全国皆兵，国民军事训练的目的是全民参战。

战争一开始，大队的敌国轰炸机立刻布满了天空，从前线到后方，从大陆到海洋；都市和乡村，商店和工场，医院和学校，车站和公园，都成轰炸的目标；不分士兵平民，不分老年青年，不分妇女儿童，全是屠杀的对象。死神的威胁，使正在吃奶的婴儿都辨别得出天上飞着的是敌机我机，连鸡鸭猫狗都晓得已经发了空袭警报。战争证明了"生即是战"的真理，使高深的哲理化为饮食男女一样的常识。现代的人，要想生活在现代，必须先学习战争的知识与技术，学会认识敌人、防御敌人、打击敌人的方法。在个体安全集体防御的总目标之下，每一个国民都有武装自己的权利，都有参加军事训练的义务。

因此，一个国家就是一座兵营，一个儿童也是一员斗士，战斗的任务是与生俱来的。

当小孩子从街上跑到家里叫着："爸爸，挂球了。"预行警报一响的时候，他就是一名防空监视哨；初出娘胎的婴儿也跟着母亲参加防空演习，她要哭的时候，母亲会制止他："敌机临空了，不要作声了！"这不是最基本的军事训练吗？就是生活在和平空气中的人们，在托儿所里玩的玩具是飞机、坦克、大炮、汽车的模型，在幼稚园里作的是"民族英雄"、"收复失地"一类模拟战争的游戏。眼睛看的是战争书图，口里唱的是战争歌曲，手里拿的是战争工具，心里想的是战斗方法——原始性的战略战术，等到走进小学穿上童子军服，他已是一名派头十足的小战士了。

学校教育与军事教育应该打成一片，在世界各大强国，老早就由理论变成事实了，青年训练、妇女训练都在积极地推行。中学和大学的军事训练，是最要紧的必修科目，军训教官都由政府派遣正式军官充任，实施有组织、有计划全国一致的军事教育。从精神训练到体格锻炼，再由体格锻炼到荷枪实弹的技术演习。中学生成为优秀士兵，大学生成为预备军官，文武合一，寓将于学，就是国民军事训练的两个目标。

莫索里尼统治下的意大利，人民的任务和军队的任务是一致的，学校里的教育和军队里的教育是一致的，所以意大利的儿童走进学校的大门，就是军事训练的开始。意阿战争开始，又规定凡是中学生和大学生都必须受正式的军事训练。从十四岁起，分为三级，每年授课二十点钟。还有法西斯蒂少年团（内分幼年团、少年团、少女团、女子青年团四部，一九二七年开始组织），也都是很有力量的军事预备教育机关。

在法国，普通学校和民众团体中，实施的是兵士预备教育；教育部所辖的普通学校、专门学校、大学和海陆军总长所许可的民间体育会中，实施的是下士预备教育；另外，在教育部所辖的高等学校以上的学校中，还实施着将校预备教育。欧战（一九一八）以后，又在参谋本部设立国民体育课，并在中央和各地方设立陆军体育学校，培养大批体育教师，以奖励国民体育，增进国民健康。

英国国民军事训练最出色的地方，是把训练过的学生编成军官团。上级团由大学分团编成，下级团由各学校分团编成。团员经陆军考试合格的，就发给证书，这批人一到战时便由政府分发到地方军中充当军官。

体育协会是德国的国民军事训练机关，他们的口号是："行进即训练，竞技即战争。"全国规定二十个体育场，每个体育场一次训练二百人，训练时间为三星期，担任指导的教官都是有名的将校。参加训练的人，都是各地体育会和青年组织中的代表。他们训练完毕，就回到乡村去当训练员，训练当地的青年。德国的国民军训练，就这样很快地普及了。

希特拉上台后，穿着黄色制服的国社党，成了变相的国民军事训练组织，幼年党员、褐衫的冲锋队（S. A.）、黑衫的党卫队（S. S.）和劳工服务队（Arbeitsdienst）的队员，除幼年党员军事性质的分量较轻外，其余都受着和正规军同样严格的军事训练。

最近，德国又出现两种组织，一个是集中营，一个是青年劳动营，在担任着国民训练的工作。

此外，社会性的国民军事教育，像意大利的国民射击协会，在一八八二年就创立了；德国的竞技运动顶好，最著名的是德国防空协会（Doutsche Luftschutzbuna），有会员七八百万之多，他还拥有二千多所防空学校，十万以上的教员，在一九三六年已经建筑成功防空地下室二万一千五百处，训练防空民众二百余万人。德国打起仗来，后方的社会秩序是那样的安定，原因就在这里。

苏联民间组织的军事训练机关——大苏维埃协会，规模也很大。他是航空之友协会、航空与工业化学促进会、国防促进会合组的，一九三二年苏联政府派红军大学校长、鼎鼎大名的爱德曼（Eidemann）充任会长。一九三六年时，已有会员二千万，一年可以收入一千多万卢布的会费。他靠着组织奖券竞赛会的票券收入，曾经捐献给政府一百多架飞机。苏联境内，大苏维埃协会组织了很多含有国防性质的俱乐部。计有：

（一）军人射击俱乐部三万余所；

（二）射击会一万八千处；

（三）汽车夫训练所二万处；

（四）航空学校一千五百所，已训练驾驶员五十万人；

（五）滑翔机训练所二千处，已训练十四万人；

（六）航空降落伞跳跃训练所数百处，已训练跳跃员六十万人。

他做了这许多事情还不算多，苏联工业总动员也要他帮忙，国民入伍前军事教育的普及也要他帮忙，队外现役勤务军的军事教育也要他帮忙，余如军队干部的补习教育、各种动员之监督和全国防空等也都由大苏维埃协会负责推动，他真可以算得是国民军事训练的摩托了。

现任南太平洋美国海军总司令麦克阿瑟将军（Gen. Douglag Mac Arthur）曾经说过：

"任何未来的大战，每个交战国将为争取胜利的惟一目的而严密组织起来，那是毫无疑义的，而且为达到这个目的，必须团结与强化个人和集体的力量。在全民参战的庞大的战争中，各种军队将仅为巨刃的利口而已。"

目前的战争，交战国的全体国民必须全部加入军事组织，不仅防空、防毒、消防、救护各项工作需要事先作有组织的准备，每个国民还应该参加到正规军中作战，或是在后方站在自己的岗位上努力去干有利于战争的工作。否则，战争是无法进行的。

第六章　文化组织

一、国防教育与国防文化

近几年来，"国防教育"这个名词，大家已经熟悉了，可是，"文化"上面，也加上"国防"两个字，却很少见。什么是"国防文化"呢？

帝国主义者侵略弱小民族，强大国家侵略弱小国家的手段和方式是层出不穷的。军事侵略、政治侵略、经济侵略之外，还有一种最凶狠、最毒辣、最彻底的侵略手段，就是"文化侵略"。军事侵略和政治侵略的目的，是占领被侵略国家的领土，摧毁被侵略国家的政权，另外再树立一个受侵略者驱使和支配的新政权。经济侵略的目的是掠夺被侵略国家的资源，榨取被侵略国家的金钱。文化侵略的目的是改换被侵略国家人民的生活方式，占领被侵略国家人民的脑袋。

现代战争，是大规模的"并用战"，各种战争手段或先、或后、或同时地被交战国使用着。在从前，文化在战争上所发生的力量，一般人都不大注意，直到产业革命以后，因为生产工具的机械化和摩托化，使生产力无限制的膨胀，把人类的生活方式大大改变了。工厂的主人生意倍加兴隆，变成了资本家；没有资本去开工厂的人民，天天向资本家购买生活必需品，自己的钱都被资本家赚去了，为了生活，只好去当出卖劳动力的工人。产业愈发达，资本愈集中，资本愈集中，贫富愈悬殊。贫富悬殊的结果，就造成了资本家和劳动者互相对立的阶级社会。在这种社会里面，资本家有资本家的生活方式，劳动者有劳动者的生活方式。两种生活方式中间，有一种很鲜明的鸿沟。

资本家为了无限地扩张营业，集中资本，并且要想出一种理由来证明他这种干法是对的。因此，就产生了榜样自由生产、自由贸易的资本主义。

同情劳动者的学者，觉得社会这样子发展下去，前途是非常危险的。金钱和财产集中在少数人的手里，大多数人的生活只有一天一天地困苦，享不到社会进步的幸福。于是大发悲天悯人之念，反对这种不合理的剥削制度，主张生产工具应该属于劳动者的社会主义，资本主义消灭了，社会主义才能实现。

劳动者当然欢迎这种办法，便联合起来成立一种组织，向资本家提出请求，增加工资，改善待遇，资本家不答应，两方面就斗争起来，罢工风潮和失业问题闹得天昏地暗，社会秩序乱得不像样，简直无法维持。这时候，像莫索里尼那样的政治家出现了，他想出一种调解的方法，就是"双方让步"。资本家应该把利润降低，多拿出几个钱去改进劳工的生活；劳工的生活问题解决了，就应该好好地做工，不许再闹风潮，打倒资本主义。他向资本家和劳动者说，我们的穷困，唯一的原因是人多地少，现在应该合作，把国家弄强了，到国外去抢几块肥沃的殖民地，那时候一切问题都解决了。劳资双方觉得他"持之有故，言之成理"，就接受了他的办法。这种办法，现在叫做法西斯主义。

孙中山先生认为中国是一个产业落后的国家，还没有造成贫富悬殊的现象，既不需要资本主义制造乱源，也用不着社会主义勉强共产。因此，他便发明了一种最适合中国需要的民生主义，用"平均地权"和"节制资本"的方法来解决中国的社会问题。

主义是一个国家民族传统文化的遗产，全体国民或一部分国民生活的结晶，它代表着一种现在的或未来的社会生活方式。这一次民主国家中、英、美、苏等反侵略国和德、意、日三国侵略国的战争，也就是三民主义、资本主义、社会主义联合起来反抗法西斯主义的战争。我们如果不正确地把握住这四种主义的特质，便不能正确地理解这一次世界战争，更无从认识"文化"在现代战争和现代国防上所发生的作用。

世界上很不容易找到一个这样理想的国家：全体国民不折不扣地一致接受某种主义。因此，要实现一种主义，就避免不了战争。在国内，必须运用武力或政治力量把反对者驱逐或消灭，使一部分人所信奉的主义成为国家的主体。从历史上看，无论哪一个国家，她的主义之形成，没有不经过一番斗争的。纵使两种或几种互相冲突的力量斗争的结果，一方面胜利了，另一方面失败了，在表面上造成了统一的局面，骨子里却仍然潜藏着或多或少的矛盾。克服这种潜在的矛盾，使全体国民的意志溶化为一个意志，使全体国民的力量凝结成一个力量，这就是国防教育的基本任务。

教育的基础，建筑在人类的"可塑性"上，一个小孩子，他的心灵像一张白纸，涂上什么颜色，就变成什么颜色。他的心灵又像一团用水调和了的石膏，你爱把他塑成一个什么形象，他就成为什么形象。这种"可塑性"的存在，实在是人类最大的弱点。一个国家的政府，按照自己的理想，把模型制好，交给全国的教育机关，一律按照模型把国民造成拥护政府、服从法令的公民，坚强勇敢、保卫国家的战士——标准的国防人。全国的学校，就是制造国防人的工厂；每一个教师，都是制造国防人的工匠。

可是，反对政府的人却想把国民造成"反叛"，帝国主义者却想把弱小民族造成奴隶。这实在是顶危险的事。世界各国为了预防这类不幸的事情发生，把教育权集中起来，控制在政府的手里。只有政府委派的人，才能办教育；只有政府考核合格的人，才可以当教师。政府告诉国民，我们的列祖列宗，过的是这样的生活，我们过的是这样的生活。这种生活方式是最理想、最美满的生活方式，我们应该将这种生活方式传授给我们的后代。凡是希图要改变我们的生活方式的，就是我们的敌人。我们应该坚决地和他奋斗，把他消灭。国民应该准备为保卫自己的生活方式而战。假使政府告诉国民，我们是世界上最优秀的民族，我们目前的生活是不合理的生活。我们必须争取更大的生存空间，打破现状，使我们能够过着美满的快乐的日子，永远在世界上繁荣，发展！国民应该准备，为改变自己的生活方式而战。

侵略者为了扩张自己的文化，消灭敌人的文化，使敌人的生活方式由"主人的"变为"奴隶的"，不能不从事战争；被侵略者因为要保存自己的文化，拒绝侵略者的文化，反对变更自己的生活方式，也不能不从事战争。

史大林在一九四一年七月三日向苏联全国广播演说，里面有这样的话：

"敌人是非常残酷而横顽的。他所抱的目的，就是要侵占我们用自己血汗浸透了的土地，要夺取我们用自己劳动获得的粮食和煤油。他所抱的目的，就是要恢复地主的政权，恢复沙皇制度，就是要毁坏俄罗斯人的、乌克兰人的、别洛露西亚人的、立陶宛人的、拉脱维亚人的、爱沙尼亚人的、乌兹别克人的、鞑靼人的、莫尔达维人的、格鲁吉亚人的、阿尔明尼亚人的、阿塞尔拜疆人的，以及苏联其他各族自由人民的民族文化和国家生存，使他们日耳曼化，把他们变成为日耳曼公侯贵族们的奴隶。"

新加坡失守，英国首相邱吉尔于今年（一九四二）二月十五日发表演说，向全世界讲述战局，里面有这样的话：

"吾英语国家悉能享受自由政制之福，既保有自由之议会，复保有自由之报纸。吾人所习惯之生活方式如此，而吾人所力战以维护者亦即此种生活方式。"

可见一个民族有一个民族的文化，一个国家有一个国家的生活方式。假如民族文化被敌人消灭了，生活方式被敌人改变了，国家民族纵使幸存一时，也不过作附庸，当奴隶，已经失掉了独立自由的资格。国防教育是一种手段，保卫民族文化才是真正的目的，中国人应该受中国的教育，过中国式的生活，代表中华民族的文化，继承中华民族的文化传统。没有受过教育的人，他的脑袋就像一个空玻璃瓶，普及教育和扫除文盲就是要把代表民族文化的颜色灌输到空空如也的脑袋里。国民受教育的程度越深，脑袋里装的颜料越多，在生活上所表现的民族文化色彩就越发浓厚。如果一个中国人装了一脑袋日本文化，说的是日本话，写的是日本文，穿的是和服，信仰的是武士道，崇拜的是日本天皇，试问他肯不肯为保卫祖国而去和侵略我们的日本帝国主义拼命呢？当然不肯。因为他完全被日本同化了。

因此，我说，单讲文化、单讲教育是不行的，必须讲国防文化和国防教育才行。所谓国防文化，它的最大效用就是假手教育来武装国民的头脑，铸成一座坚强的精神堡垒以抵抗异民族的同化。

现代世界上的战争，种族和文化的冲突，是一个重要因素。一个没有独立文化的民族，根本就不能在地球上生存发展。我们知道，捷克这个国家，是不战而亡了。捷克的陆军，在世界上是很有名的，和德国军队比较起来，可以说不相上下，她为什么一枪不发就屈服呢？原因就在捷克没有统一的和独立的文化。捷克境内苏台区（sudetes）大部分是德国人，保有德意志民族的传统文化，当然不会甘心愿意受捷克人的统治。当苏台区问题发生时，捷克总统贝奈斯还说："我深信道德的力量，善意和相互信任可以解决一切问题。"另一方面，戈林却把捷克人骂得一文不值。他说：

"欧洲一部分不足道的东西，现在居然在玩弄人类了。这可怜的侏儒民族（指捷克人）是毫无文化的，谁也不知道他们的祖先是谁，现在竟敢压迫一个有文化的民族，而且背后还有莫斯科和犹太魔鬼躲在这假面之后作祟。"

波兰这个国家，和德国打了二十七天就灭亡了，一个拥有两千二百万人口的国家，战斗力这样的弱，实在令人惋惜。但是据一位美国记者希莱（Shirer）和一个熟习波兰内幕的人谈话以后的记录看来，波兰的命运是老早就注定了的。希莱在他的日记上写着：

"他描写波兰文化落后的情形，非常令人惊心。他到波兰农村里去过。据他说，波兰能阅报的，一共只有两百万人，而有的村镇中，连一具无线电收音机都没有。"

由此看来，没有独立的、统一的文化的国家，固然不能存在；一个文化落后的国家，遇到文化进步国家的侵袭，仍然免不了要灭亡。那么，国防教育的任务，单是消极地做到固有民族文化的保存是不够的，它必须更积极地致力于固有文化的发扬，从旧文化中产生出新文化来，才能够抵抗得住异民族的文化侵略。

二、教育组织与文化组织

世界各国透彻地认识了文化和国家民族生存的关系以后，纷纷组织起文化国防线来。在今天，文化是国防的第一线，文化战是全体性战争的前哨。

教育的范围，并不像过去那样狭小，以为只有识字才是受教育，只有学校才能够读书，社会的进步，使教育社会化了。事实上，生命的过程就是教育的过程，生活的范围就是教育的范围。家庭教育、社会教育和学校教育是同等重要的，家庭、学校、社会成为文化国防线的三座坚强堡垒，也可以说是陶铸国防精神、创造民族文化的熔炉。

正因为现代战争"全民化"了，每一个国民都成为正式的或非正式的战斗员，国民的教育和训练才特别引起各国政府的注意和重视，学校教育和社会教育机关被政府严密地组织着，系统地管理着，由幼稚园而小学、中学、大学，国都到城市，从城市到乡村，没有一个人能够脱离教育组织，没有一个人不在政府限定的、允可的范围内呼吸着被泡〔炮〕制过民族文化的空气。文化经过教育组织机构像河水经过自来水管流通到家家户户一样地流通到全国民众的脑袋里。

没有经政府检查过的"文化"食粮，从国防的观点上看，简直和没有滤过的天然水一样，里面是含有病菌和毒素的。各国政府所严厉执行的"文化工作"，第一步就是"消毒"。现在我引用苏联亚历山大洛夫所著《法西斯主义是人类的死敌》中的一段来说明希特拉上台以后，是怎样有组织、有计划地做着德国文化的消毒工作：

"他们首先就焚烧了各大学图书馆和公共图书馆的书。正如中世纪时，西班牙的宗教裁判长捣马斯、捣尔克维玛德当众焚烧了从全国搜查来的书籍和手稿一样，今日的宗教裁判官——法西斯野兽也在几百畸形人的狂欢中焚烧了两千多万卷书籍。仅在柏林就销毁了'一万担'科学书籍和古典文艺书籍，先把这些书籍抛弃于警察厅的马厩里，然后又焚之于柏林大广场上。而焚烧高尔基、巴比塞、哈涅、嚣俄、罗曼·罗兰、连恩·路德维希及其他文学家和学者之著作，还只是开端而已。这般法西斯人面兽心之徒因害怕科学和先进文艺，遂根据希特拉所说'知识界是民族的废物'的话，就惨无人道地杀害了数十位学者和文学家，并把爱因斯坦、曼恩、费黑梯王克尔以及最优秀的曲谱家、音乐师、导演和画家驱逐于国外。"

自然，在希特拉领导下的官吏们眼里，他们所焚毁的书籍，里面都含着破坏纳粹文化健康的毒菌；他们所屠杀、所驱逐的文人、学者，都是反对法西斯主义的叛徒，毫不觉得可惜的。

只有德国人才能正确地认识德国。一位加入美国籍的德国人波希孚尔说："一件事情，只要是德国人认为应该做的，或是有利于德国或国社党的，就是对的，道德的，并且是正当的。德国人并没有伦理、光荣或正当行为的抽象观念。"

希特拉之痛恨共产主义，正如史大林之诅咒法西斯主义。德国进军莱因那一天，希特拉在国会里讲过：

"我决不允许残忍不义的国际共产主义的独裁临到德意志人民身上！这种毁灭性的亚洲式世界观，把什么东西都否定了！我想，要是这种毁灭性的亚洲式人生观，这种布尔希维克革命的混乱，万一成功于欧洲，结果是多么可怖！"

又有一次，他在一个"文化会"中说道：

"只有没有脑筋的侏儒才看不到，德国乃是欧洲挡住赤色红流的堤防。没有我们，欧洲和欧洲文明，早已浸沉于共产主义的狂潮中了。"

把苏、德两方面的言论对照着读一读，两个国家的文化防线，真是壁垒森严，杀气腾腾，在战争尚未爆发之前，法西斯主义早就和共产主义互相厮杀了。

在文化斗争的阵线上，不论是哲学、伦理学、宗教、科学、文学、艺术、音乐，统统都着上了武装，加入战斗序列，站在自己的岗位上警戒敌人，监视敌人，打击敌人了。我们随便走进一个比较进步的国度里，立刻便有一种感觉，觉得山水、草木、人物，另是一番风味。这种"风味"，就是那个国家所独具的文化放散出来的气息。我们看不到一本没有色彩的书报杂志、一部没有色彩的电影、一幅没有色彩的图画，听不到一篇没有色彩的演说或谈话、一节没有色彩的诗歌或音乐。声、色、电、光，把我们的感觉器官包围得紧紧的，使我们认识不出这个国家民族的庐山面目。如果我们一不当心，就堕入五里云雾中，陶醉在这个国家民族文化的氛围里，慢慢地被它同化。

每个民族、每个国家、每个党派，都有它自己的哲学，自己的理论。在文化组织中，理论处于领导的地位。哲学和理论是有党派性的，资本主义有资本主义的哲学，社会主义有社会主义的哲学，法西斯主义有法西斯主义的哲学，我们的三民主义有三民主义的哲学。哲学是文化组织的基础，一切理论的出发点。如果出发点错误了，则理论便无一是处，理论一错，行动就跟着错了。因此，理论的斗争成为文化斗争的焦点，国家民族或党派战争的前哨。例如，希特拉的主义侵略性，就是从"优秀民族应该统治低等民族"的观点产生的。希特拉在《我的奋斗》中说：

"一个民族不纯粹的国家，要是能全力培养它里面最优秀的民族，一定有一天能做世界的主人。我们可以想象得到，在将来某一时期，人类将要遭遇种种问题，而应付这种问题的责任，只有一个'超民族'才能够负起，所以它一定要支配全球的资源和财富。"

"和平主义，人道主义的思想，惟有在一个优秀民族业已征服一切的世界中，还可以说得通。……所以，我们一定先得战斗，然后再来考虑其他。"

根据希特拉的"超民族"应该征服一切的侵略哲学，德国的《军事周刊》上便出现了一种和这种哲学相应的战争理论："无论任何个人或社会的活动，必须有助于战争的准备，才能予以允许。新的人类只应当有一个意念，就是'战争'。他不应当，也不可以想到别的事情。"

同时，侵略性的教育宗旨也跟着出现了。弗兰克弗尔大学校长说："我们大学教育的任务，不是教授客观科学，而是教授兵士科学。"

由此可知，德国法西斯的侵略战争，是以希特拉主义为出发点，先造成文化组织，再建立军事组织，在一个系统、一个计划、一个指导之下来进行的。

史大林根本不承认日耳曼人是"超民族"，更不承认日耳曼人应该支配世界，他说：

"有些人认为必须由'上等人种'譬如说日耳曼人种组织战争来反对'下等人种'，首先是反对斯拉夫人。他们认为只有这种战争才可给予摆脱现状的出路，因为'上等人种'是具有培植'下等人种'并统治'下等人种'的使命的。假定说，这个与科学相隔天壤的奇怪理论果然已变成实际吧，由此就会得到什么结果呢？大家知道，从前古代罗马帝国看待现代德国人和法国人的祖先，也完全是和现时'上等人种'的代表们看待斯拉夫种族一样的。大家知道，从前古代罗马帝国是瞧不起德国人和法国人的，称他们为'下等人种'、'野蛮人'，认为他们应该永远屈服于'上等人种'，即'大罗马帝国'的。而且，在我们彼此间可以随便说句话，古代罗马帝国当时这样做还有一些理由，而现时'上等人种'的代表们却就不然了。"

苏联的政治领袖既不承认日耳曼人是优越民族，不承认斯拉夫人是低劣民族，不承认日耳曼人应该统治斯拉夫人和世界上其他的民族，便动员苏联的文化力量，组织成一支队伍，在报纸上，在各种刊物上，在电影片子上，在广播无线电台上尽量暴露德国法西斯的丑行，宣传希特拉的罪恶，燃烧起苏联人民的反德情绪，使他们在心理上随时准备迎击纳粹军队。因此，一九四一年德国军队虽以破竹之势进攻到莫斯科外围，占领了苏联广大的土地，然而，纳粹政府在苏联的沦陷区内却始终没有树立亲德政权，这就证明苏联人民不愿意接受日耳曼民族的文化，改变自己的生活方式。战争初期，苏联在军事上吃了很大的亏，但是苏联人民在前方、后方以及敌后所表现的"坚定性"，实在充分证明苏联人民的政治训练和文化组织是成功了。政治训练和文化组织的成功，保证了反法西斯战争的最后胜利。

现代战争是全民参加的战争，"敌人不投降，就消灭他"，这种干法对于武装的士兵可以用，对于手无寸铁而精神不屈服的敌国人民是不适用的。"大众军队"的出现于战场，使一般国民长期的政治安定性愈加重要了。大量敌军的歼灭，广大领土的占领，并不能算是决定了的胜利。真正的胜利，是敌人战斗意志之消灭，自认是"下等人种"，甘心情愿受"上等人种"的统治。

三、文化组织在现代战争上的新任务

战争可以用武力取胜，也可以用文化力取胜；取胜虽可以用武力，但保持永久的胜利必须用文化力。文化力既能使有形的胜利变为无形的胜利，又能使暂时的胜利变为永久的胜利。

文化优越的民族，不一定就是强大的民族。文化落后的民族，也不一定会被文化优越的民族消灭。中国是一个文化优越的民族，可是在历史上反屡次被文化落后的野蛮民族所征服。汉族靠着自己的文化力量，一面在做奴隶，同时又作师傅，慢慢地把主人的生活方式改变了，遇到机会，就把主人赶跑，恢复原有的统治权，脱掉奴隶帽子，重做主人。这就证明，文化落后的民族，虽然可以取得胜利，却不能够保持胜利。德国的日耳曼民族和法国的拉丁民族，文化水准差不多，武力也不相上下，所以菲特烈大帝蹂躏了法兰西，拿破仑第一又大败普鲁士；威廉第一在一八七〇年把法国的巴黎都攻下了，一九一四——八年的欧洲大战，法国又联合协约国将德意志打倒，刚刚过了二十年，德国的军队又开到巴黎了。两个国家三翻四覆，只是武力上的斗争，打来打去，谁也没有把谁消灭。这一次如果不想方法在文化上做工夫，使法国人甘拜下风，自愿受"上等人种"日耳曼人的统治，一有机会，法国人还是要翻身的。

再看一看，英国人虽然用武力征服了印度，可是印度是一个文明古国，有不可磨灭的民族文化，英国人在精神文明上奈何不了她，想用摩托和机器的力量把她消灭，又碰见一位"不合作主义"的革命家——圣雄甘地，居然靠着手摇纺纱车抵制住资本主义的机器工业，维系着民族经济的命脉。他深知道，英国军队的机关枪、大炮是抵抗不了的，可是经济的榨取却非抵抗不可。他深知道，生产方式决定生活方式，印度的民族工业既然跟不上英国，民族生活方式当然不能脱离生产方式单独前进。甘地把握住这个关键，确定了自己生产自己消费的原则，用土货代替洋货，以挽救民族经济破产的厄运。这种"不合作主义"，就是"拒绝生活方式资本主义化"的主义。印度人就靠着这种武器，保存了印度民族的固有文化。印度文化独立存在一天，印度民族便随时有恢复独立的可能。所以今日的印度，可以说是名亡实存。她的潜在力量实是不可忽视的。

朝鲜在日本帝国主义统治下，时间虽不及英国人统治印度那样长，可是朝鲜人里面没有提倡"不合作主义"的甘地，朝鲜的经济很快地宣告破产了，在文化方面也被日本的"奴化"教育制度消灭了。在这种情况之下，朝鲜的革命志士们虽然不惜牺牲一切为恢复国家的独立而奋斗，如果没有大国的支援，这种复国运动，是不会在很短的期间就能成功的。

从上面这些事实，可以说明文化在战争中尤其是现代战争中占着多么重要的位置。一个不能够用武力战胜的国家，却可以用文化的力量征服。孟子说过："以力服人者，非心服也，力不赡也；以德服人者，中心悦而诚服也。"兵法上也说是"攻心为上"，认为用兵乃是不得已的事情。现在世界上的列强，都标榜着一种主义，打算用主义的力量来保卫国家民族的生存独立，用主义的力量去达到征服弱小民族的目的。本来在从前的时候，战争就是单纯的武力战，把军队开到前线去互相砍杀就得了，没有具体的主义来指导战争；现代的战争，在军队尚未动员之前，所有敌性国家就组织起文化的军队，在进行"攻心"的战斗。在正式战争开始以后，文化组织就配合军事组织担负起提高战斗情绪、坚定必胜信念的任务。战争结束了，战胜那一方面，要继续利用文化的力量扩张战果，消灭敌国人民的战意，使他们由"力服"做到"心服"。战败那一方面，也要砥砺士气，振作人心，秣马厉兵，准备复仇雪耻，更非利用教育组织和文化力量先从武装国民的头脑着手不可。所以，军事的战斗是短期的、一时性的；文化的战斗是长期的、永久性的。过去的文化组织，最大的效用是增进人民生活；现在的文化组织，最大的效用是加强战斗力量。

一个民族的文化，如果丧失了同化其他民族的力量，就必须提高国民文化上的警觉性，严防其他国家民族文化力量的同化。文化组织，在消极方面，应该充实防卫的力量；在积极方面，应当发挥攻击的精神。防御和攻击，是一物的两面，字面上虽不相同，本质上却是一个，就是文化的战斗性。

文化是人类社会生活的产物，社会生活方式不同的国家民族，必然产生不同的文化。资本主义国家，有资本主义的文化；社会主义的国家，有社会主义的文化；法西斯主义的国家，有法西斯主义的文化；三民主义的国家，有三民主义的文化。两个主义不同的国家，她们的政治制度、经济制度、宗教、风尚、人民的生活习惯、道德观念，都有很显著的差别，由这些差别产生矛盾，由矛盾产生斗争。比方说，资本主义国家和法西斯主义国家内部都有资本家和劳动者的阶级对立，她们对于社会主义国家提倡阶级斗争、主张无产阶级专政的文化是深恶痛绝的。社会主义国家如苏联，资本主义国家如英、美，她们都拥有广大的领土，丰富的资源，都以目前的现状为满足，想保持和平，从事生产建设，和要求世界领土再分割、要求以战争手段打破现状的法西斯国家的侵略政策，是水火不相容的。苏联是实行社会主义的国家，苏联的领域就是社会主义文化生长发展的领域；英、美是实行资本主义的国家，英、美的领域就是资本主义文化生长发展的领域；德国是实行法西斯主义的国家，德国的领域就是法西斯文化生长发展的领域；中国是实行三民主义的国家，中国的领域就是三民主义文化生长发展的领域。社会主义文化领域里面，不允许资本主义文化混入，正同资本主义文化领域里面，不允许法西斯主义文化混入一样。因为军队有战斗性，主义有战斗性，文化也有战斗性；因为有战斗性，就有排他性。成为国防组织要素之一的文化组织，是有战斗性的，所以国防文化也有排他性。

一个现代化的"国防国家"，按道理说，是不应该有两种代表着不同种文化的主义同时并存的。如果有两种主义同时存在，这两种主义便各自发挥各自的排他性而发生斗争。试想三民主义的信徒要把国民的思想变成青色，共产主义的信徒要把国民的思想染成红色，资本主义的信徒要把国民的思想染成白色，法西斯主义的信徒要把国民的思想染成黑色，假如一个国家之内有这许多主义同时存在，国民的意志如何能够统一，国家的力量如何能够集中呢？意大利只有一个法西斯党，意大利的国民所受的教育是清一色的法西斯党化教育；德国只有一个国社党，德国的国民所受的教育是清一色的国社党的党化教育；苏联只有一个共产党，苏联的国民所受的教育是清一色的共产党的党化教育。意大利、德国、苏联，这三个国家的全体国民，因为所受的教育相同，在思想上、信仰上，在他们所追慕的生活方式上是一致的，如果有动摇分子和反动思想出现，政府便用最严厉的手段把他们清除、消灭。他们的文化组织都是统一的，都是以整齐的步伐在国防组织的行列中向前迈进，所以战斗的力量特别强大。但是，美国的政党却有两个——民主党和共和党，英国的政党却有三个——保守党、自由党和工党，各党都拥有一部分群众，各党有各党的主义、政策。党派的利害和国家的利害，既不相同，一遇到战争，各党各派的意见就不容易一致，甚至当国家利益和政党利益不能两全的时候，究竟应该牺牲政党的利益以迁就国家的利益，或是牺牲国家的利益以迁就政党的利益，是说不定的。每逢一件国家大事，全国的报纸就议论纷纭，莫衷一是。从这一点就可以看出多党政治的国家，民众的意志是比较分散的，他们的文化组织比不上苏联和德国等一党政治国家那样的严密，在国防上所表现的力量，也远不及苏、德强大。

我们不能否认，文化也是决定战争胜负的一个重要因素，假如两个交战国在人力上、物力上、生产技术上和其他的作战条件完全相等，哪一边的文化组织严密，军事化的程度高，就一定得到胜利。

人始终是战争的组织者，胜负的决定者。可能用优越的文化力量瓦解敌国的国家，也同样有被文化组织上占优势的国家所粉碎。我们知道，资本主义国家本质上是反对苏联的，法西斯国家本质上也是反对苏联的，他们企图用兵力战胜苏联，消灭共产主义，而苏联却打算用宣传"阶级斗争"的方法来完成世界革命。德国的麦舍将军说过："五十万的小册子，比百吨的炸弹更有效力。"资本主义国家，一方面在抵抗法西斯军队的进攻，同时忧愁着战争的结果将爆发阵后的"十月革命"。

因此，如何运用组织的方法，在民族或国家文化上做一番"清血"、"消毒"的工作，使它充分发挥国防力量，完成消极和积极的双重任务，实在是现代国防学上最新而又重要的命题。

第七章　国家总动员组织

一、新战争型与新国防型

新的全体性的战争理论，产生了一种国防新思想，这种新思想的结晶，就是国家总动员的国防型式。这种国防型式的完成，孕育着、推动着现代的全体性战争，使它降临在人间，摇撼了全世界。

单纯的、仅仅靠着武装战斗员来进行的战争，已经成为历史上的陈迹了。现代的战争是猛烈的、大规模的，而且是长期的战争，是全国人力、物力、技术能力一齐动员参加的战争。这种性质的战争，把整个国家变成一架战斗的机械，正如苏联莎维兹基所说："国家这一大机械，他的一个一个的、大大小小的螺丝钉，非完全安放在最能有利地为战争而工作的地方不可。金属、石油、石炭的每一千克，电力的每一千瓦，机械的和生物的每一马力，谷物、马铃薯的每一吨，各种的工场，大大小小的企业，铁道与公路的每一公里，每一个车头和每一个车厢，以及国民的每一个人，这一切东西在战争上可利用的性质，都非详详细细地预先考虑、预先指定不可，人间和物质的一切资源，非和国家的政治目的相表里，为战争的利益而被组织起来不可。"不如此，就无法进行现代的战争；不如此，就无法争取最后的胜利。

因为全体性战争是带着极度破坏性的战争，是以彻底破灭敌国为政治目标的战争。战败的国家，政治组织、经济组织、文化组织，不用说，完全被彻底地破灭了，她将被迫而离开世界政治舞台，听候战胜者的摆布。战胜者为了防止战争的再度发生，也就是说，为了防止战败国的复兴，只有根本用恶毒残忍的手段，把她的文化和种族逐渐消灭。法西斯主义的侵略者高举着国家至上、民族至上的旗帜来刺激国民，燃烧起国民战争的热情，集中一切力量去妨害其他民族的生存，侵犯其他国家的独立。被侵略或受侵略者威胁的国家民族，要想保障国家的独立、民族的生存，也必须举起"国家至上"、"民族至上"的旗帜来回答侵略者。被侵略国家的国民，必须更深切地认识国家民族的利益高于一切，国家民族的存在高于一切，较之侵略国家的国民更热烈地、坚决地、勇敢地去参加捍卫国家民族的战争，才有可能击退敌人的进攻，粉碎以"超等民族"自居的侵略者以武力征服世界统治全世界"劣等民族"的迷梦。

在今天，国家民族观念的强弱，已经成为"超等民族"和"劣等民族"的分界线。不知道维护国家民族利益，不知道牺牲小我以保卫大我的国民，就是"劣等民族"的标记。如果全国国民都抱着自私自利的小我观念，为了个人的利益、家庭的利益、党派的利益，不惜危害国家民族，国家民族便因为内部力量的分散，抵抗不了敌人的侵略而屈膝投降。屈膝投降的民族，自然是属于"劣等民族"，因为"超等民族"是不会屈膝投降的。

怎么样才能保证国家民族永不向敌人屈膝投降呢？无疑地，用战争来保证，用胜利来保证，一个国家没有充分的自卫力量，就不能抵抗侵略者的侵袭。但敌人究竟在哪一天发动侵略性的战争，是不能断定的。因此，一个国家民族为了确实保卫自己的生存独立，就不能〈不〉随时作应战的准备。在军事第一、胜利第一的目标之下，一切的政治组织、生产组织、社会组织、文化组织都必须配合着战争的需要，使它尽量地军事化，在平时充分地作战时的准备，使整个的国防组织健强起来，完成所谓"战时体制"，也就是国家总动员。

因为现代的战争具有高度的破坏性，战争的开始就是毁灭的开始。在平时，如果没有训练好大批的军事技术人员、生产技术人员、精锐的队伍、广大的后备军和从事军需用品生产的熟练工人，如果没有大量的军火、食粮、燃料、原料的储备，战争是无法开始的。在战争开始后，如果在兵员方面、军需方面、人民日用必需品方面不能够源源不绝地生产和供应，战争便不能继续。这种条件的满足，在资本主义国家里面，很不容易。因为除了少数国营的军需工业以外，大部的工厂、农场、矿厂和电力厂、畜牧场，都由资本家私人经营。他们从事生产的目的，不是为的适应国防建设的需要，而是为的追求利润，为的赚钱。为了赚更多的钱，他们宁愿把国防建设上迫切需要而为国内所缺乏的东西远销到国外去，甚至送到敌人的手里，而不卖给政府。在第一次世界大战中，同盟国方面可以从中立国的商人手里买到大批协约国生产的煤油和食粮。在第二次世界大战开始后，"凭藉了唯利是图的军火商人的从中布置，甲国的空军会架着乙国的飞机去侦察乙国的军队，并且去轰炸乙国的军队"。这种悲惨的事实，层出不穷。还有一件事故，可以证明法国和德国钢铁公司的老板是怎样拿着国家的命运在开玩笑：

"在惊人的白莱钢铁区事件中，法国的德鲁克思（M. Dreux）与德国的洛煦林（HerrRoechling）曾经有过很优美的合作。从政治的地位上说来，德鲁克思是一个极端的右倾主义者，而洛煦林则为希特拉的支持者。德鲁克思的劳兰钢铁公司与洛煦林的萨尔钢铁公司已经于一九三二年的十月四日结合起来，构成德、法两国的钢铁托拉斯，称为劳萨公司（Lorsar），其资本则为法国的德鲁克思集团和德国的洛煦林集团平均分担。因此，洛煦林可以从法国的充实国防上面增加钢铁的销路，德鲁克思可以从德国的整整军备上面收获十足的利润。法国在东部边境建筑了巩固的堡垒，并完成钢骨水泥的长城——马奇诺防线。在第二次世界大战中，成千成万的德、法两国军队为了争夺与防守这一座长城而丧失性命。可是国社党的爱国主义者洛煦林与法国的爱国主义者德鲁克思这两位大人物，却已经享受一部分利润了。"

从这段记述当中，我们可以知道，法国建筑马奇诺防线和德国制造飞机、坦克所用的是一个公司的钢铁。像这样的事情，在资本主义国家里面是很平常的。政府在平时对于全国的生产事业，既不能施行严格的统制，在战时又不能立刻实施有效的集中管理，"军事第一"被"赚钱第一"打了一个很大的折扣，"胜利第一"也就分外的渺茫了。在这种情况之下，战时体制的国家总动员组织是不容许彻底实现的。

世界上对于实施国家总动员，在经济制度上、政治制度上占着特别优越、特别便利的条件的，只有一个苏联。苏联没有唯利是图的资本家，她们的资源、生产机构都操在国家手里，出口和进口的国际贸易，也由国家统制管理。她的生产、分配和消费，在整个的组织、整个的计划之下实行。军用品和民用品的生产，在数量上经常地保持着一定的比率，这种比率，政府可以适应情况的需要，随时加以调整。像资本主义国家自由生产、自由贸易制度下那种畸形发展的情形，在苏联绝对不会发生。因为苏联的工业在平时已经全部军事化，所以战争的潜在力量异常雄厚，一遇到敌国的侵袭，随时可以应战。她的优点，在这次苏德战争中，已经明明白白地表现出来了。

苏联凭藉着什么能够将平时和战时界线打消，完成国家总动员的新国防型呢？没有别的秘诀，就是凭藉着全体国民的意志能够集中，力量能够集中。因为苏联在本质上是个一党专政的国家，她经常地警戒着、提防着，用最大的努力教育国民、训练国民，来统一国民的意志。把反对社会主义的各种思想排除了，把反对政府的人物驱逐的驱逐、枪毙的枪毙了。在苏联的内部，既然没有阶级的对立，人民的利害和国家的利害是一致的。政府和人民中间，减去了一重"阶级利益"的障碍，使苏联的政治效率在无形之中提高了。不用说，苏联的政治效率，资本主义国家是望尘莫及的。举例来说，第一个"五年计划"确定一个"社会主义国家工业化"的总方针，全体国民的意志便集中在这个总方针所指示的目标上，整个国家的人力、物力、技术能力便集中在这个总目标的实现上，于是新的机器制造厂、新的汽车制造厂、新的化学工厂、新的冶金工厂、新的拖拉机制造厂、新的农业机器制造厂、新的大炮制造厂、新的炮弹制造厂、新的飞机制造厂、新的坦克制造厂、新的机关枪制造厂，还有很多举不胜举的工厂，像雨后春笋一般地建立起来了。由于苏联全体国民的坚韧努力，刻苦奋斗，造成了"五年计划四年完成"的奇迹，使产业落后的苏联走上了国家现代化的道路。

史大林在一九三一年二月的第一次工业工作人员代表会议上说过："我们比先进国家落后了五十年至一百年，我们应当在十年以内跑过这个距离。或者是我们做到这一点，或者是我们被人打翻……"

现在我们看史大林的豪语，果然不折不扣地实现了。苏联十年之内走一百年路程的基础，就建筑她平时的国家总动员上。我们不要忘记，当史大林说话的时候，苏联还有成千成万的人受冻挨饿呢！

战争是摧灭人类破坏文化的不祥之物，爱好和平的人们异口同声地诅咒它。可是，国防建设到了国家总动员的现阶段，战争的破坏性更大，战争的性质更凶残，战争的面目也更加可怕了。现代的战争一开始，眼看着：

（一）人类慈祥孝悌的家庭，刹那间变成妻离子散。年轻的壮丁着上武装，开到前线，战死了。妇孺老弱流离失所，变成无家可归的难民了。

（二）个人生活的自由，职业的安适，变成梦想了。法令的束缚，经济的压迫，重重枷锁，平时自在逍遥的，战时动弹不得了。

（三）大规模的图书馆、医院、学校，人类文化的宝库，身心的疗养院，智慧的发源地，一齐化为灰烬了。

（四）庄严灿烂的河山，富丽堂皇的都市，敌骑纵横，炮火弥漫，变成一片焦土了。

（五）农场荒芜，工厂破碎，失业的无法救济，伤病的也无处治疗了。

（六）肚子饿了，食不得一饱；身上冷了，衣不得一暖；房子倒塌了，找不到住处；交通断绝了，搭不上车船。国民的生活，真是困苦不堪了。

…………

这种景象，算不算悲惨呢？不！不算！战争是一种锻炼，一种试验，凡是经不起战争的折磨、忍不下战争的痛苦的国家民族，都要被战争消灭、淘汰。为了生存，为了胜利，一切的痛苦，必须忍受。哪怕在平时宝贝得像生命财产一样的东西，战争一开，就毫不吝惜地献给国家，由国家支配、组织、经营、军用，以换取国家的生存，民族的胜利。所谓牺牲小我以求大我的存在，这就是国家总动员的精神。假使在举国上下一致和敌人作生死存亡的斗争的时候，还有一部分国民抱着侥幸的自私自利的心理，不肯牺牲小我，甚至还想利用机会囤集〔积〕居奇，发国难财，等到战败亡国以后，不仅个人的财产被敌人夺取，自身也变成了奴隶、牛马，"劣等民族"的帽子往头上一戴，一任战胜者宰割、屠杀，永远不得翻身。

战争虽苦，亡国灭种的味道更苦。为了贯彻战争的目的，争取民族的光荣，任何国家都不能不牺牲一切人力、物力，忍受一切艰难困苦，完成国家总动员之组织，以应付现代大毁灭、大破坏的全体性战争。

这就是国家总动员的真义。

二、国家总动员的范围和内容

现代战争是整个国家民族所有一切力量的总决赛：有一分力量，就拿出一分；有十分力量，就拿出十分，绝不留一点剩余。国家总动员的目的，不仅是把全国的力量一古脑儿拿出来就算了事，而且要运用组织的技术，使各种力量在国防上发生最高度的效能。

既然称为"总动员"，单从字面上看，就可以知道动员的范围是很大的。可以说，凡是属于国家民族的能够产生力量、表现力量的东西，都在动员之列。在人的方面，不分男女老幼、鳏寡孤独，身体的力量，精神的力量，都要动员。在物的方面，不论天生的动物、植物、矿物，人造的机器、日用品、艺术品，都要动员。甚至连空气和水，也要动员。因为空气和水不单是一切生物维持生命的必需品，而且还可以用科学的方法制造出氮、氢、氧等在国防上很有用处的气体。水力在运输上和发电上的价值固不必说。一想起去年重庆市骇人听闻的大隧道窒息惨案来，空气的动员在消极的防空上就更有意义了。

不过，在国家总动员的组织上，一般人所重视的东西，除了人员以外，仍然是物质的数字。人与物的关系，物与物的关系，人与人的关系，都是极其错综复杂的。国家的政治制度和经济制度，又互不相同。比方说，社会主义的苏联，法西斯主义的德、意，资本主义的英、美，在国家总动员的实现上，就有很大的差别，为了研究的方便，只好将国家总动员的内容分为：（一）军事，（二）产业，（三）交通，（四）经济，（五）政治，（六）其他社会、精神等六个节目，分别加以简略的说明。

（一）军事动员

军事动员，以军队为主体。国家的军队，在平时是平时的编制。平时编制内的人员，不过是战时在疆场作战的大军的基干。到了国际形势紧张，"山雨欲来风满楼"，非用战争手段不能解决敌我两国的纠纷的时候，政府就准备战争，将军队由平时的编制变为战时编制。这种军队组织蜕变的过程，就叫做"动员"。

一个国家的军队，平时的编制和训练，必须适合战时的使用和需要。在编制上和训练上愈是适合于战时需要的军队，动员的困难就愈少，战斗的力量愈大。世界各国，为了动员上的便利，对于军械、服装、给养、弹药等军需品都有很丰富的贮备，在贮藏地点和贮藏分量上，也按照着动员区域内兵源的多寡有适当的分配。

军队的动员计划和作战计划有密切的关系。这两种计划的编制，是参谋本部的重要业务。动员多少兵，组织成多少部队，需要多少马匹、车辆、汽车及其他各种器材，这许多军用品用什么方法送到已经动员的部队里，这些部队向什么地方集中，怎样输送，在输送的过程中沿途的给养和其他各项必需品又如何补给、如何分配，大至坦克、大炮，小至一茶一饭，这一切的一切，事先均须加以周密的考虑。所以动员计划的编制，实在是顶庞大、顶细密、顶繁难的工作，指导或从事这种工作的人，必须有特别的训练和组织的才能。任何国家都是由参谋本部来担任这种工作。一方面因为技术上的限制，同时，秘密的保守也极其重要。再好的动员计划，秘密一泄漏，就变成无用的废纸了。

动员计划的根据是"动员法规"。在动员法规里面，关于编制动员计划的两个基本部分——动员手册和动员日程——有很详细的指示。在动员手册上，记载着动员期间的详细手续。例如新兵的接收、新兵营房、衣服、给养、浴室、马具、蹄铁、汽油的预备以及车辆的试开、武器的分发等，在动员手册上，都有规定。至于指导动员的人和被动员的人每天甚至每一点钟应该在什么地方，做些什么事情，动员日程表上，都事先预定妥当了。我们知道，战争的胜负，时间是一个重要的决定因素。因此，军队的动员，越快越好。交战国双方，谁能够在动员的完成上占先一步，谁就可以掌握机先〔先机〕获得主动的地位。例如，一九一四年开始的欧洲大战，德国七月十九日开始动员，七月二十四日完成战略的展开，经过的时间不过五天；法国七月二十日开始动员，七月三十一日才完成战略的展开。法国在动员的时间上吃了六天的亏，所以战争始终是在法国的领土上进行，在德国境内找不到一颗法军发射的炮弹。

现代的战争，在天空中开始，在地面上结束。陆军还有平时战时之分，空军则须随时作战争的准备，根本无所谓动员。敌人在未宣战之前，就派大队空军来袭击飞行场，破坏汽油库了，临时动员，怎么能来得及呢？

现代战争，是大规模的而且是持久的战争。一开始，就须动员几百万或上千万有训练的军队。福煦元帅说过："战时投入战斗的军队，好像投入烈火的干草。"要想使战争的烈火继续燃烧，不能不继续不断地投入干草般的大量后备军。所以，军事动员中最重要的问题，就是军官和士兵的补充。

为着适应战争的需要，平时当教授的、当教员的、当公务员的，以及有知识的商人，有很多投入军官学校或干部训练机关，经过短期的训练，就变作后备军官了。后备兵、补充兵、国民兵，一批一批地着上了现代化的武装，投向战争的烈火。军事学校、专门学校、大学、中学、小学，像工厂一样地制造着保卫国家民族的新战士。战争并要求国家厉行严格的、普遍的青少年训练和国民军事训练。像苏联、德国，"武装民族"的理想已经实现了；还有许多国家，正在向"武装民族"的路上前进。

（二）产业动员

大规模的现代战争，需要大量军需品的供给。武器、装备、交通器具，样样都需要工厂制造。因此，有人说现代的战争是"工业战争"，战争前线就是后方的工厂。

大量军需品的生产，需要大规模的生产组织和巨大的机械动力、原料、技术工人。这种要求，绝非平时的国营军需工厂的生产力所能满足。解决军需用品大量供应的唯一方法，就是实行产业动员，把全国的生产机构由平时的组织改为战时的组织。

产业动员的方式，在英、美等民主国家，采用官商合作的办法；在德、意等法西斯独裁国家，采用强制手段，将私营工厂收归政府支配。列强为使作战的军队时时保有强大的战斗力量，在平时对于全国工场的种类、地点、组织规模、生产能力、交通条件、安全设备等项，都有详细的调查；哪些工厂应该保留，哪些工厂应该关闭，哪些工厂应该扩充，哪些工厂应该改组，哪些工厂应该增加或重新设立，都有详细的计划；哪些工厂应该生产军需用品、生产什么东西、生产多少，哪些工厂应该生产民用物品、生产什么东西、生产多少，都有精确的估计和分配。一到战时，只用把平时的具体计划，按照军事上需要的程度，逐步付诸实施就得了。如果敌人是一个小国，战争的规模小，就实行局部的产业动员；如果敌人是一个强大的国家，战争的规模大，就实行全部的产业动员。

产业动员的目的，就是把民间的工厂改编成军需品制造厂。金属工业、机械工业、化学工业，在辅助军需品的生产上，非首先动员不可。

一、在金属工业中，最要紧的是钢铁。如：制造飞机、炮身、坦克、装甲汽车等，就需要大量的普通钢；制造枪身、刺刀、炮弹、发动机、汽车等，就需要大量的特种钢。在非铁金属里面，黄铜、青铜、白铜、铅、锌、锡、钨、铝、镍、白金等，在军需品的制造上，都有很大的用途。所以这许多冶金工厂，在战争需要的时候，都要参加动员。

二、在机械工业中，最要紧的是飞机工厂、汽车工厂、炮弹武器制造工厂。飞机是最有效的攻击武器，空军已成为现代战场上的主力，为了扩充强大的空军，凡是能够制造民用飞机的、制造发动机和飞机零件的工厂，都必须为制造军用飞机而工作。汽车的制造和飞机一样重要，今天的军队已经高度机械化、摩托化了，凡是能够制造机械、摩托或是辅助机械、摩托制造的工厂，都要参加动员。例如：有镟的机械的工厂，可以变为炮弹镟造工厂；有压榨机、水压机的工厂，可以变为大炮弹夹工厂；玩具工厂，可以变为信管制造厂；钢链制造工厂，可以变为子弹制造工厂；缝纫机制造厂，可以变为机关枪制造工厂；钟表、乐器、打字机、度量衡等制造工厂，可以变为信管及其他武器零件的制造工厂。

一九一四年，德、法两军在马恩（Marne）河会战后，德国参谋本部要求国内工厂每月造一百门大炮，随后又要求每月造五百门，四个月以后的一九一五年一月，工厂办到了。一九一六年七月，德国参谋本部要求国内工厂每月制造一千五百门，过了四个月，工厂又办到了。一九一七年七月鲁登道夫下命令："提高大炮的生产量，每月由一千五百门改为二千门。"又过了一年，德国大炮的生产量，每月提高到二千五百门，在数量上恰为一九一四年的二十五倍。产业不实行总动员，怎么能办得到呢？

三、在化学工业中，最要紧的是火药和毒气。大规模的战争，已使火药气弥漫了整个的世界。化学部队之出现于战场，正是告诉我们，交战国尤其是侵略者已经不管什么残酷不残酷、人道不人道，决计大量使用燃烧弹和毒气弹以摧毁都市，歼灭敌国的士气和人民，以取得战争的胜利。毒气和火药同样地在各国的工厂中制造着，为着适应战场上的需要，必须尽可能地增加生产。于是许多的人造肥料工厂、硫酸工厂、甘油工厂、染料工厂、电影软片制造工厂的机器，都开始为制造火药而加速地转动了；许多的漂白粉工厂、水煤气工厂、空中氮固定工厂、电石制造工厂、各种药品制造工厂和染料工厂，也都改了行，变成毒气的制造厂了。

产业动员的结果，军需品的生产是大量地增加了，全国的生产机构变成了一座大兵工厂。由于军需工业的畸形发展，必然地发生国民日用品异常缺乏的现象。不论哪一个国家，如果忽视了这一点而不规定一个限度，无限制地降低后方民众的生活，战争的胜利，是得不到的。在战时，"军事第一"是对的，但间接支持战争、维持战斗力的，还是一般国民。如果一般国民生活上所必要的工业品过度缺乏时，饥饿和寒冷便开始打击国民的精神，动摇国民的战意，使他们厌恶战争，诅咒战争。这种不安的情绪，会很快地传染到前线的军队，士兵们一听到自己的父母妻子在后方挨饿、受冻，子弹再多，也没有心思去放枪了。第一次世界大战的结果，德国的失败，帝俄的崩溃，就是这样引起来的。所以，实行产业动员，应该双方兼顾：一面要求军需品的生产力发展到最高点，一面要求国民日用必需品的继续生产供给，使国民生活保持一个最低限度的水准。这个水准，就是：精神上的振作，心理上的安定。

世界各国为了解决军用品和民用品的矛盾，确保前方军事的顺利和后方人心的安定，在生产方面，实行了原料、生产工具的优先制和定量分配制；在消费方面，实行了凭证购买和日用必需品公卖制。同时，又在平时努力于科学的研究，发明了许多代用品。德国于第一次世界大战失败后，提起资源问题，简直痛彻肺肠，为了冲破经济封锁的难关，以求作战资源和国民生活的自给自足，只好实行科学动员，集中全国科学家的聪明才力去研究各种代用品。皇天不负苦心人，德国的资源问题，居然被一万多种代用品解决了一大半。第二次世界大战爆发以后，德国国民的生活水准一般地降低了，但物价却很稳定，科学真是"万能"啊！

战时产业动员和军事动员的矛盾，又产生了一个严重的问题，就是劳动力的缺乏和技术水准的低落。第一次世界大战中使各交战国最感痛苦的，也就是这个问题。一方面军事动员需要征集大批的壮丁到前线应战，工厂中的大部分工人都当兵去了，一方面产业动员又需要吸收大批的工人去从事军需品和国民生活必需品的增产。因为劳动力的缺乏，工厂的老板之间，便发生了抢夺工人的斗争，用提高工资的方法去向别的工厂挖工。劳动者因为想多挣工钱，今天由甲厂跳到乙厂，明天又由乙厂跳到丙厂。这样一来。工资较低的工厂，便有随时停工的可能。当时各国政府为了解决这个困难问题，便想出了两个办法：第一，规定工价，禁止工人自由转业，以免影响生产效率。第二，实行强制劳动制度，利用妇女、儿童、老人以及残废者参加劳动生产。因为技术缺乏、体力衰弱，生产能力太低，德国采用强制劳动制不久，引起了国内革命。英、法也想步德国的后尘，采用强制劳动的办法，还没有实行，就因为德国革命而休战了。欧战结束后，各国对于这个问题，仍在多方研究，寻求最好的答案。在平时，多半注重青年的工场训练，使其学习生产技术，养成工人干部。英、法等国，都规定了征用劳工办法，强迫人民服役。德国的青年劳动营和强迫义务劳动的办法，主要的目标不外：（一）在劳动条件内养成军需品生产的干部，（二）养成为现役军人服务的劳动青年，（三）为未来战争的后方准备。这种办法，在一九三五年六月二十六日就颁布了，实施以来，效果很大。

总之，产业动员的基本条件，一个是精确的计划，一个是强力的统制。一个国家，如果对于全国最高与最低的生产力，军用品与民用品最大与最小的消耗量没有详细的计划，便拟不出精确的生产计划；一个国家，如果没有任意支配工场、支配机器、支配原料、支配劳动力、支配生产品的力量，便不能切实执行精确的生产计划。这两重困难不克服，产业动员是不会得到理想的结果的。

（三）交通动员

交通是国家的动脉，在平时，人的移动、物的移动、音信的传达，是它的基本任务。火车、汽车、电车、摩托车、脚踏车、马车、牛车、人力车、乘马、驮马、牛、驴、骡、骆驼、挑夫，在铁路上、公路上、马路上、羊肠小道上交织着；轮船、帆船、划子船，在海面上、湖面上、河道内行驶着；邮航机、民用机、运输机，在天空中飞翔着；有线电报、无线电报、有线电话、无线电话，昼夜不停地在运动着。人类的要求，要它来满足；人类的希望，要它来实现；人类的幸福，要它来增进。社会国家的存在和发展，完全靠交通维系着，什么时候交通一断绝，人也不能动，物也不能动，连思想也不能，整个的社会国家就要崩溃瓦解了。

战争是离不开交通的。现代战争的特质，是人与物高速度的运动战，是电信、新闻、广播大规模的宣传战。百万千万的军队，要马上集中，开往前线；大批的伤兵、大批的难民、大批的物资，要马上运到后方；飞机、坦克、大炮、弹药、器材、燃料、给养，要随时供给，源源不绝。没有交通，是办不到的。国外的原料、机器，要运到国内，国内的原料、机器和工人要分配到工厂，大量的军用品、民用品要输送到仓库、市场，输送到士兵手里、民众手里，没有交通，是办不到的。

一九一四年八月一日，德国宣布动员，八月七日动员输送完毕，接着又将动员完毕的军队向展开区域输送，到八月十七日完成。一共在铁路上开了一万二千列军车，运了三百二十万军队和九十万军用马匹。一九一八年五月二十六日，法国得到德国军队进攻沙龙的消息，二十七日早上开始转移军队，在七天以内用汽车输送了三十师步兵，里面还有三个师带着大炮。从一九一四年八月到一九一八年十一月，法国总共用汽车运了二千三百五十四万军队，一千零四十一万伤兵，一万一千五百九十余万吨货物。一九一八年四月，美国渡过重洋输送了三十万军队，到了十月美国在欧洲的军队已有一百八十五万人了。上面这些数字，没有交通，是办不到的。

一九四〇年五月，希特拉在西线发动闪击战，大批的军队、大炮、给养，配合着数万卡车、坦克在尘灰蔽天的公路上驰骋；机械化的行列，以每小时三四十英里的速度前进，昼夜不断，而又一点不受阻碍。大军经过荷兰、比利时，以破竹之势直捣巴黎。战争进行得这样快，没有交通，更是办不到的。

战争离不开交通，越是现代化的战争，越要依赖交通。所谓闪电战略，就是高度机械、摩托化的军队，加上高度军事化的交通组织。因此，要想应付现代战争，不能不先实行交通动员，把平时的交通管理军事化，使陆上运输、水上运输、空中运输以及电信、邮政发挥最高度的效能。

交通组织在平时以增进人民生活、便利客货运输为目的，在战时以争取战争胜利、便利军事运输为目的。国家一到战时，为了配合军事行动，不能不将全国的交通组织严密地控制起来。（一）在平时没有完成的交通网，赶快增开新路线或修改原有路线，限期完成。（二）实行以军事运输为主眼的海陆空联合运输计划。（三）增加飞机、汽车、轮船、火车以及其他各种交通机械、器材的生产量。（四）按照军事运输的需要程度，征发民间私有的船只、车辆、飞机、牲畜、骡马。（五）实行优先制度，需要量多、需要程度迫切的东西先运；需要程度不甚迫切的东西后运；无关重要的东西，或奢侈品，则禁止运输。（六）实行定量分配制，运什么货物，运输多少，运输到什么地方，用什么交通工具，用多少交通工具，都由统制机关指定、分配。（七）规定车船运输量，例如载货、载人，规定每一单位最高不得超过多少，最低不得少于多少。（八）禁止国民游历性质的长途旅行，限制旅客行李分量。（九）取消膳车、卧车。（十）限定停车时间，若商人于规定期间以内不把货物卸下车船，运输公司可以自行卸下保管。（十一）实行军需民用联合运输，减少空车空船行驶，以增强运输力量。（十二）注意护路、护航、修路、养路。（十三）厉行交通工具与交通器材的节约。（十四）研究交通技术，提高运输效能。（十五）训练交通干部，以免技工缺乏。这许多事项，都是统制交通运输的重要手段，在欧战期间，各交战国已经实行了。

交通动员的目的，并不是把一切交通工具全都用到军事运输上，而是把军事运输和普通运输依照双方的需要量作一个合理的支配。如果民用运输停顿了，货物周围不灵，供求不能相应，就会引起物价飞涨、经济混乱和人心的不安，同时，人民行动不便，劳动力无法调节，这边的工厂里找不到工人，那边无事可做的人又找不到工厂。在全民参战的今天，军事的运输固然要紧，与国民生活息息相关的普通运输还是不容忽视的。

（四）经济动员

科学的进步，使军队对于物资的需要大量增加。我们不能说，今天的战争是物与物的战争，把人在战争中的支配作用一笔抹杀。但战争武器的机械、摩托化以及战争范围的扩大，战争时间的扩大，加重了经济因素的地位，却是铁一般的事实。军队是国家的"铁拳"，经济是战争的"胃腑"，肚子一饿，铁拳就挥不动了。人离不开经济，产业离不开经济，政治、文化离不开经济，财政、金融更离不开经济。经济是国防与战争的基础，国防建设尚未开始，经济动员早已开始；军事行动业已结束，经济动员尚未停止。经济动员的重要性，是用不着多讲的。

经济动员的范围，非常广大，简单说来，就是物资和金钱，金钱是物资交换的媒介，可以说物资活动的范围，就是经济动员的范围。怎么样吸收或生产大量的物资，怎么样运用、分配所有的物资，使国民的生活能够维持，战争的结果得到胜利，就是经济动员的任务。

必然的，经济动员的手段是物资活动，金钱活动的统一的集中的统制管理，也就是经济组织的变更，实现战时经济制度的合理化。

（1）资源的生产蓄积

世界各国都有一种希望，就是资源的增加。怎么样才能增加呢？第一个方法，就是资源地带的夺取，能够把资源丰富的地域掌握到自己的手里，资源自然就会增加。第二个方法，就是生产的奖励，能够扩大资源地的面积固然很好，不能扩大资源地面积的时候，就要利用现有的资源地，把地下的蕴藏，用科学方法挖掘出来；尽量动员自己的土地，原来不生产的地皮，要使它生产。例如英国在欧战期间，把都市周围的空地，市内的网球场、高尔夫球场、牧场和公园等，都交给地方自治团体、青年团、妇女团体，逐渐地变为菜园。德国实行义务劳动制度，开河道，垦荒地，改良土壤，并把特德河（Tide）口附近的海岸低地，用防堤的方法，开辟了五万公顷的可耕地，以增加食粮的生产。战争所需要的农作物，政府就提倡栽种；战争不需要的农作物，政府就禁止栽种。他如肥料、农工的改良和分配，利用妇女、儿童、俘虏、囚犯、军队帮助种田、开矿，提高各种必需品的价格，都可以直接地或间接地促进资源的增产。第三个方法，是进口、出口的统制。在进口方面，本国产量不足的必需品，尽量向国外购买、积蓄，欢迎进口；不甚需要的东西，限制它的进口量；根本不需要的东西，就禁止入口。在出口方面，本国生产过剩的物品，则奖励出口；生产量不甚多的必需品，则限制出口；生产量不足的必需品，则禁止出口。第四个方法，是消极地严禁和敌国通商，积极地和敌国争取资源。因为在战争时候，物资的多寡，在量的方面是相对的，敌人的多就形成了我们的少，敌人的少反陪衬出我们的多。资源争夺战的意义，在此。

（2）资源的使用分配

资源是不是丰富，物资是不是缺乏，和使用分配的技术很有关系。第一，消极的节约，可以影响到积极的生产。拿吃饭来说，假如一个人节省三分之一的食品，原来八个月的粮食，足够一年之用；两年的粮食，便足够三年之用。所谓节约，有两层意思：一层是不必要消耗——浪费的避免，例如，穿一件衣服可以过得去的，不要穿两件；吃两碗饭就饱了的，不要吃三碗。一层是必要消耗的减少，本来非三碗饭不饱，改吃两碗；本来非三件衣服不暖的，改穿两件，这才是真正的节约。还有，爱护用品，延长它的寿命，也是一种节约。工人节省材料、爱护机器，士兵节省弹药、爱护枪支，司机节省汽油、爱护摩托。如果全国军民都能实行节约，资源的效用必大为增加。

第二，适当的分配，可以影响到资源的数量。资源的多寡，和分配的得当不得当大有关系。比方，同是一丈五尺布，甲拿它做了一顶帽子、一件上衣、一条裤子；乙拿它做了两条裤子、一顶帽子；丙拿它做了六顶帽子，不做衣裤。结果，甲是衣帽俱全，分配的很得当；乙则赤着脊背，手里提着一条多余的裤子，足见他分配得不得当；丙则浑身精光，却剩下五顶帽子，裸体跑到街上，岂不闹大笑话吗？由此可知在生产过程中原料的分配、工厂的分配、机器的分配、燃料的分配、劳动力的分配、工钱的分配、利润的分配，在消费过程中运输工具的分配、运输时间的分配、运输地点的分配、消费者的分配、消费量的分配、消费时间的分配，是非常重要的。同是一种原料，军用？民用？孰先？孰后？同是军用，陆军？空军？海军？孰多？孰少？分配得合理，就得胜；分配得不合理，就失败。

第三，代用品的使用，可以解决资源的匮乏。代用制和分配制不同，分配制是量的调节，代用制是质的交替。现在科学进步，代用办法几乎可以普遍使用，差不多一切问题，都可以用代用办法解决。举例来说，壮丁服兵役，女子、儿童、老弱、残废，便代替出征的壮丁作工。兵源枯竭了，女子也可以代替男子当兵。原来坐汽车的，改坐马车，马车就代替了汽车。原来坐滑竿的，改为步行，步行就代替了滑竿。在欧洲大战时期，德国牛肉缺乏，使用羊肉来代替。英国小麦缺乏，便用一部分马铃薯粉、杂粮粉代替；兽肉不足，便用鱼肉代替。各国人民的食料发生了恐慌，便实行以饲料充人粮的政策，用家禽家畜的食料来代替人的食料。他如木炭代汽油，皮纸代兽革，人造丝代布匹，木器、化学制造品代金属器具……这样一来，金属可以去造枪炮，棉花可以去造火药，鞋皮可以去造马鞍。以不重要的代替重要的，以丰富的代替缺乏的，以人造的代替天然的，代用品越多，代用的技术越高，资源不足问题，一大部分就迎刃而解了。

（3）财政金融的调节统制

战争需要大批的金钱是不用说了，政府要从事战争，继续战争，就不能不筹措战费。筹措战费的原则，任何人都晓得，是：开源、节流、转移用途。

在第一次世界大战时候，各交战国都用非常时期的立法手段延长工人劳动时间，提高劳动强度，以增加军需品的生产，这就是开源；降低国民生活水准，限制个人物质消费，把节约的部分充作战费，这就是节流；把预备用作生产建设的经费，或预备扩充营业的经费扩充战费，这就是移转。

在财政方面，因为要筹措战费，只有向国家银行借款，动用非常时期准备金，发行各种长期短期的军事公债，增加捐税，或是停止兑现，实行通货膨胀，用印刷机大量制造纸币。奖励国民储蓄，也是吸收金钱充作战费的方法，不过杯水车薪，无济于事，到国内罗掘俱穷的时候，不得不直接向外国政府借款。

金融是国家的血液，脑充血、贫血都是病象。政府为维护国家健康，保持战争力量，非实行金融统制不可。国家因为向外国购买大量的军火和军需品，现金都出口了，民间的金银，因为价格涨高了，大家都把它密藏起来，不肯拿出来用，政府应该想法子征收。无限制的恶性通货膨胀足以制国家的死命。欧战时，各国政府都实行通货统制，指定增发通货的银行，并规定增发的数目。采用比例准备制的国家，发行和正货准备同样意义的证券，德国在开战时设立帝国贷款金库，规定它所发行的证券与金子同样，都作为正货准备。还有用铜、铝、铁、镍等贱金属发行"战时紧急货币"的。

通货的膨胀和现金的外流，一定引起加速度的通货跌价，要想避免或和缓这种倾向，须极力防止通货膨胀。对外价值，也应该用现金集中、募集外债、管理外汇、防止资金逃避种种方法，防止汇价的下落。

通货膨胀的刺激，在市场上的反应是物价飞涨。再加上商人的操纵，民间的囤集〔积〕，转运的不灵，往往通货膨胀一倍，物价就膨胀三倍。国民忍受不了过度的战争苦痛，反战情绪势必比照着物价的高涨而高涨。平抑的方法，一方面严禁囤集〔积〕居奇，用没收或强制出卖的手段，把货物赶到市场上；一方面，限制购买，实行强制最高定量制，使消费者既不能滥买，又不能多买。德国限制资本家的利润，征收战时利得的百分之七十五，以防止投机商人的浑水摸鱼，同时也增加了国家的战斗力量。

和产业动员相应，国家的资金，也必须严加统制。战争迫切需要的产业，则奖励投资；与战争关系不甚密切的产业，则限制投资；对于军用民用都不要紧的产业，则禁止投资。海外投资，也在禁止之列。当然，国家已经害着高度的贫血病，还能让血液向外流吗？

补助为战争服务而赔累的产业，救济因战争而破碎的家庭，是经济动员中的一环。这不是慈善事业，而是为的确保战争的胜利。

（五）政治动员

政治与军事，同代表着国家一部分力量，它和经济、文化、交通、产业等各种国防要素互相连环，互相隶属。在平时，政治处于主导地位，它应该估计未来的战争，在内政上和外交上预先造成对于未来战的有利形势；在战时，军事第一，它应该处处与军事行动相呼应，以求战争目的的贯彻。事实上，政治与军事，是互为表里的。

外交上的运用，当然要手腕灵敏，眼光锐利。例如希特拉合并奥国，占领苏台区，签订《慕尼黑协定》，灭亡捷克，瓜分波兰之类。又如英、德互相策动巴尔干诸国，缔结军事同盟，争取与国等，也都是政治动员的例证。

内政上的准备，首在统一全体国民的意志，提高国民的战意，保持国民的战意。如果国民战争意识不够，必须用宣传和教育的方法，加以培养。

例如，日本打算侵略中国，多年以来，即大声疾呼，要实现大陆政策，完成明治大帝所赋予的使命，以鼓吹侵略思想。田中义一上日皇奏章且说："欲征服中国，必先征服满蒙；欲征服世界，必先征服中国。倘支那完全被我征服，其他如亚洲各国及南洋群岛，必惧而降服。"这就是日本明治大帝的传统政策，朝野上下，都以实现这个政策为宣传重心，在战争未发动之先即扬言作战，或竟作战争的姿势，举行各种演习，以提高国民战争意识。希特拉上台以来，就从教育上着手，在课本上提示国策，传布纳粹主义，并实行文化动员，鼓吹复仇战争，实现第三帝国的美梦。什么"德意志高于一切"啦，什么"优秀民族"啦，凡是能够激动国民爱国的情绪、提高国民战斗意志的标语口号，都叫喊出来了。

虽说任何人都知道希特拉早就准备进攻波兰，但在战争爆发前五天，德国《柏林时报》的大标题却是："波兰陷于全部混乱中！德人逃亡！波军逼近德国边境！"《午报》的标题说："波兰挑衅太甚！德国旅运机三架被射击！走廊内德人农家被焚！"希特拉自办的《人民观察报》同日的大标题是："波兰之战争疯狂！动员一百五十万军队！军运忙碌，向德国边境集中！上西里亚情形混乱！"

第二天的《人民观察报》又叫人民耐心等候："领袖仍请人民忍耐，因为他愿意用尽一切方法，和平求得解决。"

德国的人民，以"超民族"自居的德国人民，眼看着被一个他们所瞧不起的"下等民族"这样"挑衅"，哪里还忍耐得住呢！希特拉等到人民期待战争的热情达到沸点的时候，才开始向"侵略国"的波兰"反攻"。

希特拉对德国人民所做的政治工作，巧妙到这种地步，人民怎能不疯狂地拥护他呢！苏联佛伦采说："战线上每一瞬间的生命和活动，均为阵后的活动与情势所决定。"列宁也说过："没有任何时期能像战时这样地使政府最感到支配阶级诸政党的协力和被压迫阶级之'和平'的服从之必要。"希特拉不但精通他的敌人的理论，并且实践了敌人的理论。

政治动员的目的，就是造成全国上下的合作协调。（一）人民拥护政府，人民与政府协调；（二）各党各派团结一致，拥护政府，各党各派与政府协调；（三）劳资合作，不罢工，不怠工，产业界与政府协调。做到了这个庞大的有机战斗体的各部协调，并且能够经常地保持和加强各部协调的程度，战争的进行，才能顺利。

（六）其他动员

现代战争，是全民战争，是全国国力战争。国防的建设，就是将全国的人力、物力及一切机构组织成一个有机的战斗体，以保障国家民族的生存发展。上面所说的各种动员，自然不足以代表国家总动员，另外还有文化动员，国民精神动员等，前面各章里面，大致都讲到了，为了避免重复起见，不再一一论列。

三、国家总动员的方法

（一）颁布总动员法令

整个国家由平时组织变为战时组织，是一种极其繁难的事情。无论任何国家，要想实行国家总动员，必须在平时经过长期的、周密的、充分的准备。

准备工作中，头一件大事，就是制定国家总动员法案，再根据总动员法案编订各项动员规程。有了动员法令，行动才有目标、有途径，一切的措施才有根据。全国人民对于各种动员法令都知道得清清楚楚，都衷心地拥护这些法令，遵守这些法令，总动员的实行，才可以顺利无阻，很圆满地达到动员的目的，完成全民参战的任务。

世界各国，如德国、意大利、苏联、美国、英国、法国、比利时，都或先或后地公布了国家总动员法令。在总动员法令里面，把动员的基本原则，动员的时机，动员整备的条件，以及如何充分利用全国的一切人力、物力，如何指导战争，如何推行政务，如何组织运用国家的经济、产业，如何组织运用国家的各级行政机构和交通机构，所有在战时可能发生的重要问题，统统予以适当的规定。平时多一分准备，战时便少一分困难，只需把法令上的条文，变成全国上下的实际行动，就得了。

总动员法是一个动员纲领，一切动员的规程，都要以这个纲领作根据。例如，关于兵员的征集，另外有兵役法；关于劳工的使用，另外有征募法；关于物资的供应，另外有征发法；关于防空的设施，另外有防空法。

国际形势，瞬息万变，国内的政治经济、文化、产业等等，也日有进展。在动荡不定的情况之下，拟定一种法规，将国家战时的组织，平时的措施，万象包罗，详而不繁，简而不漏，其事之难，可想而知。法国从一九二一年起，就积极准备国家总动员，最高国防会议的研究委员会和秘书处召集有关机关的代表，研究了五个月，才制定了战时国家组织的二大基本原则：

（1）对未来之战争，应举所有国力以赴之；

（2）作战方针，由政府决定之。

一九二二年十一月四日，把第一次国家总动员法案根据上面这二大原则草成了，中间修改了五次，一直到一九三八年才把法案议决公布。法国人办事之慢，固然是一个原因，立法本身的困难，也有很大的关系。

（二）成立动员机构

有了总动员法令，就需要成立执行动员法令，作各种动员准备的组织机构。组织机构是一部动员的机器，没有组织机构，法令就变成了废纸。这种组织机构，由中央到地方，由都市到乡村，都必须设立。机构设立在什么地方，动员法令就可以推行到什么地方。

现在举两个例子：

（1）意大利在一九二九年制定国家总动员法，成立最高国防会议，这个会议就是意大利国家总动员的总发动机，由首相充任议长，内政、外交、财政、陆军、海军、殖民、经济各部大臣及航空高等委员分任议员。

第二个机关，是国家总动员委员会，为国防会议的咨询机关，负责研究全国资源的组织及准备利用的方法。

第三个机关，是产业动员局，归经济部管辖，关于原料的供给及军需工业生产组织的编制扩充，都由它负责办理。

其他各部，也分别担任动员准备工作。

（2）法国的动员机关，分为中央机关与地方机关。

（甲）中央机关。一九二一年十一月将最高国防会议重加组织，以内阁总理为议长，外交、内政、财政、陆军、海军、空军、殖民等部部长分任议员。国防会议里面，又设立研究委员会和秘书处两个机关。研究委员会由各部次长及各部代表组织，负责审议国防会议所讨论的各种问题。秘书处的任务是选择问题，搜集材料，作成议案，提交研究委员会，秘书处平时直属于内阁。

此外，中央各部均设有最高国防会议的隶属机关，担任总动员之准备工作。

（乙）地方机关。由总动员管区统辖陆军管区、农业动员管区、及地方行政管区，谋军事、经济、行政三大要素的协调。

总动员管区的下面，又设置了许多必要的机关。

（三）编制总动员计划

国家总动员是有组织、有计划、有步骤的行动。计划是动员的先决条件，调查又是计划的先决条件，所以，要动员必先编制动员计划，要编制动员计划必先举行国力总调查。

所谓国力，包括着人力、资源、技术能力和机械动力。把国家的全部力量调查清楚了，然后才可以计划如何将现有国家力量作合理的组织分配和运用，并促进国力的发展。在人的方面，我们必先知道全国的人口数目。在全国人口中，更应该知道男的占多少，女的占多少，识字的有多少，不识字的有多少，受过小学教育、中学教育、大学教育的各有多少，有专门的、普通的生产能力和技术能力的各有多少，然后才可以根据国家政治经济社会各种条件来估计动员军队人数的最大限度和最低限度。再根据可能动员的军队人数去计算所需要配备的武器、服装、弹药、交通工具、技术人员等的数目，编制军需用品生产计划、军用技术人员的训练计划、国民军事训练计划等。有了各种计划，然后才能谈到动员。

计划是各种力量的综合运用，单根据人力的条件是不行的，人力动员必须配合着物资的动员、机械的动员、技术的动员，计划才不落空。假定我们要编定经济动员计划，下面这许多条件，就不能不全盘加以考虑：

（1）多长时间，多少军队，多少民众，照假定的标准，需要消费多少军需品和民用品。

（2）制造这许多东西，需要多少原料，多少机器，多少工人，多少时间。

（3）现存的以及能继续生产的原料够不够用。假如不够，差多少。

（4）不足的原料，如何补充。向国外购买吗？自己增加生产吗。

（5）现有工厂的机械动力，能不能生产出那许多东西。假如不能，差多少。要扩大生产力到满足需要的程度，还需增设多少工厂，添置多少机器，增加多少工作人员。

（6）增设工厂，添置机器，又要增加一部分原料、金钱的需要量，这些原料和金钱的来源怎样。

（7）要把所消耗的原料运到工厂里，再把制造出的物品运到指定的地点，需要多少交通路线和交通工具。

（8）现有交通路线和交通工具的运输力，能不能满足需要。假如不能，差多少。要开辟新路，增加工具，势必增加原料、机器、金钱、人力的原来需要量，这需要量，如何满足。

（9）在战时，交通、工厂必被敌人破坏，机器、原料、人员必有大量牺牲，生产力必大为降低，军队的生活和民众的生活将如何维持。

从上面这几个问题，可以看出经济和其他各部门是怎样密切地关联着。假使其他有关联的各部门不同时动员，任何部门都不能单独地实行动员，所以，经济动员计划、军事动员计划、政治动员计划、交通动员计划、教育动员计划、科学动员计划等，都是全国总动员计划中的一个齿轮，它们互相推动，互相补足。如果把各种计划孤立起来，忽略了它们中间的关联，是行不通的。

单单注意到各种计划的关联还不够，各种计划所规定的措施，彼此必须协调，所要求的数字效果彼此必须保持一定的比例。比方说，军事动员计划中要求战时能够动员五百万军队，经济动员计划中只准备供给三百万人的军需品，交通动员计划中只准备运输二百万军队及所用军需品的交通工具，教育动员计划中只准备造就适应一百万军队需要的各级干部，这几种动员计划纵使完全圆满实现了，五百万军队中，一定有二百万领不到武装，三百万送不到前线，四百万缺少军官、佐和各种技术人员。试问，这样总动员计划有什么用呢？国家的组织和人体的组织一样，最怕畸形发展。假使一个人的拳头比脑袋还大，腰身没有大腿粗，能不能成为一个"拔山盖世"的大力士呢？编制国家总动员计划的人，一不小心，就要闹大笑话，把国家变成一个"怪物"了。

（四）动员演习与动员检阅

动员计划编成以后，是不是正确适用，还不得而知。因为一个总动员计划，是由无数小的"动员计划细胞"集结而成，要使动员计划有效，必先求计划本身的正确。因此，直接主管动员的机关，应该把所属各个"动员计划细胞"详加审核，不足的加以补充，错误的加以修正，省得将来谬误百出，败坏国家大事。

单是审核动员计划的是否正确，还是偏于主观方面的，要真正证明动员计划的价值，最可靠的办法就是实地演习。美国自一九二四年以来，规定国防纪念日，施行国家总动员大演习。例如举行产业演习的时候，就由中央主管机关随时下达假的定货命令，地方机关奉到命令后，就转知所辖区域的工厂，各工厂就按照自己的动员计划接受定货命令，表演转换军需品生产的全部过程，中央机关和地方机关并派人到各工厂担任检阅指导。平时把动员时的各种程度练习纯熟了，错误一发生，立刻便予以改正，到真正动员起来，才能迅速确实，不慌不忙。我们通常见到有些国家举行海军秋操或是试行灯火管制及防空演习，就以为战争将要爆发，实际上就是在作动员演习，和战争爆发与否并没有决定性的因果关系。

我们知道，德国决定一九三九年九月一日进攻波兰，可是她在三天之前就实行计口授粮和凭证购物制了，食物、肥皂、皮革、布和燃料，都要凭证购买。从这一点，就可以证明德国的动员计划是怎样地周密，动员准备是怎样地充分了。国家总动员计划，并不是非到战时就不许拿出保险柜子，能够在平时做到一部分或者全部做到，是再好没有的。

第三篇　如何建设中国国防

第一章　总说

日本帝国主义的强力推行大陆政策，使中国遭遇到空前未有的"国难"。"九一八"、"一·二八"、"七七"、"八一三"，一直到今天还在继续着的长期抗战，中国人民和中国政府在血的教训之下，才知道国防的重要性，才知道过去许多年一般人都忽略了国防建设这件大事，才知道列强压迫中国、破坏中国旧有的国防并阻碍中国建设现代国防的用心是如何地阴险刻毒。从第二次世界大战过程中希特拉的席卷欧洲，十四个国家相继败亡，以及日本在太平洋的猖獗，英、美两个头等海军国的苦战，更深切地认识，不仅没有国防的国家民族不能生存，就是拥有强大陆海空军的国家，如果在军队的装备上、数量上、技术上、战术战略上不能胜过敌人，也无法逃避战争结局亡国灭种的命运。痛定思痛，触目惊心，为了要维护国家民族的生存独立，在全国四万〈万〉五千万人民的心里，一齐燃烧起建设国防的热情。中华民族觉醒了！

不错，一般人都晓得"无国防即无国家"，都渴望着中国国防建设的成功。可是，中国应该建设怎样的国防，并且应该怎样完成中国的国防建设呢？

我觉得，研究如何建设中国国防问题：第一，应该把握住时代；第二，应该把握住特殊；第三，应该把握住重心。

为什么要把握时代呢？我们知道，世界上没有不变的事物，人类社会的进步，一日千里，战争的性质和型式也时时刻刻在变化。昨天的国防型式，不能应付今天的战争；今天的国防形〔型〕式，也同样不能应付明天的战争。波兰拿第一次世界大战时代的军备来抵抗一九三九年的德国，结果失败了；法国拿落伍的马奇诺主义来抵抗德国的极度流动性的摩托机械化部队，结果失败了；英国抱定经济战和守势作战的战略原则，不知加以变通，遇到希特拉的闪击战术，也失败了。时间是决定战争胜负的重要因素，国防观念、战争思想和军队的组织装备如果失掉了时代性，成为时代的落伍者，在战争中，她绝不会侥幸地获得胜利。战争是铁面无私的裁判者，谁在国防建设上落后一步，不论这种落后是物质上的、精神上的或理论上的，谁就要接受一分应得的惩罚。

第二次世界大战产生了新的战争方式。一九三九年九月德国进攻波兰的战争，一九四〇年五月德国进攻法国的战争，一九四〇年十二月英国粉碎非洲利比亚、意大利军队的战争，都是这种新战争方式的表现。这种方式很明白地指示出今后国防建设的道路。同时第二次世界大战过程中胜利和失败的史实也明白地告诉我们，什么样的国防才是最适合于现代战争的国防型式。我们不建设国防则已，要建设国防，就非把握住时代，建设适合于现代战争的新型国防不可。如果耗尽人力、物力完成一种不堪一击的国防建设，仍免不了战争失败的苦痛与耻辱，结果还是让子子孙孙做奴隶牛马，受人统制宰割，仍免不了要亡国灭种，岂不是和没有国防的国家民族一样吗？不战而亡，固然是世界上最可悲悯的事；如果打得焦头烂额，结果仍然是国破家亡，永远不得翻身，那就更悲惨了。

那么，我们所要把握的足以代表这个时代反映这个时代的是什么东西呢？具体地说，就是"科学"。"科学"就是这个时代的主宰。现代的国防，是科学的结晶；现代的战争，是科学的战争。最后的胜利，必然地要落到科学最进步而其他战争条件又不弱于敌人的交战国的那一边。

所谓新的战争方式，是各种摩托机械化军队的适当配合所构成的，它的特征就是摩托和机械所产生的高度流动性。战略和战术的运用，都注重在机动性的发挥和适应。而摩托和机械正是应用科学的产物，就连使用这些摩托和机械的战争的艺术，本质上也是科学的。科学实在是支配现代国防和现代战争最基本的力量，没有现代的科学，绝对建设不出现代的国防，绝对无法应付现代的战争。中国是一个时代的落伍者，要想把握住时代，必先把握住科学，彻头彻尾地去研究科学，普及科学教育，提高科学水准。我们的科学赶上了这个时代，才能建设这个时代；我们的科学超过了这个时代，我们的国家自然是时代的先驱者，我们的国防建设才可以超越时代。

理想的国防，必须是"超时代"的国防。因为今天的战争方式是昨天的国防力量的表现，如果根据今天的战争来建设国防而忽视了未来战争的远景，无论他的成就是怎样惊人，结果都是无用的废物。法国的马奇诺防线，就是一最好的例证。

为什么要把握特殊呢？因为中华民族有他自己独特的民族性，有他自己独特的历史，有他自己独特的文化，有他自己独特的地理环境。这许多独特的东西，造成了中国独特的政治制度、经济制度、社会制度……这许多与众不同的制度，造成了中华民族独特的生活方式。对于任何事物，中华民族有他自己的观点；对于任何问题，中华民族有他自己的解决方法。这许许多多独特的因素，使中华民族在世界上建立了一个独特的国家。

这个独特的国家，要建设，必须是自己建设；要改造，必须是自己改造；要生存，必须是独立生存；要发展，必须是自由发展。国防的作用，就是保卫这些独特的、自己的、独立的、自由的东西。中国国防的形式，也由这些独特的、自己的、独立的、自由的因素决定。

有什么样的国家，就有什么样的国防。要问中国要建设什么样的国防，最好先问中国要建设什么样的国家。因为国防的形式是由国家的形式决定的，建设国家的目标，也就是建设国防的目标。中国要建设成功一个三民主义的国家，首先须建设成功以促成三民主义之实现为目标的国防，使民族能够独立，民权能够普遍，民生能够发展。以实现三民主义为目标的国防，充分地表现出中国国防的特殊性。它和德国国防的目标在实现希特拉主义、苏联国防的目标在实现史大林主义、美国国防的目标在实现泛美主义、英国国防的目标在实现大不列颠主义、日本国防的目标在实现大亚细亚主义完全不同。所以，不论在国防形式上、军队组织上、战争指导上、军事理论上和战术战略上，都应当尽量发挥中国的独创精神和特殊性，不需要刻板式地模仿任何国家，生吞活剥地抄袭别人的东西。世界上没有第二个中国，也没有第二种三民主义。实现三民主义的战争对象和实现其他各种主义的对象，是不会相同的。战争可能发生的时间、地点，战争经过的过程各结果，也是不会相同的。我们假使不把握住中国的特殊条件而盲目地追踪别一个国家，模仿一种不适合中国特殊要求的国防型式，那简直等于自杀。

为什么要把握重心呢？孔子说过："君子务本，立本而道生。"我们要建设中国国防，也需要把握住一个或者几个最基本的条件，这些条件，就是建设国防的重心。中国从满清末叶就开始修铁路，辟港湾，筑要塞，编练陆海军，从事国防建设，中间经过几度的破坏，几度的整理，一直到现在，大家才知道中国过去的国防建设不但没有成功，而且连基础都没有打好，今后要建设国防还得从根本上着手。

国防是政治、经济、文化、社会、军事等各种力量的结晶，军事是结晶体的顶点，经济是结晶体的基础，所以国防建设必须和政治建设、经济建设、文化建设、社会建设同时并进。没有进步的、稳固的政治组织、经济组织、文化组织、社会组织，现代化的军事组织是建设不起来的。换句话说，国民是军队的基础，普通教育是军事教育的基础，社会是技术军事技术的基础，一般工业是战争工业的基础，要想提高军队的知识水准、技术水准，发展战争工业，非先提高国民的知识水准、技术水准，发展一般工业不可。从表面上看，中国遭逢空前未有的国难，不能用武力收复失地，把敌人驱逐出国境以外，似乎应该归咎于中国的军事落后，实际上，支配现代战争决定现代战争胜负的基本力量不是军事，而是整个国家物质的生产力，中国军事落后的原因是由于产业落后。到今天，中国还是一个十足的农业国家，国民日常生活必需用品的生产，大半依赖着古老的手工业生产方式，拿人力和机械动力斗争，在生活上在物质的生产上早已失败，军事上的胜利，还有什么希望呢？

因此，我以为建设国防的重心在发展民族工业，完成中国国防建设的先决条件，是实现农业国家的工业化。

现代的战争是全体性的国力战。但所谓国力，并不是现有物质资源、工业生产力以及技术能力和后备人力的总和，而是能够随时动员参加战争，在战争上发生效用的全部力量。在第二次世界大战中，英、法两国的工业生产力比德国要大得多，人力和经济力量也比德国雄厚，可是，在战争上，英法同盟军反不是德国的对手，以致造成法国屈降，英国失败的初期战争的不幸结局。甚至美国参战以后，非等到一九四三年同盟国的军火生产量占绝对优势的时候，也不能够对轴心国家实行反攻。可见单是产业发达的国家还不能够在现代战争操必胜之券，必须更进一步，使人力、物力、工业的生产力加入军事组织变为战争潜力，这种战争潜力才是代表国防力量的重要因素。中国有丰富的资源，有庞大的人力后备，天惠并不算薄，如能运用科学的力量把中国由农业国家推上工业化的道路，立刻便成为东亚的支配力量，论富论强，中、苏、美将在世界上鼎足而三。我们能不能实现这一个理想，全看中国能不能善于利用本身的人力、物力发展民族工业，再把民族工业军事化。

民族工业军事化，就是国防建设的重心。

我们把握住了时代，把握住了中国的特殊性，把握住了重心，再加上天惠的各种有利条件，要建设一个合乎理想的国防，并不是什么难事。譬如积薪，后来居上，只要我们能够运用崭新的方法，我们一定能够迎头赶上。苏联革命以后，她的产业比英国、美国要落后五十年到一百年，可是苏联集中全国的人力、物力，咬紧牙关，完成了两个五年计划，居然把一个农业国家变成一个工业国家，不但在物质文明上已经和英、美并驾齐驱，而且在国防的建设上、战争的潜力积蓄上，其惊人的成就，反使英、美各国瞠乎其后。苏联能够以十年的努力把国家的文化向前推进了一百年，中国目前的形势，比苏联革命的形势要好得多，人家可以办到的事，我们为什么办不到呢？黄帝子孙是世界上最优秀的民族。

从世界各国的先例看来，要想完成国防建设，除了上面所提出的条件以外，另外还有两个条件：第一个条件是建设国防的"人"，第二个条件是建设国防的"法"。有人无法，结果是心有余而力不足，无论什么困难，都不能克服；无论什么障碍，都不能打破。有法无人，则徒法不能以自行，也不能发挥法本身的效用。人、法二者适宜配合，做一点是一点，有一分的努力就有一分的成就，任何困难都可以克服，任何缺陷都可以补救。

中国有伟大的革命领袖，全国上下一致在蒋委员长的领导之下，从事抗战建国的不朽大业。七七事变以来，数百万将士以劣势装备对在装备上、素质上和训练上都占绝对优势的敌人作战，使敌人疲于奔命，一筹莫展，使中国国际地位蒸蒸日上，成为反侵略集团中的要角，使中国军队成为打击日本帝国主义者安定亚洲的主力，这不能不归功于民族领袖蒋委员长伟大的人格感召和卓越的战争指导。苏联在革命成功以后的建国过程中，曾经提出两个口号，一个是"干部决定一切"，一个是"技术决定一切"。这两个口号，在今天对中国完全适用。在前方，在后方，在军事上、政治上、经济上、文化上，处处都感觉到干部的缺乏，技术的不够。可是，这种种困难，并不是不可以克服的，只要我们认清楚目标，把握住各种基本条件，一致在领袖的指导之下努力去干，一定比较苏联、德国和其他强国更容易完成理想的国防建设。

所谓理想的国防，也就是一种最新型的、超时代的，适合未来战争而且随时可以打击并粉碎侵略者的"战时体制"。

第二章　兵力决定的标准

一、兵力的限制

无论哪一个国家，都不能毫无限制地来建设自己的国防，扩充自己的军备。兵力的大小，人数的多寡，受许多条件的限制，被许多因素所决定。换句话说，对于一国兵力发生决定作用的，不外两种要因：主观的要求和客观的环境。

国家民族是一个有机的战斗体，它为了要维持自己的安全独立，生存发展，便适应这种需要确定自己的政治策略，标榜一种主义。要保持现状的，就是消极的保守主义；要打破现状的，就是积极的侵略主义。政治策略和国防方针互为表里，互相影响。抱定侵略主义的国家，要想达到侵略发展的目的，就要按照足以压倒假想敌国武力的标准来建造在数量上和质量上处于绝对优势的海陆空军。抱定保守主义的国家，也要因应环境之需要，建立足以保卫国家领土主权独立完整的军备。侵略主义国家的兵力非大不可，不大不能达到消灭敌国的目的，保守主义国家的兵力亦须以能抵抗侵略的敌人为标准。因此，在主观方面，侵略者所要求的兵力为足以粉碎敌人；保守者所要求之兵力，在消极方面为足以抵抗敌人之"侵略"，在积极方面为以粉碎敌人答复敌人之"粉碎"。国策虽不相同，却同样需要有强大的兵力。

主观方面的要求如此，客观环境的限制又怎样呢？

（一）人口的限制。兵员是组织军队的基本要素，兵员的多寡和人口的多寡有密切的关系。军队既由人民组织而成，那末，军队的数目无论如何不能超过人口的百分比。军队又由壮丁组织而成，那末，军队的数目便不能超过全国壮丁的数目，超过了全国壮丁的数目，必然地有一部分军队是老弱残兵。种田需要壮丁，做工需要壮丁，经商需要壮丁，办理国家的政务也需要壮丁，各行各业都需要壮丁来支持，如果全国的壮丁都去当兵，别的部门纵不停止活动，也要减少许多活动的力量，工作效率必然大为降低，不能配合军事行动适应战争的需要。假使战争时间延长了，兵员的补充，物质的接济，都要遭遇到严重的困难。壮丁的数目不过是全国人口的若干分之一，能直接服兵役的壮丁不过占全国壮丁的若干分之一，为了防止兵源的涸竭，常备的军队仅仅占能直接服兵役的壮丁的若干分之一（通常的标准，常备军约占全国人口千分之八）。可见人口对于兵力的限制，是很大的。

（二）经济的限制。越是进步的国家，她的组织越复杂，用费越庞大。军队是消费的，军队越多，军费越大。军事组织不过是国家组织的一部分，军费的开支也应该占全国财政收入的一部分。因为国家强与不强，全看她各部的组织是不是平均发展。军事组织和政治、经济、文化、社会等组织必须经常地保持着一定的比例，军费用得太多，别的部门便因为经费的过度紧缩而废弛下去，军事力量如果没有政治、经济、文化、社会等各种力量的辅助和支持，绝不会单独存在，单独发展的，不但未建设的军备无法建设，就是已建设的军备也无法维持。一般地说，国家的岁入多寡决定常备兵额，不论平时战时，军费都不应该超出国家财政力量所能担负的最大限度。大概国家财政岁入较大的国家，军事费在全国总预算中所占的比例较小；岁入较小的国家，军事费在全国总预算中所占的比例较大。世界各国平时国防经费，约全国费用的五分之一到三分之一。急于扩充军备的国家，军事预算必然增加；不急于扩充军备的国家，军事预算必然缩小。这是一定的道理。

（三）资源的限制。现代的战争是物资的消耗战，也是物资的争夺战。大量的军队，需要大量物资消耗。一个资源贫乏的国家，纵使地大民众，也建立不起来强大的军队。空军、海军、陆军已经高度摩托化和机械化，需要制造各种空中摩托、海上摩托、地上摩托的原料和机械，需要维持各种摩托的丰富燃料，固不消说。他如骑兵需要的是马匹，不产马匹或马的产量过少、马的品种太劣的国家，便组织不成强大的骑兵；纺织原料和金属原料缺乏的国家，士兵便着不上现代化的武装。没有装备或装备不足的军队，是炮灰的原料，再多也是徒然的。

（四）产业的限制。现代军队依存于人口、经济、资源，也依存于产业。因为机械和摩托都是工厂里面造出来的，没有大规模的、最新式的军需工业组织，便制造不出足够的大量武器和军需用品，地大物多蕴藏富，适足以刺激敌人侵略的野心而已。"楚人无罪，怀璧其罪"；许多殖民地或半殖民地国家民族的运命，就是由于她们仅有资源而没有产业才被侵略者确定的。因此，一国的兵力，受资源的限制，更受资源生产工业化程度的限制。组织一百万现代化军队的条件之一，是国内军需工业先具有足以供应一百万大军的装备和作战物质的生产力。

（五）文化的限制。军备和文化的关系异常密切，应用科学和军事技术也都属于文化的范畴。闪电战术和流动性战争不产生于一九一四年开始的欧洲大战时期，而产生于一九三九年的德波战争；不产于文化落后的非洲大陆，而产生于科学发达的德国：就是文化限制军备质量的明证。一个文化落后的国家，决制造不出可以和苏、德、英、美等国媲美的飞机、坦克。就把世界上最优秀的飞机、坦克送给她，她也没有操纵驾驶的技术，使它们发挥高度的效能。在军队的素质方面，固然不能超越国家的文化水准，同时，在军队的数量方面，也不能不受文化水准的限制。产业发达的国家，所用的生产工具是用摩托发动的机器，一个工人的生产品足以供给几千几万人的消费；产业落后的国家，靠着手工业或幼稚的机器工业去从事生产，几个工人的生产品还不能供给现代兵士一个人的消费。因此，两个国家的人口多寡相同，可是动员的人数因为产业发达的程度不同，文化落后的国家往往是相形见绌的。

（六）国际关系的限制。军备原为世界各国对立关系下的产物，邻国或假想敌国的政略和兵力，对于本国的军备，也是一种决定力量。

近代交通发达，国际关系错综复杂，战争之发生，已不限于邻国。两个国家的领土纵不连接，或者远隔重洋，只要在政治上或经济上有着密切的关系，他们便随时有因为利害冲突而发生战争的可能。这些国家的政略和军备，对于本国的兵力，很有影响。如果和自己利害关系密切的国家，都是些安于现状的保守分子，他们的兵力很小，本国的军备，也不妨缩小；要是处列强窥伺，虎视眈眈的环境之下，那就非整军经武扩充军备不足以御侮图存了。

（七）领土形势的限制。地理环境的优越与否，和一国的军备有不可分离的关系。一个四面环海的国家，要迎击跨海而来的敌人，需要海军；要跨海而去进一步征服敌人，也需要海军。一个四面临陆的国家，当然要建设强大的陆军，准备和陆上的敌人作战。一个面海背陆的国家，为了防卫领土的安全，她不能不同时建设海军、陆军，并依照海岸线的长短和战争可能性的大小来决定海军和陆军的比例。

至于空军，不论是海权国也好，陆权国也好，都是少不了的。

其次，地形也是限制兵力大小和决定国防兵种比例的一个条件。举例来说：

（甲）领土又狭又长的国家，中心离边境太近，防卫不易，需要一个组织庞大的常备军去担任防卫。假如她有"一夫当关，万夫莫入"的天险可恃，易守而难攻，常备军的数量少一点，也没有大的关系。

（乙）有些领土成方形或者圆形的国家，国境线和领土面积的比例，比较又狭又长的国家要小得多，她的兵力集中迅速，从此线调到彼线也很容易，只要控制适当的兵力于适当的地点，就可以南北东西无往不利地去应战了。在军备的数量方面，这种国家，确是占着地形上的便宜。

（丙）海岸线绵长的国家，自然需要强大的海军去保卫她，还要陆空来配合，始能达成保卫领土安全的任务。

（八）交通的限制。战争需要争取时间，交通就是争取时间的有效工具。愈是现代化的军队，在作战上愈要依赖交通。

交通便利的国家，军队的集中、运输和展开，都很迅速，一个兵可以当十个用；交通不便利的国家，人家走一天的路，自己非十天半月不能到达，结果，十个兵还抵不过一个。如果邻国在交通的设备上占着优势，大军可以朝发夕至，就需要有比较雄厚的兵力经常地担任着国境线的警戒和防卫。

总之，常备军的多寡，在交通方面，是以敌人是否易于侵入来决定的。敌人易于侵入的国家，常备军的兵力须大；敌人不易侵入的国家，常备军的兵力可小。

一国兵力的决定，虽有这许多客观条件的限制，但这许多限制，也不是固定不变的，主观的努力往往可以改变客观的环境。人口的限制，可以用奖励生育、提倡体育卫生、减少死亡率、奖励移民等各种方法去改变它；经济的限制，可以奖励生产、提高技术水准、整理财政金融、管理国内国外贸易、增加各种税收等开源节流的办法去改变它；资源的限制，可以用收复失地、提高国内生产量、预行资源蓄积等各种办法去改变它；产业的限制，可以厉行工业建设去改变它；文化的限制，可以普及教育扫除文盲去改变它；国际环境的限制，可以外交的策略去改变它；领土形势的限制，可以用挖河、移山、填海的办法去改变它；交通的限制，也可以用发展海运、陆运、航空各种方法去改变它。环境既然是可以改变的，那么，我们建设国防，一方面固然要适应客观环境各种条件的限制，一方面还要根据自己主观的要求，以最大的努力改造环境，去完成合乎理想的国防建设。

二、中国所需要的最低限度的国防军

中国有一千二百万方公里的广大领土，四万〈万〉五千万的人口，物产丰富，可以自给自足。因此，我们不需要侵占别国的领土，同时，我们自己的领土，也必须用我们自己的血来保护，一尺一寸，决不肯拱手让人。我们的国策，是维护世界和平，在世界和平的空气里实现我们最高的建国理想——三民主义。

就国际环境来说，中国的位置恰在亚洲的中央，是远东的政治重心、经济重心、文化重心，是亚洲唯一的安定力量。除了苏联同日本，其余的邻邦如朝鲜、安南、缅甸、印度、不丹、尼泊尔、伊朗、阿富汗等，不是列强的殖民地，就是爱好和平的弱小民族，她们和中国的关系虽然密切，却很少和中国直接发生战争的可能。日本的大陆政策，不但是侵略中国、灭亡中国的政策，连苏联也成了她进攻的对象。中国的边境，有一半和苏联毗连，可是中、苏两国的国策，在目前并没有显著的冲突，在新疆、外蒙各处绵长的边界上，除了配备若干足以维持地方治安的军队外，事实上并不需要耗费大量的人力、物力普遍设防。不过，九一八事变以后，日本用武力制造了一个伪满，苏、日两国的边境线随着日本占领地的扩张而逐渐延长了。在我们的失地尚未完全收复以前，苏、日两国一旦在远东爆发战争，日本军队便随时有越过中国边境进攻苏联或利用军事占领地侵犯中国的可能。我们为了保障和平，保持领土主权的完整，在伪满边境、内外蒙古各地，凡是有直接间接受日本军队侵犯或威胁的地带，都有酌量设防的必要。

中国东境虽有八千余公里海岸线，可是，和英、美、日、意等国比较起来，海岸线并不算长，如果要建军，陆军和空军应该是国防军的主力，海军处于辅助的地位。假定陆军的编制每师为一万人，依照中国环境的需要，第一线的常备陆军，至少应该有一百二十个师。这一百二十个师，需要三年至六年的时间逐渐编配完成。

现在的陆军是以机械化和摩托化的程度作评判优劣的标准的。机械代替了人力，机械的重要性有时候甚至超过了人力。因而，越是进步的陆军，机械、摩托的配备愈多，步兵不再徒步行军，摩托化骑兵队里可以不用马匹，原来用骡马和人力挽拽的大炮也全部摩托化了。军队的战斗力量，不单单以兵员的多寡和训练的精粗来决定，机械装备的多寡和机械构造的精粗，反而成为决定军队战斗力量的主要因素。我们知道，一支仅有训练而缺乏现代新式武器装备的军队，到前线去和最新式的装备最充分的陆军作战，前者情况之恶劣，结局之悲惨，是不难想见的。中国是一个产业落后的国家，也是交通落后的国家，我们为了适应中国产业交通的特殊情况，一方面发展产业，使军队的装备现代化，一方面发展交通，使军队的运输现代化，但在全国铁路、公路交通网尚未完成之前的过渡期间，不能不缩小师的编制。一个现代化兵团，组织在一个交通落后的国家里，不论在军事上、运输上、战略的展开上都有意想不到的困难。这一点是不容忽视的。

幅员广大，也是中国的特点之一。就气候来说，北方近于寒带，南方近于热带，中间大部属于温带；就地势来说，有广大的山地，广大的平原，广大的森林，广大的沙漠，广大的湖沼地。为了适应中国地理上的特殊性，国防军的组织和运用，不能不采用分区制。很显然地，北方人喜欢吃麦，喜欢骑马，能耐寒冷；南方人喜欢吃米，喜欢划船，能耐溽暑。如果把南方的军队开到北方作战，或是把北方的军队调到南方作战，因为生活过不惯，精神上和身体上便觉得有些痛苦，怎么能够提起高度的士气去打仗呢？以纳粹德军的装备和训练，进攻莫斯科的伟大计划尚且为隆冬粉碎而狼狈撤退，在组织上和训练上不及纳粹德军的队伍，更用不着多说了。国防军分区组训制度，目的在因地制宜，因人制宜，使战斗条件尽可能地与生活条件协调，无形之中便增加了不少的战斗力量。比方说，我们和敌人在山岳地带作战，就调集在山地区组织训练的善于山地战的军队作为主力军；在湖沼地带作战，就调集在湖沼地区组织训练的善于湖沼战的军队作为主力军；在沙漠地带作战，就调集在沙漠地区组织训练的善于沙漠战的军队作为主力军。再配合其他的部队共同作战，和不分地区混合编配的军队比较起来，效率一定高得多。因为中国有特殊的地理形势，不能不产生特殊的军事组织；因为中国要同特殊的敌人在特殊的地点作战，不能不预先组织训练好大批特殊的军队。

战争立体化以后，空军的重要性与日俱增。它代替了骑兵，代替了炮兵，代替了通讯兵，代替了交通兵。重轰炸机变成"流动炮兵"，跳伞部队被称为"空中步兵"，成千成万的军队带着全副的装备在天空中输送着，从大陆到海洋，从后方到前方。在今天，陆海军如果没有空军的掩护和协同作战，简直无法实施战斗。空军不仅主导着空中战场，陆上战场和海洋战场也同样受它的指导和支配。有人说，现代战争从天空中开始、在地面上结束，这种说法，在目前看来是十分正确的。可是，空军的潜能，还没有完全发现，随着科学的进步，未来战争很有从天空中开始，在天空中结束的可能。无空防即无国防。没有空军或空军力量薄弱不足以自卫的国家，根本就不能应付现代战争。

领空和领土同样重要，保卫领土必先从保卫领空开始，因为敌人的侵略军的前哨是由空军担任的。我们的领土不许敌人侵入，我们的领空也不许敌人侵入。但是，这种任务是不容易达成的。纳粹德国是空军最强的国家，同盟国的飞机仍旧可以成群结队地飞往柏林投弹。中国的领空比德国大好几倍，怎么能织成一幅天罗地网使侵略者的机群无隙可乘呢？当然是不可能的。因此，在战略上，我们必须以空军对付空军，拿轰炸答复轰炸，由于列强的积极扩充空军，没有五千架到一万架的飞机，已经算不上一个强国，而且也不足以自卫。在中国的建军计划里，应该以二年到四年的时间，加紧完成一个最低限度的空军，可以随时出动八千架第一线飞机，包括着四分之二的轰炸机、四分之一强的战斗机。

要想完成领海防卫，中国在最近的将来需要建设三十万吨的海军。三十万吨的海军，和任何强国比较起来，都不成对比。不过，中国是一个工业落后的国家，重工业的基础更差，中国没有大规模的造船厂，连技术和原料也都感到缺乏。在这种情形之下，完成三十万吨的海军建设是相当艰难的，可是，建军的着眼点是战胜敌人，保卫领土主权的完整，我们只问需要不需要，不问它艰难不艰难。凡是我们所需要的，再艰难一点也要办；我们所不需要的东西，虽折枝反掌之易，也不必多此一举。

中国海军的建设，因为经济、产业、技术种种限制，只能采取守势主义，先完成一支小型舰队以防卫沿海沿江的安全。这支小型舰队，以巡洋舰、驱逐舰、潜水舰、敷设舰、扫雷舰、鱼雷艇多艘编组而成，只要和空军配合起来，就可以打击敌国的海军，使他无法登陆，并进一步用机动奇袭的战术予敌以打击。主力舰需费太大，建造困难，目前只有暂付缺如一法。我们与其耗费数万万以上的金钱去建造一艘主力舰，倒不如拿这笔巨款去扩充几百架飞机。因为我们的目的是保卫我们的领海，不是和海权国家争霸。从"威尔斯亲王号"和"利巴斯尔号"在西南太平洋沉没的史实看来，凭着一支小型舰队和优势空军来共同担任领海的防卫，是可能的。

不错，中国还没有较大规模的造船厂可以自造军舰，中国还没有大量现成的干部可以随时组织成一支海军。我的意思，三十万吨的海军建设计划，八年至十年可以完成。前五年为第一期，后五年为第二期。在第一期，主要的工作是训练海军基本干部，建立造船厂，贮备各种器材，吸收并培养技术人员，并着手制造鱼雷、水雷、潜水艇和千吨以下的小型补助舰，这一期可以说是准备时期。准备工作完成以后，到第二期，以五年的时间来实现三十万吨的海军建设计划，实在并非难事。

空军的发达产生了防空军。历次的战争经验告诉我们，绝对制空权的取得将永远成为一个理想。为了减少敌国空军袭击的损害，为了保护后方要点和空军根据地的安全，为了协助自己的空军使其更有效地消灭敌机，防卫领空，非有相当庞大的防空部队的组织不可。防空设备对于空军的作用，正如巩固的要塞对于野战军或巩固的军港对于海军一样，在使他有更大的行动自由以完成他本来的攻击任务。陆上防空部队、海上防空部队和各重要中心的防空设备越得力，可以用在攻击方面的轰炸机和战斗机就越多。

因此，防空情报网、防空交通网、高射部队、照明部队，非先完全组织起来不可。假如可能做到的话，有些要点也需要设置阻塞气球网，虽然伦敦上空的阻塞气球并没有根本阻止德国空军的袭击，它的效用还是不能一笔抹杀的。

芬兰的曼那林防线被苏联军队粉碎以后，法国的马奇诺防线被德国军队突破以后，新加坡军港被日本军队攻下以后，要塞的地位一落千丈，世界兵学家对于要塞的价值遂纷纷议论，多数主张重新加以估计。事实上，无论陆上的防御工程或海军的军港，都兼有防御和攻击的两种意义。要塞的功用，并不是自己的军队等着挨打，而在节省兵力，消耗敌人，疲困敌人，给自己的军队以攻击敌人的适当机会，像法国那样的迷信要塞的马奇诺主义，固然不值一顾，若根本否定要塞的价值而大唱"要塞无用论"，也大可不必。

中国有八千余公里海岸线，有长江、珠江、黄河、黑龙江、松花江等贯穿内陆资源地带的巨流，若不处处设防，仍让外国军舰自由出入中国的港湾内河，随时攻击我们的心脏，中国将永无抬头之日。痛定思痛，我们不但应当赶快把沿江沿海的要塞建筑起来，就是陆上重要据点的防御，也不能放松一步，要塞部队依旧是构成国防军的重要元素。

自然，国防的建设是永远不会完成，永远不会达到理想的境界的，它必须随着时代的推移，自己的需要和国际环境的变化，经常地在改进，扩充。在目前说来，我所提出来的建军数字，仅仅是一个最低限度的要求，不能作为一个固定的标准。

标准的本身是富有弹性的，一国兵力的标准，不是数目字，而是国策的贯彻实现和领土主权的完整安全。

第三章　国防军的组织和装备

在国防兵种全部摩托化和机械化的今日，军队的战斗力量，不能够单单拿战斗单位和兵员的数目来估计了。除了数量以外，火力、搥击力、运动速度对于战争的胜负，都是具有决定性的重要因素。假若忽略了这些不能忽略的条件而侈谈国防军的建设，那是十分危险的。

因此，要把握住些什么东西，要建设哪一种形式的国防军，才能在最经济、最迅速、最稳固的原则之下达到建军的目的，实在是值得研究的重要问题。

近代战争艺术在技术上的进步，影响了军队组织的变化，而各种新式的装备不仅是影响了军队组织的变化，并且更进一步否定了过去的军事理论，许多兵学上的原则都被部分地或整个地推翻了。至于军队的素质是否占着优势，它始终是战争结局的裁判者，这种因素的重要性，在世界第二次大战过程中，越发显著地增加起来。德波战争，很明显地告诉我们，两个不同时代的军队根本无法交战。拿德波战争和苏德战争比较起来，德国军队的瓦解波兰，简直是一次很快意的旅行。法兰西崩溃之速，一方面是由于法国军事当局过分迷信守势主义，犯了理论上的错误，同时法国军队在技术上、素质上和装备上所暴露的弱点也实在太多太大了。前事不忘，后事之师，当我们讨论中国建军问题的时候，技术问题、素质问题、装备问题特别值得我们注意，并且殚精竭虑地去推敲出一个正确的答案。

中国是一个大陆性的国家，虽说她也有绵亘数千里的海岸线，终因为受民族的保守性、爱和平的传统文化和不侵略的一贯国策的层层限制，使她不能够向海外发展，变成一个海权国家。近百年来，横遭列强帝国主义的压迫剥削，丢掉了不少的领土，丧失了不少的利权。日本帝国主义者野心勃勃，欲壑难填，竟想一举亡华，实现明治大帝的大陆政策，独霸东亚，支配世界。五年来的艰苦斗争，把日本军阀的梦想粉碎了，虽然沿海沿江的国防工事全被敌军破坏，虽然广大的领土大部被敌军占领，可是战而不屈的坚强无比的抗战意志终于杀出一条血路，中华民族的前途透露出一线复兴的曙光，最后胜利已经不远。但要确实获得最后胜利，还需要全国上下茹苦含辛，继续努力。我们究竟凭着什么来争取最后胜利呢？唯一的手段就是建军。建军的目标，第一个是把敌人驱逐出境，收复全部失地；第二个是保障领土的安全，促成民族的复兴。中国是一个被侵略的国家，我们的制海权完全操在敌人手里，建设海军，是领海收复以后的事。在目前，我们不谈建军则已，要建军，非从陆军、空军着手不可。我们有了强大的陆军、空军，才可以反攻，才可以瓦解敌军，歼灭敌军，收复失地，并进一步运用空军的力量疲困敌人的海军，消灭敌人的海军，恢复我们的海权，以掩护我们的海军建设。空军的特性是迅速、机动，他是最有效的破坏性最大的进攻武器。一颗炸弹，可以击沉一艘军舰。我们有海军的协助，自然是好，没有海军，单靠陆、空军的联合作战，也可以破灭敌军，胜利地结束战局。

摩托化和机械化的装备，大大增高了军队的运动速率，使现代战争变为流动性战争。"闪击战"和"反闪击战"充分说明了"以动制动"的战术特性。不论在战略战术上所采取的是"攻势主义"或是"守势主义"，军队的装备，都必须适合极度流动性的要求。攻击敌人，需要用飞机、坦克、摩托化的大炮；防御敌人，也需用飞机、坦克、大炮等富有攻击力、破坏力的武器。因为，攻击是最有效的防御，要是不以攻击为手段，就不能迅速而确实地达到防御的目的。比方说，高射炮和坦克防御炮是大家公认的防御武器，但是它们也要求迅速，要求机动，而且在效能上与其说是消极的防御，毋宁说是变相的攻击或攻击的另一方式。在一九四〇年的欧洲战场，用闪电战术向法国进攻的纳粹德军，反而携带着比法国军队更多的防御武器——高射炮和坦克防御炮，这不是很奇怪的事吗？

中国国防军的组织，毫无疑义地，应该以适合"以动制动"的现代的战术特性为标准。但是现代战术的产生，并不是偶然的，它依赖着摩托、机械化的装备和高度发展的军事技术。没有摩托和机械化的装备，军队的流动性就不会增加；没有优越的军事技术，虽有最新式的装备，也不能发挥新式装备的效用。随着新式进攻武器——飞机、坦克、摩托化大炮的发明和改进，一切旧的过时的战争理论以及战略战术都要重新检讨过、修正过才能应用。有时候，更须大胆地推翻流行的方法，创造出自己所需要的军事理论和军事技术。我们如果老是模仿人家，老是跟着人家跑，以"学得像，跟得上"为满足，便永远没有复兴的希望。因为适者就是优者，一支胜利的军队，必定是知人之所不知、能人之所不能、行人之所不行、用人之所不用的军队，从最高的战争指导者到下级的干部士兵都是一样。

可是，中国是一个物质文明落后的国家，我们的社会重心还没有脱离旧式的农业，我们的产业十之八九还靠着筋肉动力的推动，距离电气化、机械化还有一段遥远的路。我们的人民，没有受过公民教育的，数目还在全人口的百分之八十以上。这种情况，不仅直接增加了中国军队装备现代化、技术现代化的困难，同时兵员的素质问题也一天比一天严重。灾荒、战争、疾病、穷困、劳苦，再加上不合理的家庭生活和社会生活，降低了一般国民的健康水准。因为体质的柔弱，国民的精神也就颓丧了，萎靡了，无论做甚么事，都带着没精打采少气无力的样子，提不起劲。穷困、劳苦的生活，又造成了狭隘的小我观念，加强了卑劣的自私心理。为了一人一家的利益，有些人甚至做出危害国家民族的丑事。爱国情绪和国民道德的激发提高，不用说，是不大容易的。我们要想建设现代化的军备，应该先把这许多建军的障碍扫除，从教育方面、经济方面、产业方面下手去提高国民的健康水准、知识水准、道德水准，并增进国民的物质生活和文化生活。国民的素质提高了，士兵的素质才能提高，后备军的扩充才不会感觉困难。

武装现代军队的先决条件，在产业方面须有大规模的以钢铁工业和机器工业作基干的军需工业组织。我们要建立这种组织，技术人员和劳动干部的培养训练，是刻不容缓的事。没有数目庞大的技术优越的产业军，则资源的开发计划、战争工业扩展的计划、武器装备的生产计划、统统都成了纸上的空谈，永不兑现的空头支票。

面对着中国建军计划的困难问题，是不能一一列举的，为了要争取民族的生存，国家的独立，争取战争的光荣胜利，我们必须咬紧牙关动员整个国家的组织机构来实现这一个理想。不论从地形上、环境上、交通上、国际现势上或是从主义国策着眼，都可以确定中国所遭遇的未来战争和现在的战争同样是大陆性战争，中华民族能不能复兴，三民主义能不能实现，完全取决于空中战争和陆上战争的能否获得胜利。

基于上面这几点基本认识，可以知道中国建军问题的核心——我们全国同胞所努力以赴的总目标，就是以适合大陆性战争为目的的军事组织。我们如不能用这个军事组织打翻敌人，就要被我们的敌人打翻，永远爬不起来。

在这个庞大的军事组织里，应该包括三十个装甲师，三十个摩托化师，适合山岳地带作战装备的部队四十个师，适合湖沼河川地带作战装备的部队二十个师。北方有辽阔的原野，有一望无际的沙漠，那里是最好的牧场，我们还得利用当地出产的马匹骆驼编练成一支强大的骑兵队。

装甲部队是陆地战场上的主力，它具有强大的捶击力、炽盛的火力和高度的运动力。枪炮、车辆、人员是这种部队编成的三大要素。现在世界各国一个普通装甲师（九千五百人）的装备是这样的：

一、武器方面，计有：

三〇厘米口径的重机关枪四四挺

三〇厘米口径的轻机关枪四一二挺

五〇厘米口径的机关枪一一三挺

三七厘米口径的坦克防御炮二六门

六〇厘米口径的臼炮二一门

七五厘米口径的大炮八门

七五厘米口径的榴弹炮二四门

八一厘米口径的臼炮一六门

一〇五厘米口径的榴弹炮一二门

二、车辆方面，计有：

轻坦克二八七辆

中型坦克一一〇辆

侦察车二七六辆

运兵车二八辆

机器脚踏车四〇八辆

机器三轮车二〇一辆

运货车一〇〇八辆

卫生车一辆

在这一个师里，机关枪的配备是五七一挺，各种口径的炮的配备是一〇七门，坦克车的配备是三九七辆，各种汽车、机器脚踏车的配备是一九二一辆，坦克车上的机关枪和大炮、卫生队和战地医院的救护车并未计算在内。当然，这并不是一个标准的装甲师。德国的装甲师里，已有一个拥有五百辆坦克车的坦克旅，据说离希特拉的理想尚远。德国的坦克车，每军有四千到五千辆坦克，在进攻莫斯科的战争中，还不能操必胜之权。我们要想建设"超时代"的国防军，它所要求的是怎样的装备，也就可想而知了。

我的意思，中国国防军的建设，不妨由小而大，先打好一个模型，然后再慢慢扩充，逐步完成整个的计划。在空军方面，因为需费低廉，威力强大，须尽量扩充它，发展它，我们应当赶快建设第一线驱逐机四千架，轰炸机两千架，侦察机、通讯机、运输机五百——一千架，并积极扶助民间航空的发展，作为扩充空军的基础。

轰炸机虽有"空中大炮"之称，但空军的发达并没有动摇大炮在军队中的地位，它仍旧是军队的骨干，破坏性顶大的武力。为达成大陆性战争的任务，我们至少须制造两千门中口径的野炮，一千门重炮，两千门高射炮。因为坦克车的大量使用于战场，为了打击敌人的坦克部队，我们需要准备相当多的坦克防御炮，组织坦克防御师。

同时，机关枪已经成为现代军队的战斗核心，要组织一百二十师的陆军，必须有十万挺轻重机关枪。

至于海军的建设，应当先从江防着手，在内河湖沼的水面上，巨舰的战舰是无用的，只要有若干艘敷设水雷、袭击敌人的轻快汽艇就够了。港湾和领海的防卫，可先建设二百艘到四百艘潜水艇，一百艘敷设舰，三百艘运输舰，再建设巡洋舰、驱逐舰、小型战斗舰，陆续扩充，达到三十万吨的最低标准。三十万吨的海军和英国的一百六十万吨、美国的一百五十万吨固然是不能相提并论，就和苏联的四十万吨比较起来，也不免相形见绌。可是，一想到中国的产业和造船工业远在襁褓之中，如果能在十年以内把这一个最低限度的希望变成事实，那我们也就心满意足了。

若更进一步要求江防、海防和国境线的巩固，也可以斟酌事实的需要，建筑一些要塞。在本篇第二章里已经讲过，我们没有那样多的钱去建设一道钢骨水泥的中国马奇诺防线，而且我们也不会那样愚笨去再犯法国人建筑马奇诺防线的许多错误。防御线的建筑，第一点，要注意作纵深的配备；第二点，要使它发挥高度的机动性；第三点，要有绵密的组织系统。苏联天才军事家杜嘉乞夫斯基元帅所设计的"史大林防线"，就是具备以上三种特性的东西。所谓史大林防线，不过是一群大大小小堡垒有机的结合体，这许多堡垒没有一个是孤立的，也没有一个不能单独战斗。它无异〔疑〕是贮藏大量坦克、大炮、机关枪、汽油和其他军用品的仓库。进攻的时候，堡垒里面的武器就是打击敌人的铁拳；撤退的时候，苏联的民众就协助军队用拖拉车把堡垒里面的东西迁移到别的地方，剩下一个空空如也的堡垒壳。假如有工夫，还可以很快地把它破坏，免得被敌人利用。事实上，一座堡垒就是一辆坦克、一门大炮，它是为的更方便更有利地攻击敌人，不是等待着敌人的攻击的。假如我们能够建设在质量和数量上都占绝对优势的装甲兵团，系统地散布在每一个战略要点，那便是一条最理想的新式防线。不然的话，堡垒线的建设，有许多地方是可以做我们建设国防的参考的。

在飞机和装甲兵团的年代，军队的组织已经起了根本的大变革，那就是兵种的渐趋消灭，军队组织的一体化。步、骑、炮、工、辎、交通、通讯协同作战的老办法，已成为历史上的陈迹，连陆海空协同一致，在今天，也只是学术上的说法而已。一辆百吨的巨型坦克，就是一个具备各种性能的战斗体，它载着十名到二十名的坦克手，装有一门十生的五口径的大炮，两门三生的七口径的小炮，两挺重机关枪，两架高射机关枪，它还装有无线电话，它携带着大量的弹药，机件出了毛病，坦克手可以自己修理，壕沟、河道、森林阻止不了它的前进，连坚固的防御工事它也可以摧毁，哪里还分得出谁是步兵，谁是骑兵，谁是炮兵，谁是工兵，谁是辎重兵、交通兵和通讯兵呢？德国进攻波兰的胜利，由于陆上部队和航空部队的密切合作；挪威战役中奥斯陆德军登陆的成功，全靠着典型的陆海空各兵种的大混合。在战场上，各种部队的单独行动已经不多见了，有的是坦克和飞机大规模的联合行动，有的是骑兵和摩托机械化部队大规模的合作，而一个有力的流动突击队，更包括着空军、坦克队、骑兵和摩托化步兵，每一胜利的造成，都是各种分子的集体创作。他如空中炮兵、伞兵、空中堡垒、水上飞机、海军航空队、海军陆战队、海军防空队的出现，也都是加速兵种混合造成一体化组织的有力因素。

国防兵种的组织一体化是现代军事组织发展的新趋向，我们要建设国防军，必须迎合这种趋向。

中国是一个天天闹穷的国家，要建设庞大的现代化的军备，经济能力是否许可，也是一个值得考虑的问题。我们的经济力量，能不能完成我们的建军计划呢？

在未回答这个问题之前，让我们先研究一下列强的军事预算。就拿一九三六年来说吧：英国的国防经费是一七一一六一一二六镑，占全国总预算的百分之二五点一六；美国的国防经费是一〇九八九九三三七六金元，占全国总预算的百分之一〇点六二；法国的国防经费是一〇七七九七〇五一九一法郎，占全国总预算的百分之二三点一四；意大利的国防经费是四九一二八四七四四六利尔，占全国总预算的百分之二四点〇三；德国的国防经费是一二六〇〇〇〇〇〇〇〇马克，占全国总预算的百分之六七；日本（一九三七）的国防经费是一四〇〇〇〇〇〇〇〇圆，占全国总预算的百分之四六点一八；苏联（一九三七）的国防经费是二〇一〇二〇〇〇〇〇〇卢布，占全国总预算的百分之二〇点五五。若按各国的人口数目平均分配，那末，四千六百万英国人，每人要负担四点三六镑；一万〈万〉二千五百万美国人，每人要负担八二点七一金元；四千一百万法国人，每人要负担二六二点九二法郎；四千三百万意大利人，每人要负担一一四点二五利尔；六千七百六十万德国人，每人要负担一八六点四马克；八千六百万日本人，每人负担一六点二八元；一万〈万〉七千二百万苏联人，每人要负担一一六点二卢布。如照重庆现在的外汇行市折合成国币，每个英国人所负担的国防费就是四百四十元，每个美国人所负担的国防费就是一千五百六十六元。

这里所说的都是已经各国公布的数字，暗中扩充军备所消耗的金钱，不是局外人所能够知道的。根据苏联的统计，在世界大战爆发的前一年（一九三八），世界各国除了德国仍然保持百分之六七的最高比率外，其余的国家军事预算对于总预算的百分比也都有显著的增加：

英国由百分之二五.一六增加到三二.二。

美国由百分之一〇.六二增加到一七.七。

法国由百分之二二.一四增加到三七.七。

意国由百分之二四.〇三增加到五二.〇。

日本由百分之四六.一八增加到七〇.〇。

第二次世界大战爆发以后，各交战国自然悉索敝赋去筹措战费，其他受战争威胁的中立国也没有一个不秣马厉兵、扩充军备，准备迎接这民穷财尽的战争。各国在备战时期和交战期间究竟消耗了多少金钱，只有等待战争结束以后世界各国的总清算了。

从世界各国人民负担国防经费的数字比较起来，中国有四万〈万〉五千万的人口，要完成中国的国防建设，在经济上是不成问题的。我们到小馆子里随便吃一餐便饭，照例须开饭费百分之十的"小费"，假使政府能把各行各业所收到的"小费"纳入国库，就足够完成中国的国防建设而且有余了。我感觉到我们中国人对于"私税"的负担太重，对于"国税"的负担实在太轻。假使每个人都把个人生活费的百分之十贡献给国家作国防建设费，照现在的生活程度计算，每人每月的费用假定是一百元，一年就纳一百二十元的国防税，集合起来，四万〈万〉五千万中国人就有五百四十万万元之多。实际上，不过是一九三六年英国人所负国防税的四分之一，美国人所负国防税的十三分之一罢了。

自然，中国各地的生活水准悬殊，人民负税能力因为生活水准的关系，不能和英、美各国的国民相提并论。不过，我们的建军经费并不需要全部由国民负担，只要做到国内产业工业化，全国工业现代化，再加上国际贸易的统制管理，关税收入必然激越地增加。我敢说，国防经费是毫无问题的。

第四章　国防军的养成

四、必须摧毁的封建传统

中国军队有一种牢不可破的封建传统，伴随着这种封建传统，便自然产生出一种狭隘的私有观念，造成了私兵制度。上自军官下至兵卒，只知有将帅，不知有国家。人民也抱着错误的观念，把那些拿人民脂膏培养出来的军队称为张三的军队或李四的军队，而不称之为"国防军"。前面说过的"杨家将"、"岳家军"，就是私兵的典型。

假使统兵的将帅们都是岳武穆那一流的人物，只知有国家，不知有个人，不惜牺牲自己的性命以偿"尽忠报国"的素志，私人的军队也未始不能发生国防军的作用。不过，人类的意识层里都有一个"小我"观念在潜伏着，等到"小我"观念占着优势、压倒了"尽忠报国"的志愿的时候，手里握有兵权的将帅就变成了自私自利的军阀。大则推翻行政元首，劫夺国家的统治权；小则也要拥兵自卫，造成群雄割据的局面。历代变乱相寻，此起彼伏，难有宁日，私兵制度实在是一个祸根。

私兵往往是一支漂流军，今天驻扎甲地，明天又开往乙地，没有固定的居留地点，即令有指定的地点，它也不会长期驻扎在一个地方。同时，这种漂流军又是募兵制度的产物。而募兵制又最利于这种漂流军的扩充发展。拥兵自卫的军阀，为了多占领一些地盘，自然要尽量扩编，走一处，招一处。俗话说："竖起招兵旗，就有吃粮人。"这样一来，漂流性的军队就产生了一个重要的物质——军籍复杂。

漂流军还有几项缺点：

(1) 与人民不能合作。因为军籍复杂，迁徙不定，军队和民众在语言上、生活习惯上、道德风俗上都不相同，很容易发生误会隔阂，因此军队和人民便处于对立的地位，感情既不融洽，怎么能谈得上相互的协助合作呢？

（2）容易败坏军纪。招募而来的志愿兵，贫家子弟、地痞流氓和闯祸犯罪的人占最大多数，品行端正的分子极少。因为成分杂，素质低劣，他们往往无法无天，欺压民众，弄得怨声载道，人人切齿，造成一种畏惧军人的普遍心理。"秀才遇见兵，有理讲不清。"秀才尚且如此，老百姓更不用说了。因此，他们往往拿看待土匪的眼光看待军队，拿对付土匪的手段对付军队。土匪杀人放火，奸淫掳掠；军队也杀人放火，奸淫掳掠。土匪聚集得多了，军阀们便收编成军队；军队哗变或打了败仗，便又流为土匪。兵匪同源，自古已然，流风余韵，到现在还不能完全消灭。军纪之不易整饬，自是意料中事。

（3）无爱护地方观念。流动军因为本身有组织上和纪律上的种种缺陷，开到什么地方，往往拉夫应役，征车征马，筹粮筹饷，强占民房，强取民物，能够做到秋毫无犯者，可以说绝无仅有。军队既没有爱护地方的观念，人民不堪其扰，自然要仇恨军队了。

（4）地形不熟。在作战时候，流动军最大的困难，就是地形不熟。再加上平素不知道争取民众的爱护与同情，更难得到民众的协助。一有机会，人民就把他们引到失败的歧路上去以泄宿怨。在这种情况之下，可说是步步荆棘，取得胜利的希望是很少的。

私兵制度是祸根，是乱源，是国家统一的最大障碍。如果不把这种根深蒂固的封建余毒彻底清除，真正的国防军决难建立。任何国家，要是有私兵制度存在，便很难保持长期的真正的统一，一旦中央的控制力量稍弱，私人的军队扩充，极易造成分崩离析的局面。中国自然也不乏先例。我们要想复兴中华民族，必须造成真正的永久的和平统一，确立一种不可动摇的国防军制度。

那末，究竟怎样才能够使私兵制的传统根本打破，组织成真正的国防军呢？我认为：

第一，须确定师管区制度。凡是在甲师管区范围之内的及龄壮丁，一律编入甲师管区训练，绝不让他们编到别的师管区里。服役期满除队退伍以后，仍然回到家里做在乡军人，成立一个会社，继续作与地方有益的种种活动。

师管区制的优点很多：

（1）兵籍不杂。

（2）因在家乡服役，爱护地方的观念较深。

（3）兵卒系征集而来，多半是良家子弟，不致败坏军纪。

（4）风俗、习惯、语言……无一不同，军队的团结力坚强。

（5）军民感情融洽，可以互助合作。

第二，军官与军籍的关系须注意调整。

（1）军士阶级以在本团管区所组成之部队中服务为原则。

（2）在各师管区范围内选拔高中毕业的青年学生为军官候补生，送入军官学校，毕业以后仍派到本籍师管区充当少（中）尉排长。

连排长为亲兵之官，必须在语言上、生活习惯和士兵一致，才能加强官兵之间感情上的联系，提高教育训练的效率。

（3）营长以上的校官、将官，由中央规定任期，迁升调派一任政府，庶无养成尾大不掉之弊。

中国人是特别注重历史的民族，封建军阀与其说是"地理"的产物，不如说是"历史"的产物。历代区分军队的派别系统，往往以地域为标准，例如满清末年的湘军、淮军，民国以来的皖系、直系、奉系，都是按照地域划分的，其实这是一个很大的误解。在满清末年，曾国藩以湖南人的资格编练湘军，湘军里面的官兵，大都是湖南人；李鸿章以安徽人的资格编练淮军，淮军里面的官兵，大都是安徽人。驻扎的地点，也是湘军在湘，淮军在皖。因为它们本来是一种地方上的民团，这样称呼他们，并不算错。随后湘军、淮军南征北战，牺牲很大，到处招兵买马，补充扩充，士兵的军籍就渐渐复杂了，而一般人仍照旧称曾国藩所组织的军队为湘军，李鸿章所组织的军队为淮军，一脉相传，越演变离实际越远。民国以来的各派军队，因为互相攻略的关系，直军既不一定驻守直隶，奉系也常常想离开奉天，它们完全变成了靡有定所的漂流军，所谓直系、奉系，"历史"的意味比"地理"的意味要深得多。

军队由属"地"属"人"演变为单纯属"人"，是私兵制度所产生的流动军一大特色。因为私人军队的力量充实以后，必然地要求向外膨胀，打破地域观念，这是私兵制发展不可或爽的过程。比方说褚玉璞、张宗昌本是奉系，竟组织起直鲁联军；孙传芳原属直系，也曾领导五省（苏、浙、皖、赣、闽）联盟。尽管他们的名称变来变去，而领导人和主要角色还是那么几个。军阀被打倒以后，一有机会便"东山再起"，卷土重来，所凭藉的就是中上层军官干部有一个牢不可破的"历史的坏结"。老长官和老部下的结合，是无条件的，散伙的军人回到家里便不甘寂寞，天天希望他们的上司重整旗鼓，他好去投奔"旧主"混碗饭吃。况且在社会习惯上，一开头加入某军的人，便永远被人目为某系，如果不投"旧主"而另结"新欢"，在社会上便要引起物议，在军队中便要受人排挤，且以高级军官为尤其，不称之为"倒戈"，即斥之为"变节"。三国时候蜀将赵云、黄忠因为不是刘备的"把兄弟"，始终得在关、张面前低头，魏延所受的委屈更大，一辈子不能扬眉吐气。社会上对于这类的事情，又往往盲目地加以鼓励。例如，在官场中一向目尽忠职守的人为"恋栈"，以与长官同进退为"美谈"。训致政治上宗派林立，军队中系统森严，若泾渭之不能混，如水火之不相容，只讲派别团结关系，漠视国家民族观念。由此可知，过去中国内乱频仍、团结不坚、人事制度不确定、不划一、不集中，要算是一个最重要的因素了。

要彻底打破私兵制度，造成真正统一的国防军，非从健全人事制度入手不可。人事制度不健全，军官的自由调迁便作不通，中央若不能自由调动各级军官，派别系统便无法打破。中国教育不能普及，人民知识水准低，乡土观念深。关于士兵的组织，应当尽量适应人民的地域观念和历史观念，以加强军队的团结；关于中上级军官的派遣，应当尽量打破地域观念和历史观念，限定军官服务的区域，限定军官服务某一区域的时间，使他们在经常的流动中无法形成固定的系统，制造不成"历史的环结"。军阀的军队是上层不动，下层动，愈是低级的军官和士兵，愈是动得厉害；现在我们要建立国防军，必须反其道而行，以上层动、下层定为原则，越是较高级的军官，越要缩短他的任期，使他们时常调动。固然，照上面所说的办法，连以下还保留着乡土的封建关系，但是，连长绝不会反抗中央，成为一个拥兵自卫的军阀。另一方面，如果一个广东籍的团长去煽动驻在河北省的国防军反抗中央，他的部下也是一定不会接受的。

军官时常调动，不仅是防制内乱的不二法门，同时还可以扩大军官的眼光，加深军人的国家观念。又因为服务地点时常调动的关系，可以熟悉各地的地形，明了各地的风土人情，一旦国家有事，在作战时期无形之中便减少许多困难，增加许多便利。欧美各国，尤其是民主国家，特别注重这种制度。

孙武子

杨杰编著《孙武子》，1943 年年底完稿，次年 3 月重庆胜利出版公司初版。另有 1944 年 11 月上饶真实书店印本及重庆文信书局印本。该书对孙子学术事功发掘详审，为国内最早以通俗文字阐扬孙子学说之著作。全书共 9 章，末附《孙子十三篇》原文。此次选录第一章"孙子的一生"和附录以外的其他各章内容。本编据《杨杰将军文集》本，参校《孙子集成》本（1993 年齐鲁书社据重庆胜利出版公司版影印）。

第二章　孙子的战争思想

一、生活就是战争

战争的烽火永不停息，烟云弥漫了大地。

在历史的银幕上，有些强大的国家把弱小的国家吞并了，有些强大的国家昙花一现地消隐了，有些弱小的国家经过艰苦的斗争，用自己的拳头，打开了自己的天地，居然也称雄称霸了。

战争打出了真理。从前靠鬼神保佑的人在战争中受苦受难，颠沛流离，鬼神也不灵了。鬼神既然不灵，自然就没有人相信鬼神了。所以史嚚说："国将兴，听于民；国将亡，听于神。"（引文出自《左传·庄公三十二年》，原文为："国将兴，听于民；将亡，听于神。"——编者注）从前靠天保护的人，以为天能降福，可是以天子自命的皇帝周幽王是被犬戎蛮子杀死的，老天并没有保佑他；周平王也是天子，也没有本领打退犬戎蛮子，老天又不保佑他，他只好坐上车子逃难了。所以子产说："天道远，人道迩。"天子既然并不像人民所想象那样神圣不可侵犯，那么以天子为后台老板的贵族，更不见得怎么了不起，更不见得怎么高贵了。纸老虎戳穿以后，谁没有真本领，谁就要倒霉。当灾难临头的时候，求神，神不灵；呼天，天不应。"贵族"这个空架子，也不值半文铜。一切都靠不住，只有自己是最可靠的。

你要生活下去吗？你必须努力奋斗。生活就是战争，求生存，必须战斗。能战斗的，才能生活；有战胜敌人的本领的，才能生存。谁要是战败了，谁就要被灭亡、被淘汰。

春秋时代，残酷无情的战争把人民的思想从鬼神的手里、天的手里、帝王贵族的手里解放出来了，所以"百家争鸣"，各种学术都开出灿烂的花朵。那时节，达尔文"物竞天择"的原理虽然还没有发现，而血淋淋的现实已经明明白白地告诉生活在那个时代的人们："生活就是战争"了。

军事家对于战争的刺激，比普通人的感觉要敏锐一点，反应要强烈一点。因为军人是以"战争"为职业的，对于战争，军人有他自己的看法。

军事天才家的孙子，不但亲眼看见春秋时代那部情节紧张得惊心动魄的史剧，而且他的几代祖先和他自己都亲自参加过这部史剧的表演。他的祖先曾经尝过国破家亡的滋味，也曾经征服过弱小的国家，孙子自己这个没落的贵族，又做了人生战场上的失败者，流亡异国的艰辛，遭人白眼的悲苦，直到他创作"兵法十三篇"的时候，还余味津津地透露在字里行间。

十三篇的开头就说："兵者，国之大事，死生之地，存亡之道，不可不察也！"我们读了这几句，仿佛觉得有一位悲天悯人的巨人在呐喊，不禁毛骨悚然。这并不是孙子故意夸大其词，实在是因为战争给他的教训太深刻了，他对于战争的研究太透彻了，所以才大声疾呼，使读者重视战争、认识战争、准备战争，不要轻举妄动地从事战争。

战争是国家的大事，是决定人民生死、国家存亡的大事。个人求生存要奋斗，团体求生存也要奋斗。国家是许多人民组织起来的大集团，要生存也不能不奋斗。一群人大规模地有组织地和另一群人的奋斗，就是战争。

战争，就人民来讲，是生与死的问题；就国家来讲，是存与亡的问题。人要求生，国要求存，这两件事本来是一致的，在打仗的时候，个人的生与国家的存就矛盾起来。为了各个人的生，最好是不打仗；然而为了国家的存，却非打仗不可。因为国家不准备战争，是会灭亡的；国家打起仗来，一部分人民组织起来的军队，是不免要死伤的。人死则国存，人生则国亡，当国家的存亡与个人的生死不能两全的时候，只好牺牲一部分人民的生命以争取国家的存在。

军人的死，正是为了国家的生；部分的死，正是为了全体的生。战争的目的不是杀人，而是求生，战争是求生的一种手段。所以孙子说："不可不察也！"

二、准备吧，战争是不可避免的

生命就是力量。生命存在，力量也就存在；生命发展，力量也必然增长。世界上有无数生命，就有无数力量。力量有一种求均衡的倾向，当几个不相等的力量接触以后，大力总是向小力那一方面发展，因此在自然界里便常常有强凌弱、众暴寡的事情发生。强凌弱、众暴寡是一种力量不平稳的自然现象，站在弱者、寡者的立场来说，凌和暴便是罪恶的行为；站在强者、众者的立场来说，凌和暴又成为必然的倾向。等到弱者、寡者一旦变成了强者、众者，他们也会向弱者、寡者那一方发展的。

国家是一大群生命集结而成的有机体，群的力量汇合成国家的力量。如果一个国家的力量不能和邻国的力量保持平衡，弱国便要受强国的压迫、侵略。压迫和侵略的结果，必然要发生战争。只要国家存在着，战争便无法消灭。孙子见到春秋时代，诸侯互相征伐，列国盛衰消长，是受着生命力的支配，深深地感觉到，只有积极准备战争才能防止战争。战争本来是力量的对比，遭受攻击的国家，都是毫无战争准备或准备得不够的国家。他说："认为敌人不来是不可靠的，我们准备好等着他是可靠的；认为敌人不攻是不可靠的，我们有使敌人觉得不可攻的充分准备是可靠的。"他说："古时候最会打仗的人，先造成不可被战胜的形势，然后再等待可以战胜敌人的时机。"他又说："敌人内部混乱的时候就进攻他，敌人力量充实的时候就防备他，敌人力量强大的时候就避免和他冲突。"

孙子并没有站在强者或弱者的立场说话，他是站在真理的立场说话的。

国家的强弱是一种相对的说法，强的遇到更强的敌人就成为弱的了，弱的遇到更弱的敌人就成为强的了，究竟是强是弱，必须比较以后才能知道。真刀真枪的比较是非常危险的，为了避免当真比较时节失败的危险，只好根据种种条件将敌我的作战力量估计一下，那估计的数字作一番比较，也可以看出双方兵力的对比来。孙子在《始计篇》里提出了决定作战力量的具体条件，是"五事"、"七计"。五事是：道、天、地、将、法。七计是根据五事分门别类推算出来的，分开来说，就是："主孰有道？将孰有能？天地孰得？法令孰行？兵众孰强？士卒孰练？

赏罚孰明?"如果估计得很精确,在未战以前就可以判断谁胜谁败了。

谋定后动是作战的基本原则,这项原则在孙子的战争思想中占着非常重要的位置。决定作战计划的根据,就是明了敌我双方的实际情况。他一再强调知己知彼的重要性,认为在"知彼知己"的条件之下来决定战与不战,是可以百战不殆的;在"不知彼而知己"的条件之下来决定战与不战,战争胜利的可能只有一半;如果既"不知彼"又"不知己",糊糊涂涂地蛮干,那一定会打一仗败一仗的。

除了知彼知己,还要知天知地。孙子不但把天时、地利列为估计敌我战斗力的五大要素之一,并且明白指出,敌军虽然已经暴露出来可以击败的弱点,我军虽然已经有击败敌人的力量和准备,如果不知道地形是不利于作战的而冒险进攻,胜利的可能不过一半。所以他说,知彼知己而认为必获胜利,只能保证没有什么危险;再加上知天知地,而条件又都有利,那才可以得到完全的胜利。

从没有危险到完全胜利,中间是有一段距离的。孙子所说的可以全胜,只是就客观条件方面判断,认为有全胜的可能。"可能"胜利并不就是"必定"胜利,因为必胜是要主观的努力去争取的。

三、已胜,易胜,不战而胜

战争是力量的比赛,它需要体力、物质力,它更需要智力和精神力。

计划战争的人,要有智慧的灵光,能够洞察隐微,在黑暗中找出一条光明的路径,在坦途上发见可以致命的陷阱。决定战争的领袖和执行战争的将帅,要有冷静的头脑,冷到冰点以下。运筹决策是用不着丝毫感情的。

战争是由许多错综复杂的利害关系交织而成的,没有绝对的利,也没有绝对的害,所谓"利"、"害",只是一种比较的说法。孙子在《作战篇》上说:"不完全了解战争的害处,就不能完全知道战争的利益。"

他认为智谋之士的考虑战争,分析战争,必须在复杂的利害关系中想办法,找出路。在有利的情况之下,注意到种种困难,并事先作克服种种困难的准备,任务才可以顺利达成;在危险的情况之下,要找出有利的条件,并充分利用各种有利的条件,患难才能够一一解除。利害既不是绝对的、不变的,只要善于运用当前的情势,也可以使敌人的有利条件化为不利，将自己的不利条件转为有利。

　　孙子的战争理论是"理智的"，他几乎完全排除了感情，他反对感情用事。在他的脑子里，感情是没有位置的。军事行动应当以利害为转移，应当有高度的机动性。他认为，没有利益的战争是不可发动的，没有获得胜利的把握是不可采用战争手段的，非到危险的时候是不可从事战争的。对于国家有利而且能够获得胜利的就发动；对于国家没有利或是得不到胜利，就停止。当领袖的，万不可凭着感情的冲动，一怒之间，就兴师动众；当将帅的，也不可因为心里不高兴而向敌人挑战。"怒可以复喜，愠可以复悦；亡国不可以复存，死者不可以复生。"战争是决定国家人民生死存亡的大事，决不能感情用事的！

　　伟大的将帅对于敌我情势加以分析比较之后，如果有必获胜利的理由，元首说"不战"，将帅可以主张"必战"；如果没有获胜的可能，元首说"必战"，将帅可以陈述理由，要求"不战"。战与不战，不取决于领袖个人的意志，而取决于国家民族的利害。孙子的见解是正确的，到今天，这种见解还是正确的。

　　将帅之所以为将帅，全在有过人的聪明见识。观察战争的胜败不能超出一般人的见识以外，便不算优秀的将帅；打了胜仗，大家一齐叫好，也不算优秀的将帅。善于作战的将帅，不是用武力战胜的，而是用智力战胜的。用武力战胜很困难，可是普通的人都是用这种笨法打仗的；用智力战胜很容易，却只有善于作战的将帅才能这样做。

　　善于作战的将帅的取胜方法，并没有智谋之士的名誉，也没有冲锋陷阵的功劳，所以他打了胜仗是不爽毫厘，确实打了胜仗的。不爽毫厘的意思是说，他种种措置的所以获胜，是因为敌人相形之下早已失败了。所以孙子说：善于作战的人，自己要立于不败之地，而又不要失却可以造成敌人失败的有利时机。必须如此，才能得到贱价的胜利。

　　孙子的战争理论既然是"理智的"，在另一方面看来，又是"求全的"。因为是理智的，所以他不主张冒很大危险去求取没有把握的胜利；因为是"求全的"，所以他以"不战而胜"为最高的理想。"百战百胜并不是最好的办法，不战而使敌人屈服投降，才是最好的办法。"兵不血刃而能够得到整个的胜利，不把战争手段的妙用发挥到最高点是办不到的，古今中外的天才将帅，谁不"心向往之"呢！

四、速战速决，争取贱价的胜利

强大的国家力量充实的结果，便自然而然地向外发展，侵犯弱小。弱小的国家，也有求生的欲望，也有生命的力量，这种生命力受到外力的压迫，便自然而然地要挣扎抵抗。如果弱小者宁死不屈的时候，强大者不战而胜的理想就粉碎了。孙子很正确地把握了这一点，所以创立了一个运筹决策的基本原则："胜兵先胜而后求战，败兵先战而后求胜。"

优势的军队必须先在"庙算"中有了胜利的把握，然后再向敌国发动战争；劣势的军队虽然很少有获胜的可能，要是拼命抗战，也未尝没有获胜的希望。以"必战"求"偶胜"，弱小民族只有战斗才是生路。

这个要侵犯，那个要抵抗，于是战争爆发了。

战争的世界，是悲惨的世界。人民要出钱出力，放下工作器具，放下舒适的职业，放下安定的生活，或到前线去打仗，或在后方制造武器，担任运输，家庭离散了，国库空虚了，社会秩序破坏了，人心惶惶，死亡载道，长此以往，怎么得了呢?

为了减少国家人民在战争中的苦痛，兵学大师的脑子里便产了"速战速决"的思想。

孙子以为：要打仗，最好快一点打。时间一长，军队便疲惫不堪，锐气就渐渐消失了。攻坚固的城堡是很费力的，长期战争造成国家的贫困。军队疲惫了，战斗力削弱了，经济资源枯竭了，如果邻国乘机进攻，国内的野心家乘机起来革命，虽然有了不起的参谋，也想不出什么转危为安的好办法了。

所以他说："用拙笨的手段以求速战速决，我是听到过的，从来没有见过以取巧的方法去进行持久战的。长期战争对于国家是没有利的啊!"

所以他说："善于用兵的人，目的在使敌人屈膝投降，而不是为的'战争'；目的在占领敌人的城市，而不是为的'进攻'；目的在摧毁敌人的国家，而不是为的'持久'。"

所以他说："已经打了胜仗，夺取了进攻的目标，而不赶快结束战争，使庞大的军队逗留在战场上，浪费人力、财力、物力，那是非常危险的。"

照孙子的意见，战争既是一种求胜的手段，使敌人屈膝投降，占领敌人的土地，摧毁敌人的国家，才是作战的目的。如果不战而能达到作战目的，实在是再好没有。假使不能不战，便要求速战速决，以免过度消耗国力。因为作战和买东西的道理是一样的，当一个人需要某种东西的时候，第一个希望，是有人能够慷慷慨慨地奉送，不索取任何代价。如果第一个希望幻灭了，便产生第二个希望，付最低的代价，以得到自己所需要的东西。拿钱来买，已经是不得已的办法，如果弄得囊空如洗，没有买到东西，反而把金钱消耗在逛马路上，那便是天下第一等妄人了。

孙子的速决主义是理智的，速决主义的核心，是争取贱价的胜利。

五、战争的等级

在孙子的军事学术的遗产里，我们发现他已经把政治、外交、经济和军事并列，一齐当作战争的手段。而政治、外交的重要性，在孙子看来，是在军事之上的。总体战是今天最时髦的战争观念，而孙子的思想里，远在两千多年以前就孕育着总体战战争观念的胎儿，这不能不算是孙子在古代战争思想上具有独创性的伟大贡献。

孙子把战争分为四等：第一等战争是"伐谋"，第二等战争是"伐交"，第三等战争是"伐兵"，第四等战争是"攻城"。

这种等级的分法，是从"经济"观点出发的。

"伐谋"，在现代一般人的心目中，就是一种政治战或心理战。强大的国家侵略弱小的时候，弱小的国家为了要求生存，一定要计划抵抗，这样，战争就无法避免。强大的国家要想不战而胜，就要用攻心伐谋的办法破坏弱小国家的防御计划，使它的计划根本失败，最好是把它抵抗的念头根本打消。而弱小的国家也可以用攻心伐谋的办法粉碎侵略者的侵略企图，甚至使侵略者清心寡欲，连侵略的野心都不会发生。如果运用得妙，便可以用和平的手段，造成"无智名"、"无勇功"的胜利。

这是一种最经济的"不流血战争"，它需要雄厚的政治力量做本钱，用战争的潜力取胜。

"伐交"就是外交战。不论侵略者或被侵略者，都需要联合利害相同的国家，结成军事同盟，以保证自己的生存发展。外交战就是用外交手段尽量加强自己的力量，削弱敌方的力量，使敌人屈服。一个国家不能单独对付敌国，就联合几个国家共同对付它。遇到敌对那一方面不仅是一个国家的时候，或者是用外交手腕拆散它们的团结，或者结成更强大的同盟以压倒敌对的集团。纵使不能用外交方式达到目的，也要运用外交手腕造成客观方面的有利形势，使战争的胜利更有把握。

外交战也可说是攻心伐谋的政治战争，因为外交活动也是"谋略"的一种，不过这种谋略是更接近战争的。攻心工作着重在充实内力，外交活动着重在发扬内力，利用外力。外力的可靠性是不及内力的，所以孙子把"伐交"列为第二等战争。

"伐交"还有不战而胜的可能，在外交上得到胜利，还是很合算的。到了"伐兵"的时候，就非用武力来决胜负不可了。流血是很可怕的，世界上最宝贵的东西，莫过于生命，拿生命去交换任何东西，都不是一种聪明的办法。唯一的补救之方，就是少流一点血，少牺牲几条性命，所以孙子主张速战速决。

"攻城"就是现代的要塞战，夺取一座坚固的堡垒，要耗费很多的器械，耗费很长的时间，牺牲成千成万的性命。照孙子的说法，制造大批攻城所必需的大盾，运土填壕沟的辒辖和其他种种器具，需要三个月才能完成；把观测守军虚实的瞭望台筑好，又要三个月的时间才能完成；进攻的时候，士兵蜂拥而上，前仆后继，死伤三分之一还攻打不下，攻城的损害实在太大了。这与孙子速战速决争取贱价胜利的原则是恰恰相反的，所以他认为攻城是万不得已的"下政"。

由此可知，孙子的战争思想是一贯的，战争虽然无法避免，如果能够在平时秣马厉兵，充分准备，也未尝不可以收"以战止战"的功效；如果能够尽量运用智力作战，多绞一点脑汁，纵使不能不战而胜，也可以把战争的消耗少至最低限度。平时要用第一等、第二等的战争手段，取得不流血的全胜、先胜；战时要善于运用第三等的战争手段，使它和第一等、第二等战争手段配合起来，以求必胜、速胜。至于攻城的下政，不过聊备一格罢了。孙子论将帅，以"智慧"为第一，用意是非常深远的。

第三章　孙子的国防思想

一、国防第一主义

社会生产力限制着人类文化的发展。我们感觉到思想太活泼，文字太呆板；思想太复杂，文字太简单。所以思想用文字表现出来，就走了样。有些概念，则根本无法表现，到了没有办法的时候，往往借用意义相近或所指事物有关系的文字以表达种种新的概念。新文字和新名词的创造，一方面需要有创造的天才家，另一方面需要社会生产力的允可，因为人类文化工具的生产力，是随着社会生产力的进步而进步的。

意多词少的苦痛，研究古代学术的人，感觉是特别敏锐的，人类祖先给后世子孙所遗留下来的精神负担，将永远无法解除。

在《孙子兵法》里，我们找不到"国防"这个名词，因为"国防"这个名词，后汉三国时候才开始流行，在春秋时代，"国防"是借用"兵"字来表示的。

在古代，武器叫作兵，使用武器的人叫作兵，一群使用武器的人互相厮杀叫作兵，秣马厉兵、挖壕筑城、建设国防也叫做兵，"兵"字的含义是非常广泛的。

《孙子兵法》以"始计"为第一篇，而"始计篇"的头一句就说"兵者，国之大事"，可见孙子是最注重计划的。从准备战争、开始战争到结束战争，没有一件事不需要计划，没有一个时间不需计划，孙子的全部军事思想就被这种"计划精神"贯穿着。

孙子所说的"始计"，是"未战"之先的计划，是准备战争的计划，也就是国防建设计划。

在生存竞争最剧烈的春秋时代，一个国家必须先能战斗，然后才能生存；必须先能战胜，然后才能发展。要战斗，要战胜，就不能不努力准备作战，充分准备作战。战争是国家的大事，准备作战自然也是国家大事，大事应该拿出最大的力量去作，应该赶快去作，应该赶快作好。求生存是天赋的神圣不可侵犯的权利，从事战争是与生俱来的义务，而充实战斗力又是保障生存权利的先决条件。因此，在孙子的脑子里就产生了鲜明的国防第一主义。

"攻其无备，出其不意"，已经成为家喻户晓的老生常谈，可是，这两句名言并不因为家喻户晓就减低了它的价值，就不值得重视了。恰恰相反，它永远是军事学术中的金科玉律，是两颗永远发光的宝石。要想攻击没有准备或是没有充分准备的国家，自己必须"先"有准备，有充分的准备。要想避免敌国的突然进攻，自己也必须"先"有充分的准备，并且时时刻刻准备应战，不可粗心大意。攻其无备，是"物质"方面的准备；出其不意，是"精神"方面的准备。前面那一个"备"字着重点在"有"，后面那一个"备"字的着重点在"用"。自己以为国防力量非常充实的国家，往往因为不怕战争，就忘记了战争，就高枕无忧地去睡觉，仍旧是非常危险的。

高度的战争警觉性是建设国防的原动力，而时时刻刻提防，也是国防的一种要素。孙子很重视这一点，所以在"谋攻篇"里说"以虞待不虞者胜"，虞就是战争警觉性和提防的意思。

二、国防的五大要素

国防既然是决定国家人民命运的第一件大事情，只要是一个国家，不论强弱，不分大小，要生存就要建设国防，要繁荣也要建设国防。但是，国防组织需要一些什么要素呢？这些要素怎样才能组织起来呢？

孙子认为从事国防建设，应当从五大要素着手。五大要素是什么？第一是道、第二是天、第三是地、第四是将、第五是法。天与地是自然条件，道、将、法是人为条件。

"道"并不是空空洞洞的东西，它代表着政府和人民的关系，国防不是为了保卫个人的利益或一部分人的特殊利益而建设的，它是为了保卫国家民族整个的利益而建设的。战争的规模越大，国防组织的内容越复杂，而这种巨大的事业也就更迫切地需要人民参加。人民既然在国防组织中占着重要的地位，那末，人民是不是参加国防组织，愿不愿参加国防组织，从小处说，可以影响国防建设；从大处说，就是一种具有决定作用的重要力量。

政府要保证国防建设的成功，一定得号召人民一齐来参加国防，使人民热烈地拥护政府，愿意与政府同生共死。有全体人民踊跃地出钱出力，共同支持国防建设，不论什么困难都可以打破，不论什么事业都可以完成，因为人民的力量是最伟大的。

道就是现代的"主义"，是一种争取民众的工具。政府国家的政策政纲和国防理论宣布出来，合乎人民需要的，人民就信仰它；不合乎人民需要的，人们就反对它。政府的主义博得了人民的信仰，人民便自然拥护政府，实现他们所信仰的主义，有了广大的群众做基础，便不怕国防建设不成了。

古人说："国将兴，听于民。"孙子把使民与上同意的"道"列为国防的第一个基本要素，就可以证明他特别重视人民。先说"道"，后说"天"，也可以说含有"人定胜天"的意思。比孙子晚生一百多年的孟子也说"天时不如地利，地利不如人和"，人和就是全国上下意志统一，可见春秋战国时代的国防理论是很进步的。

天时对于国防和战争也有很大的关系，昼、夜、风、雨、阴、晴、燥、湿、寒、暑等自然条件对于军事行动，直接间接都有影响。多雨的季节和地带，需要防雨的装备；时常刮暴风的季节和地带，需要御风的装备；苦旱的地方用车，多水的地方用船；冰天雪地里的战争是一种打法，溽暑酷热中的战争又是一种打法；不但武器装具因气候的不同而变，就是战略战术也因而发生很大的差异。古人说，冬不征北，夏不征南；又说，大寒大暑不兴师。对于自然条件如果不能克服，只好退一步去适应它了。

地理形势对于国防和战争的方式，是一种很重要的决定因素，有几种地形就有几种战术。地形是多种多样的，国防上的设施也是多种多样的。敌国虽强，可是离得很远，侵略的可能性较小，不妨从容设防，如果离得很近，那就非积极准备不可了。有天险可守的，易守难攻，防御用什么器材，进攻用什么器材，都须研究清楚，准备充分。地势平坦的地方，易攻难守，在国防建设上，须用人力改变地形，或深沟高垒，或修筑长城，以防止敌人的侵略。领土广大、气候温和、物质丰富的国家，可以坐致富强，不需要侵略别的国家，在国防上应以保守为第一目标；领土狭小、地瘠民贫的国家，要想丰衣足食，改善生活，必须整军经武，向外发展，在国防建设上，便不能不采取攻势。容易得到生活资料的地方，孙子称为生地，民族性大多爱好和平，喜欢保守；不容易得到生活资料的地方，孙子称为死地，民族性大多勇敢强悍，富于冒险精神。国防是国家求生存谋发展的工具，是适合于国家需要的国防，就是最好的国防。

适于用兵之必须因地制宜，早已成为军事常识，那就不必多说了。

孙子讲国防建设中的自然条件，说“天地孰得”。因为人类征服自然的本领，到底有限得很，所以对于天时地利，适应的成分多于改造。自然条件的利害，是不一定属于哪一方面的，谁能够取得有利条件，运用有利条件，利就属于谁。然而“得”字并没有命运注定的意思。得与不得，是由能争取不能争取和善运用不善运用来决定的。

战争是离不开人的，国防也是离不开人的，人是战争与国防的中心，是战争的执行者，国防的创造者，所以人在国防组织中始终占着主宰者的地位，发生支配的作用。在孙子的国防思想中，最有价值的，直接发生国防力量的有三种人，就是将帅、兵〔民〕众和士卒。

将帅是战争的指导者，他驾驶着千万条人命组织而成的战争机器，在战场上和敌人搏斗。他的成功和失败，不只是个人的荣辱，而且关系无数战斗员的生死，决定整个国家的命运。将帅的责任既然这样重大，身为将帅的人就需要有担负得起这种重责大任的真本领，就需要精通战争的艺术，把战争机器开到胜利和成功的道路上去。

在国防建设上，将帅是战争机器的制造者，军队由他组织，干部由他训练，国防计策和作战计划由他拟定，像这样的大事情，没有能力的人是干不了的，没有特殊能力的人是干不好的。孙子以为将帅的能力，是由智、信、仁、勇、严五种元素化合而成的。没有过人的智慧，便不能在错综复杂的利害关系中选择一条最安全最有利的路线。辨是非，明利害，别善恶，处处都需要望远镜、显微镜、探照灯一般的眼光去认识。通过了智慧选拔出来的人，决定要办的事，就要相信他，就要确确实实去办，按照预定的计划一丝不苟地如期完成，而且将帅还需要有坚强的自信。将帅最怕的是自私自利，打小算盘，为了个人的利益牺牲国家民族的利益，为了少数人的利益牺牲大多数人的利益。有了通过智慧的“仁”，便能够辨得出那是个人的利益，那是国家的利益，那是少数人的利益，那是大多数人的利益，便不会误用自己的“仁”，乱用自己的"仁"了。

可是人类到底是一种有理智又有感情的动物，感情常常蒙蔽着理智，使行动脱离理智所建筑的轨道，要保持理智的信用和尊严，不能不有一种强大的意志力量去控制住感情，使它做理智的忠实奴仆。等到利害矛盾、公私冲突、情理不能两全的时候，将帅必须首先战胜自己的邪念，挺起胸膛，竖起脊梁，毫不犹豫地把责任放在自己的肩膀上，为了国家民族的最大利益，毫不迟疑地冒险犯难，出生入死，从死里打出一条生路。将帅的勇，仍旧是理智的。

"严"字的作用，在保持战争机器的效率，提高国防组织的力量。在国防建设上，每一件事情都有合理的标准；在军事动作上，每一个细小的齿轮都有合理的运动法则。将帅首先须严格地要求自己切实去做将帅所应当做的事情，把它们做完、做好，然后再考察督促，使战争机器的每一部分构造都必须合乎标准，使战争机器的每一部分运动都必须合乎法则。

将帅的智、信、仁、勇、严是整个的，这五种元素的化合物，就是将帅的"能"，大事要用它，小事也离不开它。这才能是国防有机体的脑细胞，是战争机器的推进机。

军队是国防组织的核心，将帅是军队的组织者和指挥者，被组织被指挥的是各级军官干部，军官干部再去组织并指挥列兵，还有随时可以参加军队组织的广大群众。

军官需要受特殊的技术训练，精通一部分战争艺术。普通的战斗兵，只要体壮力强就够了。孙子是一个精兵主义者，注重军队的素质，数量的多寡到在其次。他说："士兵民众谁的强些呢？军官干部谁的精练些呢？""强"和"练"是就素质方面说的。

主义只是争取民众信仰，使民众拥护政府、跟着政府走的一种工具。它只能指示出国防建设的目标，确定大方针，画出大轮廓。民众信仰了政府所标榜的主义，便热烈地拥护政府，愿意在政府领导之下为实现这种共同信仰的主义而奋斗。有了才能卓越的将帅，有了优秀的民众，是国防建设的先决条件，可以着手去建设国防，并不能说是已经有了国防。好比盖房子一样，将帅就是工程师，民众就是工人和材料。盖成什么样式的房子，怎样盖法，必须先定好计划，打好图样。有了计划和图样，然后才能动手，一砖一石，按步就班地去做。孙子到最后，才提出一个"法"字来，并不是把方法看得不重要，而是说，在各种要素还没准备齐全的时候，空谈方法是没有用的。等到民众也有了，将帅也有了，大家的意见也统一了，天时地利也考察过了，然后才可以讲究方法。国防事业做好做不好，操最后决定之权的，就是方法。有了好的工程师，好的材料，好的工匠，好的图样，一定可以盖好房子；有了好的将帅，好的民众，好的自然环境，好的方法，一定可以建设成功理想的国防。

照孙子自己的解释，他所说的"法"，内容包括三大部门：一是曲制，二是官道，三是主用。

什么是"曲制"呢？曲制就是民众的组织，军队的编制。民众既然拥护政府的国防政策，愿意在政府的领导之下努力奋斗，就不能不接受政府的组织。因为一盘散沙的乌合之众是没有力量的，要想发生力量，就要有组织，有严密的组织。组织完成以后，才好按照国防的需要，分工合作，实行军事训练。平时各干各的职业，一到战时，政府便下令动员，召集受过训练的民众，组织成军队，征收车、马、粮秣和其他军需用品，供给军队的需要。

民众组织有组织法，军队编制有编制法，由组织和编制便产生了政治机构和军事机构，分出若干等级，有下层组织，中层组织，上层组织，好像一架机器，里面有好几个齿轮，许多螺丝钉互相关联，互相衔接。运动起来，上层指挥中层，中层指挥下层，十分灵活。各种组织机构没有人，是不能发生作用的，要充实组织机构，管理组织机构，运用组织机构，就需要大批的文武官吏。文武官吏的选拔、任免、调迁、考核、奖惩，事情非常麻烦，要想办得有条有理，必须有良好的人事制度和人事法规。这种人事制度和人事法规，就叫作"官道"。换句话讲，就是做官的道理。

文武官吏并不是吃闲饭的，每一个官吏就是国防组织里面的一个小螺丝钉，是齿轮上的一个小齿。国家要设置官吏，是因为有许多事情没有人办，需要找这些名为官吏的人给国家办事。可是人是很多的，事情也是很多的，若要使每一件事情都有人办，每一个人都有事办，必须划分事权，把每一个官吏主管一些什么事务、如何运用他的职权规定得详详细细，区别得清清楚楚；上级和下级如何层层节制，平行的有关机关如何密切联系，使彼此不相侵犯，不相推诿。各个机关、各个官吏把自己主管范围以内的事都办得妥妥当当，使整个机构能够运用自如，也非有详细周密的法令一一规定不可。这一类的法令，就是孙子所说的"主用"。

拿现代的眼光来看，孙子所列举的道、天、地、将、法五种要素，在国防建设上，仍旧是不容忽视的基本条件，不过是各种要素的比重有点不同罢了。

三、国防的几种运用方式

国家的强弱是以国防力量的大小为标准来决定的，而国防力量的大小是相对的，不是绝对的。

一个国家，自己以为已经很强了，但是和一个更强的国家一比，才知道自己原来是很弱的。

一个很弱的国家，自己以为确实是很弱的，但是和一个更弱的国家一比，它就成为强国了。

有了国防力量，就要随时准备运用它，使它发挥效能。可是在打算要运用它的时候，必须先知道自己的国防力量是强是弱。辨别强弱的唯一方法，就是比较。

第一，先比较政治领袖。哪一方面的领袖有"主义"，哪一方面的领袖没有"主义"呢？哪一方面的"主义"能博得民众的信仰，哪一方面的"主义"不能博得民众的信仰呢？

第二，再比较军事领袖。哪一方面的将帅本领强些，哪一方面的将帅本领弱些呢？

第三，再比较天时、地利。哪一方面的天气比较好些，哪一方面的天气比较坏些呢？哪一方面的地理形势利于作战，哪一方面的地理形势不利于作战呢？

第四，再比较法令。哪一方面的法令行得通，哪一方面的法令行不通呢？哪一方面的行政效率高，哪一方面的行政效率低呢？

第五，再比较士兵和民众。哪一方面的军队和后备兵的战斗力强些，哪一方面的军队和后备兵的战斗力弱些呢？

第六，再比较军官干部。哪一方面的干部人员技术高明，哪一方面的干部人员技术拙劣呢？

第七，再比较赏罚。哪一方面能够做到信赏必罚，赏必称功，罚必当罪，哪一方面不能够做到呢？

比较的结果，不一定某一方面样样都占优势，另一方面样样都占劣势，往往各有各的长处，也各有各的弱点。这时候就不能糊涂、笼统，一方要分析再分析，研究再研究，弄清楚强的一方强在哪里，弱的一方弱在哪里；强的强到什么程度，弱的弱到什么地步。分门别类地比较过后，再综合起来比较，强弱优劣互相加减，互相抵消，最后得到数字多的，胜利的可能性就大；得到数字少的，胜利的可能性就小。如果样样都是负数，那就必败无疑了。

一个国家四周的邻国，当然不见得只有一个，如果照这样一个个加以比较，所得的结果大概不外三种：

（一）所有的邻国，都比自己强。

（二）所有的邻国，都比自己弱。

（三）有些邻国比自己强，有些邻国比自己弱。

四周邻国的大小强弱既不相同，国防的运用方式也便不会一样。对强国是一种方式，对弱国是一种方式，对力量不相上下的国家，又是一种方式。

国防力量的强弱不是不变的，是可以用主观的努力改变的，而且时时刻刻都在变化着。

对于力量对等的国家，如强国对强国，弱国对弱国，孙子在国防的运用方式上确立了一项基本原则，就是"先为不可胜，以待敌之可胜"。第一步是采取消极的防御姿态，使敌方无隙可乘，等到自己力量大过敌方的时候，再乘机向它进攻。

强国对于弱国，必然采取攻势。

弱国对于强国，必然采取守势，避免冲突。

弱小的国家，在安全受到强国威胁的时候，便联合其他处境相同的国家缔结军事同盟，把两个或几个国家的国防力量联合起来，组织成联合阵线，以保障集团安全。如果对方也缔结军事同盟以谋对抗，战争便发展为大规模的联合战。

因为国防力量有多变性，所以在运用方式上不能〈不〉研究种种神秘的技术，以变制变，把自己的企图和实力掩蔽起来，使敌方莫测高深。孙子以为有没有国防力量自然是根本问题，可是如何表现国防力量，做到用力少而成功多，技术也有很大的关系。"出其不意，攻其无备"是最便宜的办法。不过这种办法人人晓得，你也想占便宜，人家也想占便宜，究竟谁输谁赢，全看谁的手段高明，谁的迷魂阵摆得巧，谁的花样翻得最新。

迷魂阵怎样摆法，花样怎样翻法呢？

第一套："能而示之不能"。能进攻的，故意装出不能进攻的样子，敌方就不防备了；能抵抗的，故意装出没有力量抵抗的样子，等到敌人放心大胆来攻的时候，再给他当头一棒。

第二套："用而示之不用"。称要用兵的时候，最好把"和平"喊得响一点，假如他知道你要用兵，也用兵来抵挡，纵使得到胜利，成本也花得太高了。用人，用计谋，用手段，也是如此。

第三套："近而示之远"。要想进攻近邻，必先把遥远的边境防御力量加强，近邻以为你不会侵犯它，就高枕无忧；等它睡着了，再一拳把它粉碎。

第四套："远而示之近"。如果要劳师远征，务必在近处放一个烟幕弹，把敌人的视线集中到这一方面来，然后再暗暗准备打击远处的敌人。等到兵临城下，他想抵抗来也来不及了。这一套也是"声东击西"的老办法。

第五套："利而诱之"。要避免大害，必先牺牲小利；要求大利，不能不用小利益引诱它。拿馒头喂狗，为的是利用它防御强盗；以香饵诱鱼，目的在请它上钩。

第六套："乱而取之"。敌国内部发生变乱，兄弟阋墙，就趁火打劫；敌国不乱，就设法制造，把它弄乱，再进攻它。

第七套："实而备之"。如果邻国力量渐渐充实，赶快防备它；不然，它会突然向我们进攻的。

第八套："强而避之"。对于强大的邻国，要暂时避免和它正面冲突，争取一段和平时间，努力充实国防，先为不可胜，再待敌之可胜。

第九套："怒而挠之"。打仗是需要镇静，需要理智的。敌国的领袖和将帅要是性情暴躁、爱发脾气的，就想方法气他。小则可以破坏他们的国防计划，大则可以引起敌国的内乱。弱小民族要求生存，使敌人神经错乱是最有效的法宝。

第十套："卑而骄之"。弱小民族没有力量和强国硬碰硬地对抗，只好用软的办法，卑躬屈节地把它捧到天上去。它既然瞧不起弱小的国家，便不会防范它。弱小国家就悄悄地生聚教育，秣马厉兵，相机行事。骄兵必败，已经成为老生常谈了。这样军事上的催眠术是很灵验的。

第十一套："佚而劳之"。劳则疲，疲则弱。平时能够利用间谍（最好是美人计）给敌人出几个坏主意，使他劳民伤财，虚耗国力；战时能够声东击西，使敌人疲于奔命。如果做得妙，便可以来一番"以寡胜众，以弱敌强"的精彩大表演。

第十二套："亲而离之"。领袖与各级干部的亲密合作，政府与全国人民的精诚团结，就能发生不可战胜的力量。战胜这种国家的方法，最好是离间他们的合作，分化他们的团结，使他们互相猜忌，互相摩擦，互相冲突，互相斗争。"乱而取之"，不战也可以胜，战则可以必胜。

上面这十二套法宝，单独使用也好，合并使用也好；对弱国使用也好，对强国使用也好。不过这种花头是权，而不是经；是末，而不是本；是助力，而不是主力。玩得好，能够发生惊人的效力；玩得不好，就算白费心机。所以孙子认为只能因利乘便，造成一种有利形势；如果无利可因，无便可乘，空有计谋，也是无用的。他说"不可先传"，就是希望战争指导者们不要舍本逐末，不要本末倒置。最实在最可靠的，莫过于一点血、一滴汗建设起来的国防啊！

四、全民战与国力总决赛

全民战争是近代才流行的新名词。我们细细地研究了孙子的著作，觉得在他的脑子里，早已有了全民战争的新思想。

全民战争是为了全体国民的利益而进行的战争。

全民战争是经全体国民同意而发动的战争。

全民战争是由全体国民参加作战的战争。

孙子说，战争是国家的大事。国家是由人民组织起来的，人民是国家的主体，战争是国家的大事，也可以说是人民的大事。

不过在君主专制时代，国家的统治权操在君主个人手里，实行个人独裁。因为他操着国家的统治权，便容易说出"朕即国家"的话，爱做什么就作什么，想怎样干就怎样干。孙子恐怕君主胡作乱为，拿战争当为儿戏，所以首先提出一个"道"来限制君主的自由，说明必须得到人民的同意，才能建设国防，准备战争。既然需要人民同意，就不能不尊重人民的利益，战争对于人民有利益，人民才表示同意；战争不是为了人民的利益，人民自然不会表示同意。这种道理是很明显的。

战争是为了保卫全体国民的利益，又经过一番宣传训练，使全体国民明了战争的目的，使国民表示同意，人民便服从君主的领导，热烈地参加战争，与君主同生共死，不怕危险，不畏艰难，以争取国家的光荣，战争的胜利。

人民虽然是战争的决定力量，而战争的领导权却操在君主手里，假如君主随便发动战争怎么办呢？孙子明明白白地指示出发动战争的条件：非对于国家人民有利不实行动员，非有得胜的把握不使用武力，非到危险的时候不对敌宣战。

君主不可因为一怒之间就调兵遣将，将帅也不可因为自己心里有点不大高兴就向敌人挑衅。个人感情用事，是会贻误国家大事的。

孙子除了告诫君主和将帅们不可因个人的喜怒决定和战大计之外，并且认为当将帅的应该有大将的风度，必须站在民众利益的立场，根据战争的需要以决定军事行动。如果战争对于民众有利并且可以打胜，君主教你不要打，你可以违背命令去打仗；如果战争对于民众没有利益而且没有打胜的可能，君主教你打仗，你尽管不打好了。为了国家人民的利益，宁愿牺牲个人的功名，接受君主的惩罚，这种人物，实在是国家民族的宝贝。"君命有所不受"，是恐怕当政治领袖的滥用权威，乱下命令，用来保障将帅的意志自由，维护国家民族的利益的。这种精神，可以说就是全民战争的将帅精神。

孙子再三地说，大将奉到君主所颁布的任命书或作战命令，就把军队集中起来，把民众召集起来，准备开到前线作战。原来春秋时代还实行着井田制度，民就是兵，官就是将，不动员民众就无法打仗的。八家分种一井的土地，假如每井抽出一个壮丁去打仗，其余七家就得负责运送服装、粮秣、辎重，就是动员十万军队，就有七十万家人民不能安居乐业。小规模的战争，还可以实行局部动员，遇到强大的敌人，就得实行总动员，全民参战。

单是人民参战是不够的。按照周朝井田制度的规定，八家为一井，四井为一邑，四邑为一丘，四丘为一甸。每丘出戎马一匹，牛四头。每甸出马四匹，牛十六头，兵车一乘，重车一辆，装甲兵三名，步兵七十二名，运输兵二十五名。计算起来，每五家有一个壮丁当兵。可是战争连年不休，人民的负担加重了，一丘的田，往往要出一甸土地的赋税，甚至还要增加。十万军队，就要一千辆战车，一千辆辎重车。人打死了，后方马上补充；装备用光了，后方马上补充；车辆、牛马、武器破坏了，后方马上补充。若是动员的军队更多，战争的时间更长，消耗必定更大。像这种倾家荡产的战争，政府若不在平时善于运用主义，训练民众，组织民众，把政治资源和精神资源蓄积得丰富一点，他们是不肯将生命财产投到战争的烈火里的；政府若不在平时增加生产，节约消费，把经济资源组织起来，蓄积起来，人民纵使热烈地拥护政府、支持战争，仍然是力不从心、难乎为继的。要预防精神资源和物质资源的枯竭，便不能不注意到效率，不能不设法提高战斗力的水平。所以对于将帅，要问他有没有能力；对于军官干部，要问他战争的技术熟练不熟练；对于士兵和民众，要问他力量强不强。孙子以为国防力量的五大要素，一般作将帅的大概都听说过，知道如何运用之五大要素的，就可以打胜仗；不知道如何运用这五大要素的，就不能打胜仗。因为由理论到实践，还须跃进一步，知而不行，比不知并强不了许多。

战争就是国防力量的表现，也就是国防力量五大要素的总决赛。孙子不把战争看作纯粹军事力量的冲突，而提出"五事"、"七计"作为战争胜败的决定因素，就是他思想进步的铁证。全体性战争理论的流行，是一九三五年以后的事，有谁晓得中国兵学思想界的拓荒者在两千多年前就在他的园地里埋下一颗"全体性战争"理论的种子呢！

弱的，有勤劳任事的，有不能称职的，要知道某组织或某人的工作成绩如何，必须加以考核。考核就不能没有考核法。考核的结果，成绩好的需要鼓励，使他做得更好一点；成绩坏的需要鞭策，使他加倍努力。又不能没有奖惩法。大事要有法，小事也要有法，事事都有法，国家的政治才能走上轨道，才有富强的希望。

法是死的，人是活的，活人若不遵守死法，法就等于废纸，毫不生效，所以孙子要问："法令孰行？"

要使法令雷厉风行，非信赏必罚不可。赏罚能明，法令就不会不行了。

政府平素若能做到令出必行去教育民众，民众一定服从国家法令；政府平素不能做到令出必行去教育民众，民众就不会服从国家法令。令出必行的国家，政府与民众的感情是很融洽的。

孙子特别重视民众的平时训练，平时有良好的民众，战时才有精锐的军队。要是民众在平时不能养成守法的习惯，战时骤然用铁的纪律去约束他们，他们怎么能服从呢！不服从命令的军队便不能打仗，更不能打胜仗了。

对于有能力的将帅，统帅权应当独立；不学无术的人，根本没有任将帅的资格。本领超群的将帅必须授以独断专行的大权，使他尽量发挥他的天才。孙子说："将能而君不御者胜。"君主应不应干涉将帅的行动，将帅的权限有没有确定划分的必要，是政治问题，不是军事的问题。伟大的军人，都曾经被这种问题缠绕过，除非国家的元首亲自担任最高统帅，政略与战略是很难协调的。

四、胜败之政

世界上的一切事物都是不断的运动着、变化着，国家的内外情势也天天在变化着。政治是解决国家大事的工具，也不能不跟着变化，并影响这种变化。

孙子以为善于用兵的将帅或政治领袖，不可不认识时代。时代变了，政治理论、政治纲领和国家的一切行政法令，必须随之而变。所以他说要"修道"、"保法"。

修道的意思，就是要临时修正它，充实它，补足它，发展它，使它日新又新，适合国家和人民的需要。这样的政治理论、政治纲领，才不致落伍，不致离开人民的利益，不致阻碍社会国家的发展。

保法的"保"字，有两层意思：一方面要保证法令的时效，一方面要保持法令的尊严。要法令不失时效，非时时配合着政治理论和政治纲领的发展去补充它、修正它不可。不失时效的法令，才行得通，才能发生作用。法令是国家和人民利益的护符，必须保持它的尊严，如果有人犯法、违法、枉法、玩法、毁法、乱法，不讲身份，不论地位，不管贫富，不分贵贱，只要所犯的罪是一样的，所受的处分也必是一样的。反过来说，只要所立的功是相同的，所得的奖赏也必是相同的。保护法律，必须和保护自己的眼球一样，有一粒微尘飞进去，它就什么都看不见了。孙子说"赏罚孰明"，要赏罚能"明"，不可不保护好眼球一般脆弱的法律。

因为孙子说是从战争观点来看政治的，所以他并不把政治力量看得那么绝对。道也修了，法也保了，国富兵强，应该是战无不胜、攻无不取了，而孙子却说"故能为胜败之政"，意思是：可能胜，也可能败，关键全在敌我双方作战力量的对比上。

政治建设也是一种竞赛。甲国在修道保法，乙国也在修道保法。甲国在建设国防，乙国也在建设国防。甲国以为它的政治已经很严明，国力已经很强大了；乙国的政治也许更修明，国力也许更强大。所以道已道、法已保的国家和道不修、法不保的国家打仗，是可以必胜的；道已修、法已保的国家和道更修、法更保的国家打仗，也是可以必败的。

政治建设的成功，对于战争胜败的决定作用，或大或小，是相对的，需要计算，需要比较。

第五章　孙子的外交思想

一、伐谋与伐交的关系

有人说，外交是政治的延长。一个国家，关起门来，自己解决自己的事，不和外国来往，外交关系就不会发生。可是有些国家，或是因为文化程度特别高，或是因为经济特别繁荣，或是因为政治力量特别强大，便突破了国界冲到了别的国家里面，和别的国家的文化、经济或政治力量接触。国家是政治性的组织机构，纵使国与国之间最初发生的是文化关系或经济关系，政治力量也必跟着进来，两种或两种以上的政治力量彼此接触，便自自然然地要发生外交关系。

外交从胎里带来了一种斗争的天性，它是在两个国家或许多国家利害冲突的摇篮里产生的，它结束了这一次战争，再制造下一次战争。

孙子认为外交是离不开战争的，所以他干脆把外交当作一种战争手段。他所追求的合乎理想的战争，就是不流血的战争；合乎理想的胜利，就是不战而胜。

不流血的战争，只有两种取胜的方法：一种是"伐谋"，另一种是"伐交"。伐谋是政治的任务，伐交是外交的使命。

伐谋是尽量提高自己的战争警觉性，加强自己的军事准备，同时用政治性的催眠术把敌人催眠，使他迷迷糊糊，莫名其妙。比方说，一个强国蓄意吞并弱小的邻国，暗地里早已准备得妥妥当当，而表面上却装出若无其事的样子，使弱小国家根本感觉不到有被侵略的可能，等到一觉醒来，再作准备，已经来不及了，只好对于敌国所提出的要求表示"欣然同意"，以作明哲保身之计。假如弱小国家有高度的战争警觉性，一面修道保法，励精图治，一面催眠强邻，使它安分守己，根本不作侵犯之想，也可以保持国家民族的安全，这都是伐谋的最好办法。

伐交和伐谋是分不开的。有些伐谋的工作，要由外交官去执行；有些伐交的工作，也含有伐谋的成分。但是伐谋和伐交并不是没有区别的，伐谋是思想方面的、心理方面的战争；伐交虽然和思想心理也有关系，却更接近物质的军事实力。伐谋的着眼点是尽其在我，是求己的，内向的；伐交的着眼点却着重在对方，是求人的，外向的。如果用商人做生意的方式来解释，伐谋就是增加自己的资本，伐交就是利用别人的资本。

伐谋的目的，就弱者来说，是使强者不作向外发展之想；就强者来说，是使弱者放弃抵抗的准备。假如强者已经有了向外发展的野心，弱者已经在作保卫国家生存独立的准备，敌对的意识非常显明，由敌对的意识燃烧起仇视的感情，由仇视的感情发展为战争的行为。不过战争是决定国家民族命运的大事，应当用理智的方法来解决。有利，就干；没有利，就停止。虽然情势已经到了剑拔弩张的严重关头，有本领的外交家靠着三寸不烂之舌，往往能化干戈为玉帛，使敌国放下战争的武器。

外交家用什么法宝来完成不战而胜的工作呢？孙子说："屈诸侯者以害，役诸侯者以业，趋诸侯者以利。"一个人正向东走，你告诉他，前面有一只猛虎，不要前去，去则有杀身之祸。这个人如果不是打虎的猎人，他一定会听你的忠告变更路线的。外交需要拿国防力量做本钱，如果外交家能够使诸侯们相信他们的国防力量是强大无比的，他们就接受领导，愿意为强大的国家服役了。你要想利用列国诸侯，给他们一点儿好处，他们就趋之若鹜了。

离开了利害关系，是不要谈外交的。

二、外交为国防而服务

外交的方式是千变万化、多种多样的，而外交的中心是永久不变的，国家的利益在哪里，外交的活动中心就在哪里。

当敌强我弱的时候，是不利于作战的。孙子说："强而避之。"弱国的外交政策，必须争取和平，避免引起任何战争。在和平空气的掩护之下，赶紧把国防整顿整顿，充实国家的自卫力量。遇到不得已的时候，不妨牺牲一点小利益以保全国家的大利益。或者卑辞厚礼去结交大国，使大国骄傲起来，以为已经不战而胜；或者和敌国的敌国结成军事同盟，以加强自己的防卫力量。如果敌国有同盟国家的话，就离间它们，使它们散盟，敌人势孤力弱，就不致咄咄逼人，挑动侵略性的战争了。

弱国的外交，是以"先为不可胜"为第一个目标的。

孙子特别重视四通八达的"衢地"，谁先控制住这样的战略要点，将来一旦和敌国发生战争，谁就更有可能得到胜利。所以他说，对于衢地，我们将和它巩固地结合起来。

吴王曾经问孙子道："衢地必须先行掌握。假如我们离得又远，出发的时间又落在敌人的后面，虽然车驰马快，也不能先行到达，那怎么办呢？"

孙子说："诸侯的领土三面和邻国接壤，是个四通八达的交通中心。我们和敌人兵力相当，旁边又有这样的国家，所谓衢地必先的意思，就是预先派一位特使，带着大批现款去拉拢它，和它缔结亲善友好的同盟条约。我们的军队虽然后到，它们的民众已经站在我们这一边了。"

吴王不懂外交，只知道快马加鞭去和敌人争先。孙子却主张用外交手腕争取与国，孤立敌人，到战时可以不慌不忙，得到胜利。这便是孙子高明的地方。

军事问题用外交手腕去解决，自然是很合算的，因为利用别人的力量，比利用自己的力量经济得多。两种力量加在一起，在作战力量上造成压倒的优势，胜利就更有把握了。

不过所谓利害，都是相对的，害中有利，利中也有害。孙子以为在力量的对比上已经占优势的国家，倒不必千方百计地去利用别人的力量。他说："力量强大的霸王之兵进攻大国，使它连军队都集中不起来；用高压的手段胁迫敌人，使它缔不成军事同盟。"所以不必用外交的手段争取与国，利用别人的力量；不必投机取巧，用外交手腕解决军事问题。只要充分发挥自己的威力去攻击敌人，一样可以夺取敌人的城市，毁灭敌人的国家。

弱小的国家，缔结同盟去对抗强大的国家，是必要的；强大的国家，兵力不是不足，而是有余，要征服弱小，争霸称雄，战争是免不了的。所以对于大国，必须在它准备尚未完成的时候，用突然的锤击把它摧毁；对于小国，必须在它的缔盟政策尚未实现以前，用绝对优势的兵力把它击破。

拿外交手段去进行外交战，能够战而必胜，用不流血的手段达到征服的目的，这种办法是聪明的。如果明知战争不可避免，敌人之所以委曲求全，目的在争取一段和平时间去整备武装，去缔结同盟，是聪明的办法，反而是以军事手段去济外交技术之穷了。

所以孙子说，要"顺详敌意"；所以孙子说，要"践墨"以守成法，要"随敌"以创新意。用流血的战争手段去解决政治问题，是笨的；如是能制敌机先，少流一点儿血把敌人征服，那便是"巧能成事"了。

封建时代的欧洲，盛行"宫廷外交"。到现在，还有些人认为办外交的不过是穿上大礼服，吃吃香槟，说几句漂亮的外国话，行一行礼，交换交换国书罢了。读过《孙子兵法》的人，一定会恍然大悟地说："外交的真面目原来如此，外交若不为国防和战争而服务，是没有意义的。"

三、特使和特务是分不开的

孙子说，不知道诸侯的计谋，不可预先把自己的肺腑之言告诉他，和他结交。换句话讲，必须把对方的情况和国策弄明白了，才可以和他谈外交。

孙子说："知彼知己，百战不殆。"所以英明的领袖，卓越的将帅，一举一动都能战胜敌人，成就伟大的事业，就是因为他们先知敌情。外交也是一种战争，要保证外交的胜利，也不能不先知敌情。

孙子不相信鬼神，不相信皮相的观察，不相信根据薄弱的推算，只有耳闻目睹的事实才是比较可靠的。要想明了敌情，无论如何，不得不用间谍。

外交官和间谍所做的情报工作是分不开的，古时候的间谍工作都由外交特使兼办，外交官需要情报，没有对方的确实情报，就无法办外交；外交官也负责搜集各国的情报，得不到各国的确实情报，就不能算是办外交。直到近代，间谍才专业化了，并且分门别类，有军事间谍，有政治间谍，有经济间谍，有思想间谍，他们不但搜集各种情报，并且在敌国境内进行种种破坏工作。外交官虽然也有做间谍的，但间谍已经不是他分内的主要工作，只要是法定范围以内的事，对方虽然明明知道，也是无权干涉的。

孙子把间谍分为乡间、内间、反间、死间、生间五种。收买敌国的人民担任情报工作，叫做乡间。收买敌国的官吏担任情报工作，叫做内间。收买或者利用敌国的间谍担任情报工作，叫做反间。故意把不确实的情报泄漏出去，让自己的间谍传给敌国的间谍，使他犯谎报敌情的罪而被处死刑，叫做死间。使派到敌国的间谍回来报告敌国的内幕，叫做生间。

没有深谋远虑的人是不能用间谍的，没有自信力并相信间谍忠实可靠的互信的人是不能派遣间谍的。情报有确实的，有虚伪的，非加以精微奥妙的分析，是不能明了敌国的真情，收用间之实效的。

要想打击哪一个国家，攻取哪一座城，谋杀哪一个人，必先令间谍把守将和他左右僚幕的传达、卫士、副官、勤务兵、老妈子等人的姓名调查清楚。并且搜索敌人派来的间谍，用金钱收买他，好好地招待他，使他充任反间谍。

有了反间谍，才可以利用乡间、内间、死间、生间。所以孙子以反间谍为各种间谍组织的核心，必须先有可靠的反间谍，其他四种间谍才能使用。物必先腐，而后虫生，当间谍的若不忠于国家，一旦受人利诱，是非常危险的。

殷朝为什么能够灭夏呢？因为有伊尹在夏做间谍工作。周朝为什么能够灭殷呢？因为有姜太公在殷做间谍工作。英明的领袖和优秀的将帅若能用第一等聪明的人物做间谍，一定能成大功，立大业。这是孙子的结论。

第六章　孙子的经济思想

一、军队是不会生产的

军人是世界上第一等消费者，军队越多，消费越大。他们所用的东西，没有一样是他们自己生产的。他们在家里，十之八九都是社会上的生产者；可是一着上武装，他们就停止生产，专门消费了。

孙子在"作战篇"里，从头到尾，所讲的都是战争经济问题，从此可见他把经济问题看得是如何重要。经济问题不解决，仗是根本打不成的。

他说，一般的用兵方法，必须有一千辆战车，一千辆辎重车，才能动员十来万军队。

这是最基本的装备，也是最起码的装备。除了车辆，还有甲、胄、弓、矢、戟、盾、矛、橹等作战所不可少的武器。一千辆战车，需要四千匹战马来拖；一千辆大车，需要大批的牛来拉。这许多军需品，军队是一样也少不了的，可是他们却连一样也造不出来，统统要取自民间。而且军队离不开粮饷，牲畜少不了草秣，这许多东西，也必须取自民间。如果平时没有大量储藏，到战时是供不应求的。供不应求，必定要吃败仗。因为军队没有辎重就要完了，没有粮食就要完了，没有大量的蓄积的军需品就要完了。

一个国家要准备打仗，必须先充实经济力量，把军需品堆得满库满仓，把战马丘牛喂得又肥又壮，因为军队是不会生产的，到战时再生产整备是来不及的。

二、倾家荡产的战争

战争爆发了。

庞大的军队集中起来，浩浩荡荡地开赴遥远的前线。兵马未动，粮草先行，运输队蜿蜒在崎岖的古道上，烟尘蔽天，不分昼夜地向前蠕动。国内国外的各种活动，需要大批的经费；办理外交，招待外宾，也需一大笔用费；再加上胶漆之类器材的消耗，车辆装具的供应，每天的战费，动辄成千成万，数字实在大得可怕。

农民，正在种田的，动员令一下，放下锄头应征去了；工人，正在做工的，动员令一下，放下工具应征去了。其余的男女老幼，缝军装的缝军装，送粮草的送粮草，造武器的造武器，扶伤救死的扶伤救死。大家忙忙碌碌，不眠不休，军队死伤得太多了，后备军立刻开过去；粮草缺乏了，后方立刻送上；武器不足了，后方立刻补充。一切为了前线，一切为了胜利。

土地因为战争而荒芜了，产业因为战争而停顿了，而消耗却天天在增加着。像这样的战争，打得久了，一定会造成国家经济的贫困的。所以孙子说："久暴师于外，则国用不足。"

国家为什么因为战争而闹经济恐慌呢？因为补给线太长了。路线越长，运输队就要加多，车辆、牲畜、人力、物力大半在路上消耗了，前方作战的将士所得到的东西是很少的。这样一来，老百姓就变成穷光蛋了。

军队是不事生产的，而战争所引起的则是大消耗、大破坏。因为生产减少、消耗增加的关系，物质便一天比一天缺乏，离军队或交通线较近的地方，由于供不应求，物价必定飞涨。军队所需要的一部分生活必需品，像菜蔬啦、油盐啦、燃料啦，都要就地采买。运输队的车辆损坏了，牲口病死了，器材失落了，也得随时随地修理补充。老百姓贪图厚利，把货物高价卖出，虽然赚了很多的钱，物质却更加缺乏了。等到政府征收赋税的时候，这样也缴不出来，那样也缴不出来，国家的法令是很严厉的，兵役的催索于是更加紧急了。

人力的缺乏，使人民无法继续支持战争，经济资源枯竭，民穷财尽，十分力量已经耗去七分；而政府方面的损失呢，破旧的战车，老弱的战马；装备、武器、大车、丘牛毁坏的毁坏，遗弃的遗弃，病的病，死的死，十分力量已经耗去六分。人民的厌战情绪日渐浓厚，军队的战斗精神日渐消沉，兵锋已钝，锐气已挫，战斗力和军需品已虚弱了，打光了，无法补充。如果邻国趁火打劫，人民乘机起来革命，岂不是糟透了吗！倾家败产的战争，打得久了，对于国家是没有什么好处的。

三、两个策略

为了避免长期战争所造成的经济危机，孙子主张"速战速决"，用一次会战把敌人打倒，结束战争。他以为精通战争艺术的军事家，是不动员后备军的，是不在国内运三次粮食的。不动员后备军，民力就不感疲竭；不再三由国内运粮食，民食就不会缺乏。会打仗的，一定有一种"灭此朝食"的气概，尽量将作战的时间缩短。

速战速决是一方面的理想，如果遇到顽强的敌人，一番会战又一番会战，一次猛扑又一次猛扑，仍然不分胜败，速决的理想被粉碎了，战争还是旷日持久的。为了挽救长期战争所造成的经济危机，孙子主张采用深入突破的战术，实行以战养战。

农业国家是不愁没有粮食吃的，可是，一旦粮食缺乏的时候，就是不得了的灾荒。中国自古就说："国以民为本，民以食为天。"老百姓只要有饭吃，民生问题就解决一半了。孙子认为战争之所以能够把国家弄得民穷财尽，辗转千里的运输是一个非常重要的因素，所以他提出了"取用于国，因粮于敌"的办法。像粮食、柴草之类的东西，能够在敌国境内找得到的，就在当地征收；在敌国境内找不到的军用品，再由国内源源供给。这样，不但出征军队的大量粮秣节省下来了，在运输方面又可以节省更多的人力、车辆、牲畜和沿途的消耗。这些人力、物力、牲畜力转移到生产方面，便可以挽救持久战所造成的经济危机。

利用敌国的经济资源和由遥远的本国运到前线比较起来，就效率讲，大概是二十比一。孙子说："聪明的将帅，务必吃敌国的粮食。吃敌国一种粮食，抵得上我们自己的二十种；用敌国一石苣秆，抵得上我们自己的二十石。"如果能借用敌人一分力量，就可以使本国节省二十分的力量，实在是非常合算的。他赤裸裸地说："重地则掠。"又说："掠于饶野，三军足食。"又说："掠乡分众，廓地分利。"都是孙子战时经济政策的最好注脚。"掠夺"诚然是一件不大荣誉的事，然而，打败了仗，弄得国破家亡，岂不更可耻吗？

封建社会的战争，本质上就是掠夺性的战争。孙子的经济政策，不但要充分利用敌国的战争资源，而且还更进一步利用俘虏和战利品，用重赏去鼓励将士们奋勇作战，在战场上展开争取俘虏和战利品的竞赛运动。他并规定，在一次猛烈的车战中，能够夺获敌人十辆以上的战车，谁最先夺到战车的，谁就得赏。然后把夺到的战车换一换符号，掺杂在自己的战车中，对敌作战。

对于俘虏，应当好好地把他们收容起来，给他们很优厚的待遇，感化他们，教育他们，等他们心悦诚服以后，再将他们分散到队伍里面，为灭亡他们的祖国而作战。

利用敌人的人力、物力去打击敌人，实在是顶好的办法。用这种办法打了胜仗，战斗力反而更加强大了。

然而孙子是不拥护持久战的战争理论的，纵使能够实行以战养战，并且愈战愈强，他也不赞成持久作战。他说："兵贵胜，不贵久。""持久"是一种万不得已的手段，最经济的战略，莫过于"速战速决"啊！

第九章 总结

本小册子写到这里，就算结束了。作者还有很多的意见，现在只好简简单单地列举出来，作为本书的总结。

第一点，《孙子兵法》是中国古代军事学术的宝典，古今中外，研究孙子的人很多，有许多地方，各家的见解不能一致，可以说是"仁者见仁，智者见智"。在本书里，我没有列举各家的注解，也没批评谁是谁非。因为各人有各人的观点，观点不同，见解自然就不能一致了。

我告诉读者，我是拿现代战争的眼光来研究《孙子兵法》的。我所注解的是孙子的精神和思想，是十三篇的要义。在今天，单是咬文嚼字和机械地背诵古人思想的内容，已经没有用处了，最要紧的是把握住古人的思想方法，并利用古人的思想方法来帮助我们运用思想，帮助我们创造发明。我们必须以过去做基础，把握现在，创造将来。假使我们把注意力都集中在过去上，而忘记了现在和将来，或是单纯地为了过去的检讨过去，这种翻旧账式的研究，是没有意义的。

第二点，因为这本书是为适应一般读者的需要而写的，也就是说以"通俗读物"为目标而写的，所以在字句上不能不力求浅显明白。为了增进两者的了解力，当引用《孙子兵法》原文的时候，有些比较难懂的句子，都根据原来的意思译成白话。这是一种费力而不易讨好的工作，我们如果要发扬中国古代的文化，却又非如此做不可。读者若是愿意对于孙子作进一步研究，最好是看一看原文，把各家的注解当作参考，本着精益求精的精神去探讨它的真义。这种工作绝不是一个人独立所能完成的。

第三点，不论哪一种学术，都是时代的产物，都有产生这种学术的特殊条件和社会背景，战争艺术自然也不能例外。因此，我们要真正了解一个人，真正研究一种学术，就要先了解产生那个人或那种学术的社会生活。孙子的战争理论是农业实践社会里产生出来的，克劳茨维兹的战争理论是产业革命以后的初期工业资本主义社会里产生出来的，东方兵圣和西方兵圣在时间上前后相距二千多年，他们代表着截然不同的两个时代。学术既然是时代和社会环境的产物，时代变了，学术思想也就变了；社会环境变了，生活方式与战争方式也就变了。时代与社会既然时时刻刻在前进着、变化着，那么，昨天的生活方法绝不会完全适用于今天。上次的战争经验也不能完全适用于下次战争，要想拿两千多年前的战争理论全部搬到今天的战场上来，当然更不可能了。

不过，生活艺术和战争艺术是从人类过去的经验中提炼出来的，在变化的过程中，总有一部分不变的东西。中国还没有脱离农业社会的阶段，所以《孙子兵法》里面的原理原则，有不少地方还没有失掉时效，因为真理永远是年轻的。

第四点，孙子十三篇虽然一向被人看作兵学宝典，我们细细地研究了它的全文，拿现代的眼光来看，实在是"国防学"的总汇，也可以说是"全体性战争"理论的骨子。讲到这一点，我们中华民族真足以自豪，可惜孙子在军事学术方面的革命思想，受当时自然科学和社会科学的限制，未能顺利发展。在积极的希望不能实现的时候，只好提出消极的手段来代替，他一方面讲"拙速"，另一方面又处处"尚待"，就是这个道理。孙子的脑子里充满了"闪电战"的思想，而社会生产技术却制造不出进行"闪电战"的工具和各种条件，使孙子陷入烦闷苦恼之中，并不是思想与思想的矛盾，而是理论与实践的矛盾啊！

忘记了历史的经验，是可怕的；忘记了把最新的经验化为知识，则更加可怕。孙子国防思想和战争理论中的一个简单的概念，到今天已经成为有系统的科学了。读《孙子》，千万不要开倒车，不要食古不化，返回春秋战国时代。我们的任务，是要效法孙子的精神，利用孙子的思想和成果来帮助我们创造将来！

军事与国防

《复兴丛书》本，上海商务印书馆 1945 年印行。该书 1944 年 6 月重庆初版。此次选编，第五、六、七章从略。

第一章　总论

人类有史以来，曾经有过无数次的战争，可是现在正在进行着的第二次世界大战，不论就战场的规模上来讲，或是就战斗激烈和消耗巨大的程度上来讲，都是空前的。

这种全球性的战争，它的毁灭性之大，实在令人胆战心惊。每一次战争，都要牺牲很多的生命财产，而这次战争中所牺牲的生命财产，不知道比历次战争的牺牲大过若干倍。如果死者的血一定能够给下一代的人们写下一页所谓"历史的教训"的话，那末，这次战争的教训应该是最深刻、最动人的教训。

现在我们要问："第二次世界大战中人类所得到的教训是什么？"这个问题恐怕没有人能够作简单明了的回答。不过，我们很有理由相信从战争爆发那一天起，世界上已经有很多的历史家开始搜集材料，分析事实，准备为那些在战场上倒下来的勇士们写遗嘱了。不论那些历史家们怎样忠实，他们所记录下来的东西是不会一致的。事情虽然只有一件，因为各人的观点不同，见解就有或多或少的差异，尤其是战胜者和战败者之间，双方差异之大，只有南北极的距离线可以同它相比。

在战败者那一方面，必定会信奉"准备流更多的血，洗去被耻辱玷污的历史"这一条真理，而战胜者所标榜的是"消灭战争，永久的和平就是永久的胜利"。因此，我们相信：第二次世界大战如果不能成为过去战争的结束，必定成为未来战争的开始。

两条路，究竟选择哪一条呢？战争的发展律必然地要向战争的指导者和交战国的政治家们提出这个难以解答的问题。

历史上有不少这样的战争指导者：当战争形势非常危险的时候，他们便提出非常优厚的条件去号召人民和军队去支持它的联盟政策，假如他们愿意参加战争，一定可以得到许多利益。然而等到他们的人民、军队和盟邦真的参加了战争，把战争指导者从失败的泥潭里挽救出来以后，这个战争指导者便开始装聋作哑、口是心非。战争胜利地结束了，他便把他所曾经提出来的条件一笔勾销，食言而肥。结果，战争是大家的战争，胜利却是一个国家或少数国家的胜利。

第二次世界大战是民主国家和轴心国家的战争，也就是民主主义和法西斯主义的总清算。正如纳粹主义的创始人之一斯特瓦·张伯伦（Houston Stewart Chamberlain）所说："两种文化决不能并立，这是用不着怀疑的。希腊文化决不能安息于罗马文化的下面，罗马文化终归于消灭……一种文化必须把握时间毁灭另一种文化。"德国的战争机器于一九三九年开始进攻波兰以后，戈培尔博士所指挥的宣传机关就叫着："除非国社主义的新秩序扫荡了全球，世界决不会有和平。"纳粹党的理论家卢森堡（Alfred Rosenberg）也说过："新的和平将使德国成为全球的主人。"民主国家的领袖们所揭示的作战目标也说是："击溃希特勒主义，消灭法西斯。"从这些地方，我们很可以了解现代战争的性质。

战场上的军事失败虽然使纳粹德国的宣传家们逐渐沉默了，而同盟国家的阵营里则有些政论家却大谈其战后和平问题。有资格发言的政治家们所提出来的原则，十之八九是不公允的，那些大学教授们所拟定的和平方案，在同盟国家领袖们的眼睛里，又不免有点儿书呆子气。因为民主国家的人民对于破坏世界和平的法西斯主义已经恨入骨髓，所以大家一致主张彻底解除轴心国家的武装，一致主张轴心国家必须无条件投降；如果不这样办，就不能彻底消灭法西斯主义，就无法防制这些国家的再起。而另一方面，民主国家为了要巩固既得的胜利，为了要保卫世界的和平，就不能不利用武力，要是有人主张战胜国家必须同战败国家一样地彻底解除武装，一定有很多人大为惊异。他们好像认为武力的保持是战胜者所特有的权利。假如世界上只有法西斯国家总可以发动侵略战争，法西斯国家的武装彻底解除之后，侵略战争自然就永远消弭了。事实上，绝对不是这样简单。法西斯主义的历史不过二十多年，而侵略战争早在二千多年以前就有了。要是民主国家阵营里面不仅仅有一种文化，要是在文化不同的民族和国家之间还有阶级存在，要是这一种文化还歧视排斥并企图消灭另一种文化，要是民族与民族、国家与国家、阶级与阶级之间进行着政治的压迫和经济的榨取，纵使法西斯国家彻底地消灭了，侵略战争在世界上仍旧是不会从此消弭的。

不幸得很，现实并不像理想那般美丽。国家民族之间的冲突和仇恨，并不能用战争的手段消除，第二次世界大战的结果无论哪一方面获胜，这两个交战集团中间的仇恨，一定会比战前更深。而每一个集团中间的许多国家，它们的种族是不同的，它们的文化是不同的，它们的经济发展的情况也是不同的。比较进步的国家民族，对于比较落后的国家并不能一视同仁，他们的脑髓里还充满着"优越感"，他们还想保持自己的领导地位。换句话说，进步的国家民族所憧憬的所企图建设的世界新秩序，仍旧是建筑在人剥削人和民族剥削民族这种制度之上的。有些国家口口声声叫喊解放被它们的敌国所奴役的国家民族，而对于自己的殖民地国家，却积极在加强统治，不许它们独立自由。不管那些宗主国的政治领袖们讲得怎样动听，像这种连瞎子都看得见的矛盾如果无法调和，所有一切的甜言蜜语，不过是骗人的外交辞令罢了。

战争的苦痛自然而然地使人类努力去追求永久的和平。建设永久和平世界的思想，并不是发源于这次战争，而每一次战争的爆发，都是这种思想失败的后果。虽说永久和平的思想弄得千疮百孔，可是在一般热情的追求者看来，这个可望而不可即的幻影，反而比完整的时候更加美丽。我们想，和平的女神总有一天要降临的，然而，那时候的世界必须是：（一）战胜者不再压迫战败者；（二）强大者不再奴役弱小者；（三）富有者不再剥削贫穷者的世界。在这个世界里，永久和平不是用武装来保卫的，而是用彻底解除武装来保卫的，因为武力并不能保卫永久的和平，武力只能破坏世界的永久和平。

很显然地，这样的原则所产生的和平方案是不会为强大的国家所接受的，强大的国家绝对不愿放弃武力，就是弱小的国家，也是不愿意放弃武力的。武力和军备的彻底毁灭，不但强大的国家不成其为强大，甚至连弱小的国家也不成其为国家了。因为国家机构和武力是分不开的，国家代表一种权力，没有武力，权力便无从维持，无从表现。哪个国家的统治者愿意放弃自己的统治权呢？所以用彻底解除一切武装来保卫的世界和平，只是被压迫者、被剥削者、被奴役者所追求的和平；而压迫者、剥削者、奴役者所追求的和平，是必须用武力来保卫的。前面那一种和平是永久的，唯有在国家衰亡以后才有实现的可能；后面这一种和平是暂时的，是国家与国家互相对立关系之下的一种力量均衡，也可以说是矛盾的统一。暂时的和平里面孕育着战争的种子，它的作用不是为的增进全人类的幸福，而是促使全人类准备进行下一次的战争。有人认为这样的和平是一种休战状态，是战争中间的插曲，也不是没有道理的。

历史的规律总有一天要把国家推上衰亡的道路，可是在国家还没有寿终正寝以前，武力是不能放弃的。杀人的武器操在强者的手里，征服的艺术一日千里地进步着，弱小的国家民族没有建设永久和平的世界新秩序的权利，它们只能在"奴隶"与"抵抗"二者之中选择其一。已经戴上"奴隶"帽子的国家民族，除了采取流血的革命手段对征服者进行无情的斗争以外，没有别的方法能够使它们得到真正而完全的自由解放；尚未丧失自由独立的国家民族，若不积极地不顾一切地准备抵抗，随时有被侵略者全盘征服的可能。魏波斯特（Danie Webster）说过："上帝只把自由给予那些爱好自由而且时常准备保卫自由的人们。"这句格言不论对于个人或是对于国家民族，同样适用。

人都是自私的，就是鬼也不会为旁人的利益而牺牲自己。第二次世界大战中的交战国家若不能放弃自私自利的狭隘观点，不管最后的胜利属于哪一方面，都无从建立永久的和平。我们相信只要人类的思想里尚有"利润"二字存在，这种自私自利的观点是不会被战胜者自动放弃的。利润会使战胜者变成为帝国主义，帝国主义者也爱和平，但是帝国主义者更爱吮吸弱小民族身上那香喷喷的血液。

第二次世界大战能够使各色各样的帝国主义消灭吗？我们很谨慎地回答"未必"。

现在必须说明，前面的一大片话，目的在探讨战后世界和平的性质与方式。我们可以归纳起来说，战后的世界和平有两种方式：

第一，战胜国彻底解除战败国的武装以后，也跟着彻底解除武装，连中立国也彻底解除武装，消灭人剥削人的经济制度，使全人类的经济活动百分之百地用于增进全人类的福利。这种和平是永久的。

第二，战胜国彻底解除战败国的武装以后，继续使用武力去控制战败国，使用经济力量去榨取战败国，而且在战胜国之内或战胜国之间还依旧进行着人对人的剥削与榨取，使人类的经济活动大部分用于加强国家的武力。这种和平是暂时的。

我们非常希望第一种和平的实现。如果这次世界大战就是人类最后的一次战争，战争的结果使一切的国家组织消灭得干干净净，大家可以共享永久的和平幸福，国防自然用不着建设，这本书更是根本用不着写了。可惜我们研究的结果，几乎把第一种和平的现实性完全否定了，这次战争可能毁灭几个国家，它决不能毁灭一切的国家。虽说法西斯主义和社会主义都有实行世界革命的理想和计划，可是这次战争将证明法西斯主义的世界革命是一种狂妄的梦想；社会主义的世界革命，至少还需要经过一次或者几次更残酷的战争。毫无疑义地，国家组织是不会在这次战争中毁灭的，中华民族还需要在国家组织的保护之下生存发展。因此，我们便不能不用武力来防卫国家的安全，不能不准备抵抗帝国主义者的侵略，不能不集中力量去从事现代国防的建设。亚当·斯密（Adam Smith）在《原富》一书里说：“国防还较富足重要。”他又说：“政府当局的第一任务，就是保卫本社会免受其他独立社会的侵略。这种任务，只有凭藉军力才可以完成。”国家存在一天，亚当·斯密的话便应当被爱好自由的国民尊为至理名言。

人类正在进行着疯狂的爱国战争，当人类还感着到国家可爱的时候，就足以证明国家的历史任务还没有完成。国家的历史任务既然还没有完成，我们就必须努力充实国防建设以保障国家的安全。随着社会文化的进步，国防的组织更加复杂，它已经成为一种有系统的科学。国防科学的研究，是建设国防在智力方面的准备工作。如果智力方面的准备工作先不先就失败了，其他方面的工作是不会成功的。为了研究的方便起见，对于“国防”这个名词的含义，应当先有一个明确的概念。我在去年所写的《国防新论》一书里面，曾经下过这样的定义：

“国防，是人类所同具的安全感觉的产物，也可以说是竞争生存的经验集结而成的武库，在并世共存的各民族的国家界线尚未捐除，侵略武器未能毁灭以前，它总是跟着科学的进步和人类的欲望继续演进而无有底止。”

德国的国防问题专家班斯（Ewald Banse）在他所写的《德国的战争准备》一书里，也对国防下了一个定义，他说：

“国防科学并不就是军事科学。它并不教导将领们如何打胜仗，也并不教导联队的军官如何训练新兵。它的课程，首先而且最要紧的是讲给全体人民听。它的目的在训练群众具有英雄和战斗的心理，使他们了解近代战争的性质和先决条件。它教我们知道各个国家和各种人民，特别是本国和邻国，他们的交通和智力——一切旨在将来从事战争以保卫国家生存的时候，造成最有利的条件。国防科学是在综合运用每一方面的人类思想与人类努力，以期增加我国人民的防卫力量。国防科学产生于知识的一门，可是逐渐长成为一般的精神势力，使一切知识都趋向同一的国家目标。"

原来德国在第一次世界大战中失败以后，全国的政治家、军事家、哲学家、历史家、心理学家便开始狂烈地研究这次战争失败的原因。有些人说，德国不是在战场上打败的，而是在后方被失败主义者、懦夫和革命者打败的。有些人说，德国在军事和经济资源方面缺乏长期作战的准备，资源老早就消耗完了，所以才自己承认失败的。有些人说，德国军队和民众在心理方面完全缺乏战争准备，他们是被敌人的宣传武器击溃的。也有人说，德国的失败并不是由于军队和民众的心理崩溃，而是由于最高统帅部鲁登道夫将军的神经崩溃。大家聚讼纷纭，莫衷一是。希特勒上了政治舞台以后，德国的"军事政治与军事科学社"便召集了许多优秀的军事心理学家和医学家，在西摩奈特（Simoneit）的领导之下共同研究心理因素在上次战争失败中的位置。他们研究的结果认为，德国在上次战争中，士气和民气并没有消耗到枯竭的程度，失败的原因是由于不能利用国家的全部精神资源。他们主张德国要想应付第二次世界大战，必须经过一番长期的精神准备。班斯是德国重整军备在理论方面的指导者，他对于心理因素在国防上的重要性是异常重视的，他所下的国防科学的定义，是当时时代环境的产物，同时也带着很鲜明的纳粹色彩。

亚当·斯密对于国防任务的认识是偏重于消极的社会的防卫。班斯虽然是军事科学通俗化的提倡者，他说战争是活动好战者的永久乐趣，因为他写《德国的战争准备》那本书的时候，希特勒还没有上台，德国还随时有遭受法国侵犯的可能，所以他认为将来从事战争的目的在"保卫国家生存"，国防科学的作用也在于"综合运用每一方面的人类思想与人类努力，以期增加我国人民的防卫力量"。这种消极地保守的说法，等到希特勒表示他决心把捷克人民置于"德国保护"之下，德国的宣传机关叫喊"除非国社主义的新秩序扫荡了全球，世界决不会有和平"的时候，已经成为明日黄花了。

国家是一种权力的政治机构，也是一种复杂的有机体。它的机能和一般生物并没有两样，一般生物要求生存，国家也要求生存；一般生物要求发展，国家也要求发展。国防就是满足国家要求，达到生存发展目的的唯一工具。生存和发展并不是两件事情，它们是一件事情的两个阶级。前面所提出的第二种和平方式，是由国际间的努力均衡造成的，也必须由国际间的势力均衡来保持。然而，每一个国家的国势有盛衰，国防力量有消长，国际间均衡形势的长久保持很不容易。强大的国家民族之压迫弱小，实在是一种自然的趋势。当一个国家的生存受到邻国威胁的时候，也就是说当国际均势因为敌国国防力量的加强或本国国防力量的衰落而破坏的时候，它自然会产生一种消极的愿望，努力排除这种威胁。在这种情况之下，国防的作用在保卫国家的生存，抵抗敌国的侵略。反过来说，当一个国家的国防力量足以压倒邻国的时候，统治者的心里便渐渐地觉得烦闷起来，弱小的国家刺激着他们的心，引起一种战争冲动，使他们骄傲疯狂，目空一切，终至向弱小的国家实行侵略，以发泄过剩的力量，重新造成一种新的均衡局面。所以国防的任务，就强大的国家而言，是要打破现状，要求发展；就弱小的国家而言，是要保持现状，要求生存。同是一个国家，弱小时就受强大国家的压迫，强大时就反转来压迫弱小的国家，压迫和侵略的方式在天天翻新，国防的任务也是随着国家主权的要求和客观环境的变化而变化的。

国防是国际间的矛盾到不可调和的阶段的产物。世界上的土地和资源有限，而人类的欲望无穷，国防科学的进化使若干国家民族在抢夺"生存空间"的战争中得到胜利，但国家制度则由于国防科学的进化而日就衰亡。历史是不会停留的，国家林立的世界里永久和平是一种梦想，努力研究国防科学，从事超时代的国防建设以保卫自己的祖国，使一切落伍的国家终归淘汰，使制造战争的国家制度赶快腐烂衰亡，是生存于现世界的全人类最伟大的历史任务。

第二章　现代的国防

　　战争是人类社会生活的一种形式，国防是人类脑力体力和技术能力的结晶，一个时代有一个时代的社会生活形式，一个时代有一个时代的国防组织。社会生活形式决定国防组织，国防组织又决定战争。

　　社会生活形式又是被什么东西决定的呢？社会科学告诉我们，是社会生产技术、生产力和生产关系。这些因素是社会进步的推进机，社会生活前进一步，国防组织就跟着前进一步。

　　以自然经济或农业经济为基础的封建社会，打仗是军人的专业，国防建设也是由军人包办的。因为这个社会的经济生活是由手工业的生产来维持的，国防建设也不能不适应社会的生产能力。所谓国防组织仅仅包括一支军队，这支军队所使用的简单武器装备和粗陋的防御工事，这些工作由军人包办是可以办得了的，而且除了军人，也没有别的人能够参与这种国家大事。实业革命以后，社会生产力所发生的大变革很快地反映到人类社会生活上来，战争方式和国防组织也起了一度革命。这种革命的结果，使战争和国防与人民的关系日渐密切，没有人民的支持，战争就不能进行；没有人民的参加，国防就无法建设。

　　由军人的战争到人民的战争，由军人的国防到人民的国防，这便是封建社会和资本主义社会的分野，而真正的人民的国防，又为社会主义国家国防组织的特色。"人民"就是这一个时代象征，是新社会的创造者和支配者。

　　实业革命的意义，就是生产工具的机械化和摩托化，使人类由手工业的生产变为机器工业的生产，由小规模的分散的生产变为大规模的集中的生产。生产方式直接影响了人类的社会生活方式，机械和摩托的大量生产促成了人类社会生活的机械化和摩托化，而人类社会生活中所应用的机械和摩托，又很快地侵入了军事领域里面来。军事技术家把社会生活中的工具加以改造，使它成为战争的武器，使战争变了质。新的武器形成了新的兵种，军事机构、军事编制、装备、军事理论和战略战术都发生了革命性的变化。工厂中所发明的分工合作制度也透过社会生活传播到军事方面。科学不仅把旧有的简单武器变得更复杂了，而且又创造了许多新奇的武器，军事科学的内容是更加丰富了，军事科学的领域是更加扩大了。和产业组织里面的工人一样，一个军人可以学习全部的军事学术，他却不能够精通全部军事学术；他可以精通军事学术中一科中的某一部分，他却不能精通一科的全部。个人的主观方面要求横的发展，要求万能，而客观环境则要求个人纵的发展，要求专精。因为坦克兵若不精通坦克战术，航空兵若不精通空中战术，野战炮兵若不精通炮兵战术，是要吃败仗的。就是在同兵种里面，驾驶的专管驾驶，观测的专管观测，射击的专管射击，通信的专管通信，也不是一个人可以应付得了的。分工越细，一个人的责任范围越小。也就是说，他对于某一小部分的事情，懂得更多了，技术更精了，而对于全部的事情，则知道得很少。同时，军事组织和政治、经济、文化等各种组织的关系更加密切了，军事组织若不和政治、经济、文化各种组织合作，若得不到它们的支持，就无法进行战争。政治、经济、文化各种组织既然由于科学进步而增加了对于战争的决定作用，于是它们就加入了国防组织，成为国防组织的一环。军人包办军事是可以的，而政治、经济、文化却非军人所能干涉。而且军人对于这些部门的事情，知识技术都很缺乏，要干涉也干涉不了。在这种客观环境的情形之下，国防科学便脱离了军事科学，成为一种独立的学术，它把军事、政治、经济各种要素组织起来，使它们协同一致，分工合作，为保证国家的生存发展而趋向一个共同的目标。好比工商业团体一样，从前的国防是由军人独资经营，现在的国防变成了股份公司，军人只是一位股东，另外由精通国防组织技术的专家担任总经理。现代是科学的时代，无论什么事业都不能不受时代精神的支配，国防组织的分工合作，便是这种时代精神的反映。

在封建社会时代，政权是封建君主和贵族们的私有物，工商业资本家是被压迫者，是统治阶级的奴仆，战争的目的完全是为了封建君主特权阶级的利益，当兵也是贵族们的特殊权利。实业革命以后，工商业资本家抬头了，生产技术进步的结果，军事机构逐渐庞大，逐渐复杂，运输用的机械、摩托，要资本家供给。打仗用的武器装备，要资本家供给。资产阶级既然是战争的决定力量，那么，战争的进行便不能不顾到资本家的利益。因此，他们在政治方面便向封建君主要求民主，要求给予他们种种应得的权利。资本家的货物生产过剩了，国内销不完，政府就得派军队到海外去开辟市场；资本家的工厂因为原料的缺乏，使扩大再生产的计划无法实施了，机器要停止活动，工厂要关门，大批工人要失业，政府要为资本家解决原料问题，不能〈不〉以战争为手段去抢夺殖民地。在资本主义时代，国家的统治权已经由封建君主贵族手里转移到资产阶级手里，军队的任务在巩固资产阶级的统治权，争取并保障他们国内国外的利益，军人不但要绝对服从政府的指导，而且更要服从资本家的利益。这就是说，经济是支配政治的，政治是支配军事的。资本主义国家的战争不只是争夺政治霸权，而是争夺经济霸权，是由资本家的工厂所生产的各种摩托进行，为保证资本家的工厂顺利发展而进行的资源战。现代的战争是大规模的战争，大规模战争需要庞大的军队，要建立起来庞大的军队，非要求军事的大众化不可。于是当兵便不再是贵族阶级的特权，而成为全体国民的义务了。

在资本主义时代，政治是附属于经济的，军事是附属于经济的，文化也是附属于经济的，这些因素支配权的统一，实在是国防科学脱离军事科学而独立发展的推动力量。我们必须知道，封建时代军人之所以能够包办国防，是因为君主贵族还没有离开军事生活，是因为国家的统治权操在军人的手里，打起仗来，君主就是实际上指挥大军作战的最高统帅，而他们多半是能征战的好手，如亚历山大大王、查理一世、腓特烈大帝、拿破仑第一，都是最好的例。而中国历代的开国皇帝，也没有不是从马上取天下的。现代战争需要发挥高度的智力，用智慧和技术指挥着钢铁所造成的战争机器在天空、地面和海洋里驰驱。国家的最高统治权，在资本主义国家，实际上操在银行大王、钢铁大王、煤油大王、汽车大王等少数资本家手里，他们精通生意经而不懂得军事。因此，他们不能把国防事业委托给那些专家们去办理。在这种经济制度和政治制度支配之下，军人的任务和职权被严格地限制了，他们只能规规矩矩地作事，哪里能容许军人去包办国防呢？

科学在组织技术方面所造成的进步，使现代国防的建设有了可能。资本主义国家把产业组织里所得到的经验和知识运用到国防建设上来，它们拿组织工厂的办法来组织国防，这实在是国防科学上的一大发现。

在工厂里面，有原料、半制品、制成品和精制品，是物的变化阶段；在国家里面，将国民造成合乎理想标准的国防人，包括技术工人、战斗兵、驾驶员、公务员、警察、教职员、新闻记者、摄影师、电影明星、无线电播音员、科学家、艺术家、哲学家、文学家、经济学家、历史学家等等，也是和原料变成商品的过程一样的。所有含有教育意味的社团和机关，都已经成为变相的工厂。一个人不知不觉地在学校里，在社会生活里，在政府机关和兵营里，被没有声音的摩托吞进去吐出来，一次又一次，思想上染了颜色，行动和机器的齿轮般地一致。这种组织的进行，是由精神到物质，由理论到实践，由内容到形式，由文化到武力的。交通工具、铁路、公路、邮政、航空、无线电、新闻纸、印刷机、电影戏剧，使国民的感情、意识、愿望和努力交织在一起，人类精神和身体的往来越频繁、越便利，国防的组织就越发容易严密。这，只有高度工业化的国家才办得到，农业国家来进行组织工作是比较困难的。

现代战争是国力的总决赛。和平的门一闭，整个国家的人力和物力都得投到战争的洪流里。摩托化和机械化的武器具有惊人的破坏力，这种破坏力量的保持，需要庞大的后备资源和后备人力。前方的武器缺乏了，后方得马上补足；前方的士兵打光了，后方立刻开上去；前方的大量消耗，要后方的大量生产来维持，谁支持得时间最久，谁就能得到最后的胜利。前方的军队的作战力量全靠政治力量、经济力量和文化力量在后方支持。武装战斗员成千成万地牺牲了，而后方的妇女在继续不断地生产小孩子，小孩子长成壮丁，壮丁变成士兵，士兵开进兵营，随时准备开到前线去补充；飞机、大炮、坦克，一批一批地变成铁渣钢块了，后方的兵工厂里，有无数的工人在昼夜不分地加紧生产，使各色各样的新式机器继续不断地涌进兵营。有人说，战争是打后方的，没有坚固的后方，胜利便没有保证。而后方坚固的必要条件，是平时人力资源、物质资源和技术资源的大量蓄积，有系统的组织，并且使它们在战时能够发挥高度的效力。

这种倾家荡产的战争，不论是生命的牺牲、物质的消耗、精神的损失，都不是少数人或一部分人所能支持的。战争是一棵有生命的树，它的根必须深入到广大的民众里，它的枝叶总会茂盛才会生生不已。

要全国民众来支持战争，参加国防建设，也不是一件简单容易的事。如果政府采取愚民政策，强迫民众服从政府命令，去参加莫明其妙的战争，他们是不感兴趣的；如果政府把人民的文化水准提高了，那就得明明白白地告诉他们，使他们知道为什么要建设国防，为什么要打仗，那就不能欺骗民众，拿事实告诉他们，战争确切是为了他们自己的利益。民众坚决地相信战争是为了拯救自己的时候，他们才肯热烈地参加战争，牺牲性命，出钱出力。

这种宣传工作，对于有被敌人侵略可能的国家人民，较之准备发动侵略战争的国家人民，更容易发生效力。政府只消使人民相信，现代战争的结果，战胜者并不要战败者割地赔款，而是要对战败者实行全盘的征服，使战败的国家无条件投降，永无翻身之日，人民就会团结在政府的周围，为保卫国家的生存而效力的。第一次世界大战，协约国对付战败的德国，仅仅是解除了它的武装，夺去了它的殖民地，并限制它的军备，并没有摧毁德国的工业，也没有消灭它的政治目标，可以说斩草而未除根。除了军备和资源方面受了很大损失而外，其余的文化、政治以及技术资源都是完整的。由于协约国家漠视了军备和殖民地以外的各种资源在国防上的重要性，所以德国不到二十年就翻过身来，企图征服世界。希特勒知道政治、经济和文化的力量并不弱于军事，所以他会用第五纵队和播音机造成了并吞奥国、征服捷克的奇迹。希特勒统治被征服国家的办法是摧毁它们的政治机构，取消它们的军队，把它们的重工业迁移到德国本部去，连技术工人也跟着机器一同迁移。他不但要把它们的国家由工业经济变为农业经济，而且彻底地破坏它们原有的文化组织和社会秩序，实行一种新发明的阶层封建制度，在被征服的国家之内制造出许多矛盾，使它们互相斗争，却俯首贴耳地服从第三帝国的统治。

全体性战争的结束，必然是战胜国对于战败国家全体性的征服。征服的程序，也许是分头并进，一次结束；也许是按部就班，慢慢实施。而最后的目的，是使它不成为一个国家，全部破坏它原有的国防组织。

无论从哪方面来看，军人只是全体人民的一部分，而且是一小部分；军事机构是国防组织的一环，而且军事机构密切地依存于经济制度、政治情况和文化组织。仅只解散了一个国家军队，撤销一个国家的军事机构的征服方法，是军人包办国防时代的产物。现代的国防是人民的国防，战争的方式已经由武装战斗员的互相歼灭转移到全体人民的互相对垒。人民的战争是最进步的战争，因此，人民的国防，也就成为世界各国政治指导者所追求的国防型式了。

人民的国防应该是为全体人民的利益而建设，由全体人民去从事建设，并且建筑于全体人民身上的国防。国防是人民的事业，每一个国民都负有国防的责任，这叫做国防需要人人；国防是保卫全体国民共同利益的工具，国防对于每一个国民所发生的利害关系是相等的，这叫做人人需要国防。在全体性战争时代，国防需要人人和人人需要国防，都是必然的趋势。不过由于世界各国经济制度和政治制度的不同，双方所需要的程度与所表现的程度仍然是不能一致的。

试问：真正的人民的国防必须具备哪些先决条件的国家才能实现呢？

具体说来，人民的国防的先决条件就是：人民的经济，人民的政治，人民的文化和人民的军事，一个国家要想建设真正的人民的国防，必须先使经济变为人民的经济，政治变为人民的政治，文化变为人民的文化，军事变为人民的军事。也就是首先消灭经济上、政治上和文化上的阶级对立。假如一个国家，在经济方面，还存在着人剥削人的制度；在政治方面，管理国家大事还仅是少数人或某一部分人特殊的权利；在文化方面，知识分子还被当作一个阶级；在军事方面，还有一部分国民千方百计地逃避兵役：人民的国防是建设不起来的。

不合理的经济制度和政治制度是破坏国防组织的毒菌，它们在国家内部制造矛盾对立，使人民分化为几条肉眼看不见阵线，经常地进行战争，破坏国防的健康，抵消国家的作战力量。国防建设的指导者，必须认清这种事实，致力于国内战争的消弭，不论这种战争采取哪一种方式，都是足以致命的危机。任何人都不会相信，一个害着脑神经疼或绞肠痧症的人还能够成为拔山盖世的英雄，那么，研究国防科学的人，也不能注意国家的卫生。

斯大莱（Eugene Staley）说过："现代技术学适用的范围越来越广，越趋向于星球化，而政治则越趋向于国家化。"飞机和无线电在技术方面要求世界的统一，而经济和政治制度则要求世界的分化，几种经济制度都在企图并进行着世界的统一运动，都要求扩大国家的势力范围。每一个国家都在积极加强国防的建设，使国家的尊严成为神圣不可侵犯。变相的战争经常地进行着，武力冲突不过是一种最基本的和最后的一种战争形式而已。历史绝不停滞在二十世纪的阶段，在人类的生活方式尚未统一以前，永久和平是没有保证的。武力战争的序幕一开，现代技术科学所造成的电气化和摩托化交战武器，一定会使未来战争比现代战争的蔓延更加迅速的。我们相信，最末一次的世界战争，必定是最合理想的人民战争型国防集团大获全胜。

第三章　国防建设的方法

在战斗的时代、战斗的世界里，战争是避免不了的。一个国家要想生存，一个民族要想发展，不能不准备应付战争，不能不准备好一套战胜敌人的工具。战胜敌人的工具就是国防，或者说，就是潜伏在国防组织里的战斗力。

这个伟大的时代，过去的必须清算，未来的正待开始，历史的变革剧烈无比，迅速无比。铁一般的现实告诉我们，现阶段的国家民族有一个必须遵守的信条，就是：生存第二，国防第一。

因此，每一个国家民族都在疯狂地建设国防，谁要是在国防建设上面疏忽一分，它的生存便增加一分危险，便要受一分损失。可是，要建设甚么样的国防才能达到国家生存发展的目的呢？最摩登也是最流行的答案，就是"全体性"的。全体性的国防已经成为现阶段国防建设的共同目标，它能够把一个国家变成一个有机的战斗体，把国家变成一个大力士。

全体性的国防虽然是世界各国所共同追求的一种理想，但是这种理想并不是任何国家都可以实现的。因为要使这种理想成为现实，有很多必要的条件，有些国家是完全具备了的，有些国家只具备其中的几分之一，有些国家样样落后，深深地感觉到心有余而力不足。当然，得天独厚的国家，建设起来比较容易；先天不足的国家，建设起来是加倍困难的。归纳起来讲，所谓全体性的国防，它的基础不过是三个"化"字。这三个"化"字就是：国家工业化，工业军事化，军事社会化。

怎样做到"三化"，以及为何运用"三化"，是国防建设方法问题。国防内容是极其复杂的，范围是十分广泛的，为了便于说明，现在把它解剖开来，分为军事、政治、经济、文化四个部门来研究它。

一、军事建设

世界上原有两种战争方式，一种是流血的战争，另一种是不流血的战争。这两种战争方式好像一对双生的兄弟，人类自古就交互地运用着。不过人类的思想，在古代是比较简单的，文明进步的结果，人类的思想就渐渐复杂。在人类思想比较简单的时代，战争大都是用流血的手段进行的，不流血的战争虽然有时候也在进行着，而人类并不重视，甚至感觉不到这种战争方式的存在。文明进步以后，人类大脑发达，才知道努力研究如何以最小的牺牲取得最大的胜利，于是"攻心伐谋"就被军事家强调为第一等战争了。两军的互相厮杀，总被当作是不得已的事情。现在呢，不流血的战争已经脱离军事科学的范畴，成为一种与军事科学同等重要的战争艺术。这两种战争，有时节单独进行，有时节彼此合作，不过，单独进行智力战的情况是很多的，至于单独进行军事战而不与智力战适切配合的事实，在今天却很少见了。

国防科学的进步，并没有贬低军事战的价值，它仍旧是一种最有效的战争方式，等到人类社会中的矛盾深刻到不能用不流血的手段使其调和的时候，武装战斗便成为最后的裁判，也是最公平的裁判。没有军事建设作核心的国防，最后胜利是没有保证的。为了保证最后胜利的必属于我，军事建设是不容忽视的，它是国防组织和国家机器中重要的一环。再进一步来说，军事建设的目的固然是准备接受历史最后的裁判，可是军事建设的效用，也可以加强智力作战的力量，可以使不流血的战争更容易取得胜利。充分的流血准备，反而成为辅助不流血战争的一种手段。希特勒固然不费一枪一弹把奥国吞并了，把捷克灭亡了，假如希特勒没有强大的武力作后盾，单靠第五纵队和无线电是无用的。奥地利和捷克并不害怕希特勒的嘴巴，而是害怕他那一把由飞机、大炮熔合而成的宝剑。

有人称流血的战争为直接战争，不流血的战争为间接战争。进行直接战争的时候，军事在前面；进行间接战争的时候，军事在后面。站在真理那一边的人们是必定获胜的，而在胜利降临之前，必须经过许多次武装流血战争的考验。

军事建设的作用又可分为消极的和积极的两面，弱小的国家是为的防范敌人的侵袭，强大的国家目的在向抵抗力量最小的方向发展。

人类生长在地面上，地面是国家最可靠的本钱。侵略者所要夺取的是地面，弱小者所要防卫的也是地面。敌人可以从陆地上进攻，要抵挡他们，不能没有陆军；敌人可以从海洋里爬上来，要抵挡他们，不能没有海军；敌人也可以从天空中掉下来，要抵挡他们，不能没有空军。就兵种来说，军事建设的范围，不外组织强大的陆、海、空军。有三度空间的立体国防，就有三度空间的立体战争。正由于战争是在三度空间里进行着，大家才更努力去巩固保卫国家绝对安全的立体国防。

任何国家的国防，在军事方面都必须有一种组织系统，而利害交集而成的战略要点，就成为国防组织的神经枢纽。这些枢纽就是国家的要旨，它们也许在大陆上，也许在港湾里，也许在海洋中的岛屿上。为了保障国家神经枢纽的安全，在大陆上便需要建筑要塞，在沿海要地和岛屿上便需要建筑军港。一般人多认为要塞和军港仅仅是消极的御卫工事，其实它们也有积极的攻击作用。防御工事在战争形势不利的时候，可以以寡敌众，死守待援，或等待有利时机。在另一方面，要塞也可以节约兵力到最小限度，以便转移兵力于别的地点，给予敌人以有效的打击。

要塞和军港是由大量的人力和物质力量组织起来的，它的好处是使平时的人力、物力到战时发挥效用，是用过去蓄积力量以消耗敌人目前的实力，是用大量的物质力和机械力以破坏敌人的血肉之躯。然而在第二次世界大战初期，芬兰的曼那林防线终于被苏联红军粉碎了，法国的马奇诺防线竟没发挥半点威力；太平洋战争爆发以后，关岛、马尼拉都是被日军轻轻地拿去的，号称太平洋中直布罗陀的新加坡，也不能不被迫放弃。于是军事家们便根据这些事实来否定要塞的价值，抨击马奇诺主义，把马奇诺防线骂得一文不值。何以东欧的史大林防线却阻止了希特勒的几次攻势，史大林格勒的保卫战又造成惊动全世界的辉煌胜利？要塞无用论者从此缄默了，马奇诺的信徒们也吐了一口冤气。

要塞不是无用的，决定要塞命运的除了组织的形式和运用方式，还有将帅的战略指导和战斗员兵的士气。

空军的发达，使已往的国防科学和战争理论成为陈腐的过时的东西，虽然有一部分原理原则还没有失掉它们效用，但就整个的军事学术而论，它所发生的变化，不仅是数量上的，而是改变了它的本质。

空军是一种最有效的攻击武器。没有空军的国家，好像一座没有顶的房子，既不能遮风，又不能避雨，坚壁再坚固一点，也不过是一种摆设而已。在第二次世界大战中，空中进攻和地面上防空设备，在技术上的发展是不平衡的，防空部队并没有表现出特别优异的成绩，世界上还没有哪一个国家曾经掌握过绝对的制空权，虽然制空权的掌握在理论上不是不可能的。到现在，大家所公认为最好的防空手段，仍然是以轰炸答复轰炸，以飞机进攻飞机，高射炮遇见高空的投弹瞄准器是相形见绌了，大编队空军的集中轰炸，消防队救火也来不及。各种战争之中，空中袭击的灾害是最可怕的。因此，大空军的建设就成为更加重要的问题。不许敌机侵入本国的领空，是今天防空专家们的最高理想，要使这种理想成为现实，必须争取防空军优势，保持它，并高度地发展它，使压倒的优势变质。

　　和要塞和海防江防对于陆海军作战所发生的辅助作用一样，防空军对于空军作战直接间接也有相当的助力。空军的威力加强，并没有减少防空军的重要性。相反地，防空建设因为空袭破坏力的巨大更感觉有积极改进和充实的必要了。不仅空军力量薄弱的国家急需加强防空力量，就是空军力量非常强大的国家也没有放松防空建设。在第二次世界大战爆发的时候，德国空军占着绝大的优势，同时，德国的防空建设也是顶周密、顶进步的。苏联和英国为了要使空袭的损害减少到最低限度，也时时刻刻在跟着炸弹侵彻力的增加来设计并建筑保险的地下室，也时时刻刻来改进高射炮的构造，扩大防空机构的组织，提高防空机构的效率。到今天，除掉少数文化城和政治中心可以用宣布为"不设防"城市的办法避免空中袭击之外，不论是都市或乡村，都少不了防空设施。要塞上、军舰上是被高射炮所组织成的防空网掩护着，坦克车上也有高射炮和高射机关枪的装置，就是步兵在敌机低飞投弹的时候也要用来复枪和机关枪予打击者以打击啊！至于炮兵，有一种新式的大炮是高射、曲射、平射三用的，它可以当反坦克炮用，也可以打天空中的飞机。

　　防空的意义并不限于要直接打到敌人和使敌人打不到自己，它还有一种微妙的作用，就是提高自己的抵抗力，打击敌人的士气。高射炮虽说打中敌机不多，可是在高射炮猛烈火力的掩护之下，人民和士兵的恐怖情绪是会降低的，对空射击的士兵，更可以增加几分战斗的勇气。对于敌人，高射炮射击的时候，敌机便不致毫无顾忌地低飞，而炮弹的爆炸声和空气的震荡，也足以使胆小的航空兵心悸，他们一发慌，就会糊里糊涂地把炸弹乱丢下来的。这样，无形之中便减少了敌机空袭的损失。现代战争中有许多心理的武器，如啸声弹和俯冲轰炸机，除了伤害敌人的身体，还有一种副作用是叫敌人害怕的。防空武器也可以说是含有心理作用的武器之一。

事实上，军队的崩溃是从精神的崩溃开始的，军事建设也不能不注意军队精神方面的装备。

二、政治建设

讲到政治与军事的关系，很多人都喜欢引用德国大军事家克劳茨维兹的名言，说战争是政治关系的延长，是政治以外的另一手段的政治的继续。因为克劳茨维兹认为"政治意向是目的，战争是它的方法，方法不能离开目的"，所以他说："如此说来，战争是为政治所用的工具。战争必须有政治的特质，并以政治的尺度来度量。大体上说来，指挥战争不啻指挥政治自身，不过把笔换成剑罢了。但是并不因这种方法的变更，忘却了政治上的规律。"

克劳茨维兹的理论支配了世界兵学思想达一百多年之久，等到第一次世界大战以后，鲁登道夫的全体性战争论出来，才把克劳茨维兹的理论推翻了。他说："战争的性质与政治的性质都已经变更了，所以政治与战争指挥的关系也应当变更。克劳茨维兹的一切理论，可以付之东流。战争与政治都是为的维持一国人民的生存，但是战争为种族求生存意志的最高表现，所以政治应当隶属于战争指挥之下。"他又说："在战争期内，政治应该做的工作，为集中全国人民的生命力量，以形成各项生活的方式。全国人民也应该觉悟，在共同团结一致之下，对于军队与国家牺牲一切。"鲁登道夫所以这样主张，是由于他从失败的教训中深刻地认识了一个真理，就是："祖国的人民的力量，可以坚决前线陆海军将士的作战意志，使军队再生再新。全国人民的力量与军队的力量混合为一，不可分离。在前线作战将士的作战效率，完全依赖后方人民的力。"因此，他明确地指出："后方人民均应为战争而工作、而生活。政府的职务，在使后方人民这样地为战争而工作、而生活。"

鲁登道夫和克劳茨维兹的观点是不同的。克劳茨维兹以为政治意向是目的，战争是一种达到目的的手段，手段是应当服从目的的，所以战争必须服从政治。鲁登道夫以为战争是民族生活的最高表现，争取民族的生存发展才是目的，所以政治应当附属于战争。在克劳茨维兹看来，政府的意志是神圣不可侵犯的，战争当然要迁就政治。在鲁登道夫看来，民族求生存发展的意志才是神圣不可侵犯的，政治是一种达到民族生存发展目的而从事战争的一种手段，政治应当服从战争的指导，团结全国人民，使他们出最后一文钱，流最后一滴血，以促成战争的胜利。

克劳茨维兹的战争论中，对于战时人民团结的极端重要并未提到一个字。而鲁登道夫的全体性战争论中，却主张人民第一。从这里可以知道，克劳茨维兹时代，战争是由君主和贵族所代表的统治阶级的力量决定的，所以战争隶属于政治；鲁登道夫时代，战争是由人民的力量决定的，所以政治必须隶属于战争。战争理论是时代的产物，只有时代才能正确地说明他们见解的差异。

一般人只注意到"战争隶属政治"和"政治服从战争"的争论，对于"战争的性质变了"和"政治的性质变了"往往忽略过去，其实问题的关键就在这里。战争与政治这两个名词含义，在克劳茨维兹时代和在鲁登道夫时代是截然不同的，克劳茨维兹时代的战争是军事在前台所表演的独角戏，政治在幕后当导演；鲁登道夫时代的战争，已经扩大为军事、政治、经济、文化的大合唱了。不先把握住这一点，是不容易理解"战争论"和"全体性战争论"的。

解决谁服从谁这一争论的最好办法，就是用"国防"这个概念来代替"战争"，这样可以避免一些思想陈腐的人对于"战争"的误解，拿旧的眼光来观察新的战争。我在《国防新论》一书里曾经写道：

"克劳茨维兹和鲁登道夫都没有把握住战争的全部真理，他们两个人的见解，在不同时间、不同空间的人看来，全是一偏之论。根本上，军事、政治、经济、文化都是国防组织的一种元素，都是民族生活的一种方式。它们互相隶属，互相渗透。照我的四面体的国防理论，军事是四面体的一个顶点，政治也是四面体的一个顶点，它们的位置，随着国家的需要而变。在战争爆发之前，政治组织决定军事组织，可以说军事附属于政治。等到战争爆发以后，军事就成了国防四面体的顶点，政治组织必须适应军事的需要，把平时组织变为战时组织，可以说政治附属于军事。好比演戏一样，有时节军事当主角，有时节政治当主角，经济、文化也有当主角的机会。"

国防高于一切。国防需要把全国的人民和各种物质资源组织起来，使它们发挥最大的力量，把整个国家变成一个全副武装的有机战斗体。政治既然是国防组织的一环，它自然要适应国防的需要，在国防组织的指导之下来为国防而服役。

政治本来是空空洞洞的东西，它什么都没有，可是国防却向它提出一大串要求，要求它把每一个国民训练成一个合乎标准的国防人，使他们在平时为加强国家的作战力量而努力从事生产，在战时能够自动地勇敢地将他们的生命财产贡献给国家，愿意为保卫国家的生存而战，以至战死；要求它把国家的战斗力量蓄积得像大海里面的水一样，战争的序幕一揭，就像是水闸开了似地，成千成万的战斗员、一批一批的作战物质无穷无尽地奔驰到战场上去，而后方的人民则更加坚定、沉着，对于胜利有不可动摇的信心，各自站在各自的岗位上，做最有效的工作，以保证战争的胜利。社会秩序毫不紊乱，整个国家机构的齿轮在战争中转动如飞。

政治要达成这种巨大的任务，必须能够掌握得住全体国民的灵魂和身体，掌握得住国家的全部资源和机动物质，然而，这显然并不是一件容易的事。要圆满地达到政治的国防任务，一个必要的先决条件就是使政治成为国防政治。国防政治的特质，不是由政治决定国防，而是由国防决定政治。换句话说，由国防的需要而决定足以达成国防任务的政治制度，决定足以适应国防需要的全国人民的生活方式。国防所需要的政治制度，是强有力的政治制度；国防所需要的人民生活方式，也是强有力的生活方式。

现代战争是政治制度的试金石，一种政治制度是不是强有力的制度，只有在战争的考验之下才能辨别出来。构成政治权力的因素并不是政府能够控制多少人民，而是这种政府究竟得到了多少人民衷心而热烈的拥护。前者是封建专制式的政治，而后者是民主主义的。

在封建专制式的政治制度之下，政府与人民的关系是片面的，政府要什么，人民出什么。政府要钱，人民就出钱；政府要命，人民就去死。政府只有权利，没有义务；人民只有义务，没有权利。民主主义的政治制度，政府与人民的关系是相互的，彼此都有权利，都有义务。政府这时候已不单是一个要钱要命的机关，而是一个使人民赚钱赚得更多，使人民的生命更有保障、生活更加舒适的机关。它给予人民的，超过了它取自人民的，它先给人民做了好事，尽了义务，然后再要求人民给予能够充分行使职权的权利。

现代的战争是人民的战争，国防也是人民的国防。所谓国防政治，也就是人民的政治。因此，国防政治建设的目的，也就是要建设人民的政治。国家是人民的结合体，国家的事情自然应当由人民来管理。政府是管理国家大事的执行机关，若得不到人民的拥护，它就不会有巨大的权力；要得到人民的拥护，它必须代表人民的利益，为人民谋利益。可是历史证明，政权操在哪些人手里，政府就给哪些人谋利益；政府给哪些人谋利益，哪些人就拥护政府。所以政府要想博得全体人民的拥护，最有效的手段就是给全体人民谋利益，把国家的最高统治权交到全体人民手里。

人民的战争，目的在保卫祖国的政治目标。先建立一个人民的政治目标，正是进行人民战争的前提。

国防政治的建设，应当从哪里开始呢？我的答复是必须从主义的建设开始。主义是一种掌握人民的有效工具，同时也是打击敌人的有效武器。而主义的是否有效，完全看它是不是能够合乎人民的需要。政治家之必须鼓吹一种政治主义，和百货公司必须大登广告以广招徕是一样的。鞋子店的广告只能吸引需要鞋子的，帽子店的广告只能吸引需要帽子的，政治主义能够吸引若干群众，同样是由它能够满足若干群众的需要来决定的。政治主义必须鲜明地刻画出一种人民生活方式的图样，假使这个图样是全国人民所共同追求的生活方式，全国人民就对这种主义发生信仰，希望这个美丽的理想能够实现，并愿意为实现他们的理想而努力。人民之愿意为他们所信仰的主义而奋斗，也和一位顾主要到商店里去购买他在广告上面所看到的那种货物是一样的。

政治主义是空洞的理论，但空洞的政治理论一旦得到人民的信仰，一旦吸引到群众，立刻就成为物质力量了。政治建设的合理程序，是由精神到物质的。

国防政治的对象是人民全体，它所能够贡献给全体人民的，应当是全体人民所迫切需要的。它不但使国家强大，而且使人民富足。人民所需要的自由、安宁和荣誉，它也给人民以确切的保证。已经得到的，保障它们；尚未得到的，尽量地给予人民，并努力为人民争取。等到人民的希望全部寄托在理想政治上的时候，他们的灵魂已经被主义组织在一起了。人民既然坚决地信仰一种政治主张，他们自然乐得参加实现这种政治主义的组织，并贡献出他们所能够贡献的一切。政府把人民的精神、身体、行动和财产统统组织起来以后，必须训练人民，使他们知道为什么要建设国防。使他们懂得战争的目的是求生，不是为的求死；使他们明了少数军人的死，是为了保卫整个国家民族的生；使他们相信年轻人在前方的死，一定可以保证后方的小孩子能够活活泼泼的生，老年人能够欢欢乐乐的死。然后人民才愿意牺牲他们的精神、劳力、生命和财产去建设国防，参加战争。

商人之所以能够发财，一方面由于他们的资本雄厚，一方面由于他们的货真价实，童叟无欺，而商业的信用具有一种奇怪的魔力，能够使他们生意兴隆，一本万利。这一套生意经也可以应用到国防政治建设上，一个政治家如果负着建设国防的任务，他就得"货真价实，童叟无欺"，等到他受人民的委托来办理国家大事的时候，万不可得鱼忘筌，不按照原来的图样建设政治。商人偶然撒一次谎，或许不至于影响他的营业，假如他天天撒谎，他的生意必定要倒闭的。全民政治在今天还是一种理想，而资本主义和社会主义国家所榜样的都是全民政治，甚至还实行个人独裁的德国和意大利法西斯主义政府，也高唱它们从事战争是为的整个国家民族的利益。政治是不是全民的，只有人民知道，人民纵使不能立刻知道，他们总有一天要知道的。美国大总统林肯（Abraham Lincoln）说得好：

"你可能永远愚弄一部分的人民，你可能偶尔愚弄全体的人民，但你决不能永远愚弄全体的人民。"

美国之能够成为富强康乐的国家，政治家肯说老实话也是原因之一。

有些政治家迷信权力，他们以为只要警察、宪兵、法官、监狱和大批军队控制在政府的手里，就可以巩固政府的统制权，使国家法令雷厉风行，因而提起政治建设，就认为是加强这许多东西以提高政府的权力。这种见解也是错误的。警察、宪兵、法官和监狱只能对付极少数作奸犯科破坏社会秩序的罪犯，而国家的军队是为捍卫国家抵御外侮而设的，等到政治家把这些东西当作巩固统治权的有效手段来对付广大的群众时，他们便没有效力了。

约翰·穆勒（John Mill）在他的《自由论》一书里说：

"一个政府，若是拼命压迫它的人民，使他们成为驯良的工具，即使它很仁慈，定将发觉渺小的人物不足以成就大事，而那牺牲一切以完成的统治机器终究也没有大的用处，因为其中缺乏（是给它驱走了）使那架机器圆滑运行的生命力。"

我在《国防新论》里也说过：

"政治组织需要坚强的'约束力'，更需要热烈的'亲和力'。亲和力使政治组织年轻，生气蓬勃；约束力使政治组织硬化，老气横秋。当人民热烈地投向政治组织，衷心地爱护政治组织的时候，政府靠着亲和力的支持，随时可以应战，而且能够以弱敌强。等到政治组织发展成熟，利用约束力量去延长生命，增加威势，使人民感到痛苦的时候，它便开始走进没落的阶段了。"

法西斯主义的政权建筑在强大的"约束力"上，而民主主义的政权是建筑在热烈的"亲和力"上的。法西斯主义也没有忽视亲和力的重要性，我们知道，希特勒取得统治权以后，在重整军备声中，德国人民对于希特勒的热烈拥护，也是一点也不掺假的事实。不过当希特勒驱使德国人民从事他们所不愿干的侵略战争的时候，他便不能不加强约束力了。由人民来支持的战争决不能离开人民的利益，假使战争是为了保卫国家的生存独立，人民自然会热烈地团结在政府的周围，愿意到前线战斗而死；假使战争是为了少数人的特殊利益，凡是与战争利益无关的人民，便自然要设法逃避。法西斯主义虽然曾经威吓过全世界，它最后还是要崩溃的，因为当它威胁世界时，它已经渐渐硬化了，它已经离开了人民的利益。民主主义的国家，在战争中必然获得胜利，因为民主国家是为人民的利益而战，支持战争的是广大群众的亲和力。

庞大的人力、物力若不能配合有效的政治制度，它们便不会发生预期的效用。一种建立在人民的亲和力上面的政治制度，在战时是富于韧性的；一种建立在统治者约束力上面的政治制度，在战时是比较脆弱的。前者好比是一丛蓬勃的小树，后者好比是一棵古老的大树，在战争的暴风雨中，一丛蓬勃的小树是不要紧的，而古老的大树却容易被摧折。我们知道，一种进步的政治制度必然要代替落伍的政治制度，正和春天必然代替冬天一样。这是一种历史发展的规律，政治家应当具有卓识远见来迎合时代潮流，采取进步的政治制度来从事国防建设。进步的政治制度虽然不是为了应付战争这种特殊的目的而产生，可是它本质上却是强壮有力适合于从事战争的。

进度〔步〕的政治制度并不仅是一种漂亮的形式，它必须具有新鲜而充满了活力的内容。完成国防建设的先决条件，在政治方面需要有一个廉洁的有效率的政府，把贪官污吏彻底肃清。殊不知，贪官污吏的能否肃清，是制度问题而不是人的问题。人民没有掌握政权的政治制度必然产生贪官污吏，露天的茅坑里必然产生粪蛆，虽然人力可以杀死露天茅坑里的粪蛆，而肃清粪蛆的最好办法莫若改用抽水马桶。所以廉洁政府的造成，一个决定的因素是法治，一个决定的因素是民主。理想的廉洁政府是缺一不可的,它必须既法治而又民主。一旦选举官吏、罢免官吏、制裁官吏的权力操在人民手里,贪官污吏的末日就到了。人民选举的官吏,用不着逢迎他们的上官,人民也不需要他们行贿,只要他们把自己的责任尽了,把人民委托的事情办得很好,他的地位就不会动摇,用不着严刑峻法,贪污之风就自然平息了。

国防政治绝对不是"民可使由之,不可使知之"的政治,恰恰相反,他是"欲使民由之,先使民知之;民不愿由之,不可强迫之"的政治。事实上,只要政府的一切政策不违背全体人民的利益,而人民已经知道得很清楚,他们决不会"不愿由之"的。当政府的利益和人民的利益相冲突时,必须牺牲政府的利益以维护人民的利益;当少数人民的利益和大多数人民的利益相冲突时,必须牺牲少数人民的利益以维护大多数人民的利益。这就是民主精神。凡是具有民主精神的政治制度,事情没有办不通的,国防也没有建设不好的。

前面所说的是政治建设的最高原则。政治本来包括内政和外交两大部门,外交也可以解释作"政治的外延",政治建设的路线有了,外交问题也就迎刃而解。

外交为国防而服务,已经有很长的历史,近代科学的进步,交通的发达,战争范围的扩大,使外交和国防的关系更加密切。今天的战争,并不是这个国家和那个国家的战争,而是这一个国家集团和另一个国家集团的战争。两个国家单独交战的时代显然是过去了,那末,一个国家若要准备应付现代的集团战争,必须事先造成若干国家的联合国防。以敏锐的眼光把握住未来战争的性质和趋势,以决定采取一种积极而有效的联盟政策,于是就成为当今外交家非常重大的任务了。

国防是一架庞大而复杂的机器,不但是落后的国家无法独力完成,就是最进步的国家,也往往感觉到不能自给自足。因此,在经济资源贫乏的国家,外交家必须到处争取;技术贫乏的国家,外交家必须到处争取;人力缺乏的国家,外交家也必须到处争取。总而言之,外交家必须尽量利用其他国家的力量来加强自己。

在一个国力尚未充实、国防建设计划尚未完成的国家,它是不需要战争的。这时候,外交的任务就是争取和平。它必须缓和本国与敌性国家之间的冲突,避免一切可能引起战争的纠纷,使它不致发生;已经发生的纠纷,要赶快解决消弭,使它不致扩大。同时,它必须积极地拉拢与国,增进相互间的友谊,为战时的军事同盟铺下很稳固的基石。纵使国家的作战力量业已充实，和平政策也不可轻易放弃。国防还需要和平政策给它筑一道篱笆，在这道篱笆的长期掩护之下，国防力量才能取得足以压倒敌人的绝对优势。

外交对于国防所负的任务，并不仅只是像保卫着蛹使它变成蛾的卵，也不只是像拥抱着卵使敌〔蛋〕生出小鸡的母鸡，在作战的时候，它还是一种最有效的武器。它能够把敌人的盟国拆散，使敌人陷于孤立；它能够利用别国的军队打仗，自己流最少的血，得到最伟大的胜利。

随着科学技术的发展，国防已经集体化了，战争已经全球化了，未来的战争与国防，必然顺应着这种趋势有加无已。外交家在世界政治舞台上的地位愈加重要了，和平与战争、胜利与灭亡和外交家的嘴巴有很密切的关系。外交家不单是促进国际局势演变的媒介剂，他们实在有旋乾转坤的大力。因此，外交人才的识拔和培植，在今天是特别重要的。

三、经济建设

经济是国防组织的决定因素之一，而现代的国防组织，经济力量更进一步成为主要的决定因素。

一般人讲起"经济"两个字，总要联想到金钱，甚至联想到钞票，以为金钱便是经济，解决经济问题的办法，就是找钱，找到了大批的钱，经济问题就算解决了。这实在是一种很皮相的说法。经济学家所研究的经济，却并不着重在金钱，而着重在物质。原来经济学的范围里面包括两大部门：一部门是与通货有关的货币金融问题，一部门是与物质有关的生产分配和消费问题。通货原是物质交换和流通的媒介，是人类社会生活所需的种种生活资料的代表。通货也是一种物质，它本身也有价值，但人类并不重视通货本身的价值，而重视它所能交换的物质的价值。通货一旦和物质脱离关系，就成为无用之物，金属制成的货币纵使还有用处，它的用途是很有限的。我们知道，一个国家在作战期间，因为通货膨胀，物价必定昂贵，商人和资本家便纷纷囤积物资，不肯把大批的金钱存在手里。等到通货信用破产了，囤积物资的人，虽然连一文钱都没有，他们的生活仍旧非常舒适；没有物资的人，虽然钞票满箱满柜，堆积如山，也挡不住没有衣穿，没有饭吃。市场上面，小至油、盐、柴、米的买卖，大至此国与彼国的国际贸易，在通货信用不稳固的时候，必然要回复到古老的时代，采用物物交换制。由此可知，经济的基础是建筑在物质上，不是建筑在金钱上；国防经济建设，着眼在物质的生产、分配、消费，不重视货币金融问题。虽然，我们也不否认，也不忽视货币金融与国防经济建设的关系。

在农业社会里面，经济本来都是死物；在工业社会里面，人类使用科学技术制造机器摩托，物质便自己运动起来，他们也有了生命和精神。这种有生命有精神的怪物分布在人类社会生活的全部门，大量地代替了人类的筋肉劳动力。农业国家和工业国家的区别，就在于农业国家的生产劳动，完全靠人力、牲畜和风水等自然动力；而工业国家的生产劳动，则大部靠人类的手和脑所造成的机械动力。

国家工业化的程度，是由机械动力使用的范围和机械动力的效率来决定的，也可以说是由人类的劳力与机械动力在社会生产力总和当中所占的比例决定的。国家工业化程度越高的国家，人类劳力在社会生产力总和中所占的百分数越小，机械动力在社会生产力总和中所占的百分数越大。在国防建设方面，道理是一样的。越是古老的国防，人民所占的百分数越大，物力所占的百分数越小；而现代的国防，则人力与物力所占的百分数与落伍的国防恰成反比。我们看，支配现代战争的飞机、大炮、坦克、兵舰和海、陆、空交通运输工具，哪一样不是机械化摩托化的？哪一样不是用机械、摩托代替了大量的人力？哪一样用钢铁制造的摩托是人类的血肉之躯所能抵挡得了、比赛得过呢？

现代的少数民族往往征服多数民族，工业国家必然侵略农业国家，没有别的原因，就是因为它们能够把死的物质变成活的，它们拥有威力强大无比的生产工具和战争机器。国防的组织和装备，密切地依靠着社会的生产条件和交通条件，换句话说，有甚么样的生产工具和交通工具，就有甚么样的国防。国家不现代化，国防是不会现代化的；实业不现代化，国家是不会现代化的。

实业发展的顺序是由轻工业到重工业，由小规模的生产到大规模的生产，由个别的分散的经营到集体的集中经营，这是技术进化的辙迹，也是技术发展的规律。可是一个实业落后的国家要想在最短期间完成国家工业化，它可以享有人类文明的成果，用最新的技术、最新的方式去经营，不必再走冤枉路。它必须把实业发展的顺序颠倒过来。迎头赶上，从建立重工业开始，重工业基础打好以后，再逐步发展轻工业。它必须一开始就采取大规模的集中生产方式，使全部生产系统合理化，这叫做"后来居上"。日本走上资本主义的道路，是从建立重工业开始的；苏联由农业国家变成工业国家，也是由重工业开始的。

欧洲的资本主义国家，从实业革命开始，辛辛苦苦地奋斗了将近二百年之久，才把工业由蒸气动力时代推进了电气动力时代的大门，才使交通工具由火车、汽船、汽车、电车进化到飞机。一个农业国家工业化的过程从电气工业开始，从飞机运输开始，无疑地要占很大的便宜。不过，农业国家一来缺少最进步的科学技术，二来缺少最有效的机械动力。而这两种东西是任何农业国家走上工业化的过程中所必需的。没有机器，地下蕴藏的各种矿物资源无论怎样丰富，是无法大量开发的。有了机器，若没有操纵机器的技术，机器仍旧是死的东西，不会发生机器的效用，煤矿也开不出来，铁矿也开不出来，油矿也开不出来。这些最基本的原料还无法开采，要建筑钢铁厂、机器厂、电力厂、炼油厂、飞机制造厂、汽车制造厂、轮船制造厂来生产大批的生产工具、交通工具和作战武器，是办不到的。因此，农业国家必须得到工业国家的援助，从工业先进国家购买大量基本工矿业所必需的机器，聘用一批最优秀的技术专家和工程师担任设计指导，然后才能迎头赶上，才能赶得上去。

在工业化的开始，最感困难的就是技术问题。在青黄不接的过渡时期，除了聘请外国的技术家和工程师之外，是找不出更好的路线的。不过，利用外国技术只是一种权宜之计，有了外国技术家作师傅，自己就得马上学习，加紧学习，造就大批本国的技术家和工程师来，使科学技术在最短期间获得自主独立。

跟外国技术家学习，是技术的模仿阶段。落后的国家所能够学习得到模仿得像的仅仅是一般的普通的技术，特殊的技术是不容易学习得到的。一个国家若要在战争中得到胜利，技术水准落后是不行的，所以，自己有了技术以后，就得发挥国民的创造天才，由技术的模仿阶段过渡到技术的创造阶段，使本国的技术在世界科学技术日新月异的进展中保持最高的水准，这是十分必要的。

对于中国工业化所引起的技术干部问题，我曾经一再在报章杂志上面发表具体的意见，主张在战争期间选派成千成万的优秀青年到英、美、苏等工业先进的同盟国家去，参加到它们的实业各部门去，学习各种实用的生产技术，不必限定学习的时间，什么时候确确实实地把应当学习的学好了，就算毕业。这些青年回国以后，就成为中国工业化的基本技术干部。第一批回国以后再派第二批，等二批回国以后再派第三批、第四批，陆续地派，大量地派。大学毕业生可以派，中学毕业生也可以派；不懂生产技术的可以派，精通生产技术的也可以派。这种办法，原是适应战时情况和中国的特殊需要而提出的。一来因为同盟国家的产业在全部动员期间，技术人员并没有过剩现象，抽调不出很多的专家到中国来；二来中国正苦于没有良好学习环境可以训练大批的技术干部；三来英、美正存有巨额的贷款尚未动用，同时英、美等国也感到劳动力的缺乏。不仅所派遣的人员可以学到平时在国内国外所学不到的东西，在友邦正需要劳动力的时候，我们派遣一支劳动军去参加到它们的实业组织去实地工作，对于友邦也有相当的贡献。我们自己有了数量颇为不小的基本技术干部，他们有的可以做工程师，有的可以做经理，有的可以做工头，再延聘若干外国的技术专家设计指导，就可以从事中国的经济建设工作，把中国工业化的过程缩短。

我的意见，政府虽然已经采纳，不过尚在试办，规模仍嫌太小。若是当真成千成万青年陆续到外国去学习技术，那末，苏联二十年所完成的工作，我们很可能在十五年之内就完成了。

工业的迅速发展，机械和摩托的生产量一定是很大的，要为已须生产出来的机械、摩托找销路，同时还使重工业能够顺利地进行扩大再生产，制造更多的机械、摩托，必须改换农业的装备，实行农业机械化。农业机械化的结果，可以销纳大部重工业的产品，可以节省出一部分劳动力使它转移到工业部门里，又可以供给工业部分更多的食粮和原料，以促成工业部门的扩大再生产。工业、农业和运输业必须适切配合，平衡发展，并驾齐驱。工业落后了，农业和运输业固然无法前进；如果工业畸形发展，一定会闹出生产过剩和原料缺乏的毛病。运输业特别落后，货物和原料的周转不灵，经济必然发生阻塞停滞的现象。所以产业各部门平衡发展一点特别重要，经济建设的指导者必须随时注意调整。

实业进步的国家，整个国家就是一个大工厂。工人、农人、商人、军人、公务员和学生都是一种劳动者，在他们的生活中间，都充满着共同的劳动精神。工人是在工厂里做工，农人是在农场里做工，商人是在商店里做工，军人是在兵营里做工，学生是在学校里做工，不过做工的场所不同罢了。

技术发展的结果，机械和摩托从工厂里大量地涌出来。这些机械、摩托虽然能够运动，若是不和驾驶机械、摩托的人配合起来，它们仍然是一堆死物，不会发挥它们的效能。为了适应这种情况，在工厂里、农场里、兵营里和运输机械里就需要及时训练广大的干部，使每一架机器都有人操纵它，使每一个善于操纵机器的人都能够操纵得到机器，这叫做技术与干部的配合。

技术与干部的配合，并不是技术家与非技术家配合的意思，而是两种机器或摩托的配合。

科学和技术进步的结果，把"人"的地位大大地降低了，把人变成了机器；也可以说把机械式摩托的地位提高了，把它们变成了人。不过一种机器是人造的，另一种机器是天然的而已。在工厂里，是天然的机器（人）操纵着人造的机器做工；在战场上，是天然的机器操纵着人造的机器作战。虽然人造机器有代替天然机器的趋势，但人造机器所能代替的工作究竟是部分的，有许多基本动作是无法代替的。在最近的将来，不论做工作战，仍然需要两种机器适度地配合，就是把历史再拉长一点，人造机器的效能也不会将天然机器所能做的工作全部代替。

国防经济建设，目的在使这两种机器在质量方面和数量方面平衡发展。也就是说，目的在使有更多更好的天然机器来制造，并运用更多更好的人造机器。而天然机器（包括人和牲畜）需要充分的食物来营养他们的身体，人造机器和摩托也需要充分的食物来保证它们的工作能力。有些人认为有了机器和摩托，人类就无须发展体力了，因为机器和摩托的制造以及使用全靠智力。这种见解是不正确的。技术进步的结果，诚然减少了人类大筋肉的劳动量，但工厂里和农场里的劳动者，做重工的仍然不少；就是做轻工的和绞脑汁的精神劳动者，他们也很需要强健的身体。至于作战的将士们，体力与战斗力关系之大，是不言而喻的，不但飞机和坦克驾驶员绝非体力衰弱的人所能胜任，就是普通的武装战斗员，又何尝不需要强壮有力？要是技术发展的结果，使人造机器的力量加强了，天然机器的力量反而衰弱了，这种经济便是一种畸形的经济。国防经济是要求两种机器的力量平均发展的。

近来我们常常见到有人将经济建设分作两大部门：一部门叫做国防经济，一部门叫作民生经济。他们的见解，以为国防经济的目的是求强的，民生经济的目的是求富的；而前者的任务着重在制造飞机、大炮等打仗的家伙，后者的任务重在制造吃饭、穿衣、走路等生活所必需的东西。这种见解，显然忽视了人力在国防组织里面的重要性。所谓工业军事化，并不是专门让全部工业生产力都为制造军需用品的意思，而是要军用必需品的生产和民用必需品的生产要经常地保持一个合理的比例，并跟实业发展和环境的变化随时调整这个比例，使它永远合理。

军队生根在人民当中，军需工业与福利工业也是分不开的，把重工业当作军需工业，轻工业当作福利工业，也不妥当。因为国防经济建设的目标不是武装军队，而是武装全国人民，使整个国家成为一个拥有全副新式装备的战斗体。

为什么有些国家，工业的生产力并不大，而战斗力很强？为什么有些国家，工业的生产力确实很大，而战斗力反而弱些呢？答案只有一个：这是经济制度问题。

现在世界上有三种不同的经济制度：一种是资本主义的经济制度，一种是法西斯主义的经济制度，还有一种是社会主义的经济制度，它们对立着、抗衡着，都拥有很大的势力。

资本主义的经济制度，全国的实业集中在少数资本家和商人的手里，它们的生产组织，就各个单位来说是合理的，就整个国家来说是不合理的，它们自由生产、自由贸易、自由竞争。生产的目的在赚钱，不在增进全体人民的福利。分配商品的办法，不是以需要与否为标准的，而是以有钱与否为标准的。所以资本家与资本家之间、资本家与商人之间、商人与消费者之间，都有矛盾存在。这些错综复杂的矛盾关系，弄不好就会造成经济恐慌。为了避免造成经济恐慌，他们虽然拥有最优越的生产技术和庞大的生产力，却不敢充分利用各种资源使社会的生产力发挥到顶点。因为利润的追求，资本家也不愿负担数目太大的国防经费，制造利润不高的战争机器。

美国的国家资源设计局于一九三九年编了一本美国经济组织报告书，里面曾赤裸裸地描写资本主义经济制度的不经济，除了森林的摧残、土地的侵蚀、石油以及其他地下蕴藏不经济的采掘之外，还有：

"同样重要，可是一般人不常认作资源的浪费的是：本可雇用以增加生产的人与机器，闲散着不做工作。要是有一千万人能够而且愿意工作，可是因为无业可就的缘故，强令闲散一年，全社会就已经浪费了可贵的人力资源。全国不但不能增产货物，而且要遭受失业者士气沮丧的严重影响。闲着的机器，也就是资源的浪费。机器闲放着让它生锈或因陈旧而失去效用，同时却有闲着没有事做的人可以运用这些机器，且其产物有益于社会，机器的闲放实在没有对于资源作有效的利用。用尖锄和手铲挖掘一大建筑物的地基而把蒸汽铲闲放不用，也许要比使人和铲都闲着少浪费些，但究竟还是资源的浪费。从事特定工作时，因为不改进技术，仍然利用陈旧的设备，以致多雇人力，多耗物料，也把生产分在许多工厂中，以致不及一个工厂能够提高效率，又是一种浪费。所有上述的情形，都是因为不能利用最新的技术，以致虚耗了本可用于别处的力和器材。"

这个报告书中说，若将美国一九二九——一九三七年所有失业人数与机器雇用以建筑房屋，美国每一个家庭可以分到一所价值六千元美金的新房子；若将他们雇用了去建筑铁路，全美国的铁路系统都可以拆毁而重新建筑至少五倍的路线。

捷克经济学家富兰·孟克（Frank Munk）估计："要是美国决定雇用所有失业的人力和物力资源以建立国防，美国尽可耗费二千万万元美金在建设国防上，而并不减少充分私人投资与浪费之用的国民收入。这一个数目要比德国耗于武力经济的经费（约相当于一千万万元美金）大好几倍。"他又说："这可以减少失业，因而消除了历来最坏的引火物。重获工作的人们本身，也许要比他们所制造的武器更能保证国家社会的安全。"

资本主义的经济制度里蕴藏着巨大的战争潜力。不过它们的实业在平时是没有作战争准备的，到战时要使全部实业动员，需要一段八个月到十四个月的时间，战争潜力才变为有效的战斗力量。如果在战争初期能够支撑得住，不致被敌人的闪电战术征服，等到国家总动员计划完成了，它的作战力量才能发展到顶点。

法西斯主义的经济制度和资本主义的经济制度不同，它是一种变态的资本主义。它把资本主义国家战时的国家经济总动员的办法拿到平时来用了，而且实行得非常彻底。法西斯主义经济制度，也可以说是一种战争经济制度，它是以进行战争永远进行战争为目标的。

法西斯国家和资本主义国家同样地承认私有财产制度，而财产的管理权却控制在几个政治领袖手里，它把全国资本的生产机构统一起来，用股份公司的方法将它们组织起来，由政府加以管理。资本家的地位好像股份公司的股东，政府的地位好像股份公司的经理，在政府的全盘计划之下，实行有计划、有系统的生产。一个很显著的特点：资本家和资产阶级是存在的，然而他们彼此之间不能自由竞争，不能自由生产，不是他们生产什么就生产什么，愿意生产多少就生产多少，一切都取决于政府的意旨。资本家与资本家之间的矛盾被政府统一了。

法西斯政府不但统制生产，而且统制消费；不但统制物质资源，而且统制人力资源。它取得了全国物力、人力和精神资源的独占权，家庭也变成国家的一部小机器，连厨房和卧室也须由政府加以管制、指导和组织。意大利劳动宪章里规定：

"各种劳动，不论它是脑力、技术或体力，都是社会义务，因此，劳动的管制成为政府的权限之一。自国家立场而观，各种形式的生产组织成一个统一体，它的各种目的都能够合乎生产者的福利和国力的扩张。"

法西斯主义国家里，劳动者没有失业问题，也没有闲散着不用让它生锈的机器。劳动者和机器都在政府的强力统制下面发挥高度的生产力，可是工人们所得到的工资很低，政府管制物价，也管制消费，他们吃不到好的，也穿不到好的。聪明的统治者晓得，人民过惯了舒服日子，就不愿意进行侵略战争了。他们允许人民所得到的食品和生活资料，在提高并维持作战和做工的力量，可是他们绝不使大多数人民富足。国家也可以把节约下来的资源储藏起来，或转移它的用途于更重要的方面，以增加国家的战斗力。

国内贸易和国际贸易，也经常地由政府严格地管理着，国外贸易是由政府垄断的。货物的出口和进口，商人须遵照政府的法令办理。政府还统制着商店的数目、营业的种数、需要店员的数目，把劳动力从商业部门赶到工业和农业部门里面去。

在这种全盘地统制之下，要维持这种经济秩序，保证它的效率，就必须使用无孔不入的秘密警察组织，谁要违反了政府的经济纪律，就把他送到集中营去。秘密警察和法西斯经济制度实在是一对双生的兄弟。

社会主义和法西斯主义的经济制度都是集体的、统制的、计划生产的、政府垄断的。不过法西斯主义的经济垄断是大资本家的垄断，社会主义的经济垄断则是无产阶级的。法西斯政府代表资产阶级的利益，社会主义国家的政府则代表无产阶级的利益。

法西斯主义国家的生产工具是资本家的，管理权操在政府手里。而社会主义国家根本铲除了私有生产工具的制度，生产工具、生产技术和劳动力统统是国家的，由国家支配，国家管理。

法西斯主义的经济制度是大资本家联合起来压迫无产阶级的一种有效工具，社会主义的经济制度是无产阶级联合起来压迫资产阶级的一种有效工具。法西斯主义并不能消灭无产阶级，而社会主义却能够把资产阶级消灭。法西斯主义是建筑在阶层制度之上的，社会主义是以消灭阶层制度为目的的，所以法西斯主义国家必须永久运用秘密警察组织以镇压内部的革命势力，社会主义国家等到把资产阶级彻底肃清之后，就可以把全国人民的力量集中起来，一方面建设强大的国防力量，一方面努力增进全体人民的福利。

社会主义国家里永远不会发生工人失业问题，也没有浪费的资源和闲放着以致生锈的机器。法西斯主义国家把社会主义制造财富的方法学到了，却把社会主义分配财富的方法抛弃，所以法西斯主义的经济制度只有一半儿合理。

在第二次世界大战中，苏联之所以能够抵抗得住希特勒战争机器的猛扑，能够反过手来把强大的德国军队打回他们的老家去，就是由于社会主义的经济制度是最适合于应付现代战争的。

四、文化建设

国家工业化、工业军事化和军事社会化是科学技术进步的成果，这种工作，也必须由最新的科学知识与科学技术来完成。机器和摩托向人民提出新的要求，它们要求制造机器、摩托和运用机器、摩托的人能够了解它们，要求制造机器、摩托和运用机器、摩托的人有较高的知识，有熟练的技术。如果国家工业化了，或者说人民社会生活机械摩托化了，这种知识和技术便不再是特殊人物所专有的东西，而是作为一个现代国家的国民所必须具备的社会知识和社会技术了。

如何教育全国人民，训练全国人民，使他们能够制造机器，运用摩托，有知识，有技术，便是文化的任务，必须从文化建设方面努力，这种任务才能完成。

在手工业时代，知识技术的传播，多半靠心和口，虽然有了文字，可是文字的用途只限于"载道"，工业知识技术的传播还是以口授心传为主的，还是靠实际生活去体验的。现代知识技术的传播，所使用的工具已经电气化了。无线电广播和电影的放映，成为传播知识技术的有效方法，但是最基本而又最容易普遍的教育工具，毕竟还是文字。无论社会怎样进步，文字的价值是不会磨灭的。因为文字是社会进步的产物，它是推动社会前进的杠杆。

社会生活日趋复杂，人类若没有丰富的知识，便不能生活在组织复杂的社会里。文字既然是传授知识的一种媒介，认识文字和学习文字就成为吸收社会生活知识的必经之路。因此，若要提高社会的文化水准，必须提高人民的知识水准；若要提高人民的知识水准，必须普及教育，扫除文盲。

二十世纪是属于人民的，人民的力量决定一切。国家的强弱是由人民生产力的大小决定的，民族的文野是由人民知识水准的高低决定的。国家民族要在生存竞争已经白热化的今天生存独立，就得用尽一切方法加强国家的战斗力。提高人民物质生活水准和提高人民文化生活水准，同是加强国家战斗力的必要手段。战争方式已经由武力的征服进化到文化的征服。武力征服的进行，是用武装部队占领敌国的领土；文化征服的进行，是用一种视之无形、听之无声的思想占领敌国人民的脑袋。国防建设中的军事建设，在巩固国外的空防、陆防、海防以保卫国家的安全；国防建设中的文化建设，除了增进国家的生产力和机动性之外，还有一种作用，就是要在人民的脑袋里设防，以防御敌人文化队伍的进攻。假使敌人把一个国家里面大部分人民的脑袋占领了，无论它的武力怎样强大，这个国家都是非常危险的。

这样说来，普及教育和扫除文盲在国防建设上所发生的作用之大，也就可想而知了。如果政府需要全国人民热爱祖国，拥护政府，就必须赶快积极地使每一个国民都能够识字，都能够从宣传品和课本上面懂得祖国必须热爱和政府必须拥护的道理。仅仅在法律上规定全体人民的教育机会平等是不够的，要在事实上做到了，使每一个国民都确确实实得到受教育的机会，法令上的条文才算有效。我们应当把陈腐的观念清扫清扫，国家教育人民并不是一种恩惠，而是国家的一种义务，是国家为保卫生存必不可少的一种安全措置。教育人民不是为了人民的利益，而是为了社会国家的利益。

因此，国家要完成文化建设，就不能把学校的大门关得紧紧地，等待着人民去敲，应当把学校的大门打开，欢迎人民进去，不愿意读书的人民，必须主动地去劝导他们，说服他们，争取他们，什么时候他们进了学校的大门，读完了政府所要求他们学习的课程，那便是文化建设的胜利。

尽管政府对于扫除文盲的政策如何积极，尽管政府对于国民义务教育早日普及的期望如何殷切，如果忘记或者忽略了一件事，政策和期望都会变成无用的。这件事是什么呢？就是生活问题。有许多儿童和失学的青年，他们很愿意受教育，也应该受教育，可是他们没有饭吃，没有衣穿，更缴纳不上学费，购买不起书籍文具。为了吃饭穿衣，为了金钱的限制，不管受教育是义务也好，权利也好，他们只好把它抛弃，戴上一顶可耻的"文盲牌"帽子。因为穷困阻止了文化建设工作，文盲所感到的苦痛有限，国家无形中所受的损失是无法计算的。政府要保证文化建设工作的顺利进行，必须探取一种有效的教育制度，使受教育的机会不再由个人或家庭的经济力量决定，而决定于国家的政治力量。贫苦的儿童和青年被关在学校门外一天，文盲便一天扫除不了，教育便一天无法普及。

文化建设的困难，还不只贫寒子弟得不到受教育的机会这一端，国家教育机关和施教场所的不足、师资的缺乏、课本文具的供不应求也都是普及教育很大的阻力。不过，这些困难并不是无法补救的，关于技术问题，我于今年春天曾在《新中华》杂志发表《中华民族的功课》一文，提出学校动员、教师动员、课本动员的办法，使文化建设成为一种社会运动，使社会运动成为促进文化建设的工具。所谓学校动员，有两种意思，一方面是要增加学校的数量，一方面要充分发挥现有学校的生产力。具体的办法就是利用学校的闲暇时间，开办各种短期的补习学校，每天学习一点钟也好，两点钟也好，一天上一次课也好，两天上一次课也好，三天上一次课也好，只要教育的机器一天到晚在转动着，加紧在转动着，文盲就会早日肃清的。所谓教师动员，也有两种意思：一方面使正式的学校教职员在课余之暇开办各种短期补习学校，使他们的能力发挥到最高点；另一方面，大学生、中学生、公务员、新闻记者和其他各界的知识分子，都可以担任短期补习学校的教师，甚至当老爷的可以教伙夫和勤务兵，当太太的可以教下女和老妈子。总而言之，识字的教不识字的，识字多的教识字少的，集体学习也好，个别教授也好，不计时间，不限地点，不拘方式，各行肃清各行的，各界肃清各界的，各家肃清各家的，师资自然不成问题。至于课本和文具动员，新的供不应求，不妨用旧的代替新的；每人一套不够，三人五人轮流使用一套也可以救一时之急。扫除文盲成为一种社会运动之后，使这种运动广泛地展开，在各地区、各阶层一齐发生作用，像烈火一样地燃烧，像波涛一样地奔腾，我相信，有了技术和工作热情，文化建设的任务虽然艰难，也能够在很短的时间内把它完成的。

当学习文字的时候，固然可以附带地得到一些知识，但文字毕竟是一种工具，教育人民识字只能说是文字建设的手段，而不是文化建设的目的。若将人脑袋比作一只酒瓶，识字教育完成了，不过是拔去瓶塞而已。瓶塞拔了以后，才能够将酒装进去。一个识字的人，他的脑袋好比一个空瓶子，你可以用它装橘精，也可以用它装大曲、绍酒、汾酒、伏得加、白兰地、老茅台、威士淇，没有一样不可以。人民的文化水准越高，知识的吸收越容易。他们不只需要一种知识，也不只需要一方面的知识。千变万化、五花八门的社会生活刺激着人民的求知欲望，社会的每一个侧面，他们都需要了解，政治、经济、军事、文化、国家大事和世界情势，都渐渐与人民发生关系。最初的求知阶段，着重在吸收，后来各种知识在脑子里起了发酵作用，有些矛盾的事物逼着他们去思索，去理解，去批判，于是他们对于任何事物便有了他们自己的看法和解释，知识在人民的脑子里由单方面的吸收阶段进入了也吸收也发表的交流阶段。这时候，人民的可塑性是很大的，他们能够学习比较高深一点的知识和技术，能够在很短的一段时间里被训练成熟练的技术工人或优秀的战斗兵。

所有文化部门都严密地组织起来，成为一个系统，在政府的指导之下共同担负着训练民众的任务。文化机构也工业化了，它像工厂制造货物一样地去按照国家所需要的标准去改造全国人民的思想和精神，使人民标准化。一种理想的文化建设完成之后，军队是标准化了的，工厂是标准化了的，农场是标准化了的，社会的各部门以及人民的生活方式都是标准化了的。全国人民用同一的思想方法去思想，站在一条线上生产，一条线上消费，一条线上作战。

文化在现代战争中业已成为一条重要的战线。这条战线上的战争在军事冲突之前就开始了，往往在军事战结束之后还不停止。文化战线上的斗争是永远不会停止的，只要世界上尚有两种以上的文化存在。现代最流行的思想战、心理战、神经战或士气战，完全以文化为基础，也可以说是文化战的一种方式或一种姿态。报纸、杂志、无线电、电影、音乐、戏剧、诗歌、小说，都是文化战线上的有效武器。作战的目标，在使本国的人民相信他们的文化是最好的，使敌国的人民相信他们的文化是不好的，并且使他们了解，两种文化斗争的结果，最好的一定战胜不好的，并消灭不好的文化。如果一个国家的人民都深信他们的生活方式是最好的，他们由于热爱这种生活方式，便提高了战斗精神，坚定了必胜信念，造成心理上、思想上的优势；反过来讲，如果一个国家的人民有许多怀疑他们文化的优越性，厌恶他们的生活方式，他们的士气就消沉了，士气消沉的结果，必然产生败北主义的思想，人民和军队的精神一崩溃，失败之神就降临在他们的头上了。

在文化战线上，无线电是最猛烈的进攻武器，它可能深入到敌人的大后方，使敌人无法防御。无线电收音机，固然可以收听自己的广播，同时也可收听敌人的。人民的知识水准越高，理解力越强，无论哪一方面想用撒谎造谣的办法来欺骗人民，都是无效的，最有效的宣传方法，是根据事实。战争打出真理，宣传家都是不愿意说真话的！可是，战争和人民的聪明压迫着他们，使他们逐渐走向真理。落后的文化必定碰不过进步的文化，落后的文化的失败是命运注定了的。国防文化建设，并不是旨在保卫旧的文化，而是旨在迎合时代潮流，在旧的文化上面创造出新的来，使它进步、繁荣、胜利。

第四章　国防政策的决定

一、国防政策是什么

　　建设国防并不是人类社会生活的目的，而是一个国家达到生存发展的目的所必需的工具。站在全人类的观点来看，将可贵的人力、物力和智力消耗在国防建设事业上来，实在是愚蠢得可笑的行为，同时也是各种资源的巨大的浪费。可是，站在国家和国家范围以内的民族的观点来看，积极建设国防，反而是很聪明的。

　　因为世界上现有资源和人口的分布，在有些民族看来，是不大合理的。每一个民族和每一个个人是一样的，他们要求生存，要求得到为生存所必需的生活资料。事实上，他们所需要的，不一定是他们所有的；他们所希望得到的，也不一定能够得到。即使说，他们昨天所希望的，已经满足了；而今天的希望，又要求明天能够满足。世界上的资源有限，而人类的欲望无穷。不能生存的，希望能够生存；能够生存的，又希望能够得到更好的生存；有三十个希望已经实现了二十个的人，比有十个希望仅仅实现了五个的人还要加倍地苦恼。人类绝不计算他已经得到了多少，他们所念念不忘的是还有多少没有得到。全世界的土地和资源早就分配完了，地球上的土地，统统都有了主人。国家限制了人类社会生活的发展，可是人类并没有一个共同的意见和制度来代替国家，因为有些国家还很年轻，这些国度里的人民还需要在国家制度的硬壳保护之下生存下去。因此，那些力量强大的国家，为要满足自己求发展的欲望，不能不用暴力侵犯别个国家，牺牲别个国家的存在。许多国家在地球上挤来挤去，好像一篓鸡蛋，蛋壳薄弱的，就难免被压碎的。

国家要生存在国家拥挤的时代，不能没有国防；国家要在国家拥挤的时代求发展，也不能没有国防。国防是国家求生存、求发展的工具，国防政策就是完成理想的国防建设的方法。

国家民族的盛衰存亡，是由国防力量的大小强弱决定的；国防力量的大小强弱，是由国防政策良好与否决定的。国防政策和国家的生存发展既然有这样密切的关系，在解决国防建设问题的时候，就不能不注意国防政策问题。

我先打一个比方。我们知道，假如一个人想盖一座洋房，他须先想一想这座洋房有好大的规模，盖在什么地方，请工程师设计一番，打好图样，并且估计需要哪些材料，需要好多数量，所需要的材料到何处去购买，如何买法，买到后如何运输。材料齐全之后，再把砖瓦匠、石匠、木匠、泥水匠找来，分配工作。砖瓦匠应当做些什么，石匠应当做些什么，木匠应当做些什么，泥水匠应当做些什么，以及如何做法，完全在总工程师的指导监督之下进行，洋房子才能照原定计划如期完成。建设国防当然比盖洋房子要复杂得多，艰难得多，而道理却相差不远。全体性的国防需国家全体总动员去进行建设工作。在建设过程中，经济应当做些什么，政治应当做些什么，军事应当做些什么，文化应当做些什么，它们在某一阶段必须做多少，以及怎样做法，也得在国防建设的总工程师统一指导监督之下，有计划、有系统、有步骤地去作。综合地说起来，建设国防的方针叫做国防政策；分开来讲，国防政策里面实在包括经济、政治、外交、军事、文化等许多的政策。这许多政策，一定得协同动作，步伐整齐，奔向一个共同的目标。

国防政策是求全的，缺少一个螺丝钉都不行；国防政策是要求平均发展的，一环的弱会形成全体的弱，一环的畸形发展也会使整个国防变成怪物。

二、决定国防政策的一般因素

国防政策的决定，不能够凭一个人或几个人的胡思乱想，胡思乱想出来的国防政策是空中楼阁，决不会成为事实的。没有现实性的国防政策无论怎样周密，无论怎样完美，都是空头支票，毫无用处。因此，国防政策的决定，必须根据现实，必须受若干条件的限制。

对于国防政策发生作用的因素是很多的，为了便于研究，我把它们归纳成两类：一是一般的因素，一是特殊的因素。

所谓一般的因素是什么呢？

第一，国防政策离不开时代，而且国防政策必须把握住时代。社会历史在前进着，变动着，战争的内容和形态也是日新月异地在演变着。昨天的国防，决不能应付今天的战争；今天的国防，也不能应付明天的战争。今天的时代是科学的时代，技术的时代，工业的时代，一个国家如果没有进步的科学、技术和庞大的工业基础，便无法建设现代的国防。因此，国家的工业化已经成为现代国防所必备的基本条件，农业国家今后将完全消灭。现有农业国家的命运只有两条路：或是自动地努力促成国家的工业化，或是被工业国家征服了，沦为工业国家的殖民地。已经工业化的国家，它的国防政策是努力把工业的生产力扩大提高；尚未工业化的国家，它的国防政策的最高目标就是国家工业化。因为现代的战争是摩托战、装甲战，是由机械和摩托的质量和数量决定的战争，有了庞大的工业生产力，才能大量制造战争机器以应付可怕的战争。数量相当的交战国家，以质量的优越取胜；质量相当的交战国家，以数量的庞大取胜。

第二，国防政策必须由人民执行，它的成功和失败，也由人民对国防政策所持的态度决定。前面已经讲过，现代的战争是人民的战争，现代的国防也是人民的国防。离了人民，战争便无法进行；离了人民，国防便没有力量。所以没有人民自动参加的国防，便不算现代的国防，而现代的国防——尤其是未来的国防，不但要争取人民参加，而且非由全体人民参加不可。国防是落后的或进步的，人民愿不愿参加，有多少人民参加，便是最可靠的衡量的尺度。

第三，从前打仗是由武装的队伍在前线干的。现在则大不相同了，参加战争的人不一定穿着武装，也不一定走上前线。在第一次世界大战的时代，每一个在前线作战的兵士，平均需要四个到六个工人在后方从事生产才能供应得上前线的消耗。现在的装甲战和空中战争的消耗更大，有人估计，每一个飞机驾驶员，没有十五个到三十五个工人经常地支持他，空中战斗就不能经常进行。愈是现代式的战争，在前方作战的人越少，在后方作战的人越多；直接用武器作战的人越少，间接用其他工具作战的人越多。人员与物质，都必须作纵深的配备，战争越进步，后备力量的重要性越大。中国兵学大师孙子所说的"役不可

〔再〕籍，粮不三载"的时代业已过去了，企图用闪电战术征服世界的希特勒，终免不了被长期的世界战争征服。现代国防政策所必须注意的，就是战争机器的套数，要是战争机器只有一套，再动员和连续动员动不起来，一旦陷入长期战争，就要吃败仗。在一连串不断的持久战斗中，胜利常常站在战争机器的套数最多、纵深最大、行列最长那一边。

第四，现代国防政策必须准备进行时效战。时效战是法西斯侵略者发明的，法西斯国家建设国防，并不是为的避免战争，而是为的制造战争。它暗暗地预定下发动战争的日期，在预定的期间之内，将一切都准备好了，时间一到，便开始向敌人进攻。如果敌人没有准备，或没有充分的准备，就要大吃其亏。第二次世界大战即使把法西斯主义消灭了，只要战争的种子还没有断绝，法西斯国家所遗留下的"时效战"这套法宝是不会被送到博物馆去的。假如有些国家在把握时间准备作时效的进攻，另一些国就得同时准备作时效的防御。中国有句老话，"先下手为强，后下手遭殃"，"下手"两字作动员解，最为妥当。国防政策若忘记了时间的价值，国家就会遭殃的。

第五，今天战争的胜败，往往决定于第一颗子弹发射以前，这就说明了现代战争的性质。发射子弹是军事战的开始，军事的基础建筑在政治、经济、文化上面，如果在军事战开始以前，政治战、经济战和文化战已经胜利了，已经给军事战打下了胜利的基础，军事在政治、经济和文化的强力支持之下，军队是打不完的。武器是打不完的，给养是打不完的，勇气是打不完的。有高度的组织效率，有无穷的战争资源（包括物资、人力、技术、智力、精神等），还愁打不胜吗？全体性战争是时代的产物，不是鲁登道夫创造出来的，也不是纳粹所独有的。反对全体性战争的国家，除了建设高度全体性的国防以外，没有其他更有效的办法。我之所以把全体性战争的准备作为决定国防政策的一般因素之一，就是告诉大家，时代潮流是不可反抗的。

三、决定国防政策的特殊因素

所谓特殊的因素是什么呢？

一般的因素，是每一个国家在决定国防政策时所必须考虑的条件，也可以认为是必须适应的原则。特殊的因素，是某一个国家与众不同的特殊条件。世界上没有两个完全相同的国家，也不会产生两种完全相同的国防。它必须适应一般国防所应当具备的基本条件，也必须把握住本国的特殊环境。最理想的国防政策，就是一般因素与特殊因素适当配合而成的。这两方面的适当配合，正是世界各国国防政策所共同追求的目标。

任何国家的特殊之点，都是举不胜举的，比较重要的，可以分为下列数种：

第一，从主义上看。主义代表一个国家机构的体制，也是一种文化和国家精神的反映。两个主义不同的国家，它们的政治制度和经济制度是绝不相同的。主义已经实现的国家，它的全体人民便构成一种生活方式；主义尚未实现的国家，它所代表的那种生活方式，就是信仰那种主义的人民所追求的共同理想。在现世界发生支配力量的，是资本主义、法西斯主义和社会主义，连我们中国的三民主义，已有四种显然不同的生活方式。单是一种主义和另一种主义之间的矛盾，就够复杂了，而主义相同的国家，又有利害的冲突。第一次世界大战期间，是资本主义的极盛时代，战争的结果，苏维埃社会主义国家出现了，无产阶级革命的威胁逼得意大利摇身一变，由资本主义变成了法西斯主义。法西斯国家要求膨胀，社会主义国家要求生存，资本主义国家要求和平，足以代表弱小民族利益的三民主义国家则要求独立解放。德、意、日法西斯的恶性膨胀，破坏了资本主义国家的和平，危害了社会主义国家的生存，侵犯了三民主义国家的独立，结果使资本主义国家、社会主义国家和弱小民族结成一条联合阵线，和法西斯侵略阵线对抗。主义是有排他性的，各种互相排斥的主义绝不能共存共荣，相安无事。主义不同的国家，它们国防政策是不会一致的。

第二，从国家力量来看。国力的强弱，对于国防政策有直接的影响。资本主义和法西斯主义的存在和发展，固然是战争的根源之一，国家制度的存在和发展，才是真正的战争根源。国家对立的形势若不打破，纵使世界上的国家都是资本主义的或法西斯主义的，战争仍然无法避免。弱小的国家民族，决不会侵略强大的国家民族。不过，弱小民族需要独立自由，为争取独立自由，不能不反抗压迫他们、奴役他们的强大国家。强大的国家民族，他们的工厂只会制造商品和战争机器，却制造不出第二个地球来，为了要赚更多的钱，发更大的财，过更舒服的日子，除了剥削弱小民族、宰割弱小民族以外，也想不出别的好办法。因此，世界上的正义公理，可以随着国家的利害关系任意解释，利之所在，就是正义公理之所在；力之所在，就是正义公理之所在。西洋人说"强权造成公理"，弱小民族可以不承认这种说法，可是弱小民族却不能闭起眼睛，就说世界上没有强凌弱众暴寡的事实。我们从血淋淋的历史教训当中，发现了国力影响国防政策也有一定的规律。

（1）一等强国的国防政策，最高目标在压倒其他同等强国，争夺世界霸权，取得领导地位以后，进一步统治世界，是攻势的。

（2）二等强国的国防政策，或者联合同等的或弱小的国家以对抗一等强国，或者联合某一个（或几个）一等强国以对抗另一个（或几个）一等强国，或者乘机吞并弱小的国家民族使自己也变成一等强国，是可守可攻的。

（3）三等国家的国防政策，对强大的国家避免冲突，对同等的国家亲善互助，以争取并巩固国际间的独立、自由、平等，希望在永久的和平空气当中慢慢地发展。国力发展到相当强的程度，它便不安分了，要求提高国际地位，由三等升为二等。这种国防政策是以保守为主的，但是羽毛丰满的时候，它也会对弱于它的国家进攻。

第三，从国家的领土环境来看。就领土的性质来分，国家可以分为大陆性国家、海洋性国家和半陆半海的中性国家三种。大陆性的国家没有领海，在军备方面只能建设强大的陆军和空军，在大陆上争霸称雄。海洋性的国家，四面临海，它可以建设强大的陆军、强大的海军和强大的空军；若是领土不够大，人口不够多，它只能建设强大的海军和强大的空军，配合着不大的陆军。半陆半海的国家比较多些，它可以使陆海空军同等发展，不过陆海军的对比和海岸线的长短以及国家的需要很有关系，通常中性国家的军备多采取重点主义，有些国家是陆主海从，有些国家是海主陆从，而以相当强大的空军配合它。空军是年轻的兵种，没有空军掩护，陆海军便不能自由活动，所以不管陆权国或海权国，在空中战争剧烈的今天，都必须建设空军、强有力的空军，控制自己的天空。

第四，从敌我的关系来看。人生是有目的的活动，国家的生存发展也是有目的的活动。国防本来是一种工具，这种工具用在哪里，如何用法，都由目的来决定。守势的国防目的在求生存，保卫生存，若要达到求保卫国家生存的目的，必须预先估计由哪些国家可能用哪种方式来威胁本国的生存。敌人可能从海上来，就准备建设大海军去抵挡；敌人可能从陆上来，就准备建设大陆军去抵挡；敌人可能从空中来，就准备建设大空军去抵挡。不论军备的种类素质和数量均须与敌人相当。要求向外发展的国家，也是一样。例如，日本明治维新以后，就决定日本求发展的两个路线，一条路是走向大陆，一条路是走向海洋，它的国防建设，就以实现大陆政策和海洋政策为目的。日本估计到向大陆发展，必定与中、俄两国为敌，中、俄两国都是陆权国，要战胜中、俄两国，非建设强有力的陆军不可；它又估计到，向海洋发展，必定与英、美两国为敌，英、美两国都为海权国，要战胜英、美两国，非建设强有力的海军不可。日本虽是海洋性的国家，它的国防政策却是海陆并重。到今天，英、美空军力量迅速的增长起来，日本为了巩固它在第二次世界大战中所获得的胜利，又拼命在扩充空军了。它的国防政策和国家因敌我关系而引起的需要是配合得很巧妙的。

其他的因素，如民族性、历史传统、人口问题、资源问题等，都或多或少地发生影响国防政策的作用。各种因素对于国防政策影响的大小，在不同的时间、不同的空间和不同的条件之下也各不相同。资源问题本是一个非常重要的决定因素，为了避免重复，这里不再多说了。

四、国防理论的重要性

一切问题的解决，都需要经过"由脑到手"的过程，先想一番，想得对了，然后去做。国防建设问题也是一样的，若要建设现代的国防，必先研究现代的国防理论。

国防理论的任务，不仅是告诉我们为什么要建设国防，不仅是告诉我们必须建设哪种型式的国防，也不仅是告诉我们为何建设国防，而且还要告诉我们为什么要建设某种型式的国防，以及为什么要这样去建设。

中国的国防已有数千年的历史了，在别的学术方面，中国人都喜欢谈玄说道，唯独对于国防建设，却不大重视理论，说理论家是"纸上谈兵"，无补实际。这种传统观念一直支配着中国人的头脑，直到今天，还有很多人瞧不起理论，不以提倡国防科学的研究为然。他们认为建设国防只要实地去干就是了，用不着将可贵的时间消耗在空谈上。

这种现象实在非常危险。主张不需要谈理论的人，并不是不主张建设国防，他们很迫切地希望能够在最短期间赶上欧美各国，主张拿起腿来就跑，既不研究跑的方向，也不选择赶的路线。还有些人，以为中国的国防理论，二千多年前的孙子早已集其大成，孙子的国防理论是包罗万象的，万古常新的，我们无须乎抛弃自己固有的理论学习别人的理论。

为什么有些人主张不要理论呢？我现在拿盖房子来作比方。乡下的泥水匠盖茅草棚子，只要把竹料、木材、灰泥、谷草之类的东西绑扎起来一搭就成功了，他们世世代代一脉相传，都是依样画葫芦，向来没有改变过，自然是不需讲理论的。他们听说外国的工程师要大学专科毕业，要把建筑学、物理学、几何学、数学、三角法、制图学、美术学、土木工程学研究通了，然后才有资格去造房子，心里很不服气，觉得外国的办法太笨，还是他们的办法高明。殊不知，搭茅草棚子是一回事，造钢骨水泥的高达数十层的洋房又是一回事，是不能相提并论的。因为洋房子规模太庞大了，构造太复杂了，盖房子的人要求坚固，要求经济，要求美观，又要求舒适，不懂得各种建筑学原理和土木工程技术的泥水匠绝对搭盖不起来。理论和技术的研究，实在是事实逼出来的。主张不要国防理论的人，和乡下泥水匠的见解是一样的。

欧美各国的技术科学天天都在进步，从十八世纪到今天，它们的实业已经经过两次革命。蒸汽机的发明，使机械动力代替了筋肉动力，造成第一次实业革命；电力机的发明，使电动力代替了蒸汽动力，造成第二次实业革命。现在美国的新式电动机，有三十万匹马力，每日昼夜开动，生产力等于八小时工作制下的工人九百万人。美国电动机的动力约有十万万匹马力，如果生产效能尽量发挥，全世界的壮丁再加上五十倍，他们的劳动力才能和美国的电动机的生产力相等。所以欧美实业界已经在酝酿第三次革命了。实业革命一次，军事技术和战争理论就跟着革命一次，这是避免不了的。十八世纪到现在，实业革命已经有了两次，今天的战争理论，就是适应第二次实业革命所造成的军事技术的发展状态而产生的。预料第二次世界大战以后，第三次实业革命的浪潮就要在高度工业化的资本主义国家普遍发生，军事技术和战争理论将有更惊人的发展。

中国的经济还是农业经济，生产方法还是手工业式的，初步的产业革命还在萌芽时期。我们的军事学术界往往以孙子的战争理论支配了二千多年的军事思想为荣，却不知道中国社会经过二千多年的历史，政治、经济状态还没有显著的长足进展，实在是非常可耻的事情。我们要去开茅草棚子、盖大洋房，要抛弃破烂不堪的手工业。气派的国防、建设新型的电气化的国防，就必须首先把脑子里面的那些顽固的腐烂了的保守思想的渣滓扫除得干干净净，把新的国防理论灌输进去，使中国人，尤其是中国军人的头脑首先赶上了"时代"，然后中国现代化的国防建设才有成功的可能。

在比较进步的国度里，国防理论家要坐头把交椅，国防技术家要坐二把交椅，国防建设的指导者要坐三把交椅，一般的国防干部只能坐四把交椅。不但国防理论家的地位特别被人重视，其他各种学术界如政治思想家、经济思想家、教育思想家、哲学家等，他们在社会上都是第一等的人物。这种风气的造成也不是偶然的，拿飞机作比，国防理论家就是根据科学原理来造成飞机模型说明它确实可以飞的人，国防技术家就是根据飞机模型去制造飞机的人，国防建设指导者就是把飞机组织起来编成空军的司令官，国防干部就是大队的飞机驾驶员。

由此可知，国防理论是决定国防状态的，有进步的国防理论，才有进步的国防建设。许多军事评论家，研究了第二次世界大战的历史之后，认为法国之所以失败，是失败于马奇诺防线没有发挥预期的效能。实际上，法国之所以失败，最基本的原因应当是失败于马奇诺的国防理论。第一次世界大战，协约国获胜之后，法国除了收复亚、劳二州之外，又分到许多利益。法国政府取得了胜利的果实，便打算永久保持胜利。马奇诺在第一次世界大战中曾经亲眼看到凡尔登（Verdun）要塞的激烈争夺战给予德军很大的损失，使法军转败为胜，要塞的威力深深地印入了他的脑海。这次要塞战的印象逐渐发展，就产生了马奇诺主义，他想着如果能够在德、法两国边境构筑一连串凡尔登式的坚固要塞，法国东部边境有这样一道永久不可攻克的堡垒防线掩护着，法国人民就可以高枕无忧，永远不受日耳曼民族的威胁了。马奇诺主义经过几年的研究和争论，终于在魏刚将军（Gen. Weygand）与德本尼将军（Gen. Debeney）的热烈拥护之下，被法国参谋本部采用了。为了要修筑马奇诺防线，马奇诺曾经做过两次陆军部长，从一九二八年开始，法国人民已经为制造他们在第二次世界大战中的不幸命运而努力了。马奇诺只看见了要塞的好处，以为未来战争仍然是上次战争的重演，仍然是一连串的阵地战，对于飞机、坦克这两种新式进攻武器的效能却没加以正确的估计。德国的参谋部却预想到未来战争的形态，拼命的发展空军和装甲部队。苏联也吸收了杜黑和富勒军事理论的优点，积极准备建立攻势的军队，以适应流动性战争的要求。等到一九三九年，法国的克莱布元帅从苏联考察回去，才知道大错业已铸成，只好很失望地说：

"军备状态决定战争理论。因为我们的实际军备状态不允许我们采取一种攻势，所以只好让我们聪明一点保持固定战线的战术罢。"

人类历史和技术科学在变动着，发展着，下次战争的技术装备和战争形态，绝对不会从上次战争结束时候的样式开始。马奇诺以为历史会重演的，马奇诺是错了。昨天的国防，产生了今天的战争；今天的国防，为的是应付明天的战争。明天的战争是哪种样式的战争呢？这需要国防理论家根据自然科学和社会科学发展的规律去把握它，正确的把握未来战争的形态，是国防理论的基本任务。

不要穿着皮袄去做春天将回到冬天的好梦，服装不能决定气候，而是气候决定服装。克莱布元帅"军备状态决定战争理论"的话，已经由事实证明是欺人自欺之谈，法国的军备状态是由马奇诺的国防理论决定的。

第八章 结论

　　有什么样的国家，就有什么样的国防。国防是时代和历史的产物，由时代和历史的客观条件决定，并不是凭着少数天才的政治家和将军们的幻想创造出来的。时代和历史前进一步，国防的形势和内容也就跟着前进一步。

　　全体性国防和人民战争，也是时代和历史演进的结果，是国家发展到最高阶级的表现。它的脊骨是三个"化"字：（一）国家工业化，（二）工业军事化，（三）军事社会化。建设我们这一个时代的国防，必须从这三个"化"字下手，以这三个"化"字为努力的目标。

　　我们再不要认为军事建设就是国防建设，军队就等于国防的思想已经落伍了。今天的军事建设是国防建设的一环，部分总是被全体限制着，这一环建设得好不好，全看其他各环和这一环配合到什么程度而定。经济不军事化，军事建设便没有良好的人力基础；教育不军事化，军事建设便没稳固的人力基础；政治不军事化，人民便组织不起来，便无法实行军事训练；外交若不掩护国防建设，缔结军事同盟，不要说敌人不等到我们羽毛丰满就来侵犯我们，即令敌人眼睁睁地看着我们强大起来，它要是联合几个国家来宰割我们孤立的一个国家，我们还是招架不住的。

　　国防，最害怕的是局部畸形发展，无论哪一部分特别弱或是特别强，都不合乎理想。理想的国防组织是平均发展的，是各部门协调的，是经济、政治、军事、文化保持适当比例的有机体。军事是国防的铁拳，身体瘦弱的人，决不会生出两只强有力的拳头来；神经错乱的人，纵有两只强大的拳头也没有用，它不但不能保卫自己的安全，反而会闯出杀身之祸。经济力量强了，军队才能得到充分的技术装备；文化力量强了，军队才能得到大批优秀的战士；政治力量强了，人民才能够组织成一团，整个国家内部的一切机构才不会互相摩擦，抵消国家民族的生存力和战斗力。一环的弱，结果会造成全体的弱，螺丝钉掉脱一个，电线断了一根，会使全部机器的运动停止。研究国防建设的人，不可不懂得"万事齐备，只欠东风"的道理。

讲现代国防，离不了三个"化"字；讲现代军备，离不了四个"度"字。哪"四度"？第一是军备的强度，第二是军备的深度，第三是军备的宽度，第四是军备的厚度。

战争是武力的决赛，谁是强者，谁就是胜利者，所以主宰战争的陆军要强，海军要强，空军要强；士兵要强，干部要强，将帅要强；技术装备要强，组织力量要强。战斗员的身体、技术、精神、思想、意志，没有一样不需要强过敌人，强得越多，战胜的公算越大。

第一次集中的力量若不能将敌人一拳打翻，必须继续集中军事力，准备打第二拳、第三拳，直到把敌人打翻为止。长期的战争，全靠军备的深度取胜。军备的深度包括着后备军人力的深度、后备有效资源的深度、防御阵线的深度。强度占优势的军备，可以用猛烈的泰山压顶式的打击粉碎敌人的战斗力，实行速战速决；深度占优势的军备，只要撑得住敌人初期闪电式的猛扑，使敌人无法突破纵深配备的坚固防线，便可以在持久战中蓄积反攻的力量，最后压倒敌人。

摩托化的战争在充分发展军队的机动性。军队的机动性使战线无限制的延长了，你防御左面，敌人偏偏攻击你的右面；你防御右面，敌人偏偏攻击你的左面。若要保持全面的安全，就非注意到军备的宽度，处处设防不可。马奇诺防线太短了，因军备的宽度不够而害了法国；史大林防线和苏联的边境线一样地长，而纵深又大得使敌人突入了几百公里还突不破，结果打败了希特勒。出其不意、攻其无备的奇袭战术，碰上了有备无患的宽度防御，就无所施其技了。

谁都知道，现代的战争是立体战争，求生存、求安全、求自由的愿望鞭策着我们，使我们不能不飞到天上，钻进地下，潜入海底。没有大空军的掩护，地面部队和海面部队便难得对抗有大空军协同作战的敌人。在咆哮天空的重轰炸机把地球炸得千疮百孔的今天，大规模的工厂为了保证在战争中继续生产，必须准备好全套机器的避难所，国防工事也逐渐由地面钻进地底。当空袭警报发出之后，千千万万的男女都暂时成为释迦的信徒，心里想着："我不入地狱，谁入地狱？"海底被鱼雷和潜水艇霸占着，几万吨的大战舰一瞬间就被击沉，变成破铜烂铁了。军备的厚度是与日俱增的。

血淋淋的历史告诉我们，复兴中华民族的大道只有一条：赶快集中全国一点一滴的人力、物力，用最经济、最有效的手段，建设"三化"基础，充实"四度"军备。不愿意为完成国防建设而流汗的人民，免不了在战争中流更多的血，战争后流更多的泪。

我们希望世界上永远不再发生战争，然而我们连一分钟也不能忘记做应付战争、迎击侵略者的准备。

文

章

现代战争的特征*

　　战争，是动变最快、最大，并且复杂、矛盾而多面的，所以自古迄今，能把握战争的人物，多是天赋特厚、身体特强、学术能力特高的强烈个性的人，加之现代的战场如此广大，投入战争的生命、金钱和时间如此巨大，所以要讲授现代战争的特征，真有令人感到一部二十四史，是从何处说起的困难。

　　不过，现在是来和诸位研究，所以不顾浅陋的谈一谈本席近年来亲身的经历和读书所得，并且想在世界战局中找出一种典型的，可以为后世效法的，可以左右现战局的例子来做这次讲话的资料。古人说抛砖引玉，我这次的讲话，也就是这样希望。

一、新型的大运动战——机械的战争

　　1. 由"马"到"摩托"

　　人类的问题，是有其历史线索的。所以研究一代的战争，常常可以用上代的经验拿来参考。

　　现在在成都，也许因对某国某部队而起有鄙视洋人的心理，不过我们这一代的人，都会深刻的感到过，洋人是神圣的，但是就是这些神圣人们的祖先，曾经在相当的年数里，一听到黄色人种要来临，足可以止小儿夜啼的，这就是两世纪前欧洲白色人种的"黄祸"。

　　排演这巨剧的主角，我们都知道就是我们年年政府还派大员致际〔祭〕的成吉斯汗元朝大帝。

---

　　* 1942 年 8 月，杨杰在中央陆军军官学校授课讲义，由该校内部印行。

在我们现在研究成吉斯汗成功的要诀，并没有多少神秘，就是他看准之"马"的担负力和速力这一点而已，固然利用马匹来战争的人并不自成吉斯汗创始，然而发挥马匹在战争中的功效而臻于极致的是只有成吉斯汗一人的，这也正和现代的问题一样。

"摩托"的发明和利用于战争不自现时起，不自德国始，更不是希特勒的特有研究，然而在欧陆横行，在世界作乱的魁首却是这个怪物。这也没有别的神妙，就是他发挥摩托在战争中的功效而臻于极致，不过现在再努力着苏联和同盟各国的生产摩托，组织摩托，运用摩托的力量，能超过它，因为只有超过它的时候，才能获胜利。胜利绝不是用自欺欺人的口号和标语能获得的，战争是力量的比较，现代战争是摩托的竞赛。

2. 第二次欧战的西线

单读历史忘忽了现实，这最容易走上腐旧、复古倒退的路上去，是最危险的，所以我再来略叙一下这次欧陆战场的西线战事。

希特勒知道先下手为强，所以在战胜波兰的余威下，在五月十号的那天，又开始了对荷、比的战争。当时法军约五百万，英约卅万，比约百万，荷约五十万，共约六百八十万，第一线飞机约七千架，内中已在荷、比边境集中的约卅五个师团，其中有六个是机械化师；在德国方面有七八百万的军队，一万架左右的飞机，已集中的九十五个师团其中有十五个机械化师。

德国的主攻是向亚尔林和鹿特丹，助攻方向是哈林根，目的是各个击破不能受英、法支援的荷军。

荷军也就在第六天投降了。

荷军虽然投降了，战争不过才是开端，所以就热烈的继续下去。

五月十八号，德军机械化部队由安多厄尔比进击，在廿一号的晚上就进出到英伦海岸了。

是四昼夜进出了二百多公里，切断了英、比联军和法军主力的联络。

德军进出海岸，战局也就进入另一阶段，这另一阶段的开始，是五月廿四号，大概是开战的第三周。

切断了荷、比和法主力的连络以后，于是开始局部的包围战来紧缩这包围圈以求歼灭。五月廿七号，来辛诺的机械化兵团已接近了邓克尔克，德军的步兵师就在里尔一带先歼灭了法军一部，并使比军放弃了战争行为。

在比军停止战斗和巴黎失陷之间，虽然曾用了六十个师团占领三百公里左右的魏刚线，用廿个师留驻马其诺线，用廿五个师掩护阿尔卑斯边境和北非殖民地，然而战局仍然是日趋严重，因为德军机械化部队仍然是用大的速度、压力和钻隙的能力直指法军的心脏。

六月五日的拂晓，就开始了法军心脏巴黎的攻围战。

德军在上月廿八日以前参加包围战的机械化部队在战地修理补充，竟在八天之内完成了下一次会战的准备，这点是我们特须注目的，于是在亚尔郭内区结集一百廿个师团，又用其雷霆万钧之力开始锤击了。

六月八号是极危急的一天，九号德军施行其第四次攻击，也就是最后一次的攻击，在这次攻势里加入了廿个师团的生力军。

十四号的清晨，繁嚣的巴黎沉寂了，在法国的首都市上，飘扬了血腥的卍字旗。

但是陆地爬行的怪物——机械化部队——仍然没有疲劳。

十六号第二次突破了马其诺线，完全粉碎了法国的军事信仰，也就是用事实来替法国的老将军们上课，教训他们，现代战争的型式，是运动的，是新型的大运动战。

直到十九号止，德国的机械化部队在四天当中，进展了四百公里左右，也就是告诉法国的老将军们，战争是用每天一百公里的速度在进行着。

在廿二号停战协定签字之前，机械西方兵团由南特进展到波尔多，直到廿四号早晨，几乎未遇抵抗，直溢出波尔多八十公里的吉伦特河。

廿二号签字以后，大致是完毕了法国老将军们的课程，而这课程的写成是泪，是血，是自由法兰西人民的耻辱。

说到这里，我们是感到沉痛的，所以我们要醒觉，要看出现代战争的第一特征来检讨过去，把握现在，来准备未来，俾士麦说："我们要乐于利用别人的经验来学习。"

3. 静可以制动么？

静和动的问题，是有点哲学性的问题，所以要请各位将头脑澄清一下，暂且将刚才说的轰轰烈烈的西线战事收拾起来，好开始这个问题的研究。

在春秋时代，出了老聃这位先生，他思想的政治背景，我想让研究政治的先生去详细解释，并且可以介绍吕振羽先生写的《中国政治思想史》给诸位，诸位不妨去研究一下，因为这是真正要认识国家和民族精神的好工具，我想说的是，老聃这位老先生他感于政治上的苦闷，加之当时的社会科学和自然科学两者皆被时代限制而不能解决，于是不是积极，就走上消极，于是归返大自然的主义，无为而治的想法就产生了。

后来又出了一位墨翟先生，这到是一位真正深体时艰，是想拯民于水火，并且是在现实中寻找办法的政治家、思想家，并且是实践的。他正确的提出了"以战止战"的具体方法，组织了学生，发明了守城战具，以致使野心的霸主真正碰到钉子。这个"以战止战"的思想，直传到现在我们的血里，是一种宝贵的传统。

说到这里，于是我又想告诉各位，《大战学理》的作者克劳塞维兹他是怎样的治学和写作的。为节省时间，总括的一句，他是用思想方法来思想《大战学理》，是黑格尔哲学的军事演绎。

同样的我想告诉各位很多研究《孙子》的人，不追求他的哲学基础，这是很大的缺点。我看《孙子》，他第一篇中的"道"是儒家学说的影响，他尚"待"是墨子的关系，他说以静制动，明明是老子的来源，并且他受着强烈的支配，以致他本身自相矛盾，苦闷而不能解决，因为他的中心思想是"拙速"的啊！

大家很可以明白在"拙速"的中心思想之下，是应该拿希特勒的作风来发动的，而不应该用"待"或是"静"来应付战争。

这同时可以明白一家的思想，他有其当时的政治背景，有他的哲学基础，更有其当时自然科学的能力问题。如果当时有研究动变的哲学，有强力的战争工具，并且是属于攻击的，那么在这种条件及反映出来的思想又将是另一种了。

这也是每一个问题都有其先决问题和特定条件，于是我们可以知道现代是现代，而不是古代的原因，也就是因为现代的先决问题和特定条件已和古代不同，所以它成为现代。

那么硬要钻进死人堆里说死人的话，我是碍难同意的，这也绝不是抹杀或否认问题的共同条件。但是共同条件的引用，我们要注意"限制"。说到这里，我们要打开前一节讲的课程出来，用事实证明理论，那么大家就可以知道我并不要故意标奇立异，更不是不理解我的人所想诽谤的看法，我因为是研究出道理来，我不能不负起传道的神圣任务，而这任务又绝不为诽谤而中止的。

4. 新型大运动战的新原则

原则成立的理由，已说得很详细了，所以这段可以很简略的结出这原则来，就是要以动制动。

解释这原则的来源，很费了时间，结出这原则到很简单，但是请各位警惕到实施这原则和运用这原则，到又是艰巨的课目，但是如果各位肯努力、肯学习、肯前进的话，这问题的艰巨当然可以临刃而解。我在这里已没有时间来研究，我只介绍研究这问题的好例子是苏德战，因为还有研究这问题的思想方法，这些都有各位的专任教官会来指示各位的。

第一段请允许我就讲到这里。

二、战争的全体性

1. 理论的来源和实践的根据

"全民战争"，这个名词在各位的概念中，好系是鲁登道夫发明的。我想修正一下各位的概念，于是我就不能不概略的追溯这问题的来源和根据。

其实如果搬出我国的国粹的话，汤武革命已就是民众参加战争的启始了。不过军人对问题的具体研究的时候，为时尚不多。鲁登道夫的著作，可说是更有形的写出来，这要请各位注意鲁登道夫头脑里的"民"字，实在和日本军阀的"王道"是相似的难兄难弟。

不过理论虽在近百年来才倡始，根据还迟在第一次大战才予人们以事实的经验，才使人们痛切的认识战争绝不是军人的事业，战争中的英雄，除去拿枪杆以外，拿斧、拿锄、拿笔杆的都有英雄，都是战争中的支柱。

所以打了败仗的德意志，固然痛心鲁登道夫的著作，实在是肝火太旺的牢骚；就是打了胜仗的法美、英方法，也是一身冷汗，恍然梦魅，因为也是危乎其危的。

于是英、美、法就努力着国家总动员来准备战争，但是败战的德国，更处心积虑着，更进一步的来实行准战时体制。准战时体制，是比国家总动员制更迅速的全体性战争的准备。

2. 现代战争的毁灭性

很多人明白了"全体性"这名词而没有理解现代战争的毁灭性，这是欠缺对现代的警惕的。

当纳粹德国用准战时体制的准备"时效战"的理论，用压倒的优势闪击了荷、比、直趋法国，而法国顽固的老将军们还将这次的战争看作上次的战争，忘忽了这次战争中政治性的特有作用，扬起白旗，说"我们这次战争暂停"，但是希特勒回得更好："我们两国不使再有战争。"

诸位想：如果法国不被毁灭，那又怎能不再有战争呢？

但是法国的老将军们用古老的尺度来衡量现代的事实，我们要替自由法兰西默祷之外，还得要检讨自身，要坚定起抗战的意志，认清自己的人生使命，更理解了现代战争的特性，要"打碎牙齿和血吞"。

各位要明白现代的日本军阀已不是明清的海盗，也不是民初的侵略者，它已是妄想"征服"想做大陆上的主人的野心家了，关于这点我在今年"七七"有文专论此点，各位可以参考研究。

3. 全能机构、全能准备和全能人物

道理已很明瞭了，战争既已是全体性的，那么，指导这战争的机构，无疑的须要全能。怎样叫全能呢？我通俗的解释是这样的：

我们都知道军事教育的阶段是战斗、战术、战略、战争。

我们每一兵科的人，首先都要将我们本兵科的战斗技能会得，并且熟练习惯了，比如我是学炮兵的，那么，炮操、驭法或驾驶、通信、观测、测地我一定得会得，这是完成我这兵科的工作。到了战术就不同了，战术就是要组织各兵科，不但发挥各兵科的专门特长，主要协调各兵科的长短，使其相辅而进，相得益彰。这相得益彰的指挥机构——司令部的组织，就可以比之于战争的全能机构。也就是说全能机构，要将军事、政治、经济、文化各机构都训练成一支一支的部队，要能在一个号令之下左右进退。当然在军事说是习惯了号令的执行的，为着政治、经济、文化各部门的干部和组织，常不习惯这样，一旦临战，就不免张惶，甚至不知所措了。但是现代战争的序战是很吃重的，欧洲很多的国家，在纳粹国闪击之下，眼睛还没张开，手脚业已就被捆缚了，所以在现代全体性的战争，须要有全能的指挥机构。

而临时的指挥机构又借重于平时的全能准备，这点在第一节也已提到，为着时间的限制，这里就谈到全能的人物。

全能人物这个问题，我们首先不要盲目相信，因为这是一个要待研究的问题，但是疯狂的纳粹军队业已实验。我个人的意见，组织机构和平时准备，全能是合理的要求和命题，人是否能全能呢？这是一个疑问，人的知识是可以全能，人的能力是难以全能的，而战争的指导，与其说是要人的知识来指导，毋宁说是要人的能力来指导；与其要一个人的知识来指导，当然是几位有能力的人的知识结晶为有力，为完善。

加之现代科学之所以昌明，是分工的结果，我们知道愈因分工的精细，愈能使合作的美好和巨大，这是很肯定、很正确的理论。

不幸的是德意志军事理论，十八九世纪是被康德、黑格尔哲学主导，但自纳粹执政以后，有被尼采哲学专权的趋势。因为纳粹政治的思想基础是崇奉尼采的好战。尼采的好战，以致尼采对妇女等等的主张。尼采思想的中心，超人是要点之一，于是纳粹军官就有将三十人训练陆海空总司令的办法。但是我们知道军事史里明白的记出军队自某个将军单独领队而进于军队司令部的组织，是应乎需要，是由不科学而进于科学，如果要全能人物出来取而代之，那么就排斥了集体力量，违反了科学理论。我们知道纳粹政治是开倒车的，所以在开倒车之政治制度下的军事产物也常是开倒车的，我们不能眩惑一时和尚局部的现象，而抹杀了真理，忘忽了来源。如果这样的话，那么，我们就不能对日抗战，轴心国就一定胜利了。

因为我们对一个问题的研究，是不能因人废言，同样的也不能含混拢统的吞下洋人的一种学说、一种办法或制度。

关于这问题，就研究到这里，因为要开始下一个结论。

4. 总括的两点观念

总括的观念，仍然需要简明，因为简明才能使记忆容易而坚牢，我对于战争的全体性有这两点观念：

一、要使离第一线最后一人的力量能送到第一线最前的一人应用，并且所有人的力量是在一个机构下活动着。

二、战争的利益和从事这战争的人们的利益，愈接近就愈能胜利，愈背离的就愈趋于败亡。

而从事战争是绝不能离弃民众的。

三、结论

1. 物资和工业的准备

哲学是包含着一个人的宇宙观、一个人的人生观和一个人的思想方法。

研究战术，是运用思想的问题，所以最好要以研究思想的方法，同样研究战争，就更必需着正确思想方法来指导。

在哲学的研究中，常分着本体论和方法论两大部门，我研究战争的经验，也觉得这是好的办法。

什么是战争的本体论？什么更是战争的方法论呢？

战争的方法就是歼灭、消耗等，战略的问题和渗透包围等，战术方式的问题，但是这些是军事部门中的问题，这我名之为战争的技术性。

但是一个力的运用，要凭之于力的来源，我们想，如果没有力，那么又如何用呢？没有力而要用力，这就是纸上谈兵了。

那么这力的来源，到底是什么？所谓战争方法，到底凭藉着什么来发挥呢？这就是本题所说的物资和工业的问题。

其实也可以说现代的战争，已是生产竞争的问题，就是比生产力、生产量、生产速率，也同是生产人的比赛。

这问题也是肯定的，正确而不容争辩的，至于工业专门的问题，也当该让专门的先生们去讲释，总之要应付现代之战争，首先要有物资和工业的准备。

2. 精神和文化准备

战争的本体，也可以说是人的问题，所以战争的本体论，是群众参加战争的问题，这我名之为战争的政治性。

人在战争中的重要，谈的人和写的书已不少了，我不愿再将宝贵的时间来重复别人的文字，我只提去一点来告诉各位，并且由各位再传播出去，就是：

谨防被人占领了脑袋。

我们都晓得当一个青年，要想进步，那么他最大的敌人，就是他脑袋里歪曲的思想。因为的确的，物必自腐而后虫生的，这个"腐"字当然含有衰弱的意义，所以战争中我们总要防范，并且是我们要努力的，就是头袋的争夺战。

而从事这工作的主要干部就是文化工作人员。

因为精神的建立，不是空洞者，绝不是单叫着精神精神就可以解决的。我们要从事史的研究，并且要用思想方法的工具去研究，要明瞭世界文化线索、潮流以及趋向的问题，这也不是几句话可以说完的，并且这也是又属一部门的专门问题，也只应该停止在这里。

3. 切勿以古老方法立己，切勿以古老方法料敌

总之我告诉各位，战争是动变最多、最大、最复杂、最多面的

科学。

所以最精要的一点就是动变道理的把握。

以前的人没能研究明白，所以只说天才，又尚创造，这是实在的。战争是需要创造的，而创造又是要凭乎天才的，这都不错。但是我们知道，现代的战争，已不是一个将军独带青龙刀的时代了，而是要大量的干部组织起来的集体工作了。

所以制造大量干部，我们就不能用封建时的愚民政策来提倡神秘的天才论、不可知的创造论，我不主张这样。我是要告诉各位，合理的天才和科学的创造，而这两点的枢纽，就在动变的把握。

能把握动变，然后才能创造，有创造然后才使人佩服，誉之为天才。

话已说得很多，真理只有一点："动变的把握。"

战争与文化

"人类的一部社会进化史，就是一部战争史"。

这句话初看起来，似乎有点儿过火，容易被读者认为是一偏之见。假使一个人先有了军事学的知识，拿战争的眼光来读人类的历史，就会赞成这种说法，认为里面实在含有至理。

小孩子一出娘胎，就把两件重大的使命带到世界上：一件是求生存，一件是求发展。可是生存和发展并不是容易的事，要把妨害生存阻碍发展的敌人打倒以后，希望才能成为事实。历史告诉我们：人类的祖先要同饥渴斗争，才发明了吃饭喝水。要吃要喝，就不能不和禽兽斗争，胜战禽兽以后，才能茹毛饮血，解决吃的问题。因为吃生肉喝鲜血有一股腥膻的味道，且容易生病，不好消化，便继续和生冷斗争，斗争的结果，人类便发明了火，发明了熟食的方法。寒冷是妨害人类生存的，人类便同寒冷斗争，斗争的结果，便发明穿衣。风雨和毒虫猛兽是妨害人类生存的，人类又同它们斗争，结果便发明了构木为巢以及筑窑洞盖房子的方法。他如和禽兽鱼鳖斗争，因而发明了网罟；和河川海洋斗争，因而发明了架桥行船；地上行走不便，筋肉的负重力量太小，人类又和它斗争，而发明了手车；又和疾病斗争，而发明了医药；和薄弱的记忆力斗争，而发明了结绳、画卦和文字。当初人类是"饥则思食，饱则弃余"的，后来因为人口增加，求食不易，于是便和贫乏斗争，因而发明了畜牧和储藏的方法；皮毛的产量少了，因而发明蚕丝。像这一类的例子，真是举不胜举。可以说我们日常生活中的事事物物，没有一样不是从斗争中得来，由斗争而创造发明，为斗争而产生的。

不过这种斗争是广义的，是人同大自然争，人同禽兽虫鱼争。等到人口日渐增加，和大自然斗争以及和禽兽虫斗争所得到战利品不足以满足人类的需要、维持人类的生存发展的时候，人类便自相残杀起来，实行人与人争。

一般来说，许多人都保持着一种狭隘的成见，认为只有人同人互相厮杀，而并且是有组织的集团的互相厮杀，才能算是战争。其实，人与自然争、人与生物争和人与人争的差异，仅仅是对象不同、方式不同、规模不同罢了，在动机上和目的上以及战争的作用上，都是一样的，都是为的求生存，求发展，所以都可以说是战争。

人类的一部社会进化史，就是一部血淋淋的战争史。人类要求生存，要继续生存，要发展它，推进它，战争是免不了的。有战争才有创造发明，有继续不断的创造发明，社会才有进步。生活就是战争，生活一天，就要战争一天。有些学者研究出每经一次战争社会便有一次进步的道理，于是便认为："战争是创造之父，文明之母。"

自然，天地之大德曰"生"。凡是有生命的东西，没有不具有求生、善生、乐生的愿望的，而大自然却不能让所有的生物都尽量的生，偏偏要加以限制，限制的方法就是和"生"恰巧相反的"杀"，就是"战争"。试想，假如一棵树如果永远长下去，它将要长得无限高，无限大，这世界便成为树的世界了；一条鱼如果尽量地长，海里面也将容它不下了。由此可知，任何一种生物，若不加以限制，它们都会遍布整个世界，把地球挤得水泄不通的。而世界上所以迄今尚未发生人满之患及别种生物充满之患，就是由于有"杀"。大自然一面用空气、日光、水分、营养各种条件来限制生物的生存发展，进行无形的"杀"，一面又使其同类间自相残杀，异族间互相残杀，进行有形的杀，使生物趋于衰老灭亡。同时，春夏秋冬四季之流转，更造成各种生物生存、发展、衰亡的规律。许多的植物，春生，夏长，秋老，冬亡，秋冬的风霜冰雪，便象征着造物主的肃杀挞伐，象征着战争。神话中传说，上神创造万物的时候，曾经放在大筛子里筛它一筛，凡是不健全的，便从筛子孔里漏了下去，健全的才赋予生命。生物学家拉玛克和达尔文从生物兴衰存亡的现象中，找出了科学的根据，发现一种定律，说是"物竞天择"。适者生存，不适者灭亡。这种学说不但说明了自然界溶化的种种现象，而且也给"战争"加了一个有力的注脚，战争的"死"不过是达到更高阶段的"生"的一种手段罢了。

人类有天赋的创造性，使他打破现实；又有天赋的保守性，使他迷恋骸骨。如果没有战争来鞭策，死亡来威胁，创造的摩托便会被惰性拖住，纵想发动也发动不起来。还有一种观念，也会使人类安于现状，那便是自尊自负的理，无论什么，总以为"自己的好"。普法战争，拿破仑第三打了败仗，向威廉第一投降的时候说："我以为法国的炮兵是最好的，谁知道还不及普鲁士。"经过这次战争的刺激，法国人才把他们在战前认为最好的大炮丢到炼钢炉里重新去创造发明。一八五三年，美国海军提督培理率领兵舰到长畸〔崎〕向日本海岸轰了几炮，强迫日本订下了通商条约。大和民族领了培理的教训以后，才知道日本的海军是无用的。明治天皇痛定思痛，决定吸收西方文化，实行"明治维新"，把日本改造成一个近代的新型国家。不到三十年，便大显神通，甲午一役将老大的满清帝国打得张皇失措，糊里糊涂地签下了丧权辱国的《马关条约》。一九〇五年，日俄战争，又把帝俄的势力赶出朝鲜、满洲。西方文化在太平洋的山岛上大放异彩，使日本走上帝国主义的道路。究竟谁是优者，谁是适者，只有战争是最公平的裁判。自尊自强的民族，在战争的面前落了第，经过一度深切的反省，一定会燃烧起生命的火焰，发出高热，生出大力，这种热和力的交流激荡，将澈底地把这个民族古老的陈腐的落伍的上了锈的文化遗产加以陶炼洗刷，使它在创造的洪炉中新生，使老树上发出嫩芽。中华民族现在又在战争面前受无情的考验了。

在战争中跌倒是不要紧的，最怕的是跌倒以后爬不起来。而能不能爬起来的关键，全看这个民族还有没有活力，还能不能创造，肯不肯接受战争失败的教训，改造自己的文化。文化在战争的筛子里筛过以后，分量虽然减少了，但质量却因渣滓的扬弃而大为提高，使它在战后的和平空气中发荣滋长，开花结果。第二次战争来了，又把旧文化所结的新果实筛它一筛，选优去劣，加以淘汰，减少它的量，提高它的质，使文化永远活泼泼地，保持它的青春。

文化并不是仅仅消极地、死板板地去等待着接受战争的考验，它老早就在战争中发生积极的作用，为战争而服务。在每次战争中，它都尽了口诛笔伐的责任。古代君主侵略弱小的口实，总是要宣读一套"吊民伐罪"之类的誓词，并将被侵略者的罪状诏告天下。孔子是个手无寸铁的学者，他也知道发挥文化的力量，用一支秃笔去进攻乱臣贼子。我们读到"孔子作《春秋》而乱臣贼子惧"的史书，便很可以领会到文化的力量是如何地伟大了。秦始皇统一中国以后，深感诸子百家的言论自由对于他的统治权是一种很严重的威胁，便下决心实行焚书坑儒，用统一思想的方法去巩固他的统治权，可以说秦始皇是最懂得文化力量的政治家，可惜他的寿命太短了，统制政策没有成功。

到了近代，文化已经发展为战场上的一支生力军了，武装战斗员的任务在占领敌人的阵地，而文化队伍的进攻目标却在占领敌国军民的脑袋。第一次世界大战结束之后，有人问威廉第二："德国是怎么打败了的?"威廉第二说："因为我缺少一个《太晤士报》。"照威廉第二的意见，如果他有一个像《太晤士报》那样有效力的报纸去抵挡住英国的文化攻势，德军的士气便不会沮丧，基尔水兵的变乱也不会发生，后方的人心也不会瓦解，德国还可以继续打下去。德国人接受这一次战败的教训，便积极加强他们文化队伍的武装，所以希特勒一九四〇年在西线所进行的军事闪电战，固然大获全胜，而戈培尔在德国大后方所发动的文化闪电战，也同样使伦敦和巴黎感觉头痛。法兰西的投降，荷兰、比利时的崩溃，戈培尔的功劳是不容埋没的。他所做的宣传工作，足以使战败的威廉第二扬眉吐气。

文化不仅是巨大的战斗行列中重要的一环，在平时，它已经作了战争的前哨，经常地为战争而服务。我们知道，苏联共产主义和德国法西斯主义的战争已有十年以上的历史，而罗斯福在美国对轴心国家宣战之前，早已屡次发表"炉边闲话"，用纸弹向希特勒取领导的侵略集团射击了。新闻纸、杂志、小册子、无线电、戏剧、电影、雕刻、绘画、音乐、文学、哲学，统统着上了战斗的武装，它们的效力，比飞机、大炮还厉害呢!

这一个现代军备中最年轻的兵种，并不一定要和它的友军——武装队伍协同作战，有时节，它可以完全不依赖武力的帮助，单独地侵入敌国，兵不血刃而能占领阵地。它混入敌人的思想里，血液里，比细菌繁殖得还要快，传染得还要速。凡是受传染的人，都将回转头来，投到它的阵营里，很忠实地为它服务。德国的"第五纵队"就是文化队伍的一支，它的威力，用不着说，是每一个人都知道的。

一个国家民族，被敌人用飞机、大炮征服了，一有机会，就可以复兴，若是被敌人用文化征服了，便永远做奴隶，永远得不到机会翻身。侵略者的武器是可怕的，而侵略者的广播电台、影片、新闻纸、宣传品比武器更加可怕。

现代战争，就表面上看来，是机械战、摩托战、经济资源战，物质的重要性是大大地增加了。但"人"的重要性却丝毫没有减少，人仍旧是战争胜败的决定因素。实际上不论是人是物，要想在战争上发生伟大的效力，都需要在文化的洪炉里经过一番锻炼熏陶。机械和摩托都是文化的产物，它本也代表着一部分文化。而普通的国民，若要成为具有高度士气、爱国家、爱民族的战士，也非经过长期的教育和训练不可。文化在平时就负着制造战士、武装国民头脑的任务，战时的任务则更加重大。可以说现代战争就是澈头澈尾的文化战。二次世界大战中，出现了不少惊人的秘密武器，而文化之普遍应用于战争，就是秘密武器的一种。

中国在这次空前的自卫战争中间，得到不少新的知识和新的经验，要想获得战争的胜利，保证建国的成功，文化这一环，更需要积极加强。不论平时战时，都需要实行有组织、有系统、有计划的文化动员。把握住重心，朝着固定的目标向前迈进。

然而，我们的文化里面，有许多是霉烂了的，已经不中用了，有许多是由于杂交传染迅速的，里面含着病菌。在实行文化动员之前，最好是筛它一筛，或者一古脑儿送进卫生院，清一清血，消一消毒，遇必要时还得硬起心肠动动手术。不然的话，它不是动不起来，就要像疯子般地乱动了。

国防建设与建立现代化军备 *

一、前言

无科学即无国防，无国防即无国家。一个国家如果需要生存、独立、发展，永久适存于世界，便不能没有足以保障其生存、独立、发展的国防建设。

从四年来的艰苦斗争中，使我们深切的认识：抗战胜利，必须有坚固之国防；建国成功，必须完成国防建设。中国需要充实国防，已成为政府与全国人民一致的要求。在目前，不是宣传国防建设底重要性的时候，不是鼓动国民对于国防建设的热情的时候。研究国防建设的人，不应该把时间精力耗费在需要不需要国防的辨驳上，而应该集中精力去探讨中国究竟需要什么样的国防，以及如何才能完成这样的国防建设以适应国家底需要。中国国防问题底重要〔点〕是：如何建设。

"国防"二字底含义，与"军备"不同。古代战争底形式，是以军备对军备，构成国防底条件，仅仅是坚甲利兵，深沟高垒而已，那时候的国防，可以说就是军备。时代不同，而国防底内容与组织形态也跟着起了变化。到现在，所谓国防，除了军备的要素，还有人的要素；除了物质的要素，还有精神的要素。军备是国防的要素之一，而不是国防的唯一要素。

明乎此，始可与言国防建设与建立现代化军备。

---

* 1941 年 12 月 20 日撰于重庆，原载《军事与政治》第二卷第四期。

二、国防建设之标准及现代战争的特质

单从字面上看，国防的任务似乎只限于保障国家生存，它底作用，是纯保守性与防御性的。遇到敌国侵犯危及国家民族生存的时候，才知道秣马厉兵振军经武去充实国防，以从事国家民族生存的保卫战；等到敌国外患消除之后，便解甲归田高枕无忧地去偃武修文。这种国防底特色：第一，是防御性的。人不犯我，我不犯人；人来犯我，我来抵抗。第二，是临时性的。一个国家当与敌国进行战争的时候，才适应当时的需要去从事国防建设；战争结束以后，政府便认为国防建设是一种虚糜而听其日就废弛。这种国防观念，是一种落伍的观念，只有落伍的国家，才会根据这样的标准去建设国防。

现代国防底建设，不单着眼于战时，而尤着眼于平时。国防底作用，在平时则维持国家底安宁秩序，保护并增进国民底公共福利；在战时则抵抗敌国的侵略，维护国家领土主权的完整。此应注意之点一。

现代国防底建设，不单着眼于国家的生存独立，以及合法权益之保障；而尤着眼于国家民族底扩张发展，以及合法权益之夺取。弱小民族所建设的国家，他们底国防建设多半趋重前者，是保存性的；帝国主义国家，他们底国防建设，目的在扩张领土，争霸称雄，多半趋重后者，是侵略性的。此应注意之点二。

现代底国防建设，不单着眼于本国生存发展的需要，而尤着眼于敌国或假想敌国国势之消长。一个国家国防建设的或强或弱，或进步或落后，不应该拿时间来衡量，而应该拿空间来比较。拿时间衡量，是历史的比较法，比方拿中国满清时代的国防与中国现在的国防比较，以判断国防力量底强弱，这种比较法是绝对的。拿空间衡量，是地理的比较法，比方拿甲国底国防和乙国底国防比较，以判断国防力量的强弱，这种鉴别法是相对的。绝对的进步往往是相对的退步，一个国家正在得意忘形踌躇满志的时候，他底国防建设和别的国家相比，也许早已瞠乎其后。战前世界各大强国所进行的扩充军备战，就是国防建设竞争的一种方式。此应注意之点三。

国防是两个或两个以上国家求生存求发展的力量发生矛盾情形之下的产物。要生存发展，便离不开竞争，竞争的状态与竞争底结果，必然发生战斗。国家与国家间底大规模的战斗，造成战争。战争是实验一个

国家或许多国家是否适存的试金石。为什么？因为战争的结局，必然地是优者战胜，劣者战败；适者生存，不适者灭亡。无论那一个国家，都逃不出天演的公例。所以从事建设国防的人，必须以战争为对象，以现代战争为对象，尤须高瞻远瞩，以未来之战争为对象。

现代战争底特质，有三：

（一）战争随人类社会文化之进化而进化，尤其与科学进步成正比而进化

上古时代的战争，是人与人战，战争的方式是拳打，脚踢，肉搏，不过是大规模的打架罢了。后来才晓得利用器械，用石头互相投掷，用棍棒互相挥打，战斗力量渐渐加强。但这时候所用的武器就是生产工具，没有明显的区别，所谓战争者，械斗而已。黄帝蚩尤之战，蚩尤施放烟幕，黄帝吃了亏，发明了指南车大败蚩尤于逐鹿。战国时代，弓矢和战车等等新兵器出现，并知道利用牛马，组织骑兵，战争底性质为之一变。此后，经过了二千余年，战争虽日有进步，可是并没有惊人的进步，尽管战争底规模怎样扩大，战争底时间怎样延长，进行战斗所使用的兵器，依旧还是弓矢、盾牌、刀矛、车马。据说三国时代魏人马钧制造爆仗石车以从事攻战；赤壁之役，诸葛亮和周公瑾底联军使用火箭，使曹操底百万雄兵全军覆没，造成划时代的胜利，火器底威力，才引起以后军事学家底注意。宋朝虞允文抵抗金兵，曾大大得力于"霹雳炮"的使用。同时还有号称制造炮车，拿硝、硫、柳炭做火药，火器在战争上的重要性一天一天的增加，有取弓矢而代之的趋势。元朝蒙古得伊斯玛音所造一百五十斤重的大炮，一发惊震天地，所至无不摧毁。明成祖平安南的时候，从西洋人手里得到了神机弹炮法。天启元年葡萄牙人阳玛诺，崇祯时代意大利人罗雅僧、日耳曼人汤若望，对于造炮方法，都有很多的贡献。

十八世纪英国产业革命以后，蒸汽机关发明，生产工具变了，战斗工具也变了。生产力加强了，战争的效果也扩大了。装甲的战舰代替了木制的帆船，爆裂弹代替了实心弹，摩托代替了兵马，煤底动力代替了风力、水力、人力和牲畜力，汽油底动力又渐次代替了煤的动力，假使电气底动力能够充分发展，煤和油底动力便可完全废弃。十九世纪发明了无烟火药，有烟的黑色火药便没有了。国底兵工厂再去制造了。大炮底口径和射程一天比一天远大，陆上海上和空中底运输力一天比一天加强，军需品底生产量一天比一天增高，武器底破坏力与杀伤力也大得令

人难于相信。第一次世界大战（一九一四——一九一八）过程中，飞机、坦克、潜艇、鱼雷、四十二生的口径的巨炮、有无线电、毒瓦斯等相继出现，发挥了骇人听闻的威力，在全世界政治家、军事家底心目中，科学底权威早已压倒上帝。

到今天，摆在我们面前的事实更足以证明，决定战争胜负的因素，人底成分逐渐减少，而机械底成分科学底成分则逐渐加多。德国使用磁性水雷，在几个月的中间击沉英国军舰商船八十余万吨，抵得上第一次欧战四年的损失。要不是英国科学家想出了有效的防御方法，单单这种武器就可以制海上王底死命。他如俯冲轰炸机、啸声弹、时间弹、高温炮、火焰发射机、百吨重坦克车、机械化部队的使用，都获得了重大的收获，使希特勒军队所向披靡，席卷东欧，征服十四国，进攻莫斯科。最近，太平洋战争爆发，日本舰队运动之灵活，空军投弹之准确，英舰威尔斯亲王号及利巴尔斯号之沉没，日本各主力舰之粉碎，充分说明了科学力量的伟大。科学产品无限制地提高了战争底效率。

科学有进无已，国防建设亦有进无已。要想建设现代化的国防，第一须注重科学。

（二）战争底范围，日渐广大

古代战争的范围，不过一城一地，所谓"争地以战，杀人盈野；争城以战，杀人盈城"，就是说所争之地与所争之城以外，都不至于杀人，都是不属于战争范围的安全地带。那时候的战场，不论在陆上或在海上，都只占一小部分。后来战争底范围扩大了，海有海军，陆有陆军，在进行战斗的时候，战斗线叫做"前线"，战斗线之后，名为"后方"。前方的将士们在打仗，后方的军民还可以安居乐业，过太平日子。空军的出现，交通底发达，使战争立体化。战争一起，全国领土无前方后方之分，都是战场；全体国民无男女老幼之分，都是战士。小国如荷兰、比利时、挪威、丹麦、波兰，固然不用说了，以中国领土之大，敌机也没有一个地方不能飞到。以前的战争，后方的军民还能够休养生息，从事生产建设；现在的战争，交战国全国底各大都市以至较为重要的城镇村落，均为敌机轰炸的目标。后方底战略要点，正是敌人降落伞部队袭击的要点，随时随地都有发生战斗的可能。再加上国际贸易随着国际交通的进步而日渐发达，使国与国间的关系异常密切，利益相同的国家，便自自然然地联合起来，缔结军事协定，成立攻守同盟，组织成为一个强大的战斗体。国际战争不爆发则已，一爆发，则利害相关的国家必相率加入漩涡，使战争的烽火由东半球延长烧到西半球，战争的惨祸由大西洋波及到太平洋。战争底范围，由两个交战国扩张到全世界。

所以现代建设国防的人，不可单以军事国防的建设与完成为满足，必须更进一步把全国一切的一切统统武装起来以从事战争，从事全体性的战争。因此，要想完成国防建设，不能不实行国家总动员。

（三）战争的结果，非常残酷

战争底本身就是残酷的，它是一种大量的消耗，澈底的破坏。战争底结果，则更为残酷。战胜，则悉索敝赋，民不聊生；战败，则亡国灭种，万劫不复。

一个被征服的国家，他底命运与战争底动机与战争底性质各不相同。如果战争底原因是由于宗教的冲突，战败国接受了战胜国底宗教，就算了事；如果战争底原因是由于统治权的争夺，战败国对战胜国表示屈降，称臣称子，年年进贡，岁岁来朝，就算了事；如果战争底原因是由经济资源的榨取与掠夺，战败国接受了战胜国苛刻的通商条件，或割让一部分领土，就算了事；如果战争底原因是由于互争雄长，战败国自甘雌伏将霸权双手送给战胜国以后，也算了事。现代的战争，其动机既不是宗教政治势力的冲突，也不完全是由于经济资源的夺取以及霸权的争夺，而是各种因素综合起来，叫做"争取生存空间"。战争底胜败，不是一个光荣，一个耻辱；不是一个自由，一个奴隶；而是一个生存，一个灭亡。

中国曾经被辽金元清征服过几次，但征服者底文化程度都比我们底，他们统治我们的方法，还不够严密；他们对付我们的手段，还不够辣手；他们只想做我们的皇帝，并没有打算绝灭我们底种族，夺取我们底"生存空间"，所以几十年几百年以后，还可以迅速光复，或根本把野蛮的征服者同化，把种族底界线消灭。现代的侵略者都受过科学的洗礼，他们底文化程度高，组织严密，计划周到，手段毒辣，方法巧妙，一旦钻到他们底魔掌里面，除掉亡国灭种，再也找不到第二条出路。征服者深深知道种族底界限和种族底观念一天存在，被征服者的敌忾心与反抗意志是不会消灭的。他们为了一劳永逸，根除后患，只有用最残酷的手段斩尽杀绝，夺取了被征服者底生存空间，把被征服者一次或分做许多次驱逐到地球以外。

所以现代建设国防的人，必须澈底了解民族自决的真谛，使全体国民个个都澈底觉悟，民族求得解放以后，个人才有真正的自由。在对外作战时，全体国民都能够牺牲小我以保卫大我的存在。此种民族底自尊精神恢复以后，才能集中全国底人力、财力、物力以完成最低限度之现代国防。因此，要想完成国防建设，不能不激发中华民族之国防精神，首先建立精神国防。有了强固的精神国防，然后才能战斗，能战胜，能战死，以逃避战败国家亡国灭种的命运。

总括起来说，建设现代国防的前提：第一，须运用各种科学方法；第二，须实行平时战时国家总动员；第三，须牺牲小我，团结一致，发扬民族国防精神以争取最后胜利。

三、国防建设底基本观念

（一）先说军事建设。战争已经由平面的变为立体的，要应付立体化的战争，不能没有立体化的军事建设，现代化的陆海空军，取得领陆领海领空底绝对控制权。

在陆地，必须选择适当地点，筑成坚固之要塞，完成全国陆上要点的防卫。这种要点底防卫，必须是纵深的，富于机动性的。防线底纵深越长，其防御力越强，敌人的突破就越加困难；防线底机动性愈大，愈适于韧性的战斗，退却时所受的损失愈小。史大林防线为什么能够使排山倒海的纳粹军队疲于奔命，使希特拉自动放弃他一九四一年冬季攻下莫斯科的计划，就是因为它具备了"纵深"与"机动"两种特性。

拿破仑说："战争不过是争取位置的一回事。"马罕将军说："战争底主要目的是在交通的控制。所谓位置，就是战略点，联合各个战略点，就成功了一条战略线。战略线通称为交通线，里面包括着退却线与作战线。"战略要点底防御工事筑成以后，绝对不可忽略了各个战略要点间的关联，而把各个要塞孤立起来。要想使战略要点发挥它高度的战斗效能，必须完成连络全国陆上要点的国防交通线。

战争是打时间，交通线便是争取时间的主要工具。一八五九年，Bosefrno 和 Magenta 之战，因为几公里铁路的缺少，意大利国运为之一变。拿翁以盖世之雄，而败于莫斯科，并不是他底军队力量不强，而是因为后方底运输困难，军需品接济不上。一九一四年法国霞飞将军在国境会战撤退时，完全靠着几千辆汽车运输车队争到了未动的地位，使德军退却。这些史实，可以证明。

"无交通，即无国防。"言军事建设者，不可不注意建设国防交通线。

在领海，必须武装沿海的所有港湾，使其有充分的防御力量。更须进一步夺取或确保领海防卫的战略要点，确实取得领海的控制权。欧美海权国叫喊着一国底国防线是在敌方底海岸线。试问：我们底国防线应该在哪里？

支配美国国防观念的，是马罕将军理论。他说："最优良的自卫战略，就是进攻战略，这就是所谓主动的自卫。"我们底海岸线，不论哪一点，都在外力底威胁圈内，敌人底军舰动不动就悠哉游哉地开入我们底内河，并可以随时用大炮轰击我们沿海城市。讲到国防底安全问题，单是在沿海沿江设防还不够。中国海应该是中国底领海，我们要打算保障领土主权的完整，必须取得领海底制海权。要打算确实掌握中国领海底制海权，则中国底真正的国防线，最低限度应该在中国底领海以外。

在领空，和领陆领海一样，我们必须取得制空权。中国底天井上面，绝不能让带有敌意的飞机擅自侵入。不论何时发现了这种飞机，不管多寡，应当立刻把它消灭。怎样才能满足这种合理的要求呢？第一，我们须建设足以自卫的空军，使敌机不敢侵犯；第二，我们须完成全国各地底防空设备，组织成防空网，以减少空袭的损害。

怎样的空军，才算是足以自卫的空军呢？德国底戈林将军一九三九年十二月七日告诉美国哥伦比亚广播公司驻柏林的记者希来先生说："假如我们只能照你们底速率造飞机，我们就会很弱的。"他又说："你们造你们底飞机，我们底敌人造他们底，我们造我们底，总有一天你会知道谁底飞机最好，最多。"

根据戈林将军底话，我们不难想像，所谓足以自卫的空军，就是在质的方面比敌人好，在量的方面比敌人多的空军。

（二）军事建设成功，仍然不能够应付战争。为什么？

现代的战争，已经不是单纯地以军事力量对付军事力量的战争。随了军事以外，还有经济战、政治战、外交战、思想战、宣传战。战争底方式，或在军事行动尚未开始以前就从事经济资源的夺取，生产机构防调整，实行进出口货和人力、物力的统制，以展开经济战；改变国内政治机构，强行改组，提高行政效率，以展开政治战；纵横捭阖，分化敌人，孤立敌人，订立同盟，争取与国，以展开外交战；在国内提高国民战意，完成国家至上、民族至上的心理建设，以展开思想战；对敌国，针对其国民心理上之强占加强宣传，攻心伐谋，减低其战意，争取敌国民众同情，以展开宣传战。或与军学〔事〕行动同时进行经济、政治、外交、思想、宣传……各种战斗。只要一翻第一次世界大战底历史，或稍稍留心眼前的事实，就可以知道，现在的战争爆发了以后，不但交战国家底一切能力、一切知识需要全体动员；就是一草一木、一丝一线、一砖一石、一根火柴，都要影响战斗。所以，一个国家，如果没有全体总动员之组织与准备，绝对不能应付现代战争。

（三）有了足以自卫的陆海空军，有了全国总动员的组织，就可以应付现代战争吗？曰：可以应战，但是不一定能够得到胜利。

近代交通的进步，使全世界变成一个整个的有机体。国与国间的关系异常密切，没有一个国家可以孤立生存，也没有一个国家能够独力作战。国际形势一变，国防思想也跟着变。因为一个强大的国家，往往有遭遇到多数敌人联合进攻的可能，深谋远虑的政治家们不能不改变作风，结合利害一致的国家，互相辅助，巩固国防，组织成功一个共同防卫的联合战线。

欧战以后，先进国家为了保障世界和平，避免战争的惨祸，组织了一个国际联盟。英、法两国操纵着这个国际机构，发挥了很大的潜在威力。可惜英、法底政治家们底思想不大澈底，先放任了日本发动九一八事变，不加以严厉的制裁；意大利着透了国际联盟底弱点，跟着日本帝国主义者底脚步，毫无理由把军队开进了阿比西尼亚。国际联盟除了邀请中立国底代表们开一开会，空喊几声"制裁，制裁"和"不承认，不承认"的口号之外，再也想不出更有效的办法。等到希特拉撕毁《凡尔赛条约》，进兵莱因，扩充军备，吞奥并捷以后，国际联盟底威信扫地，各会员国因为利害冲突，意见分歧，无形宣告瓦解，紧接着又产生了侵略阵线和反侵略阵线。

战争不仅是经济底力量推动，战争的胜败也多半是靠经济力量决定的。英、美在第一次世界大战中占了经济力量的大便宜，为了应付未来的国际战争，又组织了一个经济集团，对于政治领域、经济领域、殖民地和自治领等实行严密的统制，以充实战争所必需的经济潜在力量。领土狭小、经济资源缺乏的国家，于是大起恐慌。日、德、意三个国际强盗东劫西掠，扩张领土，就是因为受了历史底教训，深深知道饿着肚子没有办法去打仗，才狼狈为奸地联合成轴心国家，肆意侵略，到处放火，演成经济集团、政治集团之对立，互相激荡，终于酝酿成这一次世界大战。

现代底战争，是大规模的、长期的苦斗。胜负之数，不决定于各个交战国底战斗力，而决定于交战集团底合力。建设现代军备的人们，跟着走罢，联合战斗，共同防卫，是今后国防建设底新道路。

四、现代国防底要素

(一) 人的要素

战争是人制造的，战争底目的在争取空间，争到的空间必须有人去占领，才能够使它变成一国底领土。领土的扩张，由于人口底增加。法国人说：法国底领土，要法国底血保护。实在是颠扑不破的真理。

战争之离不开人和国家之离不开人一样。可是，人口最多的国家不一定就是世界最强的国家。估计一个国家底强弱，不能够拿人口多少做标准，应该拿能够发生国防力量的人数做标准。中国底人口有四万万五千万，日本底人口号称六千五百万，除却七百万台湾人，一千八百万朝鲜人，百多万琉球桦太人，真正的日本人不过四千余万，仅仅抵得上中国人口底十分之一，他们倒反而来侵略我们，压迫我们，显见得是日本强，中国弱。太阳不会落的大不列颠帝国，人口有五万万之多，和法国人联合起来，还打不倒七千万人的德意志。看来好像有点奇怪，其实这一点也不奇怪。因为英国人口中除掉印度底三万万五千万，非洲、澳洲以及分布在南北美洲各殖民地底一万万一千余万，真正能够发生国防力量的不过四千万人罢了。和德国底七千万人作战，当然要吃一些小亏。

从这里可以确定，国防建设的要素在人，但人要能够发生国防的力量。这种发生国防力量的人，叫做"国防人"。

一国底人，不论男女老幼、疾病、残废、低能白痴，都是国民，但不能算是国防人。国防人应具备的条件：第一，须身体健全；第二，须有技术能力（生产力）；第三，须思想正确，守纪律。三者缺一不可，例如：身体残废的人，过去虽有技能，思想虽然正确，但是缺少健康，不能从事生产劳动，不能谓之国防人。又如：身体健全，有聪明才力，有生产技术，而思想不正确，不遵守国家法律，不服从政府命令，而去充当汉奸，出卖国家民族，这种人，不能谓之国防人。还有些人，身体也好，思想也很正确，又有生产力，因为不愁吃，不愁穿，便游手好闲，无所事事，这类的人越多，国家越倒霉，也不能称之为国防人。

我们明确地认识了国防人底性能以后，就应该赶快培养国防人，训练国防人，组织国防人，以充实巩固国防，完成国防建设。

（二）物的要素

科学愈进步，战争的破坏力愈强，消耗力愈大。赤手空拳的猛小，不能应付现在战争；物质贫乏的国家，也不能应付现代战争。现代战争是交战国物力与物力的决赛，没有和敌国相等的物，不能应战；没有超过敌国的物力，不能取胜。物质来自何处？曰：生长在地面上，蕴藏在地面下。要想取得丰富的物质，必先取得广大的土地。

理想的，合乎国防要求的土地有几个重要的条件：

第一，有山谿之险。

第二，土地肥沃，农产物丰富。

第三，有丰富的地下蕴藏。

有了上面这三个条件，还不够。地面上可以生产许多国防物资，没有进步的机械去耕耘，去培殖，土地虽然肥沃，也只好听其荒废；地面下埋藏的矿产虽富，也要用巨大的机械动力把它挖掘出来，才能有补于国防建设。所以有了良好的土地，还需要现代化的产业机构，科学化的机械动力。

建设国防所用的物质不论是植物质、矿物质，现代战争所用的武器不论是金属、非金属，都是工业的生产品。有了巨大的机械动力，才能够得到地上地下更多更富的物质；有了更多更富的物质，才能够使生产底机构更加扩充，机械的动力更加强大；有了大规模的生产机构和高度的机机〔械〕动力，才能够大量生产建设国防准备战争所需要的各种材料、各种工具、各种军需用品，才能够充分供应作战的消耗，任凭战争是长期的，大规模的，也不会感觉到物质的贫乏。

从前的国防是简单的国防，只要足食足兵，就算完事。现代的国防，是复杂的国防，没有优良的机械及丰富的资源，根本无法建设。俾士麦说："坚固的国防是深殖于繁荣的工业的沃土之中。"实在是鞭辟入里之谈，给现代帝国主义的国家为了夺取资源而发动侵略性的战争下了一个警辟的注脚。

（三）混合要素

"混合要素"是人力、物力结合以后所发生的力量。把人与物分离开，人是人，物是物，根本无所谓力量。有物无人，物等于零；有人无物，赤手空拳亦无济于事。

举例来说，金钱就是很好的例。

金钱可用人力换来，亦可用物力换来，金钱也可以变成人力物力。譬如坐滑竿的人，是用金钱买人力；抬滑竿的人，人力变成金钱。又如金钱可以买若干种不同的物，而物品又可以变成金钱，所谓金钱也者，是人力、物力交战的经纪人，即掮客，故曰：金钱万能。但金钱并非万能。金钱若不能变为人力、物力，则所谓万能的金钱，无用之"阿堵"而已。

研究国防建设的人，并不注重金钱，而注重人力、物力。苏俄在一九一七年十月革命以后，卢布价格一落千丈，卢布一元仅抵得上我们底银币一角，苏联政府当局丝毫不以为异，却不慌不忙地埋头致力于经济建设，完成一个五年计划，再求一个五年计划。两次五年计划成功，苏联底人力、物力大量增加，国势蒸蒸日上。到现在，卢布五.三元即可兑换美金一元，其价格之高，几使世人咋舌，所以研究国防的人，与其绞尽脑汁去筹划为何储蓄金钱，不如去筹划如何储蓄人力、物力。

记得傅作义将军在北战场百灵庙一役大胜以后，举国欢腾，后方同胞纷纷捐款慰劳。傅将军回电致谢，并向全国同胞呼吁。他说：我们所需要的不是金钱，希望多送一些壮丁、枪械、子弹、鞋袜和军用品到前方来。这也可以证明金钱在军事上的价值，是要它能变成物力人力。

其次，技术也是混合要素底一种。它是人力、物力结合时所不可少的媒介剂。譬如吃饭，如果没有饭碗筷子，虽有佳肴，也不能凭空进口。有原料，有工具，有劳动者，如果缺少工作技术，原料就变不出生产品，国防器材也筑不成国防工事。有枪炮，有弹药，有士兵，如果士兵没有熟练的射击技术，枪炮弹药便不能杀伤敌人，获得战果。所以，要想建设现代国防，必须有优越的国防技术，尤须有大批的技术人。技术人多，才能成功。

此外，如参谋组织、情报、宣传……都是混合要素中底要素。"盖参谋组织者，国防之神经中枢也；情报者，国防之耳目也；宣传者，国防之心口也"。有了这些要素，国防才有灵魂，才能运动，才能发生国防底作用。

一个国家，如能将人的要素、物的要素、混合要素完全具备，则所谓国防，可谓大体完成。

五、建设现代化军备应有的基本认识

（一）流动性战争

欧战结束以后，到目前的二次世界大战，不过短短的二十一年。而军事学术底进步，则日新月异，至堪惊人。世界各国底军事理论家亦埋头钻研，苦心焦思，发抒创见。虽说百家争鸣，莫衷一是，勉强把各家底主张归纳起来，实不外下列三种：

（1）空军万能。

（2）机械化部队万能。

（3）空中摩托、陆上摩托与海上摩托配合使用。

这三种理论，是称成今日流动性战争底基础。德国底战术传统思想，从德国军队的建设编制及教育诸点观察，始终是以闪击战为目标。闪击战底目的是速战速决，欲达到这种目的，其所运用的手段不外乎（1）机动，（2）出奇，（3）以绝对优势的兵力制压敌人，（4）掌握机先，争取主动。这就是斯帝芬氏所主张的"康尼"战术。

纳粹德国为了要洗雪第一次世界大战战败的奇耻大辱，摆脱《凡尔赛条约》底枷锁，乃根据他底传统战术思想，处心积虑，秘密准备了强大的空中摩托与地上摩托，构成流动性战术。希特拉抱着最大的信心，集中全副力量，企图利用这种最新式的战术，迅速地实现他建设欧洲第三帝国的美梦。战争开始以后，十八天征服波兰，五天征服荷兰，十天征服比利时，法兰西是世界上第一等强国，仅仅抵抗了三十八天，也不得不屈膝投降，使纳粹军队畅所欲为，毫无遗憾地发挥了流动性战术底威力。

可以和德国国防军事建设对抗的国家，在现代的世界上，只有一个正在和纳粹军队打得天昏地暗的苏联。

苏联底战术思想，是陆上摩托配合空中摩托的极度流动性战术，所以苏联建军极端趋重空军与机械化部队的建设。从一九二五年开始，就集中全国底人力、物力，逐步地完成了他底国防建设计划。可以说，苏联对于应付希特拉底进攻，在军事方面，已经有了充分的训练与准备。

但苏联底军事家在战略上的认识，和德国底军事家并不相同：

（1）德国底战略，认为突然的袭击，是速战速决的战术，是绝对的。

（2）苏联底战略，则反对用尽所战的力量以取得速决。他所采取的是一种多方面的战略，并不希望从最巧妙的战争计划中造成奇迹。相反地，他也计算到敌人方面长期的而且坚决地抵抗的可能。

从德、苏两军底战术思想来看，德军是适宜于速战速决的闪电战的，苏军一方面也和德军一样，一方面具有继续持久抵抗的力量。这些特征，在今日德、苏两军几个月的战斗过程中，已完全表现无遗了。

（二）现代化军事建设底重要因素有三个：

（1）广大的人力，使后备军不感缺乏。

（2）丰富的经济资源，使军需用品底供给源源不绝。

（3）后备人力与经济资源军事化的程度。

这三个因素，是互相隶属、互相拼合的。换句话说，伟大的人力要跟着一种有效的经济制度配合起来，才能产生军事的价值。因此，现代化学的军事建设，第一，要建立最大可能的军需工业；第二，要使全部或一般的经济制度都作战争动员的准备。

此外，决定作战能力之优越与否的，是时效战。

苏联于一九二五年树立了新的军事制度，在两次五年计划当中，完成了庞大的军备，建设了新型的军需工业，训练成功强大的红色陆空军和足以自卫的红海军。德国坦克战术论之权威者古德伦（Guderian）将军说："早在一九三五年，苏联就有坦克车和装甲车一万辆。"到一九三八年，苏联第一线底飞机有一万二千架，坦克车底数目则增加到二万辆至二万五千辆。还有集体农场中收禾用的二十万部机车（特器卡），在战时也可以改装成坦克车。各种大炮、机枪，也都有充分的准备。根据德国外交部一九四一年六月十一日底调查，苏联有：（一）狙击师团一七〇个，（二）骑兵师团三三五个，（三）机甲旅四六个，（四）战车一万辆，（五）飞机一万架。常备师团有一百四十多个，每师二万人，共计二百八十万人。战时可以动员一千万人。

德国政府所发表的数字，自然不会十分可靠，但是，从这里我们已经不难想见苏联底作战力量是如何地雄厚了。

至于德国，一九三四年才开始重整军备，到一九三八年已达到最高度。据调查，那时候计有飞机九千架，坦克车一万五千辆，摩托化师三十个。德国底作战力量究竟强到什么程度，始终是一个谜。但到底科学进步，军需工业发达，飞机的生产量始终占世界第一位，是尽人皆知的。从他于征服大小十四个国家以后，还能出动飞机一万五千架、坦克车八千辆、陆军二百万去进攻苏联的事实看来，德国如果没有时效战的充分准备，希特拉所统率的"摩托"，不久就会饿死的。

现在，纳粹宣布东线战事业已结束，一百师大军从莫斯科外围撤退了，难道希特拉当真地不愿意到红色的宫殿里去向全世界广播他作战胜利的演说词吗？我相信，这完全是苏联时效战准备充分，坚强抵抗长期抵抗的结果。

军事专家史德逊（Svietshin）说："现代兵器必须马上大量地投到战争中去，它们代表着一种力量，不应当零零碎碎地消耗。在这点意义上，战争是不能讲求经济和试验的。"

可是，目前的科学力量，还不能够在两小时以内结束一次大规模的战争。谁没有应付闪击的准备，他便有被敌人立刻粉碎的危险；谁没有应付时效战的准备，他便不能够争取最后的胜利。

六、不尽之意：我们需要超时代的国防

历史在前进，科学在前进，战争底方式、战术底思想、战争底武器也不会停留在现阶段。我们底拳头应该紧紧地把握住现在，我们底眼睛却必须密切地注视里〔着〕未来。

今日战场上所出现的新兵器，绝不是刚才发明的，它们已经在神秘的军械库里休息了很长时间了。今日的科学家正在运用电学光学底原理，企图创造出许多更厉害更有效的杀人利器。

他们想制造出"怪力线"兵器，以杀伤人马，妨碍飞机战车的运转操纵，爆炸敌人后方的火药库，破坏电信电话及一切电气设施，一切的可燃物体遇到了"怪力线"都要化为灰烬。

他们想制造出"长电波"兵器，使飞机满载爆炸、毒瓦斯弹飞到敌国底都市及工业中心去实行轰炸，命中目标；战车、船舶、水电等也可以靠着无线电操纵，达成它们的任务。

他们想制造出"电磁气"兵器，使大炮自动自发，不用一点儿火药，可以发射出无烟无声的巨弹，八百公里内的敌人建筑物和防御工事，都要遭受这"电气炮"的杀伤和破坏。

他们还想制造出"不可听音波"兵器，使通讯方法更加秘密，并可侦查敌舰潜艇，测量水深和飞机底高度，飞机可以盲目飞行，舰队可以自由行驶。还想制造出"不可视线"兵器，使飞机能够侦察。在黑暗中

的目标，使照相机能够透视黑雾烟幕摄影，使警报器在敌机敌舰侵入领空领海之后能够自动地发出警报。

这许多未来的兵器，都有学理的根据，不是凭空臆造。各国科学专家正在秘密研究试验。有些且已获得初步的成功，科学是万能，人类底理想都有实现的可能。我们一想到人类未来的命运之悲惨以及未来战争底残酷，实在是不寒而栗。

现代的国防建设，是为时应付未来战争。一国底国防思想与国防军事建设，要是不能超越时代，便是落伍的国防。我们需要"迎头赶上"的科学，我们需要"超越时代"的国防。

三十年十二月二十日于重庆

人民的国防

第一次世界大战结束以后，鲁登道夫将军把德国战败的原因很精密地检讨了一下，并根据检讨的结果写了一本书，叫做《全体性战争论》。他预先见到第二次世界大战的性质和作战方式，所以大声急〔疾〕呼，喊起政府当局和全国人民的注意，要求政府从速以应付全体性战争为目标，建设国防，以免再蹈上次战争的覆辙。

鲁登道夫将军说："在全体性战争中，毕竟是全国人民作战，不是国家作战。"

他又说："全体性战争的中心点在于人民，指挥战争的领袖，应注意到人民。"

他又明白地指出："甚而至于战争之结果不由于一方面（军队）的战败，而由于一方面全国人民之解体。"

鲁登道夫将军的战争思想，不仅支配了德国的军事理论，在世界上军事学术界，也发生了很大的影响。它不仅影响了近代的军事学术，而且支配着德国乃至世界各国的军事准备。第二次世界大战，可以说就是全体性战争理论的登台表演。当然，有些国家只能跟着主角在舞台上摇旗呐喊。

全体性战争的理论，是鲁登道夫将军针对着战后德国的困难情况所开的药方，他要医治几乎在第一次世界大战中丢掉性命的祖国，要它起死回生。从他的药方里可以看出，德国之所以在第一次大战中失败，出于威廉第二所进行是国家战争而不是人民战争，是德国军队与协约国军队的战争而不是德国全国人民与协约国军队的战争；由于指导作战的领袖把战争的中心点摆在军队上，没有注意到人民；最后，由于全国人心之瓦解，全国人民不愿意牺牲一切继续支持战争。因此，他在全体性战争论中才三番五次地强调人民在战争中的重要性，强调人民心理团结的价值。他指明整个战争的基础，就是全国人民心理上的团结一致；他指明国家民族的作战能力，须从内心的团结一致中发育出来；他指明军队之后，须有心理上团结一致的人民，否则就不能支持与对手旗鼓相当的长期作战。

人民之所以被拖到战争圈内，成为战争舞台上的要角，成为战争舞台的后台老板，另外还有几个原因。第一，战争的规模扩大了。没有人民参加或者人民不踊跃参加战争，几百万乃至千万以上的大军便组织不起来。第二，战争的毁灭性增加了。每一次会战便有成千成万武装战斗员因而牺牲，人民不大批走进兵营陆续开赴前线，军队打光了，战争便无法继续，更无法取胜。第三，战争规模和毁灭性是由作战机械和摩托的数量和质量决定的，几百万乃至千万以上的大军在战场上和敌人进行长期的互相毁灭，需要经常获得经常保持大批的机械、摩托，需要经常获得保持士兵、马匹和机械、摩托战斗力的粮秣、燃料，以及各种弹药，人民不在后方努力从事有组织的有系统的军需品和原料品的生产运输，川流不息地补充前线物质上的消耗，战争就要因军队和武器的饥饿而招致澈底的惨败，惨败的结局便是整个国家民族的屈辱、溃灭。

国防是战争的母亲，有什么样的国防，才能产生什么样的战争。战争所需要的种种条件如人力后备、工业资源、技术干部等，在建设国防的阶段就应该把它们一一组织起来，门门准备起来，样样扩充起来，到战争爆发的时候，才不致手忙脚乱。现代的战争不是从军队在战场上厮杀开始的，也不是从正式宣战实行动员开始的，在和平时期国防建设与准备战争的竞赛中，胜负早就决定了。

战争是需要人民的，国防也是需要人民的，并不是先有了以人民作中心的战争才产生了以人民作中心的国防，而是先有了以人民作中心的国防才产生了以人民作中心的战争。

第一次世界大战结束以后，这种新型的战争便开始了。国防建设由需要一部分人民的阶段走进了需要全体人民的阶段。

国防需要人民这种观念，在历史上老早就有了，并不是鲁登道夫的新发现。不过这种观念刚刚发生的时候，一般的国防建设指导者和军队组织者与人民还是对立着的。他们建设国防组织军队的目的，是对外扩展自己的领土，奴役别的国家民族，对内镇压人民的革命以巩固自己的统治。这时候，各国政府既不需要人民参加国防组织，人民也不愿意过问这种使他们头痛的事。因为曾经有一个时期，英国和普鲁士的军队，大部分是向国外招募的，国家打败了仗，人民的痛苦不一定就会增加；打胜了仗，人民的痛苦也不一定就会减少。而且那时候战争的规模还小，也用不着广大的人民来加入军队。德国在第一次世界大战中的失败，使鲁登道夫深深地感觉到战争已经变了质，如果没有人民来支持战争，军队再强大至也终归无用；使他深深地感觉到如果政府再和人民作对，再不采用有效的手段发动人民参加国防组织，德意志就要完了。恰好，协约国又逼着德国政府签订了苛刻的《凡尔赛和平条约》，给德国政府一种唤起全国民众、促成人民心理上团结一致的宣传材料。《凡尔赛条约》解除了德国军队的武装，却把德国人民的精神武装起来了。

鲁登道夫就以这种精神武装做基础，建立了他的全体性战争理论。

希特勒就利用日耳曼民族的复杂心理，在德意志建立了他的法西斯政权，并根据鲁登道夫的战争理论燃烧起德国人民爱国的热情，促成全国人民心理上的团结一致，重整军备，建设国防。这种国防，在第二次世界大战爆发以前，虽不能说是德国全体人民的国防，总可以说是德国大部分人民的。

希特勒知道要想完成足以应付全体性战争的国防建设，两个重大问题是不能不解决的，第一是财政恐慌，第二是工人失业。财政恐慌使政府拿不出钱来从事国防建设，工人失业又促成阶级斗争，酝酿社会变革，把全国人心瓦解了。这怎么得了呢？国社党人想来想去想到了犹太人，要挽救德国的经济危机和社会危机，只有将少数有钱的犹太人牺牲。他们驱逐了犹太人，没收了犹太人的财产，使德国人填补了犹太人在社会各部门所遗留下的空缺，便解决了国内的失业问题；又拿犹太人的财产做本钱去从事经济建设，又解决了财政问题。这真是一举两得。希特勒的目的在要钱，挑拨种族间的仇恨，那只是达到这种目的的巧妙手段。

国社党人知道，要想使德国人民团结在一起，为实现德国的复兴而共同努力，在经济制度和政治制度上还有很大的缺陷，这种种缺陷便是经济上贫富悬殊而引起的意识上的对立，又由意识上的对立促成政治上的分裂。这种现象若不消除，德国复兴的工作便无法完成。然而，只要"利润"制度存在一天，资本家便不会不剥削劳动者，劳动者便不会不反抗资本家，这显然是与国家的需要不相符合，国家需要的是劳资合作，不是劳资对立。国社党首先解决了人民的失业问题，使劳工的生活有了保障，并解散了共产党，镇压住劳工群众的社会革命意识，同时实行管理全国的产业，降低资本家的利润，以为釜底抽薪之计。资本主义国家战时总动员的办法，希特勒平时拿来用了，将资本主义和社会主义一齐打了一个对折，以极权政治做本钱，造成一种国家至上的国家社会主义。

德国国社党知道未来的战争是需要全民参加的，可是他们建设全体性国防所采的手段，却是一种暴力主义。虽然希特勒也曾用煽动性的文告、演讲和宣传品争取民众，这种政治工作的出发点还是暴力主义。希特勒强迫人民加入国防组织，使全国的资本家和劳动者都服从他，在他的命令之下从事生产建设工作，他却不能获得这些人衷心的拥护。

暴力能够强迫人民加入国防组织，为建设国防而服役，暴力却不能完成一种真正的人民的国防。

鲁登道夫懂得战争以人民为中心，懂得战争的基础是人民心理上的团结一致，他也懂得客观的社会条件不能不将德国未来的命运寄托于极权政治，寄托于无法促成人民不折不扣地心理上团结一致的极权政治。他知道极权政治一定会造出一部分反对政府的革命分子，这些革命分子平时潜伏在政府的强力压迫之下，阳奉阴违，一到战时，这些革命分子便乘机活动，企图推翻政府。鲁登道夫预见到这一点，所以老早就主张："在战争初期，就应当钳制不满意者之大规模活动，使初战可以得胜的希望不至被不满意者之活动所打销。如果对于不满意者曲加宽容，敌人便利用他们，使我方不战自溃了。"

在希特勒指导之下的德国国防，可以名之曰"准人民的国防"，因为德国国防的建设确是由全体人民参加的，而建设的动机为争取德国的自由平等，也是德国人民所拥护的。然而，希特勒所指导的战争，却越走离开人民越远。建立欧洲新秩序或建立世界新秩序的战争，完全是国家战争，如果说德国是为争取日耳曼或亚利安民族的自由平等而战，德国根本就无须发动战争，因为希特勒用不流血手段所得到的收获，已经超过了大多数人民的愿望。等到希特勒决心发动第二次世界大战的时候，他所代表的已经不是全体人民的利益，而是以国家民族作幌子的个人的利益，国社党的利益，充其量也不过是在国社党统治下的国家的利益。德国的国防观念进步了，德国的国防组织进步了，而德国政府运用进步的国防组织所进行的仍然是反动的战争，仍然是和威廉第二所进行的战争性质相同，是侵略性的战争，争霸性的战争。战争所流的血液，完全是人民的，而战争所获得的利益，并不是或不完全是人民的。像资本家剥削劳工一样，希特勒还想将德国人民的生命财产全部投入战争的烈火中以剥削利润。等到人民渐渐觉悟到战争已不是"人民的"的时候，他们便开始反对战争了，这种觉悟分子便是鲁登道夫所说的"不满意者"。作战时间越长，战争的消耗越大，觉悟分子也就越多。一旦觉悟分子在人民中间和军队中间占着大多数，反战空气弥漫了前线和后方，钳制便失掉了效用，鲁登道夫所说"不由一方面战败而由一方面全国人民之解体"的结局，必定再度出现。

国防需要人民，人民也需要国防。国防所以需要人民，是从战争的利益出发的；人民所以需要国防，却是从自己的利益出发的。因此，需要人民的国防之获得人民，须以保护人民的利益为唯一条件，也就是说，须以战争的利益不违背人民的利益为唯一条件。必须国防是为人民的，人民才能衷心地为建设国防、充实国防、巩固国防而努力。必须国防始终是为人民的，人民才能始终拥护国防。希特勒以人民的利益为招牌而组织国防，却为了少数德国人的利益而从事战争，战争变了，人民也变了，从前完成国防建设的是德国人民，现在和将来反对侵略战争，脱离侵略战争，把侵略战争送进坟墓的，还是德国人民。

国防只有在防止侵略以及被压迫民族争取自由解放而准备战争的条件之下，才是人民的，才为人民所拥护。就战争的性质而论，只有反侵略战争和弱小民族争取独立自由的战争，才能成为人民的战争，才能为全体人民所支持。

每一个国家当从事国防建设的时候，均必须由政府老老实实地告诉民众，说明为什么建设国防，然而与其由政府说出"国防是为人民的"，倒不妨使人民自己能够作如是想。人民心理上的团结一致，最稳固的莫过于自觉自动。人民先要有了需要国防的自觉，然后才能自动的加入国防组织。真正的人民的国防，一定是人民自觉自动地建设起来的，在建设过程中强迫成分愈少，则为人民属于人民的成分愈多。怎样才能使人民自觉自动呢？

第一，人民物质生活的水准必须提高，而且一国之内的人民不能有两个不同的水准，而且提高自己国内人民物质生活水准并不以降低其他国家人民物质生活水准为条件。这样，人民才不致因为顾虑自己的或家属的生活，影响或甚至打消了为国防而工作的志愿。

英国人温特林汉在第二次世界大战爆发之后，在一本检讨英国国内情况的小册子里写着："我敢说，全国没有一个人不自动地愿意工作或参加战争，不过，因为他们需要工资来维持生活，因为他们这种自动报效不易为人所欣赏，他们只得暂时安于他们本来的职业。他们多被雇来建筑大厦公事房及娱乐场所，为的雇主们可以得着更多的利润。虽然他们是愿意能有机会替国家建筑些防御工事的。"

这就是因为一部分人受着过低的生活水准的限制，不能够抛弃了可以获得生活费的工作去建设国防的一个例证。至于德国、日本和其他侵略者，则是以降低其他国家人民的物质生活水准为手段来提高或保持国内一部分人民的物质生活水准而建设国防、发动侵略战争的，这种战争是违反正义人道的。

第二，人民文化生活的水准必须提高，而且一国之内的人民，其文化水准方面不能参差不齐，更不能以降低一部分人民的文化水准作为提高另一部分人民文化水准的基础。这就必须使每一个人都有受教育的机会，都有发展自己才能的机会。人民有了较高的文化水准，才能自觉地意识到国防的需要，才能感觉到国家民族以及自己所享受的生活方式之可爱，并且需要保护；才能感觉到独立、自由、平等的可贵，并且必须争取，因此，才能自动自发地去参加国防组织，才有能力去担负有关国防建设的种种任务。人民有了较高的文化水准，才能明辨是非，了解一个现代国民对于国防的责任和义务，更可以认识那一种是人民的国防，哪一种不是人民的国防，不致被自私自利的野心家所愚弄，去从事像希特勒和日本军阀所领导的那种侵略其他国家民族、奴役其他国家民族、残害其他国家民族的战争。一旦战争变了质，人民才会很敏锐地感觉到，战争是更接近或更危害了国家民族的利益，随时决定自己对于战争的态度。

第三，人民的政治生活水准必须提高。政府是国防建设的执行者，人民必须有权过问政治，有资格过问政治，有机会参加政治，才能够产生为全国人民所需要、以保护全国人民利益为目的的国防。政治愈是人民的，国防才愈是人民的。换句话说，必先有了人民的政府，然后才能产生人民的国防。

这三种条件俱〔具〕备的国家，目前尚未出现，将来可能出现。当世界各国的人民都是为自己的利益而建设国防、参加战争的时候，便是侵略者放下武器的时候。有了真正的人民的国防，世界才有真正的永久和平。

西北与国防[*]

中华民族在长期的战争中，曾经损失了不少宝贵的东西，领土、资源和生命财产，都不可以数计。可是，我们确也得到不少宝贵的东西，最宝贵的就是许多血淋淋的教训。在战争中，国民的思想新了，旧脑筋虽然顽固，终于被敌人的飞机、大炮轰得粉碎。大家有了新思想，便开始用新的尺度来估量一切。许多人在这种新尺度的估量之下恍然大悟了，惊叹着说："啊！时代原来是这样的！战争原来是这样的！中国原来是这样的！"

"地大、物博、人众"的豪语，好久不听到有人叫喊了。因为大家亲眼见到有些地大、物博、人众的国家，反而被地不大、物不博、人不众的国家打成五劳七伤了，因为大家知道现代的战争是要靠摩特取胜的。

于是大家惶恐地叫起来了。我们需要独立自由，而独立自由的获得需要战争的胜利，战争的胜利需要摩特——陆上摩特，空中摩特，海上摩特，各色各样的摩特。

我们的摩特在那里？在兵工厂里，我们没有；友邦答应援助我们的，又不济事。怎么办？大家用新尺度量了一下，于是又慌恐的叫起来了。我们要图强，须建新国防；国防条件多，第一是摩特。摩特质精量又大，全靠国家工业化。

这种新尺度，真是无价之宝。战胜敌人需要它，复兴民族也需要它。敌人用这种尺度把我们的领土量了去，我们有了同样的尺度，便不难从敌人的手里再量回来。

---

[*] 原载《社会服务报》第二期，1943 年 2 月 13 日。

国防是什么？这个问题在理论上是必须首先解决的。国防在今天是全体国民的事，不是少数人可以包办的，也不是应该由少数人包办的。所以每一个人都应该下工夫读读书，用用脑筋，把国防的本质和自己在国防上的地位认识清楚。我最近写了一本《国防新论》，许多朋友来要书看，拿不到，便要求我讲一段。我告诉他们，问题太复杂，但解决复杂问题，要用最简单的方法，抓要点。国防的要点是什么？国防人，军事资源，科学技术，机械动力，再加上国防组织，也就够了。所谓国防建设，不是武装军队，而是武装整个国家；所谓战争，不过是使人民驾驶着各色各样的摩特在前方作工，制造胜利罢了。战争是人民的，国防也是人民的。

从前中国人在思想上闭关自守，糊糊涂涂混了一百年，不求进步，现在懂得了，马上干，并不算迟。不幸的是许多好地方被敌人抢去了，幸而剩下的荒山沙漠里还埋藏着无穷无尽的宝贝。人力的后备，资源的后备，一切都等待着我们去利用，去开发。我在《国防新论》一书里说过，东南是我们的仓库，西北是我们的武库，要想收回仓库，必先打开武库。中国的国防重心在西北。

西北不仅单指陕、甘、青、宁、新五省，它还有一个察、绥、晋、豫结连而成的外壳。在这些省份里，就地下埋藏的资源而论，陕西有煤，有铁，有石油，然而量并不多，完成重工业的基本建设是可以的，要想进一步促成中国工业化，就不能不开发察哈尔的铁矿，山西的煤矿，甘肃和新疆的石油。察哈尔的铁矿，储存量虽不及东四省，而质地则比较东四省的铁石好；山西一省的焦煤占全国储藏量的一半以上，而甘、新两省的石油，据说并不亚于高加索。过去有些地质学家，认为中国铁和油都不见得丰富，工业化的前途并不乐观。事实上，西北各省大部分是人烟稀少的处女地，现有的估计数字是不可靠的，还需要科学家继续去测量考察。铁有了，煤有了，便不愁炼不成钢，造不成摩特，把汽油装到摩特的引擎里，可以发热，发光，发生出巨大的力量。再运用这种机械动力，实行军事资源的扩大生产，生生不息，多则十年，少则八年，我们的国家由于工业、农业、运输业的机械化，便可以建设成功现代的国防。

西北各省的人民，臂膀粗，筋骨强，能耐劳苦，当兵是标准，做工是模范，把人力同资源配合起来，更容易实现工业中国的理想。

西北各省的地质，干燥，坚实，在空军发达的今天，国防上的物质建设如兵工厂、机器厂、电力厂、仓库、油库等，为了要避免空袭的损害，都不能平摆在地面上，向下发展，西北是最合适的地方。

现在的战争，资源是一个决定的力量，如果资源地带被敌人抢了去，是非常危险的，所以资源地带的安全问题，在国防上十分重要。西北各省处在关山重要的大后方，安全性最大。就重要性而论，它可以比得上苏联的乌克兰、高加索和乌拉尔，而安全性更有过之无不及。只要我们将现在的资源开发出来，把人力组织起来，并且有系统地建设起来，收复失地是不成问题的，民族复兴也是不成问题的。

然而，开发西北有没有困难呢？有。开发工作需要大量的机器，需要大量的资金，需要大量的技术干部，这些条件，我们似乎都感觉到异常缺乏。不过，问题不是无法解决的，只要想，就有方法。一个口号喊出米：一切为了国防建设！科学家、技术家、资本家，带着机器到西北去。

重工业与国防[*]

一、导言

德国在第一次大战失败后，受了《凡尔赛条约》的限制，陆军数额不得超过十万，海军吨位限制得极小，最大的兵舰不得超过一万吨，空军根本不准存在，兵工厂不准再造重兵器，亚尔萨斯、劳伦这些重要的矿产地区也都拱手让给战胜国。此外，巨额的赔款弄得纸马克变成废纸，国内经济状况陷于极度的紊乱。那时的德国，真可以说是名存实亡，永远没有复兴的希望了，那里晓得廿年后的德国竟能巍然再起，以惊人的武力再度掀起世界战祸，不数旬而占领欧陆大小十余国，转兵东指，又与苏联挑战。这一种战争的狂热，我们姑置勿论，但是，德国在短短廿年里能够从一个经济、政治、军事整个受制于列强的弱国一跃而为欧陆，不，世界上数一数二的强国，确是值得我们注意的。

本来，战争是一个忽隐忽现的怪物，可是它却永恒地在人群里潜伏着，当世界没有枪炮声的时候，你不要以为这就是太平时代了。拿破仑说："战争就是政略的延长。"克劳资维兹说："战争就是以武力的方式代替政治的方式以征服他国，达成己国之志愿。"再翻开人类的历史来看，我们知道这种循环的现象，实在是千真万确的。最近，我根据连年所收集的材料，编成一个《各国战争频数表》，由这表，更可以使我们对于这种循环的现象得到一个明确的概念：

Estimate on War Frequencies of European Countries

---

* 原载《钢铁界》第一卷第二期，1942 年 10 月。

这样一来，一般先知先觉的国家，便明白战争不能长久避免的道理，于是他们便无时无刻不在准备战争，充实国防。德国自开战以来，横行欧陆，所向无敌，又富又强的英国也被他打得头昏脑花，直到碰到苏联才算是遇到了劲敌，这就因为苏联时时刻刻在做着准备战争充实国防的工作，把战争看成一个不可避免的事实。

再看我们中国。中国自古就是所谓"大一统"、"民无二王"的国家，向来除应付不廷，有很小限度的防御外，对于正常的国防，尤其是有对象有目的的国防是不大重视不甚研究的。到了欧洲的物质文明进步，促成海洋交通，并且已有若干国显然向着我们进攻的时候，但是在"大一统"、"民无二王"的痴梦中还不肯放松循环起伏的内战，在这种情形之下，合全国人民安危与共的国防，自然是谈不到，就是与国防根本有关的各种工业也丝毫没有建立起来。

日本一向蓄意并吞中国，正处处阻挠我们的国防建设，所以我们的领袖蒋委员长虽然老早就欲锐意整顿国防，可是客观的环境却处处发生障碍，直到无可避免的抗战爆发，中国才算定了抗战建国的原则，就是一面抗战——减小敌人的力量，破坏敌人的胜利；二是建国——增强我们的力量，促成我们的胜利。五年以来敌人愈陷泥淖，我们的建国工作也是在长足的进步中，这实在是中国国运的大转变。

二、抗战以来的国防新形势

中国是一个无海军的国家，空军也是极幼稚的，就是陆军，虽然在数量上有相当的多，但是质量上却差得很，兵工建设照目前来看，虽然有显著的进步，但多半是抗战以后惨淡经营的结果。抗战以前的兵工建设还远不如现在的，何况也都被人破坏了呢！再就地理上的形势来看，抗战以后经济政治的中心，已由沿海各省迁至内地而以四川为核心。这一来造成中国有史以来的大迁移，抗战以后的国防形势也已经整个改换为一个新的姿态。

配合着这种形势，同时认清当前的事实，再来谈国防问题才能够更加切实。四川东接湖北，西通康藏，北濒陕甘，南扼滇贵，多是一片山岳地带。四川更多高山，江流湍急，这种天险的形势，极利我们采取一种守势国防。我们的力量，本不如敌人，利用这种天险，正可以从容从事国防建设工作。四川原有"天府之国"之称，举凡米、棉、高粱、盐、糖、丝、茶,无不产量丰饶,而且川西的铁、川南的煤也都有极可观的产量。这样好的地方,我们怎能辜负它?!所以我说今日我们的国防建设中心地是四川,根据四川的地理形势,我们应先采取守势国防,而国防中心工作却是决定于当前的事实,这样,我们先渐渐地将国防基础奠定,再来驱逐敌人收复失地。

三、甚么是国防的基本条件?

国防建设既然是我们无论在战时在平时都必须注意的一项工作,那么,让我们来研究一下国防建设这一般的基本条件,然后再根据现实,作更进一步的检讨。

在国防机构的广大轮廓中,不论它是属于动的或静的,都与军事范围以外的一切有关,尤其是与机械的动力有关。美国的某军事家说过:"共同生存于地球上的任何一个民族的命运,都是决定于地下的天然蕴藏。"我认为地下的种种蕴藏,没有科学家不断的研究发明与伟大的机械动力,不惟等于废物,反足以开启善于运用机械动力的优秀民族的略夺。再看廿世纪的今天,世界的战争,也已经由人的战争变为机械的战争、摩托的战争了!今日的国防当然也就不是沿国境所筑的防线的称谓,却是国内的机械动力、技术与天然蕴藏的总和,也就是今日国防的基本条件,所以要谈建设国防,便应该联想到如何培养技术人才,如何发展机械动力,并如何开发资源的问题。

上面所说的三个基本条件依性质说固然是三个,依效用说却只是一个,就是:任何国家民族所托命的就是机械工业,尤其是重工业。因为重工业是产生一切生产工具的总机关,是促进国防计划实现的总枢纽,苏联第一次五年计划完全侧重重工业就是把握住了这个要点。

四、甚么是重工业的基本条件?

重工业对于国防的主要性既如上述,而中国的抗战建国工作又处处离不了重工业,那么,就让我们研究一下建设重工业的基本条件又在那里。

重工业第一需要的是钢铁和煤。我国铁的蕴量,据清末未确定的调查,为世界第二位,最近调查又列于世界第九位。姑不论这些调查是否确实，根据以往在鄂、皖、苏、冀、赣等省采掘已著成效的各矿区调查，出产的数量很可取需自如，无需仰给于外国。只是那时并没从建设重工业下手，缺乏炼制的工具，使全国的矿砂生铁不断地流出，同时英、美、日等国的熟铁（包括各种钢与种种合金属）又大量的输入，那不仅国防永无办法，就是经济交通以至政治都是永远没有办法了。现在这些矿区省分泰乎沦陷敌手，逼得我们跑到后方来开发新园地，这未尝不是一个好现象，我常常说川、康、滇等省一定蕴藏着大量的矿产，果然近日开掘的结果已陆续有所发现，因此，即或川、康、滇三省产铁的总和还不如河北或山西一省，但是以三省的煤铁来发展四川一省的重工业，我认为无论如何是绰有余裕的。

重工业还少不了火油。中国因工业落后，至今仍沿用土法开采提炼，以前且只限于陕、甘、新等省的少数县邑，以后次第出现者已有四川、山西、河北、河南等省，更有新疆省塔里木河迤北各地油矿的发现，依地质学家的侦断，谓新疆油矿的脉苗与苏联的弗克诺尔大油田相接，如能用近代的新式机械开采，或有意外的涌现。总之，在这国防问题亟待解决的当儿，如不设法大规模开浚火油来源，将来才是后悔莫及呢！

重工业还少不了庞大的电力机关。以四川而论，我们实在大可利用三峡的急流以水力发电，这在总理的实业计划也有具体的讨论。四川由于抗战已形成全国经济政治的中心，就是在战后也决不会失却它的地位的，何况这种天然的水力，我们自可大大的利用，虽然工程比较浩大，在物质上说，实在是一个经济的办法。

他如与国防重工业有直接关系的特种金属，如铅、镁、铜、锡、锑、锌、钨之类，在中国原都有最多的产量，连年内地各省更次第有所发现，新的矿产受外力拘束的还少，这是我们国防上与工业上的一种新希望与新生命。

五、战时重工业检讨

依照最近的统计，举四川一省言，公营私营的炼钢厂有××所，规模较小的铁矿××所，金属品冶炼厂××所，其他关于硫酸亚厂及应用化学工业约×所，这成绩还算不坏，目前所缺的不是劳力，也不是资本，而是原料。原料的缺乏又一半由于开掘的规模太小，一半由于运输上的困难。关于前者显然是由于技术上的不够，我认为不妨多多借用外国的技术。在今日民主国家共同携手的时候，借用外国技术人才的问题，当然比较容易解决，至于交通上的困难，当然不是一朝一夕可以解决的。但是重要矿区与工业区域的连络，都是至属必要，应多多建筑轻便铁道，既较节省，而建筑不致旷费时日。其次，我们必须注意的就是重工业建设，我们必须要把握重心配合必需，否则耗资徒劳，毫无所得。我们现在还在抗战，而我们决心必须打败敌人，所以第一个重点，是工业建设必处处以抗战为中心，其次我们又不能忽略民生需要，否则会影响到抗战的本身。根据这两个大原则，我提出三点：

（一）依地理形势与矿产区域将全川分为若干工业区，收分工之效而利工业之普遍化。

（二）依工业性质分出重工业与轻工业，前者为主，后者为辅。兵工厂、飞机马达制造厂、军用器械厂、造船厂属重工业，金属冶炼厂、飞机汽车零件制造厂、各种化学工厂属轻工业。重工业由国营，轻工业则应奖励民营，另设工业建设委员会为工业建设主脑机关，直属国防最高委员会。

（三）依现存之各公私工业分成改善与并合两大类，即现存之工业如必需者，就其必要性再加改善；次要之工业或一区域内工业分配过多者，则各依其性质并合之。俾收资本、劳力与技术集中之效。

六、结论

总之，国防建设，重在系统，尤重在根本，例如武器是兵器的根本，工业是武器的根本，天然资源又是工业的根本，我们倘是离开工业而空谈国防，就不啻只要求兵员技术的娴熟而不计兵器的来源，是同样不济事的，所以我们有了广土众民与丰富的资源，还要着重技术，着重机械动力，把重工业建设起来，使机械的势力完全普遍化，达到自给自足的阶段，才是国防。

日寇失败的规律[*]

"中国愈战愈强,日寇愈战愈弱,最后胜利必属于我。"

最近,时常有人拿这句话来问我,我告诉他们:的的确确是如此,用不着怀疑。可是,这种抽象的说法,总不能使听者满意。我想,任何事物的发展都是有规律的。例如,哲学的任务是探讨整个宇宙的规律,自然科学的任务是研究自然界许多事物的规律,社会科学的任务是发现人类社会发展的规律。同样,战争的胜负也是有规律的。那么,日寇必然失败的规律是什么?

(一) 依历史的眼光观察

在历史上,金、辽、元、清都曾经以军事的力量侵略中国,造成长期的武装占领。英、德、法等国也曾以政治、军事、经济、文化等种种力量,先先后后完成了印度、埃及以及非洲大陆的征服。日本军阀忽视了在国父与总裁领导数十年的中华民族的革命精神和组织力量,仍然拿金、辽、元、清的眼光来看中国,仍然想以殖民地战争的方式来征服中国,他们全都没有把军事以外的政治的、心理的、意志的力量当作支配战争的重要因素,太把征服一个拥有四万万五千万民众的国家当作是轻而易举。这种错误是极为明显的。在今天,连小孩子都很清楚地知道,中国既非埃及,亦非印度、非洲。现代的战争,经济的因素固然重要,精神的因素也同样重要。中国虽然是产业较为落后的国家,但民族意识之鲜明,革命情绪之高涨,和世界上任何现代国家相较,均无逊色。一个侵略者如果不能消灭被侵略者压迫不屈的战志,不仅谈不上"征服",

---

* 此文撰于 1942 年,原载《时论月刊》第一卷第十期,又见《文摘月报》第二卷第八、九、十期。

连领土的占领也必然地归于无效。这类事例，真是举不胜举。依历史的眼光观察，我们实在看不出日寇有成功的可能。

（二）依战史的路线观察

许多战史告诉我们，战胜者不能为一次或数次战争作业终了时，必陷于长久的技术的作战，若敌对者又能长久支持战争，则胜利必属于敌对者之一方。一八〇八年，拿破仑以二十万精兵进攻西班牙，遭遇到西班牙如火如荼的爱国民众的坚强抵抗，曾以游击战的方式将拿破仑的军队驱逐出境。一八一二年，拿翁率领四十万大军以破竹之势进攻莫斯科，孤军深入，补给困难，不得不自动撤退，在俄国军民追击截击之下，几乎全军覆没，生还者不过二万余人。反之，一九〇五年的日俄战争和一九四〇年德法战争，日、德两国的军队都能于最短期间将俄军及英法同盟军击溃，结束战争，取得决定性的胜利。可是，五年来日寇已作业许多次，深陷泥淖而不能结束战争，中国之抗战力量则逐渐加强。日寇的命运，显然是属于前者而非后者，胜利之必属于我，已无疑义。

（三）依战略的原则来观察

一般地说，战略取决于战争目的与战争手段，敌我最主要的关系及最重要的利害结合（往往是几个国家的结合）成为双方势力的重点和运动的中心。一切势力都向这个重点与中心而运动，必以全力向此重点与中心进行。例如，小国受大国进攻时，作战的目标，以其援军为中心。又如，数国同盟时，以利害集结处为中心。又如，一国全体民众蜂起时，以其领袖及舆论为中心。又如，一国国内四分五裂时，以其首都为中心。在战史上，如亚力山大、查理十二、菲特烈大帝等，他们的重心势力在其军队，一旦将其军队击破，虽盖世之雄，亦无能为力。

中国不是四分五裂的国家，且已在英明领袖指导之下走向现代化的道路。我们拥有无穷的人力后备，丰富的经济资源，首都被占领，仍然抗战，外路被绝断，仍然抗战；轰炸陪都，摧毁舆论，都不生效。日寇又将其战略目标集中于国民政府及蒋委员长所领导之军队，企图予以致命的打击，因为我们的重心富有机动性，抗战力量非常坚强，日寇对我们的向心行动，都无结果。日寇并没有一种奇异的法宝，能将我们最新的作战力量击破。洪水想将巨大之岩石冲倒，决不可能。从战略原则上证明，日寇是不会成功的。

（四）依科学的定理来观察

在自然界，各种生物演化，都有一定的范围和一定的限度，不可超越。适者生存，但适者未必就是强者；优胜劣败，优者也不必就是强者。一条巨蛇可以食雀捕鼠，但决无法吞下一个大象；雄狮猛虎为百兽之王，却常常被既弱且小的蚊蝇所困扰。可见弱者小者也都有其所以自存之道。优胜劣败的定理，在优劣悬殊时有效，在两者相差不远时则难能。波兰两次的普、俄、奥三国瓜分，一九一五年与一九二九年两次被德军蹂躏，欧战以后，卒能复兴。就是现在，除了轴心国家以外，世界各国无不承认波兰国的存在，同盟国战胜之后，波兰仍旧可以复兴。轴心国家战胜攻取，在表面上好像都是强者，但是这种背弃正义人道的侵略者，却不能适存于全人类为争取独立自由而战的现世界。轴心国家征服中国的妄想，不啻以蛇吞象，任何人都知道，世界上绝无蛇能吞象之理。

　　总结上面四点，我们对于日寇的前途，不必再下什么结论，冷酷的现实已经对日寇打了一个大大的负号"－"。这真是天佑中华，给我们一个大好的复兴机会。我们知道，任何国家民族，都有天赐的良机，使其发达繁荣或复兴，关键全在他们能不能把握住时机，能不能自新自拔。中国愈战愈强是不错的，但重点全在一个"战"字，只有在战争的锻炼中才能够强，只有在继续不断的战斗中才能得胜。在全国总动员的总体战中，工业实在是最要的一环。发展军事工业，开掘战略资源，在今天诚非易事，然并非像"挟泰山以超北海"那样的难。在本质上，不是能不能的问题，而是为不为的问题。因为现代战争的重心已经转移到后方的工厂，我们不要老把眼光集中在前线。最后胜利必属于后，求胜的规律是——生产，建设。

怎样研究军事学 *

"军事学"，简单言之，就是含有一种残暴性质的事项，另一方面言之，亦就是武力建设和其使用的学问。但是要如何方可以使含有残暴性质的事项有利于国家民族，那就要把政治、经济、历史、文化以及一切自然科学和社会科学，依军事的要求，融会而贯通之，才能揉和而成适用的军事学。然理论与事实之间，研〔究〕有若干距离，欲其接合凑近，则需实际的经验，尤其平时治兵，战时用兵，处处都和那不可用数字计算的民族性、群众心理以及统帅心理，发生极严密的关系，非曾历其境者简直莫明其妙，所以需要实地的经验。综上述理由，一个完全军人之养成，要先有高校程度，再充入伍生，继入军官学校，军官学校毕业后，至少服务两年，方能送至各兵科专门学校或陆军大学，毕业后再还部队服务（亦有在机关学校服务者），此为正式之程序。将求学与做事，有计画的交互搭配着，不似文学校一直由小学而中学而大学，学业告一段落，再行服务。吾人于此可得到一种感想，就是军事学之研究，其需要体力尤甚于脑力，其实较学理尤重。其教授程序，文武亦各不同。文校由普通以至分科似乎由博反约的，军事学校，由分科（军校）、专科（各兵科专门学校）以至于不分科（陆军大学），似乎由约反博的。

但是翻过来说，军事学又是一件极平常的事，缘军事学校之构成，即植其基础于物理人情之上。吾人举目以观，大地之上，飞潜动植，都是为着生而奋斗，也就是为着生而无时无地不在战斗中。如罕譬而喻，虫鱼之保护色，伪装学也。墨鱼之吐黑汁，鼬之放毒，化学战也。鸟之

---

* 见朱云影等编：《青年文库·读书指导》（二），重庆，中国文化服务社，1943 年 6 月初版。

飞翔，航空学也。龟之甲壳，虎豹之爪牙，猬之硬刺，无非坚甲利兵也。由以上近于寓言之说观之，可见无物而不含有各得一技以从事战斗之智识，秸之以成物与物争，人与物争，人与人争，积累而成之军事学。再看人类行为，例如吾国拳术家之一手出拳，一手护腰，何尝不是战术的一种攻势防御？古代井田，何尝不是兵农不分的时代一种战斗单位？我国北部之壁寨，围墙掘濠，何尝不是一种小型的城堡？任何社团，必有大家遵守的规章，那更就是军队的纪律。归纳起来，可以说是吾人目之所睹，耳之所闻参透施行，就可以得到战争必需的基本原理，不必于物理人情之外，另寻所谓军事学。

然则就军用地位述军事学之研究程序，则又何如？请先就典范令以对，典范令例由元首或中央最高军事机关命令颁行，具有法律性质。分而言之，典即各兵科操典，其中大概分为制式教练、战斗教练，而以各兵种联合战斗法则特提出另编，如吾国之现行"战斗纲要草案"。教范大概含有技术性质，如筑城、交通、防毒、通信……各项教范是。令则为"阵中要务令"等，一字一句，都是参诸以往战役，历年教育实验，演习实施之结果，千锤百炼而来，上至元帅，下至士兵，都要确切遵守，在未有命令修正以前，不能稍有变更，即或殿以"草案"或"临时规定"字样，但一经最高军事机关命令颁行或核定施行，绝不因有"草案"等字样而减杀其拘束力。所以典范令都是袖珍小本，而军官士兵的军服都有两个口袋，以备装带各人必需之典范令，准备随时随地熟读施行，所以研究军事，总是要先行澈底了解典范令。

进一步而为养成完全初级军官起见，对于典范令，不能不详细解释或予以补充，则教程是矣，例如军官学校战术学教程、兵器学教程、地形学教程、军制学教程、卫生学教程、马学教程等等，至此而军事学初级基础于以成立。

尔后服军务中，轮流分入各兵科专门学校以受短期训练，通常于其进级之先，先为超一级之学术上修养，率分为尉官班、校官班，亦有特就某一种兵器、某一种技术而设班者。

至陆军大学，各国综合起来说，可分为造就参谋人才及高级将领，造就高级国防人才，或造就军用高等技术人才，故各国有不止一陆军大学者。我国陆军大学，约属第一类，以战术（包含海军战术、航空战术等。军校及各专校，约为师及师以下之战术，师以上如军等方面之战术则属于陆大研究）为主，而辅以补助学，如后方勤务系课目、参谋要务系课目及战史、经济、政治、公法、外交史、语文、马术等，而其运用要点，尤在野外之现地战术及参谋旅行。现地战术、运用战术、战史、后方勤务、参谋旅行，除战术、战史、后方勤务外，并运用至参谋要务。

以上就陆军方面说明军事学教授及研究之程序，然则就文学校学子，对于军事学，其教授及研究之程序，虽有军训各规定，而研究之要点则又何如？则应之曰：一般着重之点，仍为典范令，尤其操典。而操典中之制式教练又非由操场实做，战斗教练又非由野外实施，不能算读过此书。（《战斗纲要草案》之所载亦然。）至大学部分，则应加授以《战争论》、《战略要旨》之理论部分、战史讲话、高等军制学，以为他日参与国政时常识之。此则不才所于国事严重中简贡献者也。

杨杰年谱简编

清光绪十五年（1889 年）　出生

1 月 25 日（腊月二十三日）出生于云南省大理县城晓街子。

清光绪二十一年（1895 年）　6 岁

入私塾，受业于大理优贡生杨正修，后转入大理敷文书院读书。

清光绪三十一年（1905 年）　16 岁

考入云南陆军速成学堂，接受正规军事基础教育。

清光绪三十三年（1907 年）　18 岁

保送入保定北洋陆军速成学堂。

清光绪三十四年（1908 年）　19 岁

东渡日本，入陆军士官学校预备学校学习。

清宣统二年（1910 年）　21 岁

升入日本陆军士官学校炮兵科第十期学习。初步形成向西方学习、建设自主国防、以军事救国的思想。

同年，参加了同盟会。

清宣统三年（1911 年）　22 岁

从日本陆军士官学校毕业。深感清政府腐败，不推翻无以救中国，决意回国参加辛亥革命。

1912 年　23 岁

1 月，任沪军威武军第二营营长。

5 月，任沪军威武军第一团团长，授陆军上校衔。因遇兵变，回云南参加蔡锷部队。

1913 年　24 岁

3 月，任黔军步兵第十团团长，指挥了"黔东之捷"，以少胜多，初显其军事指挥才能。

9月，任黔军第一旅旅长，兼重庆卫戍司令官、重庆道尹、四川政务厅厅长、重庆警察厅厅长，晋授陆军少将衔。

1914年　25岁

随唐继尧回云南，任云南陆军讲武堂骑兵科长、日语教官。

与赵舒翌之长女赵丕颐结婚。

1915年　26岁

任弥勒县县长。

12月，参加护国战争，任护国军第三军第五支队长，后改任第一纵队司令，驻滇川边界昭通、叙府一带。

1916年　27岁

2月，任滇军第四军参谋长，兼叙南卫戍司令、第一梯团长。

6月，晋授陆军中将。

1917年　28岁

1月，调任北京大总统府军事谘议，兼陆军部顾问。

6月，回到云南，任靖国联军第四军参谋长。

8月，任靖国联军中央军总指挥兼泸州卫戍司令，指挥著名的泸州之役，有诸葛亮草船借箭再现之佳传。

1918年　29岁

任靖国联军高级顾问。

1921年　32岁

任云南青年军官和讲武堂学员赴日军事留学生监督，入日本陆军士官学校。

自降军衔，以中校身份自费考入日本陆军大学学习。学习刻苦，军事见解超群，受到日本军界和来访的法国霞飞将军赞誉，享战略战术家称号。

1924年　35岁

以全班第一名成绩从日本陆军大学第十五期毕业。拒绝日本军方的劝留，毅然回国。

12月，任冯玉祥国民军第三军参谋长。

1925年　36岁

3月，任国民军第三军前敌指挥官。

受孙中山三大政策、国共合作的感召，南下广东。

1926 年　37 岁

5 月，任国民革命军第六军总参议，参加北伐战争。

12 月，任国民革命军第十七师师长。

1927 年　38 岁

1 月，任改编之国民革命军第六军第一纵队指挥官，率兵继续北伐。

4 月，任国民军革命军新六军副军长、代理军长，参加军事委员会。

5 月，指挥国民军革命军第二路军第六军及第一军第一、三师继续北伐。

7 月，任国民革命军第十八军军长。

8 月，任国民军革命军总司令部淮南行营主任兼总预备队指挥官。

12 月，任中央陆军军官学校校长。

1928 年　39 岁

3 月，任中华民国军事委员会常务委员、办公厅主任。

4 月，任国民革命军总司令行营主任兼第一集团军总参谋长。

10 月，兼陆军宪兵学校校长。

1929 年　40 岁

4 月，被蒋介石任命为陆海空军总司令行营总参谋长，参加蒋桂战争。

10 月，被蒋介石任命为讨逆军第十军军长兼右翼军正指挥官，参加蒋冯战争。

12 月，任海陆空军总司令行营主任，代行总司令职权。

1930 年　41 岁

2 月，任宁、镇、澄、淞四路要塞司令。

被蒋介石任命为第一集团军总参谋长、第二炮兵集团指挥官，参加蒋冯阎中原大战。

1931 年　42 岁

12 月 22 日，被国民党四届一中全会选为中央执行委员。

1932 年　43 岁

任国民政府军事委员会参谋次长、中央陆军大学校长。后以蒋介石自兼校长，改任教育长。

1933 年　44 岁

3 月，任第九军团司令官，率部抵御日本侵犯长城各口，第一次使用大兵团与侵略军对阵。

兼任国民政府国防军备专门委员会委员,开始较系统地研究国防建设问题。

10月,任欧洲军事考察团团长,对意大利、德国、奥地利、捷克、土耳其、苏联、荷兰、比利时、法国、英国、丹麦、挪威、瑞典等国的三军建设、军事教育、兵工建设、工业建设、兵役制度和政制党务等方面情况进行考察。在苏联,多次受到斯大林的接见,并被称为"战略家"。此次考察,为日后研究改造中国国防积累了丰富的借鉴资料。

1934年　45岁

9月,历时一年的考察结束,写成《欧洲各国军事考察报告》,提出加快推进中国重工业建设,实施以国防工业为重心的军工发展计划,改变依赖外国武器的状况。所撰《欧洲考察之所见》,提出较为系统的富国强兵主张。

任参谋次长、代理总长、中央陆军大学教育长、城塞组长、防空委员会主任。

1935年　46岁

春,任"陆大学友社"副社长。该社成立于南京,蒋介石任社长。

3月1日,任国民政府军事委员会行营陆军整理处研究会委员。

4月1日,被续聘为国防军备专门委员会委员,被聘任为军事委员会资源委员。

4月4日,晋授陆军中将。

1936年　47岁

7月9日,被授国民革命军誓师十周年纪念勋章。

1937年　48岁

8月22日,受蒋介石委派,率中华民国军事代表团赴苏,积极争取苏联军事援助。

9月9日,晋见苏联国防委员会委员长伏罗希洛夫元帅,力陈中国抗日战争的重大意义。

10月,全权代表中华民国政府签字,协议得到苏联两次贷款,各为美金五千万元。

10月15日,晋升陆军上将衔。

1938年　49岁

1月28日,任军令部次长,未到任以前由林蔚代理。

8 月，被任命为中华民国特命全权驻苏大使。

1940 年　51 岁

1 月，以其坚决主张联共抗日、中苏亲善，被免去驻苏大使职务，获军事委员会顾问虚衔。

4 月 28 日，被聘任为国民党中央训练团党政训练班第八期讲师，讲授"国防讲话"、"国家总动员"课程。

6 月 11 日，被聘任为国民党中央训练团党政训练班第九期讲师。

11 月 29 日，任赴英、美军事考察团团长，出国考察。

1941 年　52 岁

7 月，发表《苏德战争谈话》，指出法西斯必然失败。

12 月，发表《世界战争形势与发展》，预见第二次世界大战的结局必然是轴心国的崩溃。

1942 年　53 岁

5 月，著成《国防新论》，分三篇论述古今中外国防、现代国防型式和组织、中国国防建设的实际问题。

夏，发表《苏德石油战争》，从双方人力、物力对比得出苏联必胜的结论。

9 月 15 日，在成都空军参谋学校讲授"空军建设方案"。

9 月 24 日，在重庆作"怎样才能练成打胜仗的军队"报告。

发表《日寇失败的规律》一文，提出中国愈战愈强，日寇愈战愈弱，最后胜利必属于中国。

发表《重工业与国防》一文，提出加强重工业建设，把四川建成中国的国防中心。

1943 年　54 岁

2 月 8 日，在重庆国防研究院作"苏联国防政策"报告。

4 月 30 日，在重庆作"中国外交政策"报告。

11 月，任赴英军事考察团团长，再次赴英考察。

12 月，著成《孙武子》。

1944 年　55 岁

6 月，出版《军事与国防》，称苏联的国防是理想的国防。

8 月 4 日，于国民党军校夏令营讲授"战争构成的基本要素"。

8 月 7 日，于国民党军校夏令营讲授"第二次世界大战的观测"，阐述中国在第二次世界大战中的贡献。

9月25日，对国民革命军第二十一军作"如何提高军队的素质争取最后胜利"报告。

1946 年　57 岁

6月2日，在昆明作"国防与教育"报告。

6月22日，在云南大学作"国际形势与中国"报告。

1948 年　59 岁

1月1日，与李济深、谭平山、王昆仑、何香凝等正式宣布中国国民党革命委员会成立。

1949 年　60 岁

6月，受中共中央电邀出席中国人民政协第一届全体会议，因故暂缓离滇北上。

9月9日，飞香港，准备北上参加新政协。

9月19日，被蒋介石特务刺杀于香港，为民主革命献出了生命。

中国近代思想家文库

方东树、唐鉴卷	黄爱平、吴杰 编
包世臣卷	刘平、郑大华 主编
林则徐卷	杨国桢 编
姚莹卷	施立业 编
龚自珍卷	樊克政 编
魏源卷	夏剑钦 编
冯桂芬卷	熊月之 编
曾国藩卷	董丛林 编
左宗棠卷	杨东梁 编
洪秀全、洪仁玕卷	夏春涛 编
郭嵩焘卷	熊月之 编
王韬卷	海青 编
张之洞卷	吴剑杰 编
薛福成卷	马忠文、任青 编
经元善卷	朱浒 编
沈家本卷	李欣荣 编
马相伯卷	李天纲 编
王先谦、叶德辉卷	王维江、李骛哲、黄田 编
郑观应卷	任智勇、戴圆 编
马建忠、邵作舟、陈虬卷	薛玉琴、徐子超、陆烨 编
黄遵宪卷	陈铮 编
皮锡瑞卷	吴仰湘 编
廖平卷	蒙默、蒙怀敬 编
严复卷	黄克武 编
夏震武卷	王波 编
陈炽卷	张登德 编
汤寿潜卷	汪林茂 编
辜鸿铭卷	黄兴涛 编

康有为卷	张荣华　编
宋育仁卷	王东杰、陈阳　编
汪康年卷	汪林茂　编
宋恕卷	邱涛　编
夏曾佑卷	杨琥　编
谭嗣同卷	汤仁泽　编
吴稚晖卷	金以林、马思宇　编
孙中山卷	张磊、张苹　编
蔡元培卷	欧阳哲生　编
章太炎卷	姜义华　编
金天翮、吕碧城、秋瑾、何震卷	夏晓虹　编
杨毓麟、陈天华、邹容卷	严昌洪、何广　编
梁启超卷	汤志钧　编
杜亚泉卷	周月峰　编
张尔田、柳诒徵卷	孙文阁、张笑川　编
杨度卷	左玉河　编
王国维卷	彭林　编
黄炎培卷	余子侠　编
胡汉民卷	陈红民、方勇　编
陈撄宁卷	郭武　编
章士钊卷	郭双林　编
宋教仁卷	郭汉民、暴宏博　编
蒋百里、杨杰卷	皮明勇、侯昂妤　编
江亢虎卷	汪佩伟　编
马一浮卷	吴光　编
师复卷	唐仕春　编
刘师培卷	李帆　编
朱执信卷	谷小水　编
高一涵卷	郭双林、高波　编
熊十力卷	郭齐勇　编
任鸿隽卷	樊洪业、潘涛、王勇忠　编
蒋梦麟卷	左玉河　编
张东荪卷	左玉河　编

丁文江卷	宋广波 编
钱玄同卷	张荣华 编
张君劢卷	翁贺凯 编
赵紫宸卷	赵晓阳 编
李大钊卷	杨琥 编
李达卷	宋俭、宋镜明 编
张慰慈卷	李源 编
晏阳初卷	宋恩荣 编
陶行知卷	余子侠 编
戴季陶卷	桑兵、朱凤林 编
胡适卷	耿云志 编
郭沫若卷	谢保成、魏红珊、潘素龙 编
卢作孚卷	王果 编
汤用彤卷	汤一介、赵建永 编
吴耀宗卷	赵晓阳 编
顾颉刚卷	顾潮 编
张申府卷	雷颐 编
梁漱溟卷	梁培宽、王宗昱 编
恽代英卷	刘辉 编
金岳霖卷	王中江 编
冯友兰卷	李中华 编
傅斯年卷	欧阳哲生 编
罗家伦卷	张晓京 编
萧公权卷	张允起 编
常乃惪卷	查晓英 编
余家菊卷	余子侠、郑刚 编
瞿秋白卷	陈铁健 编
潘光旦卷	吕文浩 编
朱谦之卷	黄夏年 编
陶希圣卷	陈峰 编
钱端升卷	孙宏云 编
王亚南卷	夏明方、杨双利 编
黄文山卷	赵立彬 编

雷海宗、林同济卷　　　　　　　　　江沛、刘忠良　编
贺麟卷　　　　　　　　　　　　　　　　高全喜　编
陈序经卷　　　　　　　　　　　　　　　田彤　编
徐复观卷　　　　　　　　　　　　　　　干春松　编
巨赞卷　　　　　　　　　　　　　　　　黄夏年　编
唐君毅卷　　　　　　　　　　　　　　　单波　编
牟宗三卷　　　　　　　　　　　　　　　王兴国　编
费孝通卷　　　　　　　　　　　　　　　吕文浩　编

图书在版编目（CIP）数据

中国近代思想家文库. 蒋百里，杨杰卷/皮明勇，侯昂妤编. —北京：中国人民
大学出版社，2014.3
　　ISBN 978-7-300-18718-1

　　Ⅰ. ①中… Ⅱ. ①皮… ②侯… Ⅲ. ①思想史-研究-中国-近代 ②蒋百里
（1882～1938）-思想评论 ③杨杰（1889～1949）-思想评论 Ⅳ. ①B250.5

　　中国版本图书馆 CIP 数据核字（2014）第 032708 号

中国近代思想家文库
蒋百里 杨杰卷
皮明勇　　侯昂妤　编
Jiang Baili Yang Jie Juan

出版发行	中国人民大学出版社			
社　　址	北京中关村大街 31 号		**邮政编码**	100080
电　　话	010 - 62511242（总编室）		010 - 62511770（质管部）	
	010 - 82501766（邮购部）		010 - 62514148（门市部）	
	010 - 62515195（发行公司）		010 - 62515275（盗版举报）	
网　　址	http：//www.crup.com.cn			
经　　销	新华书店			
印　　刷	涿州市星河印刷有限公司			
开　　本	720 mm×1000 mm　1/16		**版　　次**	2014 年 4 月第 1 版
印　　张	35 插页 1		**印　　次**	2025 年 1 月第 3 次印刷
字　　数	553 000		**定　　价**	111.00 元